Fundamentos de Teología Pentecostal

Segunda Edición

Fundamentos de Teología Pentecostal

Segunda Edición

Guy P. Duffield y Nathaniel M. Van Cleave
Traducción hecha por auspicio de Life Pacific College

Foursquare Media
Los Angeles, CA, USA

Editorial Desafio
Bogotá, Colombia

Fundamentos de Teología Pentecostal por Guy P. Duffield y
Nathaniel M. Van Cleave
© 2002, 2006 todos los derechos reservados por I.C.F.G.,
Foursquare Media, 1910 W. Sunset Blvd., Los Angeles, CA 90026.

Esta edición fue publicada por Asociación Editorial Buena Semilla bajo
el sello de Editorial Desafío, Bogotá, Colombia en arreglo especial
con los editores.

Originalmente publicado en inglés con el título «Fundamentals of Pentecostal
Theology by Guy P. Duffield y Nathaniel M. Van Cleave,
© 1983, 1987 por I.C.F.G., Foursquare Media, 1910 W. Sunset Blvd.
Los Angeles, CA 90026.

Traducción hecha por auspicio de Life Pacific Collage.

Distribuido por:

Foursquare Media,
1910 W. Sunset Blvd.
Los Angeles, CA 90026

Editorial Desafío
Cra. 28A No. 64ª-34
Bogotá, Colombia
desafio@editorialbuenasemilla.com
www.editorialdesafio.com

ISBN 978-0-9635581-3-7
Producto No. 600003

Impreso en Colombia
Printed in Colombia

Introducción

Una serie de ondas arrolladoras de avivamiento han transcurrido en el transcurso del siglo veinte. Se han identificado por lo menos cuatro "tiempos de refrigerio de la presencia del Señor" que han sido manifestados en esta era y todos cuatro parecen tener dos cosas en común. La primera es que estos tiempos de refrigerio han tocado a todos los sectores de la iglesia, impactando a todas las denominaciones cristianas hasta cierto grado. La segunda es que han sido tiempos con una marca única por la comprensión expansiva del papel del Espíritu Santo (La tercer persona de la trinidad) en la vida y tarea de la iglesia.

Observar el hecho histórico de que el avivamiento que usó Dios para introducir la sucesión de avivamientos lleve su propio nombre (Pentecostés), el cual viene desde nacimiento de la iglesia misma, no es ni sectarismo ni auto provecho para cualquier creyente pentecostal. Al principio de este siglo, primero en Topeka (Kansas) y después en la calle Azusa en Los Ángeles (California), la manifestación del Espíritu Santo resultó en un despertar que continúa afectando a la iglesia alrededor del mundo. Lo que Dios hizo por medio de Lutero para recuperar el mensaje de salvación, y por medio de Wesley para recuperar el mensaje de una vida santa y de servicio, Dios también lo hizo por medio del primer avivamiento pentecostal para recuperar la dinámica del poder y los dones del Espíritu Santo en la iglesia. Desde entonces hay una extensa evidencia que prueba que el crecimiento en evangelismo se ha multiplicado a raíz de una respuesta más amplia y calurosa al Espíritu Santo y sus obras a medida que los creyentes son ampliamente receptivos a estos derramamientos temporales del cielo.

Ahora, este libro aparece en una época crucial, un tiempo en el cual estamos a la expectativa de un nuevo derramamiento de la gracia de Dios a través de la faz de la tierra. La renovación de las dos últimas décadas ha retrocedido como la marea, solo para prepararnos para el comienzo de una nueva y más grande ola de bendición. Con una profunda convicción, creo que este volumen esta adaptado a una nueva época de servicio, lleno del Espíritu Santo y en la autoridad del nombre de Jesús.

No es solamente el carácter permanente de este libro lo que le da su valor especial, sino también su singularidad.

Es un libro singular y digno de atención que me produce un gran gozo al requerirse de mi parte, presentarlo y recomendarlo a toda la iglesia. Comenzó por una sugerencia personal cuando yo era Presidente de Life Pacific College en Los Ángeles. Tener ahora el manuscrito en mis manos es emocionante, no sólo por la confianza que tengo en su contenido, sino por saber que hemos capturado la riqueza de toda una vida de dos eruditos.

Es difícil encontrar un libro de estudio doctrinal tan completo y funcional dentro del movimiento pentecostal. Esto no quiere decir que no refleje el trabajo de otros autores, o que sea un trabajo concluyente. Sin embargo, existe una distinción especial: la unión de dos eruditos y predicadores extraordinarios para la creación de un libro doctrinal profundo, práctico y de fuente de referencia autoritaria. Primero, la erudición por la cual ambos Guy Duffield y Nathaniel Van Cleave han sido conocidos, presta una profundidad total a este trabajo que se comprueba por su contenido y tamaño. Cada autor tiene un récord impecable de fidelidad a "La palabra y a la doctrina" en el ministerio público por más de medio siglo. Segundo, las realidades inmovibles de la verdad eterna han llegado a través de la pluma de estos escritores con pureza y poder y han sido verificadas a través de décadas de estudio y ministerio. Estos son hombres de confianza que manejan la palabra de Dios con honestidad y que "por la manifestación de la verdad se encomiendan a la conciencia de cada hombre en la presencia de Dios."

Además de que los ministerios de los autores han sido marcados por una tarea efectiva en la predicación y en el pastorado, este libro promete mucho para todos los obreros cristianos. Es un libro de teología sistemática escrito de tal manera que se adapta inmediatamente para nutrir al rebaño de Dios. Ambos hombres se han distinguido individualmente como pastores, predicadores, profesores universitarios, conferencistas y autores. Tal concentración de entrenamiento y experiencia, fluyendo a través de hombres de carácter y fe, garantiza la expectativa más grande para el lector o estudiante al tomar este volumen en sus manos. Tal expectativa será justificada y confirmada.

El Título de este volumen ha sido escogido concienzudamente respondiendo a necesidades específicas:

"**Fundamentos**" porque vivimos en una cultura filosóficamente relativista que ha perdido los lazos de unión con lo absoluto e inquebrantable. Los "fundamentos arraigados" en la realidad de una revelación divina necesitan ser nuevamente confirmados para que esta generación de creyentes sea firmemente plantada y edificada "de acuerdo al modelo." El plomo de la Palabra de Dios es la norma con la cual todas las enseñanzas y predicaciones deben estar alineadas, y es también la norma a la cual todo el libro esta firmemente adherido.

"**Teología**" porque lo que en verdad necesitamos ahora y para siempre se resume en conocer a Dios y en conocerle en términos de **todo** su consejo. En cuanto a este asunto, los doctores Duffield y Van Cleave han trabajado admirablemente. No solo explican las riquezas de los temas teológicos tradicionales, sino que también proveen, con profundidad y balance, un desarrollo de las facetas del ser, obra, y poder de Dios, las cuales son verdades que se comprenden mejor en toda la iglesia en los últimos ochenta años: las obras del Espíritu Santo **en** la iglesia, los dones del Espíritu distribuidos **a través** de la iglesia y la vida de sanidad de Cristo **entre** la iglesia. Estos y otros temas relacionados merecen ser comprendidos y ejercitados en **toda** la iglesia a través de **todo** el mundo.

"**Pentecostal**" porque toda verdad es vigente por medio del Espíritu Santo, siendo así reproductiva y reconfortante. E.M. Bounds advirtió que la verdad sin vida es como la "letra que mata," la cual, aunque sea de excelente sabiduría, es "tan estéril como un campo sembrado con perlas." En contraste, la calidad inherente de este volumen es de la misma que caracteriza a aquella que fortaleció al apóstol Pedro al exponer un texto del libro de Joel, predicándolo en una forma pertinente y contemporánea. El Espíritu Santo quiere hablarnos **hoy mismo**. La vitalidad del Espíritu manifestada aquí hace que las verdades antiguas palpiten con vida.

Este libro entonces, no es solamente una teología para los pentecostales. La calidad pentecostal no toma fuerza en un movimiento de menos de un siglo de existencia, sino del Espíritu, el cual trajo y dio luz a la iglesia aquel día por ese nombre. Aquí encontramos una **verdad** para el cuerpo de Cristo, la cual causará la predicación de la palabra que salva y la enseñanza de sanas palabras que glorifican a nuestro Señor Jesucristo y edifican a su pueblo.

Jack W. Hayford

"The Church On the Way"
"La Iglesia En el Camino"
Van Nuys, California
10 de agosto de 1983

Prefacio de los autores

De acuerdo a *World Christian Encyclopedia* (Enciclopedia Cristiana del Mundo), editada por David B. Barrett, y publicado en 1982 por la imprenta de la Universidad de Oxford, en 1980 había mas de 51.000.000 cristianos pentecostales a través del mundo (Tabla Global número 9, p. 14); y 11.000.000 más que adoran en un estilo pentecostal pero se encuentran dentro de otras denominaciones (p. 64).

En 1956 el número de pentecostales fue aproximadamente 10.000.000. Aparentemente este movimiento es el segmento de la iglesia cristiana que está creciendo más rápidamente en el mundo de hoy.

Este gran grupo de creyentes cristianos ha experimentado el ministerio significativo de la tercera persona de la trinidad, el Espíritu Santo, el cual no solamente se ha manifestado en una forma real llena de bendiciones y poder, sino que también ha afectado cada fase de sus vidas.

El movimiento pentecostal no está basado solamente en una experiencia emocional. Está basado en toda la Biblia como la palabra de Dios. Somos creyentes de la palabra. Creemos en "todo el consejo de Dios" (Hch. 20:27). Nuestras bendiciones espirituales están balanceadas con la enseñanza doctrinal de las Escrituras, con el fin de que podamos ser *"arraigados y sobreedificados en Él y confirmados en la fe"* (Col. 2:7); *"Para que el hombre de Dios sea perfecto, enteramente preparado para toda buena obra"* (2 Ti. 3:17).

Ha sido un privilegio y un gran placer, compilar las enseñanzas de las escrituras concernientes a las grandes doctrinas de nuestra fe como aparecen en este libro. Es el deseo sincero de los autores, que esta obra bajo la dirección de Dios, pueda ser útil para cimentar y establecer (Col. 1:23) a nuestra familia pentecostal a través del mundo y animar a otros a recibir y gozar de todas las bendiciones de la vida espiritual, rica y llena del Espíritu Santo.

Guy P. Duffield y Nathaniel M. Van Cleave

Los Angeles, California
16 de agosto de 1983

Prefacio y reconocimientos
a la primera edición en español

"Esta es la palabra de Jehová... No con ejército ni con fuerza, sino con mi Espíritu, ha dicho Jehová de los ejércitos" (Zac. 4:6).

La palabra "teología" quiere decir: "Ciencia que trata de Dios, de sus atributos y sus perfecciones." Por muchos siglos, muy poca gente tenía la oportunidad de leer la Santa Biblia (la revelación de Dios a la humanidad). La teología bíblica era solamente para una pequeña parte de la raza humana, y en general para el clero, especialmente en las regiones hispanas.

Con la llegada del movimiento pentecostal a las naciones de habla hispana, la puerta se abrió aún más para un mayor conocimiento de la palabra de Dios. El movimiento pentecostal-carismático no tiene su base solamente en una experiencia de inspiración sino que también está fundado en toda la Biblia, que es la Palabra de Dios. Nuestras bendiciones espirituales tienen su base en las enseñanzas doctrinales de las Sagradas Escrituras.

En 1987, el Dr. David Barret, redactor de la *Enciclopedia Cristiana del Mundo*, afirmó que hay 227 millones de creyentes pentecostales-carismáticos. En el año 1958 el número calculado era de 12 millones. La prensa internacional publicó que en América Latina, cerca del 80% de todos los protestantes y evangélicos son pentecostales-carismáticos.

Durante las últimas décadas ha existido un clamor por mas enseñanza de teología pentecostal por parte del mundo hispano. Cuando en 1983 se publicó el libro en inglés *Foundations of Pentecostal Theology* (Fundamentos de Teología Pentecostal) por el Dr. Guy P. Duffield y el Dr. Nathaniel Van Cleave, de nuevo se elevó el clamor por parte de muchos líderes de la iglesia hispana, institutos y seminarios bíblicos por una obra similar. Life Pacific College en Los Ángeles, California, dio el permiso para que se realizara la traducción de dicho volumen.

Felicitamos por la excelente obra de traducción a Brenda Frederick de Truett, y a los consultantes de texto, Florence Zannochi de Luna, y Eliana Muñoz de Caudillo. Agradecemos la labor del comité de redacción dirigido por el Dr. Enrique Zone Andrews, Presidente de la Facultad de Teología de

xii

la Iglesia Cuadrangular en Montebello, Califomia. También damos las gracias a la Dra. Dorothy Jean Furlong de la facultad de Life Pacific College por su labor de coordinación en pro de esta publicación hispana.

Que Dios reciba la honra y la gloria por esta gran obra publicada y por los buenos resultados, que de cierto habrá, por las divinas enseñanzas de este volumen.

Leland B. Edwards

Director de Misiones (Emeritous),
La Iglesia Internacional del Evangelio Cuadrangular
Los Angeles, Califomia
20 de enero de 1988

Reconocimientos
a la segunda edición en español

El arduo y detallado trabajo de una traducción requiere dedicación y empeño. La primera edición de *Fundamentos de Teología Pentecostal* publicada en 1988 es un reflejo de estos principios. Todas las personas involucradas en este proyecto establecieron parámetros de excelencia y calidad muy difíciles de superar. El comité encargado de producir la segunda edición coordinado por Life Pacific College en San Dimas (California), se ha comprometido con estos valores que buscan ofrecer el mejor resultado posible a los servidores y ministros del evangelio de habla española.

La primera edición en español dividió el original *Foundations of Pentecostal Theology* en tres volúmenes, publicando solamente los primeros dos. El volumen tres nunca fue publicado. El propósito original del comité editorial fue revisar y publicar el tercer volumen, el cual contiene importantes temas de la teología pentecostal (doctrina de sanidad divina, doctrina de la iglesia, doctrina de los ángeles, y doctrina de los últimos acontecimientos). En el proceso de revisión de la traducción surgió la idea de publicar un solo volumen que incluyera no solo el volumen tres, pero también una versión revisada de los dos primeros volúmenes.

Teniendo como propósito el presentar importantes conceptos teológicos de una manera clara y entendible, la segunda edición contiene un nuevo capítulo (11) que aclara *la doctrina de Cristo* (Cristología). Muchos han cuestionado la primera edición por la ausencia de un capitulo dedicado exclusivamente a Cristología. Por este motivo, el capítulo once ofrece un bosquejo a manera de tabla de contenido que ayudará a ubicar importantes conceptos doctrinales de la obra de Jesucristo presentados en otras secciones de este libro y las paginas correspondientes. Esperamos que ésta adición facilite con información específica al lector que desea profundizar en el área de Cristología. ⋯

Con un nuevo propósito en mente, el comité editorial coordinado por Life Pacific College en San Dimas recibió la ayuda de un distinguido grupo de colaboradores quienes merecen profundos agradecimientos. Primeramente, a los autores Dr. Guy P. Duffield y el Dr. Nathaniel Van

Cleave, quienes dieron el permiso para realizar la traducción y los correspondientes cambios en el contenido. De igual manera, al departamento internacional de misiones cuadrangulares (FMI) y su equipo de trabajo, quienes desempeñaron un papel muy importante en la producción de este ejemplar.

Sinceros agradecimientos son dados a todas las personas involucradas en este proyecto, quienes retomaron el trabajo de la primera edición y lo elevaron a nueva categoría de excelencia. El resultado final de su arduo trabajo ha servido de inspiración para revisar otras ediciones ya hechas en otros idiomas. Algunos de estos colaboradores fueron: Rev. Daniel Larson (East Bay Fellowship, Danville-California), y Rev. Fernando Castillo (La Iglesia en el Camino, Los Ángeles - California). Felicitaciones a los hermanos Fernando y Rose Mary Castillo, graduados de Life Pacific College, quienes editaron y corrigieron la segunda edición.

El comité editorial quiere dedicar este ejemplar a todos aquellos siervos de Dios que han decidido seguir las pisadas de nuestro Señor Jesucristo en los países latinoamericanos, en España, y en otros países con colonias hispanas. Esperamos que este libro les sea útil para proclamar con vehemencia la palabra de Dios. A El solamente sea la gloria y honra!

Ricardo Scott

Presidente
Life Pacific College
San Dimas California
20 de mayo de 2001

Tabla de Contenido

CAPITULO 1

LA DOCTRINA DE LAS ESCRITURAS - *BIBLIOLOGIA*

CAPITULO 2

LA DOCTRINA DE DIOS - *TEOLOGÍA*

CAPITULO 3

LA DOCTRINA DEL HOMBRE - *ANTROPOLOGÍA*

CAPITULO 4

LA DOCTRINA DEL PECADO - *HAMARTIOLOGÍA*

CAPITULO 5

LA DOCTRINA DE LA SALVACIÓN - *SOTERIOLOGÍA*

CAPITULO 6

LA DOCTRINA DEL ESPÍRITU SANTO - *NEUMATOLOGÍA*

CAPITULO 7

LA DOCTRINA DE LA SANIDAD DIVINA

CAPITULO 8

LA DOCTRINA DE LA IGLESIA - *ECLESIOLOGÍA*

CAPITULO 9

LA DOCTRINA DE LOS ANGELES - *ANGELEOLOGÍA*

CAPITULO 10

LA DOCTRINA DE LOS ULTIMOS ACONTECIMIENTOS -
ESCATOLOGÍA

Apéndice

Indice de Escrituras

CAPITULO 1
La Doctrina de las Escrituras
Bibliología

INTRODUCCION

Dios es un Dios que desea revelarse. El no se mantiene callado como los dioses paganos, tanto antiguos como modernos. El Señor se agrada en hacerse conocer a sus criaturas. Su imagen es una de un Dios de amor; el amor debe comunicarse siempre, y esa revelación debe venir de Dios mismo. Los pensamientos del hombre pueden ser revelados sólo por el hombre mismo. De la misma manera, sólo Dios puede hacerse conocer. El Dios de la Biblia es un Dios que habla. Desde la creación y a través de toda la historia, Dios se reveló a través del habla. Él habló y el universo brotó a existencia. *"Por la palabra de Jehová fueron hechos los cielos, y todo el ejército de ellos por el aliento de su boca"* (Sal. 33:6).

A través de los años, Él ha revelado su voluntad y sus propósitos hablando a hombres elegidos con la más grande revelación en la persona de Cristo Jesús, la Palabra Encarnada: *"En el principio era el Verbo, y el Verbo era con Dios, y el Verbo era Dios... Y aquel Verbo fue hecho carne, y habitó entre nosotros..."* (Jn. 1:1-14). *"Dios, habiendo hablado muchas veces y de muchas maneras en otro tiempo a los padres por los profetas, en estos postreros días nos ha hablado por* (literalmente, *"en"*) *el Hijo..."* (Heb. 1:1,2).

A Dios le ha agradado que todas estas revelaciones de Él fueran preservadas para el hombre de hoy en el libro que llamamos la Biblia. Muchos naturalistas han dicho que la única revelación de Dios que ellos necesitan puede ser hallada en la naturaleza, y no necesitan la revelación especial contenida en la Biblia. Es verdad, que si Dios es el creador de toda la naturaleza, como la Biblia declara que lo es, entonces la naturaleza revelará mucho acerca de quién la trajo a existencia. Pero la revelación de Dios a través de la naturaleza es muy limitada.

Ciertamente el Dios que creó este increíble mundo, sin mencionar el vasto universo del cual es sólo una diminuta parte, debe ser un Dios de gran sabiduría y poder. Pero aquí la revelación termina. La naturaleza no nos dice nada acerca del gran amor de Dios, ni de su santidad, ni de la gracia que ha provisto salvación a través del Señor Jesucristo. Todos los grandes propósitos y planes de Dios para el Hombre son revelados sólo en la palabra escrita, la Biblia.

Hay una opinión sostenida ampliamente en algunos círculos intelectuales de que la Biblia es la historia del esfuerzo humano por encontrar a Dios. Si esto fuera cierto, no habría en ella ninguna autoridad o sentido de revelación divina, sino sólo una simple explicación del intento humano por alcanzar verdades que van mucho más allá de su habilidad. En lugar de ser un libro que reúne el esfuerzo del hombre para encontrar a Dios, la Biblia es la narrativa de los esfuerzos de Dios para revelarse al hombre. Por este motivo, es de suma importancia que entendamos algo acerca de su origen, su formación, su autoridad, su infalibilidad e inspiración divina. Esto será considerado bajo el estudio de bibliología.

I. LOS NOMBRES DE LAS ESCRITURAS

A. LA BIBLIA.

Nuestra palabra española "Biblia" viene de la palabra griega *biblos* que significa "un libro." *"Libro [biblos] de la genealogía de Jesucristo"* (Mt. 1:2); también viene de *biblion,* una forma diminutiva de *biblos,* que significa "pequeño libro." *"Y se le dio el libro [biblion]... y habiendo abierto el libro [biblion]"* (Lc. 4:17). La palabra *biblos* viene del nombre dado a la pulpa interior de la caña de papiro sobre la cual se escribían los libros antiguos.

B. OTROS NOMBRES.

La Biblia también es llamada *"La escritura"* (Mr. 12:10; 15:28; Lc. 4:21; Jn. 2:22; 7:38; 10:35; Rom. 4:3; Gál. 4:30; II P. 1:20), y *"Las escrituras"* (Mt. 22:29; Mr. 12:24; Lc. 24:27; Jn. 5:39; Hch. 17:11; Rom. 1:2; I Cor. 15:3,4; II Ti. 3:15; II P. 3:16). Estos términos significan "Sagradas escrituras." Pablo utiliza una vez *"Las santas escrituras"* (Rom. 1:2), una vez *"Las sagradas escrituras"* (II Ti. 3:15), y una vez *"la palabra de Dios"* (Rom. 3:2). Uno de los nombres más descriptivos y satisfactorios es *"La palabra de Dios"* (Mr. 7:13; Rom. 10:17; II Cor. 2:17; I Tes. 2:13; Heb. 4:12).

II. LAS DIVISIONES DE LAS ESCRITURAS

A. LOS DOS TESTAMENTOS.

La Biblia está dividida en dos secciones conocidas como el Antiguo y el Nuevo Testamento. La palabra "testamento" originalmente fue traducida "pacto", y significa que cada uno es un pacto que Dios hizo con su pueblo. Hay treinta y nueve (39) libros en el Antiguo Testamento y veintisiete (27) en el Nuevo Testamento.

B. DIVISIONES DEL ANTIGUO TESTAMENTO.

El Antiguo Testamento hebreo estaba comúnmente dividido en tres secciones:

- **La ley** *(Torah),* 5 libros: Génesis, Exodo, Levítico, Números y Deuteronomio.

- **Los profetas** *(Nebhiim),* 8 libros:
  - Los primeros profetas (4 libros)- Josué, Jueces, Samuel, y Reyes.
  - Los últimos profetas (4 libros)- Isaías, Jeremías, Ezequiel y Los doce (Oseas, Joel, Amós, etc.)

- **Los escritos** *(Kethubhim)* 11 libros:
  - Libros poéticos (3 libros)- Salmos, Proverbios y Job;
  - Cinco pergaminos *(Megilloth)* - Cantar de los Cantares, Rut, Lamentaciones, Ester y Eclesiastés;
  - Libros históricos (4 libros)- Daniel, Esdras-Nehemías, y Crónicas.[1]

Estas divisiones están de acuerdo con las palabras de Jesús: *"Estas son las palabras que os hablé, estando aún con vosotros: que era necesario que se cumpliese todo lo que está escrito de mí en la ley de Moisés en los profetas y en los salmos"* (Lc. 24:44). A veces se le refiere al Antiguo Testamento de una forma más concisa como *"la ley y los profetas"* (Mt. 5:17, 11:13; Hch. 13:15). Aun más breve, el término "ley" parece incluir a las otras divisiones (Jn. 10:34, 12:34, 15:25; I Cor. 14:21).

---

[1] Este orden está sugerido en *From God to Us - How we Got OurBible* (De Dios a Nosotros - Como Obtuvimos Nuestra Biblia) por Norman L. Geisler y William E. Nix (Chicago: Moody Press, 1974) 10. Declaran su fuente a *The Holy Scriptures According to the Masoretic Text* (Las Sagradas Escrituras de Acuerdo al Texto Masorético) y a *La Biblia Hebraica* por los editores Rudolf Kittel y Paul Kahle (Stuagart: Wurttemberigsche, 1973).

C. DIVISIONES EN EL NUEVO TESTAMENTO.

- **Biográficos** (4 libros): Mateo, Marcos, Lucas y Juan.

- **Histórico** (1 libro): Hechos.

- **Pedagógicos** (21 libros): Romanos, I Corintios, II Corintios, Gálatas, Efesios, Filipenses, Colosenses, I Tesalonisenses, II Tesalonisenses, I Timoteo, II Timoteo, Tito, Filemón, Hebreos, Santiago, I Pedro, II Pedro, I Juan, II Juan, III Juan y Judas.

- **Profético** (1 libro) Apocalipsis.

A veces, como alternativa, son sugeridas las siguientes divisiones para el Nuevo Testamento:

1. Los evangelios: Mateo, Marcos, Lucas y Juan.

2. Los Hechos de los Apóstoles.

3. Las epístolas de Pablo (incluyendo Hebreos).

4. Las epístolas Generales.

5. El libro de Apocalipsis.[2]

D. CAPÍTULOS Y VERSÍCULOS.

Originalmente la Biblia no estaba dividida en capítulos y versículos como nosotros la conocemos hoy en día. Por conveniencia de referencia, estos fueron agregados en fechas comparativamente recientes. Se asumía antes que la división por capítulos fue introducida primeramente por el cardenal Hugo, quien murió en 1263 d.C. Investigaciones posteriores lo atribuyeron a Stephen Langton, arzobispo de Canterbury, quien murió en 1228. El Nuevo Testamento fue publicado por primera vez con divisiones de versículos por Robert Stephans en 1551. La primera Biblia que fue publicada, dividida enteramente en versículos fue la Biblia de Ginebra de 1560.

Es de considerable importancia que el estudiante bíblico tome en cuenta que estas divisiones no estaban en los textos originales y que no fueron inspiradas. La mayoría de las divisiones son de mucha ayuda, pero algunas de ellas han demostrado ser bastante confusas ya que se han interpuesto en medio del tema que se está tratando; existe la tendencia de pensar que hay un cambio de tema cada vez que un capítulo termina y otro nuevo empieza. Muchas veces uno debe omitir la división del capítulo com-

---

[2] *The Book of Books: What It Is; How to Study It* (El Libro de los Libros: Qué es; Como Estudiarlo) por William Evans (Chicago: The Bible Institute Colportage Association, 1902) 95.

pletamente. Dos ejemplos simples de esto son los siguientes: En Hechos 22, el mensaje de Pablo está separado de los eventos que los causaron, los cuales están registrados en el capítulo anterior. Juan 7:53 y 8:1 leídos conjuntamente sin un corte de capítulo, presentan un significativo contraste: *"cada uno se fue a su casa: y Jesús se fue al monte de los Olivos."*

De acuerdo con los datos dados por William Evans, la Biblia "contiene 1.189 capítulos y 31.173 versículos. De estos, 929 capítulos y 23.214 versículos, ocurren en el Antiguo Testamento; 260 capítulos y 7.959 versículos en el Nuevo."[3]

III. LOS ESCRITORES DE LAS ESCRITURAS

La Biblia es un libro, pero también es una compilación de muchos libros escritos por no menos de cuarenta (40) diferentes autores a través de un período de no menos de 1.500 años. Muchos de los autores nunca se conocieron, sin embargo, la unidad y continuidad de los libros es tan aparente que es fácil pensar que la Biblia tuvo un solo autor - Dios mismo.

De los sesenta y seis diferentes libros de la Biblia, los autores de cincuenta y cinco (55) son fácilmente identificados por tradición e historia. Los once (11) libros de los cuales los autores son desconocidos son: Jueces, Rut, I y II de Samuel, I y II de Reyes, I y II de Crónicas, Ester, Job y Hebreos. Algunos libros, tales como Génesis, Jueces, I y II de Reyes, I y II de Crónicas, cubren períodos tan largos de la historia que es posible de que sean colecciones de antiguos archivos que han sido reunidos y editados, hacia el final del período descrito en el libro, por algún individuo elegido por Dios. Por ejemplo, Moisés podría ser el compilador de Génesis. Si esto es cierto, entonces el número real de los escritores que contribuyeron en la Biblia, puede ser considerablemente más de cuarenta. Los Salmos y Proverbios, tienen varios autores. Las sobre-escrituras que aparecen encabezando muchos de los Salmos sugieren por lo menos siete diferentes autores. En adición a Salomón como el autor de Proverbios se menciona a Agur en 30:1 y al rey Lemuel en 31:1.

Todos los autores, exceptuando posiblemente a Lucas, fueron judíos y escribieron en el contexto de la religión judía. Sin embargo, las palabras que ellos escribieron le han causado más atracción e interés a personas de todas las naciones que todas las otras palabras escritas.

Es sumamente interesante notar la variedad de antecedentes ocupacionales representados por los autores conocidos:

- Dos de los escritores eran reyes - David y Salomón

---

[3] Evans, 96, 97

- Dos eran sacerdotes - Jeremías y Ezequiel
- Lucas era un médico
- Dos eran pescadores - Pedro y Juan
- Dos eran pastores - Moisés y Amós
- Pablo era un fariseo y un teólogo
- Daniel era un político
- Mateo era un recaudador de impuestos
- Josué era un soldado
- Esdras era un escriba
- Nehemías era un mayordomo.

Los antecedentes y las ocupaciones de los otros son en su mayoría desconocidos.

IV. EL CANON DE LAS ESCRITURAS

La palabra "canon" viene del griego **kanon**, que quiere decir "una caña o vara de medir" y significa "una regla, una norma." De aquí que el canon de la Biblia consiste de esos libros considerados dignos de ser incluidos en la sagrada escritura. De acuerdo con los autores Selby y West:

La canonización fue el resultado de un desarrollo de siglos de duración por medio del cual aquellos libros que se mostraron útiles para la fe y alabanza, fueron elevados a un papel más decisivo. Quiere decir que el canon estaba determinado no tanto por decreto rabino o de la iglesia como por el mérito de cada libro por separado y su recibimiento por la comunidad por la inspiración y edificación ofrecida.[4]

Otro autor lo expresa de esta manera: "Los diferentes libros poseían y ejercían autoridad divina mucho antes de que los hombres hicieran pronunciamientos al respecto. Los concilios eclesiásticos no les dieron a los libros su autoridad divina, sino simplemente reconocieron que la tenían y que la ejercían."[5]

---

[4] *Introduction to the Bible* (Introducción a la Biblia) por Donald J. Selby y James King West (Nueva York: The Macmillan Company, 1971) 2.

[5] *The New Bible Dictionary* (El Nuevo Diccionario de la Biblia) por N.H. Ridderbos, 187; como citado en Introduction to the Old Testament (Introducción al Antiguo Testamento) por Roland K. Harrison (Grand Rapids, MI: Wm. B. Eerdmans Publishing Company, 1969) 263.

A. EL CANON DEL ANTIGUO TESTAMENTO.

Cualquier consideración acerca del momento exacto en que se cerró el canon del Antiguo Testamento lleva a una variedad de opiniones entre los literatos bíblicos. El Antiguo Testamento no dice nada al respecto; sin embargo, sí da muchas sugerencias acerca de los comienzos de la escritura de las leyes de Dios para que pudieran ser guardadas por la gente. El capítulo diecisiete de Exodo narra la victoria de los hijos (de Israel sobre Amalec mientras las manos de Moisés eran sostenidas en alto delante del Señor, y el versículo catorce dice: *"Y Jehová dijo a Moisés: Escribe esto para memoria en un libro, y di a Josué..."* Exodo 24:3,4 registra la escritura de las palabras y los juicios de Dios: *"Y Moisés vino y contó al pueblo todas las palabras de Jehová, y todas las leyes; y todo el pueblo respondió a una voz, y dijo: Haremos todas las palabras que Jehová a dicho. Y Moisés escribió todas las palabras de Jehová..."*

El capítulo 31 de Deuteronomio narra la escritura de la ley por Moisés, que debía ser guardada y leída a la gente cada siete años:

> *Y escribió Moisés esta ley, y la dio a los sacerdotes hijos de Leví... Y les mandó Moisés, diciendo: Al fin de cada siete años, en el año de la remisión, en la fiesta de los tabernáculos, cuando viniere todo Israel a presentarse delante de Jehová tu Dios en el lugar que escogiere, leerás esta ley delante de todo Israel a oídos de ellos* (Vs. 9-11).

Esta ocasión bien podría marcar el comienzo más temprano del canon del Antiguo Testamento, porque leemos: *"Y cuando acabó Moisés de escribir las palabras de esta ley en un libro hasta concluirse, dio órdenes Moisés a los levitas... diciendo: Tomad este libro de la ley, y ponedlo al lado del arca del pacto de Jehová vuestro Dios, y esté allí por testigo contra ti"* (Dt. 31:24-26). Josué, el sucesor de Moisés, también escribió estas palabras, *"en el libro de la ley de Dios"* (Jos. 24:26). Samuel registró algunos eventos de su época en un libro. Leemos: *"Samuel recitó luego al pueblo las leyes del reino, y las escribió en un libro, el cual guardó delante de Jehová"* (I Sam. 10:25). Los profetas en tiempos posteriores se ocuparon en escribir libros. Dios habló a Jeremías, y dijo: *"Toma el rollo de libro, y escribe en él todas las palabras que te he hablado contra Israel y contra Judá y contra todas las naciones desde el día que comencé a hablarte, desde los días de Josías hasta hoy"* (Jer. 36:2).

Generaciones posteriores se encuentran consultando las escrituras de sus predecesores. Daniel buscó *"en los libros"* y encontró que el profeta Jeremías limitó a setenta años la duración de la desolación de Jerusalén (Dn. 9:2). Más tarde, cuando la gente estaba nuevamente congregada en Jerusalén después de la cautividad de Babilonia, la ley de Moisés fue leída y honrada (Neh. 8:1-8). Durante el reino de Josías en Judá, el libro de la ley de Jehová, que había sido perdido, fue hallado: *"Entonces dijo el sumo sacerdote Hilcías al escriba Safán: He hallado el libro de la ley en la casa de Jehová"* (II R. 22:8). Josías reunió a los ancianos de Judá y Jerusalén, *"y leyó, oyéndolo ellos, todas las palabras del libro del pacto que había sido hallado en la casa de Jehová"* (II R. 23:2). De aquí, vemos los comienzos de lo que posteriormente se convirtió en el Antiguo Testamento.

En su artículo de la *International Standard Bible Encyclopedia* (Enciclopedia Internacional Normativa de la Biblia), George L. Robinson, después de una cuidadosa consideración de las posibles evidencias, concluye (siguiendo la triple división del Antiguo Testamento en el hebreo) que los libros de la ley fueron reconocidos como canónicos durante la época de Esdras (444 a.C.); Robinson también concluye que los profetas fueron reconocidos como tales algún tiempo después (alrededor del 200 de nuestra era) y que los escritos recibieron autoridad alrededor del 100 a.C. Robinson no dice que haya tres cánones separados, pero que "había tres clases separadas de escritos, los cuales entre 450 a.C. y 100 a.C. se sostenían sobre distintas bases sin duda alguna, y sólo gradualmente llegaron a tener autoridad."[6]

Otros eruditos sostienen la creencia de que hubieron sólo dos períodos de canonización correspondientes a "la ley y los profetas", y que el canon del Antiguo Testamento fue completado alrededor del 400 a.C.[7] Es difícil decir cual de estas posiciones es la correcta. Lo que es importante es que el canon del Antiguo Testamento, sin duda, estaba completo en la época de Cristo. Jesús se refirió a él como "Las escrituras", diciendo: *"Escudriñad las Escrituras; porque a vosotros os parece que en ellas tenéis la vida eterna"* (Jn. 5:39). Leemos: *"Y comenzando desde Moisés, y siguiendo por todos los profetas, les declaraba en todas las Escrituras lo que de él decía"* (Lc. 24:27).

En Lucas 11:51 hay una declaración interesante de Jesús que habla del tiempo *"desde la sangre de Abel hasta la sangre de Zacarías, que murió entre el altar y el templo."* Jesús se refería a los mártires del Antiguo Testamento. Abel fue el primero, como está registrado en el cuarto capítulo de Génesis y Zacarías fue el último como registra II Crónicas 24:20,21. En la Biblia hebrea, II Crónicas es el último libro, mientras que Génesis es el primero. Entonces, Jesús no sólo puso su sello de aprobación sobre todo el Antiguo Testamento, desde Génesis hasta II Crónicas, sino que también dio

---

[6] *International Standard Bible Encyclopedia* (Enciclopedia Bíblica Internacional Normativa) por George L. Robinson (Grand Rapids, MI. Wm. B. Eerdínans Publishing Company, 1943) 1, 554-563.

[7] *From God lo Us (De Dios a Nosotros)* por Geisler y Nix, 85.

indicación de que estos libros estaban en existencia, y estaban aprobados en el período en que Él estuvo en la tierra.

Como evidencia adicional de la perfección del canon del Antiguo Testamento en esta época tenemos el testimonio del celebrado historiador judío Flavio Josefo. En sus escritos, *En contra de Apión,* él dice:

> Porque no tenemos entre nosotros una innumerable multitud de libros que están en desacuerdo y que se contradicen el uno al otro, (como tienen los griegos) sino sólo veintidós libros, que contienen los registros de todos los tiempos pasados; los cuales nosotros justamente creemos que son divinos... y es evidente cuan firmemente hemos dado crédito a estos libros de nuestra propia nación por lo que hacemos; porque durante tantos siglos como ya han pasado, nadie ha tenido el coraje suficiente como para agregar nada a ellos, ni sacar nada de ellos; pero ha llegado a ser inmediatamente natural a todo judío, y desde su nacimiento, estimar estos libros que contienen doctrinas divinas, y a persistir en ellas, y si la ocasión se diera, morir voluntariamente por ellos.[8]

En nuestras Biblias cristianas hay treinta y nueve (39) libros en el Antiguo Testamento, mientras que el Antiguo Testamento judío cuenta sólo con veinticuatro (24). Esto se explica por los siguientes hechos:

* Los doce libros de los profetas menores (Oseas a Malaquías) son sólo un libro;

* También los siguientes son sólo un libro cada uno: I y II Samuel, I y II Reyes, I y II Crónicas, Esdras y Nehemías.

De modo que, aunque no hay diferencia en las palabras, el Antiguo Testamento hebreo lista nueve títulos menos. Josefo contó veintidós (22), porque él unió Rut con Jueces y Lamentaciones con Jeremías.

B. EL APÓCRIFO.

La palabra "Apócrifo", se usa comúnmente cuando se habla de los "Libros apócrifos" y se refiere a los catorce libros que han sido agregados al Antiguo Testamento y que son sostenidos como parte del canon sagrado, particularmente por la Iglesia Católica Romana. Los protestantes generalmente no los incluyen en la Biblia. La palabra literalmente ha llegado a significar "escondido" u "oculto." La septuaginta (LXX), la traducción al griego del Antiguo Testamento hecho entre 280 a.C. y 180 a.C., contiene los libros apócrifos. Jerónimo los incluyó en "La vulgata", su traducción latina del Antiguo Testamento.

---

[8] *The Life and Works of Flavius Josephus* (La Vida y Obra de Flavio Josefo) traducción de William Whiston (Chicago: The John C. Winston Company, ¿1963?) 861, 862.

Estos libros no forman parte de la Biblia hebrea. Los reformadores fueron ampliamente responsables por la eliminación del apócrifo de la Biblia porque contienen cosas que son inconsistentes con la doctrina protestante (ej. Las doctrinas de oración por los muertos, y la intercesión a los santos). Los siguientes son los catorce libros del apócrifo; a veces se encuentran dispersos a través del Antiguo Testamento y a veces aparecen escritos al final del Antiguo Testamento: I Esdras, II Esdras, Tobías, Judit, adiciones al libro de Ester, La Sabiduría de Salomón, Eclesiástico, Baruk, con La Epístola de Jeremías, La Canción de los Tres Santos Niños, La Historia de Susana, Bel y el Dragón, La Oración de Manasés, I Macabeos y II Macabeos. Aunque partes de casi todos los libros del Antiguo Testamento están citados o se refiere a ellos directamente, en el canon del Nuevo Testamento no existe ninguna cita o referencia a ninguno de los libros apócrifos.

C. EL CANON DEL NUEVO TESTAMENTO.

Es mucho más fácil trazar la canonización de los veintisiete (27) libros del Nuevo Testamento que del Antiguo Testamento. Hay mucha más evidencia disponible. Los libros del Nuevo Testamento fueron escritos durante la última mitad del primer siglo después de Cristo. La recientemente formada iglesia cristiana tenía las escrituras del Antiguo Testamento como base para su fe pero, en adición a esto, se le dio gran importancia a las palabras de Cristo y a las enseñanzas de los apóstoles. De manera que, no pasó mucho tiempo antes de que los evangelios comenzaran a ser puestos a la par con el Antiguo Testamento.

La autoridad de los apóstoles es completamente confirmada. Juan declara, *"lo que hemos visto y oído, eso os anunciamos"* (I Jn. 1:3); Pedro dice que ellos hablan *"habiendo visto con nuestros propios ojos su majestad"* (II P. 1:16); y de los primeros creyentes leemos: *"Y perseveraban en la doctrina de los apóstoles"* (Hch. 2:42).

Debido a que las epístolas de Pablo fueron escritas para tocar la necesidad específica de una iglesia local o de un individuo, éstas eran preservadas por su valor espiritual y eran leídas en las iglesias. En varias ocasiones, Pablo dio instrucciones definidas de que sus cartas fueran leídas y circuladas. A la iglesia en Tesalónica escribió: *"Os conjuro por el Señor, que esta carta se lea a todos los santos hermanos"* (I Tes. 5:27). A la iglesia en Colosas exhortó: *"Cuando esta carta haya sido leída entre vosotros, haced que también se lea en la iglesia de los laodicenses, y que la de Laodicea la leáis también vosotros"* (Col. 4:16). Para que esto se pudiera llevar a cabo, es concebible que una copia de la carta colosense y de la laodiceana hubiera sido hecha. A medida que esta práctica se esparció, es fácil ver que antes de que pasaran muchos años, se dispondría de una compilación de las cartas de Pablo.

El Nuevo Testamento sugiere una distribución bastante amplia de estas escrituras. A Juan se le indicó: *"Escribe en un libro lo que ves, y envíalo a las siete iglesias que están en Asia"* (Ap. 1:11). Santiago se dirigió *"a las doce tribus que están en dispersión"* (Stg. 1:1). La primera epístola de Pedro fue escrita *"a los expatriados en la dispersión en el Ponto, Galicia, Capadocia, Asia y Bitinia"* (I P. 1:1). Se ha sugerido la posibilidad de la existencia de una compilación temprana de un canon del Nuevo Testamento que se reconocería conjuntamente con las escrituras del Antiguo Testamento:

> Y tened entendido que la paciencia de nuestro Señor es para salvación; como también nuestro amado hermano Pablo, según la sabiduría que le ha sido dada, os ha escrito, casi en todas sus epístolas, hablando en ellas de estas cosas; entre las cuales hay algunas difíciles de entender, las cuales los indoctos e inconstantes tuercen, como también las otras escrituras, para su propia perdición (II P. 3:15,16).

Durante los primeros años del siglo segundo, comenzó a hacerse sentir el efecto de los patriarcas eclesiásticos. Estos eran talentosos alumnos, maestros y dirigentes de la iglesia. En sus cartas a estas nuevas iglesias, ellos citaron continuamente de los libros que llegarían a ser el canon del Nuevo Testamento. Estas cartas llevaban un testimonio distinguido del valor del libro del cual citaban, ubicándolos por encima de sus propias palabras. Por extraño que parezca, el "Agnóstico Marción" (140 d.C.), un notable hereje, fue usado para inspirar el reconocimiento de algunos de los libros del Nuevo Testamento, particularmente las epístolas de Pablo.

Marción compiló su propio canon, que incluía el evangelio según Lucas y diez de las epístolas paulinas. Marción rechazó las epístolas pastorales, Hebreos, Marcos, Juan, Hechos, las epístolas generales y Apocalipsis. Sus acciones trajeron como consecuencia mucha crítica y un estudio más profundo de esos libros que él rechazó. Para fines del siglo segundo, todos menos siete de los veintisiete libros del Nuevo Testamento fueron reconocidos como canónicos. Los siete libros que no fueron enteramente reconocidos en ese momento eran: Hebreos, II y III de Juan, II de Pedro, Judas, Santiago y Apocalipsis.

Impetu adicional fue dado a la formación de un canon definitivo del Nuevo Testamento por el emperador Diocleciano (302-305), momento en el cual ordenó que las escrituras fueran quemadas con fuego. Por lo tanto, llegó a ser una necesidad que se hiciera una determinación acerca de cuáles libros eran la escritura. Los cristianos debían decidir por cuáles libros valía la pena sufrir y morir. El interrogante del canon tenía un significado serio y práctico. Dentro de veinticinco años de las persecuciones dioclesianas, Constantino, el nuevo emperador, había abrazado al cristianismo y había ordenado a Eusebio, obispo de Cesarea e historiador eclesiástico, que preparara y distribuyera cincuenta copias del Nuevo Testamento. A causa de esto, era necesario decidir cuáles libros debían ser incluidos.

No es difícil entender que, en el momento en que el canon estaba siendo considerado, había muchos libros en existencia que reclamarían consideración. Estas escrituras han sido divididas generalmente en lo que comúnmente se conoce como el pseudepígrafo y el apócrifo. En el primero están incluidos un grupo de libros adulterados y heréticos considerados escrituras falsas. Estos fueron virtualmente desconocidos por todo concilio, y no fueron citados por los patriarcas eclesiásticos. Muchas doctrinas heréticas, tales como las sostenidas por los agnósticos, negaban la encarnación de Cristo; la doctrina sostenida por los docéticos, negaba la realidad de la humanidad de Cristo; y la sostenida por los monofisitas, quienes rechazaban que la doble naturaleza de Cristo, se encontraba en estos libros. Más de 280 de estos han sido catalogados y agrupados bajo los títulos de: Evangelios, Hechos, Epístolas, Apocalipsises y otros. Geisler y Nix declaran:

> Cualquier fragmento de verdad que preserven es oscurecido tanto por sus suposiciones religiosas como por sus tendencias heréticas. Los libros no sólo son anti-canónicos, también tienen muy poco valor para propósitos religiosos o devocionales. Su valor principal es histórico, revelando las creencias de sus compositores.[9]

Los libros catalogados como el apócrifo del Nuevo Testamento fueron aquellos mantenidos en gran estima por al menos uno de los patriarcas. Aunque contienen mucha información útil respecto a la historia de la iglesia primitiva, nunca han sido aceptados en el canon del Nuevo Testamento. Algunos de los más populares son: La Epístola de Bernabé (70-79), La Epístola (III) a los Corintios (96), El Pastor de Hermas (115-140), la Didajé enseñanza de los doce (100-120), Epístola a los Laodiceos (aproximadamente siglo cuarto), La Epístola de Policarpio a los Filipenses (108), y Las Siete Epístolas de Ignacio (110).

En una de sus epístolas pastorales, Atanasio (nacido alrededor de 298 d.C.) hace una lista, como escritura, de todos los veintisiete libros del Nuevo Testamento. En el tercer Concilio de Cartago (397) las iglesias cristianas establecieron la forma final del canon del Nuevo Testamento. De este modo, para fines del siglo cuarto todos los veintisiete libros habían sido recibidos. De esta manera, Geisler y Nix concluyen: "Una vez que las discusiones resultaron en el reconocimiento de los veintisiete libros canónicos del Nuevo Testamento no han habido más movimientos en el cristianismo para agregar, o quitar nada de él."[10]

---

[9] *From God to Us* (De Dios a Nosotros), Geisler y Nix, 116, 117.
[10] *From God to Us* (De Dios a Nosotros), Geisler y Nix, 101.

D. LAS PRUEBAS UTILIZADAS PARA DETERMINAR CANONICIDAD.

Los siguientes principios fueron utilizados para determinar la ubicación de un libro en el canon:

1. Apostolicidad.

¿Fue el libro escrito por un apóstol o por una persona cercanamente relacionada con los apóstoles? Esta pregunta fue especialmente importante con relación a Marcos, Lucas, Hechos y Hebreos; la razón es que Marcos y Lucas no estaban entre los doce originales y el escritor de Hebreos era desconocido.

2. Contenido espiritual.

¿El libro estaba siendo leído en las iglesias y sus contenidos probaban ser un medio de edificación espiritual? Esta era una prueba muy práctica.

3. Veracidad doctrinal.

¿Era el contenido de los libros recto en doctrina? Cualquier libro que contenía herejía, o que era contrarío a los ya aceptados libros canónicos, era rechazado.

4. Utilidad.

¿Era el libro reconocido universalmente en las iglesias y era ampliamente citado por los padres de la iglesia?

5. Inspiración divina.

¿Daba verdadera evidencia de inspiración divina? "Esta era la prueba fundamental, todo daba lugar finalmente a este aspecto."[11]

V. LA INFALIBILIDAD DE LAS ESCRITURAS

A. DEFINICION DE INFALIBILIDAD.

La infalibilidad de la escritura significa que, en sus autógrafos originales, la Biblia no contiene errores. En los idiomas originales en que la Biblia fue escrita, su contenido es absolutamente infalible - sin ningún error de

---

[11] *Introduction to the New Testament* (Introducción al Nuevo Testamento) por Henry Clarence Thiessen, (Grand Rapids, MI: Wm. B. Eerdrnans Publishing Company, 1948) Ma edición, 10.

ningún tipo. Esta ha sido la posición de todas las confesiones de las grandes iglesias evangélicas a través de los años.

En contraste a esto, los ateos, agnósticos y teólogos liberales han declarado que la Biblia está llena de errores. En realidad, hay aquellos que enseñan una "'Infalibilidad limitada", tomando derecho a declarar que la Biblia es infalible en materia de fe y práctica, pero no necesariamente en materia científica e histórica. El problema con esta posición es que ¿quién va a decidir cuál es la verdad y cuál no la es? Si uno no puede tener una fe positiva en la infalibilidad de este libro, ¿cómo puede hablar con una autoridad final, cuando se trata de la eternidad? ¿Por qué es esta pregunta tan vitalmente importante? ¿Por qué no puede uno allegarse a la Biblia de la misma forma que se acerca a cualquier otro libro? Cuando lee cualquier otro libro, el hombre toma lo que cree y deja aquello con lo cual está en desacuerdo. ¿Por qué no se puede hacer lo mismo, como muchos están abogando, con la Biblia?

B. EL TESTIMONIO A LA INFALIBILIDAD.

1. ¿De dónde viene esta doctrina de infalibilidad?

Viene de las escrituras mismas. Ellas declaran ser inspiradas por Dios. *"Toda la Escritura es inspirada por Dios"* (II Ti. 3:16). *"Porque nunca la profecía fue traída por voluntad humana sino que los santos hombres de Dios hablaron siendo inspirados por Espíritu Santo"* (II P. 1:21).

1.1. Escritores del Antiguo Testamento.

Los escritores del Antiguo Testamento son sumamente explícitos en declarar que estaban hablando la palabra de Dios. Ellos dicen 3,808 veces estar transmitiendo las exactas palabras de Dios. Moisés declaró: *"No añadiréis a la palabra que yo os mando, ni disminuiréis de ella"* (Dt. 4:2). El salmista clamó *"La ley de Jehová es perfecta... el testimonio de Jehová es fiel"* (Sal. 19:7). Samuel declaró: *"El Espíritu de Jehová ha hablado por mí, Y su palabra ha estado en mi lengua"* (II Sam. 23:2). Isaías escribió: *"Oíd, cielos, y escucha tú, tierra; porque habla Jehová"* (Is. 1:2). Jeremías cita las palabras que Dios le habló: *"Dirás todo lo que te mande... he aquí he puesto mis palabras en tu boca"* (Jer. 1:7,9). Ezequiel dice de su comisión: *"Les hablarás, pues, mis palabras"* (Ez. 2:7), y *"habla a ellos con mis palabras"* (Ez. 3:4). Cada uno y todos estos declaran que hablaban las palabras de Dios. De este modo el Antiguo Testamento testifica respecto de sí mismo.

1.2. Escritores del Nuevo Testamento.

Los escritores del Nuevo Testamento también testifican del hecho de que era Dios quien hablaba en el Antiguo Testamento.

1.2.1. En los evangelios. *"Todo esto aconteció para que se cumpliese lo dicho por el Señor por medio del profeta"* (Mt. 1:22). *"Como habló por boca de sus santos profetas que fueron desde el principio"* (Lc. 1:70). *"Porque el mismo David dijo por el Espíritu Santo..."* (Mr. 12:36).

1.2.2. En las epístolas. Los apóstoles también dieron su testimonio de la perfección de las escrituras del Antiguo Testamento. Pablo dijo de la ley que era santa y *"el mandamiento santo, justo y bueno"* (Rom. 7:12). El escritor de Hebreos consideraba a la palabra de Dios como viva y eficaz, llegando aun a juzgar hasta nuestros sentimientos y más profundos pensamientos (Heb. 4:12). Santiago describe la palabra como *"la perfecta ley de la libertad"* (Stg. 1:22-25). Él consideró su completa autoridad cuando produjo esta advertencia: *"¿O pensáis que la Escritura dice en vano...?"* (Stg. 4:5). Juan trae a un cierre la revelación escrita, con estas palabras:

> Yo testifico a todo aquel que oye las palabras de la profecía de este libro: Si alguno añadiere a estas cosas, Dios traerá sobre él las plagas que están escritas en este libro. Y si alguno quitare de las palabras del libro de esta profecía, Dios quitará su parte del libro de la vida, y de la santa ciudad y de las cosas que están escritas en este libro (Ap. 22:18,19).

De este modo, hacia el comienzo (Dt. 4:2, 12:32), en el medio (Pr. 30:6), y al final de las escrituras (Ap. 22:18,19), Dios previene acerca de alterar su palabra, ya sea agregando o quitando de su mensaje.

1.3. Jesucristo. Jesús mismo dio testimonio de la escritura.

Cristo confirmó específicamente todo el Antiguo Testamento. El no encontró ni un solo error, ni una inconsistencia en él. Continuamente basó sus argumentos y exhortaciones en él. Él declaró: *"... ni una jota ni una tilde pasará de la ley, hasta que todo se haya cumplido"* (Mt. 5:18). Discutiendo sólo una palabra con los judíos, Él dijo, *"la Escritura no puede ser quebrantada"* (Jn. 10:35). En Lucas 24:44 Jesús dijo, *"Estas son las palabras que os hablé, estando aún con vosotros: que era necesario que se cumpliese todo lo que está escrito de mí en la ley de Moisés, en los profetas y en los salmos."* Estas tres secciones comprenden todo el Antiguo Testamento.

Jesús se refirió a muchas personas y eventos del Antiguo Testamento, y de esa manera, atestiguó de la autenticidad y la autoridad del Antiguo Testamento. Es interesante notar que en la siguiente lista Jesús puso su sello de aprobación sobre algunos de los más cuestionados eventos y milagros del Antiguo Testamento. Él aprobó el relato de lo siguiente:

- Creación y matrimonio - Mateo 19:5
- El diluvio y el arca de Noé - Lucas 17:26,27

- La destrucción de Sodoma y Gomorra - Lucas 17:28,29
- La destrucción de Tiro y Sidón - Mateo 11:21,22
- La circuncisión - Juan 7:22
- La pascua - Mateo 26:2
- La ley - Juan 7:19
- Los mandamientos - Mateo 19:7-9
- La ley judía de divorcio - Mateo 19:7-9
- El hecho de la zarza ardiente - Marcos 12:26
- El símbolo de Jonás y el gran pez - Mateo 12:40
- El arrepentimiento de Nínive - Mateo 12:41
- La gloria de Salomón - Mateo 6:29
- La sabiduría de Salomón - Mateo 6:29
- La fiesta de los tabernáculos - Juan 7
- David comiendo los panes de la proposición - Mateo 12:3
- Los sacerdotes profanando el santuario - Mateo 12:5
- El cierre de los cielos en los días de Elías - Lucas 4:25
- La historia de Naamán, el leproso - Lucas 4:27
- El registro de la serpiente levantada - Juan 3:14,15
- El asesinato de Abel y Zacarías - Mateo 23:35
- La misión del Mesías - Lucas 4:16-21
- La misión de Juan el Bautista - Mateo 17:10-13
- La misión de Elías - Mateo 17:10-13
- Daniel y su gran profecía - Mateo 24:15

2. La Biblia, una original revelación de verdad.

La Biblia es una revelación de verdades acerca de las cuales el hombre puede conocer sólo por lo que ella dice. El hombre se pregunta: ¿Quién soy yo? ¿De dónde vengo? ¿A dónde voy? ¿Qué de la inmortalidad, el cielo, el infierno, el juicio, la eternidad? ¿Qué sabe el hombre, qué puede saber aparte de la Biblia? Muchos están virtualmente haciendo su propio dios. ¿De qué sirve un dios que el hombre mismo puede hacer? El hombre no lo necesita. Si lo puede crear, entonces el hombre es mayor que su dios y por lo tanto no lo necesita. Ninguna persona, ni ninguna nación ha revelado jamás un dios como el Dios de las sagradas escrituras.

Chafer dice que la Biblia es infinita porque encierra verdades respecto a un Dios infinito, una santidad infinita, pecado infinito y una redención infinita. Parece probarse infinita, porque "ninguna mente humana ha comprendido enteramente su mensaje o ha medido sus valores."[12] El creyente no está avergonzado en lo más mínimo por no poder explicar todo acerca de Dios. Dios no sería Dios si esto fuera posible. Uno nunca alaba aquello que entiende. Es sólo cuando llega más allá del dominio de su propia comprensión que inclina su cabeza y alza sus manos en alabanza.

¿Quién es Jesús? ¿Cómo es Él? ¿Puede hacer algo por el alma humana? ¿Tiene alguna cosa vital para comunicarle a la humanidad? ¿El bienestar eterno del alma del hombre depende realmente de Él? Algunos abogarían que no nos preocupemos de la infalibilidad de la Biblia - ¡Sólo seguimos a Jesús! Algunos maestros liberales han dicho, "¡Cristo solo es la palabra de Dios! Creemos sin reservas en la palabra de Dios, pero es Cristo solo quien es la palabra." Esto suena muy piadoso, pero, ¿qué conoce el hombre acerca de Jesús aparte de lo revelado en la Biblia? Nuestra entera fuente de información acerca de Él está en este libro. Si uno no puede depender de la palabra para información acerca de otras cosas, entonces, ¿cómo uno puede estar seguro de que es correcta en lo que dice de Jesús?

3. La Biblia es una revelación inalterable.

Mucha de la incertidumbre e incredulidad de la Biblia ha venido de los llamados científicos. Debido a que la infalibilidad de la Biblia está al nivel de hechos observables, está más propensa a los ataques de los escépticos e incrédulos literatos. La ciencia ha asumido un aura de autoridad y casi de infalibilidad. Muchos han hecho de ella un dios virtual.

La palabra "ciencia" significa simplemente "conocimiento" y no debe ser ni alabada ni temida. Lo significativo acerca de la ciencia es que constantemente está teniendo que cambiar sus conclusiones a medida que surgen nuevos sucesos. Textos científicos de años recientes en antigüedad están virtualmente fuera de actualidad, mientras que la Biblia no ha tenido que ser alterada ni en la más mínima manera después de miles de años desde que fue escrita. ¿Por qué ha de dudar uno de un libro que se ha sostenido a pesar de los siglos y a pesar de todos los ataques en su contra, por ciencias que deben ser revisadas a menudo? La Biblia no es un texto de ciencias, pero nunca ha sido considerada como falsa en ningún hecho científico. El informe de Génesis sobre la creación todavía está en pie.

---

[12] *Systematic Theology* (Teología Sistemática) por Lewis Sperry Chafer (Dallas, TX: Dallas Seminary Press, 1947) 1, 22.

4. La Biblia es correcta moral y espiritualmente.

Más importante que cualquier otra cosa, la Biblia es moral y espiritualmente correcta. No es en el dominio científico donde la Biblia muestra su mayor exactitud, sino en el dominio moral y espiritual. Myer Pearlman concluye su sección de bibliología con las palabras: "Las defensas intelectuales de la Biblia tienen su lugar; pero después de todo, el mejor argumento es el práctico. La Biblia ha funcionado. Ha influenciado civilizaciones, ha transformado vidas, ha traído luz, inspiración y consuelo a millones. Y su obra continúa."[13] La escritura declara: *"Por lo cual también nosotros sin cesar damos gracias a Dios, de que cuando recibisteis la palabra de Dios que oísteis de nosotros, la recibisteis no como palabra de hombres, sino según es en verdad, la palabra de Dios, la cual actúa en vosotros los creyentes"* (I Tes. 2:13).

VI. LA INSPIRACION DE LAS ESCRITURAS

La Biblia es un libro sin errores e infalible; un libro de palabras, frases y oraciones que, como fue escrito originalmente, no contiene ningún error. Este libro fue escrito por el hombre caído, débil y pecador. El hombre con toda la posibilidad de entender mal, interpretar mal, con falta de memoria, aun con la posibilidad de maliciosa falsedad. Sin embargo, ha sido declarado que el libro que el hombre escribió, no contiene ninguna evidencia de alguna de estas debilidades naturales. De hecho, se atreve a decir que lo que él escribió es perfectamente correcto - nada debe ser removido del registro - pero no dejó de escribir todo lo que debía decir - nada debe agregársele.

No es fácil creer que eso fuese posible en un hombre de tan caída raza. Pero esto fue logrado por más de cuarenta (40) hombres diferentes que vivieron en un término de más de 1500 años; muchos de ellos nunca se vieron o conversaron, sin embargo, sus escrituras no tienen ningún desacuerdo. Sólo un milagro de largo plazo, podría hacer esto. ¿Cómo puede tal cosa ser posible? ¡A través del misterio y milagro de inspiración divina!

A. DEFINICION DE INSPIRACION.

La Biblia revela la fuente de su magnificencia: *"Toda escritura es inspirada por Dios"* Esto no significa que "Dios respiró dentro de cada uno de los escritores", sino que la palabra fue producida por el aliento creativo de Dios.

---

[13] *Knowing the Doctrines of the Bible* (Conociendo las Doctrinas de la Biblia) por Myer Pearlman (Springfield, MO: The Gospel Publishing House, 1939) 29.

La palabra griega en este pasaje ***theopneustos,*** no significa "inspirada por Dios." ...No tiene nada que ver con la inspiración sino con el aliento de Dios. La escritura no es producto del soplo divino dentro de sus autores humanos, sino que es exhalada por Dios, "espirada por Dios", es el producto del aliento creativo de Dios. En una palabra, lo que declara este pasaje fundamental es simplemente que las escrituras son un producto divino, sin ninguna indicación de cómo Dios ha operado en producirlas. Sin embargo, ningún termino que hubiera acertado más enfáticamente la divina producción de las escrituras podría haberse elegido que aquel que ya se ha empleado. El "aliento" de Dios es, en la escritura, sólo un símbolo de su omnipotente poder, el portador de su palabra creativa.[14]

De la misma forma en que Dios sopló en Adán el "aliento de vida", así también sopló en las escrituras el aliento de su vida. También leemos, en II Pedro 1:21: *"santos hombres de Dios hablaron siendo inspirados por el Espíritu Santo."* Este verso literalmente dice: *"Porque la profecía no nació [fue traída] por voluntad del hombre en ningún momento, sino que hombres hablaron de Dios, siendo nacidos [o traídos] por el Espíritu Santo."* Benjamín Warfield dice:

> El término utilizado aquí es muy específico. No debe ser confundido con guianza, dirección, control, o aun dirigir en el completo sentido de la palabra. Este va más allá de todos esos términos al asignar el efecto producido específicamente al agente activo. Lo "cargado" es levantado por el "cargador" y es transportado por el poder del "cargador", no por sí mismo, hacia la meta del "cargador", no del suyo propio. Los hombres que hablaron por Dios son entonces declarados aquí haber sido tomados por el Espíritu Santo y traídos por su poder a la meta elegida por Él. Lo que ellos hablaron bajo esta operación del Espíritu Santo eran cosas del Espíritu, no de los hombres.[15]

B. DISTINCION ENTRE REVELACION, INSPIRACION E ILUMINACION.

Es importante distinguir entre revelación, inspiración e iluminación. Revelación es ese acto de Dios por medio del cual Él comunica a la mente humana verdades que antes no conocía; verdades que de ninguna otra manera podrían ser conocidas. Inspiración tiene que ver con la comunicación de la verdad. Evans dice: "La revelación descubre nuevas verdades, mientras que la inspiración supervisa la comunicación de esa verdad."[16]

---

[14] *The Inspiration and Authority of the Bible* (La Inspiración y Autoridad de la Biblia) por Benjarnin Warfield (Philadelphia, PA: The Presbyterian Reformed Publishing Company, 1948) 132, 133.

[15] Warfield, 137.

[16] Evans, 196

Todo lo que hay en la Biblia no fue directamente revelado al hombre. En ella hay registros de historia y de muchas observaciones personales. De lo que estamos seguros es que ese registro es verídico. El Espíritu Santo dirigió e influyó a los escritores para que, por inspiración, fueran guardados de todo error de verdad o de doctrina. La Biblia registra los hechos y las palabras de Dios, del hombre y del Diablo. Es sumamente importante notar cuidadosamente quien está hablando. El Dr. Wm. Evans lo ha expresado bien:

> A pesar de que toda la escritura es inspirada, no sella con autoridad divina cada oración que expresa como pronunciada por los hombres de quienes habla, ni tampoco marca con aprobación divina cada actuación narrada, ejecutada por aquellos con cuyas biografías trata. En el libro de Job, por ejemplo, la inspiración da, con igual exactitud, el lenguaje de Jehová, las palabras de Satanás, y los discursos de Job y de sus tres amigos; pero obviamente, no pone a todos en el mismo nivel de autoridad. Cada orador es responsable de sus propias expresiones. Ni Satanás, ni Job, ni sus tres amigos hablaron por inspiración de Dios. Ellos expresaron sus propias opiniones; y todo lo que esa inspiración atestigua es que ninguno de ellos es mal interpretado, pero que cada uno habló los sentimientos atribuidos a él en la escritura.[17]

Algunos confunden inspiración con iluminación. Iluminación se refiere a la influencia del Espíritu Santo, común a todos los creyentes, que les ayuda a asirse de las cosas de Dios. *"Pero el hombre natural no percibe las cosas que son del Espíritu de Dios, porque para él son locura, y no las puede entender, porque se han de discernir espiritualmente"* (I Cor. 2:14). Esta iluminación de cosas espirituales es prometida a todos los creyentes y puede ser experimentada por ellos. *"En aquella misma hora Jesús se regocijó en el Espíritu y dijo: Yo te alabo, oh Padre, Señor del cielo y de la tierra, porque escondiste estas cosas de los sabios y entendidos, y las has revelado a los niños. Sí, Padre, porque así te agradó"* (Lc. 10:21). Pedro habla de un ejemplo interesante donde a los profetas se les dio inspiración para registrar grandes verdades, pero no les fue otorgada la iluminación para entender con exactitud el significado de lo que profetizaban.

> *Los profetas que profetizaron de la gracia destinada a vosotros, inquirieron y diligentemente indagaron acerca de esta salvación, escudriñando qué persona y qué tiempo indicaba el Espíritu de Cristo que estaba en ellos, el cual anunciaba... A éstos se les reveló que no para sí mismos, sino para nosotros, administraban las cosas que ahora os son anunciadas...* (I P. 1:10-12).

---

[17] Evans, 196

Algunos tratan de explicar la inspiración de las escrituras como resultado de esta experiencia de iluminación. Ellos afirman que dentro del hombre hay esta chispa de luz divina que sólo necesitaba ser abanicada para permitir a los hombres de la antigüedad escribir la Biblia.

Myer Perlman distingue dos diferencias específicas entre iluminación e inspiración:

Primera diferencia: En cuanto a duración, la iluminación es o puede ser permanente. *"Mas la senda de los justos es como la luz de la aurora, que va en aumento hasta que el día es perfecto"* (Pr. 4:18). La unción que el creyente ha recibido del Santo habita en él, dice Juan. *"Pero la unción que vosotros recibisteis de él permanece en vosotros, y no tenéis necesidad de que nadie os enseñe; así como la unción misma os enseña todas las cosas, y es verdadera, y no es mentira, según ella os ha enseñado, permaneced en él"* (I Jn. 2:27).

Por otra parte, la inspiración era intermitente; el profeta no profetizaba a voluntad propia, pero estaba sujeto a la voluntad del Espíritu. *"Porque nunca la profecía fue traída por voluntad humana"*, declara Pedro (II P. 1:21), *"sino que los hombres santos hablaron siendo inspirados por el Espíritu Santo."* La precipitación de inspiración profética es implicada por la expresión común, "La palabra del Señor vino a tal persona." Una clara distinción es trazada entre los profetas verdaderos, quienes hablan sólo a medida que llega a ellos la palabra de Dios, y los falsos profetas, quienes hablan el mensaje de su propia imaginación (Jer. 14:14; 23:11,16; Ez. 13:2,3).

Segunda diferencia: La iluminación admite graduación, la inspiración no la admite. La gente varía en cuanto al grado de su iluminación; algunos poseyendo más incentivo que otros. Pero en el caso de inspiración, en el sentido de la Biblia, una persona es o no es inspirada.[18]

C. EL SIGNIFICADO DE INSPIRACION.

¿Qué significa en realidad, de la manera en que se aplica en la Biblia, esta palabra "inspiración"? Desgraciadamente no todos los eruditos están de acuerdo. Por esta razón, tenemos varias teorías de inspiración:

1. Perspectivas liberales de inspiración.

El punto de vista de un teólogo liberal está expresado particularmente en la declaración: "La Biblia contiene la palabra de Dios." Esto sugiere que también contiene una variada mezcla de palabras de hombres. Su posición puede ser expuesta de la siguiente manera: De lugar en lugar, dentro del

---

[18] Pearlman, 22

libro, se encuentran revelaciones que Dios dio a hombres piadosos en ciertos momentos, semejante a como ilumina hoy en día las mentes de los hombres con incentivos hacia verdades divinas. La Biblia es un tipo de álbum religioso, compuesto de historias, leyendas, genealogías y poemas de amor, que han sido clasificados, organizados y reorganizados sin ninguna consideración de perfección cronológica o literaria. Lo peligroso de este punto de vista es que pone en las manos del finito, débil y falible hombre el poder para determinar qué y cuándo Dios está hablando. De esta manera, se le otorga al hombre poder sobre la verdad infinita en vez de darle un lugar debajo de ella.

2. Perspectivas neo-ortodoxas de inspiración.

Estas pueden ser resumidas en la declaración que dice que: "La Biblia se convierte en la palabra de Dios." Consideremos dos de estos puntos de vista neo-ortodoxos:

2.1. El punto de vista existencial popularizado por Karl Barth.

Este reconoce que hay muchos errores humanos y muchas imperfecciones en la Biblia, aun en los autógrafos (originales). Pero la Biblia se convierte en la palabra de Dios cuando Él elige utilizar este canal imperfecto para confrontar al hombre con su palabra perfecta. Esto es logrado a través de un encuentro personal de Dios con el hombre en un acto de revelación. En esta experiencia existencial - encuentro de crisis - la masa insignificante de la hoja salta de la Biblia para hablarle concreta y significativamente al hombre. En este "momento significativo" la Biblia se transforma para el creyente en la palabra de Dios.

2.2. El punto de vista demitologizante de Bultmann y Neibuhr.

La Biblia debe ser despojada del mito religioso (demitologizar) para poder llegar al verdadero significado del amor de Dios dado en el sacrificio de Cristo. Uno debe mirar a través y más allá del registro histórico, con todo su mito y error, hacia lo super-histórico. Eventos tales como la caída del hombre, la crucifixión y resurrección, no son necesariamente objetos de historia real y verificable. De aquí que, la Biblia se convierte en una revelación cuando, por la correcta interpretación (despojada del mito religioso), uno es confrontado con el amor absoluto presentado en el "mito" del desinteresado amor de Dios en Cristo.

Nos podemos preguntar ¿Cómo el escritor del evangelio puede estar errado en un área como historia, donde podemos efectuar una revisión, y estar correcto en un área como doctrina, donde no hay posibilidad de revisión? Estos hombres se rehusan a creer que Dios hizo el milagro de darnos, por inspiración, una Biblia infalible, pero están preparados a creer que Dios efectúa diariamente el más grande milagro de facilitarle al hombre, el encontrar y ver, en las palabras falibles del hombre, las palabras infalibles de Dios. Es muy difícil ver por qué Dios usaría el error para enseñamos la verdad.

De nuevo, ¿cómo puede un simple creyente tener fe en un libro cuando se le ha dicho que sólo en ciertas partes es verídico? Se le ha dicho que lo divida y se quede con lo bueno. Pero, ¿cómo enfrentará el problema de dividir la Biblia en lo inspirado, lo parcialmente inspirado y lo no inspirado? ¿Bajo qué autoridad puede decir que esto o aquello no es de la mente de Dios? Intentar decidir qué no lo es, es ponerse por encima de las escrituras y perder enteramente el mensaje divino. Como se ha mencionado anteriormente, en estas perspectivas hay una confusión entre revelación e iluminación. La Biblia no es la palabra de Dios solamente cuando el hombre la oye y entiende. Es Dios hablando al hombre esté o no esté escuchándolo. La Biblia declara ser la palabra de Dios. Cualquier otra posición está enteramente contraria a la Biblia.

Hay algunos hoy en día, diciendo ser evangélicos, que enseñan que hay muchos errores históricos y científicos en la Biblia. Sin embargo, nos aseguran rápidamente que en lo concerniente al plan de salvación es completamente inequívoca. ¿Cómo puede uno estar tan seguro de que la Biblia es correcta en materia soteriológica cuando está errada en hechos históricos y científicos? Parece como si fueran los hombres, y no Dios, quienes nos están diciendo en qué debemos creer. Si la Biblia no es completamente inequívoca, totalmente infalible, entonces no hay una autoridad final en su mensaje.

Mientras que los liberales contienden que la Biblia solamente **contiene** la palabra de Dios, y los Neo-ortodoxos afirman que la Biblia **se convierte** en la palabra de Dios en un existencial "momento significativo", la posición ortodoxa o conservadora es que la Biblia **es** la palabra de Dios.

3. Las perspectivas conservadoras.

La Biblia es la palabra de Dios. Sin embargo, dentro de la escuela conservadora hay una diferencia de opinión respecto a lo que involucra la inspiración:

3.1. La teoría de dictado verbal.

Esta teoría expone que cada palabra, aun la puntuación, es dictada por Dios, semejante a como un ejecutivo de negocios le dictaría una carta a su secretaria. A esto se le llama a menudo "inspiración mecánica" o "dictado verbal." A los fundamentalistas se les acusa comúnmente de suscribir a este método de inspiración, pero sólo un pequeño porcentaje de ellos en realidad lo hace. La gran debilidad de esta teoría es que elimina toda posibilidad de un estilo personal en las escrituras del autor elegido divinamente - un fenómeno que es claramente observable.

3.2. La teoría del concepto inspirado.

En un esfuerzo por compensar los peligros de la teoría de dictado verbal, algunos conservadores han adoptado la idea de que Dios dio los pensamientos a hombres elegidos, y los dejó a ellos que registraran estos pensamientos en sus propias palabras. De esta manera, sólo los pensamientos, no las palabras, son inspirados. Esto ha sido llamado "inspiración dinámica." Esto explica la humanidad de la Biblia, pero debilita su divinidad. La teoría mecánica deifica al aspecto humano de la Biblia mientras que la teoría dinámica humaniza la divinidad.

3.3. El punto de vista verbal y de inspiración plenaria.

Este punto de vista sostiene que todas las palabras escritas son inspiradas por Dios (II Ti. 3:16). "Verbal" significa las palabras, y "plenario" significa "lleno", o "completo", como opuesto a parcial. De esta manera se sostiene que las palabras mismas, y todas ellas, son inspiradas. Dios dio completa expresión a sus pensamientos en las palabras del registro bíblico. Él guió la misma selección de palabras usadas dentro de la personalidad y complejo cultural de los escritores; de tal forma, y de manera inescrutable, la Biblia es la palabra de Dios en las palabras de los hombres.

Charles Hodge ha expresado bien el significado de inspiración verbal:

Significa que la influencia divina que acompañaba a los sagrados escritores en lo que escribían, del tipo que haya sido, se extiende a la expresión de sus pensamientos, al idioma y a los pensamientos mismos, produciendo como resultado, el que en las copias originales de los autógrafos, el lenguaje exprese el pensamiento que Dios propuso transmitir con exactitud infalible, para que las palabras, como los pensamientos, fuesen la revelación de Dios a nosotros.[19]

Inspiración es entonces el proceso por el cual hombres movidos por el Espíritu (II P. 1:21), produjeron escrituras Espíritu-inspiradas (II Ti. 3:16). L. Gaussen nos da una excelente definición de inspiración en lo siguiente, es "ese poder inexplicable que el Espíritu divino puso sobre los autores de las sagradas escrituras para su guianza, aun en el empleo de las palabras que usaron, y para preservarlos igualmente de todo error y de toda omisión."[20]

Es reconocido que aquí estamos en un área de misterio. Cómo llegó a acontecer exactamente la inspiración infalible es algo que mentes finitas no pueden comprender. Que hay un lado divino en el proceso no se puede

---

[19] Charles Hodge, fuente desconocida

[20] *Theopneustia* por L. Gaussen, (Chicago: The Bible Institute Colportage Association) como citado por Thiessen, 107.

negar. Pero que hay un aspecto humano es igualmente claro. Dios usó a hombres. Reconocemos ambos elementos pero no los podemos reconciliar. Quizás la mejor ilustración es la encarnación de Jesucristo. Cristo tiene un aspecto divino y otro humano. La escritura también tiene un aspecto celestial y otro terrenal. En ambos, Cristo y la escritura, el lado humano es perfecto, como también es el divino. Es incorrecto tratar de deshacemos de la naturaleza divina de Cristo para poder entender su naturaleza humana, como hicieron los arrianos. Es igualmente erróneo sacrificar su verdadera naturaleza humana para poder explicar que Él es divino, como hicieron los docéticos. Así que es incorrecto negar que las palabras de la escritura son tanto humanas como divinas en su naturaleza.

El error está en tratar de explicar lo inexplicable y de sondear lo insondable. Los medios o el proceso de inspiración es un misterio de la providencia de Dios, pero el resultado de este proceso es un registro verbal (palabras), plenario (que se extiende a todas las partes equitativamente), infalible (sin error) y autoritativo.

VII. LOS SÍMBOLOS DE LAS ESCRITURAS

Muchas veces la Biblia utiliza un lenguaje simbólico para enseñar. A menudo, verdades espirituales pueden ser transmitidas con mayor realidad por el empleo de símbolos que traen una imagen a la mente humana. Por tal razón, hay un número de símbolos utilizados a través de las escrituras con este propósito. Damos una lista de aquellos que son más sobresalientes.

A. UN ESPEJO.

"Porque si alguno es oidor de la palabra pero no hacedor de ella, éste es semejante al hombre que considera en un espejo su rostro natural." (Stg. 1:23-25) Esto ilustra el poder revelador de la palabra.

B. UN CRÍTICO.

"Porque la palabra de Dios... discierne los pensamientos y las intenciones del corazón" (Heb. 4:12). "El griego de Hebreos 4:12 se lee así: '*La palabra de Dios es... un crítico de los pensamientos e intenciones del corazón.*' "[21]

---

[21] *All About the Bible* (Todo Sobre la Biblia) por Sidney Collett, (Nueva York: Fleming H. Revell Company, 1934) 64.

C. UNA SIMIENTE - UNA SEMILLA.

"Siendo renacidos, no de simiente corruptible, sino de incorruptible, por la palabra de Dios que vive y permanece para siempre" (I P. 1:23). (Ver también Lc. 8:5-15, notar especialmente el verso 11, *"La semilla es la palabra de Dios"*; Is. 55:10,11; Stg. 1:18). Este símbolo sugiere el poder generativo de la palabra. Es una palabra que da vida.

D. UN LAVADERO Y AGUA.

"Para santificarla, habiéndola purificado en el lavamiento del agua por la palabra..." (Ef. 5:26). *"Al que nos amó, y nos lavó de nuestros pecados con su sangre"* (Ap. 1:5b). (También Sal. 119:9; Jn. 15:3). El lavadero estaba entre el adorador y el tabernáculo, proveyendo un medio de limpieza. La misma palabra que revela la contaminación del hombre, también provee un medio de limpieza.

E. UNA LAMPARA Y UNA LUZ.

"Lámpara es a mis pies tu palabra, y lumbrera a mi camino" (Sal. 119:105). (Ver también el verso 130). *"Porque el mandamiento es lámpara, y la enseñanza es la luz..."* (Pr. 6:23). Estos símbolos hablan de una iluminación, guiando la influencia de la palabra en un mundo oscurecido. La palabra es aquella *"... palabra profética más segura, a la cual hacéis bien en estar atentos como a una antorcha que alumbra en lugar oscuro"* (II P. 1:19).

F. UN FUEGO.

"¿No es mi palabra como fuego, dice Jehová...?" (Jer. 23:29) *"Y dije: No me acordaré más de él, ni hablaré más su nombre; no obstante, había en mi corazón un fuego ardiente metido en mis huesos; traté de sufrirlo, y no pude"* (Jer. 20:9). De la forma en que está usada en estos versículos, la palabra "fuego" parece sugerir un impulso y una energía consumidora. *"Se enardeció mi corazón dentro de mí; en mi meditación se encendió fuego, y así proferí con mi lengua"* (Sal. 39:3).

G. UN MARTILLO.

"¿No es mi palabra... como martillo que quebranta la piedra?" (Jer. 23:29). Esta figura sugiere el poder de la palabra que se aplica constantemente y que eventualmente rompe aquel corazón tan duro como la piedra.

H. UNA ESPADA.

"Y tomad... la espada del Espíritu, que es la palabra de Dios" (Ef. 6:17). *"Porque la palabra de Dios es viva y eficaz, y más cortante que*

toda espada de dos filos..." (Heb. 4:12). Esta es la única arma ofensiva del creyente en su lucha contra los *"principados"* y *"potestades"* y *"los gobernantes de las tinieblas de este siglo...* [y] *huestes espirituales de maldad en las regiones celestes"* (Ef. 6:12).

I. UNA COMIDA.

"Guardé las palabras de su boca más que mi comida." (Job 23:12)

1. Leche.

"Desead, como niños recién nacidos, la leche espiritual no adulterada, para que por ella crezcáis..." (I P. 2:2) (Ver I Cor. 3:1,2).

2. Pan.

"No sólo de pan vivirá el hombre, sino de toda palabra que sale de la boca de Dios" (Mt. 4:4).

3. Carne (alimento sólido).

"Porque debiendo ser ya maestros, después de tanto tiempo, tenéis necesidad de que se os vuelva a enseñar cuáles son los primeros rudimentos de las palabras de Dios; y habéis llegado a ser tales que tenéis necesidad de leche, y no de alimento sólido. Y todo aquel que participa de la leche es inexperto en la palabra de justicia, porque es niño; pero el alimento sólido es para los que han alcanzado madurez, para los que por el uso tienen los sentidos ejercitados en el discernimiento del bien y del mal." (Heb. 5:12-14).

4. Miel.

"¡Cuán dulces son a mi paladar tus palabras! Más que la miel a mi boca" (Sal. 119:103).

VIII. EL ESPIRITU SANTO Y LAS ESCRITURAS

La inspiración es justificada por la infalibilidad, y la infalibilidad es la prueba de inspiración. Se dice que este milagro de inspiración infalible es el ministerio del Espíritu Santo. Este bien podría ser el mayor de los ministerios en los cuales está involucrado el Espíritu Santo. Todos los creyentes llenos del Espíritu han conocido, hasta algún punto, el milagro de inspiración divina del Espíritu Santo, pero nunca al punto experimentado por los escritores de las escrituras.

El movimiento pentecostal ha sido acusado de ser un movimiento centrado en experiencia y ¡la verdad que lo es! Pero es también un movimiento centrado en la Biblia. Es hermoso ver como el Espíritu Santo y la palabra escrita están siempre en perfecto acuerdo. Esto debe ser así, porque la palabra es el resultado de la inspiración del Espíritu. La siguiente lista de referencias, donde se mencionan juntos el Espíritu y la palabra, ilustra la importancia de reconocer el ministerio tanto del Espíritu como de la escritura, y demuestra la armonía entre la palabra y el Espíritu:

• **II Samuel 23:2:** *"El Espíritu de Jehová ha hablado por mí, y su pa- labra ha estado en mi lengua."*

• **Proverbios 1:23:** *"Yo derramaré mi Espíritu sobre vosotros, y os haré saber mis palabras."*

• **Isaías 40:7,8:** *"La hierba se seca, y la flor se marchita, porque el viento (Espíritu) de Jehová sopló en ella... Sécase la hierba, marchítase la flor; mas la palabra de nuestro Dios permanece para siempre."*

• **Isaías 59:21:** *"El Espíritu mío que está sobre vosotros y mis pala- bras que puse en tu boca, no faltarán de tu boca."*

• **Zacarías 4:6:** *"Esta es la palabra de Jehová... No con ejército, ni con espada, sino con mi Espíritu ha dicho Jehová de los ejércitos."*

• **Mateo 22:29:** *"Erráis ignorando las escrituras y el poder de Dios."*

• **Marcos 16:20:** *"confirmando la palabra con las señales que se- guían."*

• **Lucas 12:12:** *"porque el Espíritu Santo os enseñará en la misma hora lo que debáis decir."*

• **Juan 3:34** *"Porque el que Dios envió, las palabras de Dios habla; pues Dios no da el Espíritu por medida."*

• **Juan 6:63:** *"El Espíritu es el que da vida; las palabras que yo os he hablado son Espíritu y son vida."*

• **Juan 14:26:** *"el Espíritu Santo... os recordará todo lo que yo os he dicho."*

• **Hechos 1:16:** *"era necesario que se cumpliese la escritura la cuál el Espíritu Santo habló antes por boca de David."*

• **Hechos 4:31:** *"y todos fueron llenos del Espíritu, y hablaban con denuedo la palabra de Dios."*

• **Hechos 6:10:** *"Pero no podían resistir a la sabiduría y al Espíritu con que hablaba."*

• **Hechos 10:44:** *"Mientras Pedro aún hablaba estas palabras, el Espí- ritu Santo cayó sobre todos."*

- **Hechos 10:37,38:** *"lo que se divulgo por toda Judea... como Dios ungió con el Espíritu Santo.. a Jesús de Nazaret."*

- **Hechos 11:15:** *"Y cuando comencé a hablar, cayó el Espíritu sobre ellos."*

- **Hechos 11:16:** *"Entonces me acordé de lo dicho por el Señor... vosotros seréis bautizados con el Espíritu Santo."*

- **Hechos 13:4,5:** *"enviados por el Espíritu Santo... anunciaban la palabra de Dios."*

- **Hechos 15:7,8:** *"que los gentiles oyesen... la palabra... dándoles el Espíritu Santo."*

- **Hechos 16:6:** *"les fue prohibido por el Espíritu Santo hablar la palabra en Asia."*

- **Hechos 18:25:** *"siendo de espíritu fervoroso, hablaba y enseñaba diligentemente."*

- **Hechos 28:25:** *"les dijo Pablo esta palabra: Bien habló el Espíritu Santo por medio del profeta Isaías... "*

- **Romanos 15:18,19:** *"para la obediencia de los gentiles, con la palabra y con las obras con potencia de señales y prodigios, en el poder del Espíritu de Dios."*

- **I Corintios 2:13:** *"hablamos, no con palabras enseñadas por sabiduría humana, sino como las que enseña el Espíritu."*

- **I Corintios 12:8a:** *"Porque a éste es dada por el Espíritu palabra de sabiduría."*

- **I Corintios 12:8b:** *"a otro, palabra de ciencia según el mismo Espíritu."*

- **II Corintios 6:7:** *"en palabra de verdad, en poder de Dios."*

- **Efesios 1:13:** *"habiendo oído la palabra de verdad... fuisteis sellados con el Espíritu Santo de la promesa."*

- **Efesios 6:17:** *"la espada del Espíritu, que es la palabra de Dios."*

- **I Tesalonisenses 1:5:** *"pues nuestro evangelio no llegó a vosotros en palabras solamente, sino también en poder, en el Espíritu santo."*

- **I Tesalonisenses 1:6:** *"recibiendo la palabra en medio de gran tribulación, con gozo del Espíritu Santo."*

- **I Timoteo 4:12:** *"sé ejemplo de los creyentes en palabra,... Espíritu, fe y pureza."*

- **Hebreos 2:3,4:** *"anunciada primeramente... testificando Dios juntamente con ellos... (con) diversos milagros y repartimientos del **Espíritu Santo**."*

- **Hebreos 6:4,5:** *"partícipes del **Espíritu Santo**, y asimismo gustaron de la buena **palabra** de Dios."*

- **I Pedro 1:12:** *"os han predicado el **evangelio** por el **Espíritu Santo**."*

- **II Pedro 1:21:** *"nunca la profecía fue traída por voluntad humana, sino que los santos hombres de Dios **hablaron** siendo inspirados por el **Espíritu Santo**."*

- **I Juan 5:7:** *"Porque tres son los que dan testimonio en el cielo: el Padre, el **Verbo**, y el **Espíritu Santo**."* [22]

Si hay personas que deberían ser hombres de la palabra de Dios, son aquellos que creen en el bautismo pentecostal con el Espíritu Santo. Ellos tienen un ministerio inspiracional. Creen en la profecía, en hablar con otras lenguas con interpretaciones, en revelaciones inspiracionales. ¿Cómo puede uno darse cuenta si estos vienen o no de Dios? Solamente porque uno dice tener una revelación del Señor no significa que debería ser aceptado como si fuera de Dios. Debe haber una norma, un corte final de apelación, por medio de el cual todas las manifestaciones de los dones del Espíritu pueden ser juzgadas. De hecho, la escritura exhorta al juicio de toda profecía, la que reconoce Pablo como uno de los mayores dones. *"Asimismo los profetas hablen dos o tres, y los demás juzguen."* (I Cor. 14:29) *"¡A la ley y al testimonio! Si no dijeren conforme a esto* (la Palabra), *es porque no les ha amanecido."* (Is. 8:20).

Existe ese tal "corte de apelación" a el que uno puede venir. Es la palabra escrita, que inspiró el Espíritu Santo. Pedro la llama *"la palabra profética más segura, a la cual hacéis bien en estar atentos como a una antorcha que alumbra en lugar oscuro"* (II P. 1: 19). Aquellos que ministran, no importa en qué capacidad, no están nunca tan plenamente "en el Espíritu" como cuando lo están haciendo en completa conformidad con las claramente reveladas enseñanzas de la Biblia, la palabra de Dios. *"El que tiene oído, oiga lo que el Espíritu dice a las iglesias"*, es una exhortación que está dada siete (7) veces en el libro de Apocalipsis (2:7,11,17,29; 3:6,13,22) y que cada vez, es la continuación de una epístola escrita por el mismo Señor Jesucristo.

---

[22] Esta lista de referencias es por cortesía del evangelista Dick Mills de Hernet, California.

IX. COMO NOS LLEGARON LAS ESCRITURAS

La historia de como llegó a nosotros la Biblia, en la forma que nos es familiar, es larga y fascinante. Comienza con los manuscritos originales, o como a veces se les llama "autógrafos." Estas escrituras originales fueron escritas a pluma por hombres de la antigüedad que fueron movidos por el Espíritu Santo (II Ti. 3:16; II P. 1:20,21).

Durante años, los escépticos declararon que Moisés no podía haber escrito la primera parte de la Biblia porque en ese tiempo la escritura era desconocida (1500 a.C.). Desde ese entonces la ciencia arqueológica ha probado que la escritura era conocida miles de años antes de Moisés. Los sumerios eran adeptos a la escritura alrededor de 4000 a.C., y también los egipcios y babilonios se dedicaban a la escritura casi tan lejanamente en la historia.

A. MATERIALES ANTIGUOS DE ESCRITURA.

1. La piedra.

Muchas inscripciones famosas en Egipto y Babilonia han sido halladas inscritas sobre piedra. Dios le dio a Moisés los diez mandamientos escritos sobre tablas de piedra (Ex. 31:18; 34:1,28). Otros dos ejemplos son la piedra moabita (850 a.C.), y la inscripción de Siloam hallada en el túnel de Ezequías al lado del estanque de Siloam (700 a.C.).

2. Arcilla.

El material predominante de escritura en Asiria y Babilonia era la arcilla, formada en pequeñas tablillas, impresa con símbolos en forma de una cuña llamada "escritura cuneiforme" y luego horneadas o secadas al sol. Miles de estas tablas han sido descubiertas por la pala de los arqueólogos.

3. Madera.

Tablas de madera se utilizaron muy extensamente por los antiguos para escribir. Por muchos siglos estas fueron los relieves comunes para escritura en Grecia. Algunos creen que se refiere a este tipo de material en Isaías 30:8 y en Habacuc 2:2.

4. Cuero.

El *Talmud* judío requería específicamente que las escrituras fueran copiadas sobre pieles de animales, sobre cuero. Es muy seguro, entonces, que el Antiguo Testamento fue escrito sobre cuero. Se hacían rollos cosiendo los cueros juntos que variaban entre unos pocos metros hasta 30 o más metros de longitud. El texto se escribía perpendicularmente al rollo en columnas. Los rollos, entre 26 y 70 centímetros de altura, eran enrollados en uno o dos palos.

5. Papiro.

Es casi seguro que el Nuevo Testamento fue escrito sobre papiro, ya que era el material de escritura más importante de la época. El papiro se hace cortando en tiras delgadas secciones de caña de papiro, remojándolas en varios baños de agua, y luego sobreponiéndolas para formar hojas. Una capa de estas tiras se colocaba cruzando la anterior, luego se ponían en una prensa para que pudieran adherirse una a la otra. Las hojas se hacían de 15 a 38 centímetros de altura y de 8 a 23 centímetros de ancho. Pegando las hojas juntas, se hacían rollos de cualquier longitud. Estos generalmente promediaban en 10 metros de longitud, aunque se ha hallado uno de 47 metros de longitud.

6. Vitela o pergamino.

La vitela entró en prominencia por los esfuerzos del rey Eumenes II de Pérgamo (197-158 a.C.). Él procuró crear su biblioteca pero el rey de Egipto le cortó su abastecimiento de papiro, así que le era necesario obtener una nueva clase de materiales de escritura. Esto lo hizo perfeccionando un proceso nuevo para el tratamiento de pieles. Aunque ahora los términos son utilizados intercambiablemente, originalmente la vitela era hecha de pieles de ternero y antílope, mientras que el pergamino era de la piel de ovejas y cabras. De estos se logra un cuero de fina calidad que es preparado especial y cuidadosamente para escribir por ambos lados. Esto se utilizó varios siglos antes de Cristo, y alrededor del siglo cuarto de nuestra era, la vitela suplantó al papiro. Casi todos los manuscritos conocidos son sobre vitela.

B. UN CODICE.

Un códice es un manuscrito en forma de libro en vez de forma de rollo. Alrededor de los siglos primero y segundo de nuestra era, las hojas de material de escritura se juntaron en forma de libro en vez de juntarlas lado a lado para hacer un rollo. El códice era más fácil de cargar y hacía posible tener mucha más escritura en un solo lugar.

C. INSTRUMENTOS DE ESCRITURA.

La tinta negra para escribir se hacía diluyendo hollín y goma en agua. Los Esenios, quienes escribieron los rollos del Mar Muerto, usaron huesos quemados de cordero y aceite. Es notable lo bien que se ha preservado hasta hoy la escritura. Los instrumentos de escritura eran el cincel usado sobre piedra, y la plumilla hecha de metal o de madera dura usada sobre las tablas de arcilla. Para el papiro o la vitela, se crearon plumas. Estas se hacían de tallos huecos de pasto o caña tosca. La caña seca era cortada diagonalmente con un cuchillo y afinada en la punta, que después era partida. Para mantenerlas en buen estado, los escribas mantenían cuchillos en su trabajo diario.

Debe entenderse que hasta donde sabemos, no existe ninguno de los manuscritos originales. Algunos aún pueden ser descubiertos, pero es dudoso. No se ha hallado aún ningún objeto material bíblico.

D. IDIOMAS USADOS.

La Biblia fue escrita originalmente en tres idiomas: hebreo, arameo y griego. Estos idiomas aún se hablan hoy en día en algunas partes del mundo. El hebreo es el idioma oficial del Estado de Israel. Algunos cristianos en las vecindades de Siria hablan el arameo. El griego, aunque muy diferente al del Nuevo Testamento, es hablado por millones de personas hoy en día.

1. El hebreo.

Casi todos los treinta y nueve (39) libros del Antiguo Testamento fueron escritos en hebreo. Las letras tipo bloque eran escritas en mayúsculas, sin vocales, sin espacios entre las palabras, oraciones o párrafos y sin puntuación. Se agregaron más tarde puntos vocales (entre 500 y 600 de nuestra era) por los eruditos masoréticos. El hebreo es conocido como uno de los idiomas semitas.

2. El arameo.

Siendo un idioma emparentado con el hebreo, el arameo se convirtió en el idioma común de Palestina después del cautiverio babilonio (alrededor de 500 a.C.). Algunas partes del Antiguo Testamento fueron escritas en este idioma: una palabra como nombre de un lugar en Génesis 31:47; un versículo en Jeremías 10:11; alrededor de seis capítulos del libro de Daniel (2:4b-7:28); y varios capítulos en Esdras (4:8 - 6:18; 7:12-26).

El arameo continuó siendo el vernáculo de Palestina por varios siglos, así que tenemos algunas palabras arameas preservadas para nosotros en el Nuevo Testamento: *Talitha cumi* ("*niña, a ti te digo, levántate*") en Marcos 5:41; *Efata* ("*Sé abierto*") en Marcos 7:34; *Elí, Elí, lama Sabactani* ("*Dios mío, Dios mío, ¿por qué me has desamparado?*") En Mateo 27:46. Jesús habitualmente se dirigió a Dios como *Abba* (arameo para "padre"). Note la influencia de esto en Romanos 8:15 y Gálatas 4:6. Otra frase común aramea de los cristianos primitivos era: **Maranatha**, que significa "*El Señor viene*" (I Cor. 16:22).

3. El griego.

A pesar de que el lenguaje hablado por Jesús era el arameo, el Nuevo Testamento fue escrito en griego - griego Koine. Se puede ver la mano de Dios en esto porque el griego era el idioma internacional del primer siglo, y esto hizo posible el esparcimiento del evangelio a través de todo el entonces conocido mundo.

E. LOS MANUSCRITOS.

1. Definiciones.

La palabra "manuscrito", como es usada hoy, está restringida a esas copias de la Biblia que fueron escritas en el mismo idioma que el original. En el momento en que vino a ser impresa la Biblia (1455 de nuestra era) había alrededor de 2000 manuscritos en posesión de ciertos eruditos. Cada uno no estaba de ninguna manera completo. Algunos contienen sólo una pequeña porción del texto original, pero reunidos puede asegurarse un texto completo. En la actualidad, hay unos 4500 manuscritos del Nuevo Testamento.

Este número es significativo cuando se considera que los doctos están inclinados a aceptar diez o veinte manuscritos para considerar a una obra genuina. Por ejemplo, Virgilio vivió y escribió sobre la época de Cristo. No existe ninguno de los originales de su obra. Incluso, la copia más temprana de su obra data de 300 años después de su muerte. Sin embargo, si diez o veinte manuscritos fueran hallados en acuerdo, los doctos lo aceptarían como genuino. Haga el contraste entre diez o veinte manuscritos con los miles de manuscritos de la Biblia. Los manuscritos, por supuesto, eran hechos a mano.

2. Clasificaciones.

Los manuscritos están divididos en dos clases:

2.1. Unciales (del latín *uncia* - pulgada). Estos son llamados así porque estaban escritos en grandes letras mayúsculas sobre vitela fina. Estos son los manuscritos más antiguos.

2.2. Cursivos. Más tarde vinieron los manuscritos cursivos llamados así por estar escritos en letra "cursiva" o a mano. Estos datan del siglo décimo hasta el decimoquinto de nuestra era. De los 4500 manuscritos existentes, alrededor de 300 son unciales, y el resto son cursivos. Probablemente hubiera habido una gran cantidad más de no haber sido por la orden de Diocleciano de destruirlos en el año 302. De los 300 unciales existentes hoy, alrededor de 200 de ellos son manuscritos copiados en vitela que datan del siglo cuarto hasta el noveno. En adición a estos hay alrededor de setenta documentos de papiro que datan del el siglo segundo hasta el cuarto. Pedazos rotos de cerámica conocidos como vitela eran usados frecuentemente en la antigüedad como material de escritura. Alrededor de treinta de estos han sido hallados con porciones de la escritura escritas en ellas. Estos papiros y vitela han salido a la luz sólo recientemente, y sirven para añadir considerablemente a nuestro conocimiento del texto del Nuevo Testamento.

3. Manuscrito sinaítico - códice alef.

Uno de los manuscritos unciales más antiguos (340), el Sinaítico, fue descubierto en 1844 por el Dr. Constantine Tischendorf, un profesor bíblico, en el Monte Sinaí. Escrito en griego, contiene parte de la traducción de la septuaginta del Antiguo Testamento y todo el Nuevo Testamento, además de casi la mitad del apócrifo; la epístola de Bernabé y bastante del Pastor de Hermas. Contiene 364 1/2 hojas de excelente vitela, 34,56 centímetros de ancho y 38,15 centímetros de alto. Cada página tiene cuatro columnas de más o menos 2 1/2 pulgadas de ancho, excepto los libros poéticos donde hay dos columnas más anchas. Cada columna tiene cuarenta y ocho (48) líneas.

El Dr. Tischendorf descubrió las páginas del manuscrito en un monasterio donde los monjes las usaban para encender el fuego. Rescató cuarenta y tres hojas de la vitela; pero no fue hasta quince años más tarde que pudo obtener las hojas restantes, con la ayuda del Zar de Rusia, en retribución por algunos regalos al monasterio en Sinaí. En 1869 la obra fue dejada en la Biblioteca Imperial de San Petersburgo (ahora Leningrado). En 1933, la Unión de Repúblicas Socialistas Soviéticas (URSS) lo vendió al Museo Británico, donde reside hoy en día, por 100.000 libras inglesas (alrededor de U$ 500.000). Un cuarto anteriormente desconocido fue descubierto en el monasterio de Santa Catalina en 1975, donde se hallaron trece páginas más del sinaítico. Junto con el vaticano, se considera al sinaítico uno de los dos manuscritos más importantes en existencia. Es el único manuscrito que contiene completo el Nuevo Testamento.

4. Manuscrito vaticano - códice B.

Este famoso uncial data del siglo cuarto (350, posiblemente 325). Está en griego y contiene: la traducción de la septuaginta del Antiguo Testamento, el apócrifo, (con la excepción del libro de Los Macabeos y La Oración de Manasés), y el Nuevo Testamento. Génesis 1:1- 46:28; II Reyes 2:5-7, 10-13; y Salmos 106:27-136:6 no están en el Antiguo Testamento. Del

Nuevo Testamento falta: Marcos 16:9-20; Juan 7:53 - 8:11 y de Hebreos 9:14 hasta el final del Nuevo Testamento, incluyendo las epístolas pastorales (I y II Timoteo, Tito, Filemón) y Apocalipsis (pero no las epístolas generales: Santiago, I y II Pedro, I, II y III Juan y Judas).

Como el nombre lo sugiere, este manuscrito está ahora en la Biblioteca del Vaticano en Roma, donde fue catalogado por primera vez en 1481. Contiene 759 hojas, 617 del Antiguo y 142 del Nuevo Testamento. Las páginas son de 25,6 cm de ancho y de 26,88 cm de alto. Cada página contiene tres columnas de cuarenta y dos (42) líneas, excepto los libros poéticos que tienen dos columnas. Se considera que tiene la mejor copia conocida del Nuevo Testamento. Es interesante notar que aunque no contiene Marcos 16:9-20, el escriba dejó más de una columna vacía en ese lugar como si supiera estos versículos y estuviera indeciso en escribirlos o no.

5. Manuscrito alejandrino - códice A.

Este, el último de los tres más grandes manuscritos considerados aquí, data del siglo quinto (alrededor de 450). Aunque contiene ambos, el Antiguo y Nuevo Testamento, falta: Génesis 14:14-17; 15:1-5,16-19; 16:6-9; I Reyes 12:18-14:9 y Salmos 49:19-79:10. Del Nuevo Testamento falta: Mateo 1:1-25:6; Juan 6:50-8:52; II Corintios 4:13-12:6.

Este manuscrito está comprendido de 773 hojas, 639 del Antiguo Testamento y 134 del Nuevo. El tamaño es 26,24 cm de ancho y 32,64 cm de alto. Cada página tiene dos columnas de cincuenta (50) o cincuenta y un (51) líneas. Probablemente fue escrito en Alejandría, Egipto. Se dice que fue presentado al patriarca de Alejandría y se ha ganado para sí el nombre de códice alejandrino. Ahora está en la Biblioteca Nacional del Museo Británico en Londres, Inglaterra. Con todo, no alcanza a adquirir el mismo alto valor de los manuscritos vaticano y sinaítico.

Sólo dos más de estos antiguos manuscritos unciales se mencionarán aquí. Hay muchos otros manuscritos que son mayormente porciones más pequeñas del Antiguo o del Nuevo Testamento. Por más pequeñas que sean estas porciones, cada una agrega su testimonio de la exactitud de las escrituras presentes.

6. Manuscrito Efraín - códice C.

Este contiene porciones del Antiguo y Nuevo Testamento. Ahora hay sólo sesenta y cuatro (64) hojas del Antiguo Testamento y 145 hojas del Nuevo Testamento. Las páginas son de 24,32 cm por 31,36 cm. Cada página tiene una columna ancha de 40-46 (generalmente 41) líneas. Se piensa que fue escrito en Egipto, probablemente Alejandría, y data al siglo quinto (alrededor del 450).

Este manuscrito es lo que se llama "palimpsesto", que significa "borrado." El pergamino de vitela era escaso y caro, así que a veces las escrituras se borraban y otras se escribían encima, o como en este caso, entre las líneas originales. En el siglo duodécimo las escrituras originales de este manuscrito fueron parcialmente borradas y los sermones del padre Sirio Efraín fueron escritos entre las líneas. Por esta razón se le llama el manuscrito Efraín.

Cerca de fines del siglo séptimo, un estudiante de la biblioteca pensó haber visto restos de una escritura más antigua debajo de los sermones de Efraín. En 1834, por medio de una fuerte solución química, las escrituras originales de la Biblia griega fueron parcialmente restauradas. En 1840, Tischendorf reveló más completamente el texto inferior y fue el primero en leerlo exitosamente. En 1843-45 lo editó y publicó.

7. Manuscrito Beza - códice D.

Este data del siglo sexto (alrededor de 550). Con algunas omisiones, contiene los evangelios, III Juan 11-15 y los Hechos. Está ubicado en la biblioteca de la Universidad de Cambridge, Inglaterra. Está compuesto por 406 hojas, cada una 20,48 x 25,6 cm, con una columna de treinta y tres (33) líneas por página. Es el más antiguo manuscrito escrito conocido en dos idiomas. La página de la izquierda está en griego, mientras que el correspondiente texto en latín está del lado derecho opuesto. En 1562 fue hallado en el monasterio del santo Ireneo en Lyon, Francia, por Theodore Beza, el gran erudito bíblico francés que fue a Suiza y se convirtió en asistente y sucesor de Juan Calvino, el famoso reformador protestante en Ginebra. En 1581, Beza le dio el manuscrito a la Universidad de Cambridge.

8. Leccionarios.

Unos cuantos datos más se deben incluir para hacer completa la historia de los manuscritos del Nuevo Testamento. Incluidos en los manuscritos hay un grupo de materiales llamados "leccionarios." El término "lección" se refiere a un pasaje selecto de la escritura designado a ser leído en servicios públicos. De ahí que un leccionario sea un manuscrito dispuesto especialmente y copiado para este propósito. Algunos eran unciales y otros cursivos. La mayoría de ellos son de los evangelios, pero algunos son de Hechos y de las epístolas. Estudios han demostrado que estos eran copiados con más cuidado que un manuscrito común; por esta razón, proveen copias excelentes para comparaciones. Se han enumerado mas de 1800 leccionarios.

F. LAS VERSIONES.

Luego de los manuscritos, la siguiente forma más importante de las escrituras que merece ser tenida en cuenta por la antigüedad de su testimonio son las versiones. Una versión es una traducción del idioma original de un manuscrito a otro idioma. Hay muchas versiones, pero solo unas pocas se consideran como ejemplos a través de los años hasta el tiempo presente.

1. La septuaginta (Los setenta).

Esta es quizá la más importante de las versiones por su fecha temprana y su influencia sobre otras traducciones. La versión de la septuaginta es una traducción del Antiguo Testamento hebreo al griego. Se comenzó alrededor de 200 a.C. y se terminó alrededor de 180 a.C. Es probablemente el más antiguo intento de reproducir un libro de un idioma a otro. Este es el documento bíblico más antiguo que tenemos.

"Septuaginta" significa "setenta." La abreviación de esta versión es LXX. A veces se le llama la "Versión alejandrina" porque fue traducida en la ciudad de Alejandría, Egipto. Esta notable obra se llama "La septuaginta" por una antigua leyenda que habla de setenta y dos doctos que vinieron a Alejandría de Palestina, (seis de cada una de las doce tribus de Israel) para completar la obra en setenta y dos días. De acuerdo con la historia, que es totalmente ficticia, los doctos estaban aislados el uno del otro, colocados de uno en uno o de dos en dos por celda. Cuando se compararon sus traducciones, ¡eran todas idénticas!

Ahora se cree que la traducción fue hecha por judíos alejandrinos en vez de palestinos. La obra se hizo en Alejandría. El pentateuco representa lo mejor de esta traducción. Otras porciones del Antiguo Testamento son excelentes, pero algunas son más una interpretación o comentario. Además de los treinta y nueve (39) libros del Antiguo Testamento, la septuaginta contiene todo o parte de los catorce (14) libros conocidos como el apócrifo. La septuaginta fue comúnmente utilizada en la época del Nuevo Testamento y ha sido de gran utilidad en traducciones subsiguientes.

2. El pentateuco samaritano.

La raza samaritana surgió luego de que los asirios conquistaron el reino del norte de Israel, en 721 a.C., y llevaron la mayoría de las diez tribus a la cautividad. Sargón, el rey de los asirios, mandó mucha de la gente idólatra de sus provincias orientales a Israel (II Reyes 17:5,6,24). Estos se casaron entre ellos, formando así la raza samaritana, una mezcla de judíos y paganos. Ellos levantaron un culto rival a los judíos, construyendo un templo sobre el monte Gerizim. Los samaritanos sólo aceptan el pentateuco. El pentateuco samaritano es un pentateuco hebreo escrito con letras samaritanas. No es una traducción, sino una forma del mismo texto hebreo. La fecha de su escritura es más o menos 430 a.C. II Reyes 17:26-28 cuenta de un sacerdote, entre los judíos tomados cautivos en Asiria, que fue mandado de regreso a Samaria para enseñar a la gente. Se cree que él llevó consigo un pentateuco hebreo y que de aquí se hizo el pentateuco samaritano.

Se dice que en la obra hay unas 6.000 variaciones del texto hebreo. La mayoría de estas son de menor importancia, excepto donde los samaritanos deliberadamente hicieron alteraciones para adecuarlo a sus creencias. Hay probablemente 100 copias de esta versión en distintas partes de Europa y América. El manuscrito más antiguo conocido con fecha de 1232 está en la Biblioteca Pública de Nueva York. Hay un rollo samaritano en Nablus (antiguo Siquém) en Israel, que parece ser muy antiguo.

A medida que el cristianismo se fue esparciendo más allá de Palestina, la necesidad de traducciones de las escrituras a los idiomas de aquellos que estaban siendo evangelizados llegó a ser evidente. De ahí que tenemos muchas versiones, de las cuales sólo unas pocas se considerarán. Comparadas a los manuscritos, estas versiones son de valor secundario, pero ayudan en algo a la comprensión del texto original.

3. Versión siria.

El idioma sirio era el idioma principal hablado en las regiones de Siria y Mesopotamia. Es casi idéntico al arameo.

3.1. El sirio antiguo. Sólo se ha sabido de su existencia por un poco más de 100 años. Hay dos manuscritos principales de esta obra:

3.1.1. El sirio curetano es una copia de los evangelios del siglo quinto que consiste de ochenta (80) hojas. Es nombrado en honor al Dr. Curetan del Museo Británico, quien lo editó.

3.1.2. El Sirio sinaítico, descubierto en el monasterio de Santa Catalina en el monte Sinaí, es un palimpsesto y sólo alrededor de tres cuartos es descifrable. La fecha asignada es el siglo cuarto o el comienzo del quinto.

3.2. El peshitta.

La palabra "peshitta" significa "simple" o "común". También ha sido conocido como la Vulgata siria, o la versión Autorizada de la Iglesia del Oriente. Se ha utilizado desde el siglo quinto de nuestra era. Contiene todo el Nuevo Testamento conexcepción de II Pedro, II y III Juan, Judas y Apocalipsis. Existen alrededor de 250 manuscritos. Ha sido de gran utilidad a la crítica textual y ha tenido una amplia circulación aun en China. Hay una traducción en inglés por George Lamsa.

4. Las versiones latinas.

Sabemos que la primera Biblia en inglés fue hecha del latín.

4.1. El antiguo latín. Esta data de una fecha muy temprana, posiblemente tan antigua como el 150 de nuestra era. Existen alrededor de veinte copias. Es de esencial importancia como testigo de la genuinidad del texto bíblico, por su antigüedad y su fidelidad al texto que traduce.

4.2. La vulgata latina. "Vulgata" significa "común" o "corriente." Esta es una gran versión de la Biblia en el idioma latino. A causa de la gran cantidad de errores de los copistas de la antigua versión latina, Dámaso, obispo de Roma, obtuvo los servicios de Jerónimo para producir una revisión como norma autoritaria para las iglesias de habla latina. Esto lo hizo en Belén: El Nuevo Testamento (382-383) y el Antiguo Testamento (390-405).

Es escasamente posible sobrestimar la influencia de la vulgata de Jerónimo sobre la Biblia en inglés. Durante más de mil años todas las traducciones de las escrituras en Europa occidental fueron basadas en esta obra. Eventualmente de la vulgata fue hecha la Biblia oficial de la Iglesia Católica Romana y lo es hasta el día de hoy. En realidad, la Biblia Católica Romana en español es una traducción de una traducción; y no es, como la Biblia protestante, una traducción del idioma original griego. Después del invento de la imprenta en 1450, la vulgata fue el primer libro impreso de máquina movible (1455).

G. CRÍTICA BÍBLICA.

1. La alta crítica.

Hay dos tipos de crítica bíblica que entran bajo el tema de introducción a la Biblia. La primera de estas ha sido comúnmente llamada "Alta crítica" o "Crítica histórica." Esta tiene que ver con el examen de los diferentes libros de la Biblia desde el punto de vista de su historia. Por ejemplo, esta crítica trata con la edad, calidad de autor, genuinidad y autoridad canónica. Traza su origen, preservación e integridad. Muestra su contenido, carácter general y valor. Es una disciplina que ha prestado un servicio útil a la comprobación de un canon genuino de la escritura. A veces la expresión "Alta crítica" ha sido considerada extremadamente perjudicial para una actitud correcta y reverente hacia las sagradas escrituras. Esto es cierto donde el docto ha perdido de vista la inspiración de la palabra y ha insertado su propia actitud escéptica e incrédula.

2. Crítica menor.

La segunda forma de crítica se conoce como "Crítica menor." Esta tiene por objeto la verificación de las palabras exactas de los textos originales de la Biblia. Su método es coleccionar y comparar manuscritos antiguos, versiones antiguas y citas antiguas de la escritura y determinar la verdadera lectura de cada pasaje dudoso.

H. EVIDENCIAS PARA TEXTOS BIBLICOS.

El crítico bíblico sincero usa tres fuentes principales de evidencia para determinar las palabras exactas, las más cercanas a los manuscritos originales. Nos hemos referido previamente a dos de estos: los manuscritos y las versiones. Una tercera fuente útil debe ser considerada; aquella de las escrituras de los padres primitivos de la iglesia.

1. Los padres de la iglesia.

A estos hombres se les llamaba "padres" que es sinónimo de "maestros." Estos fueron los grandes dirigentes, teólogos, maestros y doctos de los primeros siglos después de Cristo. Estos hombres eran cristianos dedicados que escribían sermones, comentarios y armonías. Ellos contendían fervorosamente por la fe en contra de las incursiones paganas. Los siguientes son algunos de los nombres mejor conocidos de un grupo que se dice contaba con unos 200 hombres durante los primeros siete siglos:

- Para el período 96-150: Clemente de Roma, Hermas, Ignacio, Policarpo.

- Para el período 150-325: Justino Martir, Ireneo, Clemente de Alejandría, Origenes, Tertuliano, Cipriano, Tatiano.

- Para el período 325 en adelante: Eusebio, Atanasio, Jerónimo, Agustín.

Estos hombres citaron libremente de la Biblia, no solo todos los veintisiete libros del Nuevo Testamento, pero virtualmente cada verso de esos veintisiete libros. Geisler y Nix afirman: "Sólo cinco Padres, desde Ireneo hasta Eusebio, poseen casi 36.000 citas del Nuevo Testamento."[23]

Algunos años atrás, Sir David Dalrymple estaba en una cena con un grupo de doctos cuando se hizo la pregunta: "si todo el Nuevo Testamento fuera destruido en el siglo cuarto, ¿sería posible armarlo de nuevo con las escrituras de los padres de la iglesia del siglo segundo y tercero?" Dos meses más tarde le dijo a uno de los de la compañía: "la pregunta despertó mi curiosidad, y teniendo todas las obras existentes de los padres del siglo segundo y tercero, comencé a buscar. Hasta este momento, he encontrado todo el Nuevo Testamento menos once versículos."

---

[23] *A General Introduction to the Bible* (Una Introducci6n General a la Biblia) por Norman L. Geisler y Willi002dní E. Nix (Chicago: Moody Press, 1969) 357

El testimonio de las escrituras de los padres de la iglesia a la genuinidad del texto es de gran importancia por dos motivos principales. Primero, estos hombres eran cuidadosos en la copia de las escrituras por su devoción a Dios y a su palabra. En segundo lugar, ellos vivieron cerca a los días apostólicos. Es probable que tuvieran acceso a manuscritos que ya no existen hoy. Hay una posibilidad de que algunos tuvieran acceso a los originales mismos.

2. Los rollos del Mar Muerto.

Descubiertos por primera vez en marzo de 1947 por un joven cuidador de cabras beduino en una caverna cerca al lado Norte del Mar Muerto. Los rollos del Mar Muerto, alrededor de 350 en total, han sido considerados uno de los mayores encuentros arqueológicos del siglo veinte. Escritos por Esenio, entre el primer siglo antes de Cristo y el primer siglo después de Cristo, las porciones bíblicas de estos rollos nos dan manuscritos de centenares de años más antiguos que cualquier otro.

Se han hallado porciones de todo el Antiguo Testamento, con la excepción del libro de Ester. De especial interés son los rollos del libro de Isaías, porque uno de los dos rollos que se encontrado es el libro completo de este gran profeta. Aquí hay un manuscrito de Isaías 1.000 años más antiguo que cualquier otro que haya salido a la luz. En una forma notable, los rollos confirman la exactitud del texto masorético del Antiguo Testamento.

3. Los papiros.

De gran interés a eruditos bíblicos es el número de descubrimientos recientes (1931) de papiros hallados en tumbas en Egipto. Estos han sido frecuentemente reconocidos como la ganancia más importante para la crítica textual del Nuevo Testamento desde que Ticendorf anunció el descubrimiento de los códices sinaíticos. Estos papiros han sido adquiridos por un notable colector de manuscritos, A. Chester Beatty. Otros están en posesión de la Universidad de Michigan y como propiedad privada de algunos individuos. Contienen parte del Antiguo Testamento en griego: porciones considerables de Génesis, Números y Deuteronomio, y partes de Ester, Ezequiel y Daniel. Tres manuscritos del grupo son de libros del Nuevo Testamento: porciones de treinta hojas de los Evangelios y de Hechos, ochenta y seis hojas de las epístolas paulinas y diez hojas de la sección media del libro de Apocalipsis. Este material es de la mayor importancia porque data del siglo tercero o antes que esto.

El texto es de tan alta calidad que está en la misma clase que los códices vaticano y sinaítico. El fragmento de John Rylands es un pequeño pedazo de papiro de sólo 38,96 por 6,4 cm de tamaño. Aunque es pequeño, es reconocido ser el manuscrito más antiguo de cualquier parte del Nuevo Testamento. Está escrito sobre ambos lados y contiene una porción del Evangelio de Juan 18:31-33,37,38. Fue obtenido en 1920.

Papiro Bodmer II - en 1956, Victor Martin, un profesor de filología clásica de la Universidad de Ginebra, publicó un códice de papiro del Evangelio de Juan. Esto incluye capítulos 1:1 hasta 14:26. Data del año 200 y es probablemente el libro más antiguo del Nuevo Testamento en condición substancial.

4. Declaraciones alentadoras.

4.1. Las doctrinas de las escrituras. Cualquiera que sea la variante de las lecturas descubierta por los críticos bíblicos, es un hecho reconocido que ninguna de ellas de ninguna manera altera la doctrina de la fe cristiana.

4.2. Pureza de texto. "Westcott y Hort, Ezra Abbot, Philip Sclíff, y A. T. Robertson han evaluado cuidadosamente la evidencia y han concluido que el texto del Nuevo Testamento es más que 99 por ciento puro."[24]

X. LAS ESCRITURAS EN INGLES

A. LOS COMIENZOS MAS TEMPRANOS.

Los comienzos de la Biblia en inglés se remontan al siglo siete, cuando un labrador sin educación llamado Caedmon, dispuso historias de la Biblia en forma de versos. En el siglo siguiente, la primera traducción al inglés fue hecha por Aldhelm, quien tradujo los Salmos en el año 705. El venerable Bede, antiguo historiador inglés, terminó de traducir el Evangelio de Juan con su virtualmente último aliento (735). Hacia el cierre del siglo noveno, el rey Alfredo, un rey piadoso, tradujo los diez mandamientos, otras leyes del Antiguo Testamento, los Salmos y los Evangelios, aunque estos estaban incompletos en su muerte. Alrededor del año 1000, Aelfric, Arzobispo de Canterbury, tradujo los Evangelios, los primeros siete libros del Antiguo Testamento, Ester, Job y una parte de Reyes.

B. JOHN WYCLIFFE.

John Wycliffe, maestro y erudito de Oxford, es realmente uno de los nombres importantes en la historia de la Biblia que llego a estar disponible en el idioma inglés. Con la ayuda de algunos de sus estudiantes, Wycliffe tradujo la Biblia entera usando la vulgata latina. La obra fue terminada en 1382, y fue la primera traducción de la Biblia entera al inglés. Una revisión

---

[24] *From God to Us* (De Dios a Nosotros) por Geisler y Nix, 180.

de esta obra, para armonizar los distintos estilos de aquellos que hicieron la traducción, fue hecha por John Purvey, quien corrigió y revisó a fondo la traducción de Wycliffe en 1388. Esta edición revisada predominó hasta el siglo dieciséis.

C. WILLIAM TYNDALE.

William Tyndale ha sido llamado "el verdadero padre de la Biblia en inglés." En 1516, el monje y erudito Erasmo publicó el primer Nuevo Testamento impreso en griego. Tyndale buscó traducir este al inglés, pero encontró tanta oposición de la Iglesia Católica Romana que tuvo que huir a Hamburgo, Alemania. Aquí terminó la traducción y buscó imprimirla en Colonia. Para esta época, Tyndale se había asociado con Martín Lutero y la reforma. De allí que los enemigos de la reforma llegaron a ser también sus enemigos. Tyndale Tuvo que huir de Colonia con las hojas de su parcialmente impreso Nuevo Testamento.

Debe tenerse en cuenta que en 1450 Johann Gutenberg, de Mainz, Alemania, inventó la imprenta, aunque había sido conocida durante muchos siglos en China. En 1454, Gutemberg inventó la imprenta por tipografía movible y su primer libro impreso fue la vulgata latina (1455), conocida como la "Biblia Mazarina" porque las copias fueron halladas en la biblioteca del cardenal Mazarin en París.

Tyndale encontró un ambiente más amistoso en Worms, Alemania, donde fue completada en 1525 la impresión de su traducción del Nuevo Testamento. Al comienzo del siguiente año, copias de su traducción fueron introducidas a Inglaterra por contrabando y adquiridas en su totalidad con entusiasmo. Sin embargo, las autoridades romanas condenaron la traducción como herejía y estas fueron compradas en su totalidad para ser quemadas públicamente.

Mientras tanto, Tyndale continuó su trabajo de traducir el Antiguo Testamento al inglés. Terminó el pentateuco en 1530, el libro de Jonás en 1531 y revisó Génesis en 1534. Tyndale fue traicionado y encarcelado en 1534. Después de dieciséis meses en prisión, fue estrangulado y quemado en la hoguera. Sus últimas palabras fueron, "Señor, abre los ojos del rey de Inglaterra." La Versión Autorizada del Rey Santiago, es prácticamente la quinta revisión de la obra de Tyndale. Puede apreciarse la gran deuda que se le debe a él.

D. OTRAS TRADUCCIONES DEL SIGLO XVI.

1. La Biblia Coverdale.

En 1535, se imprimió la Biblia Coverdale. Tiene la distinción de ser la primera Biblia completa impresa en inglés. Fue la obra de Niles Coverdale, un amigo personal de Tyndale. Era una traducción de una traducción, del alemán y el latín. Fue la primera Biblia que llevó la aprobación del rey de Inglaterra.

2. La Biblia de Mateo.

Apareció en 1537. Esta es la obra del amigo de Tyndale, John Rogers. Fue una edición combinada de Coverdale y Tyndale. En realidad, la Biblia de Mateo es la Biblia completa de Tyndale, en cuanto a su traducción pero complementada por la obra de Coverdale. Fue la primera revisión de Tyndale y forma la base de todas las revisiones futuras: La Gran Biblia, la Biblia Ginebra, la Biblia del Obispo, y la Versión del Rey Santiago. Lleva el nombre de "Biblia de Mateo", porque Rogers temía que si llevaba el nombre de Tyndale, podría haber una mayor oposición.

3. La Gran Biblia.

Publicada en 1539, es en realidad una revisión de la Biblia de Mateo, que era una revisión de la de Tyndale. La obra fue hecha por Coverdale, un revisor muy cuidadoso. Fue llamada la "Gran Biblia" por su gran tamaño, 33,92 por 19,2 cm. Esta ha sido llamada la primera Biblia "autorizada" porque el rey Enrique VIII la aprobó e hizo una proclama para que fuera leída públicamente en todas las iglesias a lo largo del territorio y así todos tuvieran la oportunidad de leerla. Estaba encadenada al escritorio de las iglesias para que nadie la pudiera robar, por esta razón ha sido llamada la "Biblia Encadenada." Parece que la oración de Tyridale fue contestada y el Señor abrió los ojos del rey de Inglaterra.

4. La Biblia Ginebra.

Publicada en 1560, estaba destinada a ser la Biblia más popular del siglo. Se llamo la "Biblia Ginebra" porque fue impresa en Ginebra, en tamaño pequeño y escritura legible, con ilustraciones apropiadas y comentarios. Llegó a ser la Biblia popular de los hogares como la Gran Biblia había sido la Biblia popular de las iglesias. Fue la primera Biblia entera dividida en versículos. El Nuevo Testamento había sido impreso con divisiones en versículos por Robert Stevens en 1551. Algunos atribuyen las divisiones capitulares al Cardenal Hugo (1248), otros a Stephen Langton, arzobispo de Canterbury, en 1227. La Biblia Ginebra era la Biblia de Shakespeare y de los peregrinos que vinieron a América del norte.

5. La Biblia del Obispo.

Publicada en 1568 por autoridad del Obispo Parker y otros obispos que sentían que la Biblia Ginebra minaba su autoridad. Nunca fue una edición popular, siendo demasiado incómodo en tamaño y demasiado rígida, formal y difícil para la apreciación de la gente común.

6. La Biblia Rheims-Douai.

Como resultado de la gran actividad de traducción bíblica por parte de la iglesia protestante, los católicos romanos fueron influenciados a producir su propia traducción al inglés. Por lo tanto, en 1582 fue producida una edición del Nuevo Testamento en el colegio ingles de Rheims, Francia. En 1609-1610 se publicó el Antiguo Testamento en el mismo colegio que se había mudado a Douay, Francia. El Rheims-Douai llegó a ser la primera edición católica romana de la Biblia en inglés. Fue traducida, no de los idiomas originales, sino de la vulgata latina.

7. La Versión del Rey Santiago.

Publicada en el año 1611, es mayormente conocida como la Versión Autorizada. En una conferencia conocida como la Conferencia de la Corte de Hampton, compuesta por líderes religiosos de varios y diversos grupos llamados a discutir la cuestión de tolerancia religiosa, se hizo una propuesta para producir una nueva traducción de la Biblia. El Rey Santiago recibió la sugerencia con entusiasmo y fijó reglas para que ningún comentario que hubiera dividido a las iglesias fuera incluido.

Alrededor de cuarenta y ocho (48) doctos griegos y hebreos fueron elegidos y divididos en seis equipos de trabajo: Dos se encontraron en Westminster, dos en Oxford, y dos en Cambridge. A cada grupo se le dieron ciertos libros para traducir, y después, el trabajo de cada uno era enviado a los otros dos grupos; así que, la traducción es en verdad la obra de todos, y no solo un individuo. En realidad, era una revisión de la Biblia del Obispo, que a su vez era una revisión de la obra de Tyndale. La Versión Autorizada es en realidad la quinta revisión de la traducción de Tyndale. Comenzando en 1607, después de dos años y nueve meses fue enviada a la imprenta y fue presentada al público por primera vez en 1611, siete años después del convenio de la Conferencia de la Corte de Hampton. Ha sido la más popular y ampliamente aceptada versión de la Biblia por más de 370 años.

E. TRADUCCIONES RECIENTES DE LA BIBLIA EN INGLES.

1. Edición Revisada del Inglés.

Por más fina que fuera la obra, y por popular que continuara siendo la versión del Rey Santiago, fue reconocido que esta versión tenía ciertas debilidades. Los testigos más valiosos de los autógrafos originales, los manuscritos vaticano, el sinaítico, el alejandrino y el Efraín no estuvieron a disposición de los traductores del Rey Santiago. Muchas expresiones arcaicas se hallan en esta traducción y se encontraron algunos errores, aunque no graves.

De acuerdo con esto, en febrero de 1870, se pasó una moción para considerar una revisión de la versión del Rey Santiago por la Convocación de la Provincia de Canterbury. Hombres de intachable erudición fueron elegidos en Inglaterra, y estos se unieron a los más ilustres hombres de los Estados Unidos. El 17 de mayo de 1881 se emitió el Nuevo Testamento, seguido por el Antiguo Testamento el 19 de mayo de 1885. La obra completa es conocida como la Edición Revisada del inglés.

2. La Versión Normativa Americana.

Publicada en 1901, se reconoce que se usó una mejor base textual a la disponible por los traductores del Rey Santiago, junto con un conocimiento avanzado de los idiomas originales. Muchos de los arcaísmos del Rey Santiago fueron aclarados. Sin embargo, fue sujeta a crítica. Lo que aclaro en entendimiento del griego, lo perdió en la belleza del idioma. Se cita que Charles Spurgeon dijo de ella, "Fuerte en griego, débil en inglés."

3. La Versión Normativa Revisada.

En 1929, la Compañía Thomas Nelson e Hijos había entregado el derecho de propiedad de la Versión Normativa Americana al Consejo Internacional de Educación religiosa, que designó un comité de eruditos para que considerara la conveniencia de revisar la Normativa Americana. Fue acordado hacerlo, pero los fondos fueron difíciles de conseguir; y no fue hasta el 30 de septiembre de 1952 que fue presentada la Biblia completa. El propósito de los revisores era de aprovechar los muchos nuevos manuscritos y papiros que habían salido a la luz desde la publicación de la Versión de 1901, pero mantener la belleza del lenguaje del Rey Santiago. Ha sido ampliamente recibida, aunque no sin sus críticas, principalmente entre los doctos conservadores.

4. La Nueva Biblia Normativa Americana.

Publicada el 31 de julio de 1970, ha recibido la aprobación de muchos conservadores. Está basada en la Versión Normativa Americana de 1901.

5. La Nueva Versión Internacional.

Esta traducción completamente nueva ha sido recibida con entusiasmo. El Nuevo Testamento fue publicado en 1973 y la Biblia entera en 1978. La obra fue hecha por eruditos de los Estados Unidos, Gran Bretaña, Canadá, Australia y Nueva Zelandia, dándole así su sabor internacional. Doctos de más de trece denominaciones participaron en la obra de traducción.

6. Muchas Otras.

Durante la última o ultimas dos décadas ha habido una inundación de traducciones nuevas, demasiado numerosa para mencionarlas aquí. Algunas se han esforzado en ser interpretaciones literales de los originales, mientras otras son definitivamente paráfrasis a lo que se considera ser un inglés más moderno. Otras están siendo hechas, y sin duda, aparecerán en el futuro cercano.

Conclusión: ¿Esta ráfaga de "expertos" dándonos el idioma exacto de los autógrafos originales, nos indica que no podemos depender de nuestra Biblia actual en inglés para declarar el verdadero mensaje que Dios proclamaría al hombre? Quizá la siguiente cita de Sir Frederic Kenyon, director del Museo Británico, contestará nuestra pregunta de la mejor manera: "Es alentador al final, encontrar que el resultado general de todos estos descubrimientos y todo este estudio es fortalecer la prueba de la autenticidad de las escrituras, y la convicción de que tenemos en nuestras manos, en integridad sustancial, la verdadera palabra de Dios."[25]

XI. LAS ESCRITURAS EN ESPAÑOL

A continuación se presenta el orden cronológico de las principales traducciones de la Biblia al español desde la Biblia Alfonsina (1260) hasta la Biblia de las Américas (1986). Las traducciones subrayadas indican que son protestantes. [26]

A. PRIMERAS TRADUCCIONES DE LA BIBLIA EN ESPAÑOL.

1. 1260- **Biblia Alfonsina**. Antiguo y Nuevo Testamento, traducida al español-romance por orden del Rey Alfonso X "el Sabio" de Castilla, España. Es una traducción de la Vulgata de San Jerónimo.

2. 1430- **Biblia de la Casa de Alba**. Antiguo Testamento. Traducción hecha por el rabino Arragel, de Guadalajara, España.

3. 1527- **Biblia de Quiroga**. Antiguo Testamento. Traducción de la Vulgata Latina. Obsequiada por el cardenal Quiroga al rey Felipe II.

4. 1543- **Nuevo Testamento de Francisco de Enzima**. Usó la edición griega de Erasmo que había aparecido en 1516. Bruselas, Bélgica. Primera obra protestante en Español.

5. 1553- **Antiguo Testamento, Versión de Ferrara**. Traducción hecha por Yom Tob Atías y Abram Usque, dos judíos desterrados que se establecieron en Ferrara, Italia.

6. 1556- **Nuevo Testamento de Juan Pérez de Pineda**. Usó el Nuevo Testamento de Enzinas. Agregó su propia traducción de los Salmos. Ginebra, Suiza.

---

[25] Sir Frederick Kenyon, fuente desconocida.

[26] Datos compilados por Rev. Eduardo Hernández Alfonso, Fundación Lockman, La Habra, California, 1988.

7. 1569- <u>La Biblia del Oso</u>. Traducción de Casiodoro de Reina. Primera Biblia traducida completamente al español de los originales hebreo, arameo y griego. Para el Nuevo Testamento se uso la tercera edición griega de Erasmo. Esta versión contenía los libros apócrifos. Basilea, Suiza.

Revisiones importantes de la Biblia de Casiodoro de Reina: 1602 - Cipriano de Valera gastó veinte años en esta revisión. El Nuevo Testamento lo publicó en Londres, Inglaterra, y toda la Biblia en 1602 en Amsterdam, Holanda. Otras revisiones: 1862, 1909, 1960, y 1977.

8. 1793- **La Biblia de Felipe socio de San Miguel**. Traducida de la Vulgata Latina por orden del rey Carlos III. Publicada en 16 tomos en Valencia, España.

9. 1813-1816- **La Biblia de Viena, Antiguo Testamento**. Se imprimió en Viena para los judíos españoles en cuatro tomos con el texto hebreo y su traducción al español en columnas paralelas. Fue editado por Aarón Pollack.

10. 1822- **Biblia de Félix Torres Amat y José Miguel Petisco**. Antiguo y Nuevo Testamento. Traducción hecha de la Vulgata con el apoyo del rey Fernando VII.

11. 1833- **Biblia de Rivera**. Primera Biblia en español publicada en el continente americano.

12. 1857- <u>El Nuevo Pacto</u>. Nuevo Testamento que se supone fue traducido por Guillermo Norton. Edinburgo, Escocia.

B. TRADUCCIONES RECIENTES DE LA BIBLIA EN ESPAÑOL.

1. 1893- <u>Versión Moderna</u>. Antiguo y Nuevo Testamento traducido por H. B. Pratt, misionero en Colombia y México. Publicada por la Sociedad Bíblica Americana. Nueva York, Estados Unidos de Norte América. Traducción muy fiel del hebreo, arameo y griego.

2. 1903- **Nuevo Testamento del Fr. Juan José de la Torre**. Publicado bajo los auspicios de la Iglesia Católico-Romana en Argentina.

3. 1919- *Nuevo Testamento*, <u>Versión de Pablo Besson</u>. Pastor en Argentina, con un gran conocimiento del griego.

4. 1923- <u>Nuevo Testamento, Versión Hispanoamericana</u>. Hecha por una comisión de traductores designada por la Sociedad Bíblica Británica y Extranjera y la Sociedad Bíblica Americana. Trabajaron en España. Impresa en Nueva York. En esta versión se usaron los manuscritos griegos más antiguos, empleando códices ajenos al "texto recibido."

5. 1928- **Nuevo Testamento**. Versión del sacerdote Guillermo Jüneman, Concepción, Chile.

6. 1944- Sagrada Biblia Nácar-Colunga. (Eloíno Nácar y Alberto Colunga). Primera traducción al español por autores católico-romanos directamente de los originales bíblicos, Madrid España. La traducción del Nuevo Testamento esta basada en los manuscritos más antiguos.

7. 1947- Versión Bover-Cantera. (José María Bover y Francisco Cantera). Menos literal que la de Nácar Colunga. Madrid, España.

8. 1951- Antiguo y Nuevo Testamento. Versión en cuatro tomos hecha por monseñor Juan Straubinger, sacerdote alemán, Buenos Aires, Argentina.

9. 1954- Nuevo Testamento, A.F.E.B.E. (Asociación para el Fomento de los Estudios Bíblicos en España). Versión española hecha por un grupo de profesores católico-romanos de sagrada escritura. Madrid, España.

10. 1960- <u>Revisión de la versión de Reina-Valera</u>. Por una amplia comisión designada por las Sociedades Bíblicas Unidas.

11. 1962- Nuevo Testamento. Edición auspiciada por el Centro Bíblico Hispanoamericano. Toluca, México.

12. 1964- La Santa Biblia. Ediciones Paulinas. España.

13. 1964- Biblia del P. Evaristo Nieto. El P. Nieto fue el director de esta traducción hecha por un equipo de escrituristas usando las más recientes investigaciones.

14. 1964- Biblia de Ausejo. Hecha por un grupo de escrituristas bajo la dirección del P. Serafín de Ausejo. Editorial Herder, Barcelona, España.

15. 1964- Edición Popular de las Sagradas Escrituras. Edición católico-romana cotejada con cuidado con los originales.

16. 1966- <u>Dios Llega al Hombre</u>. Versión popular. Antiguo y Nuevo Testamento publicado por las Sociedades Bíblicas Unidas.

17. 1966- Nuevo Testamento, versión de José María Valverde. Hermosa prosa castellana por el poeta. La revisión de su texto la hizo el erudito bíblico español Luis Alonso Shokel.

18. 1967- Nuevo Testamento, versión del P. Carlos Villapadierma. Profesor de sagrada escritura del Colegio de Teología de León. Publicado por la Editorial Difusore Bíblica de Madrid, España.

19. 1967- Biblia de Jerusalén. Traducida de los idiomas originales bíblicos por un grupo de traductores españoles, teniendo como modelo a la versión francesa. Las notas e introducción fueron traducidas directamente del francés. Obra dirigida por el P. José Angel Ubieta. Bilbao, España.

20. 1968- Nuevo Testamento ecuménico. Versión hecha por católico-romanos y protestantes. Auspiciada por la comunidad de Taizé bajo la dirección del escriturista Serafín de Ausejo.

21. 1968- Libro de la Nueva Alianza. Nuevo Testamento, versión popular hecha por los sacerdotes argentinos Armando J. Levoratti, Mateo Perdia y Alfredo B. Trusso.

22. 1972- La Nueva Biblia para Latinoamérica. Edición pastoral preparada bajo la dirección del P. Ramón Ricciardi, y dirigida al pueblo de Hispanoamérica, especialmente al de Chile. Publicada por la Editorial Verbo Divino y Ediciones Paulinas.

23. 1972- Lo Más Importante es el Amor. *Nuevo Testamento Viviente*. Traducción basada en "The Living New Testament" de Kermeth Taylor. Traducción hecha principalmente por Juan Rojas.

24. 1973- Nuevo Testamento. Biblia de las Américas. Véase nota en 1986: La Biblia de las Américas.

25. 1975- Nueva Biblia Española. Traducción de los textos originales dirigida por Luis Alonso Schokel y Juan Mateos. Al presentar un lenguaje actualizado, muchas veces se ha sacrificado el sentido original.

26. 1977- Antiguo y Nuevo Testamento. Revisión por CLIE de la versión Reina-Valera de 1909.

27. 1979- Dios Habla Hoy. Versión popular, Antiguo y Nuevo Testamento. Publicada por las Sociedades Bíblicas Unidas.

28. 1979- Nueva Versión Internacional. Nuevo Testamento publicado en México por "Las Sagradas Escrituras para Todos." ©1979 para la Sociedad Bíblica Internacional de Nueva York.

29. 1979- La Biblia al Día. Antiguo y Nuevo Testamento, "The Living Bible." Publicada por Editorial Unilit, Miami, Florida.

30. 1986- La Biblia de las Américas, Antiguo y Nuevo Testamento. Traducción fiel de los idiomas originales bíblicos hecha por un grupo de eruditos de distintas denominaciones cristianas y de distintos países de la América Latina, España y los Estados Unidos en un período de 15 años. El Nuevo Testamento apareció en 1973. Publicada por Editorial Fundación. © The Lockman Foundation, La Habra, California.

CAPITULO 2
La Doctrina de Dios
Teología

INTRODUCCION

"Teología es el estudio de Dios y de las relaciones entre Dios y el universo; es el estudio de doctrinas religiosas y asuntos de divinidad. Es una forma específica o un sistema de este estudio."[1]

Teología viene de dos palabras griegas: *theos* que significa "Dios", y *logos* que significa "disertación" o "razonamiento." Generalmente hablando, hay tres categorías de teología:

(1) **Teología natural** - el estudio de Dios y como se ha revelado en el universo y en la naturaleza.

(2) **Teología bíblica** - el estudio de Dios y su revelación a nosotros en las escrituras.

(3) **Teología sistemática** - el estudio sistematizado de Dios, partiendo desde el razonamiento filosófico, la naturaleza y las Sagradas Escrituras.

Aunque el creyente basa su conocimiento de Dios principalmente en las Sagradas Escrituras y la revelación de Dios a través de su Hijo Jesucristo, también se basa en la evidencia que procede del universo y la naturaleza. Cualquier intento por estudiar a Dios y la verdad divina tendrá por necesidad que tomar alguna forma y sistema si va a ser tomado y retenido.

El estudio de Dios es de gran importancia porque Él es el valor más alto del hombre; Él es su fuente de vida y sustento, *"Porque en él vivimos y nos movemos, y somos..."* (Hechos 17:28a). El apóstol Pablo, en su men-

---

[1] *Websters New World Dictionary of the American Language* (El Nuevo Diccionario Mundial Webster del Idioma Norteamericano) 2da edición universitaria, s.v., "teología."

saje a los atenienses dijo: *"Y de una sangre ha hecho todo el linaje de los hombres, para que habitasen sobre toda la faz de la tierra... para que busquen a Dios... puedan hallarle, aunque ciertamente no está lejos de cada uno de nosotros"* (Hechos 17:26,27).

Juan Calvino dijo, "Casi toda la sabiduría que poseemos, es decir, sabiduría verdadera y sana, consiste de dos partes: el conocimiento de Dios y de nosotros."[2] Se duda seriamente que podamos realmente conocernos a nosotros mismos y conocer nuestro propósito en la vida sin algún grado de conocimiento de Dios y de su voluntad.

El término "teología" es usado de dos maneras: la primera puede describir el estudio de toda verdad bíblica; la segunda puede más específicamente describir el estudio de Dios, de su existencia, de su naturaleza, de sus nombres, atributos y obras. En este libro, el término "teología" se aplicará al segundo uso.

I. LO QUE SE CONOCE DE DIOS

A. INCOMPRENSIBLE.

Dios es el ser infinito. En un sentido, Él es incomprensible; ¿cómo pueden seres finitos comprender al ser infinito e ilimitable que es Dios? Zofar, en el libro de Job dijo, *"¿Descubrirás tú los secretos de Dios? ¿Llegarás tú a la perfección del Todopoderoso?"* (Job 11:7). Zofar no era un profeta inspirado, ya que algunos de sus razonamientos fueron considerados como falsos, pero sus palabras resuenan a través de San Pablo en Romanos: *"¡Oh profundidad de las riquezas de la sabiduría y de la ciencia de Dios! ¡Cuán insondables son sus juicios, e inescrutables sus caminos!"* (Rom. 11:33). (Ver Is. 40:18,25; Sal. 36:6). Obviamente no podemos comprender la plenitud de la naturaleza de Dios ni tampoco podemos saber completamente todos sus planes y designios.

B. PERO CONOCIBLE.

Por otro lado, la escritura afirma que se puede conocer a Dios. *"Dios, habiendo hablado muchas veces y de muchas maneras en otro tiempo a los padres por los profetas, en estos postreros días nos ha hablado por el Hijo... el cual, siendo el resplandor de su gloria, y la imagen misma de su sustancia..."* (Heb. 1:1-3). El apóstol Juan declara en su evangelio: *"A Dios nadie le vio jamás; el unigénito Hijo, que está en el seno del Padre le ha dado a conocer"* (Jn. 1:18).

---

[2] *Institutes of the Christian Religion* (Instituciones de la Religión Cristiana) por Juan Calvino (Edinburgo, Escocia, T & T Clark, 1845).

Aunque el hombre sin ayuda no puede llegar a conocer al Dios infinito, es claro que Dios se ha revelado a sí mismo y puede ser conocido hasta el grado donde llega su propia revelación. En efecto, es esencial para el hombre conocer a Dios a fin de experimentar la redención y tener vida eterna: *"Y esta es la vida eterna: que te conozcan a ti, el único Dios verdadero, y a Jesucristo a quien has enviado"* (Jn. 17:3). *"Pero sabemos que el Hijo de Dios ha venido, y nos ha dado entendimiento para conocer al que es verdadero..."* (I Jn. 5:20).

Durante esta vida podemos y debemos conocer a Dios hasta el nivel necesario para la salvación, confraternidad, servicio y madurez, pero en la gloria celestial llegaremos a conocer más enteramente a Dios: *"Ahora vemos por espejo, oscuramente; mas entonces veremos cara a cara. Ahora conozco en parte, pero entonces conoceré como fui conocido"* (I Cor. 13:12). (Ver también I Cor. 1:21; Ef. 1:17; Fil. 3:10; Col. 1:10; Rom. 1:19-23,28; II P. 1:2,3).

II. LA EXISTENCIA DE DIOS

A. EL VALOR DEL ARGUMENTO DE LA EXISTENCIA DE DIOS.

Algunas personas, con buena razón, cuestionarán el valor de los argumentos acerca de la existencia de Dios. En ninguna parte la Biblia argumenta la existencia de Dios. Ella asume su existencia como un hecho aceptado. El primer versículo de las Sagradas Escrituras afirma: *"En el principio creó Dios los cielos y la tierra"* (Gn. 1:1). El salmista proclama más adelante, *"Dice el necio en su corazón: No hay Dios."* (Sal. 14:1a).

El creyente y todos los adoradores de Dios han aceptado la existencia de Dios como un acto de fe. Algunos teólogos, tales como Soren Kierkegaard y Karl Barth rechazan toda teología general o natural y afirman que Dios puede ser conocido sólo como un acto de fe. Sin embargo, la fe del creyente no es ni ciega ni irrazonable. La fe es un don de Dios (Rom. 10:17); y es sostenida por evidencias claras para la mente imparcial. El salmista dice como consuelo para los creyentes: *"Los cielos cuentan la gloria de Dios, y el firmamento anuncia la obra de sus manos"* (Sal. 19:1). San Pablo destaca en el primer capítulo de Romanos que aún aquellos sin una revelación de la escritura no tienen excusa por su incredulidad:

> *Porque lo que de Dios se conoce les es manifestado, pues Dios se lo manifestó. Porque las cosas invisibles de él, su eterno poder y deidad, se hacen claramente visibles desde la creación del mundo, siendo entendidas por medio de las cosas hechas, de modo que no tienen excusa. Pues habiendo conocido a Dios, no lo glorificaron como a Dios...* (Rom. 1:19-21).

Por medio de esto se puede ver que la Biblia sostiene la validez de una teología natural. Sin embargo, debemos recordar que aunque una teología natural puede señalar a un creador poderoso, sabio y benévolo, ésta no dice nada para resolver el problema del pecado del hombre, su dolor, su sufrimiento, y su necesidad de redención. La teología natural tampoco puede afirmar lo expresado por Juan el Bautista, *"He aquí el Cordero de Dios, que quita el pecado del mundo"* (Jn. 1:29). Aún más, es importante tener en mente que los argumentos de la existencia de Dios, tales como aquellos suplidos por la teología natural, no llegan a ser una demostración absoluta. Los seres finitos no pueden demostrar la existencia de un Dios infinito. J.O. Buswell dice:

No existe un argumento conocido por nosotros que, como argumento, lleve a más que una probable (altamente probable) conclusión. Por ejemplo, la mayoría de nosotros cree que el sol saldrá mañana por la mañana, pero si fuéramos a analizar las evidencias, los argumentos que llevan a tal conclusión, seríamos forzados a admitir que los argumentos, por buenos que sean, están caracterizados por la probabilidad. Los argumentos teológicos no son ninguna excepción a la regla de que todo argumento inductivo sobre lo que existe es un argumento de probabilidad. Este es el punto al que los argumentos, como argumentos, afirman llegar.[3]

Los siguientes argumentos de la existencia de Dios no son un sustituto para la revelación de Dios en la Escritura, ni tampoco pueden llevar a una fe salvadora. Son un consuelo al creyente, y pueden ayudarle al predicador del evangelio a despertar a los oyentes y obtener una audiencia atenta. Sólo el Espíritu Santo suplirá fe verdadera en Dios.

B. LOS ARGUMENTOS DE LA EXISTENCIA DE DIOS.

1. El argumento que parte del razonamiento.

La primera fase del argumento que parte del razonamiento es la de "causa y efecto." A nuestro alrededor hay efectos tales como materia y movimiento. Para su explicación, hay tres alternativas:

1.1. Existen eternamente: No es probable que el universo haya existido eternamente, porque toda evidencia indica que el universo se está gastando. De acuerdo con la segunda ley de termodinámica, el sol y las estrellas están perdiendo energía en considerable proporción; si hubieran existido desde la eternidad ya se hubieran agotado. Los materiales radioactivos

---

[3] *A Systematic Theology of the Christian Religion* (Teología Sistemática de la Religión Cristiana) por James Oliver Buswell (Grand Rapids, MI: Zondervan Publishing House, 1963-63) 72.

están perdiendo su radiación. Estudios espectográficos de las estrellas muestran que todos los cuerpos están viajando hacia afuera desde centro, indicando un comienzo.

1.2. Surgieron de la nada: El decir que la materia y el movimiento surgieron de la nada es una contradicción; "de la nada, nada viene."

1.3. Fueron causados: La explicación más razonable es que materia y movimiento fueron creados en un punto del tiempo. La mayoría de los científicos actualmente datan al universo variadamente entre cinco y veinte billones de años de antigüedad. Algunos proponen como principio una serie de emersiones o un creador impersonal, pero considerando la existencia de inteligencias, y la gran complejidad de la creación, es muy probable que el universo sea la obra de un creador inteligente como expone la Biblia. No es probable que una fuente suba más alto que su propio manantial, ni que seres racionales surjan de una fuente irracional.

Otra fase del argumento que parte del razonamiento es que el hombre tiene un conocimiento innato de Dios. La evidencia de esto se encuentra en la creencia universal en un ser supremo de algún tipo. Escasamente puede encontrarse una tribu sin fe en una fuerza o ser superior. "El hombre es incurablemente religioso." Esto no significa que todos los hombres tienen una creencia completamente formada en Dios. Es muy cierto que la creencia religiosa y la propensión a alabar a una deidad son naturales en el hombre. Aun el ateo que niega la existencia de Dios demuestra que está confrontado con la idea de Dios, y de alguna manera debe guardar activamente el concepto.

2. El argumento que parte de la naturaleza.

Para casi todo, encontramos un propósito designado en la naturaleza. Todo el universo despliega un movimiento preciso y ordenado. *"El que hizo el oído, ¿no oirá? El que formó el ojo, ¿no verá? El que castiga a las naciones, ¿no reprenderá?"* (Sal. 94:9,10). Todas las cosas parecen ser una parte del balance de la naturaleza. La tierra está inclinada sobre su eje con relación al sol y de ese modo provee las estaciones y la mejor distribución de luz y calor durante el año. La tierra está a una distancia ideal del sol para evitar el calor severo o el frío congelante. La composición química de la atmósfera está en un balance ideal para la vida animal y vegetal. La proporción de tierra y agua en la superficie terrestre proporciona la lluvia y humedad correcta. Vientos y corrientes marinas proveen aire acondicionado y tibias líneas costeras. Bendiciones tales como los sonidos musicales para los oídos y la belleza del color, muestran un diseño que no se necesita para simple utilidad, y hablan de un creador que diseñó oídos y ojos como re-

ceptores. Ahora, ¿pueden seres inteligentes creer que una fuerza impersonal o un proceso trajo a existencia este maravilloso universo?

Una ilustración que nos enseña grandes cosas es el estudio de las características del agua. El agua es una de las sustancias más comunes del
universo. La mayoría de las otras sustancias llegan a ser más densas a bajas temperaturas. El agua, afortunadamente se expande llegando a ser menos densa cuando se congela. En forma de hielo, el agua flota sobre la superficie de lagos, ríos y mares. Si el agua, en su estado sólido, se tornara
más densa y se hundiera al fondo, muchos ríos, lagos y mares nunca se
descongelarían y gran parte de la superficie terrestre llegaría a ser glaciar e
inhabitable. ¿No fue un sabio creador el que dio al agua sus diferentes características?

3. El argumento que parte de la historia.

El argumento que parte de la historia descansa sobre el fundamento de
la divina providencia. Los estudiantes de historia, a no ser que estén ciegos
o sean parciales, descubrirán la obra de la divina providencia. Esto no significa que un propósito sabio es visible en todos los eventos. Se debe tomar
en cuenta que el hombre es pecaminoso y rebelde, y hasta cierto punto, un
agente moral libre. Dios no causa cada evento individual, pero está en control del fluir de los eventos, llevando a cabo sus propósitos. Él cumple las
profecías inspiradas que están registradas en su palabra.

Si uno estudia la Biblia junto con la historia, discernirá un modelo divino enfocado sobre Cristo Jesús, el Hijo de Dios. Este enfoque no es sólo
sobre la vida terrenal de Cristo. El propósito de Dios en Cristo es visto en la
historia de Israel y en su esperanza de un redentor (Gn. 12:1-3; Is. 52:10 -
53:12); en la encarnación, vida, muerte y resurrección de Cristo; en el
triunfo de la iglesia a través de múltiple oposición, y en la indestructibilidad
de Israel a través de los siglos.

La originalidad de Cristo está bien expresada por Napoleón en una
carta al general Bertrand:

> Efectos divinos me obligan a creer en una causa divina. Sí!, hay una
> causa divina, una razón soberana, un ser infinito. Esa causa es la cau-
> sa de causas... Existe un ser infinito, que comparado con usted gene-
> ral, le hace sólo un átomo; comparado con quien yo, Napoleón, con
> todo mi genio, soy verdaderamente nada; puramente nada. Yo lo per-
> cibo - Dios. Yo lo veo, tengo necesidad de Él, creo en Él. Si usted no
> cree en Él, pues peor para usted. Pero usted, general, todavía creerá
> en Dios. Puedo perdonar muchas cosas, pero siento horror ante un
> ateo y materialista... Los dioses, los legisladores de India China, Ro-
> ma, y Atenas, no tienen nada que pueda maravillarme de sobremane-

ra... No es así con Cristo. Todo en Él me asombra, y su voluntad me confunde. Entre El y cualquier otra persona en el mundo, no existe un posible término de comparación. Él, en sí mismo, es verdadero. Sus ideas y sus sentimientos, las verdades que Él anuncia, su manera de convencer, no son explicadas por organización humana, ni por la naturaleza de las cosas. Su nacimiento, y la historia de su vida; la profundidad de su doctrina, que lucha con las más poderosas dificultades, la más admirable solución. Su evangelio... su marcha a través de las edades y los reinos, todo es para mi un prodigio, un insoluble misterio, que me sumerge en un arrebato del que no puedo escapar, un misterio está allí delante de mis ojos, un misterio que no puedo ni negar ni explicar... busco en vano en la historia para encontrar el igual de Jesucristo.[4]

4. El argumento partiendo del alma humana.

El argumento que parte del alma humana tiene dos partes: (1) la de la imagen de Dios en el hombre y (2) la de la naturaleza moral del hombre. La Palabra de Dios declara que el hombre está creado a la imagen de Dios:

Entonces dijo Dios: Hagamos al hombre a nuestra imagen, conforme a nuestra semejanza; y señoree en los peces del mar, en las aves de los cielos, en las bestias, en toda la tierra, y en todo animal que se arrastra sobre la tierra. Y creó Dios al hombre a su imagen, a imagen de Dios los creó; varón y hembra los creó (Gn. 1:26,27).

No debemos buscar la imagen de Dios en el hombre físico, porque Dios es Espíritu (Jn. 4:24); más bien, debemos buscar la imagen de Dios en el hombre espiritual: *"y revestido del nuevo, [hombre] el cual conforme a la imagen del que lo creó se va renovando...."* (Col. 3:10). La imagen de Dios en el hombre se ve en que el hombre tiene dominio sobre las criaturas menores, y especialmente, en su capacidad y deseo ardiente de comunión con Dios. La otra marca de la imagen divina se ve en la naturaleza moral del hombre, su sentido de deber y responsabilidad, y en la posesión de una conciencia: *"mostrando la obra de la ley escrita en sus corazones, dando testimonio su conciencia, y acusándoles o defendiéndoles sus razonamientos..."* (Rom. 2:15). C. S. Lewís dice:

Estos son los dos puntos que yo quería tratar. Primero, que seres humanos, en toda la tierra, tienen esta curiosa idea de que deben portarse de cierta manera, y no pueden realmente deshacerse de ella. Segundo, de hecho no se portan de esa manera. Conocen la ley de la naturaleza,

---

[4] *Abbot's Napoleon* (El Napoleón de Abbot) como citado en Philosophy of Life (Filosofía de Vida) por A.M. Baten, (Garden City, NY: Harper and Row Publishing Company, 1930) 381-390.

y la quebrantan. Estos dos hechos son el fundamento de todo pensamiento claro sobre nosotros y el universo en que vivimos.[5]

Un Dios personal nos hace responsables por nuestra conducta y nuestra actitud. Debemos rendirnos a su voluntad o vivir con una conciencia culpable. Uno puede lograr borrar la superficie de su conciencia o callarla por decepción propia, pero entonces, invariablemente creará su propio sistema de valores. La experiencia ha demostrado que el sistema de ética de la Biblia creada por Dios, después de todo, es el más adecuado a la naturaleza moral del hombre.

5. El argumento que parte de la Escritura.

El argumento que parte de la Escritura descansa sobre sus declaraciones y sobre su exactitud. La Biblia declara ser la Palabra inspirada de Dios (II Ti. 3:16,17; II P. 1:20,21; I Cor. 2:12,13; Jer. 1:1-13). Ningún libro en el mundo ha sido tan ampliamente aceptado como mensaje de Dios. Sus opositores y los escépticos han lanzado todo ataque concebible en su contra, pero su popularidad se mantiene. Su exactitud ha sido repetidamente impugnada, pero cada vuelta de la pala de los arqueólogos confirma la exactitud de algún pasaje dudoso. El Dr. W.F. Albright, reconocido arqueólogo, escribe: "Nada que tienda a estorbar la fe religiosa judía o cristiana ha sido descubierto... Descubrimiento tras descubrimiento ha establecido la exactitud de innumerables detalles y ha traído incrementado reconocimiento al valor de la Biblia como un libro de recurso de la historia."[6] Ningún otro libro se compara con la Biblia en cuanto a su elevada enseñanza moral y espiritual. Escrita hace siglos, la Biblia es más moderna que los periódicos de hoy. Nunca cesa de hablar con poder, sanando los más profundos problemas del alma y del espíritu humano.

III. LA NATURALEZA DE DIOS

El acercamiento al estudio de la naturaleza de Dios debe ser humilde y reverente. ¿Quién puede definir la naturaleza y la esencia del Dios infinito? No sólo son sus caminos *"inescrutables"* (Rom. 11:33), su naturaleza y ser sobrepasan nuestra comprensión. Sin embargo, Dios nos ha revelado lo necesario de su naturaleza esencial para poder servirle y adorarle. Es especialmente importante entender la naturaleza de Dios, como está revelada

---

[5] *Mere Christianity* (Mero Cristianismo) por Clive Staples Lewis (Nueva York: Macmillan and Company, 1952) 21. Los escritos de C.S. Lewis han sido muy efectivos en presentar el mensaje cristiano a gente educada.

[6] *The Archaeology of Palestine and the Bible* (La Arqueología de Palestina y la Biblia) por William Foxwell Albright (Old Tappan, N.J.: Fleming H. Revell Publication Company, 1933) 127, 128.

en la Biblia, porque muchos conceptos diferentes de deidad son sostenidos por aquellos que rechazan al Dios de las Escrituras.

La Biblia no nos da una sola definición comprensible de Dios; si *"los cielos de los cielos no te pueden contener"* (I R. 8:27), ¿cómo puede una oración o un párrafo de palabras humanas definir su ser? La siguiente es una definición teológica, que sirve tan bien como cualquier otra: "Dios es un Espíritu, Infinito, Eterno, e Invariable en su ser, sabiduría, poder, santidad, justicia, bondad y verdad." (Catecismo de Westminster)

Varias declaraciones sobre Dios en la Escritura definen aspectos de su naturaleza, tales como: *"Dios es Espíritu"* (Jn. 4:8), *"Dios es luz"* (I Jn. 1:5), *"Dios es amor"* (I Jn. 4:8), y *"Dios es fuego consumidor"* (Heb. 12:29). En esta sección enfocaremos nuestra atención sobre cuatro aspectos de la naturaleza divina.

A. DIOS ES ESPIRITU.

1. Aspecto positivo - afirmación de la Escritura.

La declaración de que Dios es Espíritu, significa que no puede ser limitado a un cuerpo físico, ni a dimensiones de espacio y tiempo. Él es el Invisible, Eterno Dios: *"A Dios nadie lo vio jamás; el unigénito Hijo, que está en el seno del Padre, él le ha dado a conocer"* (Jn. 1:18). Porque Dios es Espíritu, Él puede decir, *"y he aquí yo estoy con vosotros todos los días, hasta el fin del mundo"* (Mt. 28:20); *"Porque donde están dos o tres congregados en mi nombre, allí estoy yo en medio de ellos"* (Mt. 18:20); y *"No te desampararé, ni te dejaré"* (Heb. 13:5). Jesús indicó que el hombre debe ser *"nacido del espíritu"* para poder entrar en el reino de Dios, a fin de tener comunión con Dios quien es Espíritu (Jn. 15).

2. Aspecto negativo - no corporal, no localizado.

Dos problemas surgen en conexión con la afirmación de que Dios es Espíritu. Primero, algunos pasajes bíblicos representan a Dios teniendo *ojos*, oídos, o un brazo (Is. 52:10; Sal. 34:15). Estas son figuras gramaticales llamadas "antropomorfismos" (que significan, semejante al hombre). Viviendo en un mundo material, al hombre le es difícil pensar que Dios percibe o actúa sin miembros humanos; por lo tanto, las Escrituras condescendientes a nuestra limitación, le atribuyen a Dios (figurativamente hablando) "oídos" para oír nuestro llanto, o un "brazo" para ayudarnos. Dios, hablando a través del gran profeta Isaías, y pensando en nuestra limitación humana dijo,

¿A qué, pues, me haréis semejante o me compararéis? Dice el Santo.
Levantad en alto vuestros ojos, y mirad quién creó estas cosas; él sa-

ca y cuenta su ejército; a todas llama por sus nombres; ninguna fal-
tará; tal es la grandeza de su fuerza, y el poder de su dominio. ¿Por
qué dices, olí Jacob, y hablas tú Israel: Mi camino está escondido de
Jehová, y de mi Dios pasó mi juicio? ¿No has sabido, no has oído
que el Dios eterno es Jehová, el cual creó los confines de la tierra?
No desfallece ni se fatiga con cansancio, y su entendimiento no hay
quien lo alcance (Is. 40:25-28).

El Espíritu eterno no necesita ojos para ver nuestra necesidad, ni se fatiga en su actividad redentora.

El segundo problema con la representación de la espiritualidad de
Dios, es que a veces Él es representado apareciendo en forma humana (Ver
Génesis capítulos 17,18,19; Jos. 5:13-15). Aunque Dios es en esencia Espíritu, El que hizo todos los seres y cosas puede, para sus sabios fines, asumir cualquier forma que se adecue a su propósito.

Hay un número de casos donde Dios se apareció en forma visible; un
ejemplo de esto es su aparición a Abraham para asegurarle el hijo prometido, a través de cuya descendencia, todas las naciones serían bendecidas.
Estas apariciones se llaman **"teofanías."** Ellas sin embargo, no contradicen
la naturaleza espiritual de Dios. ¡Qué maravilloso es que Dios el Hijo tomara
forma humana sobre sí mismo a fin de convertirse en nuestro redentor,
sumo sacerdote y rey eterno! *"Felipe le dijo, Señor, muéstranos al Padre, y*
nos basta. Jesús le dijo... El que me ha visto a mí, ha visto al Padre..."
(Jn. 14:8,9). Aun más, en I Corintios 15:38-54, San Pablo dice que seres
espirituales pueden tener cuerpos espirituales. Después de la resurrección,
Jesús tuvo un cuerpo espiritual que no estaba sujeto a limitaciones físicas
(Jn. 20:19-29), y hay alguna indicación que puede ser que Él, en su cuerpo
espiritual, llevará eternamente las marcas de la prueba rigurosa del Calvario.

B. DIOS ES PERFECTO.

Jesús le dijo a sus discípulos, *"Sed, pues, vosotros perfectos, como*
vuestro Padre que está en los cielos es perfecto" (Mt. 5:48). Es prácticamente imposible pensar en el Creador, quien es al mismo tiempo justo y
amoroso, santo y misericordioso, eterno juez y Padre de nuestro Señor Jesucristo, como algo menos que perfecto. Las Escrituras lo afirman, decla-
rándolo un ser **perfecto**. Las perfecciones de Dios serán vistas con mayor
claridad cuando estudiemos sus atributos.

C. DIOS ES PERSONAL.

Un ser personal es uno que es consciente de sí mismo, que posee intelecto, sentimientos y voluntad. Es popular entre los sofisticados de hoy en
día creer en un Dios impersonal, quien es semejante aun principio de vida

al cual se puede referir como "Naturaleza." Ese "dios" no contesta oraciones, ni siente desagrado ante hechos injustos; es sólo el universo mismo, incluyendo sus leyes. Tal "dios" impersonal no puede confrontar nuestro egoísmo, como tampoco puede ayudarnos cuando nuestros problemas van más allá de lo que podemos sobrellevar.

El Dios de la Sagrada Escritura es un Dios **personal**, trascendente, el cual se mantiene aparte del universo como su creador; pero quien, al mismo tiempo, es un Dios inmanente que reside dentro de su creación preservándola y cuidándola como un Padre celestial.

La personalidad de Dios es revelada en su trato con Moisés, cuando declaró su nombre: *"Y respondió Dios a Moisés: **Yo soy el que soy**. Y dijo: Así dirás a los hijos de Israel: **Yo soy** me envió a vosotros"* (Ex. 3:14). Después en Exodo 6:23 *"... Yo soy **Jehová**. Y aparecí a Abraham, a Isaac y a Jacob como Dios Omnipotente [El Shaddai], más en mi nombre **Jehová** no me di a conocer a ellos."*

La palabra hebrea *Jehová o Yahweh* se deriva del verbo "ser." "**Yo soy el que soy**" puede ser un tipo de interpretación del nombre *Jehová*. *Jehová* Dios, es Él que fue, quien es, y que será eternamente. Como **persona**, Dios se revela aquí con un nombre personal; El habla y entra en un pacto como un ser inteligente, contesta las indagaciones de Moisés como uno que responde ante la ansiedad humana, y comparte su preocupación con él. Él escoge a un hombre para llevar a cabo su **voluntad** de dirigir a Israel como una nación testigo entre las naciones. Él declara que ha oído los gemidos de su pueblo en Egipto, cuya angustia le importa. Este es un Dios personal, no solamente un alma impersonal del universo.

En el Nuevo Testamento, el Hijo de Dios (que era una persona) dijo, *"Porque como el Padre tiene **vida** en **sí mismo**, así también ha dado al Hijo el tener **vida** en **sí mismo**..."* (Jn. 5:26). Esto nos enseña que el Padre es el mismo tipo de persona que el Hijo al cual Él dio su **vida**. El hombre como criatura de Dios tiene intelecto, emociones, y voluntad, y es capaz de contemplar inteligentemente a Dios y su universo como una persona racional, pero esto no lo hace superior a Dios en capacidades. Dios tiene una personalidad divina, que va mucho más allá de la de sus criaturas, pero si Él hizo al hombre para comulgar con Él y para que éste le alabe, ciertamente lo dotó con características semejantes a las de su naturaleza cuando lo hizo a su propia **imagen.**

El evangelio de la Biblia es el mensaje de Dios al pecador que ha desobedecido a un Dios personal, que le ha ofendido con su rebelión. Este pecador lleva una carga de culpabilidad que sólo una nueva relación con Dios, hecha posible por la obra redentora del Hijo de Dios, aliviara: *"Ahora, pues, ninguna condenación hay para los que están en Cristo Jesús"* (Rom. 8:1); *"Mas Dios muestra su amor para con nosotros, en que siendo aún pecadores, Cristo murió por nosotros"* (Rom. 5:8). El amor no puede venir de un principio impersonal, el **amor** es una característica personal.

D. DIOS ES UNO.

La ley de Dios dada sobre el Sinaí comienza con la declaración: *"Oye, Israel: Jehová nuestro Dios, Jehová **uno** es"* (Dt. 6:4). No hay nada de mayor condenación en la Escritura que la adoración de otros dioses: *"No andaréis en pos de dioses ajenos, de los dioses de los pueblos que están en vuestros contornos..."* (Dt. 6:14). Las naciones adoraban a muchos dioses que correspondían a las fuerzas de la naturaleza, dioses que eran la creación de su propia imaginacion, que eran representados por imágenes e ídolos.

Estas naciones idólatras eran una espina continua en el costado de Israel. La caída de Israel fue su constante coqueteo con estas deidades de la naturaleza. Cuando Acab, el rey de Israel había abierto la puerta a la adoración de Baal, un dios natural falso, Elías desafió espectacularmente a los profetas de Baal y Asera a una competencia con *Jehová,* el Dios vivo. (I R. 18:21-40). Entonces él oró, *"Respóndeme Jehová... que conozca este pueblo que tú, oh Jehová, eres el **Dios**..."* (I R. 18:37). Cuando *Jehová,* no las falsas deidades, contestó con fuego, el pueblo, unánime gritó *"¡Jehová es el Dios!"* (I R. 18:39).

Para el hombre de Dios era importante ponerle un alto a la catastrófica inclinación hacia el politeísmo. La Biblia, entonces, llama inflexiblemente a la adoración de **un** verdadero Dios. El profeta Isaías hizo sonar el mismo llamado de trompeta: *"Así dice Jehová Rey de Israel, ... Yo soy el primero, y yo soy el postrero, y fuera de mí no hay Dios"* (Is. 44:6). Proclamando la misma gran verdad, nuestro Salvador dijo en oración al Padre, *"Y esta es la vida eterna: que te conozcan a ti, el único Dios verdadero..."* (Jn. 1:73). El apóstol Pablo alaba a los tesalonicenses porque *"Os convertísteis de los ídolos a Dios, para servir al Dios vivo y verdadero"* (I Tes. 1:9).

Solía ser ampliamente enseñado que la religión evolucionó de un original animismo y politeísmo (muchos dioses) a un monoteísmo (un solo dios). Las evidencias arqueológicas más recientes, junto con el encuentro de misioneros modernos, indican que el hombre era originalmente monoteísta (desde la revelación de Dios mismo a los primeros padres), y que las religiones de las naciones llegaron a ser más corruptas con el pasar del tiempo. Habrá una sección sobre la **trinidad** de Dios más adelante (sección VII), pero es importante establecer primeramente la **unidad** de Dios.

E. TEORIAS ERRONEAS ACERCA DE DIOS.

La enseñanza de la Biblia sobre Dios es que Él es el omnipotente, omnisciente, creador de todas las cosas, justo y santo y al mismo tiempo amoroso y misericordioso; Él es trascendente (sobre la creación y distinto a ella) y al mismo tiempo, inmanente (se involucra y reside con su creación). Él es un Dios personal que busca comunión con su pueblo redimido; castiga la rebelión absoluta con muerte eterna y recompensa la fe y obediencia con vida eterna a través de su Hijo y mediador, Jesucristo. Él es el ser supremo que a la vez es Padre celestial. Él llamó a existencia al inmensurable universo, esta tan al tanto del vuelo de la golondrina, como lo esta del llanto más tenue. Él hizo las galaxias, pero se rebajó al pesebre de Belén. Temblamos ante su majestad, pero buscamos consuelo en su amor incondicional. Él habita más allá de la más remota galaxia, pero no está más lejos de nosotros que el alcance de fe. Este es el Dios de los cristianos. Existen, sin embargo, diferentes puntos de vista sostenidos por aquellos que ignoran la doctrina escritural de Dios.

1. Ateísmo.

El ateo niega la existencia de toda deidad. Él cree que el universo ocurrió por casualidad, o que ha existido siempre y esta sujeto a leyes residentes e impersonales. Pero, ¿es razonable el hombre terrestre que niega la existencia del creador de un universo, cuya vasta expansión no puede explorar más allá de lo que un topo puede explorar la Catedral de San Pablo? En efecto, hay dos tipos de ateos: (1) el ateo filosófico que niega que Dios existe, y (2) el ateo práctico que vive como si Dios no existiera.

2. Agnosticismo.

El agnóstico no niega la existencia de Dios; él niega la posibilidad del conocimiento de Dios. El profesor Huxley, quien inventó la palabra "agnóstico", tomó el término del altar griego en Atenas referido por San Pablo en Hechos 17:23 que tenía la inscripción *"Agnosto Theo"* (el dios desconocido). Pero el profesor Huxley no comprendió la intención de la inscripción. El "dios desconocido" ateniense, era el verdadero Dios sobre todas las deidades menores. Esas deidades, en realidad, eran sólo héroes humanos de los comienzos de la historia a quienes los griegos habían elevado a la posición de dioses.

Sócrates y Platón obtuvieron algún conocimiento de la existencia de un ser supremo, solamente que no supieron cómo llamarlo. El agnosticismo es muy popular hoy en día; es un cómodo refugio para aquellos que se creen intelectuales, pero que no quieren tomar una posición de fe en el Dios de las Escrituras. Un sincero y humilde buscador de Dios tarde o temprano lo hallará, porque El no está lejos de ninguno de nosotros.

3. Materialismo.

El materialista niega la existencia del espíritu, o seres espirituales. Para él toda realidad es solamente materia en movimiento. La mente y el alma humana son sólo funciones del cerebro físico desarrollado a través de billones de años por evolución gradual. No existe la vida después de la muerte; el "cielo" o el "infierno" son sólo estados terrenales de placer o dolor, de éxito o derrota. Si el materialista es constante, no tiene ninguna base real para lamoralidad; hacer el bien es sólo hacer lo que trae el mayor placer al mayor número, pero no hay ninguna otra razón por la que él sienta profunda obligación a ser moral aparte de la pérdida de su propia estima. De acuerdo con el materialista, no hay juicio superior al del nivel humano, el pecado es sólo imperfección.

4. Panteísmo.

Esta es la religión del hinduismo. Dios es simplemente naturaleza, la suma total del sistema universal. El término viene de *theos* que quiere decir "dios", y *pan* que significa "todo." Los filósofos Spinoza y Hegel fueron los mejor conocidos panteístas europeos. Algunos prominentes teólogos "cristianos" liberales de hoy son en realidad panteístas, y están entre aquellos que no creen en un Dios personal y trascendental. La conversión de muchos a religiones orientales ha revivido al panteísmo en el continente americano. La Biblia no da lugar para esta religión antigua y lúgubre; su mejor esperanza es *nirvana,* el estado sin deseos, sin pasiones, y sin alma.

5. Politeísmo.

Esta palabra otra vez viene de las dos palabras griegas, *poly* que significa "muchos" y *theos* que significa "dios", la creencia en muchos dioses. En las naciones antiguas, cada fase de la naturaleza estaba gobernada por un dios o una diosa; esto surgió de la adoración de las fuerzas de la naturaleza. Héroes posteriores de tribus fueron elevados a la posición de deidades y gobernaron sobre ríos, lluvia, agricultura, pasiones humanas, varios planetas, estaciones del año, etc. Los vecinos de Israel eran politeístas y a menudo corrompían la adoración de Israel. La Biblia condena fuertemente a este paganismo y su idolatría (Is. 44:9-20). Sin embargo, después de la cautividad babilónica, Israel estuvo virtualmente curado de adoración idólatra.

6. Deísmo.

Deísmo viene del latín *deus* que significa "dios." El deísta cree en un Dios trascendente pero "ausente." Su Dios hizo el universo y el hombre, pero dejó a su creación sostenerse por sí misma mediante leyes naturales.

El Deísmo niega la naturaleza pecadora del hombre y por lo tanto su necesidad de expiación o redentor. El deísmo rechaza todo milagro, al igual que la inspiración divina de la Escritura. Esta percepción de Dios es irracional ya que, ¿por qué crearía un Dios personal al mundo y al hombre sin tener un propósito revelado para el hombre? Los deístas no son numerosos hoy en día.

7. Dualismo.

El dualismo es la doctrina de la existencia de dos reinos opuestos el uno al otro: uno del espíritu y uno de materia; o la doctrina del gobierno del mundo por dos dioses: uno de maldad y oscuridad, y uno de bondad y luz. Zoroastro, un filósofo persa de la época de Moisés, fue el primero en avanzar la idea de dos dioses de igual poder, ninguno de los cuales finalmente triunfa. La Biblia nos enseña lo bueno y lo malo, Dios y Satanás. Pero Dios y su reino triunfarán sobre Satanás al fin de la era: *"Volvieron los setenta con gozo diciendo: Señor, aun los demonios se nos sujetan en tu nombre. Y les dijo: Yo veía a Satanás caer del cielo como un rayo. He aquí os doy potestad... sobre toda fuerza del enemigo..."* (Lc. 10:17-19). El libro de Job nos da una imagen de un tipo de dualismo, o conflicto entre las fuerzas de Dios y Satanás, pero de nuevo, Dios y la virtud triunfan.

Los agnósticos y maniqueos en épocas posteriores a la apostólica eran dualistas, enseñando que toda materia era maligna y que sólo un espíritu era bueno. En el Nuevo Testamento, "el mundo" no se refiere tanto a cosas físicas, sino al espíritu de pecado o maldad en una sociedad no regenerada dominada por Satanás. Las cosas materiales pueden ser buenas y útiles cuando se manejan con una dedicada mayordomía. Todas las cosas son nuestras cuando están puestas a los pies de Jesús: *"...Porque todo es vuestro; sea... la vida, sea la muerte, sea lo presente, sea lo porvenir, todo es vuestro, y vosotros de Cristo, y Cristo de Dios"* (I Cor. 3:21-23), y *"... No sean altivos ni pongan la esperanza en las riquezas, las cuales son inciertas, sino en el Dios vivo que nos da todas las cosas en abundancia para que las disfrutemos"* (I Ti. 6:17).

Hay otro dualismo que enseña que toda aflicción, calamidad, adversidad, pobreza y turbación vienen directamente de Satanás. Sin duda, mucho de ello se deriva del reino de Satanás, y en efecto todo es el resultado de la caída; pero la teoría de que toda adversidad es satánica está contradicho por casi todos los apóstoles, mártires y grandes dirigentes de la iglesia, que hicieron de la adversidad algo que glorifica a Dios. La adversidad es maligna sólo cuando permitimos que Satanás nos derrote con ella. Por otro lado, hay victoria en Cristo a través de todas las experiencias de la vida. San Pablo dijo, escribiéndole a la iglesia en Corinto:

Porque hermanos, no queremos que ignoréis acerca de nuestra tribulación que nos sobrevino en Asia, pues fuimos abrumados sobremanera más allá de nuestras fuerzas, de tal modo que aun perdimos la esperanza de conservar la vida. Pero tuvimos en nosotros mismos sentencia de muerte, para que no confiásemos en nosotros mismos, sino en Dios que resucita a los muertos; el cual nos libró y nos libra, y en quien esperamos que aún nos librará... (II Cor. 1:8-10).

Este es un ejemplo de turbación en la vida de Pablo que Dios usó para su propósito, pero tres veces el apóstol usa la palabra "**librar**." Hay fuerzas opuestas en el mundo y el creyente está en el medio de la batalla, pero nosotros estamos del lado ganador: "*...Porque mayor es el que está en vosotros que el que está en el mundo"* (I Jn. 4:4) ¡Amén!

IV. LOS NOMBRES DE DIOS

Webster define "nombre" como "eso por lo cual una persona u objeto es conocido."[7] Los hebreos pensaban en los nombres como una revelación que encerraba algún atributo o característica de la persona nombrada. Por ejemplo, el nombre "Adán" significa "de la tierra" o "sacado de tierra colorada"; su nombre revelaba su origen. Hay un número de nombres para Dios en las Escrituras, pero ningún solo nombre, o aún la multiplicidad de nombres, pueden revelar todos sus atributos.

Dios se agrada en revelar sus atributos y naturaleza, especialmente aquellos que conciernen a nuestra relación con Él. Es reconfortante saber que hay una relación con Dios, revelada por uno de sus nombres, que corresponde a toda necesidad de sus hijos. Es la meta de la teología definir, hasta donde sea posible, cuales son esas relaciones. El estudio de los nombres de Dios nos ayudará significativamente a alcanzar esa meta.

A. ELOHIM

Elohim es plural y *Eloah* es singular. El nombre **Elohim** es el primer nombre utilizado en la Escritura para describir a "Dios." "*En el principio creó Elohim los cielos y la tierra"* (Gn. 1:1). Este nombre es usado alrededor de 2.500 veces en el Antiguo Testamento. La raíz de su significado probablemente es "el fuerte y poderoso." E.B. Smick, escribiendo en la *Zondervan Pictorial Encyclopedia of the Bible* (Enciclopedia Pictórica Zondervan de la Biblia) dice: "Hay muchas sugerencias para el significado de la raíz pero no hay consenso, probablemente relacionado con *El* que significa 'poderoso' o 'fuerte.' Una palabra hebrea muy comúnmente usada

---

[7] *Websters New World Dictionary* (El Nuevo Diccionario Mundial Webster), s.v. "nombre."

para Dios, dios, ángeles, o magistrados." La forma singular *Eloah*, en la misma obra de referencia, está definida de la siguiente manera: ('Dios,' singular de *Elohim*, q.v.). Es usada cuarenta y un veces en Job (reemplazando *Elohim*) y dieciséis veces en otras partes. Estos casos son principalmente poéticos y se refieren al verdadero Dios excepto en II Crónicas 32:15; Daniel 11:37-39; y Habacuc 1:11 (cf. Job 12:6)[8]. El nombre *Elohim*, como la palabra "Dios" en español, puede referirse al verdadero Dios o a cualquier objeto de adoración, o aun a dignatarios humanos. Casi siempre, cuando es usado junto a un artículo definido, está aplicado al único verdadero Dios de Israel.

El uso de la forma plural para Dios (*Elohim*) con el artículo singular necesita alguna explicación. Algunos doctos definen la palabra como el plural de majestad o entereza. Puede haber algo de cierto en esta explicación, pero queda corta en ser un completo y satisfactorio recuento de su uso en la totalidad de la Escritura. A la mayoría de los eruditos conservadores, da una clara indicación de la trinidad en unidad. Leemos de una obra de referencia moderna de la Biblia: "La terminación plural es usualmente descrita como un plural de majestad... pero una mejor razón puede ser vista en la Escritura misma donde, en el primer capítulo de Génesis se encuentra la necesidad de un término que transmita la unidad del único Dios y, además, permita la pluralidad de personas (Gn. 1:2,26)." Y otra vez, "Más probable es el punto de vista que *Elohim* venga de *Eloah* como un desarrollo original de las Escrituras hebreas y presente principalmente la pluralidad de personas en la trinidad de la deidad."[9] (Se dirá más acerca de la trinidad en la sección VII).

1. EL: "Dios, dios, poderoso, fuerza" (Dt. 32:4).

Este es un nombre muy antiguo para Dios (probablemente relacionado en origen a *Eloah* y *Elohim*, pero sobre el cual los eruditos no están de acuerdo) que se encuentra de alguna forma en todos los idiomas semitas. Puede tener varios significados, pero en la Biblia, generalmente se refiere al verdadero Dios de Israel. *El*, como nombre divino, no aparece frecuentemente solo, pero casi siempre está usado en composición con otros términos, tales como *El Elyon*, *El Shaddai*, etc. También ocurre en nombres comunes como Daniel, significando "Dios es mi juez." Es interesante que

---

[8] *Zondervan Pictorial Encyclopedia of the Bible* (Enciclopedia Pictórica de la Biblia Zondervan) por Elmer B. Smink, ed. Merrifi C. Tenney (Grand Rapids, MI: Zondervan Publishing House, 1975) 11, s.v. "ELOHIM."

[9] *Theological Wordbook of the Old Testament* (Léxico Teológico del Antiguo Testamento) cds. R. Laird Harris, Gleason L. Archer, Jr., y Bruce Waltke (Chicago: Moody Press, 1981) 1, s.v. "elohim."

este nombre al igual que la mayoría de los nombres divinos comunes, se encuentra en el capítulo 32 de Deuteronomio.

2. EL ELYON: (Dt. 32:8) "El Altísimo" (De *alah* que significa "ascender").

Entonces Melquisedec, rey de Salem y sacerdote del Dios Altísimo [El Elyon], sacó pan y vino, y le bendijo diciendo: Bendito sea Abram del Dios Altísimo [El Elyon], creador de los cielos y la tierra; y bendito sea el Dios Altísimo [El Elyon] que entregó tus enemigos en tu mano. (Gn. 14:18-20)

Fue el Dios altísimo que amó de tal manera al mundo que envió a su Hijo para redimirnos, quien es nuestro sumo sacerdote para siempre siguiendo la orden de Melquisedec (Heb. 6:20). El Salvador se rebajó al nivel del pecador más culpable: *"Por lo cual Dios también le exaltó hasta lo sumo, y le dio un nombre que es sobre todo nombre..."* (Fil. 2:9). Él está a la diestra del altísimo Dios.

3. EL OLAM: "El Dios eterno."

El pensamiento representado por este nombre no fue sólo la eterna duración de Dios, sino también su eterna fidelidad. Como está registrado en Génesis, Abraham llama a Jehová, *"Jehová Dios Eterno"*, que guarda sus pactos (Gn. 21:33). El salmista, pensando en Dios como un eterno refugio, dijo, *"Señor, tú nos has sido refugio de generación en generación. Antes que naciesen los montes y formases la tierra y el mundo, desde el siglo y hasta el siglo, tú eres Dios [Él]"* (Sal. 90:1,2). Isaías, el profeta mesiánico, exhortó al pueblo en un momento de incertidumbre: *"Confiad en Jehová perpetuamente porque en Jehová el Señor [Jehová] está la fortaleza de los siglos"* [lit. "Roca eterna"] (Is. 26:4).

Adam Clarke comenta sobre Isaías 26:4: "¿No se refiere esto a los eternos arroyos de la roca en el desierto? Esa roca era Cristo."[10]

4. EL SHADDAI: "El Dios todopoderoso."

"Era Abram de edad noventa y nueve años, cuando le apareció Jehová y le dijo, yo soy el Dios Todopoderoso [El Shaddai]; anda delante de mí y sé perfecto" (Gn. 17:1). (Ver también Gn. 28:3, 35:11, 43:14, 48:3; Ex. 6:3; Ez. 10:5). La forma compuesta, *El Shaddai,* se encuentra siete (7) veces; la palabra sola *Shaddai* significando "el Todopoderoso" se encuen-

---

[10] *Adam Clark's Commentary on the Whole Bible* (El Comentario De Adam Clark Sobre la Biblia Entera) abreviado por Ralph Earle (Grand Rapids, MI: Baker Book House, 1976).

tra cuarenta y un (41) veces y treinta y un (31) veces en Job solamente. Algunos comentaristas antiguos tomaron la palabra **Shaddai** como derivada de **shad** que significa "pecho", dándole al divino nombre el significado de "El que satisface" o "El todosuficiente." Esta opinión parece haber sido derivada de una traducción incorrecta en la versión griega de la septuaginta. Casi todos los eruditos ahora derivan la palabra **shad** de la palabra que significa "montaña", de ahí "El Todopoderoso", que es su significado obvio en Génesis 17:1, donde aparece por primera vez el nombre. El énfasis procedente de este nombre es la omnipotencia de Dios.

B. ADONAI

Adonai (Plural) y *Adon* (singular) se traducen como "Señor", "amo", "dueño", o "governante". Este nombre está expresado en los siguientes textos: *"Después de estas cosas vino la palabra de Jehová a Abram en visión, diciendo: No temas Abram, yo soy tu escudo, y tu galardón será sobremanera grande. Y respondió Abram, Señor Jehová [Adonai Jehová] ¿qué me darás, siendo así que ando sin hijo...?"* (Gn. 15:1,2).

La palabra *Adonai* es usada en el Nuevo Testamento griego, muy semejante al sentido que nosotros damos a la palabra española "Señor." Puede referirse a una persona que es un amo, dueño o gobernante; o al Señor Dios, porque El es el amo y dueño de todo: *"Y el criado tomó diez camellos de los camellos de su señor [Adonai], y se fue..."* (Gn. 24:10) *"Se rió, pues, Sara entre sí diciendo: ¿Después que he envejecido tendré deleite, siendo también mi señor [Adonai] ya viejo?"* (Gn. 18:12). Pedro se refiere a este versículo: *"como Sara obedecía a Abraham, llamándole señor [kurios]..."* (I P. 3:6). Al creyente se le debería recordar que cuando llamamos a Jesús "Señor" lo estamos reconociendo como nuestro amo. Llamar a Jesús "Señor" y no obedecerle es una contradicción en lenguaje y en conducta.

C. JEHOVÁ O YAHVEH

Jehová es el **nombre** personal de Dios en su relación como redentor: *Dijo Moisés a Dios: He aquí que llego yo a los hijos de Israel, y les digo: El Dios de vuestros padres me ha enviado a vosotros. Si ellos me preguntaren: ¿Cuál es su nombre?, ¿Qué les responderé? Y respondió Dios a Moisés: **Yo soy el que soy**. Y dijo: Así dirás a los hijos de Israel: **Yo soy** me envió a vosotros. Además, dijo Dios a Moisés: Así dirás a los hijos de Israel: Jehová, el Dios de vuestros padres, el Dios de Abraham, Dios de Isaac y Dios de Jacob, me ha enviado a vosotros. Este es mi **nombre** para siempre, este es mi memorial por todos los siglos. (Ex. 3:13-15).*

Este nombre personal también aparece en Exodo 6:2,3: *"Habló todavía Dios a Moisés, y le dijo: Yo soy **Jehová**. Y aparecí a Abraham, a Isaac y a Jacob como Dios Omnipotente [**El Shaddai**], mas en mi nombre **Jehová** no me di a conocer a ellos."*

Jehová es el nombre para el Señor Dios que sucede con mayor frecuencia en el Antiguo Testamento (5.321 veces). La verdadera forma hebrea de la palabra era **YHWH** (el alfabeto hebreo no tiene vocales). En realidad no sabemos como los hebreos pronunciaban el nombre (probablemente **Yahweh**, la traducción griega es *iaoue*). Los mandamientos prohibían usar el nombre del Señor en vano. Temiendo pronunciar el nombre de **Yahweh**, los hebreos substituyeron el nombre en la lectura por la palabra **Adonai**. Con el correr de los siglos, olvidaron como pronunciar **Jehová** o **Yahweh**; *y cuando* los doctos finalmente inventaron los "puntos vocales" para el escrito hebreo, dieron a **Jehová** los puntos vocales para **Adonai**, sin saber cuales habían sido los sonidos vocales originales.

Los eruditos difieren sobre la etimología del nombre **Jehová (YHWH),** pero seguramente proviene de una forma del verbo "ser." Esto parece ser claro en la declaración de Dios a Moisés que **"Yo soy"** lo había enviado. **"Yo soy el que soy"** parece ampliar el nombre de una forma que podría significar "El que existe eternamente." Jesús parecía identificarse con el nombre cuando dijo a los judíos, *"Antes que Abraham fuese, **Yo soy**"* (Jn. 8:58). Podría significar: *"**Yo soy** el camino y la verdad y la vida"* (Jn. 14:6), *" **Yo soy** la luz"* (Jn. 8:12), *"**Yo soy** el pan de vida"* (Jn. 11:25) Es por esta razón que con gozo cantamos el himno "Él es todo para mí", o "Cuan grande es Él."

Una forma abreviada de *Jehová*, **Jah** se encuentra cuarenta y ocho (48) veces en el Antiguo Testamento (primero en Ex. 15:2). Tiene el mismo significado que *Jehová*. Ocurre mayormente en los salmos y se usa siempre en el contexto de **alabanza**: *"...Exaltad al que cabalga sobre los cielos. **Jah** es su nombre... "* (Sal. 68:4).

D. *HA TSUR* - "LA ROCA."

El nombre metafórico para *Jehová*, **Ha Tsur**, se encuentra cinco (5) veces en el capítulo 32 de Deuteronomio: *"Él es la Roca, cuya obra es perfecta..."* (Dt. 32:4). El término enfatiza la inmutabilidad de Dios, la roca de los siglos. (Ver también Dt. 32:15,18,30,31; Is. 17:10,26, 32:2, 51:1; Sal. 19:14). San Pablo dijo, *"Y todos bebieron la misma bebida espiritual; porque bebían de la roca espiritual que los seguía, y la roca era Cristo"* (I Cor. 10:4). (Ver también Ex. 17:6).

E. LOS NOMBRES COMPUESTOS DE JEHOVA.

Ya que *Jehová* es el nombre del pacto de Dios que expresa relación personal (Ex. 19: 3-6), es natural que su nombre este compuesto de otros términos que identifican y hacen específica esa relación.

1. JEHOVA-ELOHIM.

"Estos son los orígenes de los cielos y de la tierra cuando fueron creados, el día que Jehová Dios [Jehová-Elohim] hizo la tierra y los cielos..." (Gn. 2:4). Este nombre identifica a *Jehová* con la creación de todas las cosas. El Dios trino de la creación es también el redentor de su pueblo.

2. JEHOVA-YIREH.

"Y llamó Abraham el nombre de aquel lugar, Jehová proveerá [Jehová-Yireh]. Por tanto, se dice hoy: En el monte de Jehová será provisto" (Gn. 22:14). Dios **proveyó** un sustituto para Isaac, para que él pudiera ser libre. De la misma manera, Dios ha provisto para nosotros, una vez y para todos, un sustituto, el Cordero de Dios. *"El que no escatimó ni a su propio Hijo, sino que lo entregó por todos nosotros, ¿cómo no nos dará también con él todas las cosas?"* (Rom. 8:32).

3. JEHOVA-RAFA.

*"Y dijo: Si oyeres atentamente la voz de Jehová tu Dios, e hicieres lo recto delante de sus ojos, y dieres oído a sus mandamientos, y guardares todos sus estatutos, ninguna enfermedad de las que envié a los egipcios te enviaré a ti; porque yo soy Jehová tu **sanador**"* (Ex. 15:26). Jehová revela aquí su relación personal como el **sanador** de su pueblo. Ya que la promesa estaba relacionada con enfermedades físicas, la sanidad también debe ser sanidad física. Hay un número significativo de sanidades físicas en el Antiguo Testamento que demuestran este atributo. Sin embargo, la promesa estaba condicionada sobre la obediencia, lo que explica porque las sanidades no eran más comunes. Gran parte del ministerio de Cristo y sus apóstoles fue ministrar sanidad física. La iglesia ha sido dotada de *"dones de sanidades"* (I Cor. 12:9) y la condición de obediencia todavía se aplica al pueblo de Dios.

4. JEHOVA-NISI.

"Y Moisés edificó un altar, y llamó su nombre Jehová-Nisi..." (Ex. 17:1). Los israelitas acababan de ganar la victoria en la batalla contra Amalec. Aaron y Hur habían sostenido en alto las manos de Moisés hasta el atardecer, y mientras lo hicieron Israel prevalecía. Para conmemorar la victoria, se construyó un altar y lo llamaron *Jehová-Nisi* (Ex. 17:8-15). El Se-

ñor es nuestra bandera de victoria en la batalla, *"y su bandera sobre noso-tros es amor"* (Ver Cnt. 2:4).

5. JEHOVA-SHALOM.

"Y edificó allí Gedeón altar a Jehová, y lo llamó Jehová-Shalom [Je-hová es paz]" (Jue. 6:24). Cuando Dios estaba llamando a Gedeón a dirigir a Israel a la victoria sobre los madianitas, un ángel se le apareció y llevó a cabo un milagro.

Gedeón supuso que moriría como resultado. Jehová le aseguró que viviría y dirigiría a Israel al triunfo. Jehová fue **paz** para él, aún antes de que comenzaran las batallas. *Shalom* (paz) significa prosperidad, salud, bienestar, y fe en el enfrentamiento de la aflicción. Jesús dijo, *"Mi paz os doy"* (Jn. 14:27). (Ver también Ef. 2:15,16).

6. JEHOVA-RAAH.

"Jehová es mi pastor, nada me faltará" (Sal. 23:1). Para Israel era de consuelo pensar en *Jehová* como el gran pastor de sus rebaños, quien proveía pastos tan delicados que nadie necesitaba sufrir necesidad. Que certidumbre hay para el creyente cristiano en las palabras de Jesús, *"Yo soy el buen pastor; el buen pastor su vida da por las ovejas"* (Jn. 10:11). Y, *"cuando aparezca el Príncipe de los pastores, vosotros recibiréis la corona incorruptible de gloria"* (I P. 5:4).

7. JEHOVA-TSIDKENU.

"En sus días será salvo Judá, e Israel habitará confiado; y este será su nombre con el cual le llamarán: Jehová, justicia nuestra" (Jer. 23:6). San Pablo escribió concerniente a Jesús nuestro Salvador: *"Mas por él es-táis vosotros en Cristo Jesús, el cual nos ha sido hecho por Dios sabidu-ría, justicia, santificación y redención..."* (I Cor. 1:30).

8. JEHOVA-SABAOTH.

"¿Quién es el Rey de gloria? Jehová de los ejércitos [Jeho-vá-Sabaoth], Él es el Rey de gloria" (Sal. 24:10). (Ver I Sam. 1:3) Eliseo encontró que Jehová de los ejércitos rodeaba a su pueblo en épocas de ataques del enemigo (II R. 6:13-17).

9. JEHOVA-SHAMA.

"En derredor tendrá dieciocho mil cañas. Y el nombre de la ciudad desde aquel día será Jehová-shama [Jehová está allí]" (Ez. 48:35). ¡Qué fortalecedor es saber que el Dios trascendente que creó el vasto universo es también el inmanente Dios, eternamente presente con su pueblo! El escri-

tor de Hebreos declaró: *"...porque él dijo: No te desampararé, ni te dejaré; de manera que podemos decir confiadamente: El Señor es mi ayudador; no temeré lo que me pueda hacer el hombre"* (Heb. 11:5,6).

F. NOMBRES DE DIOS EN EL NUEVO TESTAMENTO.

1. Theos.

"En el principio era el Verbo [logos], y el Verbo era con Dios [Theos], y el Verbo era Dios [Theos] " (Jn. 1:1). La palabra griega **theos**, como **Elohim** puede significar "Dios" o "dioses." Es la palabra usual para "Dios" en el Nuevo Testamento.

2. Kurios.

"Y toda lengua confiese que Jesucristo es el Señor [Kurios], para gloria de Dios [Theos] Padre [Pater] " (Fil. 2:11). Los tres nombres divinos del Nuevo Testamento son mencionados en el versículo de arriba. **Kurios** es como **Adonai** en el Antiguo Testamento.

3. Pater.

"Vosotros, pues, oraréis así: Padre [Pater] nuestro que estás en los cielos, santificado sea tu nombre" (Mt. 6:9). También, *"... habéis recibido el espíritu de adopción, por el cual clamamos: ¡Abba Padre!"* (Rom. 8:15). **Abba** era la palabra aramea para "padre"; fue la palabra que Jesús usó en la oración del jardín de Getsemaní. ¡Qué privilegio que, por la obra redentora de Cristo, podemos llamar al omnipotente como nuestro **Padre** celestial!

V. LOS ATRIBUTOS DE DIOS

Escribir sobre los atributos del Dios infinito es una tarea seria. Sin embargo, podemos indagar la Palabra de Dios con la certeza de que en las inspiradas Escrituras tenemos la revelación de Dios, de El mismo a nosotros. Dios nos ha revelado esas perfecciones y excelencias de su naturaleza que Él juzga como esenciales para nuestra redención, adoración, y comunión con Él. Este puede ser uno de los más interesantes estudios en el reino de la doctrina bíblica. ¿Quién no se siente maravillado y conmovido al leer tales palabras como las siguientes, de la pluma inspirada del profeta Isaías:

¿A qué, pues, me haréis semejante o me compararéis? dice el Santo. Levantad en alto vuestros ojos, y mirad quién creó estas cosas; él saca y cuenta su ejército; a todas llama por su nombre; ninguno faltará; tal es la grandeza de su fuerza y el poder de su dominio. ¿Por qué di-

ces, olí Jacob, y hablas tú, Israel: Mi camino está escondido de Je-
hová, y de mí Dios pasó mi juicio? ¿No has sabido, no has oído que
el Dios eterno es Jehová, el cual creó los confines de la tierra? No
desfallece, ni se fatiga con cansancio, y su entendimiento no hay
quien lo alcance (Is. 40:25-28).

Tales expresiones lo engrandecen a la vez como creador y proveedor; revelan su poder, sabiduría, providencia e inmutabilidad. Esto no es sino una porción de un capítulo del Antiguo Testamento. Cuando sumamos el Nuevo Testamento y la revelación de Dios en su Hijo Jesucristo, tenemos una fuente rica y viviente de la cual entendemos las "propiedades" y "virtudes" de nuestro Dios.

No es fácil categorizar los atributos de Dios. Hay claramente dos clases generales, pero palabras propias para distinguirlos son difíciles de encontrar. Una clase sólo la posee Dios; otra clase, la puede poseer el hombre hasta cierto punto. La clase que tiene sólo Dios, la llamamos atributos absolutos. La clase que puede ser compartida con nosotros, la llamamos atributos morales.

A. ATRIBUTOS ABSOLUTOS.

1. Existencia propia.

"Porque como el Padre tiene vida en sí mismo, así también ha dado
al Hijo el tener vida en sí mismo..." (Jn. 5:26). Dios es la fuente absoluta de toda vida y ser, la causa sin causa. El no es uno en una serie de emanaciones, como muchos han equívocamente enseñado. Él es el eterno Dios viviente, creador de todos los seres y las cosas que han existido jamás: *"Y él*
es antes de todas las cosas, y todas las cosas en él subsisten" (Col. 1:17). Dios no depende de ninguna fuente para su ser o esencia; por lo tanto tiene existencia propia.

2. Inmutabilidad.

"Porque yo Jehová no cambio... " (Mal. 16). *"Toda buena dádiva y to-*
do don perfecto desciende de lo alto, del Padre de las luces, en el cual no
hay mudanza, ni sombra de variación" (Stg. 1:17).

De nuestro Señor Jesucristo nos encanta citar: *"Jesucristo es el mismo*
ayer, y hoy, y por los siglos" (Heb. 11:8). Las cláusulas *"en el cual no hay*
mudanza" y *"Jesucristo es el mismo"*, son incondicionales; por lo tanto, la invariabilidad e igualdad están aplicadas a todos los atributos divinos. Es muy reconfortante para el creyente saber que los pactos y promesas de Dios son tan confiables como los fundamentos del cielo. En la oración de Salomón en la dedicación del templo, él declaró, *"Bendito sea Jehová que*

ha dado paz a su pueblo Israel, conforme a todo lo que él había dicho; ninguna palabra de todas sus promesas que expresó por Moisés su siervo ha faltado" (I R. 8:56).

El hombre varía de día en día, su obediencia no es constante. Las acciones y actitudes negativas del hombre pueden disminuir la experiencia de bendiciones condicionales para él, pero esto no contradice la fidelidad de Dios. A través de la boca de Malaquías, Dios habló en son de reproche y exhortación: *"Desde los días de vuestros padres os habéis apartado de mis leyes, y no las guardasteis. Volveos a mí, y yo me volveré a vosotros, ha dicho Jehová de los ejércitos [Jehová-Sabaoth]"* (Mal.3:7). San Pablo, quizá más que ninguno otro, expresa el invariable amor de Cristo: *"Por lo cual estoy seguro de que ni la muerte, ni la vida, ni ángeles, ni principados, ni potestades, ni lo presente, ni lo por venir, ni lo alto, ni lo profundo, ni ninguna otra cosa creada nos podrá separar del amor de Dios, que es en Cristo Jesús Señor nuestro"* (Rom. 8:38,39).

3. Eternidad.

*"Por lo tanto al Rey de **los siglos**, inmortal, invisible, al único sabio Dios, sea honor y gloria por los siglos de los siglos. Amén"* (I Ti. 1:17).

El majestuoso **nombre** de Dios dado a Moisés en Exodo 3:14, **"Yo soy el que soy"**, lo revela como ser sobre el tiempo. El salmista exclamó, *"... Desde el siglo y hasta el siglo, tú eres **Dios**"* (Sal. 90:2b). Su existencia, para expresarlo desde una perspectiva humana, es desde la eternidad pasada hasta la eternidad futura. Juan el apóstol cita respecto al Señor: *"Yo soy el Alfa y La Omega, principio y fin, dice el Señor, el que es y que era y que ha de venir, el Todopoderoso"* (Ap. 1:8). Las mismas declaraciones de eternidad brotan de la boca de Jesús en Apocalipsis 22:13. El eterno Dios es el dador de vida eterna a través de su eterno Hijo: *"El que tiene al Hijo, tiene la vida..."* (I Jn. 5:12).

4. Omnipresencia.

"¿Soy yo Dios de cerca solamente, dice Jehová, y no Dios desde muy lejos? ¿Se ocultará alguno dice Jehová en escondrijos que yo no vea? ¿No lleno yo, dice Jehová, el cielo y la tierra?" (Jer. 23:23,24). Salomón estaba consciente de la inmensidad y omnipresencia de Dios cuando oró, *"He aquí que los cielos, los cielos de los cielos, no te pueden contener; ¿cuánto menos esta casa que yo he edificado?"* (I R. 8:27b).

Dios está presente en todo lugar. Sin embargo, está en lugares específicos en manifestación. Se encontró con Moisés en la zarza ardiente en el monte. Él está en su templo y, sin embargo, el templo no lo puede contener. Él está en los cielos y, sin embargo, llena los cielos y la tierra. Él está en su trono donde Jesús intercede a su diestra y, sin embargo, ha prometido *"...he aquí yo estoy con vosotros todos los días..."* (Mt. 28:20). Él está en todas partes y, sin embargo, ha prometido estar donde dos o tres estén congregados en su nombre.

Dios está en todo lugar, pero no en todo punto en el mismo sentido. El no está dentro de todo (eso es panteísmo), pero Él está presente en todo lugar. Que gran bendición es que Él esté en todo lugar donde los creyentes oran, adoran o sirven. Es igualmente cierto que cualquiera que invoque el nombre del Señor será salvo, no importa donde esté sobre la faz de la tierra.

La presencia de Dios está en su iglesia de una forma especial a través de la obra del Espíritu Santo: *"Y yo rogaré al Padre, y os dará otro Consolador, para que esté con vosotros para siempre... mora con vosotros y estará en vosotros"* (Jn. 14:16,17). Dondequiera que la iglesia vaya, el Espíritu Santo está presente. Dondequiera que se predique el evangelio, el Espíritu Santo *"... convencerá al mundo de pecado, de justicia y de juicio"* (Jn. 16:8).

5. Omnisciencia.

Oh, Jehová, tú me has examinado y conocido. Tú has conocido mi sentarme y mi levantarme; has entendido desde lejos mis pensamientos. Has escudriñado mi andar y mi reposo, y todos mis caminos te son conocidos. Pues aún no está la palabra en mi lengua, y he aquí, oh Jehová tú la sabes toda (Sal. 139:1-4).

Dos aspectos de la total sabiduría de Dios son enfatizados en las Escrituras.

5.1. Dios tiene conocimiento de todo lo que ocurre en todo lugar.

El hombre no puede esconder ni sus hechos ni sus pensamientos de Dios. Si la deshonestidad y el engaño de Giezi le eran conocidos al profeta de Dios, de ninguna manera estaban escondidos del omnisciente (II R. 4:20-27). Dios sacó a la luz en juicio, los engañosos planes de Ananías y Safira (Hch. 5:1-11). En las cartas a las siete iglesias de Asia, el Señor describe claramente no sólo sus acciones, sino también sus condiciones espirituales internas (Ap. 2:1-3:22). Todas las cosas son conocidas por Él.

5.2. Dios es totalmente sabio en sus planes y propósitos.

Él conoce todas las cosas desde el principio. Él, en su sabiduría ha planeado la redención de su pueblo, la construcción de su iglesia, y el triunfo de su reino. Por ejemplo:

Que hizo abundar para con nosotros en toda sabiduría e inteligencia, dándonos a conocer el misterio de su voluntad, según Su benepláci-

to, el cual se había propuesto en sí mismo, de reunir todas las cosas en Cristo... (Ef. 1: 8-10).

Y de aclarar a todos cual sea la dispensación del ministerio escondido desde los siglos en Dios, que creó todas las cosas; para que la multiforme sabiduría de Dios sea ahora dada a conocer por medio de la iglesia a los principados y potestades en los lugares celestiales, conforme al propósito eterno que hizo en Cristo Jesús nuestro Señor (Ef. 3:9-11).

Es estimulante saber que Dios en su sabiduría ha hecho planes que llevará a cabo, a pesar de la libertad de elección y voluntad que él le permite ejercer al hombre. Y cuando nosotros le amamos, en su sabiduría, Él obra para que todas las cosas nos ayuden a bien (Rom. 8:28).

6. Omnipotencia.

"¡Oh Señor Jehová! He aquí que tu hiciste el cielo y la tierra con tu **gran poder***, y con tu brazo extendido, ni hay* **nada que sea difícil para ti...***"* (Jer. 32:17).

Algunos han tratado de encontrar una contradicción en la omnipotencia de Dios porque se dice que hay algunas cosas que El no puede hacer, tales como: mentir, pecar, negarse a sí mismo, y humorísticamente, hacer una roca tan grande que El no pueda levantar. Esto no es una limitación de su poder, sino una limitación propia de su voluntad. Dios no hará lo que es contrario a su naturaleza, ni lo que es una contradicción en términos.

6.1. La grandeza del poder de Dios está vista en su obra creada.

La amplitud del universo hace titubear nuestra imaginación, y los reinos microscópicos y sub-microscópicos son casi igualmente complejos. Si pensamos cuan temerosa y maravillosamente está hecho el cuerpo humano, quedamos atónitos delante del Dios omnipotente. Su poder creativo es a la vez inmensurable e incomprensible. Pero, más allá de esto, está el eterno mundo jamás visto *"... las cosas que se ven son temporales [pasarán]; pero las cosas que no se ven [la realidad espiritual] son eternas"* (II Cor. 4:18).

6.2. El poder de Dios es visible en su soberano reino sobre todo.

"He aquí que las naciones le son como la gota de agua que cae del cubo, y como menudo polvo en las balanzas le son estimadas..." (Is. 40:15). La profecía bíblica concerniente a los destinos de las naciones ha tenido un maravilloso cumplimiento, mostrando que Dios en verdad reina en los asuntos de los reyes y de los gobernadores humanos. *"Todos los habitantes de la tierra son considerados como nada; y él hace según su voluntad en el ejército del cielo; y en los habitantes de la tierra, y no hay quien detenga su mano y le diga: ¿Qué haces?"* (Dn. 4:35).

El libro de Daniel es un comentario elocuente de la soberanía de Dios sobre los reinos terrenales, los cuales son representados como bestias o parte de una imagen. La manera en que Dios sacó a los hijos de Israel de Egipto, llevándolos a la tierra prometida, otra vez demuestra que no hay nada demasiado difícil para Dios (Gn. 18:14).

6.3. Otra demostración de poder divino es la iglesia de Jesucristo.

Dios tomó doce discípulos aparentemente ordinarios, los llenó con el Espíritu Santo, y con ellos *"trastornó el mundo entero"* (Hch. 17:6). Esa iglesia está bien, viva veinte siglos más tarde y al borde de un avivamiento mundial.

6.4. La resurrección de Jesús de entre los muertos demuestra el poder de Dios sobre el reino de la muerte y la tumba.

Junto con Cristo, Dios nos ha levantado y nos ha sentado junto con Él en lugares celestiales (Ef. 1:19-16): *"Para que sepáis ... cual [es] la supereminente grandeza de su poder para con nosotros los que creemos, según la operación del poder de su fuerza, la cual operó en Cristo resucitándole de los muertos"* (Ef. 1:18-20a).

6.5. Dios es soberano sobre ángeles y sobre Satanás mismo.

Dios reina en el cielo, sobre la tierra, y debajo de la tierra. El que hizo todas las cosas y gobierna todos los reinos, puede tratar cualquier problema que acosa a su pueblo.

7. Soberanía.

Bajo el título anterior, ya hemos discutido la soberanía de Dios sobre las naciones y el reino invisible. En este punto, una consideración especial debe dársele a la antigua controversia sobre la soberanía de Dios ante el libre albedrío del hombre. San Pablo escribe en Efesios: *"Según nos escogió en él antes de la fundación del mundo, para que fuésemos santos y sin mancha delante de él, en amor habiéndonos predestinado para ser adoptados hijos suyos, según el puro afecto de su **voluntad**..."* (Ef. 1:4,5). Este pasaje parece inferir que todo resulta de la **voluntad** de Dios.

Por otro lado, Juan, en el capítulo veintidós de Apocalipsis, cita a Jesús en su última apelación al hombre: *"Y el que **quiera**, tome del agua de la vida gratuitamente"* (Ap. 22:17b). Este pasaje dice claramente que el agua de vida está disponible para cualquiera, sobre la base de elección y libre albedrío humano. Indiscutiblemente, las doctrinas de elección y predestinación están en la Biblia. Por otro parte, tenemos las palabras de Jesús mientras lloraba sobre Jerusalén, *"¡Jerusalén, Jerusalén... cuántas veces quise juntar a tus hijos... y no **quisiste**!"* (Mt. 23:37). Otra vez, *"y no **queréis** venir a mí para que tengáis vida"* (Jn. 5:40). Y otra vez, *"Todo aquel que en él cree no se pierda mas, tenga vida eterna"* (Jn. 3:16).

En verdad, la Biblia enseña ambas posiciones. Dios es soberano, pero no arbitrario; el hombre tiene libre elección y voluntad con ciertas limitaciones. Nuestra incapacidad de reconciliar las dos posiciones no hace que una posición u otra sea falsa. Nuestra incapacidad de ver como ambas cosas pueden ser ciertas al mismo tiempo, se debe a nuestra finita comprensión humana. Dios puede ser soberano sin violar la libertad esencial del hombre. Toda verdad divina en cierto sentido nos es paradójica, porque nuestra visión de realidad es sólo en parte, a lo sumo 180 grados. La verdad divina es un círculo completo, 360 grados. Samuel Fisk cita a Charles Spurgeon quien dice: "Hermanos, sean prontos a ver los dos lados del escudo de verdad. Elévense sobre la niñez que no puede creer dos doctrinas hasta que ve el anillo conector. ¿No tienes dos ojos, hombre? ¿Te es necesario apagar uno para que puedas ver claramente?[11]

El Dr. R.A. Torrey, en el siguiente pasaje, presenta una "presciencia" como la base para reconciliar la predestinación con la libertad de elección del hombre. Él escribe:

Las acciones de Judas y de los demás fueron tomadas en el plan de Dios, y por lo tanto hechas parte de él. Pero esto no significa que estos hombres no eran perfectamente libres en su elección. No obraron como lo hicieron porque Dios sabía que lo harían; el hecho de que lo harían era la base sobre la cual Dios lo sabía. La presciencia no determina las acciones del hombre más su conocimiento posterior. El conocimiento está determinado por el hecho, no el hecho por el conocimiento... Dios sabe desde la eternidad que hará cada hombre, si dará lugar al Espíritu Santo y aceptará a Cristo, o si resistirá al Espíritu y rehusará a Cristo. Aquellos que lo recibirán están destinados a la vida eterna. Si alguno se pierde es simplemente porque no querrá venir a Cristo y por lo tanto obtener la vida eterna (Jn. 5:40). El que quiera puede venir (Ap. 22:17), y todo el que viene será recibido (Jn. 6:37).[12]

---

[11] *Faith and Regeneration* (Fe y Regeneración) por Charles Spurgeon, citado en *Divine Sovereignty and Human Freedom* (Soberanía Divina y Libertad Humana) por Samuel Fisk (Neptune, N.J.: Loizcaux Brothers, 1973) tapado.

[12] *Practical and Perplexing Questions Answered* (Preguntas Prácticas y Perplejas Contestadas) por Reuben Archer Torrey (Nueva York: Fleming H. Revell Company, 1909) 61.

B. ATRIBUTOS MORALES.

A algunos atributos les llamaremos morales, porque han sido compartidos hasta cierto punto, con el hombre redimido, y conciernen al carácter y conducta. Todos hablan de la bondad de Dios.

1. Santidad.

*Porque yo soy Jehová vuestro Dios; vosotros, por tanto, os santificaréis, y seréis santos, porque yo soy santo; así que no contaminéis vuestras personas con ningún animal que se arrastre sobre la tierra. Porque yo soy Jehová, que os hago subir de la tierra de Egipto para ser vuestro Dios: seréis, pues, santos, porque yo soy **santo*** (Lv. 11:44,45).

Dios es un Dios santo, y requiere santidad de su pueblo. Webster define santidad de la siguiente manera: "Dedicado a uso religioso; perteneciente a o venido de Dios; consagrado, sagrado; espiritualmente perfecto o puro; inmaculado de maldad o pecado; sin pecado, santo."[13]

La palabra hebrea para "santo" es **quadosh*** está definida en *Old Testament Word Studies* (Estudio de Palabras del Antiguo Testamento) de la siguiente manera: "Atribuido a todas esas cosas que de cualquier manera conciernen a Dios, o su adoración; sagrado; libre de mancha de vicio, idolatría, y otras impurezas y cosas profanas."[14]

La palabra griega es **hagios**, que se define de la siguiente manera en el léxico griego: "Dedicado a Dios, santo, sagrado; reservado para Dios y su servicio; puro, perfecto, digno de Dios, consagrado."[15]

La idea básica de santidad, como está aplicada a Dios, es la de separación y exaltación; absoluta perfección de carácter. La visión de Dios de Isaías acentúa estas cualidades:

... vi yo al Señor sentado sobre un trono alto y sublime, y sus faldas llenaban el templo. Por encima de él había serafines... y el uno al otro daba voces, diciendo: Santo, santo, santo, Jehová de los ejércitos; toda la tierra está llena de su gloria... Entonces dije: ¡Ay de mí! ... siendo hombre inmundo de labios... han visto mis ojos al Rey, Jehová de los ejércitos (Is. 6:13).

---

[13] *Websters Dictionary* (Diccionario Webster), s.v. "santidad."

[14] *Old Testament Word Studies* (Estudios de Palabras del Antiguo Testamento) por William Wilson (Grand Rapids, MI: Kregel Publications, 1978) *s.v., "quadosh."*

[15] *Greek English Lexicon of the New Testament* (Léxico Griego-Inglés del Nuevo Testamento) por William F. Arndt y F. Wilbur Gingrich (Chicago: University of Chicago Press, 1957) s.v. *"hagios."*

El Dios santo estaba sobre todo, gobernando como rey y dueño de todas las cosas, *Jehová Sabaoth* en majestuosa gloria, recibiendo la adoración del serafín que engrandecía su santidad; ante cuyas perfecciones el profeta clamó atónito y arrepentido por sus pecados. Antes de que contemplemos los otros atributos morales de Dios, el siguiente es el concepto que debiéramos tener de Dios: Las Escrituras mencionan con mayor frecuencia lo que se refiere a la santidad de Dios que lo que se refiere a su poder total, sabiduría y omnipresencia en combinación. Las Escrituras establecen la santidad de Dios mucho antes de presentar su amor. Exodo, Levítico y Números repetidamente describen al Dios de santidad. No es hasta que llegamos a Deuteronomio 7:79 que encontramos una clara declaración de su amor, y esto se encuentra en un contexto de santidad que inspira un profundo asombro.

Aplicado a hombres y cosas, el principal significado de santidad es dedicación y consagración, la cualidad de ser separados para Dios. Las cosas dedicadas exclusivamente a Dios o su adoración y servicio son santas. Cualquier cosa es santa cuando le pertenece por completo a Dios, tal como su templo con utensilios y amoblamientos. Santo era el pueblo de Dios. A Israel se le llama nación santa. En el Nuevo Testamento, los miembros del pueblo del Señor son llamados "*santos*" (Rom. 1:7).

Más tarde, santidad también significó separación de toda contaminación y forma de idolatría. En la época de Isaías, la injusticia había llegado a ser una violación de santidad tan grande como la delincuencia en la adoración y los sacrificios (Is. 1: 1-20). El Dios santo fue provocado mayormente para con Israel por el adulterio a deidades paganas.

En los días del Nuevo Testamento, el énfasis se trasladó más hacia la pureza de la vida interior y la separación del mundo. (Ver Rom. 6:19-22, 11:1,2; II Cor. 7:1; Ef. 4:24; I Tes. 3:13, 4:7; Tit. 2:3; Heb. 12:10,14; I P. 1:15,16; II P. 3:11). A través de su vida cristiana el creyente está siendo santificado por la palabra y el Espíritu Santo, porque es el propósito de Cristo presentarnos a sí mismo y al Padre sin culpa, en santidad. Un Dios Santo tendrá un pueblo santo: "*sino, como aquel que os llamó es santo, sed también vosotros santos en toda vuestra manera de vivir; porque escrito está: Sed santos, porque yo soy santo*" (I P. 1:15,16).

2. Rectitud (Justicia). (Gn. 18:25; Dt. 32:4; Rom. 3:25,26).

"*Lejos de ti el hacer tal, que hagas morir al justo con el impío... El* **juez** *de toda la tierra, ¿no ha de* **hacer** *lo que es* **justo**?" (Gn. 18:25). Relacionado con la santidad de Dios está su **rectitud** y **justicia**. Para simplificar, podría decirse que la rectitud de Dios es su Santidad en acción, y su justicia es su rectitud en reino y gobierno.

La palabra hebrea para "rectitud" es *tsedek,* la cual se define de la siguiente manera: "Rectitud, lo que es derecho; justicia de un juez, de un rey, de Dios demostrada en castigar al maligno, o en venganza, liberación, y en recompensa al justo."[16] Otra palabra hebrea es *mishpat* que significa justo juicio como juez.

La palabra griega para "recto" es *dikaios,* cuya definición es: "1. de Dios –'justo, recto, con referencia a su juicio de hombres y naciones, un juez recto'; 2. de hombres - 'derecho, justo, recto conforme a las leyes de Dios y de los hombres, viviendo de acuerdo a ellas'"[17]

Dios es un Dios recto, porque actúa en todo tiempo con su santa naturaleza y voluntad. Uno de los más grandes capítulos de la Biblia respecto a Dios es el capítulo 32 de Deuteronomio. En el verso cuatro tenemos una definición de las obras rectas de Dios: *"Él es la* **roca** *[Ha Tsur], cuya obra es perfecta, porque todos sus caminos son rectitud [mishpat* - juicio justo]; *Dios de verdad [amunah* - fidelidad en cumplir promesas], *y sin ninguna iniquidad [avel* - injusticia en el trato con hombres] *en él; Es* justo *[tsadik* -recto] *y recto [Uashar* - derecho]" (Dt. 32:4).

La rectitud de Dios es inmutable, Él es una roca. Se le refiere a Dios como roca cinco (5) veces en el capítulo treinta y dos de Deuteronomio. Su rectitud nunca cambia, su justicia es infalible; Él es fiel en tratar con su pueblo de acuerdo a su naturaleza y su ley revelada y pactos. Castigará terriblemente en juicio al igual que recompensará generosamente, pero siempre de acuerdo a sus promesas y pactos. Él está completamente por encima de todo trato injusto o engañoso, todos sus caminos son "derechos."

Como Dios recto, El fija leyes justas para gobernar la conducta en el trato de los hombres unos con otros en sociedad. Los primeros cuatro mandamientos tienen que ver con la adoración y el servicio de Dios, pero los últimos seis conciernen a la forma en que las personas deben tratarse unas con otras. Nuestro Dios trata con nosotros en justicia; luego debemos tratarnos el uno al otro en rectitud. Dios, a través de la boca de Isaías, amonestó a Israel: *"...quitad la iniquidad de vuestras obras de delante de mis ojos... aprended a hacer el bien; buscad el juicio [mishpat* - justicia], *restituid al agraviado, haced justicia* [rectamente] *al huérfano, amparad a la viuda. Venid luego, dice Jehová, y estemos a cuenta..."* (Is. 1: 16-18).

En el Nuevo Testamento, las palabras españolas "rectitud" y "justicia" son traducciones de la misma palabra griega. Esto se puede ver en la definición de la palabra "**Justificación**", que significa el acto de declarar a alguien "recto." En el libro de Romanos aprendemos acerca de una forma de

---

[16] Wilson, s.v. *"tsedek."*
[17] Amdt y Gingrich, s.v. *"dikaios."*

rectitud del hombre aparte de la ley. Dios requiere rectitud perfecta del hombre, pero el hombre en su estado caído, no alcanza la perfección. En la ley, se hizo provisión para la purificación a través del sistema de sacrificios. San Pablo declaró en cuanto a una nueva base para rectitud:

Pero ahora, aparte de la ley, se ha manifestado la justicia de Dios testificada por la ley y por los profetas; la justicia de Dios por medio de la fe en Jesucristo, para todos los que creen en él. Porque no hay diferencia, por cuanto todos pecaron, y están destituidos de la gloria de Dios [la gloria de Dios es su santidad], siendo justificados gratuitamente por su gracia, mediante la redención que es en Cristo Jesús, a quien Dios puso como propiciación por medio de la fe en su sangre, para manifestar su justicia, a causa de haber pasado por alto, en su paciencia, los pecados pasados, con la mira de manifestar en este tiempo su justicia, a fin de que él sea el justo y el que justifica al que es de la fe de Jesús (Rom. 3:21-26).

Nuestro recto y santo Dios es también un Dios de misericordia y clemencia, pero no actuará en forma contradictoria con su santidad. En su rectitud proveyó una manera de justificar al pecador, mandando a su infinito Hijo a ser, de una vez y para todos, el perfecto sacrificio para el pecado. Como el segundo Adán, Él vivió en perfecta obediencia a la santa voluntad del Padre. Por esta razón, Dios podía conferir sobre el creyente la justicia de Cristo sin dejar de ser un Dios de justicia. El creyente pecador es justificado en Cristo. Al mismo tiempo, la justicia de Dios no ha sido comprometida. Debemos recordar, sin embargo, que somos justos en Cristo: *"Justificados, pues, por la fe, tenemos paz para con Dios por medio de nuestro Señor Jesucristo..."* (Rom. 5:l).

3. Amor (misericordia, bondad).

*El que no ama, no ha conocido a Dios; porque **Dios es amor.** En esto se mostró el amor de Dios para con nosotros, en que Dios envió a su Hijo unigénito al mundo, para que vivamos por él. En esto consiste el amor: no en que nosotros hayamos amado a Dios, sino en que él nos amó a nosotros, y envió a su Hijo en propiciación por nuestros pecados. Amados, si Dios nos ha amado así, debemos también nosotros amarnos unos a otros... Y nosotros hemos conocido y creído el amor que Dios tiene para con nosotros. **Dios es amor;** y el que permanece en amor, permanece en Dios, y Dios en él* (I Jn. 4:8-11,16).

Quizá todos los atributos morales de Dios están encerrados en estos dos: su santidad y su amor. En su santidad Él es inalcanzable; en su amor Él nos alcanza a nosotros. En su santidad es trascendente, en su amor es inmanente. Pero, no hay dos señores, sino uno que es a la vez santo y Amoroso. Para el hombre caído estos dos atributos, aparentemente irreconciliables, son unificados en la perfecta obra expiatoria de Cristo, en la cual las demandas de santidad son satisfechas y la emanación de amor es realizada.

La palabra hebrea para "amor" es **ahab**, que tiene casi el mismo registro de significados que nuestra palabra española, puede expresar el amor divino y el amor carnal del hombre. El Antiguo Testamento no revela el amor de Dios en palabras hasta el libro de Deuteronomio. Quizá era necesario establecer la santidad de Dios en adelanto a la revelación de su amor. En Exodo 19:12, leemos: *"cualquiera que tocare el monte, seguro morirá ..."* Pero en Deuteronomio 7:6-8 Dios expresa su **amor** como la base de su pacto con la nación de Israel:

> *Porque tú eres pueblo santo para Jehová tu Dios; Jehová tu Dios te ha escogido para serle un pueblo especial, más que todos los pueblos que están sobre la tierra. No por ser vosotros más que todos los pueblos os ha **querido** Jehová y os ha escogido, pues vosotros erais el más insignificante de todos los pueblos; sino por cuanto Jehová os amó, y quiso guardar el juramento que juró a vuestros padres, os ha sacado Jehová con mano poderosa, y os ha rescatado de servidumbre....*

El amor de Dios se ve constantemente en la historia de Israel, en su paciencia y sufrimiento al tratar con su pueblo, aún en los tiempos de sus caídas y calamidades: *"Porque el Señor al que ama, disciplina"* (Heb. 11:6).

En el Nuevo Testamento, hay varias palabras griegas para definir amor, pero cuando se hace referencia al **amor** de Dios, la palabra utilizada es siempre **agape**. El léxico define **agape** y el verbo **agapao** de la siguiente manera: "Amar, valorar, estimar, sentir o manifestar generoso interés por, ser fiel hacia, deleitarse en, atesorar sobre; por consiguiente - amor, generosidad, cariñoso interés, devoción."[18] El sustantivo **agape** se encuentra rara vez en griego clásico. Es una de las palabras a las que se le es dada un nuevo significado cristiano en el Nuevo Testamento.

El apóstol Juan nos da las dos más grandes declaraciones sobre el **amor** de Dios: *"Porque de tal manera amó Dios al mundo, que dio a su Hijo unigénito para que todo aquel que en él cree, no se pierda, mas tenga vida eterna"* (Jn. 3:16); y, *"Dios es **amor**"* (I Jn. 4:8).

Las siguientes son pruebas del amor de Dios para con el creyente:

---

[18] *Analytical Greek Lexicon (Léxico* Analítico Griego) ed. H.K. Moulton, revisado (Grand Rapids. MI: Zondervan Publishing House, 1978) s.v. *"agape" y "agapao."*

- La seguridad de nuestra salvación y vida eterna (Jn. 3:16),
- El deseo de y la acción de proveernos todas las cosas necesarias (Rom. 8:32; Stg. 1:17; Fil. 4:19),
- El envío del Consolador, el Espíritu Santo (Jn. 14:15,16; 16:7),
- Nuestra colocación en su cuerpo (Ef. 5:25-27),
- Nos hizo hijos de Dios (I Jn. 3:1-2),
- La provisión de medios para una sanidad corporal (Stg. 5:15,16; Mt. 8:16,17), y
- La provisión de medios para una vida cristiana victoriosa (Rom. 8:35-39).

Bajo la categoría de amor pueden ser incluidas otras virtudes como: misericordia, sufrimiento paciente, bondad, perdón, compasión, etc.

4. Verdad (Dt. 32:4).

"En la esperanza de la vida eterna, la cual Dios que no miente, prometió desde antes del principio de los siglos..." (Tit. 1:2). *"Y aquel Verbo fue hecho carne, y habitó entre nosotros,... lleno de gracia y de verdad"* (Jn. 1:14). *"...Yo soy el camino, y la verdad y la vida..."* (Jn. 14:6). *"...sea Dios veraz, y todo hombre mentiroso..."* (Rom. 3:4). La verdad de Dios es una parte de su naturaleza santa y podría ser considerada bajo el título de santidad y justicia; pero por razones prácticas la trataremos aparte como un atributo separado.

Tres aplicaciones pueden hacerse con relación a que Dios es **verdad**:

4.1. Porque Dios es verdad, su palabra es verdad.

Es la verdadera revelación de su naturaleza, su voluntad y propósito para el hombre, su plan de salvación. Sus promesas y pactos fueron hechos en verdad y son infaliblemente dignos de confianza. (Sal. 119:89; Jn. 17:17).

4.2. Dios es verdad porque Él es el único verdadero objeto de la adoración del hombre.

Toda idolatría, por lo tanto es una mentira y decepción. Dios es el único ser o meta digna de suprema prioridad en la vida del hombre (Jn. 4:23,24).

4.3. Porque Dios es verdad, Él es fiel en guardar todas sus promesas y pactos.

Dios no puede (no lo hará) mentir. Sabemos que todas sus promesas serán cumplidas, porque:

- Por naturaleza, Dios no puede prometer lo que no tiene intención de cumplir.
- Además siendo omnipotente, es capaz de hacer lo que promete.

Debemos entender, sin embargo, que muchas promesas son condicionales a cierta obediencia de nuestra parte; si desobedecemos, Dios no es infiel al detener la bendición prometida. Puede a veces aparentar que Dios es infiel a una promesa, por la demora. Cuando Dios se demora, es siempre para nuestro mejor provecho. En su tiempo, dictado por su sabiduría, Él fielmente cumplirá su promesa. (Heb. 10:23; II Cor. 1:20; II P. 3:4; I R. 8:58; II P. 1:4).

VI. LAS OBRAS DE DIOS

A. PROPÓSITO DIVINO (IS. 14:26,27; EF. 1:11).

*"Este es el consejo que está acordado sobre toda la tierra, y esta, la mano extendida sobre todas las naciones. Porque Jehová de los ejércitos lo ha **determinado**, ¿y quién lo impedirá? Y su mano extendida, ¿quién la hará retroceder?"* (Is. 14:26,27).

*"En él asimismo tuvimos herencia, habiendo sido predestinados conforme al **propósito** del que hace todas las cosas según designio de su **voluntad...**"* (Ef. 1:11).

El propósito dominante de Dios en los asuntos del hombre está expresado por San Pablo en su mensaje a los atenienses: *"...Él [Dios] es quien da a todos vida y aliento y todas las cosas. Y de una sangre ha hecho todo el linaje de los hombres, para que habiten sobre toda la faz de la tierra, y les ha **prefijado** el orden de los tiempos, y los límites de su habitación..."* (Hch. 17:25,26). Dios *"Les ha prefijado"* propósito divino, sin embargo, no los priva de su libertad de elección ni de su responsabilidad personal; *"por cuanto"*, como San Pablo continúa diciendo, *"ha establecido un día en el cual juzgará al mundo con justicia, por aquel varón a quien designó..."* (Vs. 31).

El gran milagro de la profecía bíblica demuestra dos cosas:

- Dios es omnisciente y sabe todas las cosas desde el principio.
- Él tiene un plan y un propósito que en su poder y sabiduría llevará a cabo para su gloria y para la redención de su pueblo.

Sería un mundo confuso si cada hecho y acontecimiento sorprendiera a Dios. Esto requeriría de la improvisación de rescatar su programa del desastre. Ni siquiera el pecado original del hombre sorprendió a Dios; Él creó al hombre con la libertad de voluntad de obedecer y desobedecer. Por qué Dios permitió pecado y maldad, no podemos perfectamente explicarlo, pero tenemos grandes indicios que un pueblo redimido contribuirá finalmente a la gloria de Dios mucho más ampliamente que una raza de autómatas conformistas. Dios no es el autor del pecado; Él, en su infinita sabiduría que nosotros no podemos enteramente entender, hizo al hombre, un agente moral libre con capacidad de obediencia o desobediencia.

La depravación, el dolor y el crimen resultaron de la desobediencia del hombre, pero Dios decidió predominar sobre esto. Hechos como el de los tres jóvenes hebreos en el horno ardiente, Daniel en el foso de los leones, y José, cruelmente vendido a Egipto, demuestran la obra del propósito Divino *"Vosotros pensasteis mal contra mí, mas Dios lo encaminó a bien"* (Gn 50:20). Todos los eventos anteriores concluyeron en la bendición del pueblo de Dios y en su propia gloria. Más aún, antes de que creara al hombre, Él ya se había propuesto traer redención por Cristo Jesús: *"sino con la sangre preciosa de Cristo, como de un cordero sin mancha y sin contaminación del mundo, pero manifestado en los postreros tiempos por amor de vosotros..."* (I P. 1:19,20) y *"en la esperanza de la vida eterna, la cual Dios, que no miente, prometió desde antes del principio de los siglos..."* (Tit. 1:2).

Las Escrituras enseñan que la promesa de Dios incluye a su iglesia como un número definido, conocido por Él desde el principio: *"Según nos escogió en él antes de la fundación del mundo, para que fuésemos santos y sin mancha delante de él, en amor habiéndonos predestinado para ser adoptados hijos suyos por medio de Jesucristo, según el puro afecto de su voluntad..."* (Ef. 1:4,5). *"Porque a los que antes conoció, también los predestinó para que fuesen hechos conforme a la imagen de su Hijo..."* (Rom. 8:29).

Sin embargo, no debemos interpretar al leer estos pasajes la idea de arbitraria predestinación que elige a algunos y excluye a otros. Esta predestinación está basada sobre la presciencia de Dios, como dice San Pablo en el anterior pasaje de Romanos, y como confirma Pedro en su primera epístola: *"Elegidos según la presciencia de Dios Padre..."* (I P. 1:2). Dios, sabiendo desde el principio quienes aceptarían la salvación y quienes desobedecerían la oferta del Evangelio, eligió a aquellos quienes Él supo de antemano obedecerían. J. Sidlow Baxter, maestro bíblico reconocido mundialmente escribe: "Es en la luz de su perfecta presciencia que Él preadapta, predispone y predetermina. De ahí que, mientras que Dios nunca deja sus propósitos finales a la misericordia de la inseguridad humana,... Él reconoce el libre albedrío del hombre a la presciencia de lo que hará el hombre."[19]

Herbert Lockyer comenta sobre la predestinación: "Lo que se debe tener en mente es el hecho de que la predestinación no es la predestinación de Dios de siglos pasados de quien debería y quien no debería ser salvo. La

---

[19] *Explore the Book* (Explore el Libro) por James Sidlow Baxter (Grand Rapids, MI: Zondervan Flublishing House, *1975)* VI, 47,48.

escritura no enseña este punto de vista."[20] En sus "Discursos en Teología Sistemática", Henry C. Thiessen, discutiendo la predestinación dice: "Dios previó lo que haría el hombre en respuesta a su gracia común; y Él eligió a aquellos quienes Él previó responderían positivamente."[21] Parece claro que el **propósito** divino culmina en el Hijo de Dios, Cristo Jesús, y que involucra a la iglesia, el cuerpo de Cristo:

> *Y de aclarar a todos cuál sea la dispensación del misterio escondido desde los siglos en Dios, que creó todas las cosas; para que la multiforme sabiduría de Dios sea ahora dada a conocer por medio de la* **iglesia** *a los principados y potestades en los lugares celestiales, conforme al* **propósito** *eterno que hizo en Cristo Jesús nuestro Señor...* (Ef. 3:9-11).

B. CREACIÓN (GN. 1:1; HEB. 11:3; NEH. 9:6; COL. 1:15-17; JN. 1:3).

"En el principio creó Dios los cielos y la tierra" (Gn. 1:1). *"Por la fe entendemos haber sido constituido el universo por la palabra [***rhema***] de Dios, de modo que lo que se ve fue hecho de lo que no se veía"* (Heb. 11:3). *"Todas las cosas por él fueron hechas, y sin él nada de lo que ha sido hecho, fue hecho"* (Jn. 1:3). La Biblia representa la creación original, Génesis 1:1, como una creación inmediata. El universo físico como nosotros lo conocemos, fue traído a existencia por la palabra de la boca de Dios. No había existido previamente de alguna otra forma, como los panteístas, dualistas y algunos teólogos modernos quisieran hacernos pensar.

El Dr. A.H. Strong define la creación de la siguiente manera: "El libre acto del trino Dios por el cual en el principio y para su propia gloria Él hizo, sin el uso de material preexistente, el universo total, visible e invisible."[22]

Que Dios creó en vez de rehacer todo es confirmado por el uso del verbo hebreo **bara'**, juzgando su uso en Josué 17:15,18 donde ocurre en la *piel* [uno de los tiempos conjugados del verbo en gramática hebrea], significa literalmente "cortar" o "talar", pero en **kal** [otro tiempo en la conjugación del verbo] significa siempre "crear", y es sólo aplicado a creación divina, la producción de aquello que no tenía existencia ante-

---

[20] *Introductory Lectures in Systematic Theology* (Discursos Introductorios en Teología Sistemática) por Henry Clarence Thiessen (Grand Rapids, MI: Win B. Eerdmans Publishing Company, *1961) 371.*

[21] *All the Doctrines of the Bible* (Todas las Doctrinas de la Biblia) por Herbert Lockyer (Grand Rapids, MI: Zondervan Publishing House, *1964) 153.*

[22] *Systematic Theology* (Teología Sistemática) por Augustus Hopkins Strong (Philadelphia, PA: The Judson Press, 1912) 371.

rior. En este versículo... la existencia de cualquier material primitivo es excluida por el objeto creado: Los cielos y la tierra.[23]

No intentaremos explicar aquí los primeros capítulos de Génesis más allá del hecho de que éstos son una crónica de la creación de los cielos, la tierra y la raza humana. Hay un gran debate acerca de ciertos temas que los dos primeros capítulos de la Biblia contienen: se discute si es que Génesis 1:2 representa un catastrófico "hueco" con el verso tres (3) relatando una recreación; si es que los días de la creación son días literales, o períodos indefinidos; si es que los detalles pueden ser reconciliados con las modernas teorías científicas del origen del hombre. Todos estos temas son mejor tratados en comentarios y libros dedicados a la discusión de ciencia y la Biblia.

Es suficiente decir que conservadores de igual educación están divididos en su interpretación de los detalles del relato de la creación. Muchos hombres reverentes de ciencia admitirán que no existe un conflicto básico entre el relato de la creación de Génesis y los hechos conocidos de la ciencia. Muchos científicos materialistas modernos comienzan con la hipótesis de que todo fenómeno puede ser explicado eventualmente por las leyes de materia y movimiento. Esa es su "fe." Nosotros creemos en el registro bíblico que dice que todas las cosas tuvieron un origen divino. Creemos que hay más **hechos** que sostienen nuestro punto de vista que los que hay para sostener la hipótesis materialista y la evolución. Más aún, creemos que la fe en el creador, el Dios de la Biblia establece un fundamento para una sociedad mejor, más sana moralmente, más interesada socialmente y más éticamente responsable, que la basada sobre una "fe" sin dios, materialista y sin propósito.

Debemos hacer un comentario sobre lo que existió antes de Génesis 1:1. Dios, el Padre, el Hijo y el Espíritu Santo ya existían, ya que los tres fueron activos en la creación (Jn. 1:1; Gn. 1:2; Col. 1:16). Como está registrado en Juan el capítulo 17, Jesús oró: *"Ahora pues, Padre, glorifícame tú al lado tuyo, con aquella gloria que tuve contigo antes que el mundo fuese."* y *"Padre... quiero ... que vean mi gloria que me has dado; porque me has amado desde antes de la fundación del mundo"* (Vs. 5,24). Antes de que el mundo fuese, la trinidad era, y el amor estaba entre las personas del trino Dios.

Juan 3:16 habla del amor de Dios que comisionó a su Hijo en su obra de redención antes de la creación, antes del hombre, y antes de la caída. El

---

[23] *Commentary on the Pentateuch* (Comentario Sobre el Pentateuco) por K.F. Keil y F. Delitsch (Grand Rapids, MI: Win B. Eerdinans Publishing Company, n.d.) 1. 47.

amor redentor de Dios no fue una ocurrencia o idea. Pedro dijo respecto a Jesús: *"ya destinado desde antes de la fundación del mundo pero manifestado en los postreros tiempos por amor de vosotros..."* (I P. 1:20). Francis A Shaeffer escribe sobre este tema:

La respuesta impersonal en cualquier nivel... explica estos dos factores básicos - el universo y su forma - Pero la tradición judeocristiana comienza con la respuesta opuesta. El universo tuvo un principio personal sobre la alta orden de la Trinidad. Eso es, antes de "en el principio" el personal ya estaba allí. El amor, el pensamiento y la comunicación existieron antes de la creación de los cielos y la tierra."[24]

El resultado de la creación, finalmente, será una multitud redimida que ningún hombre puede enumerar, adorando, sirviendo y glorificando a Dios eternamente. La tierra, redimida y rehecha en una nueva tierra, será el escenario del reino de Dios; y en los nuevos cielos y la nueva tierra, con el pecado y Satanás arrojados en el lago de fuego, Dios y el Cordero reinarán, cuyo derecho es reinar (Is. 2:15; Ap. 19-22).

C. PROVIDENCIA (MT. 5:45; HCH. 14:17; SAL. 37:1-3; SAL. 105).

"...hace salir su sol sobre malos y buenos, y que hace llover sobre justos e injustos" (Mt. 5:45). *"Si bien no se dejó a sí mismo sin testimonio, haciendo bien, dándonos lluvias del cielo y tiempos fructíferos, llenando de sustento y de alegría nuestros corazones"* (Hch. 14:17). *"Confía en Jehová, y haz el bien; y habitarás en la tierra, y te apacentarás de la verdad"* (Sal. 37:3). Incluida junto con la providencia, está la **preservación** de su creación, que puede ser vista como un aspecto de su providencia. Al Señor Jesucristo le ha sido dada la tarea de preservar todas las cosas. *"Porque en él fueron creadas todas las cosas, las que hay en los cielos y las que hay en la tierra, visibles e invisibles; ... todo fue creado por medio de él y para él. Y él es antes de todas las cosas, y todas las cosas en él subsisten* [se mantienen unidas]*"* (Col. 1:16,17).

El término preservación ha sido definido como: "Esa continua agencia de Dios por la cual Él mantiene en existencia las cosas que Él ha creado junto con las propiedades y poderes con las cuales las ha dotado."[25] Thiessen dice de la providencia:

El punto de vista cristiano afirma que Dios no solamente ha creado el universo junto con todas sus propiedades y poderes y que Él está preservando todo lo que ha creado, sino que como un ser santo, benévo-

---

[24] *Genesis in Space and Time* (Génesis en el Espacio y el Tiempo) por Francis A. Schaeffer (Glendale, CA: Regal Books and Intervarsity Press, *1972) 21.*

[25] Strong, 410.

lo, sabio, y omnipotente, también ejerce control soberano sobre él. Este control soberano se llama providencia.[26]

La preservación y providencia son negadas por los panteístas, quienes ven el universo como eterno y operado por destinos invariables; y por los deístas, que enseñan que después que Dios creó el universo y lo dotó con leyes intrínsecas, lo dejó funcionar por sus propias capacidades. El materialista moderno no acepta la existencia de un Dios personal, por lo tanto, rechaza la idea de una providencia personal. Por otro lado, las Escrituras en su totalidad dan evidencia del continuo trabajo de una divina providencia y preservación.

La mayoría de la gente hoy en día está profundamente preocupada por el cuidado y vigilancia providencial de Dios sobre: su vida, la sociedad, su familia, su oficio y sus posesiones. Los hombres no quieren que Dios inspeccione sus conductas muy de cerca, pero esperan, de alguna forma, que Él proteja sus vidas y propiedades. Sin duda, día a día, mucha de la oración ordinaria es por divina protección y provisión. Una pregunta común en tiempos de adversidad y de calamidad nacional es, "¿Está Dios todavía en el trono?" Examinemos la Palabra de Dios para ver las áreas del providencial cuidado de Dios.

1. Dios gobierna el universo físico.

"Jehová estableció en los cielos su trono, y su reino domina sobre todos" (Sal. 103:19). *"Él hace producir el heno para las bestias, y la hierba para el servicio del hombre, sacando el pan de la tierra..."* (Sal. 104:14). Dios mantiene un continuo y activo reino sobre las naciones de la tierra; mas no es responsable por todas las acciones individuales de los hombres, ya que estos son agentes libres. Algunos líderes como Hitler y Stalin han cometido actos malvados inimaginables, pero Dios en su mayor providencia finalmente hace que la ira de los hombres le adore y quepa en el plan divino de profecía.

Aunque Dios le ha dado a la tierra condiciones naturales tales como la correcta proporción de mar y tierra, vientos alisios, corrientes marinas, evaporación y precipitación que mantienen el clima apropiado para la vida y agricultura, Él todavía preserva estos procesos por su vigilancia. Que la naturaleza no siempre distribuye sus beneficios a la conveniencia de cada hombre, es parte de la maldición sobre la tierra acompañada por la caída del hombre (Gn. 3:17-19). Pero aún una tierra bajo maldición expone el diseño y el cuidado de Dios para aquellos que no están cegados por la incredulidad.

---

[26] Thíessen, 177.

2. Dios tiene cuidado de la creación animal.

"Mirad las aves del cielo, que no siembran, ni siegan, ni recogen en graneros; y vuestro Padre celestial las alimenta" (Mt. 6:26a). *"Los leoncillos rugen tras la presa, y para buscar de Dios su comida"* (Sal. 104:21). Dios ha dotado a los animales de instintos que los capacitan por naturaleza para cuidar de sí mismos, pero ellos también, como el hombre, dependen del creador de la tierra para proveer lluvia, vegetación, oxígeno, y un clima estable.

3. Dios gobierna providencialmente a las naciones.

"Porque de Jehová es el reino, y él regirá las naciones" (Sal. 22:28). *"Él señorea con su poder para siempre; Sus ojos atalayan sobre las naciones..."* (Sal. 66:7). El libro de Daniel leído junto con la historia antigua demostrará completamente que las naciones, y aún los "poderes mundiales", están sujetos al propósito divino y siguen la palabra profética. La mención de Ciro por Isaías, un siglo antes de que él subiera al escenario de la historia para dar curso al plan de Dios para Israel, prueba que Dios prevé y ordena el drama humano. Aún así, la libre voluntad de Ciro no fue violada. (Is. 44:28, 45:14; Ez. 1: 1-6).

4. Dios tiene cuidado de nuestro nacimiento y lugar en la vida.

"Antes que te formase en el vientre te conocí, y antes que nacieses te santifiqué, te di por profeta a las naciones" (Jer. 1:5). *"Te alabaré; porque formidables, maravillosas son tus obras; estoy maravillado y mi alma lo sabe muy bien. No fue encubierto de ti mi cuerpo, bien que en oculto fui formado, y entretejido en lo más profundo de la tierra. Mi embrión vieron tus ojos, y en tu libro estaban escritas todas aquellas cosas que fueron luego formadas sin faltar una de ellas"* (Sal. 139:14-16). *"Pues aun vuestros cabellos están todos contados"* (Mt. 10:30). La providencia del Señor abarca no solamente nuestras ocupaciones y mayores elecciones en la vida; Él también se interesa en los detalles más pequeños como nuestros "cabellos" y "nuestro pan diario."

5. A Dios le conciernen nuestros éxitos y fracasos.

"Quitó de los tronos a los poderosos, y exaltó a los humildes" (Lc. 1:52). Cuando hemos dedicado nuestras vidas al Señor podemos confiar en que Él vigila nuestro progreso y exito en servicio. Quizá debiéramos ser menos ansiosos en lo que se refiere a nuestro prestigio y posición; Dios en su sabiduría sabe exactamente donde debemos estar. La promoción viene del Señor (Sal. 75:67).

6. Dios provee protección para los justos.

"En paz me acostaré, y asimismo dormiré; porque sólo tú Jehová, me haces vivir confiado" (Sal. 4:8). *"Y sabemos que a los que aman a Dios, todas las cosas les ayudan a bien, esto es, a los que conforme a su propósito son llamados"* (Rom. 8:28).

7. Dios provee para las necesidades y los deseos de su pueblo.

"A los ricos de este siglo manda que no sean altivos, ni pongan la esperanza en las riquezas, las cuales son inciertas, sino en el Dios vivo, que nos da todas las cosas en abundancia para que las disfrutemos" (I Ti. 6:17) (También Fil. 4:19).

8. Dios provee la respuesta a nuestras oraciones.

"Y orando, no uséis vanas repeticiones, como los gentiles... No os hagáis, pues, semejantes al ellos; porque vuestro Padre sabe de qué cosas tenéis necesidad, antes que vosotros le pidáis. Vosotros, pues, oraréis así..." (Mt. 6:7-9). *"Mas buscad primeramente el reino de Dios y su justicia, y todas estas cosas os será añadidas"* (Mt. 6:33).

9. El Señor determina la recompensa del justo y el castigo del impenitente.

"Me has guiado según tu consejo, y después me recibirás en gloria" (Sal. 73:24). *"Porque Jehová conoce el camino de los justos; mas la senda de los malos perecerá"* (Sal. 1:6).

El típico hombre es muy propenso a la ansiedad; la preocupación pone a muchos en un lecho enfermo o una sepultura temprana. Juan dijo una gran verdad: *"el temor lleva en sí castigo"* (I Jn. 4:18). Pero cuando tenemos una firme confianza en la divina providencia, somos aliviados del tormento de la ansiedad a la que el hombre es tan propenso. *"¿No se venden dos pajarillos por un cuarto? Con todo, ni uno de ellos cae a tierra sin vuestro Padre... Así que, no temáis; más valéis vosotros que muchos pajarillos"* (Mt. 10: 29,31). **¡Gloria a Dios!**

VII. LA TRI-UNIDAD (TRINIDAD) DE DIOS

A. DEFINICION.

Nos acercamos al estudio de la **trinidad** con un profundo sentimiento de asombro. Todo estudio de la naturaleza de Dios, desafía nuestra entera comprensión, pero la tri-unidad de Dios es el mayor de todos los misterios divinos. Cuando meditamos en este tema pisamos tierra santa. A causa de su misterio, no esperamos reducirlo a fórmulas lógicas más de lo que procuraríamos al transferir el océano Pacífico a una taza. Estudiamos la doctrina, sin embargo, porque es la piedra central de revelación divina.

Para la finita mente humana la unidad de Dios y la trinidad de Dios son contradicciones, pero ambas doctrinas están claramente enseñadas a través del Nuevo Testamento. La tri-unidad de Dios, es, de hecho, la piedra angular de la fe cristiana. Cada vez que en la historia de la iglesia ha sido comprometida la doctrina de la trinidad, los otros grandes dogmas de la Biblia también han sido comprometidos o abandonados. Aquellos que han negado la trinidad han negado también la deidad de Cristo, la personalidad del Santo Espíritu o han hecho de Dios un actor de escenario usando tres máscaras diferentes. El apóstol Pablo, en su mensaje a los ancianos efesios, dijo:

Por tanto, mirad por vosotros, y por todo el rebaño en que el Espíritu os ha puesto por obispos, para apacentar la iglesia del Señor, la cual él ganó por su propia sangre. Porque yo sé que después de mi partida entrarán en medio de vosotros lobos rapaces, que no perdonarán al rebaño. Y de vosotros mismos se levantarán hombres que hablen cosas perversas para arrastrar tras sí a los discípulos. Por tanto, velad... (Hch. 20:28-31a).

Observe las declaraciones trinitarias en el pasaje anterior: *"el Espíritu Santo os a puesto por obispos,... 1a iglesia del Señor, la cual él ganó por su propia sangre."* Las predicciones de Pablo acerca de herejías y divisiones en la iglesia muy pronto comenzaron a acontecer. En el siglo segundo, dos grupos separatistas negaron la doctrina de la trinidad; uno llegó a ser llamado "Monarquianismo" y el otro "Sabelianismo." El primero negó la deidad de Cristo y la personalidad del Espíritu Santo; el segundo negó las identidades separadas de las tres personas, declarando que Jesús y el Espíritu Santo eran sólo diferentes formas de la única persona, o diferentes máscaras por medio de las cuales se manifestaba. Ambos, razonando humanamente, pensaban que estaban vigilando la unidad de Dios. Hoy tenemos la descendencia de estas herejías en el Unitarianismo y en las doctrinas de " Jesús sólo " o "Unidad."

La corriente principal de la iglesia ha rechazado persistentemente estas falsas enseñanzas. Para el comienzo del cuarto siglo la iglesia se vio forzada a convenir un concilio de dirigentes y pastores para formular las doctrinas apostólicas a las que se atenía. Estos sintieron la necesidad de un credo formal al cual la iglesia en todo lugar podría suscribirse. El primer concilio se reunió en Nicea en 325 d.C., donde Atanasio prevaleció en contra de los arios, y la deidad de Cristo fue confirmada. La controversia continuó y se sostuvieron otros concilios: en Chalcedon en 351 d.C. y en Constantinopla en 381 d.C. En este último concilio, las doctrinas de la deidad de Cristo y de la trinidad fueron apoyadas y formuladas en lo que llamamos el *Credo Niceano:*

> Creemos en un Dios - Y en un Señor Jesucristo, el Hijo de Dios, engendrado por el Padre, luz de luces, verdadero Dios del verdadero Dios, engendrado no hecho, siendo de una sustancia con el Padre - Y creemos en el Santo Espíritu, quien es el Señor y el dador de la vida, que procede del Padre, quien con el Padre e Hijo, es alabado y glorificado, quien habló por los profetas.

Los mayores grupos protestantes han seguido de cerca este antiguo credo del siglo cuarto. El mejor conocido de los credos de la reforma es *La Confesión de Westminster,* el cual se lee de la siguiente manera:

> Sólo hay un Dios vivo y verdadero. En la unidad de la deidad hay tres personas, de una sustancia, poder y eternidad - Dios el Padre, Dios el Hijo, y Dios el Espíritu Santo. El Padre es uno, ni engendrado ni procedente; el Hijo es eternamente engendrado por el Padre; el Espíritu Santo procede eternamente del Padre y del Hijo.

Estos credos y confesiones no intentan remover el misterio de la trinidad o reconciliar las declaraciones escriturales con razonamiento finito. Los compiladores trataron de incluir todo lo que enseña la escritura acerca de las tres personas de la trinidad sin ningún esfuerzo por mostrar cómo Dios puede ser al mismo tiempo uno y tres. Los credos son documentos humanos, y no son infalibles; no obstante, la corriente principal de la iglesia ha seguido la fraseología de los credos Niceano y Atanasiano con muy poca variación.

B. SU PRESENTACION ESCRITURAL.

1. En el Antiguo Testamento.

En el Antiguo Testamento, era absolutamente esencial que la **unidad** de Dios fuera claramente revelada y enfatizada. Israel estaba rodeada por tribus y naciones que se habían apartado del conocimiento original del Dios tTodopoderoso, el creador, para abrazar al politeísmo. Las naciones gentiles adoraban a una variedad de dioses representados por imágenes. Dios se reveló a Abraham como Dios todopoderoso (***El Shaddai***). A Moisés, Dios se reveló por el nombre redentor personal de *Jehová* o **Yahweh,** y en su ley declaró: *"Oye Israel: Jehová nuestro Dios, Jehová **uno** es"* (lit: Jehová nuestro **Elohim,** 'Jehová uno es') (Dt. 6:4). La ley amonestó más allá: *"No tendrás dioses ajenos delante de mí"* (Ex. 20:3).

Introducir de una forma perceptiva a la trinidad, en esa unión, hubiera sido prematuro y confuso para una nación en infancia. El Antiguo Testamento nos da indicios de la naturaleza trina de Dios, pero son claros sólo a la luz de la más completa revelación del Nuevo Testamento en Cristo. La revelación es necesariamente progresiva, y habiendo recibido el más profundo discernimiento provisto, por la encarnación y la emanación del Espíritu en pentecostés, podemos reconocer las repetidas insinuaciones de la trinidad en el Antiguo Testamento.

1.1. Nombres plurales.

En el Antiguo Testamento, hay **nombres plurales** para Dios, y pronombres plurales son utilizados para referirse a Él. Los nombres *Elohim* y *Adonai* son plurales. *Elohim,* cuando se refiere al verdadero Dios, tiene la forma singular del verbo. La pluralidad del nombre es explicada simplemente por algunos como un "plural de majestad"; Pero en Génesis 1:26 leemos "*...hagamos al hombre a nuestra semejanza...*" (pronombres plurales). Se encuentran pronombres plurales también en Génesis 3:22 y 11:7. Dios dijo a Isaías, "*¿A quién enviaré, y quién irá por nosotros?*" (Is. 6:8). El mismo versículo que declaró la unidad de Dios a todos los judíos, "*Jehová nuestro Elohim, Jehová uno es*", contiene el nombre plural de Dios, *Elohim.* Aquí tenemos pluralidad en unidad - ¿no sería esto una insinuación de la trinidad?

1.2. El Angel de *Jehová* es llamado Dios.

El Angel de *Jehová* aparece una cantidad de veces en el libro de Génesis y de vez en cuando a través del Antiguo Testamento. Se hace una distinción entre el *Angel de Jehová* y *Jehová,* sin embargo, son uno. Aquellos eventos en los cuales Dios aparece como un ángel o como un hombre son llamados "teofanías" que proviene de las palabras griegas *theos* (Dios) y *faino* (aparecer). (Ver Gn. 16:7-13, Dios aparece a Agar).

En Génesis 18:1-19:29 el Señor aparece a Abraham como "tres hombres", sin embargo, Abraham se dirige a ellos como Señor en singular. Dos de los hombres se le aparecen a Lot en Sodoma, pero él se dirige a ellos como *Jehová.* En Génesis 22:1-19, Abraham recibe la orden de sacrificar a Isaac, pero el Angel de Jehová habla desde el cielo librándolo de la orden. En el versículo 16, el ángel se llama a sí mismo *Jehová.* En Génesis 32:22-32, Jacob lucha con un ángel y prevalece para recibir la bendición divina, después dice "*Vi a Dios cara a cara*" (Gn. 32:30). El Angel del Señor se apareció a Moisés en la zarza ardiente dándole la promesa de que Él los sacaría de Egipto; en la conversación los términos "Angel" y "Jehová" son usados intercambiadamente.

1.3. Jesús es el profeta a través Moisés.

En Deuteronomio 18:18,19, Dios profetiza a través de Moisés:

Profeta les levantaré de en medio de sus hermanos, como tú; y pondré mis palabras en su boca, y él les hablará todo lo que le mandare. Mas a cualquiera que no oyere mis palabras que él hablare en mi nombre, yo le pediré cuenta.

¿Cuándo ha aparecido un profeta tal excepto Jesús? ¿Quién más ha hablado de tal manera las palabras de Dios de modo que los que no las atendieran incurrieran en el juicio directo de Dios? ¿De quién habló Dios diciendo, *"Este es mi Hijo amado... a él oíd?"* (Mt. 17:5).

1.4. Jesús es el príncipe del ejército del Señor.

En Josué 5:13-6:2, un "hombre" con espada en mano apareció a Josué, se llamaba a sí mismo *"Príncipe del ejército de Jehová."* A Josué le fue ordenado quitarse su calzado ya que estaba en lugar santo; y en 6:2 (dos versículos más tarde) leemos, *"Mas Jehová dijo a Josué."*

Considerando lo que hemos aprendido en el Nuevo Testamento acerca de Jesús; éste que aparece a los personajes del Antiguo Testamento, habla como *Jehová*, recibe adoración, y ejerce poder divino, no puede ser otro que Jesús en apariencia preencarnada; una "Cristofanía" de la palabra griega *cristos* y *faino* (aparecer). (Ningún hombre ha visto a Dios jamás). Jesús es Dios "manifestado en carne" (I Ti. 3:16).

1.5. Referencias en los Salmos aplicadas a Jesús.

"Jehová dijo a mi Señor: siéntate a mi diestra, hasta que ponga a tus enemigos por estrado de tus pies" (Sal. 110:1). (Aplicado por Cristo a sí mismo en Mr. 12:35-37). *"Mi hijo eres tú; yo te engendré hoy"* (Sal. 2:7). (En Hch. 13:33, San Pablo aplica este pasaje a Jesús). *"Tu trono, oh Dios, es eterno y para siempre"* (Sal. 45:6). (El escritor de Hebreos relaciona esto con Jesús en 1:8)

1.6. Jesús es el Mesías (El Hijo de David) profetizado en el Antiguo Testamento.

En Isaías 7:14, Él es el que había de nacer de una virgen. En Isaías 9:6,7, Él es el Príncipe de Paz, Dios Fuerte, Padre Eterno, Hijo de David, etc. En Miqueas 5:2, Él es quien nacería en Belén. En Isaías capítulo cincuenta y tres Él es el hombre lleno de dolor, acostumbrado al sufrimiento, herido por nuestras rebeliones, etc. Jesús es la única identificación razonable para este siervo de *Jehová*. Felipe aplica el capítulo cincuenta y tres de Isaías, a Jesús. Muchos se dirigen a Jesús como el *"Hijo de David"* (Mt. 9:27; 21:9). El testimonio de Jesús mismo después de su resurrección es una evidencia de que existen frecuentes referencias a Jesús en las escrituras del Antiguo Testamento: *"Y comenzando desde Moisés, y siguiendo por todos los profetas, les declaraba en todas las Escrituras lo que de él decían"* (Lc. 24:27).

2. En el Nuevo Testamento.

Después de la resurrección de Jesús y el descenso del Espíritu Santo en el día de Pentecostés, la doctrina de la trinidad fue clara como el agua para la iglesia del Nuevo Testamento. Jesús se había revelado a través de todas las Escrituras, y ahora, el otro Consolador había venido y traído a la mente *"todo lo que yo (Jesús) os he dicho"* (Jn. 14:26). Cuando los apóstoles comenzaron a predicar en evangelio y a escribir sus epístolas, no vacilaron en declarar que Jesús era Dios y que el Espíritu Santo era Dios; sin embargo, al mismo tiempo, pensaban en el Padre, el Hijo, y el Espíritu Santo como un Dios (I Cor. 8:6).

Las siguientes son **pruebas** de la trinidad en el Nuevo Testamento:

2.1. Las tres personas al mismo tiempo en el bautismo de Jesús.

Las tres personas están en evidencia al mismo tiempo en el bautismo de Jesús. Jesús asciende de las aguas del bautismo, el Espíritu Santo desciende del cielo en la forma visible de una paloma, el Padre habla desde el cielo diciendo, *"Este es mi Hijo amado, en quien tengo complacencia"* (Mt. 3:16,17). Los tres están en manifestación al mismo tiempo. El Padre habla del Hijo como otra identidad en el cual Él está complacido. El Espíritu tiene una identidad separada de los otros dos. Aquellos que dicen que los tres son sólo formas o disfraces de una persona convierten a Jesús en un mago que produce una paloma en el aire, y un ventrílocuo que proyecta su voz a las nubes. La Escritura no nos da una ilusión, sino una clara demostración de la divina tri-unidad. (Ver también Mr. 1:9-11; Lc. 3:21,22; Jn. 1:32-34.)

2.2. Prueba de la distinción de las tres personas.

En el capítulo catorce de Juan tenemos una prueba clara de las tres personas distinguidas de la trinidad. En el versículo nueve, Jesús dice a Felipe, *"El que me ha visto a mí, ha visto al Padre."* Es claro aquí, que Jesús y el Padre son uno, pero al mismo tiempo tienen identidades separadas porque Jesús dice a los discípulos:

Y yo rogaré al Padre, y os dará otro Consolador, para que esté con vosotros para siempre... Mas el Consolador, el Espíritu Santo, a quien el Padre enviará en mi nombre, él os enseñará todas las cosas, y os recordará todo lo que yo os he dicho (Jn. 14:16,26).

Jesús habla del Padre como "Él", del Espíritu Santo como "Él", y de sí mismo como "Yo." Jesús se refiere al Espíritu Santo como "otro Consolador", separado en identidad. El Espíritu vendrá cuando Él se vaya. Sin embargo, Jesús dice, *"he aquí yo estoy con vosotros todos los días..."* (Mt. 28:20). He aquí el misterio: Hay tres identidades separadas (no individuos), pero **un solo Dios**, no tres. La trinidad está más allá de nuestra comprensión, sin embargo, es la enseñanza clara de la Escritura.

2.3. La fórmula bautismal

La fórmula bautismal dada por Jesús en la gran comisión revela claramente la trinidad y unidad de Dios: *"...bautizándolos en el nombre del Padre, y del Hijo, y del Espíritu Santo..."* (Mt. 28:19). Las tres identidades están dadas como Padre, Hijo y Espíritu Santo, agrupadas juntas en igualdad. La palabra "nombre" no está repetida, indicando unidad.

2.4. La bendición apostólica

La bendición apostólica en II Corintios 13:14 muestra en forma resumida el pensamiento trinitario de la iglesia antigua: *"La gracia del Señor Jesucristo, y el amor de Dios, y la comunión del Espíritu Santo sea con todos vosotros, Amén."* Tenemos una declaración trinitaria semejante en Judas 20b,21: *"orando en Espíritu Santo, conservaos en el amor de Dios, esperando la misericordia de nuestro Señor Jesucristo para vida eterna."* Mientras que el orden usual de los tres está dado en la fórmula bautismal, en las dos bendiciones mencionadas arriba, Jesús está puesto como primero en uno, y el Espíritu Santo como primero en el otro. Por esta razón podemos concluir que los términos *"Hijo"* y *"Espíritu Santo"* no son inferiores (Ver también I Cor. 12:4-6; Ef. 4:4-6, 5:18-20; II Tes. 2:13,14).

VIII. LAS PERSONAS DE LA TRINIDAD

A. DIOS EL PADRE.

No ampliaremos sobre la doctrina general de Dios aquí, ya que esto ya ha sido cubierto bajo las secciones de existencia, naturaleza, nombres y atributos de Dios. Consideraremos brevemente a Dios como Padre de nuestro Señor Jesucristo. La revelación de Padre e Hijo tiene que ver con su propia revelación a nosotros en el contexto de redención. No significa que una vez Dios existió solo y después engendró al Hijo en un momento dado. Todas las personas de la trinidad son co-iguales y co-eternas.

Los léxicos dan el significado de la palabra griega **monogenes** como "de la misma clase." El término "unigénito" significa que Jesús no fue creado por el Padre, sino que es diferente al Padre. Nosotros somos hijos creados y adoptados, por lo tanto, de diferente naturaleza a la del Padre. Juan dijo de Jesús como el Verbo: *"En el principio era el Verbo, y el Verbo era con Dios* [lit. cara a cara con], *y el Verbo era Dios. Este era en el principio con Dios* [lit. 'ya lo estaba']" (Jn. 1:1,2).

En el capítulo diecisiete de Juan Jesús oró que pudiera ser glorificado con la gloria que había tenido con el Padre antes de que el mundo fuera. Alguien preguntó qué hacía Dios antes de que crease el universo: este estaba preocupado con la idea de que Dios estaba eternamente solitario. Pero antes de que hubiera universo, en la trinidad de Dios había amor, comunicación y propósito (Ef. 1:4,5; I Jn. 4:7,8). Si Dios no fuera trino, la pregunta anterior podría dejarnos perplejos. Pero los tres son uno en naturaleza, voluntad y propósito.

B. DIOS EL HIJO (CRISTOLOGIA).

1. Su nacimiento virginal.

Como es relatado en Mateo 1:20b-25:

José, hijo de David, no temas recibir a María tu mujer, porque lo que en ella es engendrado, del Espíritu Santo es. Y dará a luz un hijo, y llamarás su nombre Jesús, porque Él salvará a su pueblo de sus pecados. Todo esto aconteció para que se cumpliese lo dicho por medio del profeta, cuando dijo: **He aquí, una virgen dará a luz un hijo, y llamaras su nombre Emanuel,** *que traducido es:* **Dios con nosotros.** *Y despertando José del sueño hizo como el ángel del Señor le había mandado, y recibió a su mujer. Pero no la conoció hasta que dio a luz a su hijo primogénito; y le puso por nombre* **Jesús.** (Ver también Lc. 1:26-38).

1.1. Uso de un pronombre femenino

Vale la pena notar que en Mateo 1:16, la conclusión de la genealogía de José, el nacimiento virginal de Jesús está acentuado por el uso de un pronombre femenino, del que María es la antecedente: *"Y Jacob engendró a José, marido de María de la cual nació Jesús, llamado el Cristo."* Las palabras *"de la cual"* en el griego, *ex hes,* es singular, género femenino, haciendo que el nacimiento sea "por María" solamente, aun cuando la genealogía es de José. Sólo Mateo y Lucas relatan el nacimiento de Jesús, pero Juan declara: *"Y aquel Verbo fue hecho carne y habitó entre nosotros (y vimos su gloria, gloria como del unigénito del Padre), lleno de gracia y de verdad"* (Jn. 1: 14).

El apóstol Pablo dice concerniente al nacimiento de Jesús: *"Pero cuando vino el cumplimiento del tiempo, Dios envió a su Hijo, nacido de mujer..."* (Gál. 4:4). ¿No indica "nacido de mujer" un nacimiento virginal? Aquellos que dudan o niegan el nacimiento virginal de Jesús, lo hacen por una presuposición de incredulidad. Las escrituras enseñan de manera irrefutable el nacimiento virginal de Jesús.

1.2. El Catequismo de Westminster

El Catequismo de Westminster define la doctrina del nacimiento virginal de la siguiente manera: "Cristo el Hijo de Dios, se hizo hombre, tomando para sí un verdadero cuerpo y un alma razonable, siendo concebido por el poder del Espíritu Santo, en el vientre de la Virgen María, y nacido de ella sin pecado." Estas palabras del credo apostólico suman la creencia de la iglesia antigua, "concebido por el Espíritu Santo, nacido de la virgen María."

1.3. En el Antiguo Testamento

En el Antiguo Testamento hay una progresiva revelación del sobrenatural nacimiento virginal de Jesús:

- En Génesis 3:15, tenemos la profecía más antigua del redentor del pecado en la que Él es llamado la *"simiente de mujer."*
- Dios prometió a Abraham una bendición sobre su *"simiente"* y a través de su simiente bendición sobre todas las naciones (Gn. 22:15-18). Pablo interpreta la promesa de la simiente de Abraham como una promesa cumplida en Cristo Jesús: *"Ahora bien, a Abraham fueron hechas las promesas, y a su simiente."* No dice: "Y a las simientes", como si hablase de muchos, sino de uno: *"Y a tu simiente, la cual es Cristo"* (Gál. 3:16).
- El nacimiento de Jesús será *"una vara del tronco de Isaí* (David), *y un vástago... de sus raíces. Y reposará sobre él el Espíritu..."* (Is. 11:1,2), (También II Sam. 7:12,13). Mateo comienza su evangelio con las palabras: *"Libro de la genealogía de Jesucristo, hijo de David..."* (Mt. 1:1).
- Isaías profetiza de un niño que ha de nacer, que será llamado *"... Dios fuerte, Padre eterno..."* (Is. 9:6,7) y ocupará el trono de David.
- Isaías predice claramente el nacimiento virginal como el medio para la venida de Emanuel (Mt. 1:22,23; Is. 7:14).
- Antes del nacimiento de Jesús, hubo un anuncio angelical del hecho. El ángel apareció primero a Zacarías, anunciando el nacimiento de Juan el Bautista, el precursor de Jesús, por su esposa Elisabet (Lc. 1:11-17); después el ángel anunció a María, que ella daría a luz un niño que sería el Hijo del Altísimo, y a pesar de su *respuesta "no conozco varón"*, la divina concepción ocurriría porque el Espíritu. La *"cubrirá con su sombra";* porque para Dios nada es imposible (Lc. 1:27-35).

1.4. Importancia de la doctrina del nacimiento virginal

La doctrina del nacimiento virginal es vitalmente importante en toda la estructura de teología fundamental. Si Jesús hubiera nacido de un padre natural:

- Jesús hubiera heredado la naturaleza adánica de la raza humana, y su muerte no hubiera sido ni vicaria ni de sustitución. Hubiera muerto sólo por su propia redención.
- Jesús no hubiera sido infinito, y aun si se hubiera acordado algún método para evitar una identidad corporal con Adán, Jesús no hubiera podido morir por los pecados del mundo.
- Jesús hubiera sido solamente un sincero, celoso, pero finito líder religioso; la negación del nacimiento virginal es una negación virtual de la deidad de Jesús. Si Jesús hubiera tenido un padre humano, no hubiera podido ser el "unigénito del Padre", el único infinito Hijo de Dios.
- Tendríamos entonces una Biblia indigna de confianza. Si Jesús no hubiera nacido de una virgen como lo registra Mateo y Lucas, ¿cómo podemos confiar lo que registran de su muerte y resurrección? Si no po-

demos confiar en nuestras Escrituras de una materia crucial, entonces toda fe religiosa es como navegar el mar sin carta hidrográfica o compás.

- Por deducción lógica entonces, tendríamos que rechazar todo aspecto milagroso del cristianismo. Si Jesús es el eterno Hijo de Dios que se hizo carne para redimir e identificarse con el hombre, lo más lógico entonces es esperar su entrada milagrosa a este mundo. ¿No dijo el ángel a María, *"porque nada hay imposible para Dios"* (Lc. 1:37)?

- Entonces Jesús hubiera sido, tal vez, sólo un genio espiritual con peculiar y profundo conocimiento religioso, y no el único, infinito Cordero de Dios quien hizo válido todo sacrificio del Antiguo Testamento. Sólo una ofrenda divina e infinita puede hacer efectivo, de una vez y por todas, el sacrificio por el pecado. El sistema sacrificial del Antiguo Testamento hubiera sido poco más que paganismo si Dios no hubiera tenido la intención de mandar a su infinito Hijo en la "consumación de los siglos" para completar la tipología de los sacrificios de animales que por sí mismos eran impotentes. En el capítulo diez de Hebreos leemos: *"porque la sangre de los toros y de los machos cabríos no puede quitar los pecados... somos santificados mediante la ofrenda del cuerpo de Jesucristo hecha **una vez para siempre"** (Vs. 4,10). Un Cristo de padres completamente humanos no podría ser el Cordero de Dios.

- Entonces no podríamos esperar que Jesús viniera otra vez como el rey con quien todos lo redimidos reinarán. Sólo la preexistente palabra de Dios vendrá como Rey de Reyes y Señor de Señores. Juan dice de Él: *"He aquí que viene con las nubes, y todo ojo le verá... Yo soy el Alfa y la Omega, principio y fin, dice el Señor, el que es, y que era, y que ha de venir, el Todopoderoso"* (Ap. 1:7,8). Y otra vez: *"Estaba vestido de una ropa teñida en sangre; y su nombre es el **verbo** de Dios"* (Ap. 19:13). Podría demostrarse, si el espacio lo permitiera, que el rechazo de la doctrina del nacimiento virginal debilitaría casi toda otra teología básica de la historia cristiana. El hecho es que los maestros contemporáneos que niegan el nacimiento virginal presentan un evangelio que los apóstoles no hubieran reconocido y que las Escrituras refutan.

2. Su naturaleza.

La Confesión de Westminster da la siguiente definición de la naturaleza o naturalezas y persona de Jesucristo:

El Hijo de Dios, la segunda persona de la trinidad, siendo Dios verdadero y eterno, de una sustancia, e igual con el Padre, cuando vino la consumación de los siglos tomó sobre sí mismo la naturaleza del hombre, con todas las propiedades esenciales y flaquezas comunes que de ella proceden pero sin pecado: siendo concebido por el Espíritu Santo, en el vientre de la virgen María, de su sustancia. Así que las dos naturalezas enteras, perfectas y distinguidas, la divina y la humana, fueron inseparablemente unidas en una persona, sin conversión, composición, o confusión. Tal persona es verdadero Dios y verdadero hombre, pero un Cristo, el único mediador entre Dios y el hombre... (Cap. VIII, Sec. 2)

Jesús tenía una naturaleza divina y una naturaleza humana; sin embargo, Jesús era una persona, no dos. Él era el Hijo del Hombre, pero sus dos naturalezas no resultaron en una personalidad dual del tipo Dr. Jekyll y Sr. Hyde. Él era Cristo, el Mesías y Jesús de Nazaret: *"Porque hay un solo Dios, y un solo mediador entre Dios y los hombres, Jesucristo hombre"* (I Ti. 2:5). Él subsistió en la forma de Dios y era igual con Dios; pero tomó la forma de un siervo y fue hecho a la semejanza de hombres. El griego **homoioma** significa "semejanza real ", pero la semejanza de Jesús no era solamente humana. Él era un verdadero hombre, pero no solamente hombre. Jesús nació y murió como los hombres; pero, Él era el "por siempre eterno" que dijo: *"Antes que Abraham fuese, **yo soy**"* (Jn. 8:58). Jesús dijo: *"tengo sed";* pero también dijo *"Yo soy el agua de vida."* Jesús dijo: *"Dame de beber";* pero en la misma ocasión también dijo: *"mas el que bebiere del agua que yo le daré, no tendrá sed jamás"* (Jn. 4:7-14).

Jesús fue azotado con látigos; sin embargo, por sus llagas fuimos curados. Él dijo: *"No puedo yo hacer nada por mí mismo";* pero sin Él nada de lo creado fue creado. Otro tuvo que cargar su cruz; pero, Él sustenta todas las cosas con la palabra de su poder. Él creció en sabiduría y estatura (Lc. 2:52); pero Él es el mismo ayer, y hoy, y por los siglos. Fue sentenciado a muerte por un gobernador romano; pero Él era el Rey de Reyes y Señor de Señores. Él dijo: *"ahora está turbada mi alma";* sin embargo, Él era el *"Príncipe de Paz."* Él clamó en la cruz: *"¿Por qué me has desamparado?";* sin embargo, prometió a sus seguidores: *"No te desamparare, ni te dejaré."*

2.1. La naturaleza humana de Jesús.

El apóstol Juan advirtió en contra de una herejía que negaba la humanidad de Jesús; él declaró:

... *Muchos falsos profetas han salido por el mundo. En esto conoced el Espíritu de Dios: Todo espíritu que confiesa que Jesucristo ha venido en carne, es de Dios; y todo espíritu que no confiesa que Jesucristo ha venido en carne no es de Dios; y este es el espíritu del anticristo...* (I Jn. 4:1-3).

Algunos creyentes devotos y bien intencionados han estado tan preocupados por mantener la deidad de Cristo Jesús que han minimizado su humanidad. Jesús no tuvo simplemente un roce con la humanidad, Él tomó para sí mismo una genuina naturaleza humana con toda atribución humana, excepto su pecaminosidad. Su naturaleza humana estaba en sumisión a su naturaleza divina sin sacrificar nada de su humanidad. Estudiemos las pruebas de su naturaleza humana:

- Jesús nació como un niño natural en el pesebre de Belén y fue envuelto en pañales (Lc. 2:7).
- Creció en la manera normal de un niño (Lc. 2:39,40).
- Creció en sujeción a sus padres (Lc. 2:51,52).
- Jesús fue trazado a través de dos genealogías, una de José (Mt. 1) y una de María (Lc. 3:23-38).
- Él es llamado *"La Simiente de Mujer"*, *"La Simiente de Abraham"*, y *"El Hijo de David"*; de esta manera Jesús es relacionado con la raza humana.
- Jesús fue tentado y probado en todas las áreas, tal como nosotros, pero Él no cometió pecado. Frecuentemente se pregunta si Jesús pudo haber pecado. Él no pudo haber pecado porque poseía, en adición a su naturaleza humana, una naturaleza divina que era santa; además, por el hecho de que fue concebido por el Espíritu Santo sin un padre humano, su naturaleza humana estaba libre de pecado. Sumado a esto, su naturaleza humana estaba en perfecta sumisión a su naturaleza y voluntad divina. Algunos dirán entonces ¿por qué Jesús fue tentado si no podía pecar? La tentación, como se aplica a Jesús, significaba "prueba." Estaba en orden perfectamente que Él fuera probado para demostrar, como el último Adán, su perfecta obediencia; y como el Cordero de Dios, que Él era *"sin mancha y sin contaminación"* (Mt. 4:1-11; Lc. 4:1-13; Mt. 26:36-46; Heb. 2:18, 4:15).
- Se llama a sí mismo *"hombre"* (Jn. 8:40); se llama a sí mismo o es llamado el *"Hijo del Hombre"* setenta (70) veces (Jn. 8:28); *"un mediador... Cristo hombre"* (I Ti. 2:5).
- Jesús es nuestro sumo saerdote. El requisito de un sacerdote es que tiene que ser tomado de entre los hombres a fin de ser su representante. Debe compartir su estado (Heb. 5:1-10). Isaías vio a Jesús en visión profética como *"varón de dolores, experimentado en quebranto"* (Is. 53:3). El verdadero sumo sacerdote debe también poder acercarse al trono de Dios por su propio mérito. Jesús, el Hijo de Dios, representa al hombre delante de Dios, y recíprocamente representa a Dios delante de los hombres. Nuestro sumo sacerdote es el Dios-hombre; un sumo sacerdote de la orden de Melquisedec.
- Jesús tuvo atributos humanos tales como hambre, sed, lágrimas, fatiga, etc.; al fin, Él sufrió, derramó su sangre, murió y fue sepultado.

- Aún después de la resurrección, con un cuerpo glorificado, podía invitar a Tomás a tocar sus manos y su costado para que él pudiera sentir sus heridas. Jesús todavía retenía su humanidad junto con su divinidad. En Apocalipsis 19:13, Él regresa a gobernar sobre la tierra y se dice de Él: *"Estaba vestido de una ropa teñida en sangre..."* En el capítulo veintidós de Apocalipsis vemos a Jesús con el Padre en la nueva Jerusalén y Él es llamado el *"Cordero."* Jesús tenía una triple obra posicional: profeta, sacerdote, y rey; en el siglo venidero, Jesús retendrá estas mismas posiciones. (Ver Hch. 3:19-26; Heb. 7:17,21; Mt. 27:29,39; Jn. 19:21; I Ti. 1:17; 6:13-16; II P. 1:11; Heb. 1:8-14). El Hijo de Dios se hizo el Hijo del hombre a fin de que los hijos de los hombres pudieran ser Hijos de Dios.

2.2. La naturaleza divina de Jesús.

Si nos acercamos al estudio de Jesús con razonamiento humano, habrá la tendencia de descubrir sólo su humanidad; si nos acercamos con devoción emocional, tendremos la tendencia de encontrar sólo su divinidad; pero si estudiamos la Biblia con fe, aceptaremos lo que revela la Palabra de Dios - su humanidad y deidad. Hemos examinado las pruebas de su humanidad; veamos ahora la evidencia de su deidad:

- En el Antiguo Testamento, los profetas profetizan su venida, y le dan nombres divinos: Isaías lo llama *"Dios fuerte, Padre Eterno"* (Is. 9:6), y *"Emanuel",* que significa *"Dios con nosotros"* (7:14). Jeremías lo llama *"Jehová, justicia nuestra [Jehová-Tsidkenu]"* (Jer. 23:6). David habla de Él como *"Mi Señor"* (Sal. 110:1-7).

- Jesús es llamado *"Dios",* y *"Señor"* en el Nuevo Testamento: *"Entonces Tomás respondió y le dijo: ¡Señor mío, y **Dios** mío!"* (Jn. 20:28); *"Pero sabemos que el Hijo de Dios ha venido... Este es el verdadero **Dios**, y la vida eterna"* (I Jn. 5:20); *"... vino Cristo, el cual es **Dios** sobre todas las cosas, bendito por los siglos. Amén"* (Rom. 9:5); *"...Y el Verbo era **Dios**"* (Jn. 1:1); *"...la manifestación gloriosa de nuestro gran **Dios** y Salvador Jesucristo"* (Tit. 2:13); *"Tu trono, oh Dios, por el siglo del siglo"* (Heb. 1:8, citado del Sal. 45:6).

- Es llamado el *"único"* Hijo de Dios. El término "unigénito" (gr., ***monogenes***) significa "único, del mismo tipo." Jesús no fue creado como el Hijo de Dios, Él fue eternamente el Hijo. *"De cierto, de cierto os digo: viene la hora, y ahora es, cuando los muertos oirán la voz del Hijo de Dios; y los que la oyeren vivirán"* (Jn. 5:25); *"Porque lo que era imposible para la ley, por cuanto era débil por la carne, Dios, enviando a su Hijo en semejanza de carne de pecado y a causa del pecado, condenó al pecado en la carne"* (Rom. 8:3); *"Este es anticristo, el que niega al Padre y al Hijo. Todo aquel que niega al Hijo, tampoco tiene al Padre. El que confiesa al Hijo, tiene al Padre"* (I Jn. 2:22b, 23).

- Jesús declara ser uno con el Padre: *"Yo y el Padre uno somos"* (Jn. 10:30); *"El que me ha visto a mí, ha visto al Padre"* (Jn. 14:9). (También Jn. 14:7-11).
- Jesús tenía preexistencia: *"Antes que Abraham fuese, **Yo soy**"* (Jn. 8:58); *"En el principio era el Verbo, y el Verbo era con Dios, y el Verbo era Dios ... y aquel Verbo fue hecho carne"* (Jn. 1:1-5,14); *"Ahora pues, Padre, glorifícame tú al lado tuyo, con aquella gloria que tuve contigo antes que el mundo fuese"* (Jn. 17:5). (Ver también Fil. 2:5-11; Jn. 1:15; Heb. 1:1-3).
- Atributos divinos fueron adjudicados a Jesús:
  (1) **Omnipotencia**: *"Toda potestad me es dada en el cielo y en la tierra"* (Mt. 28:18); *"Y sin él nada de lo que ha sido hecho, fue hecho"* (Jn. 1:3); *"Porque en él fueron creadas todas las cosas, las que hay en los cielos y las que hay en la tierra, visibles e invisibles; sean tronos, sean dominios, sean principados, sean potestades; todo fue creado por medio de él y para él. Y él es antes de todas las cosas y todas las cosas en él subsisten"* (Col. 1:16,17). (Ver también Jn. 1:14; 11:25,26; 20:30,31; Col. 2:9).
  (2) **Omnisciencia**: *"Pero Jesús mismo no se fiaba de ellos, porque conocía a todos, y no tenía necesidad de que nadie le diese testimonio del hombre, pues él sabía lo que había en el hombre"*, (Jn. 2:24,25). (Ver también Jn. 1:48-51; 16:30; 21:17; Col. 2:3).
  (3) **Omnipresencia**: *"... He aquí yo estoy con vosotros todos los días hasta el fin del mundo"* (Mt. 28:20); *"Nadie subió al cielo, sino el que descendió del cielo; el Hijo del Hombre, que está en el cielo"* (Jn. 3:13).
  (4) **Eternidad**: *"Y él es antes de todas las cosas"* (Col. 1:17); *"Jesucristo es el mismo ayer, y hoy, y por los siglos"* (Heb. 13:8). (Ver también Jn. 1:1-3; 8:58; Mi. 5:2; Ap. 1:17; Heb. 1:8)
  (5) **Inmutabilidad**: Vcr Heb. 13:8.
  (6) **Creación**: Ver Jn. 1:3-10; Col. 1:16; Heb. 1:10; Ef. 3:9; Jn. 1:10.
  (7) **Santidad**: *"Y sabéis que él apareció para quitar nuestros pecados, y no hay pecado en él"* (I Jn. 3:5). (Ver también I P. 2:22; Heb. 7:26).
  (8) **Perdón de pecados**: *"...dijo ... Hijo, tus pecados te son perdonados"* (Mr. 2:5). (Ver también Lc. 7:48).
  (9) **Todo juicio le es dado**: *"Porque el Padre a nadie juzga, sino que todo el juicio le dio al Hijo"* (Jn. 5:22). (Ver también Hch. 17:31; Ap. 22:12; Rom. 2:16; Mt. 16:27; 25: 31-33; II Cor. 5:10).
- Jesús hizo declaraciones de sí mismo que serían absurdamente graciosas si Él no fuera divino: *"Yo soy la resurrección y la vida; el que cree en mí, aunque esté muerto vivirá. Y todo aquel que vive y cree en mí,*

no morirá eternamente" (Jn. 11:25,26). (Ver también Jn. 4:14,26; 5:20; 6:33-35; 6:40,50,51,53,54,63; 8:12,23,24; 8:56,58; 9:35-39; 10:7-9).

- Jesús estaba consciente de la relación sin igual que tenía con el Padre y con el Espíritu Santo como el Hijo de Dios. Esto se evidencia en sus declaraciones: *"Pero cuando venga el Consolador, a quien yo os enviaré del Padre, el Espíritu Santo de verdad, el cual procede del Padre, él dará testimonio acerca de mí... Os conviene que yo me vaya; porque si no me fuere, el Consolador no vendrá a vosotros; mas si me fuere, os lo enviaré"* (Jn. 15:26; 16:7). (Ver también Jn. 6:20-27; 7:38,39).

- Se rindió adoración a Jesús. Exodo 34:14 estipula: *"Porque no te has de inclinar a ningún otro Dios, pues Jehová, cuyo nombre es Celoso, Dios celoso es."* La adoración pertenece sólo al Dios todopoderoso; sin embargo, Cristo recibió genuina alabanza sin objeción ni protesta: *"Entonces los que estaban en la barca vinieron y le adoraron, diciendo: Verdaderamente eres Hijo de Dios"* (Mt. 14:33). En el nacimiento de Jesús los sabios o magos de oriente vinieron a rendirle homenaje *"...su estrella hemos visto en el oriente, y venimos a adorarle ... y al entrar en la casa, vieron al niño con su madre María, y postrándose, lo adoraron..."* (Mt. 2:2,11). Dios ordenó con respecto a su Hijo *"Y otra vez, cuando introduce al Primogénito en el mundo dice: Adórenle todos los ángeles de Dios"* (Heb. 1:6). A quien sea que se le rinda adoración, el mismo es el verdadero Dios. Jesús es verdadero Dios, segunda persona de la deidad, co-igual y co-eterno con el Padre. Amén.

En siglos pasados la deidad de Cristo fue negada; primero por los Ebionitas en 107 d.C., después (en 325 d.C.) por Arias y sus seguidores. En tiempos modernos la deidad de Cristo ha sido cuestionada por los deistas, los unitarios, los científicos cristianos, testigos de Jehová, mormones y muchos teólogos liberales. La corriente principal de la iglesia siempre ha mantenido la doctrina de la trinidad y la deidad de Cristo. Algunos, que han profesado creer la en la deidad de Cristo, en realidad creen en un Cristo creado que era mayor que los hombres pero menor que Dios, o creen que Él era "divino" en el sentido de que todos los hombres pueden ser divinos.

3. Las obras de Cristo.

Jesús era un trabajador. Él dijo: *"Mi Padre hasta ahora trabaja, y yo trabajo"* (Jn. 5:17). Una vez, cuando los discípulos estaban preocupados por su necesidad de alimento, Jesús respondió diciendo, *"Mi comida es que haga la voluntad del que me envió, y que acabe su obra"* (Jn. 4:34). Sintiendo la urgencia de su tarea, Jesús exclamó, *"Me es necesario hacer las obras del que me envió, entre tanto que el día dura; la noche viene, cuando nadie puede trabajar. Entre tanto que estoy en el mundo, luz soy del mundo"* (Jn. 9:4,5). En la oración de Jesús cerca del final de su ministerio terrenal, El dijo *"Yo te he glorificado en la tierra; he acabado la obra que me diste que hiciese"* (Jn. 17:4).

Parece bastante claro que cualquier estudio de la fe cristiana debe interpretar el significado de la obra de Cristo en la tierra. En un tiempo determinado, Dios mismo, en la persona de su único Hijo, visitó nuestro mundo redimiendo a un pueblo para ser su propia posesión. Lo que hizo el Hijo de Dios mientras estuvo aquí, y cómo eso logró nuestra salvación, debe ser el asunto más importante que llegue a ocupar nuestras mentes. La obra de Cristo debe ser estudiada; lo único que queda por decidir es cómo organizar mejor ese estudio. Muchos escritores han preferido estudiar la obra del Señor bajo tres encabezamientos: (1) Su trabajo como **profeta** (2) Su trabajo como **sacerdote**, y (3) Su trabajo como **rey**. Aunque este método de estudio ha sido criticado, su valor desde la perspectiva de toda la Biblia parece recomendarlo. Es por esta razón que nosotros usaremos este método.

Había tres clases de líderes en el Antiguo Testamento, comisionados por Dios, quienes eran introducidos a sus oficios por el acto simbólico del ungimiento con aceite, dicha unción significaba la plenitud del Espíritu Santo. El término "Mesías" significa "El ungido." Era apropiado que Cristo, el "Ungido de Dios", debiera cumplir todos estos tres ministerios como el perfecto Profeta, Sacerdote, y Rey:

3.1. Cristo el Profeta.

Un profeta es uno comisionado por Dios para dar a conocer su voluntad al hombre. El más grande profeta en el Antiguo Testamento fue Moisés, quien habló en el nombre de Dios, revelando la voluntad divina al pueblo elegido de Dios a través de la ley. El trabajo secundario de un profeta era aquel de predecir eventos futuros. En Deuteronomio 18:18,19, Moisés predijo la venida del más grande de todos los profetas:

Profeta les levantaré de en medio de sus hermanos, como tú; y pondré mis palabras en su boca, y él les hablará todo lo que yo le mandare. Mas a cualquiera que no oyere mis palabras que él hablare en mi nombre, yo le pediré cuenta.

Después de la sanidad del hombre paralítico en la puerta "La Hermosa", Pedro se dirigió a la gente, declarando que Jesús era el profeta prometido que cumplió la profecía de Moisés. Luego agregó: *"A vosotros primeramente, Dios, habiendo levantado a su Hijo, lo envió para que os bendijese, a fin de que cada uno se convierta de su maldad"* (Hch. 3:26).

Cuando Cristo se levantó para dirigirse a la sinagoga en Nazaret, citó una profecía mesiánica de Isaías: *"El Espíritu del Señor está sobre mí, por*

cuanto me ha ungido para dar buenas nuevas a los pobres; Me ha envia-
do a sanar a los quebrantados de corazón; A pregonar libertad a los cau-
tivos, y vista a los ciegos; A poner en libertad a los oprimidos; a predicar
el año agradable del Señor." (Is. 61:2a). Cuando todo ojo estuvo puesto
en Él, continuó diciendo, *"Hoy se ha cumplido esta escritura delante de*
vosotros" (Lc. 4:18,19,21).

En las epístolas del Nuevo Testamento, el pasaje que expresa más claramente la misión profética de Jesús, de hablar al hombre en nombre de
Dios, es Hebreos 1:1,2: *"Dios, habiendo hablado muchas veces y de mu-*
chas maneras en otro tiempo a los padres por los profetas, en estos pos-
treros días nos ha hablado por el Hijo, a quien constituyó heredero de
todo."

Habían cinco funciones que generalmente caracterizaban al ministerio
de un profeta: **predicar, enseñar, disciplinar, predecir y hacer milagros.**
El ministerio de todo profeta no cumplía las cinco funciones en su totalidad, pero podríamos destacar a Elías, Isaías, Jeremías y varios otros cuyos
ministerios incluían todas las cinco funciones. Ciertamente todas las funciones mencionadas anteriormente fueron manifiestas plenamente en el
ministerio de Jesús el Profeta:

3.1.1. Predicar: Jesús comenzó su ministerio profético con predicación: Marcos 1:14 dice de Él: *"...Jesús vino a Galilea predicando el evan-*
gelio del reino de Dios." Hay cerca de cincuenta (50) discursos de Jesús
registrados en el Nuevo Testamento, de los cuales el más conocido es el
"Sermón del monte." Es demostrado por las palabras registradas en Marcos 1:38, que Jesús predicó con un sentido misionero, *"Vamos a los lu-*
gares vecinos, para que predique [gr., **kerusso**, "publicar"] *también allí;*
porque para esto he venido." La predicación de Jesús era revolucionaria
porque llamaba a los hombres a cambiar sus caminos. Marcos nos da un
extracto de uno de sus primeros mensajes: *"El tiempo se ha cumplido, y el*
reino de Dios se ha acercado; arrepentíos, y creed en el evangelio" (Mr.
1:15). Al principal de los judíos, Nicodemo, Jesús demandó: *"Os es nece-*
sario nacer de nuevo" (Jn. 3:7). Pero Jesús no predicó como un profeta del
juicio final, siempre ofreció la certeza de esperanza, como en Juan 3:17:
"Porque no envió Dios a su Hijo al mundo para condenar al mundo, sino
para que el mundo sea salvo por él." De nuevo, *"Porque el Hijo del Hom-*
bre vino a buscar y a salvar lo que se había perdido" (Lc. 19:10). No obstante, Jesús no vino solamente a predicar el evangelio; El vino a fin de que
hubiera un evangelio que predicar.

3.1.2. Enseñar: La Palabra tiene mucho que decir acerca del ministerio de enseñanza de Jesús. *"Y entraron en Capernaúm; y los días de repo-*
so, entrando en la sinagoga, enseñaba. Y se admiraban de su doctrina;
porque les enseñaba como quien tiene autoridad, y no como los escribas"

(Mr. 1:21,22). Los discípulos generalmente se dirigían a Jesús como "maestro." La palabra "maestro" es usada más de cuarenta (40) veces en los evangelios, y generalmente es aplicada a Jesús. Debe ser notado, sin embargo, que la palabra griega usualmente traducida como "maestro" es *didaskalos*. Una palabra griega que también traducida significa "maestro" es *rabbi* (rabí).

En tiempos antiguos el título "maestro" era de gran prestigio. Jesús fue el más grande de todos los maestros. El no citaba autoridades, Él era la autoridad. El no enseñaba el camino, Él era el camino. El no era sólo el que decía la verdad, Él era la verdad. Cuando Jesús preguntó a sus seguidores si ellos también lo dejarían, Pedro respondió: *"Señor, ¿a quién iremos? Tú tienes palabras de vida eterna"* (Jn. 6:68). Después del discurso de Jesús en la fiesta de los tabernáculos, donde dijo: *"El que cree en mí... de su interior correrán ríos de agua viva"* (Jn. 7:38) muchos gritaron *"Verdaderamente éste es el profeta"* (Jn. 7:40); y los oficiales del sanedrín volvieron informando: *"¡Jamás hombre alguno ha hablado como este hombre!"* (Jn. 7:46). Las enseñanzas de Jesús caracterizadas por sus parábolas (38 en total), atraían aun a los niños. La parábola del "Buen samaritano" bien puede ser la mejor conocida historia en el mundo occidental. El apóstol Juan ha dicho las palabras máximas sobre Jesús el Maestro: *"A Dios nadie le vio jamás; el unigénito Hijo, que está en el seno del Padre, él **le ha dado a conocer"*** (Jn. 1:18).

3.1.3. Discipular: Muy relacionado con el ministerio de enseñanza de Jesús estaba el de **hacer discípulos**, muchos de los cuales llegaron a ser los apóstoles de la iglesia y los primeros predicadores del mensaje del Cristo muerto y resucitado. En la primera misión de predicación de Jesús, lo siguiente es relatado por Marcos: *"Andando junto al mar de Galilea, vio a Simón y a Andrés su hermano, que echaban la red en el mar; porque eran pescadores. Y les dijo Jesús: Venid en pos de mí, y haré que seáis pescadores de hombres"* (Mr. 1:16,17). Muy poco tiempo después Marcos declara: *"Y estableció a doce, para que estuviesen con él, y para enviarlos a predicar, y que tuviesen autoridad para sanar enfermedades y para echar fuera demonios..."* (Mr. 3:14,15). Este pasaje nos informa de los tres propósitos de hacer discípulos:

- Para que estén con Él
- Para que prediquen, y
- Para que sanen y echen fuera demonios.

Si estos están en orden de prioridad, el asunto de primera importancia era el de pasar tiempo en la presencia del Maestro. Un discípulo no es solamente uno que aprende el contenido de libros y discursos; es uno que madura al estar en la presencia de su maestro, siguiendo su ejemplo, llenándose de su espíritu. Más tarde, cuando Jesús dio a sus discípulos la gran comisión de ir y hacer discípulos a todas las naciones, ellos entendieron bien el significado de "hacer discípulos." Nuestra tarea hoy todavía es la de hacer discípulos que aprendan a seguir a Jesús a través de verlo en nosotros, y de observar su poder manifiesto en nosotros. En segundo lugar, Él les enseñó a través de su ejemplo, a predicar el evangelio del reino, no de palabra solamente, pero también en el poder de liberación. En tercer lugar, les dio poder para sanar a los enfermos y para echar fuera demonios. No estamos sorprendidos de que Marcos concluya su evangelio con estas palabras de profecía: *"Y estas señales seguirán a los que creen: En mi nombre echarán fuera demonios; hablarán nuevas lenguas... sobre los enfermos pondrán sus manos, y sanarán... Y ellos, saliendo, predicaron en todas partes, ayudándoles el Señor y confirmando la palabra con las señales que la seguían. Amén"* (Mr. 16:17,18,20).

3.1.4. Predecir: Una secundaria, pero importante, función del profeta era la de **predecir** eventos futuros. Si las predicciones de un profeta acontecían y glorificaban a Dios, el profeta era reconocido como un auténtico enviado de Dios. Aunque la mayor parte de las predicaciones y enseñanzas de Jesús eran dirigidas a la gente de ese tiempo, Él hizo un número de predicciones de eventos futuros que autenticaron su deidad. Algunas de sus predicciones fueron:

- Su propia muerte y resurrección (Mt. 16:21).
- La persecución de la iglesia (Lc. 12:11).
- La venida del Consolador, el Espíritu Santo, para morar en la iglesia (Jn. 16:7-11; 14:16,17,27).
- La destrucción del templo y de la ciudad de Jerusalén en 70 d.C. (Lc. 19:43,44; 21:6).
- Las señales y condiciones de los últimos días (Mt. 24; Mr. 13; Lc. 21).
- El triunfo de la iglesia; la iglesia ha tenido muchos enemigos y ha soportado muchas tribulaciones; sin embargo, es de consuelo recordar que Jesús predijo el triunfo de la Iglesia: *"...edificaré mi iglesia; y las puertas del Hades no prevalecerán contra ella"* (Mt. 16:18); *"Y será predicado este evangelio del reino en todo el mundo, para testimonio a todas las naciones; y entonces vendrá el fin"* (Mt. 24:14).

Jesús era el Profeta por excelencia.

3.1.5. Hacer milagros:
Una frecuente señal de un profeta era que su ministerio era acompañado por lo **sobrenatural**. Los hechos maravillosos de Moisés van desde las plagas de Egipto y la división del Mar Rojo hasta hacer brotar agua de la roca. Elías hizo descender fuego del cielo, multiplicó el grano y el aceite de la viuda, levantó al hijo de ella de entre los muertos, y finalmente, fue llevado al cielo en un torbellino. Eliseo trajo sanidad al leproso Naamán, levantó al hijo de la sunamita, y numerosos otros milagros. Isaías trajo sanidad al

rey Ezequías. Daniel cerró la boca de los leones e interpretó sueños imposibles. Es natural entonces, que el ministerio de Jesús fuera caracterizado por lo milagroso. No era sólo un obrador de milagros, Él era la fuente principal de lo sobrenatural.

Cuando consideramos la persona y misión de Jesús, que Él es Dios encarnado y el Salvador del mundo, es inconcebible pensar que Él hubiera escondido completamente su identidad con un disfraz humano. Su nacimiento fue un milagro y su resurrección de entre los muertos fue el milagro de todos los milagros. Él demostró su deidad a través de milagros, tales como caminar sobre el agua, calmar la tormenta, convertir el agua en vino, y multiplicar el pan y los peces; estos eran milagros sobre la naturaleza, forjados por el creador de todas las cosas. Con todo, la gran mayoría de sus señales y prodigios fueron milagros de compasión sobre los enfermos, los afligidos y los poseídos por demonios.

Jesús vino a destruir las obras del diablo. Él impartió a la iglesia el poder para llevar a cabo un ministerio de liberación que fue obvio en el libro de los Hechos de los Apóstoles. Jesús aseguró la continuación de milagros en la gran comisión cuando dijo: *"Toda potestad me es dada en el cielo y en la tierra. Por tanto id... y he aquí yo estoy con vosotros todos los días hasta el fin del mundo* [lit., consumación del siglo]*"* (Mt. 28:18-20). Si el Señor resucitado está con nosotros, Él confirmará su palabra con señales, comenzando por supuesto, con el gran milagro de regeneración *"...y aun mayores* [obras] *hará, porque yo voy al Padre"* (Jn. 14:12) (Ver también II P. 1:3,4).

3.2. Jesús nuestro Gran Sumo Sacerdote.

Mientras que el profeta representa a Dios delante de los hombres, el sacerdote representa al hombre delante de Dios. Hay tres cosas que caracterizan la obra del sacerdote:

3.2.1. Jesús es uno con los hombres, y es tomado de entre ellos para representarlos delante de Dios (Ex. 28:1; Heb. 5:1,2). Jesús se despojó de la manifestación exterior de igualdad con Dios, y tomó a sí mismo la forma de un siervo, hecho en la semejanza de los hombres (Fil. 2:5-8). Esto lo hizo para identificarse completamente con aquellos por los cuales haría expiación. Él va a Dios el Padre en nuestro favor, **porque Él se hizo uno con nosotros**. He aquí la importancia de la naturaleza humana de Jesús: *"Por lo cual debía ser en todo semejante a sus hermanos, para venir a ser misericordioso y fiel sumo sacerdote en lo que a Dios se refiere, para expiar los pecados del pueblo. Pues en cuanto él mismo padeció siendo tentado, es poderoso para socorrer a los que son tentados"* (Heb. 2:17,18).

3.2.2. Jesús ofrece a Dios sacrificios para la expiación de pecados (Lv. 4:13-21; Heb. 10:11,12) Existe la circunstancia notable de que Jesús era sacerdote y sacrificio en una persona: *"Porque hay un solo Dios, y un*

solo mediador entre Dios y los hombres, Jesucristo hombre..." (I Ti. 2:5).
Jesús fue anunciado por Juan el Bautista, su precursor, como *"el Cordero de Dios, que quita el pecado del mundo"* (Jn. 1:29). Pedro habla de Jesús como el sacrificio: *"Sabiendo que fuisteis rescatados de vuestra vana forma de vivir, la cual recibisteis de vuestros padres, no con cosas corruptibles, como oro o plata, sino con la sangre preciosa de Cristo, como de un cordero sin mancha y sin contaminación..."* (I P. 1:18,19).

En el drama final, se busca a uno que pueda tomar el titulo de propiedad del reino, de la mano de aquel que ocupa el trono del cielo. Ninguno fue encontrado, sólo uno llamado *"El León de la Tribu de Judá"* y *"La Raíz de David."* Cuando Él se acercó al trono a tomar el documento, fue visto como un cordero inmolado. Todo el cielo y la iglesia cantaron cántico nuevo: *"Digno eres... porque tú fuiste inmolado, y con tu sangre nos has redimido para Dios, de todo linaje y lengua y pueblo y nación..."* (Ap. 5:1-9). (Ver Rom. 8:6-10).

3.2.3. Jesús es un mediador que intercede por el pueblo (Is. 53:12; Heb. 7:25; I Ti. 2:5). Jesús no sólo murió para expiación de nuestros pecados; Él nos representa perpetuamente a la diestra del Padre como nuestro intercesor. En Hebreos 10:12 se nos dice: *"Pero Cristo, habiendo ofrecido una vez y para siempre un solo sacrificio por los pecados, se ha sentado a la diestra de Dios..."* Nuestro sumo sacerdote no sólo nos salva de la culpabilidad del pecado, Él intercede eternamente por nosotros, salvándonos del poder y la presencia del pecado: *"mas éste, por cuanto permanece para siempre, tiene un sacerdocio inmutable; por lo cual puede también salvar perpetuamente a los que por él se acercan a Dios, viviendo siempre para interceder por ellos"* (Heb. 7:24,25). San Pablo explica claramente la obra intercesora de Cristo en Rom. 8:34: *"¿Quién es el que condenará? Cristo es el que murió; más aun el que también resucitó, el que además está a la diestra de Dios, el que también intercede por nosotros."*

En resumen: Jesús es nuestro sumo sacerdote quien, habiéndose identificado con nosotros, nos representa ante el Padre; a través de Él tenemos acceso al trono de gracia. Él es también el sacrificio perfecto por el pecado, a través de cuya sangre hemos sido reconciliados con Dios. Finalmente, Él es el abogado que intercede por nosotros: *"habiendo él llevado el pecado de muchos, y orado por los transgresores"* (Is. 53:12b).

Es importante mencionar que el orden sacerdotal de Jesús era el de Melquisedec. Melquisedec es mencionado once (11) veces en la Escritura, nueve (9) en el libro de Hebreos: 5:6,10; 6:20; 7:1,10,11,15,17,21. El relato histórico de este celebrado sacerdote se encuentra en Génesis 14:18-20, y está resumido en tres cortos versículos. Para algunos puede ser dudosa la manera en que el escritor de Hebreos hace una completa tipología de Cristo con Melquisedec. Las dudas se disipan fácilmente cuando se estudia la notable referencia a Melquisedec en el Salmo 110:4: *"Juró Jehová, y no se arrepentirá: tú eres sacerdote para siempre, según el orden de Melquisedec."* El capítulo 110 de Salmos es mesiánico, comenzando con la bien conocida referencia a Cristo: *"Jehová dijo a mi Señor [Adonai]: siéntate a mi diestra, hasta que ponga a tus enemigos por estrado de tus pies."* Esta profecía es citada por Jesús mismo, registrado por Lucas en Hechos 2:34,35, y por el escritor de Hebreos en 1:13. El salmo 110:4 es una profecía del sacerdocio de Cristo, del cual Melquisedec es el perfecto **tipo**.

En el capítulo siete de Hebreos podemos ver cómo este sacerdote del Dios altísimo *[El Elyon]*, el Dios de Abraham, tipifica el perfecto sacerdocio de Cristo. Su nombre, Melquisedec, significa "Rey de justicia", y como era pey de Salem (Jerusalén), su título significa "Rey de paz." La combinación ideal de "justicia" y "paz" es lograda en Jesucristo, quien es el *"Rey de Justicia"* (Is. 32:1), y el *"Príncipe de Paz"* (Is. 9:6); y sólo en Jesús el Salvador podemos estar seguros: *"Justificados, pues, por la fe, tenemos paz para con Dios por medio de nuestro Señor Jesucristo..."* (Ver Is. 32:17).

Melquisedec fue más que un sacerdote, también fue rey. Aunque Jesús cumplía un número de aspectos del sacerdocio levítico (cruzar el velo), Leví no podía ser su tipo porque los sacerdotes venían solamente de la tribu de Leví; Jesús era *"El Hijo de David"*, *"El León de la Tribu de Judá"* (Heb. 7:14), *"El Rey Venidero."*

El sacerdocio de Melquisedec era superior al levítico por las siguientes razones dadas en el capítulo siete de Hebreos:

- Abraham, el tatarabuelo de Leví, pagó diezmos a Melquisedec, su superior (Vs. 4).
- Abraham fue bendecido por él, *"el menor es bendecido por el mayor"* (Vs. 6,7).
- Los sacerdotes levíticos deben poder trazar su genealogía; no se reconoce ningún parentesco o genealogía para Melquiesedec, aunque el libro de Génesis está lleno de genealogías (Vs. 3).
- Las muertes de Leví, Aarón, y Eleazar están registradas. No hay ninguna mención del nacimiento o la muerte de Melquisedec; su sacerdocio fue por directo designio divino, sin depender de posición en la tribu o de parentesco; por lo tanto en su tipo, el sacerdocio de Melquisedec es perpetuo (Vs. 15-17).
- La obra sacerdotal del sacerdocio levítico tenía virtud sólo porque, en la *"consumación de los siglos"*, el sacerdote perfecto vendría y ofrecería el sacrificio perfecto (Heb. 10: 1-12).

El sacerdote perfecto, profetizado por el salmista en Salmo 110:4, sería un sacerdote real: *"Jehová enviará desde Sión la vara de su poder; domina en medio de tus enemigos"* (Sal. 110:2).

La especulación sobre la identidad de Melquisedec no ha tenido fin; algunos han pensado que él era una "Cristofanía", una apariencia preencarnada de Cristo, o un ángel. La Biblia no dice que Jesús era Melquisedec, pero que su sacerdocio era *"a semejanza de* [u orden de] *Melquisedec"* (Heb. 7:15-17). Si Melquisedec hubiera sido un ser sobrenatural, y no un hombre, no hubiera tipificado a Jesús en su naturaleza humana que era esencial: *"Porque todo sumo sacerdote tomado de entre los hombres..."* (Heb. 5:1).

Melquisedec fue un rey terrenal de Salem, pero él había sido designado al sacerdocio del Dios altísimo por revelación directa, su oficio no dependía de una dinastía sacerdotal. Aunque era humano, su sacerdocio era divino e interminable en naturaleza.

Ya que el sacerdocio de Leví (y Aarón) no podía quitar el pecado con sacrificios animales (Heb. 10:4), tenia que venir un sumo sacerdote de una orden perpetua que pudiera, por su soberanía, ser rey y destruir el reino de Satanás. El sacerdocio levítico estaba bajo la antigua ley que estaba destinada a ser anulada (Heb. 10:18). El sacerdocio de Jesús está bajo el nuevo pacto de gracia: *"por lo cual puede también salvar perpetuamente a los que por él se acercan a Dios, viviendo siempre para interceder por ellos"* (Heb. 7:25).

3.3. Jesús nuestro rey.

Hemos elegido estudiar las obras de Cristo bajo las categorías de profeta, sacerdote y rey. Como profeta, Él es el portador de mensajes; como sacerdote, Él es el que hizo expiación por los pecados; como rey, Él es el poseedor del cetro. Moisés profetizó su venida como un profeta; Isaías predijo su venida como el sacerdote que cargó en sí mismo el pecado del mundo; y Daniel lo vio como el Mesías y rey venidero: *"Sabe, pues, y entiende, que desde la salida de la orden para restaurar y edificar a Jerusalén hasta el Mesías Príncipe, habrá siete semanas, y setenta y dos semanas..."* (Dn. 9:25). El ángel anunció el nacimiento de Jesús a María como una proclamación real:

> *Y ahora, concebirás en tu vientre, y darás a luz un hijo, y llamarás su nombre **Jesús**. Este será grande y será llamado Hijo del Altísimo; y el Señor Dios le dará el trono de **David** su padre; y reinará sobre la casa de Jacob para siempre, y su **reino** no tendrá fin* (Lc. 1:31-33).

Examinemos la obra real de Cristo bajo tres encabezamientos:

3.3.1. Cristo vino como un rey, *"dónde está el rey de los judíos, que ha nacido?"* (Mt. 2:2); por lo tanto, Él estaba consciente de su misión real como fue anunciado por Juan el Bautista, *"El reino de los cielos se ha acercado"* (Mt. 3:2). Él se presentó en Jerusalén como su rey profetizado en Zacarías 9:9: *"...He aquí tu rey vendrá a ti, justo y salvador..."* (Ver Mr. 11:1-11). Cuando Pilato le preguntó si Él era un rey, Jesús le contestó afirmativamente, pero agregó: *"Mi reino no es de este mundo..."* (Jn. 18:36). La cruz en que Jesús murió llevó el título: *"Jesús nazareno, Rey de los judíos"* (Jn. 19:19). Después de la resurrección, durante los últimos cuarenta (40) días de Jesús sobre la tierra, Él estuvo ocupado en su reino; como informa Lucas: *"apareciéndoseles durante cuarenta día y hablándoles acerca del reino de Dios"* (Hch. 13).

3.3.2. Cristo representó su reino tanto presente como futuro: *"...Jesús vino a Galilea predicando el reino de Dios, diciendo: 'El tiempo se ha cumplido, y el reino de Dios se ha acercado...'"* (Mr. 1:14,15). Jesús dijo acerca de su reino, *"porque he aquí el reino de Dios está entre vosotros"* (Mr. 17:21). Algunos eruditos insisten en que el reino de Dios es enteramente futuro, un reino escatológico. Ellos pasan por alto dos cosas:

- Primero, la palabra griega para "reino" *basileia* no significa la esfera sobre la cual Cristo gobierna, pero el reinado mismo. Dondequiera que Cristo es soberano, allí está su reinado (reino). Dondequiera que Cristo es Señor, allí está presente su reino.

- Segundo, cuando los hombres vienen a Cristo, están siendo liberados del reino de Satanás al reino de Cristo (Col. 1:13).

Durante el ministerio terrenal de Jesús, culminado por la cruz y la resurrección, Él estaba trastornando el reino de Satanás: *"Mas si por el dedo de Dios echo yo fuera los demonios, ciertamente el reino de Dios ha llegado a vosotros"* (Lc. 11:20). Mayor que lo anterior es el hecho de que Jesús, en conexión a la fundación de la iglesia, dijo a los discípulos: *"Y a ti daré las* **llaves del reino de los cielos***: y todo lo que atares en la tierra será atado en los cielos; y todo lo que desatares en la tierra será desatado en los cielos"* (Mt. 16:19). George Eldon Ladd dice lo siguiente sobre la manifestación presente del reino de Cristo:

El reino ha venido en que los poderes del reino futuro ya han entrado a la historia y a la experiencia humana a través del ministerio sobrenatural del Mesías que ha efectuado la derrota de Satanás. Los hombres pueden ahora experimentar la realidad del reinado de Dios... La presencia de Cristo en la tierra tenía como su propósito la derrota de Satanás, su atadura, para que el poder de Dios pueda ser una realidad vital en la experiencia de aquellos que ceden al reinado de Dios convirtiéndose en discípulos de Jesús. En Cristo, el reino en la forma de su poder, ha venido entre los hombres.[27]

3.3.3. Como culminación de la obra de Cristo sobre la tierra, **Él vendrá otra vez para reinar** sobre su reino escatológico como Rey de Reyes y Se-

---

[27] *Crucial Questions About the Kingdom of God* (Preguntas Cruciales Sobre el Reino de Dios) por George E. Ladd (Grand Rapids, MI: Win B. Eerdmans Publishing Company, *1971) 91.*

ñor de Señores (Ap. 19:16; 20:6; 22:5,16). Juan engrandece hermosamente a Cristo en su obra real: *"Y de Jesucristo el testigo fiel, el primogénito de los muertos, y el **soberano** de los reyes de la tierra. Al que nos amó y nos lavó de nuestros pecados con su sangre, y nos hizo reyes y sacerdotes para Dios, su Padre, a él sea la gloria e imperio por los siglos de los siglos. Amén"* (Ap. 1:5,6).

Jesús cumplió las profecías del Mesías venidero. Su reino no era un reino visible con trono y capitolio; pero durante su ministerio terrenal, derrotó a Satanás e inició un reino de justicia. Sus súbditos, dotados de poder, están por la predicación del evangelio del reino (Hch. 28:22,31) rescatando a hombres del reino de Satanás, y guiándoles al reino de Cristo (Col. 1:13). En la culminación de esta era, Cristo el Rey vendrá y establecerá su reino en la tierra como en el cielo y reinaremos juntamente con Él. El requisito para ser parte del reino futuro de Cristo está estipulado en la parábola de los talentos: *"Bien, buen siervo y **fiel**, sobre poco has sido **fiel**, sobre mucho te pondré..."* (Mt. 25:21). "Fidelidad" no significa solamente "sumisión", sino también "lleno de fe."

C. DIOS EL ESPIRITU SANTO.

Acerca del Espíritu Santo, el credo Niceano dice: "Creemos en el Espíritu Santo, quien es Señor y dador de vida, quien procede del Padre, que está con el Padre e Hijo, es glorificado y adorado, que habló por los profetas." Ya que vivimos en la dispensación del Espíritu Santo, es muy importante que sepamos de Él todo lo que la Palabra nos revela. Una doctrina sana depende de un claro y exacto entendimiento de la naturaleza y obra de la bendita tercera persona de la trinidad que habita en y da poder a la iglesia, el cuerpo de Cristo.

1. La personalidad del Espíritu Santo.

Algunos falsos maestros, comenzando en épocas apostólicas, han dudado o negado la personalidad del Espíritu Santo, pensando en Él como si fuera una fuerza o influencia ejecutada por Dios en vez de una persona. Esta tendencia puede derivarse en parte de la palabra "espíritu", del latín *spiritus* que significa "aliento." La palabra griega ***pneuma***, *y la* palabra hebrea ***ruach*** tienen el mismo significado de "aliento" o "viento", al igual que "espíritu."

Si uno piensa en el Espíritu Santo solamente como el "aliento" o "fuerza" de Dios, entonces, éste se considera como algo impersonal y no como un ser con una identidad separada de la del Padre. Sin embargo, la revelación divina nos dice que Dios es **Espíritu** (no material o físico). Así como lo hace el viento, que por naturaleza es invisible, Dios también ejecuta su poder y fuerza. El espíritu del hombre es inmaterial e invisible. Si Dios es una persona, y si el hombre es hecho a su imagen, el hombre es una persona (aunque mucho inferior). ¿No sería entonces lógico pensar en el Espíritu Santo como una persona? Observe las siguientes pruebas en las Escrituras (entre muchas) de la personalidad del Espíritu Santo, al igual que de su identidad separada de la del Padre:

1.1. Se usan pronombres personales en relación con el Espíritu Santo. Jn. 16:14; Ef. 1:4. A pesar del hecho de que la palabra griega para "espíritu" es de género neutro, el pronombre demostrativo *ekeinos* que significa "ese" es usado por Juan (16:13,14) para referirse al Espíritu Santo: *"Pero cuando venga el Espíritu de verdad, él* [ese] *os guiará a toda la verdad... él* [ese] *me glorificará..."* San Pablo en Efesios 1:13,14 usa un pronombre relativo masculino para referirse al Espíritu: *"...fuisteis sellados con el Espíritu Santo de la promesa, que* [**quien**, masc.] *es las arras de nuestra herencia..."* (Ver también Jn. 15:26; 14:16,17).

1.2. Características personales son adjudicadas al Espíritu Santo. La definición de una persona es: "Uno que posee inteligencia, emociones o sentimientos, y voluntad."

* El Espíritu Santo posee **inteligencia:** *"Pero Dios nos la reveló a nosotros por el Espíritu; porque el Espíritu todo lo escudriña, aun lo profundo de Dios. Porque ¿quién de los hombres sabe las cosas del hombre, sino el espíritu del hombre que está en él? Así tampoco nadie conoció las cosas de Dios sino el Espíritu de Dios. Y nosotros no hemos recibido el espíritu del mundo, sino el Espíritu que proviene de Dios, para que sepamos lo que Dios nos ha concedido"* (I Cor. 2:10-12). Aun más, "la palabra de sabiduría" y la "palabra de conocimiento" son dones dados por el Espíritu Santo (I Cor. 12:8).

* El Espíritu posee **emociones** y **sentimientos:** el Espíritu Santo ama (Rom. 15:30), se enoja (Is. 63:10) y es angustiado (Ef. 4:30).

* El Espíritu Santo posee **voluntad:** *"Pero todas estas cosas las hace uno y el mismo Espíritu, repartiendo a cada uno en particular como él quiere"* (I Cor. 12:11).

1.3. Acciones personales son atribuidas al Espíritu Santo.

* Habla: Hechos 13:2; 21:11; Ap. 2:7,11,17,29.
* Testifica: Jn. 15:26.
* Enseña: Jn. 14:26.
* Intercede: Rom. 8:26,27.
* Guía: Jn. 16:13; Hch. 16:6.
* Manda y ordena: Hch. 13:2; 20:28.
* Hace milagros: Hch. 8:39; Rom. 15:19.

1.4. Reacciones personales son adjudicadas al Espíritu Santo. El Espíritu Santo ha demostrado ser una persona de acuerdo con los sentimientos que se dice Él posee como resultado de ciertas acciones humanas:

- Puede ser perturbado y angustiado: Ef. 4:30; Is. 63:10; Gn. 6:3.
- Puede ser tentado, Hch. 5:3.
- Puede ser resistido, Hch. 7:51.
- Se le puede mentir, Hch. 5:3.
- Se le puede blasfemar (Mr. 3:29,30) y hacer afrenta (Heb. 10:29).

1.5. El Espíritu Santo mantiene relaciones personales:

- **Con el Padre** (Mt. 28:19). En la fórmula bautismal, el Espíritu está asociado en un plano de igualdad en nombre e identidad personal con el Padre y el Hijo.
- **Con Cristo**: *"Él me glorificará; porque tomará de lo mío, y os lo hará saber"* (Jn. 16:14).
- **Con los creyentes**: *"Porque ha parecido bien al Espíritu Santo, y a nosotros, no imponeros ninguna carga más que estas cosas necesarias..."* (Hch. 15:28). Los apóstoles buscaban el complacer y hacer la voluntad del Espíritu Santo en la formación del sistema de la iglesia local.

Puede verse claramente en el último discurso de Jesús, registrado en el libro de Juan, que el Espíritu Santo tiene una identidad separada de la del Padre y del Hijo dentro de la trinidad. En este discurso, varias veces Jesús hace referencia a la venida del Espíritu Santo, a quien llama "**otro** Consolador": *"Y yo rogaré al Padre, y os dará otro Consolador, para que esté con vosotros para siempre..."* (Jn. 14:16). Es claro que el *"Consolador"* es el Espíritu Santo porque Jesús lo llama *"El Espíritu de Verdad"* (Vs. 17). En el versículo veintisiete, Jesús dice: *"Mas el Consolador, el Espíritu Santo"*, haciendo positiva la identificación.

Jesús usa pronombres masculinos mostrando que el Espíritu Santo es una persona. El Consolador vendrá en respuesta a la oración de Jesús al Padre, quien lo enviará (Jn. 14:16). En Juan 15:26, Jesús dijo que Él enviaría al Consolador, del Padre: *"Pero cuando venga el Consolador, a quien yo os enviaré... el cual procede del Padre, él dará testimonio acerca de mí."*

Claramente hemos establecido, por las mismas palabras de Jesús, una relación Yo-tu-el: Jesús ora, el Padre envía, el Consolador procede. Es imposible ignorar que las tres identidades obran separadamente. Esto es ampliado aun más por las palabras de Jesús: *"...Os conviene que yo me vaya; porque si no me fuere, el Consolador no vendría a vosotros; mas si yo me fuere, os lo enviaré"* (Jn. 16:7). Uno debe irse para que el otro venga. Cuando el Consolador venga, será el resultado de la oración y el envío del

Hijo, el envío del Padre en el nombre del Hijo, y el proceder del Espíritu Santo.

Es por esta razón que el Espíritu Santo procede (como declaran los credos) del Padre y el Hijo. Una herejía de tiempos antiguos, llamada "Sabelianismo", enseñaba que el Padre, el Hijo y el Espíritu Santo eran sólo nombres diferentes para la misma Persona y modalidades diferentes por las cuales la única persona se manifestaba. Si esto fuera cierto, entonces el discurso de Jesús acerca del Consolador no tendría sentido, como tampoco lo tendría la oración de Jesús registrada en el capítulo diecisiete de Juan.

Es difícil determinar si el *"procede del Padre"* mencionado en Juan 15:26 es una relación eterna (como lo establecen los credos), o un proceder dentro de la iglesia en el día de pentecostés en respuesta a la oración de Jesús. Esta dificultad se debe a que el *"proceder"* no está mencionado en ninguna otra parte. Las iglesias romana y griega han disputado durante siglos si el Espíritu procede eternamente del Padre solamente, o del Padre y el Hijo. La iglesia griega sostiene que procede solamente del Padre; pero en cualquier caso, parece claro que el Espíritu Santo fue enviado por ambos: el Padre y el Hijo. (Compare Jn. 14:26 con 15:26 y 16:7).

2. La deidad del Espíritu Santo.

Mostraremos de acuerdo con la Escritura que el Espíritu Santo es el verdadero Dios, co-igual y co-eterno con el Padre y el Hijo, la tercera persona de la trinidad. El hecho de que el Espíritu ejecuta la voluntad del Padre y glorifica al Hijo, sin hablar de sí mismo, no indica inferioridad; indica solamente la obra interna del Dios trino. Entre los hombres, la subordinación indicaría inferioridad, pero no en la tri-unidad de Dios; esto es parte del incomprensible misterio. En la trinidad no hay tres individuos, sino tres identidades personales del **único** Dios. Cuando contemplamos cómo la sumisión en la trinidad, por parte del Hijo y del Espíritu no constituye inferioridad de posición, podemos entonces entender mejor por qué la sumisión de los creyentes, el uno al otro, no rebaja al creyente sino que lo hace más agradable a su Señor. Las siguientes son pruebas escriturales de la deidad del Espíritu Santo:

2.1. Se le llama Dios.

"Y dijo Pedro: Ananías, ¿por qué llenó Satanás tu corazón para que mintieses al Espíritu Santo, y sustrajeses del precio de la heredad?... No has mentido a los hombres sino a Dios" (Hch. 5:3,4). Lo que se le hace al Espíritu Santo es considerado claramente como algo hecho a Dios. El pecado fatal de Ananías no fue el de sustraer del precio de la heredad, sino el

del engaño de pretender estar entregándolo todo. (Ver también I Cor. 3:16; II Cor. 3:17).

2.2. Se le adjudican atributos divinos:

2.2.1. Eterno: *"¿Cuánto más la sangre del Cristo, el cual mediante el Espíritu eterno se ofreció a sí mismo sin mancha a Dios, limpiará vuestras conciencias de obras muertas para que sirváis al Dios vivo?"* (Heb. 9:14). El Espíritu Santo no es un ser creado; siempre existió como parte del Dios trino, Él es tan eterno como el Padre y el Hijo.

2.2.2. Omnisciencia: *"...El Espíritu Santo, a quien el Padre enviará en mi nombre, él os enseñará todas las cosas..."* (Jn. 14:26). *"...porque el Espíritu todo lo escudriña..."* (I Cor. 2:10). (También Lc. 2:25-32).

2.2.3. Omnipresencia: *"¿A dónde me iré de tu Espíritu? ¿A dónde huiré de tu presencia?"* (Sal. 139:7). El salmista declara que no hay lugar en la tierra, en el infierno o en el cielo donde uno pueda escapar de la presencia del Espíritu Santo.

2.2.4 Omnipotencia: *"...Él Espíritu Santo vendrá sobre ti, y el poder del Altísimo de cubrirá con su sombra; por lo cual también el Santo Ser que nacerá, será llamado Hijo de Dios"* (Lc. 1:35). (Ver también Mi: 3:8; Rom. 15:13-19).

2.2.5. Santidad: Esto se ve en el nombre "Espíritu Santo." Él es el Espíritu de santidad que opera en la iglesia para consagrar los creyentes a Dios. Él nos separa del mundo para ser consagrados a Dios (Ef. 4:30).

2.2.6. Presciencia: *"...el Espíritu habló antes por boca de David acerca de Judas..."* (Hch. 1:16). Sólo Dios puede saber el futuro. El Espíritu Santo, hablando 1.000 años antes a través de David, previó y predijo en dos salmos mesiánicos (69:25 y 109:8) la traición y destino de Judas Iscariote. (Ver también Hch. 11:27,28, respecto a la predicción de Agabo por el Espíritu, concerniente a una gran hambre que vendría en toda la tierra habitada).

2.2.7. Amor: *"Pero os ruego hermanos, por nuestro Señor Jesucristo y por el amor del Espíritu* [subjetivo genitivo -"amor que el Espíritu tiene"], *que me ayudéis orando por mí a Dios..."* (Rom. 15:30). En la bendición trinitaria de II Corintios 13:14, *"la gracia de Cristo y la comunión del Espíritu Santo"*, son en realidad aspectos del amor de Dios. Ya que Dios es amor, esperamos encontrar manifestaciones de amor en los hechos de la trinidad.

2.3. Al Espíritu Santo se le atribuyen obras divinas:

2.3.1. Creación: *"El Espíritu de Dios me hizo, y el soplo del Omnipotente me dio vida"* (Job 33:4). (Ver también Gn. 1:2; Sal. 104:30) Esta obra creadora y dadora de vida, hecha por el Espíritu Santo, es vista también en el asombro de María ante la concepción y resurrección de Jesús de los muertos. ¿No es esta vista también en nuestra regeneración o nuevo nacimiento? (Ver también Lc. 1:35; Rom. 8:10,11; Jn. 3:5-7).

2.3.2. Profecía: *"...El dulce cantor de Israel: el Espíritu de Jehová ha hablado por mí, y su palabra ha estado en mi lengua. El Dios de Israel ha dicho, me habló la Roca de Israel..."* (II Sam. 23:1-3). Aquí el Espíritu Santo es igualado con el Dios de Israel y la Roca de Israel; el Espíritu es el Espíritu de *Jehová* que es el mismo que **Eloah** (Dios de la creación) y la Roca *(Tsur - nombre* metafórico para "El eterno e inmutable").

2.3.3. Intercesión: *"Y de igual manera el Espíritu nos ayuda en nuestra debilidad; pues qué hemos de pedir como conviene, no lo sabemos, pero el Espíritu mismo intercede por nosotros con gemidos indecibles"* (Rom. 8:26). El Hijo de Dios es nuestro intercesor; el Espíritu está asociado con el Hijo en representarnos ante el trono de gracia. El Espíritu Santo conoce en su omnisciencia la mente de Dios y la voluntad de Dios para nosotros. De esta manera, Él puede dirigirnos en oración para que oremos *"como conviene."*

2.3.4. Inspiración de escritura: *"Porque nunca la profecía fue traída por voluntad humana, sino que los santos hombres de Dios hablaron siendo inspirados por el Espíritu Santo"* (II P. 1:21). (Ver también II Ti. 3:16, "inspiración de Dios" es literalmente "respirado de Dios"; el "aliento de Dios" es una metáfora para el Espíritu Santo [Gn. 2:7]).

2.3.5. Agente de dirección divina: *"Pero cuando os trajeren para entregaros, no os preocupéis por lo que habéis de decir, ni lo penséis, sino lo que os fuere dado en aquella hora, eso hablad; porque no sois vosotros los que habláis, sino el Espíritu Santo"* (Mr. 13:11). Note que el Espíritu tiene conocimiento infalible acerca de qué hablar y es capaz de instruir nuestras mentes y guiarnos de tal forma que en la práctica decimos lo que es propio y de acuerdo con la voluntad de Dios.

3. Los nombres del Espíritu Santo.

En nuestro estudio de los nombres de Dios, observamos que sus nombres representaban su carácter. Los nombres de Dios no eran solamente designaciones o identificaciones; nos revelaban algo acerca de la naturaleza, atributos y obras de Dios. El mismo concepto es cierto para los nombres del Espíritu Santo. Hay alrededor de 350 pasajes en las Escrituras que hacen referencia al Espíritu Santo, en los cuales pueden discernirse más de cincuenta (50) nombres o títulos. No intentaremos analizar cada nombre adjudicado al Espíritu, sino sólo a aquellos títulos que añaden al completo entendimiento de la naturaleza o actividad del Espíritu. Algunos de esos títulos son los siguientes:

3.1. El Espíritu Santo: *"... ¿Cuánto más vuestro Padre celestial dará el Espíritu Santo a los que se lo pidan?"* (Lc. 11:13). El Espíritu Santo es el obsequio más precioso que nuestro Padre en los cielos puede darnos; obsequio que Él está abundantemente dispuesto a impartir.

3.2. El Espíritu de Dios: *"¿No sabéis que sois templo de Dios, y que el Espíritu de Dios mora en vosotros?"* (I Cor. 3:16). En I Corintios 6:19, el templo del Espíritu es el creyente, pero aquí es la iglesia de Cristo (observe el pronombre *"sois"*, como en II Cor. 6:16).

3.3. El Espíritu: *"...Lo que es nacido del Espíritu, espíritu es"* (Jn. 3:6b). El Espíritu produce la experiencia de nacer de nuevo en el creyente; es Él quien imparte nueva vida (*zoe* en adición a *bios*). (Ver Sal. 104:30; I Cor. 2:10; Jn. 3:6-8).

3.4. El Espíritu de *Jehová*: *"Saldrá una vara del tronco de Isaí, y un vástago retoñará de sus raíces. Y reposará sobre él el Espíritu de Jehová; espíritu de sabiduría y de inteligencia, espíritu de consejo y de poder, espíritu de conocimiento y de temor de Jehová"* (Is. 11:1,2). Esta es claramente una profecía mesiánica. El Espíritu de *Jehová* descansará sobre Cristo, en su ministerio terrenal como redentor (Is. 42:1; Mt. 3:16; Jn. 3:33,34) y en su reino milenial. (Ver también Is. 61:1 donde el Espíritu Santo es también llamado el *"Espíritu de Jehová"*, y donde los particulares proféticos apuntan a ambas venidas de Cristo.)

3.5. El Espíritu del Dios vivo: *"...Sois carta de Cristo... escrita no con tinta, sino con el Espíritu del Dios vivo..."* (II Cor. 3:3). La iglesia es una epístola, un testimonio de Cristo ante todos los hombres, un testimonio no de obras humanas, sino una epístola escrita por el Espíritu del Dios vivo (el dador de vida divina) sobre las tablas del corazón. En otras palabras, el Espíritu grabará el carácter de Jesús sobre nuestros corazones a medida que funcionamos en el cuerpo de Cristo.

3.6. El Espíritu de Cristo: *"Y si alguno no tiene el Espíritu de Cristo, no es de él"* (Rom. 8:9b). El poseer el Espíritu de Cristo nos identifica como uno de los suyos.

3.7. El Espíritu de su Hijo: *"Y por cuanto sois hijos, Dios envió a vuestros corazones el Espíritu de su Hijo, el cual clama: ¡Abba Padre!"* (Gál. 4:6). El Hijo de Dios se hizo Hijo de hombre a fin de que los hijos de hombres pudieran ser hijos de Dios con el privilegio de llamar a Dios *"Abba Padre."*

3.8. El Espíritu de Jesucristo: *"Porque sé que por vuestra oración y la suministración del Espíritu de Jesucristo, esto resultará en mi liberación..."* (Fil. 1:19). A medida que oramos por aquellos que ministran, Dios suplirá para ellos el mismo Espíritu que sustentó a Cristo Jesús en su misión. El uso de un artículo definido con la "oración" al igual que la "provisión" muestra que las dos están relacionadas.

3.9. El Espíritu de Santidad: *"Que fue declarado Hijo de Dios con poder, según el Espíritu de Santidad..."* (Rom. 1:4) Jesús vino como la prometida simiente de David que también era el divino Hijo de Dios, siendo así declarada su deidad por su resurrección de los muertos a través de la obra del Espíritu de Santidad. Sólo Dios es absolutamente Santo; su Espíritu es el Espíritu Santo o Espíritu de santidad.

3.10. El Espíritu de devastación: Isaías llama al Espíritu el *"Espíritu de devastación y juicio"* (Is. 4:4). El Espíritu de santidad limpia a Sión de pecado e iniquidad por medio de la devastación y juicio, resultando en salvación. *"Su aventador* (del Espíritu) *está en su mano, y limpiará su era..."* (Mt. 3:12).

3.11. El Espíritu de verdad: Juan llama al Espíritu Santo el "Espíritu de verdad" porque Él es el agente de revelación divina que capacitará a los apóstoles para registrar las enseñanzas de Jesús e interpretar exactamente los eventos redentores de historia sagrada. (Ver Jn. 14:17; 15:26; 16:13).

3.12. El Espíritu de vida: El principio del Espíritu de vida en Cristo ha reemplazado al principio de la carne (el ego egoísta), para que ahora, esta nueva dinámica pueda producir la justicia de Cristo en nosotros y a través de nosotros (Rom. 8:2).

3.13. El glorioso Espíritu: *"Si sois vituperados por el nombre de Cristo, sois bienaventurados, porque el glorioso Espíritu de Dios reposa sobre vosotros..."* (I P. 4:14). Cuando Cristo se acercaba a la cruz, durante su última semana, Él clamó: *"Ha llegado la hora para que el Hijo del Hombre sea glorificado"* (Jn. 12:23-33). Jesús consideraba su prueba de crucifixión como su hora de gloria. Pedro, hablando a cristianos perseguidos, y recordando las palabras de Jesús a la hora de su gloria, les aseguró que sus sufrimientos por Cristo eran su gloria y que el Espíritu de gloria descansaba sobre ellos; aquellos cristianos perseguidos estaban participando de los sufrimientos de Cristo y también participarían de su gloria. (Ver I P. 2:19; 3:14).

3.14. El Espíritu de Gracia: *"¿Cuánto mayor castigo pensáis que merecerá el que pisoteare el Hijo de Dios, y tuviere por inmunda la sangre del pacto en la cual fue santificado, e hiciera afrenta al Espíritu de gracia?"* (Heb. 10:29). Aquí hay claramente un caso de apostasía por parte de uno que era anteriormente santificado por la sangre. Somos salvos por gracia y no por obras; pero es posible ofender de tal manera al Espíritu de gracia que perdemos el regalo de gracia de Dios y caemos en juicio.

3.15. El Espíritu Eterno: *"...Cristo, el cual mediante el Espíritu Eterno se ofreció a sí mismo sin mancha a Dios..."* (Heb. 9:14). La eternidad del Espíritu demuestra su deidad. El Espíritu, quien cubrió con su sombra a Jesús en su concepción, su bautismo, y su tentación, estuvo con Jesús en la cruz y por encima de la tumba.

3.16. El Espíritu Santo de la promesa: *"...y habiendo creído en él, fuisteis sellados con el Espíritu Santo de la promesa"* (Ef. 1:13). En Lucas 24:49, Jesús había prometido derramar el Espíritu sobre los discípulos que estarían esperando. Esta promesa es repetida en Hechos 1:4,5. Jesús se refirió al Espíritu como la promesa del Padre, probablemente tomando la promesa de Joel 2:28, y Ezequiel 36:27,28. La investidura de poder de los creyentes por el Espíritu Santo fue anticipada por Jesús y por el Padre a través de las bocas de Ezequiel y Joel.

3.17. El Consolador: *"...si no me fuere, el Consolador no vendría a vosotros, mas si me fuere, os lo enviaré"* (Jn. 16:7). (También Jn. 14:26; 15:26). "Consolador" no es la mejor traducción para nuestros días porque pensamos en consolación. La palabra latina fuente *"comfortare"* significaba "fortalecer mucho." La palabra griega bíblica es *parakletos*, significando "uno llamado a la par para ayudar." Algunos han preferido la palabra "abogado." Parece que **ayudador** es el mejor término general que hace justicia a la palabra griega *parakletos*.

4. Los símbolos del Espíritu Santo.

En adición a los nombres y títulos adjudicados al Espíritu Santo, un número de figuras simbólicas es empleado en la Escritura para revelar características del Espíritu Santo. Los judíos se expresaban principalmente a través de términos abstractos. La enseñanza de Jesús es excesivamente rica en palabras y símbolos figurativos. El estudio de estos símbolos del Espíritu deberían ayudarnos a entender mejor los caminos y las obras del Espíritu de Dios.

4.1. Viento: Jn. 3:8 - *"El viento sopla de donde quiere... así es todo aquel que es nacido del Espíritu."* Uno de los significados de las palabras griega y hebrea para "espíritu" es "aliento" o "viento." En el día de pentecostés, *"un viento recio"* es asociado con el derramamiento del Espíritu Santo (Hch. 2:2). El viento simboliza el invisible y presente en todo lugar, poder e influencia sostenible de vida del Espíritu.

4.2. Aceite: Is. 61:1; Lc. 4:14-18; Hch. 10:38; Stg. 5:14; I Jn. 2:20,27 - se utilizaba aceite en la unción de los reyes y sacerdotes a fin de instalarlos, simbolizando la investidura de poder del Espíritu Santo para su trabajo. Todo creyente tiene la promesa de esa unción.

4.3. Paloma: Mt. 3:16; Gn. 8:8-12; Gál. 5:22,23; Mt. 10:16; Sal. 68:13 - El Espíritu Santo descendió sobre Jesús en su bautismo en la forma de una paloma. La paloma simboliza las cualidades de ternura, pureza, amor, inocencia, y belleza.

4.4. Agua: Jn. 4:14; 7:38,39; I Cor. 10:4; Ez. 36:25-27; Jl. 2:23-29. El agua simboliza la frescura, satisfacción y fertilidad del Espíritu. Las Escrituras dan una imagen de agua en la forma de "lluvia", "rocío", "ríos" y "manantiales." En la aplicación de este símbolo, Jesús y el Espíritu están cercanamente relacionados como en Juan 4:14 y 7:38,39.

4.5. Fuego: Is. 4:4; 6:6,7; I R. 18:38; Hch. 2:3 – El fuego habla del "poder" y limpieza" del Espíritu. Para que uno disfrute del poder del Espíritu Santo, debe experimentar continuamente su limpieza.

4.6. Vino: Is. 55:1; Sal. 104:15; Hch. 2:13; Ef. 5:18 – El vino parece centrar la atención en la estimulación espiritual y dádiva de gozo de la presencia interna del Espíritu. Algunos de los observadores en el día de pentecostés, oyendo las "lenguas" de los apóstoles, dijeron que estaban embriagados con "vino nuevo" o "mosto." Pedro dijo que no estaban embriagados, sino que estaban llenos del Espíritu como había sido profetizado por el profeta Joel (Hch. 2:13-15). El mundo busca el vino para estimulación y alegría; el cristiano recibe el incremento de sus habilidades y verdadero gozo del Espíritu de Dios que habita en él. Los espíritus del mundo elevan al hombre para dejarlo caer en la decepción; la unción del creyente con vino y aceite trae inspiración sin desesperación.

CAPITULO 3
La Doctrina del Hombre
Antropología

INTRODUCCION

Puede parecer que pasar de la doctrina de Dios al estudio del hombre es ir de lo sublime a lo ridículo. Aun el salmista clamó; *"¿Qué es el hombre para que tengas de él memoria?"* (Sal. 8:4). Pero cuando nos detenemos a pensar que el hombre es una creación de Dios (Gn. 1:27), que el hombre redimido es hechura de Dios (Ef. 2:10), y que la humanidad redimida es la herencia de Dios (Ef. 1:18), nos damos cuenta de la importancia del hombre como tema de estudio.

Carl Henry, un teólogo de renombre escribió: "¿Quién es el hombre? Esta extraordinaria criatura, cuya asombrosa conquista del espacio y el tiempo ha producido diccionarios sin abreviaciones con índice de la realidad en su totalidad, ha caído en frustración - irónicamente - cuando se define a sí mismo."[1]

Sólo las Escrituras dan una sólida y satisfactoria respuesta a la antigua pregunta, "¿Quién es el hombre?" Por lo tanto, cualquier obra seria sobre doctrina bíblica debe hacer frente a esta pregunta. En círculos académicos, el estudio del hombre es llamado "Antropología", que se deriva de dos palabras griegas: *anthropos,* que significa "hombre", y *logos,* que significa "disertación o razón." La antropología bíblica se refiere al hombre como creación de Dios, al hombre como pecador apartado de Dios por desobe-

---

[1] *Bakers Dictionary of Theology* (Diccionario de Teología Baker) por Everett F. Harrison (Grand Rapids, MI: Baker Book House, 1960) 338.

diencia voluntaria, y al hombre como objeto de la gracia redentora de Dios. La antropología científica, de acuerdo con Webster, es: "El estudio del hombre, especialmente en la variedad, características físicas y culturales, distribución, costumbres, relaciones sociales, etc., del género humano."[2]

En este acercamiento a la antropología, estudiaremos al hombre como lo describen las Escrituras. El salmista hace la pregunta, "¿Qué es el hombre?" y responde de la siguiente manera: *"Le has hecho poco menor que los ángeles, y lo coronaste de gloria y de honra. Le hiciste señorear sobre las obras de tus manos; todo lo pusiste debajo de sus pies..."* (Sal. 8:5,6).

Pero luego el hombre desobedeció y fue destituido de la gloria de Dios; por eso, cuando el escritor de Hebreos citó del capítulo ocho de Salmos, agregó: *"Pero todavía no vemos que todas las cosas le sean sujetas. Pero vemos a aquel que fue hecho un poco menor que los ángeles, a Jesús coronado de gloria y de honra, a causa del padecimiento de la muerte, para que por la gracia de Dios gustase la muerte por todos"* (Heb. 2:8b,9).

El siguiente estudio bíblico del hombre se agrupará bajo estas categorías: (1) El hombre creado por Dios, (2) El hombre, resultado del propósito divino, (3) El hombre creado a la imagen de Dios, (4) El hombre creado como un alma viviente, (5) El estado primitivo del hombre, (6) La caída del hombre, y (7) El hombre en el estado de gracia.

I. EL HOMBRE FUE CREADO POR DIOS

A. NO EVOLUCIONADO DE FORMAS PRIMITIVAS DE VIDA.

La Biblia atribuye el origen del hombre a un acto de creación directa de Dios, *"Y creó Dios al hombre a su imagen..."* (Gn. 1:27). *"Entonces Jehová Dios formó al hombre del polvo de la tierra, y sopló en su nariz aliento de vida, y fue el hombre un ser viviente"* (Gn. 2:7). En nuestro sistema de educación público, se le enseña a los alumnos que el hombre evolucionó de animales primitivos, y que toda vida en una vasta expansión de tiempo vino de una única forma de vida que surgió de un origen desconocido. Maestros honestos admiten que la "teoría de evolución" es, en realidad, sólo una teoría o hipótesis avanzada para explicar orígenes sin introducir lo sobrenatural, lo cual la ciencia no puede estudiar. La teoría de la evolución es generalmente atribuida a Charles Darwin, quien primero popularizó la

---

[2] *Websters New World Dictionary of the American Language* (El Nuevo Diccionario Mundial Webster del Idioma Norteamericano), 2da edición universitaria, s.v. "antropología."

hipótesis en la mitad del siglo XIX. Su teoría fue recibida por materialistas en todas partes. La ley de herencia de Mendel, parecía probar que las especies eran fijas, y que características adquiridas no podían ser heredadas. Más tarde, los científicos dieron el nombre de "genes" a los factores notables que controlan la herencia. El Dr. Robert Kofalil dice lo siguiente sobre los genes:

> Investigaciones a lo largo de las últimas dos décadas han revelado mucho acerca de la estructura del gen Se ha aprendido mucho acerca de la función de los genes a nivel molecular. La genética molecular es un tema sumamente complicado que da poderoso apoyo al modelo de creación bíblica.[3]

El Dr. Paul Brand, cirujano de renombre mundial, jefe de la rama de rehabilitación del Servicio Estadounidense de Salud Pública, y profesor de cirugía dice lo siguiente sobre el código químico de los genes ADN que controlan todas las formas de vida, y que mantienen la especie, propagando a cada uno según su propia clase de acuerdo al capítulo uno de Génesis y evitando la evolución de cualquier especie a otra:

> Toda materia viviente es básicamente semejante; un sólo átomo diferencia la sangre animal de la clorofila vegetal. Sin embargo, el cuerpo siente diferencias infinitesimales con infalible olfato; conoce sus cien trillones de células por nombre... Para completar el proceso de identidad, el compuesto Paul Brand - células de hueso, células de grasa, células de sangre, células de músculo - difiere totalmente de los componentes de hace diez años. Todas las células han sido reemplazadas por células nuevas (excepto las células nerviosas y las células del cerebro, que nunca son reemplazadas). De ahí que mi cuerpo sea más parecido a una fuente que a una escultura: manteniendo su forma, pero siendo constantemente renovado. De alguna forma mi cuerpo sabe que las células nuevas le pertenecen, y son bienvenidas. ¿Qué impulsa a las células a trabajar juntas?... El secreto de la membresía está encerrado dentro del núcleo de cada célula, enrollado químicamente en la cuerda del ADN. Una vez que el huevo y el espermatozoide comparten su herencia, la escalera química del ADN se parte en el centro de cada gen, semejante a como se separan los dientes de una cremallera. El ADN se reforma cada vez que se la divide la célula: 2,4,8,16,32 células, cada una con el idéntico ADN. En el trayecto, las células se especializan, pero cada una lleva el libro completo de instrucciones de cien mil genes. Es estimado que el ADN contiene instrucciones que, si se escribieran, llenarían mil libros de seiscientas páginas cada uno... (El ADN es tan

---

[3] *The Creation Explanation* (La Explicación de la Creación) por Robert E. Kofalil y K.L. Seagrave (Wheaton, IL: Harold Shaw Publishers, 1975) 78.

angosto y compacto que todos los genes del cuerpo cabrían en un cubito de hielo, sin embargo, si el ADN fuera desenredado y unido punta con punta, la cuerda podría estirarse de la tierra al sol, y dar la vuelta más de cuatrocientas veces)... Una célula nerviosa puede operar según instrucciones del volumen cuatro y el riñón del volumen veinticinco, pero ambas llevan todo el compendio. Le provee a cada célula en el cuerpo, la credencial de membresía sellada. Cada célula posee un código genético tan completo que el cuerpo entero podría ser reconstruido a través de la información en cualquiera de las células del cuerpo... El diseñador del ADN desafió a la raza humana a un propósito nuevo y superior: la membresía en su propio cuerpo... En realidad, yo llego a ser genéticamente como Cristo mismo porque pertenezco a su cuerpo.[4]

La ley de Mendel parecía hacer sonar una campana de muerte para la teoría de Darwin; sin embargo, evolucionistas persistentes hallaron una nueva base para la evolución en los repentinos cambios ocasionales en la forma de vida llamados "mutaciones." Mientras que casi toda mutación es dañina, algunos científicos teorizan que mutaciones beneficiosas podrían explicar la continua evolución de especies primitivas a especies más evolucionadas; sin embargo, no existe evidencia sobre esto. La evolución por "mutaciones" es llamada por algunos "neo-darwinismo."

Todo el esqueleto de la teoría evolucionista está cayendo bajo dura crítica. Francis Hitchings, escribiendo en *Life Magazine* (Revista *Vida*), declara: "Charles Darwin murió hace 100 años... Hoy su explicación de evolución está siendo desafiada como nunca antes, no sólo por creacionistas, sino por sus compañeros científicos."[5]

Mientras que muchos científicos trabajan sobre la suposición de la hipótesis evolucionista, la evolución no es un hecho científico; no puede ser probada. A no ser que uno haya elegido ser materialista, hay una lógica abrumadora en el origen sobrenatural del hombre, quien casi universalmente busca un objeto de adoración, y quien no puede escapar del instinto de responsabilidad hacia un poder superior. Cien años más allá de Darwin, la teoría de la evolución todavía no está comprobada y no contribuye en nada a la dignidad del hombre. Para el materialista, es una fe sin dios.

---

[4] *Fearfully and Wonderfully Made* (Temerosa y Maravillosamente Hechos) por Dr. Paul Brand y Philip Yancy (Grand Rapids, MI: Zondervan Publishing House, 1981) 44-46.

[5] *"Was Darwin Wrong?"* Life Magazine (¿Estababa Equivocado Darwin? Revista Life) citado de The Neck of the Giraffe: Where Darwin Went Wrong (El Cuello de la Jirafa: Donde Darwin se Equivocó) por Francis Hitchings (Nueva York: Ticknor and Fields, 1982).

Debería establecerse justamente, que no todos los evolucionistas son materialistas o agnósticos. Existen los evolucionistas teísticos que creen que la evolución fue el método que Dios empleó para crear toda vida. Sin embargo, como no hay ningún tipo de evidencia (ni el registro fósil, ni en la ciencia genética para la transmutación de especies) y ya que la Biblia expone claramente que las especies se propagan cada una según su propia clase, parece más veraz tanto a la Escritura como a la razón el aceptar una creación directa del hombre como la interpretación natural que el capítulo uno de Génesis requeriría.

Por supuesto, el creyente de la Biblia no puede probar científicamente la creación divina del hombre; él acepta el relato de la Escritura por fe. Sin embargo, no encuentra problema en esto, porque habiendo aceptado al Señor de las Escrituras por fe, su vida ha sido transformada, y le ha sido dada una gran esperanza y poderoso significado a su existencia. La fe valiente del creyente le informa acerca de su origen significativo y su destino celestial.

Mientras que la aceptación del origen divino por parte del creyente es un acto de fe, su origen divino no está sin una sólida evidencia científica. No es el propósito de este libro tratar con la ciencia física, sino la doctrina bíblica; sin embargo, esta cita por parte de científicos cierra aptamente esta subdivisión:

> La más poderosa evidencia hacia la creación y en contra de la evolución, en nuestra opinión, se halla en evidencias específicas de un diseño inteligente y con propósito. Esta evidencia está a nuestro alrededor y es algo que el laico al igual que el científico pueden apreciar. Los autores de "La Explicación de la Creación" aceptan la declaración de que la Biblia es la palabra de Dios. Estos aceptan, los capítulos de apertura de Génesis, por lo tanto, los consideran como verdaderos al hecho científico. Este es su postulado fundamental y no dan ninguna disculpa por ello.[6]

B. EXISTE POR CREACION ESPECIAL.

Tres palabras hebreas son usadas en los capítulos uno y dos de Génesis para describir la creación del hombre:

- *bara* - definida como "la producción o ejecución de algo nuevo, raro y maravilloso."
- *asah* – que significa "formar, construir, preparar, edificar."
- *yatsar* – que significa "formar o modelar" (como un alfarero formando vasijas).

---

[6] *Kofahl, xii, xiii.*

En Génesis 1:26, el Dios trino dice, *"**Hagamos** al hombre"* (**asah**); en Génesis 1:27, leemos, *"Y **creo** Dios al hombre" (**yatsar**)*. La idea en 1:26 es que Dios construyó al hombre en conformidad a su propia imagen; en 1:27, Él creó al hombre como algo nuevo y maravilloso en su propósito; y en 2:7, Él formó y modeló al hombre de la tierra como un alfarero forma una vasija de arcilla. El "polvo de la tierra" (2:7) identifica al hombre con la escena de su caída y su redención; el aliento de Dios identifica su origen con su hacedor y su intencionado destino celestial. El hombre es de la tierra, pero está destinado a tener comunión con Dios.

La declaración de la creación del hombre no está confinada a dos o tres versículos; está afirmada a través de la Sagrada Escritura. Génesis 5:1b-2a continúa: *"El día en que creó [bara] Dios al hombre, a semejanza de Dios lo hizo. Varón y hembra los creó...."* En Génesis 6:7, *"Y dijo Jehová: Raeré de sobre la faz de la tierra a los hombres que he creado [bara]...*
"

Moisés dice en Deuteronomio 4:32 con respecto a la milagrosa liberación de Egipto: *"Porque pregunta ahora si en los tiempos pasados que has sido antes de ti, desde el día que creó Dios al hombre sobre la tierra si desde un extremo del cielo a otro se ha hecho cosa semejante a esta gran cosa..."* De la inspirada pluma del profeta Isaías vienen las siguientes declaraciones: *"Ahora, así dice Jehová, Creador tuyo..."* (43:1); *"todos los llamados de mi nombre; para gloria mía los he creado, los formé y los hice."* (43:7); *"Yo hice la tierra, y creé sobre ella al hombre..."* (45:12). Malaquías 2:10a dice: *"¿No tenemos todos un mismo padre? ¿No nos ha creado un mismo Dios?"*

Es claramente declarado por los escritores del Nuevo Testamento que el hombre fue creado por Dios. Pablo dice: *"Y revestido del nuevo, el cual conforme a la imagen del que lo **creo** se va renovando hasta el conocimiento pleno... "* (Col. 3:10) (Ver también I Ti. 2:13; Rom. 9:20; I Cor. 15:45; Stg. 3:9).

II. EL HOMBRE ES EL RESULTADO DEL PROPOSITO DIVINO

A. EL CONSEJO DE LA TRINIDAD.

El hombre no fue creado en la misma forma que las criaturas primitivas. Estas fueron creadas como resultado de la orden dada por Dios. Dios primero formó al hombre de la tierra, luego sopló dentro de él su aliento divino. Hubo algo de Dios mismo soplado dentro del hombre, demostrando que él estaba destinado a ser especial para el Creador sobre toda otra criatura terrestre.

Isaías da la explicación del propósito del Señor en crear al hombre: *."..Para gloria mía los he creado..."* (Is. 43:7). El hombre es el producto del propósito planeado de Dios de crear un ser para glorificarlo a Él. A la luz de la afirmación deliberada de Dios en Génesis 1:26, existe la insinuación de un concilio de la trinidad, el cual dijo, *"Hagamos al hombre a nuestra imagen, conforme a nuestra semejanza; y señoree... en toda la tierra."* Algunos han atribuido los pronombres plurales "nosotros" (de hagamos) y "nuestra" al hecho de que el nombre para Dios (*Elohim*) es una forma plural. Sin embargo, aunque *Elohim* es plural, generalmente toma el verbo en singular. Comentando sobre Génesis 1:26, H.C. Leupold, el gran erudito luterano dice:

La exhortación "Hagamos" *(na'aseh)*, es particularmente sorprendente porque es plural... Detrás de lo hablado yace la verdad de la santa trinidad la cual, a medida que se hace clara en revelación, es la luz de una clara revelación posterior descubierta como contenida en este plural en un tipo de bosquejo oscuro. La verdad de la trinidad explica este pasaje. La explicación común de que Dios se está dirigiendo a sus ángeles ha mostrado sus deficiencias como ha sido expuesto por Koenig. No puede negarse que en cierta ocasión Dios se dirigió a la hueste angelical ante su trono... pero en ninguna oportunidad, Dios de hecho, delibera con ellos.[7]

B. LA OBRA DEL PROPOSITO CREADOR DE DIOS.

Pablo se refiere a este concilio del Dios trino en Efesios 1:4,5 cuando dice: *"según nos escogió en él antes de la fundación del mundo, para que fuésemos santos y sin mancha delante de él, en amor..."* También en II Timoteo 1:9: *"quien nos salvó y llamó con llamamiento santo, no conforme a nuestras obras, sino según el propósito suyo y la gracia que nos fue dada en Cristo Jesús antes de los tiempos de los siglos..."*

Las siguientes afirmaciones notables son dichas con respecto a la creación del hombre:

- El hombre es creado por Dios.
- Sólo el hombre, entre todos los seres creados, recibió el aliento de Dios.
- El hombre está formado a la imagen de Dios.
- El hombre es creado para la gloria de Dios.
- El hombre fue planeado y diseñado en un concilio del Dios trino.
- El hombre ha sido redimido por el Dios-hombre Cristo Jesús.

---

[7] *Exposition of Genesis* (Exposición de Génesis) por Herbert Carl Leupold (Columbus, OH: The Wartburg Press, 1942) 86,87.

Escribiendo a Tito, Pablo declaró: *"en la esperanza de la vida eterna, la cual Dios, que no miento, **prometió** desde antes del principio de los siglos..."* (Tit. 1:2).

Ya que Dios no pudo haberle prometido nada al hombre antes del principio del mundo, debe haberle prometido a su Hijo Jesús, la redención y vida eterna del hombre. Jesús en su oración intercesora al Padre implica claramente esta verdad, *"Padre aquellos que me has dado, quiero que donde yo estoy, también ellos estén conmigo, para que vean mi gloria que me has dado; porque me has amado desde antes de la fundación del mundo"* (Jn. 17:24).

La pregunta ha sido hecha, "Si Dios en su presciencia sabía que el hombre caería, ¿por qué lo creó?" No podemos, por supuesto, discernir los motivos de Dios; pero podemos estar seguros de que en el propósito divino estaba determinado que una humanidad a la imagen de Dios (aunque desobediente), redimida a través del Hijo Jesús, justificara el propósito de Dios. Este es un misterio que no podemos penetrar con nuestras mentes finitas, pero es claro que el hombre redimido en Cristo, el objeto del amor de Dios, cumple un alto propósito. El es sólo "polvo de la tierra", pero es un potencial **hijo** de Dios.

III. EL HOMBRE FUE CREADO A LA IMAGEN DE DIOS

Las Escrituras nos dicen que el hombre fue creado a la imagen de Dios: hebreo - ***Tselem Eloffim,*** griego - ***eikon tou theou,*** latín - ***Imago Dei.*** En Génesis 1:26, el término "semejanza" es agregado; pero casi todos los comentaristas lo ven como un paralelismo hebreo, introduciendo un sinónimo para enfatizar solamente, no para agregar significado. En ninguna parte de la Escritura se nos dice específicamente cuál es el significado de "la imagen"; por lo tanto, muchas explicaciones han sido ofrecidas.

La siguiente es una lista de las interpretaciones más comunes de ***Imago Dei:***
- El hombre fue conformado a una forma ideal que Dios posee.
- El dominio del hombre sobre la tierra y sus criaturas.
- La racionalidad del hombre y su habilidad de tener comunión con su creador, la personalidad del hombre en intelecto, emoción y voluntad.
- La original santidad, justicia y naturaleza moral del hombre.
- El trino ser del hombre en cuerpo, alma y espíritu.

A. NO ES UNA IMAGEN FISICA.

Dios es Espíritu, no tiene un cuerpo físico (Jn. 4:24); es invisible (Col. 1:15; I Ti. 1:17; Heb. 11:27), aunque puede aparecer en forma humana como en el caso del ángel de Jehová (Gn. 17:18). Existe la suposición de que la postura erecta del hombre indica que este fue modelado según la imagen prototipo representada por el cuerpo glorificado de Cristo. Romanos 5:14 declara que Adán era una figura de Cristo. Sin embargo, Israel tenía expresamente prohibido hacer cualquier imagen grabada de Dios en forma humana, como si Dios fuera físicamente como el hombre.

Es verdad que Jesús subsistió en la "forma de Dios"; sin embargo, cuando vino a la tierra tomó la forma de un siervo y fue hecho a la "semejanza de hombre." Por lo tanto su forma terrenal debe haber sido una gran condescendencia de su forma celestial (Fil. 2:7,8). La forma de Adán antes de la caída pudo haber sido muy superior a su imagen post-edénica; sin embargo, el hombre todavía retiene algo del original *Imago Dei* (Stg. 3:9; Gn 9:6; Jn. 5:37; Is. 6: l).

B. ES UNA IMAGEN PERSONAL.

Creemos en un Dios personal. Uno que diseña, planea, comunica, tiene voluntad, y siente (es complacido y desagradado). Definimos personalidad conteniendo: intelecto, emoción, y voluntad. Génesis 1:26-31 atribuye estos componentes de personalidad a Dios: intelecto en las palabras, *"entonces dijo Dios"*; voluntad y propósitos en la declaración, *"Hagamos"*; y sentimiento o emoción en la oración, *"Y vio Dios todo lo que había hecho, y he aquí que era bueno en gran manera."* Tenemos cuidado aquí, porque la naturaleza de Dios va mucho más allá de nuestra comprensión, pero el Dios infinito es representado en toda la Escritura poseyendo características personales.

Si Dios tenía un propósito al crear al hombre, debe haber deseado comunicarse con su creación para revelarle algo de su voluntad y propósito. El Dios que dijo, *"hagamos"* también dijo a su nación Israel *"Venid luego, dice Jehová, y estemos a cuenta..."* (Is. 1:18). El hombre es la única criatura terrestre capaz de razonar abstractamente, de crear, de innovar, de elegir como un agente libre, de comunicarse con Dios y adorarle. Las actividades de los animales, por otro lado, son instintivas, no libres. ¿Constituyen las facultades personales y racionales del hombre la imagen de Dios? o, ¿es la capacidad del hombre de tener dominio y gobernar sobre las criaturas de la tierra lo que constituye la imagen divina? ¿Podemos ver todavía esta imagen representada en la conquista del espacio por el hombre, su control sobre la energía atómica, la electricidad, otras fuerzas de la naturaleza, y el empleo de animales para hacer su trabajo? Parece haber una insinuación de esto en Génesis 1:28-31 y Salmo 8:4-9.

C. ES UNA IMAGEN MORAL.

El hombre es un ser moral. Fue creado con un sentido de responsabilidad hacia su hacedor. Cuando hace el bien, su corazón lo asegura; cuando hace el mal, su corazón lo condena (I Jn. 3:20,21; Rom. 8:l). Debido a que el hombre es una criatura moral, Dios le dio su ley registrada en Exodo 20; si violaba la ley, Dios no lo tendría como inocente (Ex. 20:7). El hombre, quien reprobó la prueba del Edén, también falló en guardar la ley; compartió la culpabilidad de Adán, al igual que la naturaleza pecaminosa adquirida por Adán. Sólo el último Adán, Jesucristo, puede librar al hombre de la condenación y culpabilidad de su condición caída (Rom. 8:1).

Como ser moral, el hombre tiene una **conciencia**. Existen aquellos que piensan que la conciencia no es una facultad separada, sino meramente el conocimiento de uno mismo con relación a una norma conocida del bien y el mal o el trabajo interno del intelecto, emoción y voluntad ante una norma moral. Sin embargo, parece claro en la Escritura y por experiencia, que el hombre verdaderamente posee una facultad de conciencia. El diccionario Webster define conciencia como: "Un conocimiento o sentido del bien y el mal, con una compulsión a hacer el bien; juicio moral que se opone a la violación de un principio ético previamente conocido, y que lleva a sentimientos de culpabilidad si uno viola tal principio."[8]

Mientras que la palabra "conciencia" no se encuentra en el Antiguo Testamento, su obra es descrita en Levítico 5:3. En el Nuevo Testamento, la palabra conciencia aparece treinta y un (31) veces. Se dice que la conciencia puede ser: buena, débil, pura, insensible, corrompida, maligna, purificada. Se dice que ejecuta acciones, tales como, dar testimonio y dar convicción. ¿Podrían tales acciones y características ser atribuidas a otra cosa que a una facultad distinguida? Parece ser que la conciencia es un instinto humano que le fue dado al hombre en el principio; porque tan pronto como pecó, el hombre se escondió. Sin duda, la conciencia interactúa con el intelecto, la emoción y la voluntad.

D. ES UNA IMAGEN SOCIAL.

Dios es amor. Él es amor en su naturaleza esencial, porque el amor es la expresión del Dios trino: Padre, Hijo y Espíritu Santo. El hombre a la imagen de Dios fue creado como una criatura social que debe amar. Le fue dada inmediatamente una esposa: tomada de su costado para ser su igual, cerca de su corazón para ser amada, y debajo de su brazo para ser protegida por él. Le es ordenado multiplicar y fructificar la tierra, ser una familia y una familia de naciones.

La ley fue dada para gobernar las relaciones sociales del hombre. De los diez mandamientos, seis tienen que ver con la relación del hombre con sus iguales. El hombre fue hecho para tener comunión con Dios, con su familia y con sus vecinos. Cuando el hombre perdió la comunión con Dios, sus

---

[8] *Websters Dictionary* (El Diccionario Webster), ss. "conciencia."

relaciones humanas comenzaron a quebrarse; considere que el primer hijo de Adán llegó a ser un asesino. El amor, Jesús nos dice, debe ser el motivo predominante del hombre redimido; quien, cuando es nacido de nuevo, se convierte en miembro de un cuerpo, el cuerpo de Cristo (Jn. 13:34,35).

IV. EL HOMBRE FUE CREADO COMO UN ALMA VIVIENTE (SER)

De acuerdo con la Escritura inspirada, al hombre, en la creación, Dios le dio dos obsequios: Un cuerpo formado del polvo, y el aliento de Dios. *"Entonces Jehová Dios formó al hombre del polvo de la tierra, y sopló en su nariz aliento de vida, y fue el hombre un ser viviente"* (Gn. 2:7). Como resultado de la combinación creativa de un elemento terrenal y un elemento celestial, el hombre se convirtió en un ser viviente a la imagen de su creador. Este comienza la vida en la tierra como vasija de barro, pero su destino designado es vida eterna en cuerpo glorificado.

A. DIOS LE HA DADO AL HOMBRE UN CUERPO FISICO.

Los griegos y muchos de los antiguos pensaban en el cuerpo como una prisión del alma y la fuente de todo mal. Los agnósticos, un culto cristiano falso, sostuvieron esta baja estima del cuerpo hasta el extremo de negar que Jesús tuvo un cuerpo físico. Para contrarrestar a estos agnósticos, Juan el apóstol previno acerca de aquellos que negaban que Jesús había venido en la carne (I Jn. 4:1-3). Las Escrituras nos enseñan a honrar y respetar al cuerpo como creación de Dios: *"El que derramare sangre de hombre, por el hombre su sangre será derramada; porque a imagen de Dios es hecho el hombre"* (Gn. 9:6).

Es importante que el creyente conozca **diez** hechos sobre el cuerpo humano en las Escrituras:

1. El cuerpo humano regresará al polvo.

Es un cuerpo mortal que regresará al polvo del cual procedió, *"... pues polvo eres y al polvo volverás"* (Gn. 3:19). Este pensamiento nos mantendrá humildes en la presencia de nuestro Dios. Cuando Abraham habló con Dios, él dijo, *"He aquí ahora que he comenzado a hablar a mi Señor, aunque soy polvo y ceniza"* (Gn. 18:27). El salmista nos recuerda que sin el aliento de Dios el hombre es sólo polvo, *"... Les quitas el hálito, dejan de ser, y vuelven al polvo"* (Sal. 104:29).

2. El cuerpo creado se convirtió en algo maravilloso.

El hombre fue hecho de simple polvo; pero ese polvo en las manos de Dios se convirtió en algo maravillosamente hecho:

Te alabaré; porque formidables, maravillosas son tus obras; estoy maravillado, y mí alma lo sabe muy bien. No fue encubierto de ti mi cuerpo, bien que en oculto fui formado, y entretejido en lo más profundo de la tierra. Mi embrión vieron tus ojos, y en tu libro estaban escritas todas aquellas cosas... (Sal. 139:14-16a).

La ciencia recién está descubriendo cuán increíblemente maravilloso y complejo es el cuerpo humano.

3. El cuerpo es un tabernáculo temporal.

El cuerpo natural y físico del hombre es sólo un tabernáculo temporal para la verdadera persona que lo habita: *"Sabiendo que en breve debo abandonar el cuerpo, como nuestro Señor Jesucristo me ha declarado."* (I P. 1:14); y *"Porque sabemos que si nuestra morada terrestre, este tabernáculo, se deshiciere, tenemos de Dios un edificio, una casa no hecha de manos, eterna, en los cielos"* (II Cor. 5:1).

4. El cuerpo físico será transformado en un cuerpo glorificado.

En la resurrección, el hombre tendrá una casa nueva no hecha de manos; sin embargo, ese nuevo cuerpo tendrá una relación con este cuerpo natural presente. Pablo, disertando sobre la resurrección, dice: *"Se siembra cuerpo animal, resucitará cuerpo espiritual... Porque es necesario que esto corruptible se vista de incorrupción, y esto mortal se vista de inmortalidad"* (I Cor. 15:44,53). Este cuerpo presente, que vuelve al polvo, será de alguna forma cambiado y transformado en un cuerpo glorificado. Jesús dijo, *"... los muertos oirán la voz del Hijo de Dios; y los que la oyeren vivirán"* (Jn. 5:25). Pablo aseguró que los muertos en Cristo resucitarían primero (I Tes. 4:16b). Pablo dice que *"la sangre y la carne no pueden heredar el reino de Dios"* (I Cor. 15:50); pero, como Jesús en la resurrección tuvo un cuerpo "palpable" de "carne y hueso" (no sangre) (Jn. 20:27; Lc. 24:39), así también el cuerpo de resurrección del creyente tendrá una relación con el cuerpo terrenal, al igual que una planta está relacionada con la semilla de la cual procede (I Cor. 15:44).

5. El cuerpo es templo del Espíritu Santo.

El cuerpo del hombre redimido es templo del Espíritu Santo, por lo tanto no debe ser un instrumento de pecado:

¿O ignoráis que vuestro cuerpo es el templo del Espíritu Santo, el cual está en vosotros, el cual tenéis de Dios, y que no sois vuestros? Porque habéis sido comprados por precio; glorificad, pues, a Dios en vuestro cuerpo y en vuestro espíritu, los cuales son de Dios (I Cor. 6:19,20).

6. El cuerpo es reconocido como sacrificio vivo y santo.

El cuerpo del hombre, cuando es dedicado al servicio de Cristo, es reconocido como un sacrificio vivo y santo: *"Así que, hermanos, os ruego por las misericordias de Dios, que presentéis vuestros cuerpos en sacrificio vivo, santo, agradable a Dios, que es vuestro culto racional"* (Rom. 12:1). El adorador del Antiguo Testamento ofrecía sacrificios de animales muertos a Dios; el creyente en Cristo del Nuevo Testamento no ofrece un sacrificio muerto, sino una ofrenda viva de servicio consagrado - empleando el cuerpo en una vida y un ministerio cristiano.

7. El cuerpo es un arma en contra de Satanás.

El hombre redimido puede emplear su cuerpo como un arma en contra de Satanás. Satanás se esfuerza para motivar al creyente a usar su cuerpo en una forma que avanzaría la causa de Satanás; Pablo urge al creyente a usar su cuerpo como un arma en contra de Satanás y para Dios:

"Ni tampoco presentéis vuestros miembros al pecado como instrumento de iniquidad, sino presentaos vosotros mismos a Dios como vivos de entre los muertos, y vuestros miembros a Dios como instrumentos de justicia" (Rom. 6:13).

8. Beneficios en el cuerpo del creyente.

El hombre redimido disfruta ciertos beneficios de la obra redentora de Cristo en su cuerpo, aun en este mundo. Mateo, describiendo sobre el ministerio de sanidad de Jesús, dijo, *"Y cuando llegó la noche, trajeron a él muchos endemoniados; y con la palabra echó fuera los demonios, y sanó a todos los enfermos; para que se cumpliese lo dicho por el profeta Isaías, cuando dijo: él mismo tomó nuestras enfermedades, y llevó nuestras dolencias"* (Mt. 8:16,17).

Claramente, la obra de la cruz logró algo para el cuerpo físico del hombre, soltando de él las ataduras de enfermedad. Jesús, luego dijo sobre el ministerio de aquellos que habrían de predicar el evangelio, *"... sobre los enfermos pondrán sus manos, y sanarán"* (Mr. 16:18). Cuando la iglesia fue establecida, la oración para sanidad física se convirtió en un sacramento. Santiago instruye: *"¿Está alguno enfermo entre vosotros? Llame a los ancianos de la iglesia, y oren por él, ungiéndole con aceite en el nombre del Señor. Y la oración de fe salvará al enfermo, y el Señor lo levantará..."* (Stg. 5:14,15a).

Es manifestado en el capítulo ocho de Romanos que la obra redentora de Cristo y la habitación del Espíritu Santo dentro de nosotros trae beneficios presentes, aun al cuerpo: *"Y si el Espíritu de aquel que levantó de los muertos a Jesús mora en vosotros, el que levantó de los muertos a Cristo*

Jesús vivificará también vuestros cuerpos mortales por su Espíritu que mora en vosotros" (Rom. 8:11). Algunos discutirán que esta "vivificación" se refiere a la última resurrección del cuerpo. Está visto que concierne a la experiencia presente en los siguientes hechos:

- Pablo está hablando de la victoria presente del creyente sobre la carne (Vs. 9).
- El se refiere a nuestros cuerpos "mortales", no cuerpos muertos; mortal significa "sujeto a muerte".
- Antes del avivamiento de la resurrección, los cuerpos estarán "muertos" en los sepulcros, no "mortales".
- En el versículo doce, Pablo dice: *"Así que, hermanos, deudores somos, no a la carne, para que vivamos conforme a la carne."* El argumento se refiere claramente al presente caminar en el Espíritu.
- Si el Espíritu libera del dominio carnal a través de la fe, también el Espíritu puede liberar de las flaquezas corporales a través de la fe.

9. El creyente será sometido a juicio.

El creyente será juzgado, ante el tribunal de Cristo con base en las cosas hechas en el cuerpo: *"Porque es necesario que todos nosotros comparezcamos ante el tribunal de Cristo, para que cada uno reciba según lo que haya hecho mientras estaba en el cuerpo, sea bueno o sea malo"* (II Cor. 5:10).

El juicio mencionado arriba *(bema)* es un juicio de obras, no de condenación (I Cor. 3:11-15). El grado de recompensa está basado en las cosas hechas "en el cuerpo." Por supuesto, es el alma la que peca, pero el pecado es ejecutado por el cuerpo y sus miembros. Pablo dijo: *"sino que golpeo mi cuerpo, y lo pongo en servidumbre, no sea que habiendo sido heraldo para otros, yo mismo venga a ser eliminado"* (I Cor. 9:27).

10. El cuerpo humano lleva consigo tanto la imagen de Adán como la imagen de Dios.

El cuerpo de "polvo" del hombre, el cual hereda de Adán, lleva la imagen de Adán al igual que la imagen de Dios. A través de Cristo heredaremos un cuerpo glorificado a la imagen de Cristo, el último Adán. Esto puede verse y es claro en I Corintios 15:

Fue hecho el primer hombre Adán alma viviente; el postrer Adán, espíritu vivificante. Mas lo espiritual no es primero, sino lo animal; luego lo espiritual. El primer hombre es de la tierra, terrenal; el segundo hombre, que es el Señor, es del cielo. Cual el terrenal, tales también los terrenales; y cual el celestial, tales también los celestiales. Y así como hemos traído la imagen del terrenal traeremos también la imagen del celestial (I Cor. 15:45-49).

B. DIOS LE HA DADO AL HOMBRE UNA VIDA INMATERIAL.

Las Escrituras enseñan que la vida inmaterial y la personalidad del hombre son derivadas del aliento creativo de Dios y que nuestro aliento de vida depende de la gracia sustentadora de nuestro creador: Job 12:10; Sal. 33:6; Is. 42:5; Hch. 17:25.

Algunas escuelas de psicología científica moderna atribuyen la personalidad y el intelecto del hombre a la función física, química y eléctrica del cerebro. Mientras que estas escuelas no pueden explicar el origen de la vida ni el principio de vida, prefieren eliminar enteramente cualquier base sobrenatural acerca de la facultad racional del hombre.

Los psicólogos evitan el término "mente", concentrando sus experimentos en el cerebro y el sistema nervioso, esto con el fin de buscar una explicación física a todo comportamiento humano. Ellos no pueden explicar cómo, en caso de una herida a un lado del cerebro, la personalidad de uno pueda ser restablecida en el otro lado. El hombre como ser libre, creativo, racional y adorador es demasiado asombroso y complejo para ser explicado como el resultado de la acción de una simple coincidencia de fuerzas físicas. El libro de Génesis informa del origen divino del ser interior del hombre: *"Entonces Jehová Dios... sopló en su nariz aliento de vida..."* (Gn. 2:7).

El elemento **inmaterial** en el hombre está considerado en la Escritura por el uso de al menos **nueve** términos distintos:

1. Vida (Mr. 8:35)
2. Alma (Mr. 8:36)
3. Espíritu (Sal. 31:5)
4. Mente (Rom. 7:25)
5. Corazón (Ef. 6:6)
6. Fuerzas (Lc. 10:27)
7. El yo (I Cor. 4:3,4)
8. Voluntad (I Cor. 7:37)
9. Sentimientos (Col. 3:2)

Esto no quiere decir, por supuesto, que todos estos términos sean sinónimos. Cada uno se refiere al ser inmaterial desde un punto de vista diferente, o describe una función diferente del ser. Por otro lado; varios de los términos podrían ser intercambiables; por ejemplo, la palabra griega *psuche* es traducida variadamente a las palabras castellanas "vida" (42 veces), "alma" (53 veces), y "corazón" (2 veces).

Las palabras más frecuentemente usadas para identificar al ser inmaterial son «alma" y "espíritu." "Alma" es la traducción de la palabra hebrea *nephesh, y la* palabra griega *psuche*. "Espíritu" es la traducción del hebreo *ruach*, y el griego *pneuma*. Es interesante que estas cuatro palabras originales significan básicamente, "aliento" o "viento." Estos términos expresan aptamente el hecho de que nuestro ser inmaterial se deriva del "aliento" de Dios.

Cuando Jesús le describió a Nicodemo la obra del Espíritu de Dios, dijo, *"El viento [pneuma] sopla [pneo] de donde quiere"*; algunos eruditos piensan que la cláusula debería ser: "El Espíritu respira donde desea" (Jn. 3:8). Las palabras griegas son aptas para cualquiera de las traducciones.[9] El libro de Job atribuye la creación del hombre al aliento de Dios: *"Ciertamente espíritu hay en el hombre, y el soplo del Omnipotente le hace que entienda"*: (32:8). Y *"El Espíritu de Dios me hizo, y el soplo del Omnipotente me dio vida"* (33:4).

Se ha dicho a menudo que toda criatura viviente tiene alma, pero sólo el hombre tiene espíritu; el hecho es que la Escritura atribuye alma y espíritu a los animales: Ec. 3:21; Sal. 104:25-30. (Compare Gn. 2:7 con Gn. 6:21,22). El hombre se distingue de las criaturas inferiores por la calidad de sus facultades, no el número de ellas. El hombre es hombre porque está creado a la "Imagen de Dios", y porque su vida es eterna.

Ha sido enseñado que el hombre no regenerado tiene sólo cuerpo y alma, y que el espíritu es impartido en el nuevo nacimiento. Esto confunde el espíritu humano con el Espíritu Santo que habita en el creyente; se dice que los hombres que no son de Dios también tienen espíritus (I Cr. 5:26). También, es incorrecto decir que "alma" es el elemento humano y "espíritu" es el elemento divino, de nuevo, esto confunde el espíritu humano con el Espíritu Santo. Las almas y los espíritus de los hombres están descritos en el cielo (Ap. 6:9; Heb. 12:23); "alma" y "espíritu" les son atribuidos a Dios el Padre y al Hijo: Mt. 12:18; Is. 42:1; Mt. 26:38; Is. 53:11; Lc. 23:46.

En lo que respecta a la composición del hombre hay **dos** escuelas clásicas de pensamiento: Tricotomía, (tres partes) - cuerpo, alma y espíritu, y Dicotomía (dos partes) - cuerpo y alma (o espíritu). Los argumentos para las dos posiciones son las siguientes:

1. Tricotomía.

1.1. En Génesis 2:7, la combinación de un cuerpo de polvo y el aliento de Dios dio como resultado una tercera parte, el alma.

---

[9] Ver *Emphasized New Testament* (Nuevo Testamento Enfatizado) por Rotherham, Kregel; *New Testament* (Nuevo Testamento) por Worrel, Gospel Publication I-louse; y el Interlinear Greek- English Bible (Biblia Interlineal GriegoInglés) por Jay Green.

1.2. I Tesalonicenses 5:23 especifica definitivamente tres partes del hombre: *"Y el mismo Dios de paz os santifique por completo; y todo vuestro ser, espíritu, alma y cuerpo, sea guardado irreprensible para la venida de nuestro Señor Jesucristo."*

1.3. Hebreos 4:12 declara que el alma y el espíritu son capaces de ser divididos en dos por la palabra de Dios: *"Porque la palabra de Dios es viva y eficaz, y más cortante que toda espada de dos filos; y penetra hasta partir el alma y el espíritu, las coyunturas y los tuétanos, y discierne los pensamientos y las intenciones del corazón."*

1.4. Cuando Pablo habla de los hombres como "carnales", "naturales" (del alma) y "espirituales", parece estar indicando condiciones relacionadas al cuerpo, alma y espíritu respectivamente (I Cor. 2:14-11).

2. Dicotomía.

2.1. En Génesis 2:7, sólo dos partes distintas son mencionadas: el cuerpo de la tierra y el aliento de Dios. El "alma" viviente no es una tercera parte, sino el resultado del cuerpo y el espíritu. No dice que el hombre tenía un alma, sino que fue... un ser viviente."

2.2. Los términos "alma" y "espíritu" son usados intercambiablemente; por ejemplo, en Juan 12:27 Jesús dijo, *"Ahora está turbada mi alma"*; Pero en Juan 13:21, leemos: *"Habiendo dicho Jesús esto, se conmovió en espíritu."* (Ver también Gn. 41:8; Sal. 42:6; Heb. 12:23; y Ap. 20:4.)

2.3. Ambos términos "alma" y "espíritu" son usados para animales al igual que para hombres: Ec. 3:21; Ap. 16:3.

2.4. El término "alma" es atribuido a Jehová: Jer. 9:9; Is. 42:1, 53:10-12; Heb. 10:38.

2.5. Los ejercicios espirituales más altos son atribuidos al alma al igual que al espíritu, *"Y amarás al Señor tu Dios... con toda tu alma..."* (Mr. 12:30). (Ver también Lc. 1:46; Heb. 6:18,19; Stg. 1:21).

2.6. De acuerdo con Jesús, perder el alma es perderlo todo, *"Porque, ¿qué aprovechará al hombre si ganare todo el mundo, y perdiere su alma?"* (Mr. 8:36,37; Mt. 16:26). (Ver también Mt. 10:28).

2.7. Respondiendo al argumento basado en la bendición en I Tesalonicenses 5:23, el dicotomista responde que Pablo no infiere que el cuerpo, alma y espíritu sean tres partes distintas y separadas del hombre, pero que usa alma y espíritu en la misma manera que Jesús usa los cuatro términos "corazón", "alma", "mente", y "fuerzas" en Marcos 12:30; y nadie le adjudica cuatro partes al hombre sobre la base de las palabras de Jesús. Pablo usa la palabra "mente" (traducida de 9 palabras griegas distintas) más frecuentemente de lo que usa el término "alma" cuando se refiere a la parte racional del hombre.

2.8. En respuesta al argumento tricotomista de Hebreos 4:12 concerniente a la "división del alma y el espíritu", el dicotomista señala que el versículo no habla de la palabra dividiendo el "alma" del "espíritu"; sino penetrando hasta lo más recóndito del ser, aun a los pensamientos y las intenciones del corazón. Sobre Hebreos 4:12,14, W.E. Vine comenta:

> La Palabra de Dios penetra todo lo que se encuentra en lo más profundo de la naturaleza humana, no separando alma de espíritu y coyuntura de tuétano, sino penetrando y poniendo al descubierto lo más profundo del ser, cortando a través de lo más secreto de la vida del espíritu, penetrando el alma y, aún más profundamente el espíritu, como si fuera a través de las coyunturas hasta el mismo tuétano.[10]

El dicotomista no dice que no existe ninguna diferencia entre las palabras "alma" y "espíritu." Aunque son usadas frecuentemente para designar la misma parte inmaterial del hombre, en su uso más preciso, se refieren al ser interior del hombre en diferentes relaciones. Cuando las palabras son distinguidas en significado, el alma mira hacia la tierra, el espíritu hacia el cielo. El alma es el hombre en sus relaciones terrenales; el espíritu es el hombre en sus relaciones espirituales. Sin embargo, los dos no pueden ser separados, sino juntos constituyen el ser inmaterial del hombre.

C. EL HOMBRE SE CONVIERTE EN UN ALMA VIVIENTE (SER).

Los dos conceptos de tricotomía y dicotomía han sido delineados arriba. Debe tenerse en mente que la diferencia entre las dos posiciones no es realmente grande y que ninguna doctrina importante es afectada por la diferencia.

1. El hombre como unidad.

Hay una fuerte tendencia entre los eruditos conservadores de pensar en el hombre como una unidad antes que un ser de partes divisibles. El alma (espíritu) es separada del cuerpo en la muerte física, pero sólo por un intervalo esperando la resurrección. Pablo habla del alma como desnuda sin el cuerpo:

> Porque sabemos que si esta morada terrestre, este tabernáculo se deshiciere, tenemos de Dios un edificio, una casa no hecha de manos, eterna, en los cielos. Y por esto también gemimos, deseando ser revestidos de aquella nuestra habitación celestial; pues así seremos hallados vestidos y no desnudos. Porque asimismo los que estamos en este tabernáculo gemimos con angustia; porque no quisiéramos

---

[10] *The Epístle lo the Hebrews* (La Epístola a los Hebreos) por William Edwy Vine (London: Olipltants Ltd., 1961) 64.

ser desnudados, sino revestidos para que lo mortal sea absorbido por la vida. (II Cor. 5:1-4).

Los griegos pensaban acerca del alma en la vida postrera como un espíritu separado del cuerpo. El creyente cristiano anticipa la unión del espíritu con un cuerpo glorificado, un cuerpo como el de Jesús, resucitado de la tumba y transformado. En el capítulo ocho de Romanos, el apóstol Pablo habla de la redención del cuerpo: *"Y no sólo ella, sino que también nosotros mismos, que tenemos las primicias del espíritu, nosotros también gemimos dentro de nosotros mismos, esperando la adopción, la redención de nuestro cuerpo"* (Rom. 8:23).

La expiación vicaria de Cristo redimió a la persona entera, no sólo el alma o el espíritu. Cuando pensamos en el hombre como redimido enteramente, encontramos un nuevo significado en la bendición de Pablo en I Tesalonicenses 5:23: *"Y el mismo Dios de paz os santifique por* **completo**; *y todo vuestro ser, espíritu, alma y cuerpo, sea guardado irreprensible para la venida de nuestro Señor Jesucristo."*

¿No son entonces, el cuerpo, alma y espíritu funciones separadas de una persona, más que sustancias separadas? ¿No tenía Jesús en mente nuestra totalidad cuando dijo, *"Y amarás al Señor tu Dios con* **todo** *tu corazón, y con* **toda** *tu alma, y con* **toda** *tu mente y con* **todas** *tus fuerzas..."* (Mr. 12:30)?

Hablando de tratar al hombre como una unidad, el Dr. Paul Tournier, médico y psiquiatra suizo, escribe:

La ciencia, en realidad, trabaja sólo por análisis a través de dividir al infinitum el objeto de estudio... Lo que sucede entonces es parecido a lo que ocurre cuando separamos un rompecabezas en sus quinientos pedazos: El cuadro total desaparece. Este es el estado de la medicina moderna; ha perdido el sentido de unidad del hombre. Tal es el precio que ha pagado por su progreso científico. Ha sacrificado el arte a la ciencia. Sus descubrimientos son verdaderos; es decir, revelan hechos válidos e importantes. Pero no llevan a un verdadero entendimiento del hombre, porque él es una síntesis. No llegaremos a entender al hombre por sumar todos los elementos de conocimiento analítico que tenemos de él, pero comprendiéndolo como un todo unificado. El hombre no es sólo un cuerpo y una mente. Él es un ser espiritual. Es imposible conocerlo si uno pasa por alto su más profunda realidad.[11]

---

[11] *The Healing of Persons* (La Sanidad de Personas) por Paul Tournier, trad. por Edwin Hudson (Nueva York: Harper and Row Publishers, Inc., 1965) 54,55.

2. El origen del alma o espíritu del Hombre.

Ya que las Escrituras registran sólo una creación por el acto directo de la inspiración de vida por Dios, ¿de qué fuente viene el alma de cada persona nacida de nuevo? Hay tres teorías:

2.1. Preexistencia se explica en sí misma. Esta teoría de transmigración de almas es sostenida por el Hinduismo, Teosofísmo, Rosacrucismo y muchas religiones ocultas. No tiene ningún tipo de apoyo en la Escritura.

2.2. El Creacionismo: es una teoría creída por los católicos romanos y muchos teólogos reformados. Según los creacionistas, el alma es creada directamente por Dios en cada cuerpo nuevamente concebido en algún momento entre la concepción y el nacimiento; sólo el cuerpo es propagado por los padres. Las Escrituras citadas en defensa de esta teoría son: Zac. 12:1; Is. 42:5, 57:16; Ec. 12:7; y Heb. 12:9. Esta posición hace a Dios el creador de almas pecaminosas o representa a Dios poniendo un alma pura en un cuerpo adánico depravado. También puede ser demostrado que las citas dadas en apoyo de una creación directa de cada alma, sostendría con igual fuerza la agencia indirecta de Dios en la procreación.

2.3. El Traducionismo: Esta parece ser la teoría preferida entre los eruditos conservadores. Según el traducionismo, la raza humana fue creada en Adán, y de él tanto cuerpo como alma fueron procreados por generación natural. Las Escrituras que apoyan esta teoría, para mencionar algunas, son: Job 14:4, 15:14; Sal. 51:5, 58:3; Jn. 3:6; y Ef. 2:3. El Dr. Strong describe esta posición de la siguiente manera:

El Traducionismo afirma que el hombre, como especie, fue creado en Adán. En Adán, la sustancia de la humanidad estaba aún en quietud. Derivamos nuestro ser inmaterial al igual que el material, por leyes naturales de propagación, de Adán - cada hombre individual según Adán poseyendo una parte de la sustancia que fue originado en él.[12]

En favor de la teoría traduciana se dice que:

- No hay registro bíblico de la creación de un ser humano por Dios más de una vez, después del cual descansó de su trabajo (Gn. 2:2).
- Es la que mejor explica la heredada naturaleza pecaminosa del hombre como fue descrita por David, "He aquí en maldad he sido formado, y en pecado me concibió mi madre" (Sal. 51:5).
- Es fuertemente apoyada por una estadística vital sobre la familia de Jacob: "Todas las personas que vinieron con Jacob a Egipto, proce-

---

[12] *Systematic Theology* (Teología Sistemática) por Augustus Hopkins Strong (Philadelphia: Griffith and Rowland Press, 1907-09) 494.

dentes de sus lomos, sin las mujeres de los hijos de Jacob, todas las personas fueron sesenta y seis" (Gn. 46:26).
- En una declaración sobre el nacimiento de Set, dice que fue engendrado en la semejanza de Adán (Gn. 5:3).
- Explica semejanzas de personalidad entre hijos y padres.

El traducionista, sin embargo, no afirma un origen puramente natural para almas nuevas; mantiene que todas las almas desde Adán son indirectamente creadas por Dios como el sustentador del proceso de procreación (Heb. 1:3; Col. 1:17).

V. EL ESTADO PRIMITIVO DEL HOMBRE

Será el propósito de esta sección examinar el estado primitivo de Adán antes de la Caída. Se hará un intento de mostrar la condición psicológica, moral, social, ocupacional y espiritual de Adán y Eva como ocupantes de su hogar edénico dado por Dios.

A. EL ESTADO DE CONOCIMIENTO.

Dios le dio a Adán la tarea de nombrar a todos los animales y pájaros, y quizás, a toda forma de vida. A Adán le fue dado dominio sobre todas las criaturas de Dios (Gn. 1:28; 2:19,20). Aparentemente, la sabiduría de Adán incluía un profundo conocimiento de la naturaleza y propósito relativo de cada especie. En tiempos primitivos los nombres hacían más que identificar al poseedor; ellos revelaban carácter y destino. El padre de la raza humana no era un adolescente desarrollado, él era el científico residente del Edén.

B. EL ESTADO MORAL.

Ya que la santidad y justicia están entre los atributos fundamentales de Dios, cuando Adán fue creado a la imagen de Dios él participaba de un carácter santo y justo. Cuando Dios había completado la creación, todo lo creado era perfecto: *"Y vio Dios todo lo que había hecho, y he aquí que era bueno en gran manera"* (Gn. 1:31a).

Una comparación de Efesios 4:24 con Colosenses 3:9,10 infiere fuertemente la justicia primitiva de Adán. Su estado es descrito a menudo como el de mera inocencia; sin embargo, la palabra "inocencia" no es suficientemente definitiva. Adán fue creado en un estado de santidad que todavía no había sido confirmado, porque aún no había sido probado. Adán tenía un estado libre de maldad.

C. EL ESTADO PSICOLOGICO.

Adán parece haber sido creado con varios instintos básicos (algunos prefieren llamarlos necesidades, exigencias o impulsos).

Estos instintos o necesidades parecieran ser los siguientes:

- **Preservación de sí mismo**: Adán fue advertido por Dios de inminente muerte si comía del árbol prohibido (Gn. 3:3).
- **El deseo de comida:** Dios proveyó todo tipo de planta y árbol bueno para comida (Gn. 1:29).
- **El impulso de procreación o sexo**: Adán y Eva recibieron orden de multiplicar y fructificar la tierra (Gn. 1:28). Génesis dice sobre el hombre y la mujer: *"Por tanto, dejará el hombre a su padre y a su madre, y se unirá a su mujer..."* (Gn. 2:24).
- **La necesidad de adquisición**: Dios los puso en su propio jardín, el cual perdieron con la Caída (Gn. 2:15).
- **Impulso a la dominación:** Adán tenía dominio sobre la tierra y sobre toda cosa creada (Gn. 1:28). Estos instintos eran para el bien del hombre y continúan teniendo este propósito cuando no son abusados; sin embargo, ellos constituyen el deseo de la "carne". Consecuentemente, deben ser controlados por el Espíritu en el creyente. Habrá más sobre este tema en una sección más adelante.

D. EL ESTADO SOCIAL.

El Hombre es una criatura social porque fue hecho para tener compañía. *"Y dijo Jehová Dios: No es bueno que el hombre esté sólo; le haré ayuda idónea para él"* (Gn. 2:18) (Ver también Gn. 18:23,24). En el jardín Adán tenía comunicación diaria con el Señor. Cuando Eva fue creada, Adán tuvo compañía constante con un ser de su mismo tipo. Cuando Adán pecó, su pecado lo apartó de Dios; fue entonces cuando floreció la sospecha entre Adán y Eva, resultando en la acusación: *"la mujer que me diste por compañera..."* (Gn. 3:12).

E. EL ESTADO OCUPACIONAL

El jardín del Edén no era un lugar de ociosidad. *"Tomó, pues, Jehová Dios al hombre, y lo puso en el huerto del Edén, para que lo labrara y lo guardase"* (Gn. 2:15). Adán no era sólo un zoólogo, era también un horticultor. La belleza y productividad del Edén no fueron sólo el resultado de la obra creadora de Dios; Adán guardaba y cuidaba el huerto, dándole toques de trabajo humano. La ocupación creativa es positivamente esencial para la realización personal. El trabajo se convirtió en fatiga sólo cuando entró el pecado en escena.

F. EL ESTADO DE ESPERANZA DE VIDA.

Adán fue creado con el potencial de inmortalidad. La muerte sólo ocurriría si Adán desobedecía la orden de Dios respecto a comer del árbol de la ciencia del bien y del mal (Gn. 2:16,17; 3:3). Cuando Adán y Eva pecaron, la muerte comenzó a reinar. Querubines con una espada encendida vigilaron de allí en adelante el árbol de la vida (Gn. 3:24). Jesucristo, el último Adán, ha removido el aguijón de la muerte; la Simiente de la mujer ha herido la cabeza de la serpiente A través del Hijo de Dios el paraíso ha sido restaurado. Adán fue creado a la imagen de Dios, en santidad y rectitud. Fue colocado en un ambiente ideal, con una ocupación satisfactoria. Fue provisto de compañía divina y amor matrimonial. Su potencial era la inmortalidad; sin embargo, él desobedeció y cayó. ¿Cómo pudo haber perdido tanto, no sólo para él, sino para la raza humana? La respuesta a era pregunta es tratada en la sección siguiente.

VI. LA CAIDA DEL HOMBRE

En el corazón del evangelio cristiano está la declaración del Evangelio de Juan: *"Porque de tal manera amó Dios al mundo, que ha dado a su Hijo unigénito, para que todo aquel que el él cree, no se pierda, mas tenga vida eterna."* (Jn. 3:16). Dios envió a su Hijo para rescatar al hombre de su condición perecedera. Si Dios amó de tal manera al hombre, ¿cómo llegó el hombre a estar en un estado de muerte perecedero? Una breve explicación es dada en el siguiente párrafo por Aimee Semple McPherson:

Creemos que el hombre fue creado a la imagen de Dios, delante del cual caminó en santidad y pureza, pero que por desobediencia y transgresión voluntarias, cayó del Edén de pureza e inocencia hasta las profundidades de pecado e iniquidad, y que como consecuencia de esto, toda la humanidad es pecadora, rendida a servidumbre de Satanás, pecadores no por fuerza sino por elección, formados en iniquidad y completamente vacíos por naturaleza de esa santidad que la ley de Dios requiere, positivamente inclinados al mal, culpables y sin excusa, justamente mereciendo la condenación de un Dios justo y santo.[13]

Aunque Adán fue creado a la imagen de Dios, colocado en un ambiente ideal y dotado de todo lo que necesitaba, Adán se rebeló contra Dios y desobedeció su mandamiento. El resultado del pecado de Adán fue vergüenza, culpa, alejamiento y muerte (no sólo para él mismo, sino para toda la raza humana). Esto despierta la pregunta, "¿Por qué sometería Dios a Adán y Eva a tentación?" (Ver Sal. 14: 1-3; Rom. 3:10,23; 5:12-21.)

---

[13] *Declaración de Fe por Aimee Semple McPherson (Los Angeles, CA: Iglesia Internacional del Evangelio Cuadrangular, n.d.) 12.*

A. LA PRUEBA DEL HOMBRE.

1. Su propósito.

El hombre fue creado a la imagen de Dios. Fue dotado de inteligencia, emoción y voluntad. Era un agente moral libre, por ende, era capaz de hacer una elección. Ya que el hombre fue creado para la gloria de Dios (Is. 43:7), y ya que él podía glorificarle de la mejor manera tras elegir libremente el adorar y servirle, era necesario que le fuese dada a Adán una oportunidad de hacer una elección. Para Adán y Eva el Huerto del Edén no era sólo un hogar en el paraíso, era también un lugar de prueba, un lugar para probar su obediencia y lealtad a *Jehová*. La prueba de Adán y Eva estaba basada sobre un mandamiento claro y directo, una simple ley de obras. La ley tenía dos partes: (1) una parte positiva, consistiendo de una provisión gloriosa y (2) una parte negativa, consistiendo de una clara prohibición: *"Y mandó Jehová Dios al hombre, diciendo: De todo árbol del huerto podrás comer; mas del árbol de la ciencia del bien y del mal no comerás; porque el día que de él comieres, ciertamente morirás"* (Gn. 2:16,17).

Necesita ser explicado cómo seres que fueron creados con naturalezas santas pudieron pecar. Nuestros primeros padres tenían naturalezas santas, pero no tenían aún caracteres santos. Una naturaleza santa es el resultado de la creación. Un carácter santo es el resultado de una prueba en la cual una buena elección es hecha donde una mala elección era posible. Una elección de maldad resulta en un carácter malo. Dios deseaba la adoración y el servicio de seres con caracteres santos y morales. Era necesario entonces, que el hombre pudiera hacer una elección libre para el desarrollo de santidad y felicidad madura. Con la elección libre existe necesariamente la posibilidad de una elección incorrecta con consecuencias desastrosas, tanto para ellos como para la raza humana.

2. Su carácter.

El mandamiento probatorio dado a Adán era personal, no moral. No había un mal obvio en comer del árbol prohibido; la caída de Adán y Eva fue el resultado de la desobediencia, no el resultado de un acto claramente inmoral. Esta prueba es similar a la prueba de Abraham más tarde. La prueba de Abraham fue puramente personal, no moral. No hubiera habido una maldad intrínseca por parte de Abraham en salvar a su hijo; él se acercó al sacrificio de Isaac como un acto de pura obediencia a Dios. Una ley moral debe ser obedecida porque es inherentemente correcto hacerlo. Por ejemplo, los Diez Mandamientos no son correctos solamente porque vinieron de Dios; Dios dio el Decálogo porque representaba inherentemente la conducta correcta. Por el otro lado, la ley ceremonial requería obediencia porque viene directamente de Dios; su rectitud no era evidente en sí misma. La prohibición de comer del árbol de la ciencia del bien y del mal fue una ley que buscaba probar la obediencia del hombre. La maldad no era evidente en sí misma; la maldad de Adán estuvo en la desobediencia del mandamiento. La caída de Adán y Eva es el resultado de un acto puro de desobediencia voluntaria.

3. Su Sensatez.

Lo razonable de la prueba de Adán y Eva puede ser visto en varias consideraciones. Primero, un Dios todo-sabio sabía lo que era necesario para traer al hombre a su más alto desarrollo potencial y a su mayor felicidad. Si Adán hubiera obedecido y resistido la tentación de Satanás, él hubiera poseído un carácter santo y moral y se hubiera elevado a un nuevo nivel de bendición y de comunión con Dios. Hay una insinuación de este aspecto en el carácter y en el consecuente traslado de Enoc al cielo. Enoc desarrolló un carácter santo aun después de heredar una naturaleza adánica. Si Adán hubiera obedecido, él hubiera tenido el cielo sobre la tierra. Un Dios amante no hubiera sometido a Adán a prueba si no hubiera sido necesario para proveer la bendición más alta posible para la humanidad.

En segundo lugar, Dios habiendo previsto la falla de Adán, proveyó un plan para su redención. Sabemos que Dios no es el autor del pecado ni causó que Adán cayera. Adán tenía toda la oportunidad disponible para obedecer. Sin embargo, Dios propuso sacar de la falla humana una gloriosa redención, traída a través de la encarnación y muerte vicaria de su propio Hijo; una redención que incluiría la derrota final de Satanás, quien es después de todo el primer pecador. Con la misma maldición pronunciada sobre la serpiente, Dios dio una promesa de un Redentor (*"la simiente de la mujer"*), y de la derrota de Satanás (*"te herirá en la cabeza"*) (Gn. 3:15).

Hay dos hechos que tipifican la redención provista a través de la sangre de Jesús: el sacrificio de los animales que proveyeron la piel para cubrir la desnudez de Adán y Eva y la ofrenda aceptable de un cordero que Abel trajo a Dios (Gn. 3:21; 4:4). El Apóstol Pedro declara que Cristo fue destinado para ser el Cordero de Dios *"desde antes de la fundación del mundo"*. Dios en su presciencia (conocimiento del futuro) vio que Adán fallaría y determinó convertir el error de Adán en una bendición reflejada en un pueblo gloriosamente redimido por la sangre de Cristo (I P. 1:18-20). Aparentemente la prueba de Adán era necesaria y razonable porque cualquier resultado que la prueba hubiera producido hubiera llevado el estado original edénico a un estado final superior.

B. LA TENTACION DEL HOMBRE.

1. El agente de tentación.

En el capítulo tres de Génesis la tentación de Adán y Eva es atribuida a la serpiente que se dice *"era astuta, más que todos los animales del campo"* (Gn. 3:1). El verdadero tentador, sin embargo, fue Satanás. Esto está claro en el capítulo doce de Apocalipsis: *"Y fue lanzado fuera el gran dragón, la serpiente antigua, que se llama **Diablo** y **Satanás** el cual engaña al mundo entero..."* (Ap. 12:9).

Un pasaje del apóstol Pablo fortalece esta identidad de la serpiente con Satanás porque él sugiere que el mismo tentador que engaño a Eva está presente aún, buscando corromper las mentes de los creyentes: *"Pero temo que como la serpiente con su astucia engañó a Eva, vuestros sentidos sean de alguna manera extraviados de la sincera fidelidad a Cristo"* (II Cor. 11:3).

Más aun, Génesis 3:1 no establece que la serpiente era más astuta que cualquier "otro" animal, sino más astuta que "todos" los animales del campo. La serpiente fue el vehículo que Satanás usó para efectuar la tentación. Aparentemente, Satanás tiene el poder de disfrazarse asumiendo la apariencia de otro ser; Pablo dice acerca de Satanás: *"Porque el mismo Satanás se disfraza como ángel de luz"* (II Cor. 11:14). Muchos eruditos creen que la serpiente originalmente era un animal erguido, la más hermosa de todas las criaturas. Esto parece posible porque la maldición sobre la serpiente la redujo a un animal que se arrastra. El tentador real era Satanás, quien se había previamente rebelado contra Dios. Esta conclusión es fortalecida por la profecía que anuncia que la *"simiente de la mujer"* (Cristo) heriría la cabeza de la serpiente. La postura rebelde de Satanás y su caída están descritos en Isaías 14:12-15- y en Ezequiel 28:12-15. Rara vez aparece Satanás en su papel de adversario de Dios, excepto cuando se aparece a aquellos que están completamente rendidos al Señor. Normalmente Satanás se disfraza asumiendo la forma de un benefactor o de uno capaz de colmar las ambiciones egoístas del hombre.

2. Los motivos de la tentación.

¿Qué tipo de motivación podría usar Satanás que tentaría a seres santos e inocentes a desobedecer a Dios? Fue mencionado en la sección VI que Adán y Eva estaban dotados con ciertos instintos básicos que necesitaban para su bienestar. Estos instintos o necesidades parecen ser los de auto-preservación, adquisición, deseo de comida, deseo de amor y procreación, y el impulso de dominio. Antes de la caída, estos impulsos estaban balanceados y controlados; no obstante, constituían una base motivacional a la cual podía ser dirigida la tentación. Satanás dirigió su tentación a tres deseos básicos de Eva: *"Y vio la mujer que el árbol era bueno para comer, y que era agradable a los ojos, y árbol codiciable para alcanzar la sabiduría; y tomó de su fruto y comió; y dio también a su marido, el cual comió así como ella"* (Gn. 3:6).

Estos deseos no eran deseos inherentemente malos. Se hicieron malos porque fueron motivados por Satanás y porque constituían desobediencia al mandamiento específico de Dios. Un deseo se convierte en "lujuria" cuando es contrario al Espíritu. Muchos eruditos creen que Juan se refería al modelo de la tentación de Eva cuando dijo: *"Porque todo lo que hay en el mundo, los deseos de la carne, los deseos de los ojos, y la vanagloria de la vida, no proviene del Padre, sino del mundo. Y el mundo pasa y sus deseos; pero el que hace la voluntad de Dios permanece para siempre"* (I Jn. 2:16,17). El término "mundo" no se refiere a la tierra, pero al dominio de la sociedad gobernado por Satanás; el término "carne" no se refiere solamente al cuerpo, pero también se refiere a la totalidad de la persona dedicada al egoísmo y la desobediencia.

Es importante notar que Satanás no apeló a los deseos de Eva sin antes causar que ella dudara del Señor. Comenzó su tentación con la pregunta insinuante, *"¿Conque Dios os ha dicho?"* (Gn. 3:1). Esta fue una pregunta ideada para hacer dudar a Eva de la bondad de Dios. La pregunta fue seguida por una declaración queriendo despertar dudas sobre la veracidad de Dios, *"No moriréis"* (Gn. 3:4). Con la semilla de duda ya sembrada, Satanás se reveló ser el enemigo de Dios haciendo la valiente acusación de que Dios estaba privando a Adán y Eva de su merecido privilegio de posición divina, *"Sino que sabe Dios que el día que comáis de él, serán abiertos vuestros ojos, y seréis como Dios, sabiendo el bien y el mal"* (Gn. 3:5). Una vez que la semilla de duda había sido plantada y había germinado, la apelación al deseo fue efectiva. Eva pudo haber pensado, "Si las verdades y bondades del Señor son sospechosas, uno debe perseguir sus mejores intereses propios." Los eruditos han diferido sobre la identidad del pecado básico; sus opiniones han estado divididas entre el **yo (egoismo)**, la **duda** y el **orgullo**. Cualquiera de los tres es un pecado mortal (Ver II P. 2:10; I Ti. 3:6; Stg. 1:5-8); los tres, sin embargo, parecen haber contribuido a la caída de Adán y Eva.

C. EL ESTADO DECADENTE DEL HOMBRE.

Las Escrituras claramente enseñan que el hombre fue creado a la imagen de Dios. El capítulo tres de Génesis describe la desobediencia y caída de Adán; los capítulos cuatro al once de Génesis retratan a los descendientes de Adán en sus calamidades y contiendas. El hombre todavía tiene suficiente de la imagen de Dios para demostrar su origen divino; al mismo tiempo, la historia de guerra, crimen, terrorismo y perversión del hombre dan evidencia indiscutible de su caída. El hombre con sus más nobles ideales habla de su creación hecha por Dios; el hombre con su codicia e inhumanidad habla de su corrupción por Satanás. Si no tuviéramos un registro inspirado de la caída del hombre tendríamos que asumir un acontecimiento tal en la aurora de la historia para dar cuenta del trágico drama humano. Tdo es esclarecido sólo por la intervención divina y los eventos redentores de la encarnación, resurrección, omnipresencia y prometido retorno de Cristo. (Ver Rom. 5:12-14; I Ti. 2:13,14; Job 31:33; I Cor. 15:22,45.)

1. La interpretación de la caída.

¿Debe el registro de la caída de Adán y Eva tomarse figurativa o literalmente? ¿Es un mito o una alegoría que debe ser tomada simbólicamente, o es historia sobria a ser considerada verdadera? Teólogos liberales y neo-ortodoxos generalmente interpretan los primeros once capítulos de Génesis como un mito. Los siguientes hechos discuten a favor de una interpretación literal:

- En ninguna parte de la Biblia la historia de Adán es interpretada simbólicamente. Si las historias de la creación y la caída fueran alegorías, las interpretaciones espirituales hubieran sido numerosas.
- No hay ninguna indicación en el libro de Génesis entre los capítulos once y doce, que sugieran un cambio de alegoría a historia. Noé es un personaje tan real como Abraham.
- El Apóstol Pablo hace paralelos entre Adán y Cristo. Ya que Cristo es una persona histórica, no es probable que fuera un antitipo de un personaje no histórico. (Ver Rom. 5:14; I Cor. 15:22,45.)
- En dos genealogías registradas en libros posteriores en la Biblia, el nombre de Adán está enumerado junto con personajes obviamente históricos, (Ver I Cr. 1,2; Lc. 3:23-38.) Adán está incluido en la genealogía de Jesús junto con David, Abraham, Isaac y Jacob.
- Lugares geográficos reales están incluidos en la historia de Adán, tales como Asiria y el río Eufrates.
- La condición caída del hombre es muy literal. Un estado caído real difícilmente puede ser atribuido a un evento mítico. Aun más, el hecho de que el hombre ha hecho progreso científico fantástico mientras que al mismo tiempo, no ha hecho ningún progreso moral, ética, y socialmente, claramente indica la naturaleza pecaminosa del hombre. Junto con esto, la persistencia de guerra, crimen, terrorismo, codicia, corrupción política, y perversión, demuestran la existencia de una fuerza maligna sobrenatural que motiva mucha de la actividad humana. Sin em-

bargo, el Hijo de Dios estableció una zona protectora de batalla en Calvario desde el cual Él está construyendo su reino; pronto Él regresará a reinar en justicia y a destruir el poder de la oscuridad (Ap. 19:11-20).

2. Los resultados judiciales de la caída.

- El juicio sobre la serpiente (Gn. 3:14,15). Este animal aparentemente erguido y bello fue destinado a arrastrarse sobre su pecho. El comer "tierra" fue un término denotando extrema humillación. Según Isaías, la serpiente comerá tierra durante el Milenio, pero será inofensiva (Is. 65:25).

- El juicio sobre la mujer era el de dolor y angustia al dar a luz y sumisión a su esposo (Gn. 3:16). La condición de la mujer en algunos países paganos es una manifestación exagerada de esta maldición. Sólo en las tierras alcanzadas por el evangelio cristiano las mujeres han experimentado una medida de redención.

- El juicio sobre el hombre no fue el de trabajo, sino el de trabajo fatigador (Gn. 3:17). El trabajo es una dádiva al hombre, pero rara vez está libre de contienda y crítica. Esta maldición es evidente en el mundo entero en el temor de la falla de cosechas, el temor al desempleo, contienda laboral, bancarrota, y competición implacable.

- El juicio sobre la tierra fue disminución en la productividad y la introducción de espinos y cardos (Gn. 3:17,18). Jesús usó la ilustración de espinos y cardos como lo opuesto a buen fruto (Mt. 7:16,17). Los espinos llegaron a ser símbolo de maldad y fueron asociados con Satanás (II Cor. 12:7). El simbolismo maligno de los espinos está visto en el hecho de que hombres malvados, motivados por Satanás, colocaron una corona de espinas sobre la frente de Jesús (Jn. 19:23). El profeta Isaías predijo el levantamiento de la maldición y la deposición de los espinos durante el Milenio (Is. 55:12,13).

3. Las consecuencias de la Caída.

La consecuencia inmediata del pecado de Adán y Eva fue la de un sentimiento de **vergüenza**. Se escondieron de Dios porque repentinamente fueron conscientes de su desnudez. La vergüenza los llevó al temor y a la alienación. Ellos querían el conocimiento experimental del bien y el mal, pero el tentador les hizo creer que al comer del fruto ellos serían como Dios. Adán y Eva obtuvieron sólo el conocimiento del mal, con el bien fuera de alcance. Si ellos hubieran obedecido, ellos hubieran tenido la experiencia del conocimiento del bien con un conocimiento del mal de la misma manera en que Dios lo conoce y lo aborrece. (Ver Gn. 3:7-13.)

La consecuencia más desastrosa de la caída fue la muerte. Dios había prevenido, *"porque el día que de él comieres, ciertamente morirás"* (Gn. 2:17b). Había dos árboles en el huerto: el árbol de la ciencia del bien y del mal, y el árbol de la vida. Adán y Eva voluntariamente comieron del árbol de la "ciencia", que los llevó al conocimiento de la maldad y al conocimiento de la muerte. Como Dios había advertido, ellos fueron echados del huerto, del árbol de la vida, y de la presencia de Dios. Adán no murió físicamente de inmediato; de hecho, él vivió novecientos treinta años, pero el proceso de enfermedad y mortalidad comenzó en el momento en que él pecó: *"Y de la manera que está establecido para los hombres que mueran una sola vez, y después de esto el juicio..."* (Heb. 9:27). Quizás el Salmista describe mejor la mortalidad del Hombre:

> *Pusiste nuestras maldades delante de ti, nuestros yerros a la luz de tu rostro. Porque todos nuestros días declinan a causa de tu ira; acabamos nuestros años como un pensamiento. Los días de nuestra edad son setenta años; y si en los más robustos, ochenta años, con todo, su fuerza en molestia y trabajo, porque pronto pasan y volamos... Enséñanos de tal modo a contar nuestros días, que traigamos al corazón sabiduría* (Sal. 90:8-12).

La Biblia identifica tres categorías de muerte, ellas son:

- **Muerte física**: La muerte física ocurre cuando el espíritu es separado del cuerpo y el cuerpo vuelve al polvo (Gn. 3:19). En la dispensación antigua, sólo Enoc y Elías escaparon de la muerte física (Gn. 5:24; II R. 2:11). En la nueva dispensación, sólo aquellos que son tomados en el arrebatamiento escapan la muerte física (I Tes. 4:16,17). Jesús resucitó a varias personas de los muertos, y varios otros fueron resucitados bajo el ministerio de los apóstoles; no obstante, debemos asumir que más tarde estas personas que fueron resucitadas murieron de muerte natural (Jn. 11:43,44; Hch. 9:40).
- **Muerte espiritual**: La muerte espiritual es la separación de Dios. Todos los no regenerados están alienados de Dios por el pecado (Ef. 2:l-3); ellos pueden pasar de la muerte a la vida espiritual ejercitando fe salvadora en el Señor Jesucristo (Ef. 2:4-6; I Jn. 5:11,12; Col. 1:13,14,18-23; I Cor. 15:54-57). *"Porque por cuanto la muerte entró por un hombre, también por un hombre la resurrección de los muertos. Porque así como en Adán todos mueren, también en Cristo todos serán vivificados"* (I Cor. 15:21,22) (También Rom. 5:12-14.)
- **Muerte eterna**: La muerte eterna es la condición de aquellos que están espiritualmente muertos, que parten de esta vida terrenal sin arrepentimiento de pecado y sin fe en el Señor Jesucristo. La muerte eterna es el castigo de aquellos que son terminalmente incrédulos, impenitentes

y desobedientes (II Tes. 1:7-10). El juicio a la muerte (también llamada segunda muerte) tendrá lugar al final del Milenio ante el Gran Trono Blanco de Dios. Será un juicio para pecadores solamente, el juicio de las obras de los creyentes será en el arrebatamiento (Ap. 20:11-15; II Cor. 5:6-11).

VII. EL POTENCIAL DEL HOMBRE EN EL ESTADO DE GRACIA

Para que no parezca que el estudio del hombre se ocupa solamente de la caída del hombre, su naturaleza pecaminosa y los consecuentes juicios, esta sección final describirá al hombre en el estado de gracia.

A. EL CREYENTE ES HOMBRE NUEVO EN CRISTO.

"Si en verdad le habéis oído, y habéis sido por él enseñados, conforme a la verdad que está en Jesús. En cuanto a la pasada manera de vivir, despojaos del viejo hombre, que está viciado conforme a los deseos engañosos, y renovaos en el espíritu de vuestra mente, y vestíos del nuevo hombre, creado según Dios, en la justicia y santidad de la verdad" (Ef. 4:21-24). (Ver también Jn. 1:11-13; II Cor. 5:17).

B. EL CREYENTE TIENE UN NUEVO POTENCIAL EN CRISTO.

Como resultado de la encarnación e identificación de Cristo con la naturaleza humana, al hombre le fue dado un nuevo potencial en la nueva humanidad en Cristo.

Así también está escrito: Fue hecho el primer hombre Adán alma viviente; el postrer Adán espíritu vivificante. Mas lo espiritual no es primero, sino lo animal; luego lo espiritual. El primer hombre es de la tierra, terrenal; el segundo hombre, que es el Señor, el del cielo. Cual el terrenal, tales también los terrenales; y cual el celestial, tales también los celestiales (I Cor. 15:45-48). (Ver también Col. 3:9,10; I Cor. 15:21,22.)

Adán corrompió la naturaleza humana por el pecado, la desobediencia y la rebeldía. Cristo, tomando la naturaleza humana en unión con su naturaleza divina, y viviendo una vida sin pecado y en obediencia perfecta a su Padre, redimió a la naturaleza humana dándole un nuevo potencial. En Adán, tenemos el paraíso perdido; en Cristo tenemos el paraíso recuperado. En Adán, el destino del hombre es la muerte; en Cristo Jesús, el potencial del hombre es vida y comunión eterna con Dios. Pablo, escribiendo a la iglesia en Filipos, saluda a los creyentes: *"...a todos los santos en Cristo Jesús..."* (1:1). La posición del creyente es en Cristo Jesús. Él es un miembro del cuerpo de Cristo y de la nueva humanidad.

C. EL CREYENTE TIENE UNA NUEVA NATURALEZA EN CRISTO.

Por medio de las cuales nos ha dado preciosas y grandísimas prome-sas, para que por ellas llegaseis a ser participantes de la naturaleza divina, habiendo huido de la corrupción que hay en el mundo a cau-sa de la concupiscencia (II P. 1:4).

La palabra traducida "promesas" en II Pedro 1:4 no significa la prome-sa en sí, sino la cosa o cosas prometidas por Dios (el cumplimiento de las promesas). Las promesas en sí, de las cuales la Palabra está llena, son una gran bendición al creyente; pero él ha sido redimido de la corrupción y le ha sido dada una naturaleza nueva por el cumplimiento de las promesas de Dios en Cristo.

D. EL CREYENTE TIENE VIDA ETERNA EN CRISTO.

"De cierto, de cierto os digo: el que oye mi palabra, y cree al que me envió, tiene vida eterna; y no vendrá a condenación, mas ha pasado de muerte a vida" (Jn. 5:24). (Ver también Rom. 6:11, Ef. 2:1-6.)

E. EL CREYENTE EXPERIMENTA RENOVACION CONSTANTE EN CRISTO.

"Por tanto no desmayamos; antes aunque este nuestro hombre exte-rior se va desgastando, el interior no obstante se renueva de día en día" (II Cor. 4:16). *"No os conforméis a este siglo, sino transformaos por medio de la renovación de vuestro entendimiento, para que comprobéis cual sea la buena voluntad de Dios, agradable y perfecta"* (Rom. 12:2). (También Rom. 12:l.)

F. LA ESPERANZA DE UN ETERNO HOGAR CELESTIAL EN CRISTO.

"Y el Señor me librará de toda obra mala, y me preservará para su reino celestial..." (II Ti. 4:18) *."..Para una herencia incorruptible, inconta-minada e inmarcesible , reservada en los cielos para vosotros"* (I P. 1:4). (Ver también Jn. 14:2,3.)

G. LA VICTORIA SOBRE LA ANTIGUA NATURALEZA EN CRISTO.

"Y si morimos con Cristo, creemos que también viviremos con él... No reine, pues, el pecado en vuestro cuerpo mortal, de modo que lo obedez-cáis en sus concupiscencias... Porque el pecado no se enseñoreará de vosotros; pues no estáis bajo la ley, sino bajo la gracia" (Rom. 6:8,12,14).

H. EL CREYENTE TIENE AUTORIDAD EN CRISTO.

El creyente en Cristo no es liberado sólo del dominio del pecado y la muerte; se le ha dado autoridad celestial para ministrar en el nombre del Jesús y en el poder del Espíritu.

"Y el Señor, después que les habló, fue recibido arriba en el cielo, y se sentó a la diestra de Dios. Y ellos, saliendo, predicaron en todas partes, ayudándoles el Señor y confirmando la palabra con las señales que la seguían" (Mr. 16:19,20). (Ver también Mt. 16:19, 18:18; Lc. 9:1,2.)

El hombre redimido en Cristo y rendido a Cristo se convierte en un vehículo de testimonio por el cual el propósito de la salvación de Dios es extendido a toda la humanidad. La obra expiatoria de Cristo ha hecho un estado de gracia que es el potencial para todo el género humano *"...todo aquel que en él cree, no se pierda, mas tenga vida eterna"* (Jn. 3:16).

CAPITULO 4
La Doctrina del Pecado
Hamartiología

INTRODUCCION

La palabra griega para "pecado" es **hamartía**, mientras que *"ología"* (proveniente de la palabra **logos**) significa "conocimiento o doctrina." De lo anterior podemos concluir que, "hamartiología" es el conocimiento o la doctrina del pecado. No es necesario discutir que el pecado es una realidad en el mundo. La historia revela sus horribles efectos en guerras, disturbios, y en la maldad que el pecado muestra. Cada sonido en la naturaleza está en un tono menor. La conciencia del hombre es a menudo un testimonio molesto a sus propios defectos y pecados (Rom. 2:15). La escritura habla constantemente de su realidad. *"Por cuanto todos pecaron, y están destituidos de la gloria de Dios"* (Rom. 3:23). *"Mas la Escritura lo encerró todo bajo pecado..."* (Gál. 3:22).

I. EL PROBLEMA DE PECADO

Una de las preguntas más complejas que viene a la mente humana es aquella con relación a la presencia y origen del pecado. No puede ser negado que todos los hombres son pecadores. Esto es cierto para toda raza y tribu. Ni siquiera es necesario que el hombre aprenda a pecar. El comienzo del pecado está en la misma naturaleza del hombre desde los días más tempranos de su vida. A ningún niño hay que enseñarle cómo hacer el mal, pero constantemente debe enseñársele cómo hacer aquello que es correcto.

A. LA FUENTE DEL PECADO.

Entendamos claramente que la Biblia no creó el problema del pecado. El pecado estuvo en el mundo mucho antes que la Biblia fuera escrita. Si la Biblia no hubiera sido escrita, o si no fuera verdad, aun así tendríamos el problema del pecado en nuestras manos. Los hombres pueden hasta culpar a Dios y decir que el pecado fue culpa suya, pero eso no elimina el problema. La maldición del pecado todavía está sobre nosotros.

Sólo porque Dios es el creador de todas las cosas, no quiere decir que Él sea el autor del pecado. La Escritura excluye completamente tal cosa *"... Lejos esté de Dios la impiedad, y del Omnipotente la iniquidad"* (Job 34:10). Dios no podría de ninguna manera pecar, porque Él es santo. *"Y el uno al otro daba voces, diciendo: Santo, santo, santo, Jehová de los ejércitos..."* (Is. 6:3). No hay en Él injusticia. *"Él es la Roca, cuya obra es perfecta, porque todos sus caminos son rectitud; Dios de verdad, y sin ninguna iniquidad en él; es justo y recto"* (Dt. 32:4). *"Para anunciar que Jehová mi fortaleza es recto, y que en él no hay injusticia"* (Sal. 92:15).

Dios no puede ser tentado con maldad, ni tienta a ningún hombre. *"Cuando alguno es tentado, no diga que es tentado de parte de Dios; porque Dios no puede ser tentado por el mal, ni él tienta a nadie"* (Stg. 1:13). Él aborrece el pecado. *Porque abominación es a Jehová tu Dios cualquiera que hace esto, y cualquiera que hace injusticia"* (Dt. 25:16). *"Y ninguno de vosotros piense mal en su corazón contra su prójimo, no améis el juramento falso; porque todas estas son cosas que aborrezco, dice Jehová"* (Zac. 8:17). A la luz de todo esto, sería blasfemia el hacer de Dios el autor del pecado.

A fin que el pecado sea pecado, en el sentido que haya culpabilidad ligada a él, debe ser un acto libre de un ser responsable; uno que entiende la diferencia entre el bien y el mal. Esto es lo que se llama un agente moral libre.

B. EL PECADO PERMITIDO.

Una de las más grandes preguntas sin respuesta de todos los tiempos ha sido por qué Dios, en su infinita sabiduría y poder, pudo haber permitido la entrada del pecado en el mundo. Filósofos, teólogos, y científicos han luchado para resolver éste problema que obviamente está fuera del alcance de su habilidad. Quizá lo mejor que uno puede decir es que Dios permitió que el pecado entrara en el mundo por razones que van más allá de nuestro entendimiento. Ciertamente, Él no estaba siendo tomado inadvertidamente. Sus propósitos sagrados no habían sido impedidos, ni Él estaba tratando de salvar algo del naufragio imprevisto. Esto no es para decir que Dios planeó que el pecado, con toda su maldad y sufrimiento, viniera al mundo. Solamente por los buenos propósitos conocidos por Él, a pesar del sufrimiento que esto causaría y el horrible precio que la muerte de su Hijo debía pagar, Dios permitió que el pecado entrara, primero en el cielo, y luego en la tierra.

Lewis Sperry Chafer ha enumerado siete razones sobre el permiso divino del pecado:

1. El reconocimiento divino de la libre elección del hombre.

Evidentemente es el propósito de Dios asegurar para su propia gloria, una compañía de seres que estén poseídos de esa virtud que es el resultado de una victoria sobre la maldad libremente elegida. Pero el hombre no puede elegir entre el bien y el mal si no existe el mal.

2. El valor específico de seres redimidos.

De acuerdo con las escrituras, Dios no es revelado como uno que busca evitar los asuntos que surgen a causa de la presencia del pecado en el universo. Él podría haber creado seres inocentes, no caídos, sin capacidad de errar; pero si deseaba almas redimidas, purificadas por la sangre del sacrificio y obtenidas a un precio infinito, la expresión de tal amor y el ejercicio de tal sacrificio sólo eran posibles si el pecado estaba presente en el mundo.

3. La adquisición de conocimiento divino.

Las criaturas de la mano de Dios deben procurar a través de un proceso de aprendizaje, el conocimiento que Dios ha poseído eternamente. Este sólo puede ser aprendido por experiencia y revelación. El hombre debe aprender acerca de ambos, el bien y el mal. Debe darse cuenta de la pecaminosidad del pecado si va a procurar de cualquier manera el conocimiento que Dios posee; pero no puede procurar tal conocimiento a no ser que exista el pecado como una viva realidad que está siempre demostrando su carácter pecaminoso.

4. La instrucción de ángeles.

"Para que la multiforme sabiduría de Dios sea ahora dada a conocer por medio de la iglesia a los principados y potestades en los lugares celestiales..." (Ef. 3:10). *"A éstos se les reveló que no para sí mismos, sino para nosotros, administraban las cosas que ahora os son anunciadas por los que os han predicado el evangelio por el Espíritu Santo enviado del cielo; cosas en las cuales anhelan mirar los ángeles"* (I P. 1:12). De estos versículos es posible concluir que hay ángeles observando a los hombres en la tierra y aprendiendo hechos importantes a través de la experiencia

presente de los seres humanos. Sería tan importante que los ángeles aprendieran la verdad respecto a aquello que es malo como lo es que aprendieran la verdad de aquello que es bueno, pero la adquisición del conocimiento de la maldad a través de observar la experiencia humana debe ser negada a los ángeles a no ser que la maldad sea permitida como un principio activo en el universo.

5. La demostración del odio divino hacia la maldad.

Evidentemente es de mucha importancia para Dios el demostrar su odio hacia la maldad. El apóstol Pablo declara que Dios estaba *"... queriendo mostrar su ira y hacer notorio su poder..."* (Rom. 9:22); pero ningún juicio, ira, o poder en relación con el pecado podría ser descubierto aparte de la permitida presencia de pecado en el mundo.

6. El recto juicio de toda maldad.

Mucho más allá de los simples detalles de la expresión del pecado está el hecho esencial del principio de maldad, que si ha de ser juzgado por Dios, debe evidentemente ser traído a una demostración abierta de su verdadero carácter. Tal demostración no podría ser asegurada con el pecado existiendo como un evento hipotético. Tenía que hacerse concreto y probar su verdadero carácter.

7. La manifestación y ejercicio de la gracia divina.

Finalmente, y de suma importancia, en Dios había aquello que ningún ser creado había visto jamás. Las huestes angelicales habían visto su sabiduría, su poder y su gloria; pero nunca habían visto su gracia. No tenían ningún concepto de la bondad de Dios al inmerecedor. Por el maravilloso acto de misericordia en el regalo de su Hijo, como sacrificio por los pecadores, Él abrió el camino para el ejercicio de su gracia hacia aquellos que, a causa de su pecado, merecían sólo su ira. Pero no podía haber ejercicio de la gracia divina hacia el pecador e inmerecedor hasta que hubiera seres pecadores e inmerecedores en el mundo.[1]

II. EL ORIGEN DEL PECADO

Debe ser comprendido que el pecado no tuvo su comienzo aquí en la tierra. El primer pecado fue cometido en el cielo. El cielo fue manchado antes que la tierra fuera dañada por su horrible presencia. De aquí que, a

---

[1] *Systematic Theology* (Teología Sistemática) por Lewis Sperry Chafer. (Dallas, TX: Dallas Seminary Press, 1947-48) II, 231-233.

fin de entender enteramente su realidad y naturaleza, debamos primero estudiar su comienzo en el universo, y luego su comienzo sobre la tierra.

A. EL ORIGEN DEL PECADO EN EL UNIVERSO.

Primero, consideremos a la persona que fue responsable del primer pecado en el universo:

> *Hijo de hombre, levanta endechas sobre el reino de Tiro, y dile: Así ha dicho Jehová el Señor: Tú eras el sello de la perfección, lleno de sabiduría, y acabado de hermosura. En Edén, en el huerto de Dios estuviste; de toda piedra preciosa era tu vestidura; de cornerina, topacio, jaspe, crisólito, berilo y ónice; de zafiro, carbunclo, esmeralda y oro; los primores de tus tamboriles y flautas estuvieron preparados para tí en el día de tu creación. Tú, querubín grande, protector, yo te puse en el monte santo de Dios, allí estuviste; en medio de las piedras de fuego paseabas. Perfecto eras en todos tus caminos desde el día que fuiste creado, hasta que se halló en ti maldad. A causa de la multitud de tus contrataciones fuiste lleno de iniquidad, y pecaste; por lo que yo te eché del monte de Dios, y te arrojé de entre las piedras del fuego, oh querubín protector. Se enalteció tu corazón a causa de tu hermosura, corrompiste tu sabiduría a causa de tu esplendor, yo te arrojé por tierra; delante de los reyes te pondré para que miren en tí. (Ez. 28:12-17)*

Está claro en el pasaje que el profeta está describiendo a un ser sobrenatural. Las palabras pueden aplicarse a el rey de Tiro, pero parecen ir más allá de esta aplicación y describen al más alto de todos los seres creados. ¿A quién más podrían aplicarse estas palabras, sino a Satanás mismo antes de su caída? Seguidamente miramos el pecado del cual este ser exaltado era culpable:

> *¡Cómo caíste del cielo, oh Lucero, hijo de la mañana! Cortado fuiste por tierra, tú que debilitabas a las naciones. Tú que decías en tu corazón: Subiré al cielo; en lo alto, junto a las estrellas de Dios, levantaré mi trono, y en el monte del testimonio me sentaré, a los lados del norte; sobre las alturas de las nubes subiré, y seré semejante al Altísimo. (Is. 14:12-14)*

Cinco veces Lucero se revela contra la voluntad de Dios. De aquí que podemos ver que el primer pecado fue rebelión en contra de Dios, e independencia total de Él.

"Subiré al cielo." Hay tres cielos: el cielo atmosférico, el cielo estelar o astronómico, y el más alto o tercer cielo donde habitan Dios y los santos. (Ver II Corintios 12:1-4; donde Pablo habla de haber sido arrebatado al "tercer cielo.") La esfera de los ángeles está en el segundo cielo.

"Junto a las estrellas de Dios, levantaré mi trono." *"Las estrellas de Dios"* se refieren a las huestes angelicales: *"Cuando alababan todas las estrellas del alba, y se regocijaban todos los hijos de Dios"*(Job 38:7), y *"Fieras ondas del mar, que espuman su propia vergüenza; estrellas errantes, para las cuales está reservada eternamente la oscuridad de las tinieblas"* (Judas 13). (Ver también Ap. 12:3,4; 22:16.) Aquí está expresado el deseo de asegurar el dominio sobre los seres angelicales.

"En el monte del testimonio me sentaré, a los lados del norte" Estas palabras han sido tomadas para expresar el deseo de un reino terrenal también. En el simbolismo bíblico, una montaña significa un reino. *"Acontecerá en lo postrero de los tiempos, que será confirmado el monte de la casa de Jehová como cabeza de los montes, y será exaltado sobre los collados, y correrán a él todas las naciones"* (Is. 2:2). *"... Mas la piedra que hirió a la imagen fue hecha un gran monte que llenó toda la tierra"* (Dn. 2:25).

"Sobre las alturas de las nubes subiré." En la escritura, la gloria divina es a menudo simbolizada por nubes. Lucero quería poseer esta gloria.

"Seré semejante al Altísimo." Este es el clímax de los otros cuatro deseos. Todas estas declaraciones expresan independencia de Dios y oposición a Él, una voluntaria ambición contra Dios. Si nos preguntamos cómo fue posible que el pecado hubiera entrado en un ambiente perfecto, la respuesta parece ser, en cuanto a Lucero y los ángeles que cayeron con él, que su caída se debió a su revuelta deliberada y determinada en contra de Dios.

B. EL ORIGEN DEL PECADO EN LA RAZA HUMANA.

El tercer capítulo de Génesis describe cómo entró el pecado por primera vez en la raza humana. Una comprensión completa de las enseñanzas de éste capítulo es esencial a nuestro entendimiento, para comprender lo que sigue en las escrituras. La historia de la caída del hombre, como es dada aquí, es una absoluta contradicción a la teoría de la evolución que intenta enseñar que el hombre comenzó en el primer escalón de la escalera moral y ahora está lentamente ascendiendo. Por el contrario, este capítulo declara que el hombre comenzó en el escalón más alto, a la imagen de Dios, y procedió a caer hacia abajo.

El capítulo tres del libro de Génesis también contradice la teoría moderna de la herencia y ambiente. Se nos dice que la razón por la cual el pecado y la maldad están en el mundo es a causa de la contaminación de nuestra línea hereditaria. Si nuestros antecesores no hubieran pecado, nosotros no hubiéramos sido pecadores. Sabemos que Adán y Eva no tenían ningún linaje contaminado detrás de ellos, sin embargo pecaron.

Nuevamente se nos dice que la causa de la maldad en el corazón humano se debe al ambiente pecaminoso en el cual vivimos. Si tan sólo pudiéramos limpiar la sociedad, entonces los hombres no estarían más sujetos al pecado. Esto se ha demostrado como falso por el hecho de que nuestros primeros padres vivían en una condición de perfección, sin embargo pecaron. Ningún cambio de ambiente librará al hombre de su pecado. Arthur W. Pink ha dicho, "Lo que el hombre necesita no es un nuevo destino, sino un nuevo nacimiento."[2]

La raza humana fue creada de tal forma que pudiera recibir y corresponder al amor de Dios. A fin de que el amor sea verdadero debe ser dado libremente. El amor no es amor si es dado bajo obligación. ¿Cómo sabría Dios si este primer hombre y mujer le amarían? Él les dio la oportunidad de probar su amor por un simple acto de obediencia. En realidad, ni siquiera era tan difícil como puede ser asumido. Todo lo que se les pidió fue que se abstuviesen de cometer el acto de participar del fruto de uno de los muchos árboles en el huerto, y de esa forma demostrar su devoción a Él. Dios no los estaba privando de nada. Adán y Eva no necesitaban el fruto de este árbol. No era necesario ni para su felicidad ni para su bienestar. Por otro lado, el hombre no necesitaba el pecado. Este ni siquiera le ha proporcionado un momento de placer genuino a su vida en ninguna forma. Aún aquellos que más pecan contra otros quieren que otros los traten honestamente. El mentiroso espera que le digan la verdad, y el ladrón que roba de los bienes de otros espera que le dejen sus bienes en paz.

No había veneno ni maldad en el fruto de ese árbol específico. Sólo fue incorrecto porque Dios les había dicho que no debían comer de él. En la economía moral que Dios estaba estableciendo aquí en la tierra el pecado era una posibilidad, pero no una necesidad. Adán y Eva nunca debieron haber convertido esa posibilidad en una realidad. Rodeados con todo para todas sus necesidades y debidamente advertidos por Dios en cuanto a cuales serían las consecuencias, podemos concluir solamente que ellos fueron culpables por lo que hicieron. *"Sino que cada uno es tentado, cuando de su propia concupiscencia es atraído y seducido"* (Stg. 1:14).

Es muy importante tener este hecho en mente: Dios no le permitió a Satanás forzar y predominar sobre Adán y Eva. La serpiente les tentó, pero no les forzó a comer del fruto prohibido. La manera en que vino Satanás fue una verdadera prueba, pero no fue de tal naturaleza como para abrumar a la pareja original. Esta es la verdad de toda tentación. Una tentación exitosa requiere la cooperación del individuo tentado. Este debe ceder tal y como cedieron Adán y Eva. Ellos habrían podido culpar a Satanás por ten-

---

[2] *Gleanings in Genesis* (Recolecciones en Génesis) por Arthur W. Pink (Swengel, PA: Bible Truth Depot, 1922) 34.

tarles; pero en realidad debían culparse a sí mismos por ceder a la tentación. Su pecado fue el resultado de su propia irresponsabilidad, y por lo tanto cargaron con el castigo.

La diferencia entre la caída de Satanás y la caída del hombre es que Satanás cayó sin ningún tentador externo. El pecado entre los ángeles se originó en sus propios seres; por otra parte, el pecado del hombre se originó en respuesta a un tentador y una tentación externa. Thiessen hace un comentario original: "Si el hombre hubiera caído sin un tentador, hubiera originado su propio pecado, y se hubiera convertido él mismo en un Satanás."[3]

III. EL PRIMER PECADO HUMANO

A. LA NECESIDAD DE PRUEBA.

Dios había hecho al hombre perfecto, a su propia imagen. Lo había puesto en un ambiente perfecto, supliendo todas sus necesidades, y le había dado una hermosa ayuda en Eva. También le fue dada una libre voluntad. Pero era necesario que su libre voluntad fuese probada, a fin de que él fuera confirmado en justicia positiva de carácter. El carácter es la suma total de las elecciones humanas. Puede ser obtenido sólo a través de elecciones. De ahí que el hombre estaba en prueba, hasta que fuera demostrado cómo usaría su poder de libertad de elección. El hombre pudo haber elegido resistir la tentación. Desafortunadamente eligió lo opuesto.

B. EL PROCESO DE TENTACION (GÉNESIS 3:1-6).

1. Satanás emitió dudas sobre la palabra de Dios y su amor.

"Pero la serpiente era astuta, más que todos los animales del campo que Jehová Dios había hecho; la cual dijo a la mujer: ¿Conque Dios os ha dicho: No comáis de todo árbol del huerto?" (Vs 1). La razón por la cual el tentador vino a la mujer, en vez de Adán, puede haberse debido al hecho de que Dios había dado el mandato de prohibirles comer del árbol, directamente a Adán. Eva recibió el mandato de su marido. Así que Satanás muy astutamente no vino al hombre, sino a la mujer a través de la serpiente; y vino mientras ella estaba sola. La pregunta sutil de Satanás, *"¿Conque Dios os a dicho?"* es hoy en día una de sus tácticas favoritas para cuestionar la veracidad de la palabra de Dios. Él quiso sugerir que Dios estaba guardan-

---

[3] *Introductory Lectures in Systematic Theology* (Discursos Introductorios en Teología Sistemática) por Henry Clarence Thiessen (Gran Rapids, MI: Wm. B. Eerdmans Publishing Company, 1949) 248, 249.

do algo del hombre, y de esta manera poder cuestionarle acerca de su amor.

2. Eva procuró alterar la palabra de Dios.

"Y la mujer respondió a la serpiente: Del fruto de los árboles del huerto podemos comer; pero del fruto del árbol que está en medio del huerto dijo Dios: No comeréis de él, ni le tocaréis, para que no muráis" (Vs 2,3). Eva hizo tres cosas, todas las cuales son trágicamente peligrosas. Note cuidadosamente lo que Dios había dicho, *"De todo árbol del huerto podrás comer; mas del árbol de la ciencia del bien y del mal no comerás; porque el día que de él comieres, ciertamente morirás"* (Gn. 2:16,17). Primero Eva agregó a la palabra de Dios. Agregó, *"ni le tocaréis."* Dios no había dicho eso, y agregando estas palabras, ella hizo parecer a Dios como si fuera irrazonable en sus demandas. Siempre es peligroso añadir a las claras palabras de Dios. *"No añadas a sus palabras, para que no te reprenda, y seas hallado mentiroso"* (Pr. 30:6). Segundo, ella alteró la palabra de Dios. Ella dijo, *"para que no muráis."* La punta filosa de la espada del Espíritu fue desafilada, sugiriendo que sólo había una posibilidad de que murieran. Tercero, ella omitió parte de la palabra de Dios. Eva dejó completamente de lado la solemne amenaza de Dios, "Ciertamente morirás." Apocalipsis 22:19 dice: *"Y si alguno quitare de las palabras del libro de esta profecía, Dios quitará su parte del libro de la vida, y de la santa ciudad y de las cosas que están escritas en este libro."*

3. Satanás contradijo la palabra de Dios.

Habiendo sembrado la semilla de duda en la mente de Eva concerniente a lo que Dios había dicho, Satanás ahora estaba listo para contradecir la voluntad de Dios con su indebida e intensionada manipulación: *"Entonces la serpiente dijo a la mujer: No moriréis; sino que sabe Dios que el día que comáis de él, serán abiertos vuestros ojos, y seréis como Dios, sabiendo el bien y el mal"* (Vs 4,5). ¡Ser como Dios!, Ciertamente fue una fuerte apelación a la ambición egoísta de Eva. Ella comenzó a razonar acerca del atractivo de la fruta, su agradable sabor y la intrigante posibilidad de una experiencia completamente nueva que le permitiría conocer ambos el bien, que ya había conocido, y el mal un área que debe haber incitado su curiosidad, como mínimo.

4. Eva sucumbió a la tentación.

"Y vio la mujer que el árbol era bueno para comer, y que era agradable a los ojos, y árbol codiciable para alcanzar la sabiduría; y tomó de su fruto, y comió; y dio también a su marido, el cual comió así como ella" (Vs 6).

I Juan 2:16 declara: *"Porque todo lo que hay en el mundo, los deseos de la carne, los deseos de los ojos, y la vanagloria de la vida, no proviene del Padre, sino del mundo."* Está expuesto aquí lo que parece ser las tres áreas de tentación a las que está sometido el hombre en este mundo. Todo pecado se deriva de por lo menos una de estas cosas. Es fácilmente visto que Eva cayó por los tres: los deseos de los ojos *"vio... que era agradable a los ojos"*, los deseos de la carne *"que el árbol era bueno para comer"*, y la vanagloria de la vida *"árbol codiciable para alcanzar la sabiduría."* Por lo tanto la simiente de todo pecado entre los hombres está vista en este primer pecado.

C. LOS RESULTADOS DEL PRIMER PECADO DEL HOMBRE.

1. Resultados en la actitud del hombre hacia sí mismo.

1.1. Adán y Eva inmediatamente fueron conscientes de su propio pecado.

Sus conciencias fueron despiertas e instantáneamente les acusó a ellos mismos. Dios ni siquiera había entrado en escena, sin embargo el hombre sabía que era pecador. *"Entonces fueron abiertos los ojos de ambos, y conocieron que estaban desnudos..."* (Vs 7). Dios luego les preguntó, *"¿Quién te enseñó que estabas desnudo?"* (Vs 11). El hombre no necesitó que nadie le dijera; él mismo lo sabía.

Adán y Eva se hicieron conscientes de dos cosas con relación a su pecado: contaminación y culpa. La conciencia de su contaminación les guió a esforzase por cubrirse. La percepción de su culpa causó que huyeran cuando Dios se acercó. La contaminación del pecado es un hecho. El pecado contamina y todo hombre lleva la mancha del pecado sobre su alma. Dios no la pone allí. Es el resultado inevitable del pecado. También estaba la conciencia de culpa, porque todo pecado tiene relación con Dios.

1.2. Adán y Eva vanamente buscaron cubrir su pecado.

"Entonces cosieron hojas de higuera, y se hicieron delantales" (Vs 7). Innegablemente el primer hombre y la primera mujer habían pecado y fueron conscientes de su culpa antes de hacer un intento por cubrirse. Antes de este momento el hombre no necesitaba cubrir su cuerpo. Muchos comentaristas han imaginado que estaban cubiertos con una vestidura de luz, la gloria de Dios. Cualquiera que haya sido su condición, ellos fueron instantáneamente conscientes de que habían perdido algo. Algunos han pensado en que antes de esto el espíritu dominaba el cuerpo, pero ahora el cuerpo gobernaba sobre el espíritu.

La tendencia inherente en el hombre pecador es tratar siempre de cubrir el resultado de su propio pecado. Por lo tanto, muchos intentan coser "hojas de higuera" de justicia para sí mismos. Nuestros primeros padres descubrieron pronto que éstas ni siquiera les satisfacían a ellos mismos, como tampoco hablar de un Dios santo; porque cuando Dios se acercó, ellos huyeron de su presencia.

2. Resultados en la actitud del hombre hacia Dios.

2.1. Adán y Eva huyeron de la presencia de Dios.

"Y oyeron la voz de Jehová Dios que se paseaba en el huerto, al aire del día; y el hombre y su mujer se escondieron de la presencia de Jehová Dios entre los árboles del huerto" (Vs 8). ¡Qué diferencia había hecho el pecado en tan corto tiempo! Aparentemente, Adán y Eva habían disfrutado de la presencia de Dios antes de su pecado, pero ahora huían de él. Hay algo del pecado en el corazón humano que forma una antipatía tal hacia Dios que hace que el pecador huya de su presencia.

2.2. Adán y Eva equivocadamente pensaron que podían esconderse de Dios.

¡Qué falso sentido de seguridad tuvieron Adán y Eva mientras se escondían tras los árboles del huerto! ¡Como si pudieran esconderse del ojo del Todopoderoso que todo lo ve dentro de los confinados límites del Edén! ¡Como si hubiera un lugar en todo el gran universo de Dios donde uno pudiera esconderse de Él, que ve y conoce todos los secretos de los corazones de los hombres! (Sal. 139:7-13).

Es realmente gracioso darse cuenta de que aunque seguramente Dios sabía lo que había pasado, fue Él quien buscó a la pareja caída: Adán *"¿dónde estás tú?"* (Gn. 3:9). Dios ha estado tomando la iniciativa en buscar al hombre desde entonces. *"Porque el Hijo del Hombre vino a buscar y a salvar lo que se había perdido"* (Lc. 19:10); también la parábola de la oveja perdida (Lc. 15:3-7).

3. Resultado en la actitud del hombre hacia su igual.

Uno de los más tristes resultados del pecado es su efecto sobre otros. Eva no estuvo contenta por desobedecer sola a Dios, tuvo que involucrar también a su marido. *"Y vio la mujer que el árbol era bueno para comer... y tomó de su fruto, y comió; y dio también a su marido..."* (Gn. 3:6). El borracho, el adicto, o la persona inmoral, nunca está satisfecha hasta que ha influido en otros a unirse a ella en sus vicios.

Cuando Dios confrontó a los primeros pecadores y les hizo esa pregunta, *"¿Has comido del árbol que yo te mandé no comieses?"* (Vs 11), hubo un inmediato intento por parte de Adán de poner la culpa sobre otro: *"La mujer... que me diste por compañera me dio del árbol, y yo comí"* (Vs 12). En vez de admitir abiertamente su culpa, Adán culpó a su esposa. No sólo la culpó a ella, se ha sugerido que Adán también puso algo de culpa sobre Dios mismo: *"La mujer que me diste por compañera..."* (Vs 12). Es la naturaleza del pecado la que causa que el hombre se rehuse a tomar la responsabilidad sobre sí mismo. La oración que trae perdón y limpieza es la que dice, "Dios, sé propicio a **mi**, pecador" (Lc. 18:13).

D. LA MALDICION QUE TRAJO EL PRIMER PECADO.

Aunque sólo un pecado fue acto de desobediencia, éste manifestó el espíritu de rebelión que había entrado en el corazón del hombre, y rompió la comunión con el Dios Santo. Como resultado, Dios pronunció las maldiciones bajo las cuales toda la creación ha sufrido desde entonces.

1. La maldición sobre la serpiente.

"... maldita serás entre todas las bestias y entre todos los animales del campo; sobre tu pecho andarás, y polvo comerás todos los días de tu vida" (Vs 14). La maldición sobre el reino animal.

2. La maldición sobre la mujer.

"... Multiplicaré en gran manera los dolores de tus preñeces; con dolor darás a luz los hijos; y tu deseo será para tu marido, y él se enseñoreará de ti" (Vs 16).

3. La maldición sobre el hombre.

"... maldita será la tierra por tu causa; con dolor comerás de ella todos los días de tu vida... con el sudor de tu rostro comerás el pan hasta que vuelvas a la tierra, porque de ella fuiste tomado; pues polvo eres, y al polvo volverás" (Vs 17-19). Esto claramente incluye tanto la muerte física como la muerte espiritual.

Otro resultado de la maldición sobre el hombre es su expulsión del huerto de Edén.

"Y dijo Jehová Dios: He aquí el hombre es como uno de nosotros, sabiendo el bien y el mal; ahora pues, que no alargue su mano, y tome también del árbol de la vida, y coma, y viva para siempre. Y lo sacó Jehová del huerto del Edén, para que labrase la tierra de que fue tomado. Echó, pues, fuera al hombre, y puso al oriente del huerto de Edén querubines, y una espada encendida que se revolvía por todos lados, para guardar el camino del árbol de la vida." (Vs 22-24).

Aunque esto parece ser un juicio severo, aún hay un pensamiento de misericordia, porque Dios no quería que el hombre comiera del árbol de la vida, no sea que viviera eternamente en su pecado; de esa forma haciendo imposible una redención.

4. La maldición sobre la tierra.

"... maldita será la tierra por tu causa... espinos y cardos te producirá..." (Vs 17,18). Esta maldición es sobre el reino vegetal.

IV. LA NATURALEZA DEL PECADO

A. ¿QUE ES PECADO?

Quizá la mejor definición es hallada en el Catecismo Mayor (Westminster) que dice: "Pecado es cualquier falta de conformidad hacia, o transgresión de, cualquier ley de Dios dada como regla a la criatura razonable."[4] Chafer y otros piensan que sería mejor sustituir la palabra "carácter" por "ley" en esta definición, dado que la ley de Dios no puede incluir todo lo que requiere el carácter de Dios.[5]

Cualquier cosa que contradice el carácter de santidad de Dios es pecado. La definición podría ser más entendible si ambos pensamientos fueran incluidos: "Pecado es cualquier falta de conformidad hacia, o transgresión de, al carácter o ley de Dios dado como regla a la criatura razonable." El pecado puede ser en contra de la persona de Dios y por lo tanto ser un estado de perdición, depravación o violación hacia uno mismo; o puede ser en contra de las leyes o el gobierno moral de Dios, y por lo tanto ser transgresión, rebelión y caos. El primero está ilustrado en el capítulo seis de Isaías, donde el profeta discernió una visión de la santidad de Dios y gritó: *"¡Ay de mí! que soy de muerto; porque [soy] hombre inmundo de labios..."* (Is. 6:5). También, como Job dijo a Dios: *"De oídas te había oído; mas ahora mis ojos te ven. Por tanto me aborrezco, y me arrepiento en polvo y ceniza"* (Job 42:5,6). (Vea también Lc. 5:8 y Ap. 1:17.) Está claro que el pecado es una transgresión de la ley:

> *¿Qué diremos, pues? ¿La ley es pecado? En ninguna manera. Pero yo no conocí el pecado sino por la ley; porque tampoco conocería la codicia si la ley no dijera: No codici*arás (Rom. 7:7).

> *Porque todos los que dependen de la obra de la ley están bajo maldición, pues escrito está: Maldito todo aquel que no permaneciere en todas las cosas escritas en el libro de la ley, para hacerlas* (Gál. 3:10).

---

[4] *Larger Catechism* (Catecismo Mayor) por la asamblea de divinos (Westminster, Inglaterra, 1723).
[5] Chafer, 227.

Si en verdad cumplís la ley real, conforme a la Escritura: Amarás a tu prójimo como a ti mismo, bien hacéis; pero si hacéis acepción de personas, cometéis pecado, y quedáis convictos por la ley como transgresores (Stg. 2:8,9).

B. EL PECADO Y LA LEY DE DIOS.

1. La naturaleza de la ley de Dios.

Ya que definimos pecado como cualquier falta de conformidad hacia o transgresión de la ley de Dios, sería bueno entender algunas cosas sobre sus leyes.

Primero, no hay nada incorrecto con la ley en sí. Hemos enfatizado de tal forma que estamos bajo la gracia y no bajo la ley, que uno casi pensaría que la ley es algo malvado. Pablo dice: *"... la ley a la verdad es santa, y el mandamiento santo, justo y bueno"* (Rom. 7:12). Es una revelación de la naturaleza y voluntad de Dios, así que sólo puede ser buena.

Segundo, la ley de Dios no es algo arbitrario, ya que emana de su propia naturaleza. Dios no declara que algo es correcto simplemente sobre la base de que Él lo dice. Por lo contrario, Él dice que es correcto porque es correcto. Si esto no fuera así Él sería un déspota.

Tercero, cuando Dios dio su ley al hombre, ¿esperaba Él que la guardase? La respuesta sólo puede ser "no." Conociendo todas las cosas, Dios estaba totalmente consciente de que el hombre no lo haría, en realidad, él no podía guardar su ley cuando se la dio. ¿Por qué entonces, un Dios todosabio dio una serie de leyes a un pueblo que Él bien sabía no podría guardarlas, ni las guardaría? Como en todas las cosas, Dios tenía un sabio y buen propósito en esta entrega de la ley. Parece haber por lo menos un propósito triple.

2. El propósito de la ley de Dios.

2.1. La ley fue dada para intensificar en el hombre el conocimiento del pecado.

La conciencia del hombre producirá en él testimonio interior de que es un pecador, pero a través de la ley publicada de Dios, él tiene un conocimiento más claro de lo que es el pecado. *"Pero sabemos que todo lo que la ley dice, lo dice a los que están bajo la ley, para que toda boca se cierre y todo el mundo quede bajo el juicio de Dios... porque por medio de la ley es el conocimiento del pecado"* (Rom. 3:19,20). *"¿Qué diremos, pues? ¿La ley es pecado? En ninguna manera. Pero yo no conocí el pecado sino por la ley; porque tampoco conociera la codicia, si la ley no dijera: No codiciarás"* (Rom. 7:7).

Habiendo aprendido a través de la ley, que pecar es el quebranta- miento de los mandamientos de Dios, el pecado ahora toma el carácter de transgresión. *"Pues antes de la ley, había pecado en el mundo; pero don- de no hay ley, no se inculpa de pecado"* (Rom. 5:13). *"¿Luego lo que es bueno, vino a ser muerte para mí? En ninguna manera; sino que el peca- do, para mostrarse pecado, produjo en mi la muerte por medio de lo que es bueno, a fin de que por el mandamiento el pecado llegase a ser so- bremanera pecaminoso."* (Rom. 7:13).

2.2. La ley fue dada para revelar la santidad de Dios.

Si hay algún mensaje que nos es dado de las detalladas leyes ceremo- niales, ofrendas, requerimientos sacerdotales, etc.; es que Dios es un Dios santo y sólo se puede acercar a Él en la manera correcta y prescrita, y sólo en momentos dados. La ley revela la santidad de Dios. *"De manera que la ley a la verdad es santa, y el mandamiento santo, justo y bueno"* (Rom. 7:12).

2.3. La ley fue dada para traer hombres a Cristo.

"Porque el fin de la ley es Cristo, para justicia a todo aquel que cree" (Rom. 10:4). A la ley se le llama "ayo." *"De manera que la ley ha sido nuestro ayo, para llevarnos a Cristo, a fin de que fuésemos justificados por la fe"* (Gál. 3:24). La palabra traducida "ayo" es pedagogo. Un pedago- go generalmente era el siervo de confianza de una familia romana adinera- da, que tenía la responsabilidad de supervisar el cuidado general de un hijo desde alrededor de los seis años de edad hasta los dieciséis. Este debía llevarlo hasta las casas de sus maestros o escuelas de entrenamiento físi- co, y traerlo de regreso, cuidando de él en sus horas de juego. Al comparar la ley con el pedagogo del creyente, Pablo tenía en mente la temporaria y puramente provisional naturaleza de este arreglo hasta que el niño llegaba a la mayoría de edad y podía participar plenamente de la herencia de su pa- dre. La ley no podía salvar, pero servía para hacer conscientes a los hom- bres de su necesidad de Cristo, a través de quien solamente podían ser jus- tificados por fe. La ley, a través de sus ofrendas, su sacerdocio, y el taber- náculo, señalaba a la cruz de Cristo como el único camino de salvación y acceso a Dios. Una vez que vino Cristo, y fue recibido como Salvador y Se- ñor por fe, la ley, como medio para obtener salvación, fue desechada. Los incrédulos, aquellos que no vienen a Cristo para salvación, todavía están siendo juzgados por la ley.

Las escrituras enseñan que en la muerte de Cristo, el creyente es libra- do, no solamente de la maldición de la ley, la pena impuesta sobre él por la ley, sino de la ley en sí.

Cristo nos redimió de la maldición de la ley, hecho por nosotros maldición (porque está escrito: Maldito todo el que es colgado en un madero)... (Gál. 3:13).

Así también vosotros, hermanos míos, habéis muerto a la ley mediante el cuerpo de Cristo, para que seáis de otro, del que resucitó de los muertos, a fin de que llevemos fruto para Dios (Rom. 7:4).

Aboliendo en su carne las enemistades, la ley de los mandamientos expresados en ordenanzas... (Ef. 2:15).

Anulando el acta de los decretos que había contra nosotros, que nos era contraria, quitándola de en medio y clavándola a la cruz... (Col. 2:14).

Esta liberación de la ley no se refiere solamente a la ley ceremonial, sino también a la ley moral (los diez mandamientos). Segunda de Corintios 3: 7-11 hace claro que era esa ley que estaba "grabada con letras en piedras" la que había pasado. Esto hace seguro que Pablo estaba escribiendo sobre los diez mandamientos.

Y si el ministerio de muerte grabado con letras en piedras fue con gloria, tanto que los hijos de Israel no pudieron fijar la vista en el rostro de Moisés a causa de la gloria de su rostro, la cual había de perecer, ¿cómo no será más bien con gloria el ministerio del espíritu?... Porque si lo que perece tuvo gloria, mucho más glorioso será lo que permanece. (II Cor. 3:7-11).

De allí que el creyente puede darse cuenta que no está *"bajo la ley, sino bajo la gracia"* (Rom. 6:14). *"Pero si sois guiados por el Espíritu no estáis bajo la ley"* (Gál. 5:18).

C. EXPRESIONES BIBLICAS PARA EL PECADO.

Muchas palabras y expresiones diferentes son usadas en la Biblia para describir al pecado. Las siguientes son algunas de las más populares:

- **Errando una meta o un blanco** (Romanos 3:23; 5:12). Esta es la expresión más usada tanto en el Antiguo como en el Nuevo Testamento.

- **Sobrepasar o traspasar una línea; Transgredir** (I Timoteo 2:14).

- **Desobediencia a una voz (**Hebreos 2:2,3).

- **Caer donde uno debería haberse mantenido en pie** (Gálatas 6:1).Esta es traducida variadamente.

- **Ignorancia de lo que uno debería haber sabido** (Hebreos 9:7).

- **Disminución de aquello que debería haberse rendido completamente (**I Corintios 6:7); como ejemplo, Ananías y Safira (Hechos 5:2).

- **La no observación de una ley,** pecados de omisión (Santiago 4:17).

- **Desobediencia o anarquía;** total negligencia por la ley (I Juan 3:4), donde "infracción" debería ser traducido como "desobediencia."

- **Deuda,** una falla en el deber; **el no satisfacer las obligaciones de uno hacia Dios** (Mateo 6:12).

- Otras palabras sueltas: **iniquidad** (Lv. 26:40); **estado sin Dios** (I P. 4:8); **perversidad** (Pr. 11:31); **incredulidad** (Rom. 11:20); **maldad** (I Jn. 1:9); **injusticia** (Dt. 25:16); **impiedad** (I Ti. 1:9).

D. EL PECADO ES PERVERSO.

1. El pecado es una clase específica de adversidad.

Hay adversidades físicas tales como inundaciones, terremotos, huracanes, heladas, sequías, etc., éstas no son pecados. No son adversidades morales, pero son enviadas a veces por Dios para castigar o corregir a aquellos que han quebrantado su ley. Es en éste sentido es que en Isaías 45:7, se dice que Dios es el que "crea la adversidad." La palabra hebrea *ra*, la cual se usa aquí Isaías para "adversidad", nunca es usada como "pecado", sino como "adversidad, calamidad, maldad", etc. Dios estableció la ley y sus castigos por quebrantarla. Si el hombre peca, él cosechará los resultados; y asumirá la responsabilidad por ambos.

2. El pecado es una adversidad positiva.

El pecador no es simplemente uno que no guarda la ley. Este además se convierte en una fuerza positiva de maldad.

E. LA NATURALEZA PECAMINOSA DEL PECADO.

El pecado no consiste solamente de hechos exteriores. Es un principio o naturaleza dentro del ser humano. Mientras que es verdad que los hombres son pecadores porque pecan, es un principio fundamental que los hombres pecan porque son pecadores. Son pecadores por naturaleza antes que de que se conviertan en pecadores por práctica. El primer pecado de Adán resultó en la posesión de una naturaleza pecaminosa. Todos sus descendientes han nacido con una naturaleza pecaminosa desde entonces, que ha resultado en su pecar. Jesús dijo que un árbol da fruto según su naturaleza. *"Así todo buen árbol da buenos frutos, pero el árbol malo da malos frutos. No puede el buen árbol dar malos frutos, ni el árbol malo dar buenos frutos"* (Mt. 7:17,18). Jesús estaba más interesado en cortar el árbol malo, que en tratar de destruir el fruto malo. Por lo tanto, Juan el Bautista profetizó de Él, *"Y ya también el hacha está puesta a la raíz de los árboles; por tanto, todo árbol que no da buen fruto es cortado y echado en el fuego"* (Mt. 3:10).

Esto también explica porque Jesús condenó la mirada adúltera, al igual que el acto adúltero (Mt. 5:27,28); y porque condenó el enojo tanto como el asesinato (Mt. 5:21,22), porque es este principio el que lleva al asesinato. En conexión con la tentación y la mirada adúltera de la cual Jesús habla aquí, parece, según Dake, que Él quería decir que un hombre miraría "con continuo deseo y con mente decidida a cometer el acto si de cualquier forma le fuera posible (Stg. 1:13-16). Esto se convierte en un estado del corazón y es tan mortal como el acto mismo (I Sam. 16:7; Mr. 7:19-23)."[6] La tentación en sí no es pecado; por lo tanto, si un hombre "mira" a una mujer y es "tentado", eso en sí no es pecado. Se convierte en pecado si él se detiene en eso, fantaseando conscientemente en su deseo. Santiago lo explica de esta forma, *"Sino que cada uno es tentado, cuando de su propia concupiscencia es atraído y seducido. Entonces la concupiscencia, después que se ha concebido, da a luz el pecado; y el pecado, siendo consumado, da a luz la muerte"* (Stg. 1:14,15).

El Nuevo Testamento distingue entre pecado y pecados. El primero se refiere a la naturaleza pecadora, mientras que el último se refiere a los resultados, o expresiones de esta naturaleza. Pablo dice: *"Porque sin la ley el pecado está muerto... pero venido el mandamiento el pecado revivió y yo morí"* (Rom. 7:8b,9); *"...todo aquel que hace pecado, esclavo es del pecado"* (Jn. 8:34); *"... ya hemos acusado a judíos y a gentiles, que todos están bajo pecado"* (Rom. 3:9); *"Por tanto, como el pecado entró en el mundo por un hombre..."* (Rom. 5:12). El pecado también es visto como una fuerza dentro de una persona, además de los hechos que comete. *"No reine pues el pecado en vuestro cuerpo mortal, de modo que lo obedezcáis en sus concupiscencias"* (Rom. 6:12). *"Porque el pecado no se enseñoreará de vosotros; pues no estáis bajo la ley, sino bajo la gracia"* (Rom. 6:14).

Aquellos que estudian a los criminales, con mira en reclamarlos, están más interesados en lo que causó que cometieran el crimen que en el verdadero hecho en sí. El hombre necesita una salvación que le dé una nueva naturaleza. Por eso *"Os es necesario nacer de nuevo"* (Jn. 3:7).

Thiessen cita a Charles Hodge quien dijo: "El pecado incluye culpa y contaminación; el uno expresa su relación con la justicia, el otro con la

---

[6] *Dakes' Annotated Reference Bible* (La Biblia de Referencia Anotada de Dake) por Finis Jennings Dake, (Grand Rapids, MI: Zondervan Publishing House, 1961), N.T.,4.

santidad de Dios." Luego agrega: "En tanto que el pecado sea una transgresión de la ley, es culpa; en tanto sea un principio, es contaminación.[7]

La contaminación como resultado del pecado, está claramente vista en los siguientes versículos: *"... Toda cabeza está enferma, y todo corazón doliente"* (Is. 1:5); *"Engañoso es el corazón mas que todas las cosas, y perverso..."* (Jer. 17:9); *"el hombre malo del mal tesoro de su corazón saca lo malo..."* (Lc. 6:45).

Los siguientes versículos y muchos otros, hablan de la necesidad del hombre de ser limpiado: *"Lávame más y más de mi maldad, y límpiame de mi pecado."* (Sal. 51:2); *"Purifícame con hisopo y seré limpio; lávame y seré más blanco que la nieve"* (Sal. 51:7); y *"... la sangre de Jesucristo su Hijo nos limpia de todo pecado"* (I Jn. 1:7).

F. CONSIDERACIONES IMPORTANTES EN CUANTO AL PECADO.

1. Pecados de omisión.

Fallar en hacer lo que la ley de Dios requiere es tan pecaminoso como el hacer lo contrario a los requerimientos de la ley. Hay pecados de omisión al igual que de comisión. *"Y al que sabe hacer lo bueno, y no lo hace, le es pecado"* (Stg. 4:17). A Israel se le acusó de robar a Dios. *"¿Robará el hombre a Dios? Pues vosotros me habéis robado. Y dijisteis: ¿En qué te hemos robado? En vuestros diezmos y ofrendas"* (Mal. 3:8).

2. Pecados de incredulidad.

"Y cuando él venga convencerá al mundo del pecado... De pecado, por cuanto no creen en mí..." (Jn. 16:8,9). *"Pero el que duda sobre lo que come, es condenado, porque no lo hace con fe; y todo lo que no proviene de fe, es pecado"* (Rom. 14:23).

3. Pecados de ignorancia.

La ignorancia de la ley no es excusa. La ley levítica daba instrucciones específicas en cuanto al tipo de ofrenda que un hombre debía traer al sacerdote si era culpable de un pecado por ignorancia:

Si una persona pecare por yerro, ofrecerá una cabra de un año para expiación. Y el sacerdote hará expiación por la persona que haya pecado por yerro... (Nm. 15:27,28).

---

[7] Charles Hodge, citado por Thiessen, 245.

Si una persona pecare, o hiciere alguna de todas aquellas cosas que por mandamiento de Jehová no se han de hacer, aun sin hacerlo a sabiendas, es culpable, y llevará su pecado (Lv. 5:17).

La idea de un pecado de ignorancia también está expresada en el Nuevo Testamento:

Aquel siervo que conociendo la voluntad de su Señor, no se preparó, ni hizo conforme a su voluntad, recibirá muchos azotes. Mas el que sin conocerla hizo cosas dignas de azotes, será azotado poco (Lc. 12:47,48).

4. Un pecado lo hace a uno culpable de todos.

"Porque todos los que dependen de las obras de la ley están bajo maldición, pues escrito está: Maldito todo aquel que no permaneciere en todas las cosas escritas en el libro de la ley, para hacerlas" (Gál. 3:10). *"Porque cualquiera que guardare toda la ley, pero ofendiere en un punto, se hace culpable de todos"* (Stg. 2:10). Esta parece ser una ley extremadamente estricta. Pero si una persona estuviera colgando de una cadena en un gran acantilado, no sería necesario romper cada eslabón para enviarlo desde las rocas hacia abajo garantizando así su muerte segura. Uno sólo necesitaría romper un eslabón, podría ser incluso el más pequeño. Sólo se necesita un pecado para hacer pecador a un hombre.

V. LA UNIVERSALIDAD DEL PECADO

Las escrituras dan testimonio de la pecaminosidad de todo el género humano. El Antiguo Testamento declara: *"... porque no hay hombre que no peque..."* (I R. 8:46); *"... porque no se justificará delante de ti ningún ser humano"* (Sal. 143:2); *"¿Quién podrá decir, yo he limpiado mi corazón, limpio estoy de mi pecado?"* (Pr. 20:9); *"Ciertamente no hay hombre justo en la tierra, que haga el bien y nunca peque"* (Ec. 7:20).

El Nuevo Testamento es aún más explícito: *"... No hay justo, ni aun uno... no hay quien haga lo bueno, no hay ni siquiera uno"* (Rom. 3:10-12); *"por cuanto todos pecaron, y están destituidos de la gloria de Dios..."* (Rom. 3:23); *"Mas la Escritura lo encerró todo bajo pecado..."* (Gál. 3:22); *"Porque todos ofendemos muchas veces"* (Stg. 3:2a); *"Si decimos que no tenemos pecado, nos engañamos a nosotros mismos, y la verdad no está en nosotros"* (I Jn. 1:8).

El hecho de que Cristo murió por todos es una indicación de que todos somos pecadores y necesitamos su gracia salvadora: *"Porque el amor de Cristo nos constriñe pensando esto: que si uno murió por todos, luego todos murieron; y por todos murió, para que los que viven, ya no vivan para sí, sino para aquel que murió y resucitó por ellos"* (II Cor. 5:14,15).

Las escrituras enseñan que a través del pecado de Adán y Eva toda su posteridad es contada como pecadora. *"... Por la desobediencia de un hombre los muchos fueron constituidos pecadores..."* (Rom. 15:19). Será discutido bajo la imputación del pecado cómo Dios puede tener como responsable a todo hombre por una naturaleza depravada a causa de un pecado que él mismo no cometió.

VI. LA IMPUTACION DEL PECADO

Imputación significa atribuir o reconocerle algo a una persona. Una buena ilustración del principio se puede encontrar en Filemón, versículos diecisiete y dieciocho, donde Pablo dice de la deuda de Onésimo: *"Así que, si me tienes por compañero, recíbele como a mí mismo. O si en algo te dañó, o te debe, ponlo a mi cuenta."* Se ven tres ejemplos de imputación en la Biblia: (1) el del pecado de Adán a la raza humana, (2) el de nuestro pecado a Cristo, al morir Él por nosotros, y (3) la justificación de Cristo imputada a los creyentes a través de la fe en Cristo. El primero y el tercero pueden verse especialmente en Romanos 5:12-21. Este es verdaderamente uno de los más grandes pasajes de la Biblia. El versículo clave en este pasaje es el versículo doce: *"Por tanto, como el pecado entró en el mundo por un hombre, y por el pecado la muerte, así la muerte pasó a todos los hombres, por cuanto todos pecaron." "Como el pecado entró en el mundo por un hombre."*

El pecado no empezó con Adán, solamente entró a la raza humana a través de él. Tuvo su comienzo con Lucero (Ez. 28:12-17). La expresión importante aquí es *"por cuanto todos pecaron."* Debido a que el tiempo verbal griego aorista es utilizado, se indica como un único acto histórico que fue completado en el pasado. Chafer dice:

> Cada miembro de la raza murió físicamente por su propia parte en el pecado de Adán. Ya que un completo, único, acto histórico está a la vista, las palabras *"todos pecaron"* no pueden referirse a una naturaleza que resulta de ese acto, ni pueden referirse a pecados personales de muchos individuos. No es que el hombre se hizo pecador. La aseveración es que todos pecaron en un tiempo y bajo las mismas circunstancias.[8]

"Pecaron" no es equivalente a "se hicieron pecaminosos." Pablo no dice que "la muerte pasó a todos los hombres" por cuanto Adán peco, sino *"por cuanto todo pecaron"* (Vs 12). Adán fue la cabeza natural de la raza

---

[8] Chafer, 301.

humana, así que todo hombre estaba en él cuando pecó. De ahí que todos somos pecadores, porque pecamos en él. Este principio está ilustrado en Hebreos 7:9,10: *"Y por decirlo así, en Abraham pagó el diezmo también Leví, que recibe los diezmos; porque aún estaba en los lomos de su padre cuando Melquisedec le salió al encuentro."*

Leví, el padre de la tribu sacerdotal, recibía diezmos del pueblo. Pero debido a que Abraham estaba en los lomos de su tatarabuelo cuando pagó los diezmos a Melquisedec, el sacerdote del altísimo Dios, se dice que Leví pagó diezmos a su antiguo sacerdote (Gn. 14:20). De una manera similar, la entera raza humana estaba en Adán, la cabeza natural, cuando él pecó. De esta manera Dios imputa el pecado de Adán a cada miembro de la raza. Chafer otra vez fuertemente dice:

"Nadie declararía que Leví pagó diezmos a Melquisedec conscientemente y a propósito, sin embargo Dios declara que lo hizo. De la misma manera, nadie declararía que cada individuo en la raza de Adán pecó en Adán conscientemente y a propósito, sin embargo no puede haber duda de que Dios considera que cada miembro de la raza pecó en la transgresión de Adán."[9] En I Corintios 15:22 leemos: *"Porque así como en Adán todos mueren..."*

En caso de que cualquiera crea que la declaración en Romanos 5:12, *"por cuanto todos pecaron"*, es una referencia al pecado personal, Pablo continúa la declaración con los versículos trece y catorce:

Pues antes de la ley, había pecado en el mundo; pero donde no hay ley, no se inculpa de pecado. No obstante la muerte reinó desde Adán hasta Moisés, aún en los que no pecaron en la manera de la transgresión de Adán, el cual es figura del que había de venir.

Ninguna declaración escrita de lo que Dios requería había sido dada antes de la ley, por lo tanto los hombres no eran hechos culpables de haber roto lo que no existía; *"No obstante reinó la muerte desde Adán hasta Moisés..."* (Vs 14). Ya se nos ha dicho que la muerte vino por el pecado. El hombre no era responsable por quebrantar leyes que no existían, sin embargo sufrió la pena del pecado, que era la muerte; entonces el pecado que causó que muriera, aún antes que la ley fuera dada a Moisés, no pudo haber sido pecado personal.

La muerte reinó, desde Adán hasta Moisés, aún sobre infantes y gente incompetente. Parecería entonces que los "todos" los que pecaron (Vs 12), no pudieron haber sido hechos culpables de pecado personal, pero deben haber sido considerados pecadores por estar en Adán cuando él pecó. En el versículo catorce se nos dice que Adán era la figura, o tipo "del que había

---

[9] Chafer, 303.

de venir", Cristo Jesús. En los siguientes versículos, Pablo hace varias comparaciones y contrastes entre el primer Adán y el último Adán, Cristo: *"Así que como por la transgresión de uno [Adán] vino la condenación a todos los hombres, de la misma manera por la justicia de uno [Cristo] vino a todos los hombres la justificación de vida. Porque así como por la desobediencia de un hombre los muchos fueron constituidos pecadores, así también por la obediencia de uno los muchos serán constituidos justos"* (Vs 18,19).

Si alguno siente que es injusto que el pecado de Adán sea imputado a toda su posteridad, por el mismo razonamiento sería injusto imputar la justicia de Jesucristo a aquellos que creen en Él. Sin embargo ésta es la base de nuestra justificación y salvación.

Puede parecerle a algunos que hay una contradicción entre dos grupos de declaraciones que se encuentran en el Antiguo Testamento; Exodo 20:5 o Deuteronomio 5:9 (que son idénticos) y Exodo 34:7, que expresa el mismo pensamiento en casi el mismo lenguaje. Encontramos las siguientes palabras: *"Porque yo soy Jehová tu Dios, fuerte, celoso, que visito la maldad de los padres sobre los hijos hasta la tercera y cuarta generación de los que me aborrecen."* En aparente contradicción a esto leemos: *"El hijo no llevará el pecado del padre, ni el padre llevará el pecado del hijo; la justicia del justo será sobre él, y la impiedad del impío será sobre él"* (Ez. 18:20). (Vea también Dt. 24:16; II R. 14:6; II Cr. 25:4.)

La explicación a ésta aparente contradicción no es difícil de encontrar. La primera declaración tiene que ver con las consecuencias del pecado de los padres y no el pecado en sí. El pasaje en Ezequiel se refiere a la culpabilidad y pena del pecado de los padres más que a las consecuencias. Sabemos que a menudo los hijos deben sufrir las consecuencias de las maldades y la mala forma de vida de los padres. Lo siguiente de *The Pulpit Commentary* (El Comentario del Púlpito) ilustra éste principio:

> Dios transmite sobre los hijos muchas de las consecuencias de los hechos malos de sus padres, a través de las leyes que están en su universo moral. Como ejemplo tenemos las enfermedades que surgen del libertinaje y la intemperancia, la pobreza que es el resultado de ociosidad o extravagancia, la ignorancia y los malos hábitos que son el fruto de educación descuidada. Este es el tipo de visitación al que se refiere aquí.[10]

---

[10] *The Pulpit Commentary (El Comentario del Púlpito)* por H.D.M Spence and Joseph S. Exell, eds., (Grand Rapids, MI: Wm. B. Eerdmans Publising Company, 1950) I, sc.2, 132.

En ninguna parte la Biblia enseña, como es declarado en Ezequiel 18:20 y las otras referencias dadas, que un hijo o nieto es considerado culpable y que será por lo tanto judicial o eternamente castigado.

VII. PECADO Y DEPRAVACION ORIGINAL

A. EL SIGNIFICADO DE DEPRAVACION.

La expresión "pecado original" quiere decir dos cosas: el primer pecado de Adán y la naturaleza pecaminosa poseída por todo hombre desde Adán debido a su primera transgresión. La naturaleza pecaminosa es llamada "depravación." La depravación consiste de cuatro cosas que son ciertas acerca de todo individuo cuando nace.

1. Está completamente desprovisto de toda justificación original. *"He aquí, en maldad he sido formado, y en pecado me concibió mi madre"* (Sal. 51:5).

2. No posee ningún efecto santo hacia Dios. *"Que cambiaron la verdad de Dios por la mentira, honrando y dando culto a las criaturas antes que al Creador, el cual es bendito por los siglos. Amen"* (Rom. 1:25). *"Porque habrá hombres amadores de sí mismos... traidores, impetuosos, infatuados, amadores de los deleites más que de Dios..."* (II Ti. 3:2-4).

3. Nada de lo que está fuera del hombre puede contaminarlo; pero lo que sale de él, eso es lo que contamina al hombre. *"Porque de dentro, del corazón de los hombres, salen los malos pensamientos, los adulterios, las fornicaciones, los homicidios, los hurtos, las avaricias, las maldades, el engaño, la lascivia, la envidia, la maledicencia, la soberbia, la insensatez. Todas estas maldades de dentro salen, y contaminan al hombre"* (Mr. 7:15, 21-23).

4. Tiene una continua inclinación hacia la maldad. *"Y vio Jehová que la maldad de los hombres era mucha en la tierra, y todo designio de los pensamientos del corazón de ellos era de continuo solamente el mal"* (Gn. 6:5). A no ser que el término "depravación" sea malentendido, es bueno notar lo siguiente, citado de *Lectures in Systematic Theology* (Discursos en Teología Sistemática) de Thiessen:

> Desde un punto de vista negativo, no significa que todo pecador está privado de todas las cualidades agradables al hombre; El pecador comete, o está inclinado a cometer toda forma de pecado; que está tan amargamente en contra de Dios como le es posible... Jesús reconoció la existencia de cualidades agradables en algunos individuos (Mr. 20:21; Mt. 23:23). Desde el punto de vista positivo, sí significa que todo

pecador está totalmente destituido de ese amor hacia Dios que es el requisito fundamental de la ley. *"Oye, Israel: Jehová nuestro Dios, Jehová uno es. Y amarás al Señor tu Dios de todo tu corazón, y de toda tu alma, y con todas tus fuerzas"* (Dt. 6:4,5). Al ver Mt. 22:35-38, encontramos que el pecador está supremamente dado a una preferencia de sí mismo que de Dios (II Ti. 3:2-4); que tiene una aversión a Dios que en ocasiones se convierte en activa enemistad hacia Él: *"Por cuanto los designios de la carne son enemistad hacia Dios, porque no se sujetan a la ley de Dios, ni tampoco puede"* (Rom. 8:7); que cada una de sus facultades está desordenada y corrupta: *"Teniendo el entendimiento entenebrecido, ajenos de la vida de Dios por la ignorancia que en ellos hay, por la dureza de su corazón"* (Ef. 4:18); que no tiene ningún pensamiento, sentimiento o acción que Dios pueda aprobar enteramente: *"Y yo sé que en mí, esto es, en mi carne, no mora el bien; porque el querer el bien está en mí, pero no el hacerlo"* (Rom. 7:18); y que ha entrado sobre una línea de constante progreso hacia la depravación de la cual no puede de ningún modo alejarse en su propia fuerza (Rom. 7:18).[11]

B. EL RESULTADO DE LA DEPRAVACION DEL HOMBRE.

El pecado es rebeldía voluntaria contra Dios. Tal actitud no puede traer más que resultados malignos. No es sorprendente que uno pueda ver a su alrededor los horribles resultados del pecado. No es posible que los hombres continúen pecando y cosechen otra cosa que peores angustias. Pablo declara en Gálatas 6:8: *"Porque el que siembra para su carne, de la carne segará corrupción..."* Oseas dijo, concerniente a Israel: *"Porque sembraron viento y torbellino segarán..."* (Os. 8:7). También declaró: *"Habéis arado impiedad, y segasteis iniquidad; comeréis fruto de mentira..."* (Os. 10:13).

Uno tendría que ser ciego para no ver el resultado de la depravación pecaminosa en las mentes y cuerpos de la raza humana hoy en día. Superstición, barbaridad y la iniquidad más grotesca son vistas en toda la tierra donde el evangelio no ha llegado. Donde el mensaje de salvación de pecados ha sido predicado y rechazado, la condición es casi peor, porque aquí se suma la condenación de luz que ha sido rechazada. En los mismos Estados Unidos, que probablemente es el país cristiano más grande en el mundo, toda institución de corrección, toda prisión de castigo, todo sanatorio y asilo está concentrando los resultados del pecado. Todo policía en la nación es un silencioso tributo al resultado del pecado.

La influencia del pecado sobre la conciencia humana es tan devastadora que ahora el pecado se ha hecho tan atractivo hasta el punto de ser re-

---

[11] Thiessen, 267,268.

conocido en la sociedad como la cosa para hacer. Un gran hombre dijo una vez, *"Nuestra mayor defensa contra el pecado es estar horrorizados de él"*; y cuando cesa esta actitud, el pecado ha logrado sus más horrendos resultados. Pablo, en esa terrible lista de grotescas iniquidades en Romanos 1:24-32, llevó a la cima la fatal situación cuando dijo: *"Quienes habiendo entendido el juicio de Dios, que los que practican tales cosas son dignos de muerte, no sólo las hacen, sino que también se complacen con los que las practican"* (Vs 32). Cuando el pecado pierde su pecaminosidad, y los hombres encuentran placer en las más grotescas de las prácticas pecaminosas, solo hay poca esperanza.

VIII. LA CULPA DEL PECADO

A. EL PECADO EN RELACION CON DIOS.

La culpa es sólo valles de castigo por la violación de una ley o falla en conformarse a esa ley determinada por uno mismo. Es el resultado del pecado en relación con la ira de Dios. Hay resultados naturales del pecado en el pecador mismo, pero la ira trae a Dios en escena. Todo pecado es una ofensa contra Dios y está sujeto a su ira. (Vea Sal. 7:11; Jn. 3:18, 36).

El arrepentimiento de David llegó a su cima cuando se dio cuenta de que no sólo había pecado contra Betsabé y su esposo Urías, sino contra Dios. *"Contra ti, contra ti solo he pecado, y he hecho lo malo delante de tus ojos; para que seas reconocido justo en tu palabra y tenido por puro en tu juicio"* (Sal. 51:4). El hijo pródigo se dio cuenta de lo mismo cuando gritó, *"... He pecado contra el cielo..."* (Lc. 15:21). Romanos 3:19 establece bien el caso: *"Pero sabemos que todo lo que la ley dice, lo dice a los que están bajo la ley, para que toda boca se cierre y todo el mundo quede bajo el juicio de Dios."* La santidad de Dios reacciona contra el pecado; la reacción es *"la ira de Dios."* *"Porque la ira de Dios se revela desde el cielo contra toda impiedad e injusticia de los hombres que detienen con injusticia la verdad..."* (Rom. 1:18).

De acuerdo con Strong: "No sólo el pecado, como desigual a la pureza divina, involucra contaminación, sino también, como antagonismo a la sagrada voluntad de Dios, involucra culpa."[12]

Mientras que la culpa es primariamente una reacción hacia Dios, existe también una reacción secundaria en la conciencia de uno. Strong dice:

El progreso en el pecado está marcado por una disminución en la sensitividad al discernimiento y sentimiento moral. Como el más grande de

---

[12] *Systematic Theology* (Teología Sistematica) por Augustus Hopkins Strong (Philadelphia, PA: The Judson Press, 1943) 645.

los pecados es ser consciente de ninguno, así también la culpa puede ser tan grande como su proporción a la ausencia de conciencia de él. (Sal. 19:12; Ef. 4:18,19). Sin embargo, no hay evidencia de que la voz de la conciencia pueda ser completa o finalmente silenciada. "El tiempo de arrepentimiento puede pasar, pero no el tiempo de remordimiento. [13]

Se cita que el Dr. H. E. Robins dijo, "Para el pecador convicto un infierno meramente externo sería una llama refrescante,   comparado con la agonía del remordimiento."[14]

B. NIVELES DE CULPA.

La escritura hace claro que hay niveles de culpa, y por lo tanto niveles de castigo, porque hay variedades de pecados. El principio es reconocido por la variedad de sacrificios requeridos por las diferentes clases de pecados (Lv. 4-7). El Nuevo Testamento también sugiere niveles de culpa: Lc. 12:47,48; Jn. 19:11; Rom. 2:6; Heb. 2:2,3; 10:28,29. Estos son:

1. Pecados de naturaleza y de transgresión personal.

Los hombres son pecadores por el principio de pecado innato (pecados de la naturaleza). Pero hay mayor culpa cuando el pecador por naturaleza comete actos de transgresión personal.

2. Pecados de ignorancia y pecados de conocimiento.

Ya hemos visto que hay pecados de ignorancia. Pero pecados contra el conocimiento estarían acompañados por mayor culpa, mayor el conocimiento, mayor la culpa. *"¡Ay de ti, Corazín! ¡Ay de ti, Betsaida! que si en Tiro y en Sidón se hubieran hecho milagros que se han hecho en vosotras, tiempo ha que sentadas en cilicio y ceniza, se habrían arrepentido. Por tanto, en el juicio será más tolerable el castigo para Tiro y Sidón, que para vosotras"* (Lc. 10:13-14). *"Porque todos los que sin ley han pecado, sin ley también perecerán; y todos los que bajo la ley han pecado, por la ley serán juzgados"* (Rom. 2:12).

3. Pecados de flaqueza y pecados de soberbia.

El salmista oró para ser guardado de pecados de soberbia: *"Preserva también a tu siervo de las soberbias, que no se enseñoreen de mi..."* (Sal. 19:13). En contraste, Pedro ilustra un pecado de flaqueza. Estaba determinado a ser fiel aún si todos los otros negaban al Señor; pero encontró que

---

[13] Strong, 647.
[14] H.E Robbins, citado por Strong, 647.

no tenía la fortaleza que pensaba era suya (Mt. 26:35). Otra forma de expresar éste contraste es notar la diferencia entre pecados de impulso y pecados deliberados. El pecado de David contra Betsabé fue uno de impulso, pero su pecado contra Urías fue deliberado, ya que planeó cuidadosamente la muerte de éste último.

IX. LA PENA DEL PECADO

A. EL SIGNIFICADO DE PENA.

1. Sobre los no salvos.

La pena es el dolor o pérdida que está directamente impuesta por el dador de leyes en vindicación de su justicia, que ha sido agravada por la violación de la ley. Hay consecuencias naturales del pecado: *"Porque la paga del pecado es muerte..."* (Rom. 6:23); *"El alma que pecare, esa morirá"* (Ez. 18:20a); *"y de la manera que está establecido para los hombres que mueran una sola vez, y después de esto el juicio..."* (Heb. 9:27).

La muerte física es uno de los resultados naturales del pecado, pero hay un "después de esto" que representa la siguiente pena. No dudamos que las consecuencias naturales del pecado son parte de la pena. *"Prenderán al impío sus propias iniquidades, y retenido será con las cuerdas de su pecado"* (Pr. 5:22). La inmoralidad toma su derecho sobre el cuerpo humano. El estado sin Dios resulta en la deterioración mental y espiritual. Pero esto es sólo parte de la pena. En toda pena está la santa ira del dador de las leyes. La una puede ser sufrida ahora, pero la otra ha de ser experimentada en el futuro. "La depravación y la culpa, como consecuencias del pecado, descansan ahora sobre el genero humano, pero la pena de su culminación aguarda un día futuro."[15]

2. Diferencia entre corrección y castigo.

Es importante notar que hay una vasta diferencia entre la corrección y el castigo. La corrección, que es para reformar, no es enviada nunca como castigo sobre los hijos del Señor. Cristo llevó todo el castigo por el pecado del creyente. La corrección siempre procede de amor. *"Castígame, oh Jehová, mas con juicio; no con tu furor, para que no me aniquiles"* (Jer. 10:24). *"Porque el Señor al que ama disciplina, y azota a todo el que recibe por hijo"* (Heb. 12:6).

Por otro lado, el castigo procede de justicia: *"... y sabrán que yo soy Jehová, cuando haga en ella juicios, y en ella me santifique"* (Ez. 28:22);

---

[15] Thiessen, 270.

"Así ha dicho Jehová el Señor: No lo hago por vosotros, oh casa de Israel, sino por causa de mi santo nombre, el cual profanasteis vosotros entre las naciones a donde habéis llegado" (Ez. 36:22); "Y oí al ángel de las aguas, que decía: Justo eres tú, oh Señor, el que eres y que eras, el Santo, porque has juzgado estas cosas" (Ap. 16:5); "porque sus juicios son verdaderos y justos; pues ha juzgado a la gran ramera que ha corrompido a la tierra con su fornicación, y ha vengado la sangre de sus siervos de la mano de ella" (Ap. 19:2). Por lo tanto la corrección se aplica con la intención de ser un correctivo; por su parte, la pena o el castigo no tiene intención de reformar al ofensor. No necesita decirse, que uno no puede reformar a un asesino ejecutándolo.

B. LA NATURALEZA DE LA PENA.

La única palabra que describe la pena total del pecado es "muerte." Esta es triple: física, espiritual y eterna.

1. Muerte física.

El hombre fue creado con la capacidad de ser inmortal; el no tenía que morir si obedecía la ley de Dios. Pero Dios le dijo a Adán, "... *el día que de él comieres ciertamente morirás*" (Gn. 2:17), refiriéndose al árbol de la ciencia del bien y del mal. Adán no murió inmediatamente; pero desde ese momento en adelante, la muerte estuvo actuando en su cuerpo físico. Unos novecientos años más tarde la muerte tomó el derecho final sobre su cuerpo. "*...está establecido para los hombres que mueran una sola vez...*" (Heb. 9:27).

La muerte no es el cese de la personalidad, pero la separación del alma del cuerpo; "incluyendo todas esas maldades y sufrimientos temporales que resultan del disturbio de la armonía original entre cuerpo y alma, y que son la obra de muerte en nosotros."[16]

Solamente a través de un acto de redención el hombre podría tener acceso otra vez al árbol de la vida. En el momento de la resurrección, la vida eterna física será restaurada en aquellos que reciban a Cristo Jesús como su Salvador. En ese momento el alma y el espíritu serán reunidos con el cuerpo y el hombre será un ser completo otra vez. De ahí que, para el cristiano, la muerte ya no es la pena de su pecado, ya que Cristo llevó esa pena por él. La muerte se convierte en una puerta a través de la cual el alma entra al más completo gozo de todos los beneficios que Dios ha logrado en Cristo (Ef. 2:7).

---

[16] Strong, 656.

2. Muerte espiritual.

Por muerte espiritual, nos referimos a la separación del alma de Dios; incluyendo todo ese dolor de conciencia, pérdida de paz, y tristeza de espíritu, que resulta del disturbio de la relación normal entre el alma y Dios."[17]

La muerte física no es de ninguna manera la parte principal de la muerte como pena por el pecado. Aunque Adán no murió físicamente en el momento que desobedeció a Dios, murió espiritualmente. Perdió esa comunión con Dios que es la fuente de toda vida. Él se convirtió en *"muerto en delitos y pecados"* (Ef. 2:1). Primera de Timoteo 5:6 se refiere a la viuda, pero también describe perfectamente la condición inmediata de Adán, al igual que la de todo hombre no redimido: *"Pero la que se entrega a los placeres, viviendo está muerta."* Cuando Jesús dijo, *"Y todo aquel que vive y cree en mí, no morirá eternamente"* (Jn. 11:26a); estaba hablando de la restauración de la vida espiritual a través de su gracia redentora.

3. Muerte eterna.

La muerte eterna es la culminación y la conclusión de la muerte espiritual, y se refiere a la eterna separación del alma de Dios. A esto se le llama "la muerte segunda." *"Pero los cobardes e incrédulos, los abominables y homicidas, los fornicarios y hechiceros, los idólatras y todos los mentirosos tendrán su parte en el lago que arde con fuego y azufre, que es la muerte segunda"* (Ap. 21:8). *"Los cuales sufrirán pena de eterna perdición, excluidos de la presencia del Señor y de la gloria de su poder..."* (II Tes. 1:9). *"Entonces dirá también a los de la izquierda: Apartaos de mí, malditos, al fuego eterno preparado para el diablo y sus ángeles"* (Mt. 25:41). *"No os maravilléis de esto, porque vendrá la hora cuando todos los que están en los sepulcros oirán su voz; y los que hicieron lo bueno, saldrán a resurrección de vida; mas los que hicieron lo malo, a resurrección de condenación"* (Jn. 5:28, 29). Chafer discute la muerte segunda:

> Es verdad que la "muerte segunda", que es eterna, es una separación de Dios y que ese estado eterno es una inmensurable pena a la luz del hecho de que el alma perdida debe saber lo que hubiera logrado la gracia. La pena es una definitiva imposición sobre y encima del curso natural de los eventos, una retribución que corresponde al castigo requerido. Es tan cierto como el carácter de Dios que lo que sea impuesto será justo y correcto, y será así reconocido por todos que Dios, como en cualquier otra empresa, no puede ser el autor de aquello que es pecaminoso.[18]

---

[17] Strong, 659.
[18] Chafer, 362.

CAPITULO 5
La Doctrina de la Salvación
Soteriología

INTRODUCCION

La palabra "soteriología" se deriva de dos palabras griegas, *sotería* y *logos*. La primera significa "salvación", y la última palabra, "disertación, o doctrina." Habiendo tratado con la doctrina de la teología, donde fue enfatizada la santidad de Dios, y habiendo visto el fracaso y pecado de la humanidad en el estudio de antropología y hamartiología, nos es traída a conciencia la extrema necesidad de un plan de salvación suficiente para cerrar la vasta brecha entre estos dos extremos infinitos, la pecaminosidad del hombre y la santidad de Dios.

Afortunadamente para todos los involucrados, Dios previó todo lo que tomaría lugar en la caída del hombre, y planeó justamente la salvación necesaria antes de la fundación del mundo. Antes de que fuera cometido el primer pecado en el universo y antes de la triste condición traída por el hombre rebelde, que había sido hecho a la imagen de Dios, el Señor había planeado y provisto el medio de escape de los rebeldes y la condenación del pecado. Nuestro Dios no fue tomado desprevenido. Él previó la caída y pre-ordenó el plan de rescate.

El plan de salvación es tan simple que hasta el menor entre los hijos de los hombres podría tomar suficiente de el para experimentar su poder transformador. Al mismo tiempo, es tan profundo que jamás se ha descubierto ninguna imperfección en él. En realidad, aquellos que mejor lo conocen están continuamente asombrados de que un, y sólo un plan de salvación fuera necesario para satisfacer la vasta cantidad de necesidades espirituales entre casi una ilimitada variedad de necesidades en los hombres de toda raza, cultura y condición entre las naciones de este mundo.

El corazón del plan de salvación de Dios está centrado alrededor de un oficio y la fundación de un mediador; uno que podía ir entre un Dios ofendido y una criatura desamparada y pecaminosa, el hombre. Job sintió la necesidad de tal persona al encontrarse (por lo menos él pensó) apartado de Dios. *"Porque no es hombre como yo, para que yo le responda. Y vengamos juntamente a juicio. No hay entre nosotros árbitro que ponga su mano sobre nosotros dos"* (Job 9:32-33). Esta es la posición que Cristo, en su sacrificio sustituyente, vino a llenar. *"Porque hay un solo Dios, y un sólo mediador entre Dios y los hombres, Jesucristo hombre"* (I Ti. 2:5).

Esta es la razón para la encarnación de la segunda persona de la deidad; para ser un mediador para Dios era necesario ser Dios, para representar a la humanidad era necesario ser un hombre. La pena por los pecados de la humanidad que debía ser descartada si el hombre tenía comunión con Dios, era la muerte. Pero a causa de que Dios no puede morir, el Espíritu no puede morir. Él debía tener un cuerpo. Y entonces *"Aquel verbo fue hecho carne, y habitó entre nosotros"* (Jn. 1:14). Note también la siguiente explicación extensiva:

> *Así que, por cuanto los hijos participaron de carne y sangre, él también participó de lo mismo, para destruir por medio de la muerte al que tenia el imperio de la muerte, esto es, al diablo, y librar a todos los que por el temor de la muerte estaban durante toda la vida sujetos a servidumbre. Porque ciertamente no socorrió a los ángeles, sino que socorrió a la descendencia de Abraham. Por lo cual debía ser en todo semejante a sus hermanos, para venir a ser misericordioso y fiel sumo sacerdote en lo que a Dios se refiere, para expiar los pecados del pueblo* (Heb. 2:14-17).

Todo esto ha sido posible a través de la muerte, sepultura y resurrección de Jesucristo.

En el estudio de la doctrina de la salvación habrá dos encabezamientos: (1) Las provisiones que han sido hechas: incluyendo la muerte, sepultura, resurrección, ascensión y exaltación de Jesucristo y (2) La aplicación de aquellas provisiones: incluyendo arrepentimiento, fe, justificación, regeneración, adopción, santificación, certeza y seguridad.

I. PROVISIONES QUE HAN SIDO HECHAS

A. LA MUERTE DE CRISTO.

Al estudiar la vida de Cristo, nos admiramos por las muchas obras maravillosas ejecutadas por Él. El dar de comer a las multitudes, convertir el agua en vino, sanar a los enfermos, hacer caminar a los paralíticos, hacer hablar a los mudos, y hacer ver a los ciegos eran evidencias que señalaban que Él era el Hijo de Dios. A través de estas poderosas obras, Él dio amplia evidencia de que Él era en verdad todo lo que había dicho que era. Sin embargo, su trabajo no estaba terminado por las poderosas hazañas hechas en su vida, las grandes verdades que predicó, o por ser un gozo y una bendición a la gente de su día. Su principal propósito en venir a esta tierra fue traer salvación a las almas de los hombres.

Cuando el ángel de Dios habló a José sobre el niño que nacería de María, él dijo, *"Y dará a luz un hijo, y llamarás su nombre Jesús, porque él salvará a su pueblo de todos sus pecados"* (Mt. 1:21). Este pensamiento sería entonces el método por el cual Jesús salvaría a su pueblo de sus pecados. Esto lleva al estudio de su muerte.

1. La importancia de la muerte de Cristo.

Myer Pearlman dice: "El evento sobresaliente y la doctrina central del Nuevo Testamento puede ser sintetizado en las palabras, 'Cristo murió (el evento) por nuestros pecados (la doctrina)' I Cor. 15:3."[1]

El Cristianismo es diferente a toda otra religión en el sentido de que se asigna a la muerte de su fundador. Toda otra religión basa su demanda en la grandeza de la vida y enseñanza de aquellos que las fundaron, mientras que el evangelio de Jesucristo está centrado alrededor de la persona de Jesucristo, incluyendo especialmente su muerte en el Calvario. Se ha dicho a menudo que hay algo bueno en toda religión. Puede ser verdad que haya algún valor ético en muchas otras enseñanzas, pero sólo en el cristianismo tenemos la redención de pecados, y esto es logrado a través de la muerte sustituyente del mismo hijo de Dios.

1.1. La importancia que se le da en las escrituras.

1.1.1. En el Antiguo Testamento. La muerte de Cristo está prevista a través del Antiguo Testamento en muchos tipos (símbolos o figuras de la muerte de Cristo) y profecías. Sólo algunos de los más sobresalientes de éstos son mencionados aquí.

1.1.1.1. Tipos:

- Las túnicas de pieles. *"Y Jehová Dios hizo al hombre y su mujer túnicas de pieles, y los vistió"* (Gn. 3:21).

- La ofrenda de Abel. *"Y Abel trajo también de los primogénitos de sus ovejas, de lo más gordo de ellas. Y miró Jehová con agrado a Abel y su ofrenda"* (Gn. 4:4).

- La ofrenda de Isaac (Gn. 22).

---

[1] *Knowing the Doctrines of the Bible* (Conociendo las Doctrinas de la Biblia) por Myer Pearlman (Springfield, MO: Gospel Publishing House, 1939) 171.

- El cordero de la pascua (Ex. 12).

- El sistema de sacrificio levítico (Lv. 1-7).

- La serpiente de bronce (Nm. 21; Jn. 3:14).

- El Cordero inmolado. *"Todos nosotros nos descarriamos como ovejas, cada cual se apartó por su camino; mas Jehová cargó en él el pecado de todos nosotros. Angustiado él, y afligido, no abrió su boca; como cordero fue llevado al matadero; y como oveja delante de sus trasquiladores, enmudeció y no abrió su boca"* (Is. 53:6,7).

1.1.1.2. Profecías:

- La simiente de la mujer. *"Y pondré enemistad entre ti y la mujer, y entre tu simiente y la simiente suya; ésta te herirá en la cabeza, y tú le herirás en el calcañar"* (Gn. 3:15). Esto versículo ha sido llamado "el protoevangelio", o "el primer evangelio".

- La escena de la crucifixión (Sal. 22)

- El sufrimiento vicario (Is. 53).

- El Mesías cortado. *"Y después de sesenta y dos semanas se quitará la vida al Mesías mas no por sí"* (Dn. 9:26).

- El pastor herido. "Y le preguntarán: *¿Qué heridas son éstas en tus manos? Y le responderá: con ellas fui herido en casa de mis amigos. Levántate, oh espada, contra el pastor, y contra el hombre compañero mío, dice Jehová de los ejércitos. Hiere al pastor, y serán dispersadas las ovejas; y haré volver mi mano contra los pequeñitos"* (Zac. 13:6,7).

En su conversación con los dos discípulos, camino a Emaús en la tarde de su resurrección, Jesús declaró que Moisés, todos los profetas y todas las escrituras, hablaron de su muerte. *"¿No era necesario que el Cristo padeciera estas cosas, y que entrara en su gloria? Y comenzando desde Moisés, y siguiendo por todos los profetas, les declaraba en todas las escrituras lo que de él decían."* (Lc. 24:26,27).

Es claro, en I Pedro 1:10,11, que los sufrimientos de Cristo fueron el tema en el cual los profetas del Antiguo Testamento inquirían y buscaban diligentemente: *"Los profetas que profetizaron de la gracia destinada a vosotros, inquirieron y diligentemente indagaron acerca de esta salvación, escudriñando qué persona y qué tiempo indicaba el Espíritu de Cristo que estaba en ellos, el cual anunciaba de antemano los sufrimientos de Cristo, y las glorias que vendrían tras ellos."* Cuando Moisés y Elías aparecieron con Cristo en el monte de la transfiguración el tema del cual conversaron fue la muerte del Salvador. *"Y he aquí dos varones que hablaban con él, los cuales eran Moisés y Elías; quienes aparecieron rodeados de gloria, y hablaban de su partida, que iba Jesús a cumplir en Jerusalén"* (Lc. 9:30-31).

1.1.2. En el Nuevo Testamento. Torrey dice que la muerte de Jesucristo es mencionada directamente más de ciento setenta y cinco (175) veces en el Nuevo Testamento.[2] Ya que hay 7.957 versículos en el Nuevo Testamento; se podría decir que uno de cada cuarenta y cinco (45) se refiere a este tema. Thiessen declara: "Los últimos tres días de la vida terrenal de nuestro Señor ocupan alrededor de un quinto de las narraciones en los cuatro Evangelios".[3]

1.2. Su relación con la encarnación.

Este tema ha sido tratado bajo la sección de teología que habla de Jesucristo. Pero algunos versículos pertinentes serán repetidos aquí para enfatizar la importancia de su muerte. Jesús participó en carne y sangre a fin de que pudiera morir. *"Así que, por cuanto los hijos participaron de carne y sangre, él también participó de los mismos, para destruir por medio de la muerte al que tenía el imperio de la muerte, esto es, el diablo"* (Heb. 2:14). *"Él apareció para quitar nuestros pecados"* (I Jn. 3:5). Cristo vino a este mundo con el único propósito de darse a sí mismo como rescate por nuestros pecados. *"Como el Hijo del Hombre no vino para ser servido, sino para servir, y para dar su vida en rescate por muchos"* (Mt. 20:28). *"Pero ahora, en la consumación de los siglos, se presentó una vez para siempre por el sacrificio de sí mismo"* (Heb. 9:26). Como bien dice Thiessen: "Su muerte no fue una reflexión o un accidente, pero el logro de un propósito divino en conexión con la encarnación. La encarnación no es el fin en sí mismo; es sólo el medio para el fin, y ese fin es la redención de los perdidos a través de la muerte del Señor en la cruz." [4]

1.3. Es una de las dos verdades fundamentales del evangelio.

Note como Pablo enfatiza la muerte, la sepultura, y la resurrección de Cristo como constituyentes del evangelio. *"Además os declaro, hermanos, el evangelio... que Cristo murió por nuestros pecados, conforme a las Escrituras; y que fue sepultado, y que resució al tercer día, conforme a las Escrituras."* (I Cor. 15:1-4). El evangelio es las "buenas nuevas" de salvación, el perdón de pecados a través de la muerte, sepultura y resurrección de Jesucristo.

---

[2] *What the Bible Teaches* (Lo Que Enseña la Biblia) por Reuben Archer Torrey (Nueva York: Fleming H. Revell Company, 1933) 144.

[3] *Introductory Lectures in Systematic Theology* (Discursos Introductorios en Teología Sistemática) por Henry Clarence Thiessen (Gran Rapids, MI: Wm B. Eerdmans Publising Company, 1949) 313.

[4] Thiessen, 314.

1.4. Es necesario para la salvación del hombre.

Muchos versículos señalan la absoluta necesidad de la muerte de Cristo a fin de que Dios pudiera perdonar el pecado y otorgar al hombre su salvación. Note cuán a menudo ocurren las palabras "es necesario" en los siguientes pasajes:

> *Desde entonces comenzó Jesús a declarar a sus discípulos que le **era necesario** ir a Jerusalén y padecer mucho de los ancianos, de los principales sacerdotes y de los escribas; y ser muerto y resucitar al tercer día* (Mt. 16:21).

> *Pero primero **es necesario** que padezca mucho, y sea desechado por esta generación* (Lv. 17:25).

> *Escuche el testimonio de los ángeles en la tumba vacía: diciendo: **Es necesario** que el Hijo del Hombre sea entregado en manos de hombres pecadores, y que sea crucificado, y resucite al tercer día* (Lc. 24:7).

> *Declarando y exponiendo por medio de las Escrituras, que **era necesario** que Cristo padeciese, y resucitase de los muertos* (Hch. 17:3).

La única base sobre la cual un Dios santo podía perdonar el pecado era que su hijo llevara la pena de la culpa del pecador. El no puede perdonar solamente con base en el arrepentimiento del pecador. Sólo puede ser porque la pena ha sido completamente pagada. Dios no perdona a los pecadores, como algunos predican, porque los ama. Su amor causó que Él diera a su Hijo unigénito para que fuera el rescate por el pecado, por consiguiente el pecador puede ser perdonado. George Herbert Morrison ha escrito hermosamente:

> Déjeme decir que la cruz no es necesaria e incluida por la falta de disponibilidad de Dios para perdonar. En ninguna parte del Nuevo Testamento la cruz es concebida como el cambio de un Dios no dispuesto, a uno dispuesto, como si se tratase de una compulsión sobre un Dios desganado. No es la causa de amor, es su consecuencia; es la emanación de amor, es su derramamiento, y eso es lo que tan a menudo se olvida.

> En el Nuevo Testamento leemos que Cristo fue ofrecido como propiciación por nuestros pecados y que nuestras mentes se volvieron a creencias paganas, donde los hombres trataban de aplacar a sus dioses airados; pero la tremenda diferencia es que en todas estas creencias el hombre tenía que proveer la propiciación; en la fe cristiana Dios la provee. Él no le pide al hombre un sacrificio de expiación; Él entrega el sacrificio de expiación, y Él lo da porque ama al mundo y no es su voluntad que algún hombre se pierda. Es porque Él está tan apasionadamente ansioso por perdonar que mandó a su hijo a morir.

¿Por qué entonces fue necesaria la cruz si Dios es amor eternamente? Para mí la respuesta antigua es la única respuesta. Dios es más que una persona; Dios es el gobernador moral del universo. Un padre perdona libremente a su hijo si el niño es culpable; pero si el padre es un juez no puede perdonar así a un criminal, aunque el criminal sea su hijo; es su deber sustentar y administrar la ley por los intereses más altos del estado, y si perdonara al criminal sobre la base de que es culpable, el país se lanzaría a un estado sin leyes y caos. O, de nuevo digamos que el padre es un director de escuela, y el hijo un alumno; ¿puede actuar como director al igual que actúa como padre, perdonando porque el niño expresa angustia? ¿No desintegraría y destruiría la disciplina y bajaría la moral de toda la escuela que inevitablemente la llevaría al libertinaje?

Estas son ilustraciones imperfectas, pero ilustran el problema de Dios: como perdonar, como lo desea su corazón, y al mismo tiempo ser "juez de toda la tierra"; como perdonar, a la más leve señal de culpabilidad, y aún mantener esa ley que vive en Él, para que los hombres puedan vivir en la segura y espléndida confianza de que *"justicia y juicio son el cimiento de su trono"* (Sal. 89:14).

Había "un problema digno de Dios", como solían decir Martín Lutero y Tomas Chalmers: cómo cancelar el pecado, tratarlo como si no fuera, y aún mantener y vindicar su justicia. El Nuevo Testamento con inalterada repetición no dice que Dios resolvió ese problema dando a su unigénito Hijo para morir por el pecado. Cualquier perdón divino que haga menos a la ley haría de este mundo una habitación intolerable; pero cuando Dios dio a su hijo para morir por el pecado *"la justicia y la paz se besaron* (Sal. 85:10).[5]

2. Malentendidos concernientes a la muerte de Cristo.

A fin de apreciar más enteramente la verdadera enseñanza bíblica concerniente a la muerte de Cristo podría ser bueno examinar brevemente algunas de las falsas teorías que han avanzado en el transcurso de los años.

2.1. La teoría del accidente.

Esta postura ve a Cristo simplemente como un hombre y por lo tanto sujeto a la muerte como cualquier otro hombre. Cristo murió en manos de una multitud que no estaba de acuerdo con sus enseñanzas. Su muerte fue completamente imprevista y no tuvo ningún significado para nadie más.

---

[5] *The significance of the Cross* (El significado de la Cruz) por George Herbert Morrison (Nueva York: George H. Doran Company, 1924) como citado en la revista *Decision* (Decisión) (Diciembre, 1964).

Esa postura es sostenida por los racionalistas extremos que omiten las claras enseñanzas de la escritura.

Esta idea radical es fácilmente refutada por el hecho de que la muerte de Cristo fue prevista y predicha a lo largo del Antiguo Testamento como hemos visto (Sal. 22, Is. 53, Zac. 11). Además, Jesús habló repetidamente de su futura muerte y la forma en que esta sería (Mt. 16:21; Mr. 9:30-32; Mt. 20:17-19; Lc. 22:19,20; Jn. 10:17,18), lo cual claramente contradice esta falsa teoría. *"Por eso me ama el Padre, porque yo pongo mi vida, para volverla a tomar. Nadie me la quita, sino que yo de mí mismo la pongo. Tengo poder para ponerla, y tengo poder para volverla a tomar. Este mandamiento recibí de mi Padre."*

2.2. La teoría del mártir.

Esta teoría sostiene que la muerte de Cristo no fue más que la de un noble mártir, tal como Huss o Policarpio. Su único valor para la humanidad es el ejemplo que Jesús dio en ser fiel a lo que creía y enseñaba, hasta estar dispuesto a morir por eso. Esta ha sido llamada a veces la "teoría del ejemplo." El hombre puede ser salvo por arrepentimiento y reformación solamente.

Esta idea ignora completamente la enseñanza escritural de que la muerte de Cristo fue una propiciación de la ira de Dios y una expiación por el pecado del hombre.

Siendo justificados gratuitamente por su gracia, mediante la redención que es en Cristo Jesús, a quien Dios puso como propiciación por medio de la fe en su sangre, para manifestar su justicia, a causa de haber pasado por alto, en su paciencia, los pecados pasados, con la mira de manifestar en este tiempo su justicia, a fin de que él sea el justo, y el que justifica al que es de la fe de Jesús (Rom. 3:24-26).

Esta teoría falla en considerar la actitud anti-mártir en pedir que se pasara de Él la copa (Mt. 26:42).

2.3. La teoría de la influencia moral o del amor de Dios.

Esta teoría sostiene que el sufrimiento y la muerte de Cristo fueron solamente los resultados naturales de su hacerse carne y sufrir con, no por, sus criaturas. En esta teoría Thiessen dice: "Los sufrimientos y la muerte de Cristo son similares a los del misionero que entra en una colonia leprosa de por vida, a fin de salvar a los leprosos".[6]

Thiessen señala además que la teoría enseña que "el amor de Dios manifestado en la encarnación, los sufrimientos y la muerte de Cristo, son

---

[6] Thiessen 316.

para ablandar los corazones humanos y llevarlos al arrepentimiento.[7] Aquí, entonces, no hay pensamiento de la ira de Dios para ser propiciado, y de Cristo muriendo como el sustituto por nuestros pecados.

Es verdad que *"De tal manera amó Dios al mundo"* (Jn. 3:16), y que *"Mas Dios muestra su amor para con nosotros, en que siendo aún pecadores, Cristo murió por nosotros"* (Rom. 5:8). Estos pasajes enfatizan el amor de Dios, pero también hacen claro lo que hizo el amor de Dios. El amor de Dios no salvó a los pecadores; causó que Dios estuviera dispuesto a dar a su hijo para morir por nosotros y de esa manera satisfacer las justas demandas de su propia santidad. Thiessen comenta lo siguiente: "En esta teoría es difícil explicar cómo fueron salvos los creyentes del Antiguo Testamento, ya que no tenían esta lección objeto del amor de Dios."[8]

2.4. La teoría gubernamental.

El pensamiento principal tras esta teoría es que Dios hizo de Cristo un ejemplo, en sus sufrimientos, a fin de mostrarle al hombre su desagrado por el pecado. El gobierno de Dios en el mundo necesitaba que Él mostrara su ira contra el pecado. Sólo así Él podría mantener respeto por su ley. En la medida en que la humanidad se de cuenta de la actitud de Dios hacia el pecado, mostrada en los sufrimientos de Cristo, será movida al arrepentimiento, que es lo único necesario para la salvación. La principal objeción que surge de esta enseñanza es, ¿por qué entonces fue necesaria la encarnación? ¿Y por qué el que sufre debe ser una persona inocente? ¿Por qué no podía ser manifestada la ira de Dios contra cualquier pecador, en vez de su unigénito hijo?

3. El verdadero significado de la muerte de Cristo.

A fin de tomar la completa extensión de lo que fue logrado a través de la muerte de Jesucristo, un número de diferentes palabras debe ser utilizado y sus significados completamente entendidos. El pecado del hombre era tan grande y la santidad de Dios tan pura, que el golfo que entre ellos debía ser cruzado requería un sublime logro por parte de nuestro Señor. Por medio de su muerte, Él satisfizo enteramente toda necesidad del pecador relacionada con el pecado, capacitándolo para disfrutar una comunión eterna con Dios. Al mismo tiempo, Cristo satisfizo todo requisito necesario para que un Dios recto y justo pudiera perdonar libremente el pecado y recibir al hombre otra vez en su comunión. En ningún momento a través de la eternidad, cualquier hombre, diablo o ángel podrá desafiar la perfecta y entera provisión de la gran salvación de Dios. Consideraremos la muerte de Cristo como es revelada en cinco palabras distintas.

---

[7] Thiessen 316.
[8] Thiessen 316.

3.1. Es vicaria (una sustitución).

La palabra vicaria quiere decir "un sustituto, uno que toma el lugar de otro y actúa en su lugar." *"Todos nosotros nos descarriamos como ovejas, cada cual se apartó por su camino, mas Jehová cargó en él, el pecado de todos nosotros"* (Is. 53:6). *"Como el Hijo del Hombre no vino para ser servido, sino para servir, y para dar su vida en rescate por muchos"* (Mt. 20:28). *"Al que no conoció pecado, por nosotros lo hizo pecado, para que nosotros fuésemos hechos justicia de Dios en él"* (II Cor. 5:21). *"Quien llevó él mismo nuestros pecados en su cuerpo sobre el madero, para que nosotros, estando muertos a los pecados, vivamos a la justicia."* (I P. 2:14). *"Porque también Cristo padeció una sola vez por los pecados, el justo por los injustos, para llevarnos a Dios"* (I P. 3:18).

De estos y muchos otros versículos (Vea I Cor. 15:3; Rom. 5:8; Jn. 10:11; Gál. 2:20). Es claro que Cristo fue nuestro sustituto al cargar nuestros pecados sobre la cruz. Es obvio qué Él no llevó sus propios pecados. *"El cual no hizo pecado, ni se halló engaño en su boca"* (I P. 2:22). *"¿Quién de vosotros me redargüye de pecado?"* (Jn. 8:46). Cuando Él murió, murió por los pecados de otros.

Ha sido objetado que es inmoral que Dios castigue a una persona inocente por una culpable, y de ahí que la idea de sustitución sea intolerable. Digamos primero, que Dios no sabe castigar al inocente por el culpable. Jesús tomó de tal manera sobre sí nuestro pecado que asumió su culpa. En segundo lugar, no es ilegal que un juez pague él mismo la pena que ha impuesto. Cristo es verdadero Dios, y por lo tanto tenía el derecho de pagar la pena de nuestro pecado. En tercer lugar, sólo podría ser considerado inmoral si Jesús hubiera sido obligado a ser nuestro sacrificio, pero si Él tomó voluntariamente esa posición no se hizo ninguna injusticia. Esto hizo. *"Por eso me ama el Padre, porque yo pongo mi vida, para volverla a tomar. Nadie me la quita, sino que yo de mí mismo la pongo. Tengo poder para ponerla, y tengo poder para volverla a tomar"* (Jn. 10:17,18). Que sea enteramente hecho consciente que no somos salvos por el homicidio de un hombre, pero por uno que voluntariamente se ofreció por nosotros.

3.2. Es una expiación.

La palabra "expiación" es utilizada en forma general y particular. En la forma que es utilizada popularmente, se refiere a la provisión entera de salvación que Dios hizo para los pecadores por medio del sacrificio de nuestro Señor Jesucristo. Este es el significado utilizado generalmente. Sin embargo, la palabra tiene un significado específico en la escritura. Literalmente significa "un encubrimiento." Es una palabra del Antiguo Testamento.

En el Antiguo Testamento debía hacerse una expiación por las trans-gresiones individuales. *"Cuando una persona pecare e hiciere prevarica-ción contra Jehová... para expiación de su culpa traerá* [el sacrificio] *a Jehová... y el sacerdote hará expiación por él delante de Jehová, y ob-tendrá perdón de cualquiera de todas las cosas en que suele ofender"* (Lv. 6:2-7). También era posible hacer expiación nacional por pecados nacio-nales:

> *Si toda la congregación de Israel hubiere errado... y fueren culpa-bles... la congregación ofrecerá un becerro por expiación, y lo traerán delante del tabernáculo de reunión. Y los ancianos de la congrega-ción pondrán sus manos sobre la cabeza del becerro delante de Je-hová, y en presencia de Jehová degollarán aquel becerro... así hará el sacerdote expiación por ellos, y obtendrán perdón* (Lv. 4:13-20).

En la imposición de manos de los ancianos, los pecados de Israel eran transferidos al animal de sacrificio y éste era matado como su sustituto. La expiación proveía un encubrimiento de la culpa del verdadero criminal, y lo hacía invisible al ojo del santo Dios. Este pensamiento es sugerido en versí-culos tales como los siguientes: *"Esconde tu rostro de mis pecados, y bo-rra todas mis maldades"* (Sal. 51:9); *"echaste tras tus espaldas todos mis pecados"* (Is. 38:17); *"¿echará en lo profundo del mar todos nuestros pe-cados?* (Mi. 7:19).

Como se ha dicho, esta palabra "expiación" es una palabra del Antiguo Testamento, porque en Cristo tenemos más que un encubrimiento por nuestros pecados. Estos son perdonados y completamente removidos. La sangre de los animales de sacrificio, traídos por el adorador, sólo podía bastar para cubrir los pecados de los hombres hasta que la preciosa sangre de Cristo fuera derramada para removerlos. *"Porque la sangre de los toros y de los machos cabríos no puede quitar los pecados. Por lo cual, entran-do en el mundo dice: Sacrificio y ofrenda no quisiste; mas me preparaste cuerpo... en esa voluntad somos santificados mediante la ofrenda del cuerpo de Jesucristo hecha una vez para siempre"* (Heb. 10:4-10).

3.3. Es una propiciación.

A quien Dios puso como propiciación por medio de la fe en su san-gre, para manifestar su justicia, a causa de haber pasado por alto, en su paciencia, los pecados pasados (Rom. 3:25).

Y él es la propiciación por nuestros pecados; y no solamente por los nuestros, sino también por los de todo el mundo (I Jn. 2:2).

Por lo cual debía ser en todo semejante a sus hermanos, para venir a ser misericordioso y fiel sumo sacerdote en lo que a Dios se refiere, para expiar los pecados del pueblo (Heb. 2:17).

La palabra "propiciación" propiamente significa el desecho de la ira de Dios por un sacrificio. Por lo tanto significa aplacamiento. "La idea de la ira de Dios está fuertemente arraigada en el Antiguo Testamento, donde se hace referencia a ella 585 veces."[9] Esta palabra también es mencionada un número de veces en el Nuevo Testamento: *"El que rehusa creer en el Hijo no verá la vida, sino que la ira de Dios está sobre él"* (Jn. 3:36). *"Porque la ira de Dios se revela desde el cielo contra toda impiedad e injusticia de los hombres"* (Rom. 1:18). *"Nadie os engañe con palabras vanas, porque por estas cosas viene la ira de Dios sobre los hijos de desobediencia"* (Ef. 5:6). (Vea también Rom. 2:5; 5:9; I Tes. 1:10; Heb. 3:11; Ap. 19:15.)

En los pasajes citados arriba será visto que Pablo veía la muerte de Cristo como el medio para remover la ira de Dios (Rom. 5:9). La sorprendente paradoja es que Dios mismo proveyó los medios para remover su propia ira. También observamos: que si es el amor del Padre que *"envió a su Hijo en propiciación por nuestros pecados"* (I Jn. 4:10); que la razón por la que Cristo se hizo *"misericordioso y fiel sumo sacerdote"* fue para *"expiar los pecados del pueblo"* (Heb. 2:17); y que su propiciación es adecuada para todos (I Jn. 2:2). Según Leon Morris:

> La postura consistente de la Biblia es que el pecado del hombre ha incurrido en la ira de Dios. Esa ira es alejada sólo por la ofrenda expiatoria de Cristo. De este punto de vista su obra salvadora es propiamente llamada propiciación.[10]

3.4. Es una reconciliación.

La necesidad de reconciliación es aparente por la enemistad entre Dios y el hombre traída por el pecado del hombre. Por medio del sacrificio de Jesucristo, esta condición de enemistad puede ser cambiada a una de paz y comunión. Esta es una de las bendiciones más grandes de la salvación personal. De nuevo, esta nueva relación magnifica la gracia de Dios, porque ningún hombre puede reconciliarse con Dios. Dios mismo obró esta reconciliación para nosotros por medio de Cristo. Fuimos reconciliados con Dios por medio de la muerte de su Hijo. *"Porque si siendo enemigos, fuimos reconciliados con Dios por la muerte de su Hijo, mucho más, estando reconciliados, seremos salvos por su vida"* (Rom. 5:10). *"Y a vosotros también, que erais en otro tiempo extraños y enemigos en vuestra mente, haciendo malas obras, ahora os a reconciliado"* (Col. 1:21). Colosenses 1:20 nos dice que esto fue logrado por medio de la sangre de su cruz: *"Y por medio de él reconciliar consigo todas las cosas... haciendo la paz mediante la sangre de su cruz."*

---

[9] *Baker's Dictionary of Theology* (Diccionario de Teología Baker) ed. Everett F. Harrison (Gran Rapids, MI: Baker Book House, 1960) 425.

[10] Harrison, 425.

La escritura aplica la palabra "reconciliación" a ambos, Dios y el hombre: *"Y todo esto proviene de Dios, quien nos reconcilió consigo mismo por Cristo, y nos dio el ministerio de la reconciliación; así que, somos embajadores en nombre de Cristo, como si Dios rogase por medio de nosotros; os rogamos en nombre de Cristo: Reconciliaos con Dios"* (II Cor. 5:18,20). Thiessen explica:

> El pensamiento es algo así: Al principio Dios y el hombre se encontraban cara a cara el uno con el otro. Al pecar, Adán le dio su espalda a Dios. Entonces Dios dio su espalda a Adán. La muerte de Cristo satisfizo las demandas de Dios y ahora nuevamente ha tornado su cara hacia el hombre. Ahora falta que el hombre se dé la vuelta y le dé su cara a Dios. Ya que Dios ha sido reconciliado por la muerte de su hijo, el hombre debe buscar reconciliarse con Dios."[11]

3.5. Es un rescate o una redención.

La palabra "redención" significa una soltura o liberación de la cautividad, esclavitud o muerte por la paga de un precio, llamado rescate. De ahí que la palabra tenga doble significado. Significa la paga de un precio, al igual que la liberación del cautivo. La muerte de Cristo en la cruz está vista en la escritura como el precio que Jesús pagó por la liberación del pecador. *"Como el Hijo del Hombre no vino par ser servido, sino para servir, y para dar su vida en rescate por muchos"* (Mt. 20:28). La liberación que obtuvo Jesús se llama redención *"Y no por sangre de machos cabríos ni de becerros, sino por su propia sangre, entró una vez para siempre en el Lugar Santísimo, habiendo obtenido eterna redención"* (Heb. 9:12).

Según el Nuevo Testamento tenemos redención de las siguientes cosas:

3.5.1. De la pena de la ley

Pablo la llama "la maldición de la ley." *"Cristo nos redimió de la maldición de la ley, hecho por nosotros maldición (porque está escrito: Maldito todo aquel que es colgado en un madero)"* (Gál. 3:13).

3.5.2. De la ley misma

"Así también vosotros, hermanos, habéis muerto a la ley mediante el cuerpo de Cristo" (Rom. 7:4). Ahora estamos bajo la gracia. *"Porque el pecado no se enseñoreará de vosotros, pues no estáis bajo la ley, sino bajo la gracia"* (Rom. 6:14).

3.5.3. Del poder del pecado en la vida de uno

"Sabiendo esto, que nuestro viejo hombre fue crucificado juntamente con él, para que el cuerpo del pecado sea destruido, a fin de que no sir-

---

[11] Thiessen, 327.

vamos más al pecado" (Rom. 6:6). *"Porque los que hemos muerto al pecado ¿cómo viviremos aún en él?"* (Rom. 6:2). (Vea también Tit. 2:14; I P. 1:18,19; Rom. 6:12-14.)

3.5.4. De Satanás

"Y escapen del lazo del diablo, en que están cautivos a voluntad de él" (II Ti. 2:26). *"Así que, por cuanto los hijos participaron de carne y sangre, él también participó de los mismos, para destruir por medio de la muerte al que tenía el imperio de la muerte, esto es, el diablo, y librar a todos los que por el temor de la muerte estaban durante toda la vida sujetos a servidumbre"* (Heb. 2:14,15).

3.5.5. De toda maldad, incluyendo nuestro presente cuerpo mortal

"El cual se dio a sí mismo para librarnos de nuestros pecados para librarnos del presente siglo malo, conforme a la voluntad de nuestro Dios y Padre" (Gál. 1:4). *"Que es las arras de nuestra herencia hasta la redención de la posesión adquirida, para alabanza de su gloria"* (Ef. 1:14). *"Y no sólo ella, sino que también nosotros mismos... esperando la adopción, la redención de nuestro cuerpo"* (Rom. 8:23).

Esta consumación final de nuestra redención será realizada en la segunda venida de nuestro Señor. *"Cuando estas cosas comiencen a suceder, erguíos y levantad vuestra cabeza, porque vuestra redención está cerca"* (Lc. 21:28).

Para resumir los beneficios de la muerte de Cristo, cuando hablamos de ella como vicaria nos referimos a sustitución. Cuando hablamos de ella como expiación nos referimos a cobertura. Cuando hablamos de ella como propiciación nos referimos a aplacamiento. Cuando hablamos de ella como reconciliación nos referimos a enemistad. Finalmente cuando hablamos de ella como rescate nos referimos a redención.

4. ¿Por quién murió Cristo?

Esta es una pregunta vital a causa de muchas teorías que se sostienen dentro de la iglesia cristiana. La teoría calvinista de "expiación limitada" enseña que Cristo murió sólo por los elegidos a quienes Él había previamente elegido. Veamos lo que dice la Biblia.

4.1. Por la iglesia.

No hay duda que Cristo murió por aquellos creyentes que son los miembros de su cuerpo, la iglesia.

Maridos, amad a vuestras mujeres, así como Cristo amó a la iglesia, y se entregó a sí mismo por ella, para santificarla habiéndola purificado en el lavamiento del agua por la palabra, a fin de presentarla a sí mismo, una iglesia gloriosa, que no tuviese mancha ni arruga ni cosa semejante, sino que fuese santa y sin mancha (Ef. 5:25-27).

Así como el Padre me conoce, y yo conozco al Padre; y pongo mi vida por las ovejas (Jn. 10:15).

Yo ruego por ellos, no por el mundo, sino por los que me diste; porque tuyos son, y todo lo mío es tuyo, y lo tuyo mío; y he sido glorificado en ellos. Y ya no estoy en el mundo; mas éstos están en el mundo, y yo voy a ti. Padre santo, a los que me has dado, guardados en tu nombre, para que sean uno, así como nosotros (Jn. 17:9-11).

4.2. Por el mundo entero.

Hay un volumen de escritura aún más grande para mostrar que Cristo murió por el mundo entero, por cada individuo. *"Todos nosotros nos descarriamos como ovejas, cada cual se apartó por su camino, mas Jehová cargó en él el pecado de todos nosotros"* (Is. 53:6). *"He aquí el Cordero de Dios, que quita el pecado del mundo"* (Jn. 1:29). *"El cual se dio a sí mismo en rescate por todos"* (I Ti. 2:6). *"Y él es la propiciación por nuestros pecados; y no solamente por los nuestros, sino también por los de todo el mundo"* (I Jn. 2:2). Quizá el versículo más fuerte en contra de la doctrina de una expiación limitada es II Pedro 2:1: *"Pero hubo también falsos profetas entre el pueblo, como habrá entre vosotros falsos maestros, que introducirán encubiertamente herejías destructoras, y aún negarán al Señor que los rescató, atrayendo sobre sí mismos destrucción repentina."*

Aquí está positivamente dicho que Cristo compró a éstos que serían definitivamente falsos profetas y que serían destruidos. Note también la clara implicación, en los siguientes dos versículos, de que Cristo murió por algunos aunque serían destruidos: *"Pero si por causa de la comida tu hermano es contristado, ya no andes conforme al amor. No hagas que por la comida tuya se pierda aquel por quien Cristo murió"* (Rom. 14:15). *"Y por el conocimiento tuyo, se perderá el hermano débil por quien Cristo murió"* (I Cor. 8:11). Ni un sólo hombre, mujer o niño está excluido de las bendiciones ofrecidas en la expiación. *"Pero vemos a aquel que fue hecho un poco menor que los ángeles, a Jesús, coronado de gloria y de honra, a causa del padecimiento de la muerte, para que por la gracia de Dios gustase la muerte por todos"* (Heb. 2:9).

Una pregunta viene a la mente muy naturalmente, si Cristo murió por todos, ¿por qué entonces no son todos salvos? La respuesta está en el simple, pero claro hecho de que cada uno debe experimentar una fe creyente en que Cristo murió antes de que se pueda participar de los beneficios de su muerte. En Juan 8:24 Jesús dijo, *"Porque si no creéis que yo soy, en vuestros pecados moriréis."* Lewis Sperry Chafer dice:

La condición indicada por Cristo sobre la cual ellos (los incrédulos) pueden evitar morir en sus pecados no está basada sobre su no haber muerto por ellos, pero en vez su creer en él... El valor de la muerte de Cristo, que es tan maravillosa y completa, no es aplicado al no regenerado hasta que crea.[12]

La necesidad de una aplicación personal, por fe, de la gracia salvadora de Jesucristo, está ilustrada por los detalles de la noche de la pascua. Las familias israelitas debían matar un cordero y poner la sangre sobre los dos postes y el dintel de la puerta de sus hogares y luego debían quedarse en la casa. Dios dijo, *"Y la sangre os será por señal en las casas donde vosotros estéis; y veré la sangre y pasaré de vosotros, y no habrá en vosotros plaga de mortandad cuando hiera la tierra de Egipto"* (Ex. 12:13).

Dios no iba a mirar en el patio de atrás donde habían matado al cordero. Él iba a mirar los postes de las puertas de cada hogar individual. Cuando veía allí la sangre, el ángel de la muerte pasaba de largo. Debe haber una aplicación personal, por fe, de la sangre preciosa que fue vertida por nosotros en el calvario. William Evans lo resume admirablemente cuando dice:

La expiación es **suficiente** para todos; es **eficiente** para aquellos que creen en Cristo. La expiación en sí, en cuanto pone la base para el tratamiento redentor de Dios con los hombres es **ilimitada**; la aplicación de la expiación es **limitada** a aquellos que verdaderamente creen en Cristo. **Potencialmente** Él es el Salvador de todos los hombres; **efectivamente** lo es sólo de los creyentes. *"Que por esto mismo trabajamos y sufrimos oprobios, porque esperamos en el Dios viviente, que es el Salvador de todos los hombres, mayormente de los que creen"* (I Ti. 4:10).[13]

4.3. ¿Qué de los niños?

¿La gracia de Dios cubre a infantes y a niños pequeños hasta que lleguen a la edad de uso de razón, o de responsabilidad moral? Si Jesús realmente murió por todos, entonces parecería que estos pequeños también estarían incluidos en su expiación. Si Cristo murió por todos los hombres entonces los pecados de todos están potencialmente cubiertos por el derramamiento de su sangre preciosa. Pero hay un pecado especial que Jesús dijo que el Espíritu Santo condenaría; es el pecado de incredulidad. *"Y cuando él venga,* convencerá [dará convicción] *al mundo de pecado... de pecado, por cuanto no creen en mí."* (Jn. 16:8,9).

---

[12] *Systematic Theology* (Teología Sistemática), por Lewis Sperry Chafer (Dallas, Tx: Dallas Seminary Press, 1947) III, 97.

[13] *The Great Doctines of the Bible* (Las Grandes Doctrinas de la Biblia) por William Evans (Chicago: The Bible Institute Colportage Association, 1912) 79.

El Espíritu Santo da toda una nueva dimensión al pecado. La incredulidad es un pecado del cual la conciencia nunca convencerá al hombre. Al no creer en Jesucristo, y rechazar así su salvación, el hombre falla en aprovechar el perdón, que Él proveyó por su muerte. Por lo tanto la culpa entera del pecado del hombre es acumulada de nuevo sobre sí mismo. Este pecado no es posible para un pequeño antes que alcance la edad de responsabilidad; en consecuencia, la gracia salvadora de Jesucristo todavía le es de utilidad a él. Es imposible determinar cuándo un niño alcanzará este punto de responsabilidad. Con algunos es tan temprano como tres o cuatro años; con otros puede ser cinco o seis años de edad.

B. LA RESURRECCION DE JESUCRISTO.

Parece casi increíble que una gran parte de la iglesia cristiana ve muy poco o ningún significado en la resurrección de Jesucristo, si no como lo afecta a El personalmente. A medida que seguimos este estudio veremos cuán esencial y cuán glorioso es el hecho de la resurrección de nuestro Señor.

1. La importancia de la resurrección de Cristo.

1.1. Es una de las dos doctrinas primarias del evangelio.

"Además os declaro, hermanos, el evangelio... que Cristo murió por nuestros pecados, conforme a las Escrituras; y que fue sepultado, y que resucitó al tercer día, conforme a las Escrituras" (I Cor. 15:1-4). Es imposible e inútil tratar de determinar cuál es más importante: su muerte o su resurrección, porque la una sin la otra nunca podrían haber sido suficientes para la salvación de los hombres. Si Cristo hubiera permanecido en la tumba, su muerte no hubiera sido más que la de un mártir por la fe cristiana. No nos hubiera dado nada más que una filosofía. Sin embargo, sin el sacrificio vicario de su muerte, su resurrección no hubiera presentado ningún poder salvador.

Fue su resurrección la que demostró que Él era el Hijo de Dios. *"Acerca de su Hijo, nuestro Señor Jesucristo, que era del linaje de David según la carne, que fue declarado Hijo de Dios con poder, según el Espíritu de santidad, por la resurrección de entre los muertos"* (Rom. 1:3,4). Su resurrección prueba que su muerte fue de valor suficiente para Dios cubrir todos nuestros pecados, porque su sacrificio fue el sacrificio del Hijo de Dios.

1.2. Fue el fundamento sobre el cual la iglesia fue edificada.

Los apóstoles le dieron el lugar de mayor importancia. En el famoso pasaje de I Corintios capítulo quince, versículos 13-19, se encuentra "una de las más poderosas suposiciones negativas que pueden ser hechas en conexión con la fe cristiana."[14] Pablo enuncia cinco hechos negativos que, si fueran ciertos, despojarían al evangelio de todo su poder y bendición.

1.2.1. Nuestra predicación sería vana

"Y si Cristo no resucitó, vana es entonces nuestra predicación" (Vs 14). A nuestro evangelio le sería robada su nota de gozo y sería cambiada por un canto fúnebre. Se convertiría en un evangelio de muerte, una simple biografía de un hombre que vivió una vida extraordinaria, pero sufrió una muerte ordinaria, aunque ignominiosa *"aún la muerte de la cruz."* Nuestro evangelio sería vaciado de su poder. Si Jesús no hubiera ganado la victoria en el calvario, como es evidenciando por su resurrección sobre la muerte, el infierno, y la tumba todavía seríamos víctimas. Para dar efectividad al evangelio era necesaria la victoria de la tumba abierta y el poder del Señor resucitado.

1.2.2. La fe sería vana

"vana es también vuestra fe" (Vs 14). Todo lo que ha sido aceptado por fe como un regalo gratuito de Dios, por medio de Jesucristo; filiación divina, vida eterna, justificación, santificación, glorificación, y un hogar en el cielo, realmente no lo recibimos. Si Cristo no hubiera resucitado éstos no serían nuestros. Pablo repite lo mismo en el versículo diecisiete. La fe es siempre impotente a menos que su objeto le dé poder.

1.2.3. Los apóstoles serían testigos falsos

"Y somos hallados falsos testigos de Dios; porque hemos testificado de Dios que él resucitó a Cristo, al cual no resucitó, si en verdad los muertos no resucitan" (Vs 15). Un requisito esencial para el apostolado era que él fuera testigo de la resurrección de Cristo. *"Es necesario, pues, que de estos hombres que han estado juntos con nosotros todo el tiempo que el Señor Jesús entraba y salía de entre nosotros, comenzando desde el bautismo de Juan hasta el día en que de entre nosotros fue recibido arriba, uno sea hecho testigo con nosotros, de su resurrección"* (Hch. 1:21,22). Al elegir un sucesor para Judas, uno de los prerequisitos era que él fuera testigo de la resurrección de Cristo. Estos hombres eran falsos testigos si Cristo no hubiera resucitado. Los apóstoles de la verdad hubieran sido hallados apóstoles de falsedad. Si Cristo no hubiera resucitado, el material entero de autenticidad bíblica se hubiera desmantelado dejándonos sin un fragmento de autoridad bíblica.

1.2.4. Los creyentes estarían todavía en sus pecados

"Aún estáis en vuestro pecado." (Vs 17). *"Y en ningún otro hay salvación; porque no hay otro nombre bajo el cielo, dado a los hombres, en*

---

[14] *Christian Theology* (Teología Cristiana) Por Emery H. Bancroft (Grand Rapids, MI: Zondervan Publishing House,1976) 84.

que podamos ser salvos" (Hch. 4:12). *"Llamarás su nombre Jesús, porque él salvará a su pueblo de sus pecados"* (Mt. 1:21). Si Cristo no hubiera resucitado, no poseería más eficacia salvadora que la de cualquier otro carácter histórico. Era necesaria la resurrección de Jesucristo para mostrar el valor justificativo de su muerte.

1.2.5. Aquellos que han muerto perecerían

"Entonces también los que durmieron en Cristo perecieron. Si en esta vida solamente esperamos en Cristo, somos los más dignos de conmiseración de todos los hombres" (Vs 18,19). Es mejor sufrir como aquellos que no tienen esperanza que sufrir como aquellos que tienen una falsa esperanza. La esperanza que sostuvo a los mártires en su sacrificio y que sostuvo a multitudes que han muerto desde entonces en la fe sería una falsa esperanza "si Cristo no hubiera resucitado." Pero lejos de este pensamiento. Pablo declara triunfalmente: *"Mas ahora Cristo ha resucitado de los muertos; primicias de los que durmieron es hecho"* (I Cor. 15:20).[15]

Uno no puede más que estar impresionado, al leer los primeros capítulos del libro de Hechos y ver el prominente lugar dado por los apóstoles a la verdad de la resurrección de Jesucristo. El primer mensaje predicado después del derramamiento del Espíritu Santo en el día de Pentecostés es casi enteramente sobre el tema de la resurrección de Jesús (Hch. 2:22-36). El segundo mensaje registrado, predicado por Pedro desde el pórtico del templo de Salomón, de nuevo menciona este gran hecho: *"Y matasteis al Autor de la vida, a quien Dios ha resucitado de los muertos de lo cual nosotros somos testigos"* (Hch. 3:15). Hablando luego ante el sanedrín, Pedro no deja pasar la oportunidad sin dar testimonio de que Jesús vive otra vez. *"Sea notorio a todos vosotros, y a todo el pueblo de Israel, que en el nombre de Jesucristo de Nazaret, a quien vosotros crucificasteis y a quien Dios resucitó de los muertos, por él este hombre está en vuestra presencia sano"* (Hch. 4:10). Difícilmente había algún mensaje predicado a una persona o multitud en el que no se mencionara la resurrección de Cristo. Hechos 4:33 resume el comienzo del ministerio de los apóstoles: *"Y con gran poder los apóstoles daban testimonio de la resurrección del Señor Jesús, y abundante gracia era sobre ellos."*

Vea los siguientes como ejemplos de esto en el ministerio de los apóstoles y de Pablo: Hch. 2:24,32; 3:15,26; 4:10; 10:40; 13:30-37; 17:31; Rom. 4:24,25; 6:4,9; 7:4; 8:11; 10:9; I Cor. 6:14; II Cor. 4:14; Gál. 1:1; Ef. 1:20; Col. 2:12; I Tes. 1:10; II Ti. 2:8; I P. 1:21.

---

[15] Bancroft, 84-87; varios pensamientos sobre el pasaje de I Co. 15:13-19.

2. La naturaleza y manera de la resurrección de Cristo.

2.1. Su resurrección fue por la obra de la entera trinidad.

2.1.1. Por Dios el Padre

"Y cual la supereminente grandeza de su poder para con nosotros los que creemos, según la operación del poder de su fuerza, la cual operó en Cristo, resucitándole de los muertos y sentándole a su diestra en los lugares celestiales" (Ef. 1:19,20). *"Al cual Dios levantó, sueltos los dolores de la muerte, por cuanto era imposible que fuese retenido por ella"* (Hch. 2:24). *"A éste levantó Dios al tercer día, e hizo que se manifestase"* (Hch. 10:40). *"Mas Dios le levantó de los muertos"* (Hch. 13:30). (Vea Rom. 10:9; Col. 2:12; Rom. 6:4)

2.1.2. Por su propio poder

"Por eso me ama el Padre, porque yo pongo mi vida para volverla a tomar. Nadie me la quita, sino que yo de mí mismo la pongo. Tengo poder para ponerla, y tengo poder para volverla a tomar" (Jn. 10:17,18). Cuando Él habla de su propio cuerpo bajo la imagen de un templo, representa la restauración como su propia obra: *"Destruid este templo, y en tres días lo levantaré"* (Jn. 2:19). Esto no significa que Jesús actuó separadamente del Padre, pero sí muestra que en este gran milagro Él no fue pasivo. ¡Piense en el hecho de un muerto resucitándose a sí mismo!

2.1.3. Por el Poder del Espíritu Santo

"Porque también Cristo padeció una sola vez por los pecados, el justo por los injustos, para llevarnos a Dios siendo a la verdad muerto en la carne, pero vivificado en espíritu" (I P. 3:18). *"Y si el Espíritu de aquel que levantó de los muertos a Jesús mora en vosotros, el que levantó de los muertos a Cristo Jesús vivificará también vuestros cuerpos mortales por su Espíritu que mora en vosotros"* (Rom. 8:11).

2.2. Fue una verdadera resurrección.

Jesús verdaderamente murió. La teoría del desfallecimiento, dice que Él solamente desfalleció sobre la cruz, manos de lástima le bajaron pensando que había muerto, aire fresco de la tumba en la que fue puesto lo revivió, y así salió como si hubiese realmente resucitado de los muertos. Es obvio que esta teoría es completamente falsa. Él apareció a sus discípulos en el completo florecimiento de salud y fuerza, de otro modo no hubiera tenido el efecto que tuvo en ellos. El resultado de colgar de una cruz durante seis horas dejaba el cuerpo humano en tal condición física que no podría haber sido restaurado solo en tres días. Note las siguientes pruebas de su verdadera muerte:

2.2.1. Los soldados vieron que estaba muerto

"Mas cuando llegaron a Jesús, como le vieron ya muerto, no le que-braron las piernas" (Jn. 19:33). Estos eran soldados romanos profesionales que estaban acostumbrados a conducir crucifixiones y no podían ser enga-ñados en que su trabajo no estaba terminado.

2.2.2. El centurión atestiguó de su muerte

El centurión encargado de la crucifixión trajo su informe personal a Pi-lato. Él le aseguró al gobernador romano, que Jesús estaba en realidad muerto. *"Pilato se sorprendió de que ya hubiese muerto, y haciendo venir al centurión, le preguntó si ya estaba muerto. E informado por el centu-rión, dio el cuerpo a José"* (Mr. 15:44,45).

2.2.3. Fluyó sangre y agua de su costado

A fin de asegurar que no existía ni la más remota posibilidad de que quedara vida en el cuerpo de Jesús, uno de los soldados traspasó el costa-do de Jesús con su lanza. Autoridades han declarado que el fluir de sangre y agua, es una evidencia fisiológica de que su corazón fue reventado y que la muerte sería casi instantánea. William Hendriksen en el Comentario del Nuevo Testamento, Exposición del Evangelio de Juan, cita de un artículo en el Foro Calvino escrito por un médico prominente en Grand Rapids, Mi-chigan, Dr. Stuart Bergsma, al efecto de sangre y agua fluyendo de una herida de lanza que sólo pudo haber venido de un corazón reventado"[16] *"Pero uno de los soldados le abrió el costado con una lanza, y al instante salió sangre y agua"* (Jn. 19:34).

2.2.4. José de Arimatea creyó que Él estaba muerto

"José de Arimatea, miembro noble del concilio, que también espera-ba el reino de Dios, vino y entró osadamente a Pilato, y pidió el cuerpo de Jesús" (Mr. 15:43).

2.2.5. Las mujeres que se habían parado al lado de la cruz creyeron que había muerto

Tan pronto como había pasado el día de reposo ellas vinieron con es-pecias para ungir al cuerpo muerto. *"Cuando pasó el día de reposo, María Magdalena, María la madre de Jacobo, y Salomé, compraron especias aromáticas para ir a ungirle"* (Mr. 16:1).

2.2.6. Jesús dijo que murió.

Jesús, quien es "la Verdad", declaró que murió. *"Y el que vivo, y estu-ve muerto"* (Ap. 1:18). Por lo tanto, tenemos toda la razón para creer que la

---

[16] *New Testament Commentary. Exposition of the Gospel of John.* (Comenta-rio sobre el Nuevo Testamento, Exposición del Evangelio de Juan) por William Hen-driksen (cita de un artículo en *Calvin Forum*, escrito por el medico prominente de Gran Rapids, Michigan, Dr. Stuart Bergsma).

resurrección de Cristo fue una resurrección genuina de uno que estaba en verdad muerto.

2.3. Fue una resurrección corporal.

La palabra "resurrección", como es usada acerca del Señor Jesucristo alrededor de doce veces en el Nuevo Testamento, sólo puede significar la resurrección del cuerpo. Nunca es en conexión con el espíritu, porque el espíritu nunca muere. Hay abundantes pruebas de que el cuerpo de nuestro Señor fue literalmente levantado a la vida nuevamente.

2.3.1. Su cuerpo de resurrección estaba compuesto de "carne y huesos." No era un fantasma. *"Mientras ellos aún hablaban de estas cosas, Jesús se puso en medio de ellos, y les dijo: Paz a vosotros. Entonces, espantados y atemorizados, pensaban que veían espíritu. Pero él les dijo: ¿Por qué estáis turbados, y vienen a vuestro corazón estos pensamientos? Mirad mis manos y mis pies, que yo mismo soy; palpad, y ved; porque un espíritu no tiene carne y huesos, como veis que yo tengo"* (Lc. 24:36-39).

2.3.2. Su cuerpo de resurrección podía ser tocado y palpado. *"He aquí, Jesús les salió al encuentro, diciendo: ¡Salve! Y ellas, acercándose, abrazaron sus pies, y le adoraron"* (Mt. 28:9). *"Mirad mis manos y mis pies, que yo mismo soy; palpad, y ved"* (Lc. 24:39). *"Luego dijo a Tomás: Pon tu dedo, y mira mis manos; y acerca tu mano, y métela en mi costado; y no seas incrédulo, sino creyente"* (Jn. 20:27).

2.3.3. Comió ante sus ojos. *"Y como todavía ellos, de gozo, no lo creían, y estaban maravillados, les dijo: ¿Tenéis aquí algo de comer? Entonces le dieron parte de un pez asado, y un panal de miel. Y él lo tomó, y comió delante de ellos"* (Lc. 24:41-43).

2.3.4. Los discípulos y sus seguidores lo reconocieron. Es natural suponer que lo reconocieron por sus características físicas. *"Entonces les fueron abiertos los ojos, y le reconocieron; mas él se desapareció de su vista"* (Lc. 24:31). *"Jesús le dijo: ¡María! Volviéndose ella, le dijo: ¡Raboni! (que quiere decir, maestro)... Fue entonces María Magdalena para dar a los discípulos las nuevas de que había visto al Señor, y que él le había dicho estas cosas"* (Jn. 20:16,18). *"Y los discípulos se regocijaron viendo al Señor"* (Jn. 20:20). *"Entonces aquel discípulo a quien Jesús amaba dijo a Pedro: ¡Es el Señor!"* (Jn. 21:7).

2.3.5. Apareció en el mismo cuerpo en el cual habían sido puestos los clavos y la lanza haba sido clavada. *"Y diciendo esto, les mostró las manos y los pies"* (Lc. 24:40). *"Y cuando hubo dicho esto, les mostró las manos y el costado"* (Jn. 20:20). La escritura indica que estas mismas heridas serán visibles en su cuerpo cuando venga otra vez: *"Y mirarán a mí, a quien traspasaron"* (Zac. 12:10); *"Y le preguntarán: ¿Qué heridas son es-*

las en tus manos? Y él responderá: Con ellas fui herido en casa de mis amigos" (Zac. 13:6). *"He aquí que viene con las nubes, y todo ojo le verá, y los que le traspasaron"* (Ap. 1:7).

2.3.6. Jesús mismo había predicho su resurrección corporal. *"Destruid este templo, y en tres días lo levantaré... Mas él hablaba del templo de su cuerpo. Por cuanto, cuando resucitó de entre los muertos, sus discípulos se acordaron que había dicho esto; y creyeron la Escritura y la palabra que Jesús había dicho"* (Jn. 2:19-22).

2.3.7. David, por medio del Espíritu, había profetizado que su cuerpo sería levantado. *"Porque no dejarás mi alma en el Seol, ni permitirás que tu santo vea corrupción"* (Sal. 16:10). Los judíos, al mantenerse con otros en tierras orientales, creían que la corrupción se apoderaba del cuerpo al cuarto día después de la muerte. Jesús fue levantado al tercer día. Esto da significado a las palabras de Marta concernientes a su hermano Lázaro, *"Señor, hiede ya, porque es de cuatro días"* (Jn. 11: 39).

2.4. Fue una resurrección única.

Se registran ocho incidentes del levantamiento de cuerpos humanos en las escrituras: el hijo de la viuda de Sarepta (I R. 17:17-24); el hijo de la mujer sunamita (II R. 4:17-27); el hombre sobre el cual cayó el cuerpo muerto de Eliseo (II R. 13:21); la hija de Jairo (Mr. 5:22-43); el joven de Naín (Lc. 7:11-17); Lázaro (Jn. 11); Tabita (Hch. 9:36-43); Y Eutico (Hch. 20:7-12).

Tenemos toda razón para creer que éstos no fueron resucitados en un cuerpo inmortal, sino que murieron nuevamente. La resurrección de Jesús fue más que una revocación de su muerte. Primera de Timoteo 6:17 nos dice que sólo Él "tiene inmortalidad." Pablo declara: *"Sabiendo que Cristo, habiendo resucitado de los muertos, ya no muere: la muerte no se enseñoreará más de él. Porque en cuanto murió, al pecado murió una vez por todas; mas en cuanto vive, para Dios vive"* (Rom. 6:9,10). Jesús dijo, *"Y el que vivo, y estuve muerto; mas he aquí que vivo por los siglos de los siglos"* (Ap. 1:18).

Aunque el cuerpo que fue levantado de la tumba de José era el mismo cuerpo en que Jesús había vivido y ministrado, era algo diferente. Era un cuerpo espiritual, sin ataduras de limitaciones físicas. Él podía entrar a un cuarto aunque las puertas estaban cerradas. *"Cuando llegó la noche de aquel mismo día, el primero de la semana, estando las puertas cerradas en el lugar donde los discípulos estaban reunidos por miedo de los judíos, vino Jesús, y... [se puso] ... en medio ... Ocho días después, estaban otra vez los discípulos dentro, y con ellos Tomás. Llegó Jesús, estando las puertas cerradas, y se puso en medio"* (Jn. 20:19-26).

De nuevo el cuerpo de resurrección de Jesús era único en que a veces no era reconocible; note: el incidente de los dos discípulos de camino a Emaús (Lc. 24:13-16; Mr. 16:12), la ocasión en la tumba cuando María lo confundió con el jardinero (Jn. 20:14,15), y los discípulos en el Mar de Galilea después de una noche estéril de pesca (Jn. 21:4,5).

3. Pruebas de la resurrección de Cristo.

3.1. La tumba vacía.

El ángel dio testimonio de que la tumba estaba vacía. *"No está aquí, pues ha resucitado. Venid, ved el lugar donde fue puesto el Señor"* (Mt. 28:6). Las mujeres encontraron la tumba vacía. *"Y entrando, no hallaron el cuerpo del Señor Jesús"* (Lc. 24:3). María Magdalena testificó lo mismo: *"Entonces corrió, y fue a Simón Pedro, y al otro discípulo, aquel al que amaba Jesús, y les dijo: Se han llevado del sepulcro al Señor, y no sabemos dónde le han puesto"* (Jn. 20:2). La historia contada por los soldados sólo después de que fueron sobornados fue que su cuerpo había sido robado de la sepultura.

> *Y reunido con los ancianos, y habido consejo, dieron mucho dinero a los soldados, diciendo: Decid vosotros: Sus discípulos vinieron de noche, y lo hurtaron, estando nosotros dormidos. Y si esto lo oyere el gobernador, nosotros le persuadiremos, y os pondremos a salvo. Y ellos, tomando el dinero, hicieron como se les había instruido. Este dicho se ha divulgado entre los judíos hasta el día de hoy* (Mt. 28:12-15).

Tal acontecimiento sería enteramente improbable. Los discípulos estaban tan llenos de desaliento y timidez que es dudoso que ellos hubieran tenido el coraje de perpetrar tal acto. En 1879, fue hallado un edicto romano declarando que era ilegal, bajo pena de muerte, robar una tumba o mover un cuerpo de un lugar a otro. Por lo tanto, los discípulos serían culpables de muerte. Es sorprendente que los enemigos de Cristo recordaron lo que los discípulos habían olvidado. *"Al día siguiente, que es después de la preparación, se reunieron los principales sacerdotes y los fariseos ante Pilato, diciendo: Señor, nos acordamos que aquel engañador dijo, viviendo aún: Después de tres días resucitaré. Manda, pues, que se asegure el sepulcro hasta el tercer día, no sea que vengan sus discípulos de noche y lo hurten"* (Mt. 27:62- 64).

Note que el cuerpo fue bien asegurado: Una inmensa piedra fue puesta sobre la puerta del sepulcro; fue sellado con un sello oficial romano y fue vigilado por la guardia romana. Los guardias hubieran puesto sus vidas en peligro si hubieran permitido que el cuerpo fuera robado. Además, si estaban dormidos (Vs 13), ¿cómo podrían saber ellos lo que aconteció?

3.2. Los lienzos del sepulcro.

"Y bajándose [Juan] a mirar, vio los lienzos puestos allí, pero no entró. Luego llegó Simón Pedro tras él, y entró en el sepulcro, y vio los lienzos puestos allí, y el sudario que había estado sobre la cabeza de Jesús, no puesto con los lienzos, sino enrollado en un lugar aparte" (Jn. 20:5-7).

Era costumbre para los judíos envolver largas tiras de tela alrededor de un cuerpo desde el cuello hasta los pies, preparándolo para el entierro. De Lázaro leemos: *"Y el que había muerto salió, atadas las manos y los pies con vendas, y el rostro envuelto en un sudario"* (Jn. 11:44). Estas tiras de tela quedarían impregnadas con el vasto peso de las especias que se usaban para embalsamar (Jn. 19:39,40), y formarían un tipo de capullo.

Aparentemente el cuerpo de Jesús se deslizó fuera de este, dejando los lienzos como estaban. Sólo el sudario de la cara estaba removido posiblemente para dejar ver que su cuerpo no estaba dentro. Cualquiera que intentara robar el cuerpo estaría en tal apuro que no tomaría tiempo para desenrollar los lienzos del cuerpo y luego volver a poner los lienzos como estaban. Además, ¿por qué desearía uno un cuerpo muerto desnudo?

Si la mentira fuera cierta, y los discípulos sí robaron el cuerpo del Señor, es increíble que fueran inspirados y dispuestos a dedicar sus vidas a la propagación de una colosal falsedad. Cada uno de los discípulos, con la posible excepción de Juan, es considerado de haber sufrido una muerte de mártir por el mensaje que proclamaba. Quizá sea concebible, que si los discípulos hubieran estado juntos en un grupo, hubieran tenido el coraje de sostenerse mutuamente y ponerse de acuerdo en morir por una mentira. Pero cada uno estaba solo cuando selló su fe con su sangre.

3.3. No fue desafiado en el primer siglo.

Según Fitzwater:

Los apóstoles predicaron la resurrección de Cristo inmediatamente después que ocurrió, y en la misma región donde ocurrió. Situaron la culpa de la muerte de Jesucristo sobre los mismos que habían cometido el hecho. Si Cristo no hubiera en realidad resucitado de los muertos, podría y hubiese sido refutado; pero no hay insinuación en la historia, sagrada o profana, de alguien que haya desafiado este hecho de la predicación de los apóstoles.[17]

Lo único que era necesario para los detractores de la resurrección era que ellos exhibieran el cuerpo muerto de nuestro Señor, pero ellos nunca pudieron hacerlo.

---

[17] *Christian Theology* (Teología Cristiana) por P.B Fitzwater, (Gran Rapids, MI: Wm B. Eerdmans Publishing Company, 1956)160.

3.4. Tres efectos que demandan una causa:

3.4.1. El día del Señor

El hecho que los primeros discípulos siendo judíos, cambiaron su día de adoración del tan antiguo honrado día de reposo al primer día de la semana; y que esa costumbre ha continuado hasta nuestros días, es un efecto que debe tener una gran causa. El cambio fue hecho para celebrar que el Señor había resucitado en el primer día de la semana (Hch. 20:7; I Cor. 16:2).

3.4.2. La iglesia cristiana

Nunca ha habido otra institución en toda la historia que haya producido tanto bien en esta vida, además de dar promesa de la vida que ha de venir. ¡La iglesia cristiana se para sola! "La verdadera evidencia histórica para la resurrección es el hecho de que fue creído, predicado, propagado, y produjo su fruto y efecto en el nuevo fenómeno de la iglesia cristiana, mucho antes que fueran escritos nuestros Evangelios."[18]

3.4.3. El Nuevo Testamento

Este es el libro de la resurrección de Jesucristo. Si no hubiera sido por este evento, el libro nunca hubiera sido escrito. Evans concluye:

Si Jesucristo hubiera permanecido en la tumba, la historia de su vida y muerte hubieran permanecido con Él... La resurrección no crece de la hermosa historia de su vida, sino de la hermosa historia de que su vida surgió del hecho de su resurrección.[19]

4. Los resultados o beneficios de su resurrección:

4.1. Provee un fundamento firme para nuestra fe.

En primer lugar, la resurrección provee un fundamento firme para nuestra fe en Dios. *"Y mediante el cual creéis en Dios, quien le resucitó de los muertos y le ha dado gloria, para que nuestra fe y esperanza sean en Dios"* (I P. 1:21). Sólo Dios puede levantar a los muertos. Él probó que Él es Dios cuando levantó a Jesús.

En segundo lugar, la resurrección provee un fundamento firme para nuestra fe en Jesucristo. Su resurrección es una firme afirmación de que Él es todo lo que declaró ser, el verdadero Hijo de Dios. *"Que fue declarado Hijo de Dios con poder, según el Espíritu de santidad, por la resurrección de entre los muertos"* (Rom. 1:4).

---

[18] *Jesus and the Gospel* (Jesús y el Evangelio) por James Denney como citado por Chafer, V, 243: citado por Everett F. Harrison en *The Christian Doctrine of Resurrection* (La Doctrina Cristiana de Resurrección) manuscrito no publicado. 55.

[19] Evans, 91.

Cristo no fue hecho Hijo de Dios por su resurrección, sino declaró serlo. Si Cristo hubiera permanecido en la tumba, no hubiera habido ninguna razón para creer que Él era diferente de todos aquellos que habían muerto antes de Él. Los judíos pidieron dos veces a Jesús que les mostrara una señal por la cual pudieran creer. En cada caso les dio una señal que señalaba hacia su muerte y resurrección. La primera fue aquella de Jonás, estando tres días y tres noches en la barriga del pez (Mt. 12:38-40). La segunda señaló a la destrucción y reedificación del templo de su cuerpo (Jn. 2:18-21).

4.2. Provee una certeza del perdón de pecados.

Aquellos que creen en Él pueden tener la certeza del perdón de pecados. *"Que si confesares con tu boca que Jesús es el Señor, y creyeres en tu corazón que Dios le levantó de los muertos, serás salvo"* (Rom. 10:9). La justificación del pecador está confirmada por la resurrección de Jesucristo. *"El cual fue entregado por nuestras transgresiones, y resucitado para nuestra justificación"* (Rom. 4:25). Solamente por su resurrección el creyente puede tener la confianza de que Dios estuvo satisfecho con el sacrificio que Cristo hizo en su favor. En verdad, el nuevo nacimiento es logrado a causa de su resurrección. *"Bendito el Dios y Padre de nuestro Señor Jesucristo, que según su gran misericordia nos hizo renacer para una esperanza viva, por la resurrección de Jesucristo de los muertos"* (I P. 1:3).

4.3. Tenemos un sumo sacerdote comprensible, misericordioso y fiel en el cielo.

"Por lo cual debía ser en todo semejante a sus hermanos, para venir a ser misericordioso y fiel sumo sacerdote en lo que a Dios se refiere, para expiar los pecados del pueblo" (Heb. 2:17). *"¿Quién es el que condenará? Cristo es el que murió; más aún el que también resucitó, el que además está a la diestra de Dios, el que también intercede por nosotros"* (Rom. 8:34). *"Por lo cual puede también salvar perpetuamente a los que por él se acercan a Dios, viviendo siempre para interceder por ellos"* (Heb. 7:25).

4.4. Asegura al creyente de todo el poder necesario para la vida y el servicio.

El apóstol Pablo expresó el deseo más grande de su vida cuando dijo: *"A fin de conocerle, y el poder de su resurrección"* (Fil. 3:10). El gran milagro que siempre incitaba la fe en los seguidores de Dios en los días del Antiguo Testamento, era la liberación de los hijos de Israel de Egipto. Vez tras vez los profetas incitaban la fe en la gente recordándoles lo que Dios había hecho por sus padres en el Mar Rojo.

La demostración más grande del poder de Dios en el Nuevo Testamento es el levantamiento de Jesucristo de los muertos. De verdad que esto parece ser el metro con el cual el poder de Dios es medido. Pablo ora que los santos en Efeso puedan saber *"cual la supereminente grandeza de su poder para con nosotros los que creemos, según la operación del poder de su fuerza, la cual operó en Cristo, resucitándolo de los muertos"* (Ef. 1:19,20). Este fue el poder que derrotó la muerte. Note otra vez en Efesios 1:19 que la *"supereminente grandeza de su poder"* es *"para con nosotros los que creemos."* Esto es suficiente para cada día y cada emergencia.

4.5. El creyente tiene la certeza de resurrección e inmortalidad.

"Porque si creemos que Jesús murió y resucitó, así también traerá Dios con Jesús a los que durmieron en él" (I Tes. 4:14). *"Sabiendo que el que resucitó al Señor Jesús, a nosotros también nos resucitará con Jesús y nos presentará juntamente con vosotros"* (II Cor. 4:14). *"Porque yo vivo, vosotros también viviréis"* (Jn. 14:19). (Vea también Jn. 5:28,29; 6:40; Rom. 8:11; I Cor. 15:20-23.) En Romanos 5:14 leemos, *"reinó la muerte desde Adán hasta Moisés..."* Como un monarca temido en trono sepulcral, la muerte continuó reinando sobre los hijos de los hombres. Cada generación subsiguiente se había levantado llena de esperanza, sólo para caer ante el mismo enemigo mortal. En Oseas 13:14, Dios había desafiado: *"Oh muerte, yo seré tu muerte; y seré tu destrucción, oh Seol"*, pero aún la muerte reinaba. ¡Ahora, con la resurrección de Jesús, la muerte había sido derrotada! Cristo derrotó a la muerte, no por eludirla, sino por soportarla y conquistarla.

Por medio de la muerte Él destruyó *"al que tenía el imperio de la muerte, esto es, el diablo"* (Heb. 2:14). El *"poder de su resurrección"* conquistó *"el imperio de la muerte."* En una de las últimas imágenes que tenemos del Salvador Él tiene *"las llaves de la muerte y del Hades"* (Ap. 1:18).

> *Y cuando esto corruptible se haya vestido de incorrupción, y esto mortal se haya vestido de inmortalidad, entonces se cumplirá la palabra que está escrita: Sorbida es la muerte en victoria. ¿Dónde, oh muerte, tu aguijón? ¿Dónde, oh sepulcro, tu victoria? ya que el aguijón de la muerte es el pecado, y el poder del pecado la ley. Mas gracias sean dadas a Dios, que nos da la victoria por medio de nuestro Señor Jesucristo.* (I Cor. 15:54-57)

4.6. Garantiza la certeza de un día de Juicio.

Habrá un tiempo de juicio tanto para los devotos como para impíos. *"Por cuanto ha establecido un día en el cual juzgará al mundo con justicia, por aquel varón a quien designó, dando fe a todos con haberle levantado de los muertos"* (Hch. 17:31). Evans declara:

La resurrección de Cristo es el testimonio fiel de Dios al hecho de un día de juicio venidero. El uno es tan seguro como el otro.[20] (Vea Hch. 10:42; Jn. 5:22,25-29.)

C. LA ASCENSION Y GLORIFICACION DE JESUCRISTO.

1. Su ascensión.

Por la ascensión de Cristo nos referimos a aquel evento en el que Él dejó esta tierra en su cuerpo de resurrección y fue visiblemente llevado al cielo. Marcos y Lucas son los únicos dos escritores de los Evangelios que hablan de esto: *"Y el Señor, después que les habló, fue recibido arriba en el cielo"* (Mr. 16:19). *"Y los sacó fuera hasta Betania, y alzando sus manos, los bendijo. Y aconteció que bendiciéndolos, se separó de ellos y fue llevado arriba al cielo"* (Lc. 24:50,51). *"Y habiendo dicho estas cosas, viéndolo ellos, fue alzado, y le recibió una nube que le ocultó de sus ojos"* (Hch. 1:9).

Jesús predijo el evento de su ascensión. *"Pues qué, si veréis al Hijo del Hombre subir adonde estaba primero."* (Jn. 6:62). Pablo enseñó la ascensión de Cristo: *"Por lo cual dice: subiendo a lo alto, llevó cautiva la cautividad, y dio dones a los hombres. Y eso de que subió, ¿qué es, sino que también había descendido primero a las partes más bajas de la tierra? El que descendió, es el mismo que también subió por encima de todos los cielos para llenarlo todo"* (Ef. 4:8-10). (Vea también Jn. 20:17; 13:1; 16:10,16,28; Heb. 4:14; 7:26; I Ti. 3:16.)

Al unir las palabras *"subió por encima de todos los cielos"* (Ef. 4:10) con *"hecho más sublime que los cielos"* (Heb. 7:26), y *"que traspasó los cielos"* (Heb. 4:14) parece ser que hay varios cielos, posiblemente el atmosférico y astronómico a través de los cuales Jesús pasó en su camino al Padre. William Evans sugiere:

Esto significa que Él venció todos esos principados y poderes malignos que habitan en las regiones celestes (Ef. 6) y que sin duda hicieron lo imposible en tratar de no dejarlo pasar por los cielos para presentar su obra finalizada al Padre.[21]

Myer Pearlman nos hace recordar: "Por lo tanto la ascensión se convierte en la línea divisoria de dos períodos en la vida de Cristo: Desde el nacimiento hasta la resurrección Él es el Cristo de la historia humana, El que vivió una vida humana perfecta bajo condiciones terrenales. Desde la

---

[20] Evans, 96.
[21] Evans, 98.

ascensión Él es el Cristo de la experiencia espiritual, que vive en el cielo y toca a hombres por medio del Espíritu Santo."[22]

2. Su exaltación.

2.1. El significado de la exaltación de Cristo.

Por exaltación de Cristo nos referimos al Padre dándole al Hijo levantado y ascendido el lugar de honor y poder a su diestra. Esta verdad se enseña en muchos lugares en el Nuevo Testamento.

2.1.1. Por Lucas: *"Así que, exaltado por la diestra de Dios"* (Hch. 2:33); *"A éste, Dios ha exaltado con su diestra por Príncipe y Salvador"* (Hch. 5:31);

2.1.2. Por Pedro: *"Quien habiendo subido al cielo está a la diestra de Dios; y a él están sujetos ángeles, autoridades y potestades"* (I P. 3:22).

2.1.3. Por Pablo: *"Cristo es el que murió, más aun, el que también resucitó, el que además está a la diestra de Dios"* (Rom. 8:34); *"la cual operó en Cristo, resucitándole de los muertos y sentándole a su diestra en los lugares celestiales"* (Ef. 1:20); *"Si, pues, habéis resucitado con Cristo, buscad las cosas de arriba, donde está Cristo sentado a la diestra de Dios"* (Col. 3:1); *"Pero Cristo, habiendo ofrecido una vez para siempre un solo sacrificio por los pecados, se ha sentado a la diestra de Dios"* (Heb. 10:12).

2.1.4. Jesús implicó en Mateo 22:41-46, y lo enseñó claramente en Apocalipsis 3:21: *"Al que venciere, le daré que se siente conmigo en mi trono, así como yo he venido, y me he sentado con mi Padre en su trono."*

2.1.5. Esteban vio al Señor glorificado poco antes de su muerte, por eso exclamó, *"He aquí, veo los cielos abiertos, y al Hijo del Hombre que está a la diestra de Dios"* (Hch. 7:55,56). *"La diestra de Dios"* indica un lugar de honor y de poder. *"Por lo cual Dios también le exaltó hasta lo sumo, y le dio un nombre, que es sobre todo nombre, para que en el nombre de Jesús se doble toda rodilla de los que están en los cielos, y en la tierra, y debajo de la tierra; y toda lengua confiese que Jesucristo es el Señor, para gloria de Dios Padre"* (Fil. 2:9-11).

2.2. Resultados de la exaltación de Cristo.

2.2.1. Él es ahora nuestro sumo sacerdote

Cristo es ahora nuestro sumo sacerdote, intercediendo ante Dios a nuestro favor. *"Porque no entró Cristo en el santuario hecho de mano, figura del verdadero, sino en el cielo mismo para presentarse ahora por nosotros ante Dios"* (Heb. 9:24). *"Por tanto, teniendo un gran sumo sacer-*

---

[22] Pearlman, 176.

dote que traspasó los cielos, Jesús el hijo de Dios, retengamos nuestra profesión" (Heb. 4:14).

2.2.2. Nos asegura el acceso a Dios

La exaltación de Cristo asegura a los creyentes un acceso libre a la presencia de Dios. *"Por tanto, teniendo un gran sumo sacerdote... acerqué-monos, pues, confiadamente al trono de gracia, para alcanzar misericordia y hallar gracia para el oportuno socorro"* (Heb. 4:14-16). *"Porque hay un solo Dios, y un solo mediador entre Dios y los hombres, Jesucristo hombre"* (I Ti. 2:5).

2.2.3. Cristo cabeza de la iglesia

Y sometió todas las cosas bajo sus pies, y lo dio por cabeza sobre todas las cosas a la iglesia" (Ef. 1:22). *"Y él es la cabeza del cuerpo que es la iglesia, el que es el principio, el primogénito de entre los muertos, para que en todo tenga la preeminencia"* (Col. 1:18).

2.2.4. Derramamiento del Espíritu

Él ha derramado el Espíritu Santo sobre aquellos que creen. *"Pero yo os digo la verdad. Os conviene que yo me vaya; porque si no me fuere, el Consolador no vendría a vosotros; mas si me fuere, os lo enviaré"* (Jn. 16:7). *"Y yo rogaré al Padre, y os dará otro Consolador, para que esté con vosotros para siempre"* (Jn. 14:16). *"Así que, exaltado por la diestra de Dios, y habiendo recibido del Padre la promesa del Espíritu Santo, ha derramado esto que vosotros veis y oís"* (Hch. 2:33).

2.2.5. Dio dones a los hombres y a la iglesia.

I Cr. 12:8-10; Ef. 4:8-13.

2.2.6. Él esta preparando un lugar para los suyos.

"Y si me fuere y os preparare lugar, vendré otra vez, y os tomaré a mí mismo, para que donde yo estoy, vosotros también estéis" (Jn. 14:3).

3. Los valores prácticos de las doctrinas de la ascensión y glorificación de Cristo.

Myer Pearlman nos ha dado los siguientes cinco valores prácticos e inspirantes para darnos cuenta de que nuestro Señor y Salvador ha ascendido y está sentado en el lugar de honor a la diestra del Padre:

3.1. Un incentivo a la santidad

La conciencia del Cristo ascendido, a quien esperamos ver un día, es un incentivo a la santidad (Col. 3:14). La mirada hacia arriba contrarrestará la fuerza hacia abajo.

3.2. Una correcta concepción de la iglesia

El conocimiento de la ascensión proporciona una correcta concepción de la iglesia. La creencia en un Cristo meramente humano causará que la gente considere a la iglesia como una sociedad humana solamente, útil para propósitos filantrópicos y morales, pero sin poseer ningún poder o autoridad sobrenatural. Por otro lado, un conocimiento del Cristo ascendido resultará en el reconocimiento de la iglesia como un organismo sobrenatural que emana vida divina de su cabeza exaltada.

3.3. Una correcta actitud hacia el mundo

La conciencia del Cristo ascendido producirá una actitud correcta hacia el mundo y las cosas mundanas. *"Mas nuestra ciudadanía está en los cielos, de donde también esperamos al Salvador, al Señor Jesucristo"* (Fil. 3:20).

3.4. Un profundo sentido de responsabilidad personal

La fe en el Cristo ascendido inspirará a un profundo sentido de responsabilidad personal. La creencia en el Cristo ascendido lleva con ella el conocimiento de que vamos a tener que rendirle un día cuentas a Él (Rom. 14:7-9; II Cor. 5:9,10). El sentido de responsabilidad a un amo en los cielos actúa como una disuasión del pecado y un incentivo a la justicia (Ef. 6:9).

3.5. La gozosa esperanza de su regreso

La fe en el Cristo ascendido es conectada con la gozosa y bendita esperanza de su regreso. *"Y si me fuere y os preparare lugar, vendré otra vez, y os tomaré a mí mismo"* (Jn. 14:3).[23]

II. LA APLICACION DE LAS PROVISIONES

A. ELECCION.

La doctrina de elección es una de las más controversiales en toda la teología. A través de los siglos ha continuado dividiendo a cristianos en varios campos. Algunos libros de teología sistemática ni siquiera enseñan este tema.

Esta doctrina a veces ha sido presentada de una manera tan extrema que ha dado a entender que aquellos que son elegidos seguramente serán salvos, sin importar su respuesta al evangelio, y su forma de vida. Contrariamente, se dice que aquellos que son elegidos para ser perdidos perecen eternamente, sin importar cualquier intento de venir a Dios por medio de la fe en Cristo.

---

[23] Pearlman, 181.

Esta posición extrema está basada sobre las tan llamadas doctrinas de "elección incondicional" en donde los selectos son elegidos completamente sin importar el arrepentimiento y fe de su parte; y sobre la doctrina de "expiación limitada" que afirma que Cristo no murió por toda la humanidad, sino sólo por aquellos a quienes Él eligió.

Esta posición también está basada sobre la enseñanza de que el llamado general de Dios a todos los hombres a Cristo no es un "llamado sincero" sino que Él sólo "llama eficientemente" (con intención de llevar a cabo) a aquellos que previamente eligió para salvación. Hemos demostrado en este capítulo que la escritura enseña que Cristo sí murió por toda la humanidad y que Él llama a todos los que están trabajados y cargados a venir a Él. (ver "La muerte de Cristo" en páginas192-207),

¿Qué es la elección? Thiessen dice que, en su sentido redentor, elección es: "Ese acto soberano de Dios en gracia, por el cual Él eligió en Cristo Jesús para salvación a todos aquellos que Él supo antes lo aceptarían." [24]

La elección es un acto soberano de Dios porque, siendo Dios, Él no tiene que consultar, ni preguntar la opinión de nadie más. La escritura enseña que la elección tomó lugar *"antes de la fundación del mundo"* (Ef. 1:4), no había nadie con quien Dios pudiera consultar. Todos los hombres han pecado, y son culpables ante Dios, así que no estaba bajo ninguna obligación de proveer salvación para ninguno. La elección es un acto de Dios en gracia por esta misma razón. Toda la humanidad ha pecado y no merece nada más que condenación. El hombre pecador no puede hacer nada por sí mismo por lo cual pudiera ser considerado digno de salvación. Por lo tanto cualquier oferta de vida eterna debe ser por gracia.

Es *"en Cristo Jesús"*, porque Él únicamente podía proveer la justificación que el hombre necesitaba. Dios no podía elegir al hombre en sí mismo así que lo eligió en Cristo.

La elección es siempre según la presciencia de Dios:

Y sabemos que a los que aman a Dios, todas las cosas les ayudan a bien, esto es, a los que conforme a su propósito son llamados. Porque a los que antes conoció, también los predestinó para que fuesen hechos conforme a la imagen de su Hijo, para que él sea el primogénito entre muchos hermanos. Y a los que predestinó, a éstos también llamó; y a los que llamó, a éstos también justificó; y a los que justificó, a éstos también glorificó (Rom. 8:28-30).

Pedro, apóstol de Jesucristo, a los expatriados de la dispersión en Ponto, Galacia, Capadocia, Asia y Bitinia, elegidos según la pres-

---

[24] Thiessen, 344

ciencia de Dios Padre en santificación del Espíritu, para obedecer y ser rociados con la sangre de Jesucristo (I P. 1:1,2).

Debemos distinguir claramente entre la presciencia y la predeterminación de Dios. No es correcto decir que Dios previó todas las cosas porque Él arbitrariamente determinó llevarlas a cabo. Dios en su presciencia ve hacia adelante todos los eventos de una manera semejante a como nosotros vemos hacia atrás sobre ellos. La presciencia no puede cambiar la naturaleza de eventos futuros como la postciencia tampoco puede cambiar a un hecho histórico. Hay una diferencia entre lo que Dios determina llevar a cabo y lo que Él simplemente permite que suceda: Thiessen dice:

> Ciertamente sólo unos pocos que sostienen la postura de la "elección incondicional" enseñarían que Dios es la causa eficiente del pecado: prácticamente todos estarían de acuerdo en que Dios solamente permitió que el pecado entrara en el universo, y todos admitirían que Él previó que entraría, antes de que hubiera creado algo. Si, entonces, Dios podía prever que el pecado entraría al universo sin decretar eficientemente que entraría, entonces también puede prever como actuarán los hombres sin decretar eficientemente como actuarán.[25]

Efesios 1:3-5 hace muy claro que los creyentes eran elegidos "en Cristo Jesús": *"Bendito sea el Dios y Padre de nuestro Señor Jesucristo, que nos bendijo con toda bendición espiritual en los lugares celestiales en Cristo, según nos escogió en él antes de la fundación del mundo, para que fuésemos santos y sin mancha delante de él, en amor habiéndonos predestinado para ser adoptados hijos suyos por medio de Jesucristo, según el puro afecto de su voluntad."*

Habiendo elegido a los suyos "en Cristo", Dios no estaba mirando al hombre en sí mismo, pero a como él es en Cristo. Aquellos que fueron elegidos son aquellos que estaban en Cristo. Aquellos que están en Cristo son pecadores que han creído en la sangre redentora de Cristo, por medio de la cual han sido unidos con Él como miembros de su cuerpo.

No hay ninguna virtud en esta fe. Los hombres no son salvos porque creen, pero a través de creer. Los creyentes fueron conocidos antes por Dios en Cristo cuando los eligió. ¿Cómo llegaron a ese lugar? A través de la fe en su Hijo amado. Él no determinó quienes estarían allí. El simplemente los vio allí en Cristo cuando los eligió.

La Biblia no enseña la selección, sino la elección. En ninguna parte la Biblia enseña que algunos son predestinados a ser condenados. Esto sería innecesario en tanto que todos son pecadores y en camino a la condenación eterna.

---

[25] Thiessen, 346.

Y él dio vida a vosotros, cuando estabais muertos en vuestros delitos y pecados, en los cuales anduvisteis en otro tiempo, siguiendo la corriente de este mundo, conforme al príncipe de la potestad del aire, el espíritu que ahora opera en los hijos de desobediencia, entre los cuales todos nosotros vivimos en otro tiempo en los deseos de la carne, haciendo la voluntad de la carne y de los pensamientos, y éramos por naturaleza hijos de ira, lo mismo que los demás... en aquel tiempo estabais sin Cristo, alejados de la ciudadanía de Israel y ajenos a los pactos de la promesa, sin esperanza y sin Dios en el mundo (Ef. 2:1-3,12).

No es la no elección del hombre la que lo dirige a la ruina eterna; es su pecado y falla en aceptar a Jesucristo. Todo hombre es libre de aceptar a Cristo como su salvador personal si lo desea. No sólo es invitado, es instado a hacerlo. Cristo ha hecho toda provisión para él. *"Pero vemos a aquel que fue hecho un poco menor que los ángeles, a Jesús, coronado de gloria y de honra, a causa del padecimiento de la muerte, para que por la gracia de Dios gustase la muerte por todos"* (Heb. 2:9). *"Pero Dios, habiendo pasado por alto los tiempos de esta ignorancia, ahora manda a todos los hombres en todo lugar, que se arrepientan"* (Hch. 17:30).

Muchos de los problemas que han surgido en la iglesia sobre esta doctrina de la elección han sido porque algunos la han aplicado a los no salvos. Es verdad para aquellos que ya están en Cristo. Es reconocido universalmente, entre el cuerpo de creyentes, que la epístola de Pablo a los Romanos es la manera más ordenada del plan de salvación que tenemos en la Biblia. El apóstol no trata con el tema de elección hasta que ha pasado el capítulo octavo, que concluye con la verdad de la no separación de Cristo.

Se ha contado a menudo, como una parábola, la historia de un hombre cargado con su pecado y condenación subiendo trabajosamente la colina. Él ve la puerta de salvación delante de él, y sobre ella está escrito, *"Todo aquel que quiera venga."* Se regocija al entrar y su carga le es quitada, una vez dentro del portón de salvación mira arriba sobre la parte interna del arco y descubre las palabras, "elegido en Él antes de la fundación del mundo." ¡Qué gloriosa verdad es descubrir que uno ha hallado la paz del perdón de sus pecados al haber puesto su fe en el sacrificio redentor de Jesucristo!.

Que ningún concepto, con respecto a esta doctrina de elección, impida de ninguna manera la predicación del evangelio a toda la humanidad. La gran comisión continúa siendo la obligación de la iglesia de Jesucristo: *"Id por todo el mundo y predicad el evangelio a toda criatura. El que creyere y fuere bautizado, será salvo; mas el que no creyere, será condenado"* (Mr. 16:15,16).

La elección, siendo enteramente una doctrina de la soberanía de Dios, debe ser seguida de aquellos pasos de la experiencia personal de salvación requeridos para el pecador: estos son el arrepentimiento y la fe. Cada uno de estos será considerado en las dos secciones que siguen.

B. ARREPENTIMIENTO.

El arrepentimiento es un tema poco predicado dentro de nuestras iglesias de hoy en día. Algunos hasta han enseñado que no es necesario, que estamos viviendo en una dispensación diferente que no lo requiere. Ellos citan las palabras de Pablo a la pregunta del carcelero filipense: *"¿Qué debo hacer para ser salvo?"* La respuesta de Pablo fue, *"Cree en el Señor Jesucristo, y serás salvo, tú y tu casa."* (Hch. 16:30-31). Debido a que Pablo no mencionó arrepentimiento, se nos dice que hoy en día todo lo que necesitamos hacer es creer a fin de ser salvos.

El arrepentimiento tiene que ver con apartarse del pecado, y desafortunadamente la pecaminosidad del pecado es algo rara vez enfatizado en nuestro día. Es dudoso que una persona sea nacida de nuevo si no ha entendido enteramente que el asunto de su pecado ha sido tratado por el Señor Jesucristo. A algunos se les está pidiendo venir a Cristo simplemente basándose en las bendiciones a ser recibidas y el gozo a ser experimentado. Jesucristo enfrentó el asunto del pecado para nosotros y es de grande importancia que nos tornemos de nuestro pecado antes que podamos creer en él como nuestro Salvador.

1. Definición.

El significado raíz de "arrepentimiento" es un cambio de mentalidad o propósito. Es un "cambio sincero y cabal de la mentalidad y disposición en cuanto al pecado." Involucra un cambio de perspectiva, un cambio de sentimiento, y un cambio de propósito. De aquí podemos decir que contiene tres elementos: el intelectual, el emocional y el voluntario.

1.1. El elemento intelectual.

Esto involucra un cambio de perspectiva. Es un cambio de perspectiva en cuanto al pecado, a Dios, y a uno mismo. El pecado viene a ser reconocido no meramente como una debilidad, un acontecimiento desafortunado, o un error, pero como una culpa personal: *"Porque yo reconozco mis rebeliones, y mi pecado está siempre delante de mí"* (Sal. 51:3); *"porque por medio de la ley es el conocimiento del pecado"* (Rom. 3:20). Además, el pecado es reconocido como una transgresión contra Dios. Desde un punto de vista humano, el pecado de David fue contra Betsabé y Urías su marido. Pero David se dio cuenta que también fue contra las leyes de Dios.

Él exclamó, *"Contra ti, contra ti solo he pecado, y he hecho lo malo delante de tus ojos"* (Sal. 51:4).

El pecado también es reconocido en su relación con uno mismo. No sólo es visto como una culpa ante Dios, pero como aquello que viola y contamina la persona. Reconociendo esto, David ora, *"Purifícame con hisopo, y seré limpio; lávame, y seré más blanco que la nieve"* (Sal. 51:7). Al recibir una nueva visión de Dios, Job dijo, *"De oídas te había oído; mas ahora mis ojos te ven. Por tanto me aborrezco, y me arrepiento en polvo y ceniza"* (Job 24:5,6). Este elemento intelectual de arrepentimiento es muy importante, pero si no es seguido por los siguientes dos elementos podría traer sólo miedo de castigo sin todavía un verdadero odio del pecado.

1.2. El elemento emocional.

El arrepentimiento a menudo ha sido definido como "una angustia según Dios por el pecado." Escribiendo su segunda carta a los Corintios Pablo dijo: *"Ahora me gozo, no porque hayáis sido contristados, sino porque fuisteis contristados para arrepentimiento; porque habéis sido contristados según Dios, para que ninguna pérdida padecieseis por nuestra parte. Porque la tristeza que es según Dios produce arrepentimiento para salvación, de que no hay que arrepentirse; pero la tristeza del mundo produce muerte"* (II Cor. 7:9,10).

En Lucas 18:13 Jesús pintó al publicano golpeándose sobre su pecho: *"Mas el publicano, estando lejos, no quería ni aún alzar los ojos al cielo, sino que se golpeaba el pecho, diciendo: Dios, sé propicio a mí, pecador."* No hay manera en que podamos medir cuánta emoción es necesaria en el verdadero arrepentimiento, pero ciertamente hay un verdadero movimiento del corazón cuando uno es traído cara a cara con su propio pecado. Raramente las lágrimas no acompañan a un corazón arrepentido. Sin embargo, uno debe distinguir entre la verdadera angustia a causa de el pecado y el real sentimiento de vergüenza por él. Hay una vasta diferencia entre el remordimiento y el arrepentimiento. Una persona puede sentir que haya sido sorprendida en el acto de pecado, pero no necesariamente arrepentida a causa de su pecado. Esto podría ser simplemente remordimiento. La angustia por el pecado debe ser seguida por el elemento voluntario.

1.3. El elemento voluntario.

Billy Sunday solía decir, "La religión no es para el uso del pañuelo, sino para su vértebra dorsal." Debe existir el ejercicio de la voluntad de arrepentimiento para ser verdaderamente efectivo. Esto significa una vuelta interna del pecado y una vuelta de corazón sincero a Cristo para perdón. Una de las palabras utilizadas para "arrepentimiento" significa "cambiar de dirección" Esto está ilustrado en la historia del Pródigo que dijo, *"Me levantaré e iré a mi padre... y levantándose, vino a su padre"* (Lc. 15:18,20). Al tocar el arrepentimiento a la voluntad, resultará en:

1.3.1. Confesión de pecado - *"Por tanto confesaré mi maldad, y me contristaré por mi pecado"* (Sal. 38:18). *"He pecado contra el cielo"* (Lc. 15:21).

1.3.2. Separación del pecado - *El que encubre sus pecados no prosperará; mas el que los confiesa y se aparta alcanzará misericordia"* (Pr. 28:13). *"Deje el impío su camino, y el hombre inicuo sus pensamientos"* (Is. 55:7).

1.3.3. Volver a Dios - *"Deje el impío su camino, y el hombre inicuo sus pensamientos, y vuélvase a Dios"* (Is. 55:7). Debemos no sólo volvernos del pecado, sino hacia Dios I Tes. 1:9; Hch. 26:18).

1.4. No algo meritorio.

El arrepentimiento no debe ser nunca concebido como algo meritorio - una "obra" a ser hecha a fin que Dios otorque salvación. Thiessen señala que no somos salvos por arrepentirnos, sino si nos arrepentimos.[26] La Versión Douay (en inglés) traduce la palabra "arrepentir" como "hacer penitencia." De ahí que la iglesia católica romana ve el arrepentimiento como una satisfacción que el pecador presenta a Dios. Esta es una traducción falsa y pinta al pecador como capaz de hacer algo por su salvación, en vez de darse cuenta de su impotencia y de ver que su salvación es completamente por la provisión de Dios por medio de su gracia maravillosa.

2. La importancia del arrepentimiento.

La importancia de este tema está enfatizada por el gran lugar que se le da en las escrituras, tanto en el Antiguo Testamento como en el Nuevo Testamento, como también en el ministerio de Jesús y los primeros predicadores del evangelio.

2.1. En el Antiguo Testamento.

El Antiguo Testamento ilumina el lugar que debe tener el arrepentimiento en la relación de Israel con Dios en las siguientes porciones:

Cuando obedecieres la voz de Jehová tu Dios, para guardar sus mandamientos y sus estatutos escritos en este libro de la ley; cuando te convirtieres a Jehová tu Dios con todo tu corazón y con toda tu alma (Dt. 30:10).

Volveos de vuestros malos caminos, y guardad mis mandamientos y mis ordenanzas, conforme a todas las leyes que yo prescribí a vues-

---

[26] Thiessen, 354.

tros padre, y que os he enviado por medio de mis siervos los profetas (ll R. 17:13).

Escuché y oí; no hablaban rectamente, no hay hombre que se arrepienta de su mal, diciendo: ¿Qué he hecho? Cada cual se volvió a su propia carrera, como caballo que arremete con ímpetu a la batalla (Jer. 8:6).

Por tanto, dí a la casa de Israel: Así dice Jehová el Señor: Convertíos, y volveos de vuestros ídolos, y apartad vuestro rostro de todas vuestras abominaciones (Ez. 14:6).

Si se humillare mi pueblo, sobre el cual mi nombre es invocado, y oraren, y buscaren mi rostro, y se convirtieren de sus males caminos; entonces yo oiré desde los cielos, y perdonaré sus pecados, y sanaré su tierra (ll Cr. 7:14).

2.2. En el Nuevo Testamento:

2.2.1. Juan el Bautista

El arrepentimiento fue la nota clave en la predicación de Juan el Bautista: predicando en el desierto de Judea y diciendo: *Arrepentíos, porque el reino de los cielos se ha acercado"* (Mt. 3:1,2). Juan el Bautista vino como el predecesor de Jesús, para preparar los corazones de la nación de Israel para su Mesías. La preparación que era necesaria era arrepentimiento, y todavía es así en cada corazón pecaminoso.

2.2.2. Jesús - El arrepentimiento ocupó un gran lugar en la predicación de Jesús. *"Desde entonces comenzó Jesús a predicar y a decir: Arrepentíos, porque el reino de los cielos se ha acercado"* (Mt. 9:17) *"Porque no he venido a llamar a justos, sino a pecadores, al arrepentimiento"* (Mt. 9:13). *"Entonces comenzó a reconvenir a las ciudades en las cuales había hecho muchos de sus milagros, porque no se habían arrepentido"* (Mt. 11:20). *"Los hombres de Nínive se levantarán en el juicio con esta generación, y la condenará; porque ellos se arrepintieron a la predicación de Jonás, y he aquí más que Jonás en este lugar."* (Mt. 12:41).

2.2.3. Los discípulos - Los doce discípulos predicaron el arrepentimiento. *"Y saliendo, predicaban que los hombres se arrepintiesen"* (Mr. 6:12).

2.2.4. En la gran comisión - *"Que se predicase en su nombre el arrepentimiento y el perdón de pecados en todas las naciones, comenzando desde Jerusalén"* (Lc. 24:47).

2.2.5. Pedro - Pedro predicó sobre el arrepentimiento. *"Pedro les dijo: Arrepentíos, y bautícese cada uno de vosotros"* (Hch. 2:38). (Vea también Hch. 3:19, 5:31, 8:22, 11:18.)

2.2.6. Pablo - Pablo predicó sobre el arrepentimiento. *"Testificando a judíos y a gentiles acerca del arrepentimiento para con Dios, y de la fe en nuestro Señor Jesucristo"* (Hch. 20:21); II Ti. 2:25).

2.3. El arrepentimiento es la voluntad de Dios para todo hombre.

"El Señor... es paciente para con nosotros, no queriendo que ninguno perezca; sino que todos procedan al arrepentimiento" (II P. 3:9).

2.3.1. El mandamiento del Señor - Es el mandamiento del Señor que todos los hombres se arrepientan. *"Pero Dios, habiendo pasado por alto los tiempos de esta ignorancia, ahora manda a todos los hombres en todo lugar, que se arrepientan"* (Hch. 17:30).

2.3.2. La falla resultará en muerte eterna - *"No, antes si no os arrepentís, todos pereceréis igualmente"* (Lc. 13:3).

2.3.3. Trae gozo en el Cielo - El arrepentimiento de pecadores en la tierra trae grande gozo en el cielo. *"Os digo que así habrá más gozo en el cielo por un pecador que se arrepiente que por noventa y nueve justos, que no necesitan arrepentimiento"* (Lc. 15:7,10).

3. La forma en que el arrepentimiento es producido.

Jesús enseñó que los milagros en sí no producirán arrepentimiento. *"Entonces comenzó a reconvenir a las ciudades en las cuales había hecho muchos de sus milagros, porque no se habían arrepentido, diciendo: ¡Ay de ti, Corazin! ¡Ay de ti Betsaida! Porque si en Tiro y en Sidón se hubieren hecho los milagros que han sido hechos en vosotras, tiempo ha que se hubieran arrepentido en cilicio y en ceniza"* (Mt. 11:20,21).

Nuestro Señor enseñó que aún el regreso de uno de los muertos no podría, en sí mismo, producir arrepentimiento. *"El entonces dijo: No, padre Abraham, pero si alguno fuere a ellos de entre los muertos, se arrepentirán. Mas Abraham le dijo: Si no oyen a Moisés y a los profetas, tampoco se persuadirán aunque alguno se levantare de los muertos"* (Lc. 16:30,31).

3.1. Es un don de Dios.

"¡De manera que también a los gentiles ha dado Dios arrepentimiento para vida!" (Hch. 11:18). *"Que con mansedumbre corrija a los que se oponen, por si quizá Dios les conceda que se arrepientan para conocer la verdad"* (II Ti. 2:25; vea también Hch. 5:31). El arrepentimiento no es algo que una persona puede traer de sí mismo. La persona que piensa que puede vivir para sí y el mundo y luego arrepentirse y tomar a Dios cuando él lo decida está tristemente equivocada. Muchos pecadores han salido a la eternidad clamando ¡Es demasiado tarde! mientras seres queridos y ministros le han instado que se arrepienta y acepte al Señor.

Si alguna vez uno siente la necesidad de arrepentirse de su pecado y tornar al Señor, debe hacerlo sin demora. Puede llegar el tiempo cuando quisiera hacerlo pero no puede. *"No sea que haya algún fornicario, o profano como Esaú, que por una sola comida, vendió su primogenitura. Porque ya sabéis que aun después, deseando heredar la bendición, fue desechado, y no hubo oportunidad para el arrepentimiento, aunque la procuró con lágrimas"* (Heb. 12:16,17).

3.2. A través de medios instituidos Divinamente.

3.2.1. En relación con los no salvos:

3.2.1.1. Por medio de creer en la palabra de Dios - *"Y los hombres de Nínive creyeron a Dios, y proclamaron ayuno, y se vistieron de cilicio desde el mayor hasta el menor de ellos. Y llegó la noticia hasta el rey de Nínive, y se levantó de su silla, se despojó de su vestido, y se cubrió de cilicio y se sentó sobre ceniza"* (Jon. 3:5,6).

3.2.1.2. Por medio de la predicación del evangelio - *"Al oir esto, se compungieron de corazón, y dijeron a Pedro y a los otros apóstoles: Varones hermanos, ¿qué haremos?"* (Hch. 2:37). *"Los hombres de Nínive se levantarán en el juicio con esta generación, y la condenarán; porque ellos se arrepintieron a la predicación de Jonás, y he aquí más que Jonás en este lugar"* (Mt. 12:41).

3.2.1.3. Por medio de la bondad de Dios - *"¿O menosprecias las riquezas de su benignidad, paciencia y longanimidad, ignorando que su benignidad te guía al arrepentimiento?"* (Rom. 2:4). *"El Señor no retarda su promesa, según algunos la tienen por tardanza, sino que es paciente para con nosotros, no queriendo que ninguno perezca, sino que todos procedan al arrepentimiento"* (II P. 3:9).

3.2.2. En relación con el cristiano:

3.2.2.1. Por medio de la reprobación y disciplina de Dios - *"Porque el Señor al que ama, disciplina, y azota a todo el que recibe por hijo y aquellos, ciertamente por pocos días no disciplinaban como a ellos les parecía, pero éste para lo que nos es provechoso, para que participemos de su santidad. Es verdad que ninguna disciplina al presente parece ser causa de gozo, sino de tristeza; pero después da fruto apacible de justicia a los que en ellos han sido ejercitados."* (Heb. 12:6,10,11)

La disciplina de Dios lleva al arrepentimiento. *"Yo reprendo y castigo a todos los que amo; sé, pues, celoso, y arrepiéntete* (Ap. 3:19).

3.2.2.2. Por medio de una nueva visión de Dios - *"De oídas te había oído, mas ahora mis ojos te ven. Por tanto me aborrezco, y me arrepiento en polvo y ceniza"* (Job 42:5,6).

3.2.2.3. Por medio de la amante reprobación de un hermano

234 Fundamentos de Teología Pentecostal

"Porque el siervo del Señor no debe ser contencioso, sino amable para con todos, apto para enseñar, sufrido; que con mansedumbre corrija a los que se oponen, por si quizá Dios les conceda que se arrepientan para conocer la verdad, y escapen del lazo del diablo, en que están cautivos a voluntad de él" (II Ti. 2:24)

4. Frutos del arrepentimiento.

Una última palabra debería decirse en cuanto a los resultados del arrepentimiento. Definitivamente llevará a:

4.1. Una confesión del pecado.

"Mas el publicano, estando lejos, no quería ni aún alzar los ojos al cielo, sino que se golpeaba el pecho, diciendo: Dios, sé propicio a mí, pecador." (Lc. 18:13).

4.2. Además, una actitud de verdadero arrepentimiento llevará a uno a hacer restitución por lo mal hecho tanto en cuanto sea posible.

"Entonces Zaqueo, puesto en pie, dijo al Señor: He aquí Señor, la mitad de mis bienes doy a los pobres; y si en algo he defraudado a alguno, se lo devuelvo cuadruplicado" (Lc. 19:8). Estos, sin embargo, no constituyen el arrepentimiento; más bien, son frutos del arrepentimiento.

C. FE.

El segundo elemento esencial, junto con el arrepentimiento, que es necesario para recibir la salvación, es la fe. Es cuestionable cuál de éstos precede al otro en punto de experiencia. Es dudable que una persona pueda verdaderamente arrepentirse si no cree; y es cuestionable que uno pueda verdaderamente creer para salvación sin un sincero arrepentimiento del pecado. Juan Calvino dijo una vez, "Cuando Juan Pérez entra por una puerta, ¿quién entra primero, Juan o Pérez?" De la misma forma es difícil estar seguro cuál viene primero, el arrepentimiento o la fe. Sabemos que los dos son necesarios.

Thiessen dice: "Tanto en el caso del arrepentimiento, como en el caso de la fe, la doctrina no recibe la atención que merece. Gran énfasis está puesto sobre la conducta; se dice que el credo del hombre es un asunto de indiferencia. Sin embargo la vida del hombre está gobernada por lo que cree, y en la religión por la persona en quien él cree."[27]

---

[27] Thiessen, 355.

1. La importancia de la fe.

Probablemente no es posible exagerar la importancia de la fe en la vida cristiana. La fe es la única avenida de acercamiento a Dios. *"Porque es necesario que el que se acerca a Dios crea que le hay, y que es galardonador de los que le buscan"* (Heb. 11:6). Sin fe no es posible agradar a Dios: *"Pero sin fe es imposible agradar a Dios"* (Heb. 11:6). Todo lo que un creyente recibe de Dios lo recibe por medio de la fe.

1.1. Salvación por medio de la fe.

Este principio es ampliamente proclamado en las escrituras. He aquí algunos ejemplos:

"Porque por gracia sois salvos por medio de la fe" (Ef. 2:8).

"El que creyere y fuere bautizado, será salvo" (Mr. 16:16).

"Cree en el Señor Jesucristo, y serás salvo" (Hch. 16:31).

"Mas a todos los que le recibieron, a los que creen en su nombre, les dio potestad de ser hechos hijos de Dios" (Jn. 1:12).

"Mas el que no obra, sino cree en aquel que justifica al impío, su fe le es contada por justicia" (Rom. 4:5).

"Justificados, pues, por la fe, tenemos paz para con Dios por medio de nuestro Señor Jesucristo" (Rom. 5:1).

"Pero nosotros no somos de los que retroceden para perdición, sino de los que tienen fe para preservación del alma" (Heb. 10:39).

"De cierto, de cierto os digo: El que oye mi palabra, y cree al que me envió, tiene vida eterna; y no vendrá a condenación, mas ha pasado de muerte a vida" (Jn. 5:24).

1.2. La llenura del Espíritu Santo por medio de la fe.

"A fin de que por la fe recibiésemos la promesa del Espíritu" (Gál. 3:14). *"Esto dijo del Espíritu que habían de recibir los que creyesen en él"* (Jn. 7:39).

1.3. Santificación por medio de la fe.

"Y ninguna diferencia hizo entre nosotros y ellos, purificando por la fe sus corazones" (Hch. 15:9). *"Para que reciban, por la fe que es en mí, perdón de pecados y herencia entre los santificados"* (Hch. 26:18).

1.4. Seguridad por medio de la fe.

"Que sois guardados por el poder de Dios mediante la fe" (I P. 1:5). *"Bien; por su incredulidad fueron desgajadas, pero tú por la fe estás en pie"* (Rom. 11:20). *"No que nos enseñoreemos de vuestra fe, sino que colaboramos para vuestro gozo; porque por fe estáis firmes"* (II Cor. 1:24).

1.5. Paz perfecta mediante la fe.

"Tú guardarás en completa paz a aquel cuyo pensamiento en ti persevera; porque en ti ha confiado" (Is. 26:3). *"Pero los que hemos creído entramos en el reposo"* (Heb. 4:3).

1.6. Sanidad mediante la fe.

"Y la oración de fe salvará al enfermo, y el Señor lo levantará" (Stg. 5:15). *"Este oyó hablar a Pablo, el cual, fijando en él sus ojos, y viendo que tenía fe para ser sanado"* (Hch. 14:9).

1.7. Victoria sobre los adversarios mediante la fe.

Los principales adversarios del cristiano pueden ser resumidos como: el mundo, la carne, y el Diablo.

1.8. El mundo vencido mediante la fe.

"Y esta es la victoria que ha vencido al mundo, nuestra fe" (I Jn. 5:4).

1.9. La carne vencida mediante la fe.

"Consideraos (un acto de fe) *muertos al pecado, pero vivos para Dios en Cristo Jesús, Señor nuestro"* (Rom. 6:11).

1.10. El Diablo vencido mediante la fe.

"Vestíos de la armadura de Dios, para que podáis estar firmes contra las asechanzas del diablo... sobre todo tomad el escudo de la fe, con que podáis apagar todos los dardos de fuego del maligno" (Ef. 6:6-16). *"Simón, Simón, he aquí Satanás os ha pedido para zarandearos como a trigo; pero yo he rogado por ti, que tu fe no falte"* (Lc. 22:31,32).

1.11. La vida cristiana entera es vivida por medio de la fe.

Cuatro veces leemos en la escritura: *"Mas el justo por la fe vivirá"* (Hab. 2:4; Rom. 1:17; Gál. 3:11; Heb. 10:38). *"Y lo que ahora vivo en la carne, lo vivo en la fe del Hijo de Dios, el cual me amó y se entregó a sí mismo por mí"* (Gál. 2:20). La fe es la misma atmósfera en la que la vida cristiana es vivida. Los cristianos son llamados creyentes porque sus vidas son vividas en fe continua. Es claro, entonces, que la fe debe tener una gran parte en la recepción de la salvación en su experiencia inicial.

2. El significado de la fe.

Muchos eruditos bíblicos creen que la Biblia no da una verdadera definición de la fe. Está acordado, sin embargo, que Hebreos 11:1 es probablemente la más cercana a tal definición: *"Es, pues, la fe la certeza de lo que se espera, la convicción de lo que no se ve."* El valor de este versículo como una definición de fe es más obvio cuando examinamos de cerca el uso de varias palabras. Se dice que la fe es la "certeza." "Certeza" viene de una palabra que literalmente significa "Fundamento" o aquello que sostiene nuestra esperanza. "Fundamento" habla de esa relación de pacto de amor mutuo entre el Señor y el creyente que es nuestra base de esperanza.

La fe no es un ciego tanteando en la oscuridad, sino la convicción cierta, nacida de amor y una relación experimental, de que la palabra de Dios revelada es verdad. La fe es más que una simple esperanza; es una "certeza", que era, en eventos legales, traducida "acción titular." El que cree divinamente, en cuyo corazón el amor suma a la persuasión, tiene una "acción titular" a la completa provisión de Dios.

La fe es una persuasión ya que se aplica a lo invisible. Las realidades del reino de Dios son por naturaleza realidades invisibles a la vista natural. La fe es la facultad por la cual las realidades espirituales son percibidas como reales, y capaces de ser realizadas. Aquel que tiene fe tiene ojos para lo espiritual. La fe es al cristiano verdadera "convicción." No necesita ninguna otra convicción a fin de proceder de acuerdo con la voluntad de Dios revelada. En el griego clásico la palabra convicción era a menudo traducida "prueba." La fe es un "fundamento" y una "prueba."[28]

3. Los elementos de la fe.

La fe, como el arrepentimiento, tiene tres elementos, el intelectual, el emocional y el voluntario.

3.1. El elemento intelectual.

La fe no es un salto ciego a la oscuridad. Ha sido erróneamente llamada *"Un paso a la oscuridad que lleva a la luz."* Al contrario, la fe es caminar en la luz - la Luz de la Palabra de Dios. Es tremendamente inseguro dar un solo paso en la oscuridad. Un hombre podría estar al borde de un precipicio y un solo paso lo lanzaría a su perdición. La fe debe estar basada en el conocimiento. Nadie puede creer en algo de lo que no tiene conocimiento. Uno no puede creer en una que es completamente desconocida. Creer algo sin conocimiento es imposible. La fe que se necesita para la salvación está basada en la mejor de las evidencias, la Biblia, como la palabra de Dios. *"Así que la fe es por el oír, y el oír por la palabra de Dios"* (Rom. 10:17). Necesitamos conocer el evangelio a fin de creer en Cristo como nuestro Salvador.

3.2. El elemento emocional.

Este elemento es visto a veces en el gozo que acompaña a la primera vez en que nos damos cuenta de la bondad de Dios en proveer para nues-

---

[28] *Greek English Lexicon of the New Testament* (Léxico griego ingles del Nuevo Testamento) por William F. Arndt y F. Wilbur Gingrich (Chicago: Universidad de Chicago Press, 1957) s.v. "elegos."

tras necesidades. Está ilustrado por la experiencia de Israel, como es descrito en el Salmo 106:12: *"Entonces creyeron a sus palabras y cantaron su alabanza."* Desafortunadamente la emoción del gozo pronto pasó, porque en los versículos veinticuatro y veinticinco leemos: *"No creyeron a su palabra, antes murmuraron en sus tiendas, y no oyeron la voz de Jehová."* Jesús describió a estos, *"Estos son asimismo los que fueron sembrados en pedregales: los que cuando han oído la palabra, al momento la reciben con gozo; pero no tienen raíz en sí, sino que son de corta duración, porque cuando viene la tribulación o la persecución por causa de la palabra, luego tropiezan"* (Mr. 4:16,17).

El Dr. A.T. Pierson ha dicho: "Aquí está el orden: el hecho guía. La fe sigue pone su ojo sobre el hecho. El sentimiento con su ojo puesto sobre la fe trae el final. Todo irá bien mientras este orden sea observado. Pero el momento en que la fe da su espalda al hecho y mira al sentimiento la procesión tambalea." [29]

Este elemento de fe también incluye una aprobación de la mente a la verdad recibida. Los escribas contestaron a la explicación de Jesús del mandamiento más grande, *"Bien, Maestro, verdad has dicho"* (Mi. 12:32, 33).

Thiessen ha resumido bien esta sección de la siguiente manera: "Podemos definir el elemento emocional de la fe como el despertar del alma a sus necesidades personales y a la aplicabilidad personal de la redención provista en Cristo, junto con una inmediata aprobación de estas verdades."[30]

3.3. El elemento voluntario.

Después de saber lo que Cristo ha prometido, y después de aceptar la verdad de esa promesa, entonces la fe se extiende y se apropia de lo provisto. El conocimiento en sí no es suficiente. Un hombre puede tener el conocimiento de que Cristo es divino y aún rechazarlo como Salvador. El conocimiento afirma la realidad de estas cosas, pero ni lo acepta ni lo rechaza. El aceptar no es suficiente. Hay un asentimiento de la mente que no expresa una rendición del corazón, y es *"con el corazón se cree para justicia"* (Rom. 10:10). La verdadera fe está en la jurisdicción de la voluntad. La fe apropia. La fe toma. La fe siempre tiene en ella la idea de acción. "La fe sabe caminar." Es el alma saltando para abrazar la promesa. *"Plenamente convencido de que era también poderoso para hacer todo lo que había prometido"* (Rom. 4:21).

---

[29] *The Bible and Spiritual life* (La Biblia y Vida Espiritual) por Arthur T. Pierson (New York: Gospel Publishing House, 1908) n.p.

[30] Thiessen, 358.

De aquí que esta fase de la fe está comprendida por dos elementos: (1) rendición del corazón a Dios y (2) la apropiación de Cristo como Salvador. Proverbios 23:26 ilustra el primero: *"Dame, hijo mío, tu corazón."* También Mateo 11:28,29: *"Venid a mí todos los que estáis trabajados y cargados, y yo os haré descansar. Llevad mi yugo sobre vosotros, y aprended de mí, que soy manso y humilde de corazón; y hallaréis descanso para vuestras almas."* Romanos 10:9 dice: *"Que si confesares con tu boca que Jesús es el Señor."* Expresa el pensamiento de rendirse al señorío de Jesús con la vida entera.

La apropiación de Cristo como Salvador significa recibir plenamente todo lo que Él ha hecho en el Calvario para la redención de su alma: *"Mas a todos los que le recibieron, a los que creen en su nombre, les dio potestad de ser hechos hijos de Dios"* (Jn. 1:12).

Esto ilustra la importante verdad de que la salvación es recibir a Jesucristo, a Él mismo. Esta apropiación personal es una necesidad vital. No es suficiente que Jesús haya muerto. Debo reconocer que Él murió por mí. Es verdad que murió por todos, pero yo debo individualmente aceptarlo como mi Salvador. El agua es provista para todos, pero yo moriré de sed si no tomo personalmente del fluido dador de la vida. El aire es provisto para todos, pero yo debo respirar individualmente si voy a sobrevivir. Debe haber una entrega individual del alma a Cristo, una aceptación personal de Él tanto como Salvador como Señor.

Una familia estaba pasando la tarde disfrutando de deportes invernales en un lago congelado cercano a su hogar. Una de las niñas fue demasiado lejos sobre el hielo y cayó al agua helada. Teniéndose fuertemente del hielo en la superficie, gritó pidiendo ayuda. Su padre, oyendo su grito de desesperación, se encaminó cautelosamente sobre la superficie quieta y helada. Gateando lentamente hacia el borde quebrado del hielo, se extendió y tomó una de las manos de su hija. Pero por más que trataba, no podía sacarla a la superficie del hielo, mientras ella se tenía con la otra mano del borde. Finalmente él le dijo: "Dame tus dos manos." Esto significaba que debía soltar el borde firme del hielo y entregarse completamente al cuidado de su padre, sin nada a qué sostenerse sino él. Fue sólo entonces que él pudo tirar de ella hasta que estuviera a salvo. La salvación sólo puede ser realizada al nosotros soltar todo sostén terrenal y darle nuestras dos manos en total rendición y entrega Él, quien solo puede salvar.

4. La fuente de la fe.

Aunque muchas otras bendiciones relativas a la vida cristiana, que son recibidas por fe, han sigo sugeridas en esta sección sobre la fe, estamos particularmente interesados aquí en la parte que tiene la fe en la experiencia de la salvación, y cómo es recibida esta fe salvadora. Muchas de las veces en que confrontemos individuos con el evangelio, y les digamos que todo lo que tienen que hacer es creer, estos contestarán, "Pero es tan difícil creer." Si una persona está tratando de creer en su fe, o en algo que está haciendo, es difícil, porque ni su fe ni sus obras son suficientes, y ella se da cuenta de esto. La fe está basada en lo que Dios ha hecho y lo que Él ha prometido, no en nada en el hombre.

La fe es simplemente creer la palabra de Dios. Está basada enteramente sobre la obra finalizada de Cristo como es revelada en la escritura. En otras palabras está basada en la palabra de Dios. *"La fe es por el oír, y el oír, por la palabra de Dios"* (Rom. 10:17). Otra versión lo traduce: *"Consecuentemente, la fe viene de oír el mensaje, y el mensaje es oído mediante la palabra de Cristo."* Por lo tanto, la fe viene mediante el oír la palabra de Cristo. *"Pero muchos de los que habían oído la palabra, creyeron"* (Hch. 4:4). Nada producirá más fe que el leer y estudiar la Biblia, la palabra de Dios, y de ahí llegar a conocer lo que Dios ha prometido. La fe es simplemente creer en lo que Dios ha dicho. Es tomarlo por su palabra.

Cerca de ti está la palabra, en tu boca y en tu corazón. Esta es la palabra de fe que predicarnos: que si confesares con tu boca que Jesús es el Señor, y creyeres en tu corazón que Dios le levantó de los muertos, serás salvo (Rom. 10:8,9).

De cierto, de cierto os digo: El que oye mi palabra, y cree al que me envió, tiene vida eterna (Jn. 5:24).

Cree en el Señor Jesucristo, y serás salvo, tú y tu casa (Hch. 16:31).

Concedido, el evangelio de la gracia de Dios al hombre pecador suena demasiado bueno para ser cierto. Pero cuando uno considera que está planeado por Dios, y llevado a cabo por Él, no debería ser difícil tomarlo como su palabra. ¡Esto es fe!.

D. JUSTIFICACION.

1. Definición.

La justificación por fe es la verdad fundamental de la provisión salvadora de Dios para los pecadores culpables y perdidos. Esta fue la gran verdad que la reforma protestante restituyó a la iglesia cristiana. Aunque es una doctrina frecuentemente mencionada en las escrituras, es sin embargo, una de las más desentendidas dentro de la teología evangélica. Es una doctrina de alcance tan extensivo y sorprendente, que muchos parecen temer enseñarla o aún creer en la verdad bíblica. No obstante, debemos conocerla si es que vamos a creer y entender completamente la "salvación tan grande" (Heb. 2:3) que Dios nos ha provisto tan noble y libremente.

La regeneración y la justificación son doctrinas que se relacionan. La regeneración tiene que ver con aquello que ocurre en el corazón del creyente, la impartición de vida. La regeneración es la solución al problema de la muerte espiritual. La justificación tiene relación con el ser declarado justo ante los ojos de Dios. La justificación es un término legal que presenta al pecador ante el tribunal de Dios para recibir condenación por los pecados que ha cometido. Pero en vez de ser condenado es judicialmente pronunciado "no culpable"; Dios lo declara justo.

La justificación ha sido definida como "El acto de Dios por el cual declara justo a aquel que cree en Cristo." Observe que no es que el pecador sea justo, sino que es declarado justo basándose en su fe en el sacrificio del Señor Jesucristo. *"Creyó Abraham a Dios, y le fue contado por justicia"* (Rom. 4:3). La justificación, negativamente, es más que el perdón o dispensación de pecados, es más que el remuevo de la culpa y la condenación. La justificación, positivamente, es el reconocimiento, o deposito a favor de la cuenta de uno, la perfecta justicia de Cristo. *"Mas por él estáis vosotros en Cristo Jesús, el cual nos ha sido hecho por Dios sabiduría, justificación..."* (I Cor. 1:30). *"Al que no conoció pecado por nosotros lo hizo pecado, para que nosotros fuésemos hechos justicia de Dios en él"* (II Cor. 5:21). La justificación libera al pecador de la ira, como también lo acepta como justo ante los ojos de Dios. Al justificar al pecador, Dios lo pone en la posición de un hombre justo. Es como si nunca hubiera pecado.

Afuera de la ciudad de Kingston, Ontario, Canadá, algunos años atrás, un hombre entró por la puerta de la cocina y comenzó a acosar a la esposa del hogar justo cuando ella estaba preparando la comida de la noche. Ella llamó a gritos a su marido, que estaba en el otro cuarto de la casa; él inmediatamente vino corriendo a su encuentro tomando al hombre del cuello y echándolo por la puerta. A la mañana siguiente al salir él por la puerta, el marido encontró, ante su completa sorpresa, al intruso muerto y tirado en la base de las escaleras. Nunca se determinó si el hombre fue muerto por la fuerza de su caída, o si estuvo supuestamente desmayado y luego se congeló en el frío de la noche invernal. El campesino, siendo un hombre honesto, inmediatamente fue al pueblo y se entregó a las autoridades. Varios días más tarde se sostuvo una audiencia. Todas las evidencias que podían ser acumuladas fueron debidamente registradas por las autoridades de la corte. Después de que todos los testigos habían sido oídos, y todos los registros estuvieron enteramente transcritos y considerados, el juez se dirige al campesino diciendo: *"Ante los ojos de esta corte, usted está justificado."* Eso quería decir que cada pieza de evidencia que había sido tomada durante esa audiencia debía ser destruida. Si alguien fuera a Kingston hoy, no encontraría ni un rasgo de evidencia de ese caso. Todo registro es inexistente.

Cuando Dios justifica al pecador que confía en la gracia salvadora de Jesucristo, toda evidencia de su pecado y culpa se borra completamente. *"En aquellos días y en aquel tiempo, dice Jehová, la maldad de Israel será buscada, y no aparecerá; y los pecados de Judá, y no se hallarán; porque perdonaré a los que yo hubiere dejado"* (Jer. 50:20). Esta es una declaración sumamente reparable, porque ciertamente Israel y Judá tenían bastantes pecados de los cuales eran culpables. Pero cuando Dios perdona, olvida. *"Este es el pacto que haré con ellos después de aquellos días, dice el Señor: pondré mis leyes en sus corazones, y en sus mentes las escribiré, añade: Y nunca más me acordaré de sus pecados y transgresiones"* (Heb. 10:16,17). Esto, en sí, es sorprendente, porque es el Dios Omnisciente. Él sabe todas las cosas. La única cosa que se nos dice que Dios olvida son los pecados del que confía en su gran salvación. Por lo tanto Dios no ve a los creyentes como pecadores perdonados. Él los ve, en vez, como si nunca hubieran pecado.

2. Efectos de la justificación

2.1. Perdón o remisión de pecados

"Sabed, pues, esto, varones hermanos: que por medio de él se os anunciará perdón de pecados, y que de todo aquello de que por la ley de Moisés no pudisteis ser justificados, en él es justificado todo aquel que cree" (Hch. 13:38,39). *"En quien tenemos redención por su sangre, el perdón de pecados según las riquezas de su gracia"* (Ef. 1:7). *"Y a vosotros, estando muertos en pecados y en la incircuncisión de vuestra carne, os dio vida juntamente con él, perdonándoos todos los pecados"* (Col. 2:13). Debido a que los pecados del creyente son perdonados, se entiende que la culpa y el castigo también son removidos.

2.2. Restauración en el favor de Dios.

El pecador no ha incurrido solo en una pena; también ha perdido el favor de Dios y está por eso sujeto a su ira. *"El que cree en el Hijo tiene vida eterna; pero el que rehusa creer en el Hijo no verá la vida, sino que la ira de Dios está sobre él"* (Jn. 3:36). *"Porque la ira de Dios se revela desde el cielo contra toda impiedad e injusticia de los hombres"* (Rom. 1:18). Por medio de la justificación hay un cambio. *"Pues mucho más, estando ya justificados en su sangre, por él seremos salvos de la ira"* (Rom. 5:9).

Uno de los grandes problemas de la sociedad hoy en día es la rehabilitación de aquellos que han servido en la cárcel por un crimen cometido. Aunque él ha cumplido su deuda ante la sociedad, le es difícil encontrar su lugar en la sociedad. Esta marcado por su delito y no es aceptado por aquellos que lo conocían antes. Esta es la razón por la cual una gran proporción de aquellos que han sido encarcelados vuelven a la compañía del elemento criminal y muy a menudo son arrestados y sentenciados a otro período en prisión. Gracias a Dios que su gracia es tan abundante que nosotros somos recibidos en su favor como si nunca hubiéramos quebrantado sus leyes.

Justificados, pues, por la fe, tenemos paz para con Dios, por medio de nuestro Señor Jesucristo; por quien también tenemos entrada por la fe a esta gracia en la cual estamos firmes, y nos gloriamos en la esperanza de la gloria de Dios (Rom. 5:1,2). *Pero cuando se manifestó la bondad de Dios nuestro Salvador, y su amor para con los hombres, nos salvó, no por obras de justicia que nosotros hubiéramos hecho, sino por su misericordia, por el lavamiento de la regeneración y por la renovación en el Espíritu Santo, el cual derramó en nosotros abundantemente por Jesucristo nuestro Salvador, para que justificados por su gracia, viniésemos a ser herederos conforme a la esperanza de vida eterna* (Tit. 3:4-7).

La restauración es ilustrada en la parábola del hijo pródigo: *"Pero el padre dijo a sus siervos: Sacad el mejor vestido, y vestidle; y poned un anillo en su mano, y calzado en sus pies. Y traed el becerro gordo y matadlo, y comamos y hagamos fiesta; porque este mi hijo muerto era, y ha revivido; se había perdido, y es hallado. Y comenzaron a regocijarse"* (Lc. 15:22-24). Comentando sobre la restauración, P. B. Fitzwater dice: "De estos textos se puede ver que la justificación es mucho más que una remisión de pecados o absolución. El hombre justificado es más que un criminal absuelto: Es restaurado a posición del justo. Dios lo trata como si nunca hubiera pecado."[31]

2.3. La Imputación de la justificación de Cristo.

Citamos a Thiessen : "El pecador no sólo debe ser perdonado de sus pecados, sino también debe ser suplido con una justificación positiva antes que él pueda tener comunión con Dios. Esta necesidad es suplida en la imputación de la justificación de Cristo al creyente."[32] *"Como también David habla de la bienaventuranza del hombre a quien Dios atribuye justicia sin obras, diciendo: Bienaventurados aquellos cuyas iniquidades son perdonadas, y cuyos pecados son cubiertos. Bienaventurado el varón a quien el Señor no inculpa de pecado"* (Rom. 4:6-8).

James Buchanan, D,D., LL.D., profesor de divinidad, New College, Edimburgo, escribió extensamente sobre la "doctrina de la Justificación", publicado por primera vez en 1867, donde se expresa de esta manera: "En verdad la justificación consiste en parte en la 'no imputación' de pecado, la cual pertenecía personalmente al pecador, y en parte en la 'imputación' de

---

[31] Fitzwater, 47.
[32] Thiessen, 363, 364.

justificación, de la cual estaba desesperadamente destituido antes. El significado del uno puede ser hallado en el significado del otro, mientras que ambos son necesarios para expresar el completo significado de Justificación."[33]

Toda comunión con un Dios Santo debe ser sobre la base de la justificación. En los primeros dos capítulos y medio de la Epístola a los Romanos, Pablo examina a las diferentes clases de sociedad y argumenta que no tienen justificación propia, terminando su observación con las palabras: *"Pero sabemos que todo lo que la ley dice, lo dice a los que están bajo la ley, para que toda boca se cierre y todo el mundo quede bajo el juicio de Dios, ya que por las obras de la ley ningún ser humano será justificado delante de él; porque por medio de la ley es el conocimiento del pecado"* (Rom. 3:19,20). ¡En verdad es una imagen obscura y sin esperanza! Pero no es el final de la historia. Pablo continúa: *"Pero ahora, aparte de la ley, se ha manifestado la justicia de Dios, testificada por la ley y por los profetas; la justicia de Dios por medio de la fe en Jesucristo, para todos los que creen en él"* (Rom. 3:21,22). *"Al que no conoció pecado, por nosotros lo hizo pecado, para que nosotros fuésemos hechos justicia de Dios en él"* (II Cor. 5:21). Esto sugiere la doble imputación presente en la justificación: nuestros pecados fueron imputados a Cristo que no tenía pecado; la justificación de Cristo es imputada al creyente, que no tenía la suya propia. La justificación es absolutamente necesaria para la comunión con Dios, pero el hombre no imputa al creyente la justificación de Jesucristo. Cuán a menudo hemos oído citarse en testimonios Romanos 1:16: *"Porque no me avergüenzo del evangelio, porque es poder de Dios para salvación a todo aquel que cree."* Pero el testimonio generalmente termina allí. ¿Por qué es el evangelio poder de Dios para salvación? El versículo diecisiete suple la respuesta: *"Porque en el evangelio la justicia de Dios se revela por fe y para fe."* La justificación de Cristo es provista a través del evangelio para aquellos que creen en Él.

Un criminal perdonado no se describe como un hombre noble o justo. Cuando Dios justifica al pecador lo declara justo ante sus ojos: *"¿Quién acusará a los escogidos de Dios? Dios es el que justifica"* (Rom. 8:33). Si Dios justificara sólo a gente buena entonces no habría evangelio para el pecador. Pero, gracias a Dios, Él justifica a los injustos. La justificación que el pecador recibe a favor de "su cuenta" es nada menos que la justificación de Cristo imputada a él. Imputar significa "poner (depositar) a favor de la cuenta."

---

[33] The Doctrine of Justification (La Doctrina de Justificación) por James Buchanan (Grand Rapids, MI: Baker Book House, 1955) 323.

La justificación por fe no imparte la rectitud de Cristo al pecador ni le infunde con ella para que se convierta en parte de su naturaleza interior. Es el resultado de la santificación que consideraremos más adelante. La justificación reconoce en el pecador la rectitud de Cristo, y Dios lo ve así a través de la perfecta rectitud de su Hijo. "Esta justificación siendo mérito de una obra, no la calidad de carácter, puede ser nuestra por haber sido imputada; no puede ser impartida por infusión; debe continuar perteneciendo primariamente, y en un importante aspecto, exclusivamente a Él, sólo por el cual esa obra fue lograda"[34] ¿Pero cómo puede Dios hacer esto? ¿Cómo puede un Dios Santo y Justo, que no puede permitir el pecado, declarar justo a uno que nació en pecado y culpable por naturaleza y práctica?

3. El método de la justificación.

Es muy importante que entendamos el método por el cual Dios justifica al pecador. La justificación es la base de nuestra posición delante de Dios. Por supuesto no es algo que debe ser tomado livianamente. Dios no puede pasar por alto el pecado por la grandeza de su corazón; debe preservar su propia santidad y justicia; debe ser *"el justo, y el que justifica al que es de la fe de Jesús"* (Rom. 3:26).

Hay un plan divino por medio del cual los pecadores pueden ser declarados justos. Fuera del plan, la justificación no es posible. Es increíble que el corazón pecaminoso del ser humano, que mereciendo la condenación eterna, al haberle ofrecido tan grande obsequio, como es la justificación de su vida ante Dios, se queje del plan divino. Hay sólo un camino, ¡el camino de Dios! regocijémonos en él, siendo cuidadosos de notar los detalles dados en la palabra de Dios.

3.1. No por buenas obras.

Si hay una verdad clara en el Nuevo Testamento, es que ningún hombre es justificado con base en su propia rectitud o en sus propias obras.

Porque si Abraham fue justificado por las obras, tiene de qué gloriarse, pero no para con Dios. Porque ¿qué dice la Escritura? Creyó Abraham a Dios y le fue contado por justicia. Pero al que obra no se le cuenta el salario como gracia, sino como deuda; mas al que no obra, sino cree al que justifica al impío, su fe le es contada por justicia (Rom. 4:2-5).

Así también aún en este tiempo ha quedado un remanente escogido por gracia. Y si por gracia, ya no es por obras; de otra manera la gracia ya no es gracia. Y si por obras, ya no es gracia; de otra manera la obra ya no es obra (Rom. 11:5,6).

---

[34] Buchanan, 320.

3.2. No por guardar la ley.

Pero sabemos que todo lo que la ley dice, lo dice a los que están bajo la ley, para que toda boca se cierre y todo el mundo quede bajo el juicio de Dios; ya que por las obras de la ley ningún ser humano será justificado delante de él; porque por medio de la ley es el conocimiento del pecado... por cuanto todos pecaron y están destituidos de la gloria de Dios (Rom. 3:19,20,23).

Sabiendo que el hombre no es justificado por las obras de la ley, sino por la fe en Jesucristo, nosotros también hemos creído en Jesucristo, para ser justificados por la fe de Cristo y no por las obras de la ley: *"por cuanto por las obras de la ley nadie será justificado"* (Gál. 2:16).

Teóricamente sería posible ser salvo guardando la ley, si acaso se pudiera guardarla perfectamente. Pero todos de una forma u otra, hemos quebrantado la ley de Dios en el pasado y somos incapaces de guardarla perfectamente en el futuro. Pablo dice bien claro que estamos desvalidos en este sentido: *"Porque todos los que dependen de las obras de la ley están bajo maldición, pues escrito está: Maldito todo aquel que no permaneciere en todas las cosas escritas en el libro de la ley, para hacerlas"* (Gál. 3:10).

No es que haya algo malo con la ley misma. Pablo dice: *"De manera que la ley a la verdad es santa, y el mandamiento santo, justo y bueno"* (Rom. 7:12). El problema está con aquellos que no pueden guardarla. La ley sirve para hacer que los hombres se den cuenta que son pecadores. *"Por medio de la ley es el conocimiento del pecado"* (Rom. 3:20). La Ley es como un reloj despertador que tiene la capacidad de despertar, pero no tiene el poder de sacarlo de la cama. Es como un itinerario de vuelo que le dice el horario en que parte el avión, pero no puede garantizar que usted estará en el aeropuerto a tiempo. Romanos 8:3 dice que la ley es *"débil por la carne."*

Es triste ver aquellos que dependen en sus buenas obras o sacrificios, con la esperanza de encontrar el perdón de pecados y la paz con Dios. Se cuenta que un misionero observó a una pequeña y frágil madre de la India acercándose al río sagrado con un niño débil y flaco en sus brazos, mientras que un niño fuerte y sano corría a su lado. Más tarde la observó regresando del lugar de sacrificio con sólo el niño débil en sus brazos. "Madre de India", le preguntó, "¿dónde está el niño sano y hermoso que estaba a tu lado?" respondió: "Cuando sacrificamos a nuestro Dios siempre le damos lo mejor."

Para evitar confusión entre las enseñanzas de Pablo y Santiago, o que se imagine alguna contradicción, prestemos atención a lo siguiente: *"Concluimos, pues"*, dice Pablo *"que el hombre es justificado por fe sin las obras de la ley"* (Rom. 3:28). *"Vosotros veis, pues"*, dice Santiago, *"que el hombre es justificado por las obras, y no solamente por la fe"* (Stg. 2:24).

En realidad no puede haber ninguna contradicción entre Pablo y Santiago porque ambos son inspirados por el mismo Espíritu Santo. Note que ambos están escribiendo sobre dos aspectos diferentes del mismo tema. Pablo nos dice que la salvación es solamente por medio de la fe y no por obras; mientras que Santiago insiste que la fe genuina resultará en buenas obras. Efesios 2:8-10 menciona ambos aspectos: *"Porque por gracia sois salvos por medio de la fe; y esto no de vosotros, pues es don de Dios; no por obras, para que nadie se gloríe. Porque somos hechura suya, creados en Cristo Jesús para buenas obras, las cuales Dios preparó de antemano para que anduviésemos en ellas."* De ahí que la fe que salva sin obras resultará en buenas obras. La fe no se ve. Sólo puede ser juzgada por lo que el hombre hace. Por eso Santiago dice: *"Muéstrame tu fe sin obras, y yo te mostraré mi fe por mis obras"* (Stg. 2:18). De Ahí la fe de Abraham, *que "le fue contado por justicia"* (Stg. 2:23), fue manifestado "cuando ofreció a su hijo Isaac sobre el altar (Stg. 2:21). El acto exterior demostró la fe interior.

3.3. Por el don de la gracia de Dios.

No se puede obrar para justificación, ni puede ser merecida. Sólo es recibida por la gracia de Dios. *"Siendo justificados gratuitamente por su gracia mediante la redención que es en Cristo Jesús"* (Rom. 3:24). *"Para que justificados por su gracia, viniésemos a ser herederos conforme a la esperanza de la vida eterna"* (Tit. 3:7). ¿Qué es la "gracia"? La palabra "gracia" (griego, **charis**, del donde obtenemos la palabra "carismático") originalmente significaba "belleza" o "conducta hermosa." Después se usó para significar cualquier favor otorgado a otro, especialmente cuando el receptor no merecía tal favor.

Los escritores de la Biblia usaron esta palabra y, bajo la guía de Dios, le dieron un nuevo significado. Es así que generalmente, en el Nuevo Testamento significa el perdón de pecados otorgado enteramente por la bondad de Dios, completamente aparte de cualquier mérito por parte de la persona perdonada. La gracia bendice al hombre frente al no mérito y posible desmérito. Se ha dicho: "Darle de comer a un pordiosero que pide, es un favor inmerecido. Darle de comer a un pordiosero que ha robado, es gracia." La gracia es un favor en desmérito.

La gracia no es en si, algo que Dios expresa. Es una expresión de lo que es. "Gracia es la actitud por parte de Dios que procede enteramente del interior suyo, no condicionada de ninguna manera por los objetos de su favor."[35] Se cita al Dr. Hertry C. Mabie diciendo: "Gracia es una merced obtenida para nosotros por la corte que nos halló culpables."[36] La definición propia del Dr. Fitzwater de gracia es: "Relacionado con la salvación, gracia significa que lo que el santo y justo Dios demanda de nosotros, fue provisto por Él mismo... Dios en su gracia no está tratando con inocentes criaturas, sino con pecadores bajo condenación."[37]. Citamos al Dr. A. W. Pink: "La gracia es la provisión para los hombres tan caídos que no se pueden ayudar por si mismos; tan corruptos que no pueden cambiar sus naturalezas; tan adversos a Dios que no pueden tornar a El; tan ciegos que no le pueden ver; tan sordos que no le pueden oír; tan muertos que Dios mismo tiene que abrir las tumbas y resucitarlos."[38]

3.4. Por medio del sacrificio sustituto de Jesucristo.

Dios no puede perdonar nuestros pecados solamente porque está lleno de gracia. Dios es justo, no puede sobrepasar nuestro pecado. Su perdón se basa sobre los términos estrictos de la justicia. La pena de nuestro pecado ha sido pagada por ningún otro mas que el Señor Jesucristo. Los pecados del creyente fueron puestos a cuenta de Cristo. *"Quien llevó él mismo nuestros pecados en su cuerpo sobre el madero, para que nosotros, estando muertos a los pecados, vivamos a la justicia"* (I P. 2:24). *"Al que no conoció pecado, por nosotros lo hizo pecado, para que nosotros fuésemos hechos justicia de Dios en él"* (II Cor. 5:21).

Dios puede perdonar el pecado porque la ley ha sido guardada y la sentencia de la infracción ha sido cancelada. No sólo la pena de nuestro pecado por Cristo está cancelada, sino que su perfecta obediencia a la ley proveyó una justificación que Dios pudo poner o depositar a nuestra cuenta. *"Porque así como por la desobediencia de un hombre los muchos fueron constituidos pecadores, así también por la obediencia de los muchos serán constituidos justos"* (Rom. 5:19). De ahí tenemos la sorprendente situación por la cual Cristo toma nuestro pecado sobre si mismo, mientras que su justificación nos es otorgada. ¡Qué intercambio tan increíble! Sin embargo, esto es exactamente lo que Dios ofrece a los que creen.

3.5. Por medio de la fe solamente.

Siendo justificados gratuitamente por su gracia, mediante la redención que es en Cristo Jesús, a quien Dios puso por propiciación por medio de la fe en su sangre, para manifestar su justicia, a causa de

---

[35] *International Standard Bible Encyclopedia* (Enciclopedia Bíblica Internacional Normativa) por Burton Scott Easton, ed. James Orr (grand Rapids, MI: Wm B. Eerdmans Publishing Company, 1943) II, 1291.

[36] Dr. Henry C. Mabie, como citado por Fitzwater, 401.

[37] Fitzwater, 401, 403.

[38] Arthur W. Pink, fuente desconocida.

haber pasado por alto, en su paciencia, los pecados pasados, con la mira de manifestar en este tiempo su justicia, a fin de que él sea el justo, y el que justifica al que es de la fe de Jesús (Rom. 3:24,26).

Mas al que no obra, sino cree en aquel que justifica al impío, su fe le es contada por justicia (Rom. 4:5).

Justificados, pues, por la fe, tenemos paz para con Dios por medio de nuestro Señor Jesucristo (Rom. 5:1).

Porque con el corazón se cree para justicia (Rom. 10:10).

Sabiendo que el hombre no es justificado por las obras de la ley, sino por la fe de Jesucristo, nosotros también hemos creído en Jesucristo, para ser justificados por la fe de Cristo y no por las obras de la ley, por cuanto por las obras de la ley nadie será justificado (Gál. 2:16).

Al declarar que somos justificados mediante la fe, debemos darnos cuenta que la fe no es algo que nosotros meritoriamente ofrecemos a Dios por nuestra salvación. Es sólo el medio por el cual recibimos su provisión de gracia. Podemos decir tanto de la fe como del arrepentimiento, citando a Thiessen: "No somos salvos por nuestra fe, sino mediante nuestra fe."[39]

Debemos tener en cuenta otros dos aspectos: Primero, la resurrección de Cristo es la garantía de nuestra justificación: *"... el cual fue entregado por nuestras transgresiones, y resucitado para nuestra justificación"* (Rom. 4:5). El hecho de que Dios levantó a Jesús de los muertos es un testimonio de que estaba satisfecho con el sacrificio que Jesús había hecho, y que nuestros pecados, que llevó sobre sí, han desaparecido. Es el sello de aprobación del Padre sobre la muerte expiatoria de Cristo. Segundo, la justificación es completa. No hay grados o niveles en la justificación. Un niño en Jesucristo tiene la misma justificación que un creyente de cincuenta años. No existe tal cosa como "un progreso" en la justificación.

E. REGENERACION.

Es de suma importancia conocer el significado las palabras de Jesús a Nicoderno: *"De cierto, de cierto te digo, que el que no naciere de nuevo, no puede ver el reino de Dios"* (Jn. 3:3). La historia de la iglesia refleja una tendencia de que las organizaciones religiosas, una vez aquietado el avivamiento inicial, consideran que la conversión es un acto ceremonial de la iglesia, o un acto voluntario y humano, en vez de un acto sobrenatural del Espíritu Santo. En esta sección consideraremos el significado y la importancia de lo que es "nacer de nuevo."

---

[39] Thiessen, 382.

La palabra traducida "de nuevo" en el versículo anteriormente mencionado (la palabra griega es *ánothen*), a menudo significa "de arriba", así que muchos prefieren traducir la idea, "El que no naciere de arriba, no puede ver el reino de Dios."[40] Ser nacido una segunda vez no necesariamente lo pondría a uno en un plano más alto.

1. ¿Qué es el nuevo nacimiento?

1.1. Negativamente.

1.1.1. No es reformación

Una persona en general, inmediatamente piensa que el nuevo nacimiento dicta que debe reformarse, debe enmendar sus caminos, sus costumbres y su conducta. El nuevo nacimiento no es una reformación. La reformación es de origen humano y es sólo afecta el exterior. No puede cambiar al hombre interior. Imagine un reloj con el resorte principal roto... lo lleva al joyero y le pone un cristal nuevo y lustra el estuche. ¿Andará de nuevo el reloj? Por supuesto que no. Todo lo que se hizo fue mejorar el exterior, mientras que el problema estaba adentro. El hombre tiene un corazón que es *"engañoso... más que todas las cosas, y perverso"* (Jer. 17:9), que necesita una transformación vital dentro de su persona.

1.1.2. No es religión

Si usted fuera a decirle al hombre que asiste a la iglesia que debe nacer de nuevo, él no se perturbaría. Siempre ha sido cristiano. Él pertenece a una iglesia y contribuye regularmente a su sostén. Quizs hasta lee su Biblia todos los días y ora todas las noches, y hasta trata a su vecino como a sí mismo. ¿Qué más necesita? El nuevo nacimiento no es hacerse religioso. Recordemos que cuando Jesús mencionó la necesidad del nuevo nacimiento, se estaba dirigiendo a un hombre ultra religioso, Nicodemo, un

---

[40] Traducido así en *The Emphasized New Testament* (Nuevo Testamento Enfatizado) por Rotherham, y en *The New Testament A New Translation* (El Nuevo Testamento Una Nueva Traducción) por Moffatt. La *New American Standard Bible* (NASB) muestra "nacido de arriba" en el margen, como lo hacen *The New Scofield Reference Bible* (La Nueva Biblia de Referencia de Scofield) y *Translation of the New Teestament* (Traducción del Nuevo Testamento por Worrel. *Word Pictures of the New Testament* (Ilustaciones de Palabras del Nuevo Testamento) por Robertson, V, 45, dice: "En los otros pasajes de Juan (3:31: 19:11,23) el significado es 'de arriba' (*desuper*) y generalmente es así en los Sinópticos." [*La Biblia de las Américas* y la *Nueva Versión Internacional* llevan "de arriba" en el margen. Francisco Lacueva, en su traducción literal en el *Nuevo Testamento Interlineal Griego-Español*, usa " de lo alto" Los eruditos no se deciden porque el sentido de *ánothen* es doble. Tal vez sería mejor dar la frase literal como: Si alguno no es nacido de nuevo, de arriba, no ve el reino de Dios."- G.W.J.S.]

fariseo sincero y un miembro del sanedrín, la corte eclesiástica más alta. Si alguno pudiera llegar al cielo con base en su religión, ¡seguramente Nicodemo podría!

1.1.3. No es un cambio de corazón

Aunque a menudo se usa la expresión, no es bíblica. El nuevo nacimiento no es el cambio de algo en el hombre, ni remover algo del hombre; sino es comunicar algo al hombre, algo que nunca ha poseído. El nuevo nacimiento es literalmente la impartición de la naturaleza divina al corazón y a la vida del pecador, haciéndolo una nueva creación. Se lleva cabo mediante la unión personal con Jesucristo. *"El que tiene al Hijo, tiene la vida; el que no tiene al Hijo de Dios, no tiene la vida"* (I Jn. 5:12). *"Por medio de las cuales nos ha dado preciosas y grandísimas promesas, para que por ellas llegasteis a ser participantes de la naturaleza divina"* (II P. 1:4). Cuando yo nací por primera vez recibí de mis padres su naturaleza; cuando nací la segunda vez recibí de Dios su naturaleza. Ninguna religión tiene este mensaje. El cristianismo recibe al hombre caído por naturaleza, y lo regenera al traerle la vida de Dios. Nadie jamás soñaría en decir: "El que tiene a Buda, tiene la vida."

1.2. Positivamente.

La descripción del nuevo nacimiento en el Nuevo Testamento es:

1.2.1. Un nacimiento - *"Todo aquel que cree que Jesús es el Cristo, es nacido de Dios; y todo aquel que ama al que engendró, ama también al que ha sido engendrado por él"* (I Jn. 5:1). Juan 3:8 habla del cristiano como "nacido del Espíritu." *"Mas a todos los que le recibieron... les dio potestad de ser hechos hijos de Dios... los cuales... son engendrados... de Dios"* (Jn. 1:12,13).

1.2.2. Una limpieza - *"Nos salvó... por su misericordia, por el lavamiento de la regeneración"* (Tit. 3:5). Esto implica el alma lavada de la contaminación de la vida antigua.

1.2.3. Un avivamiento - No somos salvos solamente "por el lavamiento de la regeneración"; pero también por la "renovación en el Espíritu Santo" (Tit. 3:5). (Vea también: Col. 3:10; Rom. 12:2; Sal. 51:10.)

1.2.4. Una creación - *"De modo que si alguno está en Cristo, nueva criatura es* [lit., creación nueva]; *las cosas viejas pasaron; he aquí todas son hechas nuevas"* (II Cor. 5:17). (Vea también: Ef. 2:10; 4:24; Gál. 6:15.)

1.2.5. Una resurrección - Al describir el nuevo nacimiento como una resurrección, debemos darnos cuenta que es precedido por la muerte. Los creyentes han sido crucificados con Cristo y también han sido resucitados con Él. Ambas verdades son una realidad espiritual mediante la identificación con Cristo en su muerte, sepultura y resurrección. Pablo lo dice:

Porque los que hemos muerto al pecado, ¿cómo viviremos aún en él? ¿O no sabéis que todos los que hemos sido bautizados en Cristo Jesús, hemos sido bautizados en su muerte? Porque somos sepultados juntamente con él para muerte por el bautismo, a fin de que como Cristo resucitó de los muertos por la gloria del Padre, así también nosotros andemos en vida nueva. Porque si fuimos plantados juntamente con él en la semejanza de su muerte, así también lo seremos en la de su resurrección; sabiendo esto, que nuestro viejo hombre fue crucificado juntamente con él, para que el cuerpo del pecado sea destruido, a fin de que no sirvamos más al pecado. Porque el que ha muerto, ha sido justificado del pecado (Rom. 6:2-7).

Esto es simbolizado en la ordenanza del bautismo en agua por inmersión. Como resultado de esta identificación con Cristo en su muerte, sepultura y resurrección, Pablo dice: *"Y él os dio vida a vosotros, cuando estabais muertos en vuestros delitos y pecados"* (Ef. 2:1). Añade otra dimensión bendecida a la identificación de gracia con Cristo al decir: *"Aún estando nosotros muertos en pecados, nos dio vida juntamente con Cristo... y juntamente con él nos resucitó, y asimismo nos hizo sentar en los lugares celestiales con Cristo Jesús"* (Ef. 2:5,6).

2. La necesidad del nuevo nacimiento.

"No te maravilles de que te dije: Os es necesario nacer de nuevo [de arriba]" (Jn. 3:7). Son las palabras de Jesús. Sin embargo nos maravillamos y nos sorprendemos. Quizá la pregunta principal que persiste en nuestra mente es, "¿por qué debe un hombre ser nacido de arriba?" Es una pregunta legítima que merece una respuesta directa.

2.1. Porque el reino de Dios no se puede ver sin él.

La regeneración no es sólo un privilegio, sino una necesidad absoluta. Jesús dijo: *"El que no naciere de nuevo no puede ver el reino de Dios"* (Jn. 3:3). No es que Dios no permita al no regenerado ver el reino de Dios, sino que sencillamente es una imposibilidad absoluta. *"Pero el hombre natural no percibe las cosas que son del Espíritu de Dios, porque para él son locura, y no las puede entender, porque se han de discernir espiritualmente"* (I Cor. 2:14).

2.2. Por la naturaleza del primer nacimiento del hombre

El segundo nacimiento es necesario. Todos fuimos nacidos de padres pecadores y por lo tanto somos pecadores. Una de las leyes inquebrantables de la naturaleza es que lo semejante engendra algo semejante.

He aquí en maldad he sido formado, y en pecado me concibió mi madre (Sal. 51:5).

Lo que es nacido de carne, carne es; y lo que es nacido del Espíritu, espíritu es (Jn. 3:6).

Y manifiestas son las obras de la carne, que son: adulterio, fornicación, inmundicia, lascivia, idolatría, hechicerías, enemistades, pleitos, celos, iras, contiendas, disensiones, herejías, envidias, homicidios, borracheras, orgías, y cosas semejantes a estas; acerca de las cuales os amonesto, como ya os lo he dicho antes, que los que practican tales cosas no heredarán el reino de Dios (Gál. 5:19-21).

Por cuanto los designios de la carne son enemistad contra Dios; porque no se sujetan a la ley de Dios, ni tampoco pueden... Mas vosotros no vivís según la carne, sino según el Espíritu, si es que el Espíritu de Dios mora en vosotros. Y si alguno no tiene el Espíritu de Cristo, no es de él (Rom. 8:7,9).

La carne es la carne, y no importa cuán culta, o aún cuán religiosa pueda ser, siempre es carne. El reino de Dios es espiritual y sólo seres espirituales pueden heredarlo. Jesús condenó a los que le rechazaron y declaró *"Vosotros sois de vuestro padre el diablo, y los deseos de vuestro padre queréis hacer"* (Jn. 8:44). La enseñanza ampliamente esparcida hoy en día es "la paternidad universal de Dios, y la hermandad del hombre." La única manera en que Dios puede ser considerado el Padre de toda la humanidad es que Él es el creador de la humanidad. De otra forma, a no ser de que el hombre haya nacido de nuevo a la familia de Dios, no puede reclamar a Dios como su padre. No es posible unirse a la compañía de los santos. Tiene que ser nacido a ella. La carne y el espíritu son dos dominios enteramente diferentes; no hay manera alguna que un pecador por naturaleza y fuerza propia, pueda hacerse en un hijo de Dios. La vida espiritual, que es necesaria a fin que podamos ser hijos de Dios, sólo es posible mediante el poder del Espíritu Santo.

2.3. Porque el hombre no sería feliz en el cielo sin él.

El cielo es un lugar y también un estado o condición. Nadie puede ser feliz en la presencia del Señor, y en la compañía de los redimidos a no ser que su naturaleza interior este en armonía con Dios. Si fuese posible para un hombre entrar en el cielo sin el nuevo nacimiento, una de las primeras cosas que buscaría, después de satisfacer su curiosidad en cuanto a la ciudad celestial, sería algo para satisfacer su naturaleza pecaminosa. Si su naturaleza no ha sido transformada por el poder de Dios tendrá los mismos deseos pecaminosos que poseía antes de entrar en el cielo.

La muerte no obrará una transformación igual a la gracia de Dios. Aquellos que no disfrutan la atmósfera espiritual de la presencia de Dios y la compañía de los santos ahora mismo, no la disfrutarán más adelante. Por eso es que la verdadera prueba de la vida espiritual de uno es: *"Noso-*

tros sabemos que hemos pasado de muerte a vida, en que amamos a los hermanos" (I Jn. 3:14).

2.4. Porque el hombre sin el nuevo nacimiento está muerto.

El hombre natural está *"[muerto] en... delitos y pecados"* (Ef. 2:1). Está desprovisto completamente de vida espiritual, y por lo tanto, la única manera en que se puede recibir vida es el nuevo nacimiento. Arthur W. Pink bien ha dicho: "Tomemos conciencia de que el pecador no es ignorante, necesitando instrucción; no es débil y en necesidad de fortificación; no está enfermo y en necesidad de un médico. Está muerto y necesita vida."[41]

La Biblia dice que el no regenerado está *"ajeno de la vida de Dios"* (Ef. 4:18); *"Porque el ocuparse de la carne es muerte"* (Rom. 8:8); *"Tienes nombre de que vives, y estás muerto"* (Ap. 3:1); *"Pero la que se entrega a los placeres, viviendo está muerta"* (I Ti. 5:6). ¿Cuál es la diferencia entre uno que es cristiano y uno que no lo es? La respuesta en una sola palabra es **vida!** Uno tiene vida espiritual mientras que el otro está absolutamente muerto. Cuando Jesús dijo, *"El que no naciere de nuevo, no puede ver el reino de Dios"*, no estaba enunciando un dogma teológico, o pronunciando un edicto divino. El estaba declarando una verdad básica: **no puede ver** [ni mencionar entrar] el reino de Dios." Es una absoluta imposibilidad. Sí: *¡"Os es necesario nacer de nuevo!"* (Jn. 3:3).

3. Como se recibe el nuevo nacimiento.

3.1. Mediante ningún esfuerzo humano.

El hombre no puede de ninguna forma, ni por virtud o esfuerzo propio, llegar a la posición de filiación divina. Al igual que no hay nada que haga que el niño recién nacido pueda llevar a cabo su nacimiento natural, tampoco no hay nada que pueda hacer que el no regenerado lleve a cabo su nacimiento espiritual. La vida eterna es el don de Dios. *"Nos salvó, no por obras de justicia que nosotros hubiéramos hecho, sino por su misericordia"* (Tit. 1:5). *"Porque por gracia sois salvos por medio de la fe; y esto no de vosotros, pues es don de Dios; no por obras, para que nadie se gloríe"* (Ef. 2:8,9). *"Los cuales no son engendrados de sangre, no de voluntad de carne, ni de voluntad de varón, sino de Dios"* (Jn. 1:13).

Mientras que es verdaderamente cierto que el nuevo nacimiento es el don de Dios, es importante que nos demos cuenta que hay ciertos medios y agentes involucrados en la experiencia.

3.2. El Espíritu Santo es el agente.

---

[41] Pink, fuente desconocida.

Por esto es que se le refiere como "la renovación en el Espíritu Santo" (Tit. 3:5). Jesús, en Juan 15:8 se refiere a nuestro ser *"nacidos del Espíritu."* El Espíritu Santo, al venir al corazón del creyente, trae la vida de Dios, capacitándolo así, a ser un participante de la naturaleza divina.

3.3. La palabra de Dios tiene una parte vital.

Verdaderamente el Espíritu Santo da testimonio de la palabra en llevar a cabo el nuevo nacimiento. *"Él, de su voluntad, nos hizo nacer por la palabra de verdad, para que seamos primicias de sus criaturas"* (Stg. 1:18). *"Siendo renacidos, no de simiente corruptible, sino de incorruptible, por la palabra de Dios que vive y permanece para siempre"* (I P. 1:23). La primera creación fue llevada a cabo por la operación de la palabra de Dios y el Espíritu: *"Y dijo Dios...";* *"Y el Espíritu de Dios se movía"* (Gn. 1:3,2). Igualmente la creación de nuevas criaturas en Cristo Jesús acontece por la palabra y el Espíritu.

3.4. Es un misterio divino.

El Nuevo Nacimiento está nublado en misterio. Es un milagro de Dios que no podemos entender exactamente cómo ocurre. Apenas sí podemos entender el misterio del nacimiento natural. Dios ha puesto un velo impenetrable sobre los comienzos y procedimientos de la vida. Que yo vivo, eso lo sé, pero exactamente cómo vivo no lo puedo explicar. Pero el no poder explicarlo no me estorbará de disfrutar la vida. Así también sucede con la maravilla de mi vida espiritual.

Concerniendo exactamente esta pregunta, Jesús dijo a Nicodemo: *"El viento sopla de donde quiere, y oyes su sonido; mas ni sabes de dónde viene ni a dónde va; así es todo aquel que es nacido del Espíritu"* (Jn. 3:8). Durante una tormenta la gente reconoce que el viento está soplando, pero nadie lo ve. Lo que observamos son los resultados de la furia del viento. Igualmente, nadie ve la regeneración de un alma humana, pero fácilmente podemos dar testimonio de los resultados de la acción divina. Sabemos algo sobre el acontecimiento de esta gran experiencia, pero no sabemos, ni necesitamos saber, como realmente ocurre.

4. Como acontece el nuevo nacimiento.

Mientras decimos que no hay nada que un hombre pueda hacer para regenerarse a sí mismo, hay algo que debe hacer para obtener la obra regeneradora de Dios en su propia vida. Dos experiencias son necesarias:

4.1. Creer en el mensaje del evangelio.

El pecador debe creer que la obra de Cristo en la cruz es suficiente para su salvación. Debe haber una relación cercana entre las doctrinas de la cruz y la regeneración. I Pedro 1:17-23 muestra que es sobre la base de "la sangre preciosa de Cristo" (Vs 19) que somos "renacidos" (Vs 23).

4.2. Aceptar a Jesucristo como Salvador.

La salvación es una experiencia intensamente personal. Al poner nuestra fe en todo lo que Jesús es y ha hecho por nosotros, lo recibimos como nuestro Salvador. *"Mas a todos los que le recibieron, a los que creen en su nombre, les dio potestad de ser hechos hijos de Dios"* (Jn. 1:12). "Pues todos sois hijos de Dios por la fe en Cristo Jesús" (Gál. 3:26).

5. Los resultados del nuevo nacimiento.

5.1. Hace al creyente un hijo de Dios.

Tiene el privilegio de llamar a Dios su Padre. *"Vosotros, pues, oraréis así: Padre nuestro..."* (Mt. 6:9). Todas las fuentes del Padre celestial se abren y están disponibles a él. *"Pues si vosotros, siendo malos, sabéis dar buenas dádivas a vuestros hijos, ¿cuánto más vuestro Padre que está en los cielos dará buenas cosas a los que le pidan?"* (Mt. 7:11). Siendo hijo de Dios inmediatamente se convierte en heredero de Dios. *"El Espíritu mismo da testimonio a nuestro espíritu, de que somos hijos de Dios. Y si hijos, también herederos; herederos de Dios y coherederos con Cristo"* (Rom. 8:16,17).

5.2. Hace al creyente una nueva creación y participante de la naturaleza divina, (II Cor. 5:17; II P. 1:4).

Toda su actitud es transformada. Ahora ama a los hermanos: *"Todo aquel que cree que Jesucristo es el Cristo, es nacido de Dios; y todo aquel que ama al que engendró, ama también al que ha sido engendrado por él"* (I Jn. 5:1). *"Nosotros sabemos que hemos pasado de muerte a vida, en que amamos a los hermanos"* (I Jn. 3:14). Ahora ama a Dios en una forma nueva y más profunda: *"Nosotros le amamos a él, porque él nos amó primero"* (I Jn. 4:19). También tiene un amor profundo por la palabra de Dios: *"¡Oh cuánto amo yo tu ley! Todo el día es ella mi meditación"* (Sal. 119:97)."Desead, como niños recién nacidos, la leche espiritual no adulterada, para que por ella crezcáis para salvación" (I P. 2:2). También tendrá un amor nacido del interior aún para sus enemigos. *"Pero yo os digo: Amad a vuestros enemigos, bendecid a los que os maldicen, hacer bien a los que os aborrecen, y orad por los que os ultrajan y os persiguen; para que seáis hijos de nuestro Padre que está en los cielos."* (Mt. 5:44,45).

5.3. Capacita al creyente para vivir la vida de victoria sobre el pecado y el mundo.

"Y renovaos en el espíritu de vuestra mente, y vestíos del nuevo hombre, creado según Dios en la justicia y santidad de la verdad" (Ef. 4:23,

24). *"Si sabéis que él es justo, sabed también que todo el que hace justicia también es nacido de él"* (I Jn. 2:29). *"Todo aquel que es nacido de Dios, no practica el pecado, porque la simiente de Dios permanece en él; y no puede pecar, porque es nacido de Dios"* (I Jn. 3:9). El tiempo del verbo "no practica", [*hamartían ou poieí*], clarifica que Juan está diciendo que el hijo de Dios renacido no hace del pecado el hábito de su vida porque tiene una nueva naturaleza dentro de él.[42]

F. ADOPCION.

La adopción, como doctrina, es una fase de nuestra salvación que rara vez se enfatiza. Sin embargo, es una gran verdad de la que todo creyente debería darse cuenta y debería apropiarse. La palabra "adopción" es usada exclusivamente por Pablo en sus epístolas. Ocurre cinco veces en sus escritos. El término lo aplica una vez a Israel como nación: *"Que son israelitas, de los cuales son la adopción, la gloria, el pacto, la promulgación de la ley, el culto y las promesas"* (Rom. 9:4). En otro pasaje Pablo lo usa al referirse a la culminación de nuestras experiencias en la segunda venida del Señor: *"Nosotros también gemimos dentro de nosotros mismos, esperando la adopción, la redención de nuestro cuerpo"* (Rom. 8:23). Las otras tres citas se refieren al presente de la vida del cristiano: *"Pero cuando vino el cumplimiento del tiempo, Dios envió a su Hijo, nacido de mujer y nacido bajo la ley, para que redimiese a los que están bajo la ley, a fin de que recibiésemos la adopción de hijos"* (Gál. 4:4,5) *"En amor habiéndonos predestinado para ser adoptados hijos suyos por medio de Jesucristo, según el puro afecto de su voluntad"* (Ef. 1:5). *"Pues no habéis recibido el espíritu de esclavitud para estar otra vez en temor, sino que habéis recibido el espíritu de adopción, por el cual clamamos: ¡Abba, Padre!"* (Rom. 8:15)

1. La definición de adopción.

Es importante darse cuenta que la manera en que Pablo emplea la palabra "adopción", no tiene virtualmente nada en común con la forma en que es utilizada hoy en día. Según la costumbre humana, la adopción es un medio por el cual uno de afuera puede llegar a ser miembro de una familia. No es así en la familia de Dios.

La palabra "adopción" significa "colocar como hijo." El creyente, después de convertirse en hijo de Dios por medio del nuevo nacimiento, avanza inmediatamente a una madurez de posición, siendo constituido como un

---

[42] Word Pictures in the New Testament (Ilustraciones de Palabras en el Nuevo Testamento) por Archibald Thomas Robertson (Nueva York: R.R. Smith, Inc., 1930) VI, 223.

hijo adulto, a causa de la ubicación legal de la adopción. No hay un período de niñez en la esfera de la responsabilidad cristiana. Dios dirige la misma apelación a la santidad y al servicio a todo cristiano, sin importar el tiempo que haya sido salvo. Según Chafer:

Cualquier cosa que Dios pide al santo de antaño, lo pide a todo creyente incluyendo a los más recientemente regenerados. No debería haber ningún desentendido respecto a los "niños en Cristo" mencionados en I Corintios 3:1, que son niños por la calamidad y no por inmadurez de años en la vida cristiana. En la experiencia humana, el nacimiento legítimo y la adopción nunca se combinan en la misma persona. No hay ocasión para que un padre adopte a su propio hijo. En el dominio de adopción divina, todo hijo nacido de Dios es adoptado en el momento que nace. Es colocado ante Dios como un hijo maduro y responsable.[43]

La adopción no significa "hacer hijos", sino "colocar hijos." El niño es puesto como un hijo; el menor como adulto. Thiessen resume: "En la regeneración recibimos una vida nueva, en la justificación, un nuevo entendimiento; y en la adopción, una nueva posición."[44]

La adopción toma lugar en el momento en que nacemos a la familia de Dios. Es simultanea con la regeneración y la justificación. En los consejos eternos de Dios todo esto tomó lugar cuando fuimos *"escogidos en él antes de la fundación del mundo"* (Ef. 1:4,5). La completa realización y disfrute de la adopción será en el tiempo de la resurrección de nuestros cuerpos cuando regrese el Señor por los suyos (Rom. 8:23). Entonces seremos librados de los yugos de la mortalidad y tendremos un cuerpo *"semejante al cuerpo de la gloria suya"* (Fil. 3:20, 21).

2. Los resultados de la adopción.

2.1. El testimonio del Espíritu Santo.

"Para que redimiese a los que estaban bajo la ley, a fin de que recibiésemos la adopción de hijos. Y por cuanto sois hijos, Dios envió a vuestros corazones el Espíritu de su Hijo, el cual clama: ¡Abba, Padre!" (Gál. 4:5,6). El Espíritu Santo da testimonio de nuestra filiación. *"El Espíritu mismo da testimonio a nuestro espíritu, de que somos hijos de Dios."* (Rom. 8:16). Esto llevará a la comunión de gracia con nuestro Padre celestial. *"Habéis recibido el espíritu de adopción por el cual clamamos, ¡Abba Padre!"* (Rom. 8:15). Al mantenerse en esto, el creyente será capacitado para "andar en el Espíritu" porque será "guiado por el Espíritu." *"Porque*

---

[43] Chafer, III, 243.
[44] Thiessen, 373.

todos los que son guiados por el Espíritu de Dios, éstos son hijos de Dios" (Rom. 8:14).

2.2. Liberación del temor.

"Pues no habéis recibido el espíritu de esclavitud para estar otra vez en temor, sino que habéis recibido el espíritu de adopción" (Rom. 8:15). Ya no estaremos más en esclavitud a la ley. *"De manera que la ley ha sido nuestro ayo, para llevarnos a Cristo, a fin de que fuésemos justificados por la fe. Pero venida la fe, ya no estamos bajo ayo"* (Gál. 3:24,25). Es el Espíritu Santo, morando en nuestro espíritu, el que hace tan real la conciencia de aceptación divina que todo temor es echado fuera.

2.3. Hechos herederos y coherederos con Cristo.

"Y si hijos, también herederos; herederos de Dios y coherederos con Cristo, si es que padecemos juntamente con él, para que juntamente con él seamos glorificados." (Rom. 8:17). Un hijo puede ser heredero de sus padres, pero hasta que no llegue a la mayoría de edad no puede poseer su herencia. Cuando llega a la mayoría de edad la herencia es suya.

> *Pero también digo: Entre tanto que el heredero es niño, en nada difiere del esclavo, aunque es Señor de todo; sino que está bajo tutores y curadores hasta el tiempo señalado por el padre. Así también nosotros, cuando éramos niños, estábamos en esclavitud bajo los rudimentos del mundo. Pero cuando vino el cumplimiento del tiempo, Dios envió a su Hijo, nacido de mujer y nacido bajo la ley, para que redimiese a los que estaban bajo la ley, a fin de que recibiésemos la adopción de hijos... Así que ya no eres esclavo, sino hijo; y si hijo, también heredero de Dios por medio de Cristo* (Gál. 4:1-7).

Muchos de los hijos redimidos por el Señor no se dan cuenta de su herencia y actúan como siervos en vez de como hijos. El hermano mayor se quejó con su padre, *"He aquí, tantos años te sirvo... y nunca me has dado ni un cabrito para gozarme con mis amigos... El entonces le dijo: Hijo tu siempre estás conmigo, y todas mis cosas son tuyas"* (Lc. 15:29-31). ¡Comencemos a tomar de nuestra herencia en Cristo Jesús ahora!

G. SANTIFICACION.

La doctrina de la santificación es de gran importancia porque tiene que ver con la vida diaria del cristiano. Por lo tanto, es una consideración sumamente práctica. Una amplia variedad de enseñanzas han sido proclamadas bajo este encabezamiento. Es bueno mantenerse muy cerca de las enseñanzas explícitas de la escritura a fin de no ser llevado a nociones falsas de este gran tema. Necesitamos conocer los beneficios completos que están disponibles para nosotros mediante esta provisión.

1. El significado de santificación.

En la escritura, la santificación tiene un significado primario y uno secundario. Es importante que éstos se mantengan en el orden correcto. El primer pensamiento que viene al mencionar el tema, es la pureza (lavamiento); pero éste no es su significado primario.

1.1. El significado primario

Dedicación, consagración, o separación para un uso específico y santo. En el Antiguo Testamento se decía que muchos objetos inanimados estaban santificados. Algunos ejemplos: una casa: *"Cuando alguno dedicare su casa consagrándola a Jehová, la valorará el sacerdote, sea buena o sea mala; según la valorare el sacerdote, así quedará"* (Lv. 27:14); un terreno: *"Si alguno dedicare la tierra de su posesión a Jehová, su estimación será conforme a su siembra; un homer de siembra de cebada se valorará en cincuenta ciclo de plata"* (Lv. 27:16); los utensilios del templo *"Asimismo hemos preparado y santificado todos los utensilios que en sus infidelidad había desechado el rey Acaz, cuando reinaba"* (II Cr. 29:19). Esto significa que los utensilios estaban apartados para el uso de la adoración al Señor. No podían ser usados para ningún otro propósito. El pecado culminante de Belsasar, la noche que Dios lo destruyó, fue que tomó los utensilios que habían sido apartados para la adoración de Dios y tomó vino en ellos adorando a dioses paganos (Dn. 5:3-5).

Los primogénitos de Israel eran apartados, santificados, al Señor. *"Conságrame todo primogénito. Cualquiera que abre matriz entre los hijos de Israel, así de los hombres como de los animales, mío es"* (Ex. 13:2). En la santificación de cada una de estas cosas, no se implica ningún pensamiento de lavamiento (pureza) moral. Simplemente eran separados para el servicio del Señor. Es importante que todo cristiano se de cuenta de que él es un utensilio escogido apartado para un propósito muy especial para la gloria de Dios. En este sentido ya está santificado.

Jeremías fue santificado antes de nacer. *"Antes que nacieses te santifiqué, te di por profeta a las naciones."* (Jer. 1:5). Esto no podía significar que Jeremías era perfecto, sino que fue apartado, consagrado, al servicio de Jehová. Jesús dijo haber sido santificado. Juan 10:36 habla de *"que el Padre santificó y envió al mundo."* El Señor dijo: *"Por ellos yo me santifico a mí mismo"* (Jn. 17:19). Jesús ya era perfecto, pero estos versículos significan que Él fue especialmente apartado para el propósito de venir al mundo para proveer redención para la humanidad. La palabra popular griega para iglesia" es *ekklesía*, que significa "los llamados aparte." Cada miembro de la iglesia es especialmente apartado para traer gloria a Dios. Es santificado ante Él en el sentido inicial de la palabra.

Es como un conocedor de bronce fino que busca entre una pila de basura en las afueras de la ciudad, y de repente ve una vasija de bronce vieja y desechada. Esta sucia, manchada y golpeada, pero su ojo experto reconoce el valor. Se abre camino entre la basura y levanta la vasija y la aparta. Al hacer eso, santificó esa vasija. Esto es santificación en su aplicación inicial. Por supuesto debe pasar muchas horas limpiando, alisando las abolladuras y lustrando la vieja vasija, hasta que llegue a ser algo bello que le de gracia a la mesa de su sala. Este proceso es santificación en su segunda aplicación.

1.2. El significado secundario

Es el lavamiento y purgación de la contaminación moral. Esta es una experiencia progresiva. No es semejante a la justificación, que es un acontecimiento que ocurre una sola vez (no hay grados de progreso en la justificación). La santificación es tanto crisis como proceso. Dicho de otra manera, existe la justificación posicional pero no la justificación progresiva. Hay tres elementos de tiempo en la santificación, tres aspectos o fases distinguidas.

2. Los tres aspectos de la santificación.

2.1. El acto inicial de la santificación: posicional.

El momento en que una persona nace de nuevo es "santificada." *"Y éstos erais algunos; más ya habéis sido lavados, ya habéis sido santificados, ya habéis sido justificados en el nombre del Señor Jesús, y por el Espíritu de nuestro Dios"* (I Cor. 6:11). *"Pero nosotros debemos dar siempre gracias a Dios respecto a vosotros, hermanos amados por el Señor, de que Dios os haya escogido desde el principio para salvación, mediante la santificación por el Espíritu y la fe en la verdad"* (II Tes. 2:13). Esta es la santificación posicional. En ese momento la santidad de Jesús es imputada al creyente. Todavía no es santo en su diario vivir, pero la santidad de Jesús es puesta (depositada) a favor de su cuenta; semejante a la justicia de Jesús puesta (depositada) a cuenta del creyente cuando es justificado.

Cristo ha sido hecho tanto justificación como la santificación por nosotros. *"Mas por él estáis vosotros en Cristo Jesús, el cual nos ha sido hecho por Dios... justificación, santificación..."* (I Cor. 1:30). Hay una diferencia entre la justificación y la santidad. La justificación es una expresión legal y tiene que ver con rectitud. Se aplica a la conducta, lo que un hombre hace; mientras que la santidad está relacionada con el carácter, lo que un hombre es.

Los creyentes son llamados "santos" en el momento en que son salvos. *"A la iglesia de Dios que está en Corinto, a los santificados en Cristo Je-*

sús, llamados a ser santos..." (I Cor. 1:2). Literalmente: "llamados santos." En La Biblia de las Américas, el "a ser" está en bastardilla (letras itálicas), significando que estas palabras no estaban en el texto original, sino que fueron suplidas por los traductores. Los cristianos de Corinto no fueron llamados a ser santos, ellos eran santos. Pero cualquiera leyendo la epístola de I Corintios es consciente de que esta iglesia estaba lejos de ser una iglesia perfecta. Fueron acusados de ser carnales y culpables de numerosos y horribles pecados, ilustrando este primer aspecto de la santificación. Eran posicionalmente santos, teniendo la santidad de Cristo imputada a ellos; pero estaban lejos de manifestar su santidad en la vida práctica.

En el octavo versículo del capítulo uno, Pablo habla de ellos como "irreprensibles;" y luego procede, a través del resto del libro, a culparlos por todo. Los siguientes son ejemplos también de cristianos llamados "santos:" Ef. 1:1; Col. 1:2; Judas 1. La base de esta santificación es el sacrificio de Jesucristo en la cruz. *"En esa voluntad somos santificados mediante la ofrenda del cuerpo de Jesucristo hecha una vez para siempre"* (Heb. 10:10). *"Por lo cual también Jesús, para santificar al pueblo mediante su propia sangre, padeció fuera de la puerta"* (Heb. 13:12).

2.2. El proceso de la santificación: práctico.

Pablo habla de los cristianos en Tesalónica como "santificados:" *"Pero nosotros debemos dar siempre gracias a Dios respecto de vosotros, hermanos amados por el Señor, de que Dios os haya escogido desde el principio para salvación, mediante la santificación por el Espíritu y la fe en la verdad"* (II Tes. 2:13). Pero también ora por su santificación: *"Y el mismo Dios de paz os santifique por completo; y todo vuestro ser, espíritu, alma y cuerpo, sea guardado irreprensible para la venida de nuestro Señor Jesucristo"* (I Tes. 5:23). Él reconoce que estos cristianos eran santificados, en que la santidad de Cristo les era imputada, pero ahora necesitaban que esta santidad imputada se hiciera progresivamente parte de su diario vivir cristiano.

Una verdad similar se enfatiza en Colosenses 3:8-12. Aquí se dice que los cristianos se han *"despojado del viejo hombre con sus hechos;"* y se han *"revestido del nuevo, el cual conforme a la imagen del que lo creó se va renovando hasta el conocimiento pleno"* (Vs 9,10). Pero en el mismo pasaje son amonestados: *"Pero ahora dejad también vosotros todas estas cosas: ira, enojo, malicia, blasfemia palabras deshonestas de vuestras bocas... Vestíos, pues como escogidos de Dios, santos y amados, de entrañable misericordia, de benignidad, de humildad, de mansedumbre, de paciencia"* (Vs 8,12). Lo que tenían posicionalmente, debían buscarlo experimentalmente.

Es así que la Santificación es vista como un proceso continuo a través de la vida entera de un cristiano. No es algo negativo. Un hombre no es considerado santo por las cosas que no hace. La virtud no puede ser juzgada por los vicios de los cuales una persona se abstiene. Debe haber una conformación positiva a la imagen de Cristo. Esto se observa como un crecimiento gradual, no hacia, sino en la gracia: *"Antes bien, creced en la gracia y el conocimiento de nuestro Señor y Salvador Jesucristo"* (II P. 3:18). *"Por cuanto, nosotros todos, mirando a cara descubierta como en un espejo la gloria del Señor, somos transformados de gloria en gloria en la misma imagen, como por el Espíritu del Señor"* (II Cor. 3:18). *"Porque a los que antes conoció, también los predestinó para que fuesen hechos conforme a la imagen de su Hijo, para que él sea el primogénito entre muchos hermanos"* (Rom. 8:29). *"Estando persuadido de esto, que el que comenzó en vosotros la buena obra, la perfeccionará hasta el día de Jesucristo"* (Fil. 1:6)

No hay ninguna promesa en la escritura de que un cristiano, en esta vida, llegará al lugar donde no pecará más. *"Si decimos que no tenemos pecado, nos engañamos a nosotros mismos, y la verdad no está en nosotros."* (I Jn. 1:8). Algunos enseñan que es posible tener una "experiencia" de santificación, una segunda obra de gracia." Esta es descrita en la siguiente cita:

El corazón es purificado, limpiado y hecho santo. Es purgado de esa naturaleza pecadora innata; y de ese tiempo en adelante, las tentaciones vienen de afuera, no desde adentro de un corazón santificado. Nadie jamás llega a ser tan completamente perfeccionado que no está sujeto a la tentación. Pero uno tiene una victoria más grande y gloriosa después que es santificado porque ya no tiene que forcejear con la naturaleza carnal. Ha sido removida.

¡Qué maravilloso sería si fuera cierto! La naturaleza carnal, la carne, nunca llega a ser santificada. *"Lo que es nacido de la carne, carne es; y lo que es nacido del Espíritu, espíritu es"* (Jn. 3:6). Dios nunca edifica sobre la naturaleza vieja, carnal y pecaminosa. Siempre comienza con algo nuevo. Por eso Jesús dijo, *"Os es necesario nacer de nuevo"* (Jn. 3:7). La carne nunca llega a ser espiritual. No espere que lo sea. La carne dentro de la persona más santa es la misma carne que está en el peor de los pecadores.

Pablo asemeja los dos hijos de Abraham a las dos naturalezas del creyente: *"Porque escrito está que Abraham tuvo dos hijos; uno de la esclava, el otro de la libre. Pero el de la esclava nació según la carne; mas el de la libre, por la promesa."* (Gál. 4:22,23). *"Pero como entonces el que había nacido según la carne perseguía al que había nacido según el Espíritu, así también ahora."* (Vs 29). La carne siempre se opone al Espíritu. ¿Qué debemos hacer? *"Echa fuera a la esclava y a su hijo, porque no heredará el hijo de la esclava con el hijo de la libre"* (Vs 30). Ismael no podía ser corregido. Debía ser expulsado (Gn. 21:10). De esta manera debemos tratar con la carne. Por eso Pablo amonesta: *"Así también vosotros considé- raos muertos al pecado, pero vivos para Dios en Cristo Jesús, Señor nuestro"* (Rom. 6:11). La carne no puede ser vencida por erradicación. Siempre estará allí en tanto nosotros estemos en este cuerpo terrenal. Ni tampoco puede ser vencida por supresión. Algunos honestamente han tra- tado de ganar victoria por el poder de su voluntad y energía sobre la carne. La victoria es vista sólo mediante la identificación con Cristo. Pablo dijo, *"Con Cristo estoy juntamente crucificado, y ya no vivo yo, mas vive Cristo en mí; y lo que ahora vivo en la carne, lo vivo en la fe del Hijo de Dios, el cual me amó y se entregó a sí mismo por mí"* (Gál. 2:20).

El apóstol se ve identificado con Cristo en su muerte sobre la cruz. Él dice, "Cuando Cristo murió, yo morí", significando su antigua naturaleza carnal. Pero no sólo estuvo identificado con Cristo en su muerte, sino tam- bién en su resurrección. Así que podía decir que vivía en Cristo. Esta es una vida nueva, victoriosa y resucitada. Pero Pablo se apresura en explicar: *"Y ya no vivo yo, mas vive Cristo en mí; y lo que ahora vivo en la carne, lo vivo en la fe del Hijo de Dios, el cual me amó y se entregó a sí mismo por mí"* (Gál. 2:20). Pablo declara los hechos claramente cuando dice: *"¿O no sabéis que todos los que hemos sido bautizados en Cristo Jesús, hemos sido bautizados en su muerte? Porque somos sepultados juntamente con él para muerte por el bautismo, a fin de que como Cristo resucitó de los muertos por la gloria del Padre, así también nosotros andemos en vida nueva."* (Rom. 6:3,4).

La llave a toda esta maravillosa verdad se encuentra en Romanos 6:11: *"Así también vosotros consideraos muertos al pecado, pero vivos para Dios en Cristo Jesús, Señor nuestro."* Este es el punto práctico. Cada cre- yente debe considerarse muerto al pecado. Si está muerto al pecado, en- tonces ya no puede pecar. Pero, ¿cómo puede uno considerarse o recono- cerse muerto al pecado? Puede considerarlo así porque es así. La amo- nestación del versículo once se basa en el hecho registrado en los versícu- los seis y siete: *"Sabiendo esto, que nuestro viejo hombre fue crucificado juntamente con él, para que el cuerpo del pecado sea destruido, a fin de que no sirvamos más al pecado. Porque el que ha muerto, ha sido justifi- cado del pecado."*

No hay ninguna enseñanza bíblica al efecto que algunos cristianos ha- yan muerto al pecado y otros no. Todos los creyentes han muerto al peca- do en el sacrificio de Cristo, pero no todos han tomado las riquezas que fueron provistas para ellos por esa muerte. No se les pide morir experi- mentalmente; se les insta sólo "reconocerse" como muertos verdadera- mente al pecado. Note el tiempo del verbo: *"Nuestro viejo hombre fue cru- cificado juntamente con él."* Es un hecho ya logrado. No olvidemos que la muerte es seguida por la resurrección: *"Porque si fuimos plantados junta-*

mente con él en la semejanza de su muerte, así también lo seremos en la de su resurrección" (Vs 5). ¡Qué triunfo esto sugiere! Ahora, para la amonestación final, práctica y diaria: *"No reine, pues, el pecado en vuestro cuerpo mortal, de modo que lo obedezcáis es sus concupiscencias; ni tampoco presentéis vuestros miembros al pecado como instrumentos de iniquidad, sino presentaos vosotros mismos a Dios como vivos de entre los muertos, y vuestros miembros a Dios como instrumentos de justicia"* (Rom. 6:12,13). ¡Esto es santificación progresiva!

Es verdad que el Nuevo Testamento habla de la perfección de los hijos de Dios. *"Así que, amados, puesto que tenemos tales promesas, limpiémonos de toda contaminación de carne y de espíritu, perfeccionando la santidad en el temor de Dios"* (II Cor. 1:7). *"Sed, pues, vosotros perfectos, como vuestro Padre que está en los cielos es perfecto"* (Mt. 5:48). Necesitamos, sin embargo, entender el uso bíblico de la palabra "perfecto." Tiene el sentido de "madurez", implica crecimiento en estatura espiritual, no perfección sin pecado. Se dice que *"Noé era varón justo, era perfecto en su generación"* (Gn. 6:9). Pero su borrachera y vergüenza más adelante, muestra que no era perfecto y sin pecado (Gn. 9:20-27). Ni Job era perfecto y sin pecado aunque es descrito como *"hombre perfecto y recto, temeroso de Dios y apartado del mal"* (Job 1:1). Job más tarde confesó, *"Por tanto me aborrezco, y me arrepiento en polvo y ceniza"* (Job 42:6).

La madurez depende de un crecimiento constante. Se puede decir que una manzana verde está perfecta para esa etapa de su desarrollo, pero no está madura. Así también puede decirse que el fruto del Espíritu (Gál. 5:22, 23) está perfecto en la vida del joven cristiano, aunque todavía no haya llegado a la completa madurez. Pablo nos muestra esa madurez final: *"Hasta que todos lleguemos a la unidad de la fe y del conocimiento del Hijo de Dios, a un varón perfecto, a la medida de la estatura de la plenitud de Cristo"* (Ef. 4:13).

Primera de Juan 3:9 ha causado considerables malentendidos: *"Todo aquel que es nacido de Dios, no practica el pecado, porque la simiente de Dios permanece en él; y no puede pecar, porque es nacido de Dios."* La pregunta se aclara cuando uno nota que los verbos aquí están todos en el tiempo presente, y lo que Juan está diciendo es que él que es nacido de Dios no "practica" el pecado. No es la experiencia usual de su vida. Pecar es la vida usual del pecador y la experiencia inusual del cristiano.

2.3. La santificación completa y final.

Perfección sin pecado y el ser completamente santificado aguardan la venida del Señor Jesús. En ese tiempo seremos librados "del cuerpo de esta carne." *"Mas nuestra ciudadanía está en los cielos, de donde también esperamos al Salvador, al Señor Jesucristo; el cual transformará el cuerpo de la humillación nuestra, para que sea semejante al cuerpo de la gloria suya, por el poder con el cual puede también sujetar a sí mismo todas las cosas"* (Fil. 3:20,21). *"Para que sean afirmados vuestros corazones, irreprensibles en santidad delante de Dios nuestro Padre, en la venida de Señor Jesucristo con todos sus santos"* (I Tes. 3:13). Hemos sido salvados de la pena del pecado; estamos siendo salvados del poder del pecado; seremos salvados de la presencia del pecado. *"Amados, ahora somos hijos de Dios, y aún no se ha manifestado lo que hemos de ser; pero sabemos que cuando él se manifieste seremos semejantes a él, porque le veremos tal como él es"* (I Jn. 3:2). Mientras somos alentados *"creced en la gracia y el conocimiento de nuestro Señor y Salvador Jesucristo"* (II P. 3:18). Mirando la gloria del Señor como en un espejo somos *"transformados de gloria en gloria en la misma imagen, como por el Espíritu del Señor"* (II Cor. 3:18).

3. Los medios de la santificación.

Como ocurre con tantas fases de la experiencia cristiana hay tanto un medio divino de santificación como un humano.

3.1. El lado divino - El Dios trino.

3.1.1. El Padre

Jesús oró al Padre respecto a sus discípulos: *"Santifícalos en tu verdad; tu palabra es verdad"* (Jn. 17:17). Pablo oró al Padre: *"Y el mismo Dios de paz os santifique por completo; y todo vuestro ser, espíritu, alma y cuerpo sea guardado irreprensible para la venida de nuestro Señor Jesucristo. Fiel es el que os llama, el cual también lo hará"* (I Tes. 5:23,24). El Padre reconoce la santidad de Jesús a favor de los creyentes: *"Mas por él estáis vosotros en Cristo Jesús, el cual nos ha sido hecho por Dios sabiduría, justificación, santificación y redención"* (I Cor. 1:30). La perfección del creyente es seguramente una obra importante del Padre. *"Y el Dios de paz que resucitó de los muertos a nuestro Señor Jesucristo, el gran pastor de las ovejas, por la sangre del pacto eterno, os haga aptos en toda obra buena para que hagáis su voluntad, haciendo él en vosotros lo que es agradable delante de él"* (Heb. 13:20,21). A veces el Padre halla necesario usar medidas disciplinarias para adelantar la santificación del cristiano. *"Por otra parte, tuvimos a nuestros padres terrenales que nos disciplinaban, y los venerábamos. ¿Por qué no obedeceremos mucho mejor al Padre de los espíritus, y viviremos? Y aquellos, ciertamente por pocos días nos disciplinaban como a ellos les parecía, pero éste para lo que nos es provechoso, para que participemos de su santidad"* (Heb. 12:9,10).

3.1.2. El Hijo, el Señor Jesucristo

Mediante el derramamiento de su propia sangre preciosa. *"En esa voluntad somos santificados mediante la ofrenda del cuerpo de Jesucristo hecha una vez para siempre"* (Heb. 10:10). *"Por lo cual también Jesús, para santificar al pueblo mediante su propia sangre, padeció fuera de la puerta"* (Heb. 13:12). *"Maridos, amad a vuestras mujeres, así como Cristo amó a la iglesia, y se entregó a sí mismo por ella, para santificarla, habiéndola purificado en el lavamiento del agua por la palabra, a fin de presentársela a sí mismo, una iglesia gloriosa, que no tuviese mancha ni arruga ni cosa semejante, sino que fuese santa y sin mancha"* (Ef. 5:25-27).

3.1.3. El Espíritu Santo

"Santificada por el Espíritu Santo" (Rom. 15:16*). "Elegidos según la presciencia de Dios Padre en santificación del Espíritu"* (I P. 1:2). El poder y la unción moradora del Espíritu Santo es quizás el agente más grande para darnos victoria sobre la carne. *"Porque si vivís conforme a la carne, moriréis; mas si por el Espíritu hacéis morir las obras de la carne, viviréis"* (Rom. 8:13*). "Porque el deseo de la carne es contra el Espíritu, y el del Espíritu es contra la carne"* (Gál. 5:17). Las obras de la carne están enumeradas en Gálatas 5:19-21:*"Adulterio, fornicación, inmundicia, lascivia, idolatrías, hechicerías, enemistades, pleitos, celos, iras, contiendas, disensiones, herejías, envidias, homicidios, borracheras, orgías, y cosas semejantes a éstas."* Pero en los versículos veintidós y veintitrés, son enunciadas las características del fruto del Espíritu: *"Amor, gozo, paz, paciencia, benignidad, bondad, fe, mansedumbre, templanza."* ¡Qué contraste sorprendente! ¡Qué importante es que cada cristiano aprenda a vivir en Cristo, la viña, que puede dar fruto sobre la rama de su vida! (Jn. 15:4,5).

¡Qué maravilloso santificador es el Espíritu Santo! ¡Cuántos han hallado que cuando han recibido la plenitud del Espíritu Santo las cosas del mundo y de la carne han perdido su atractivo! Hay lo que ha sido llamado "el poder expulsivo de un nuevo afecto." Cuando el Espíritu llena el corazón hay poca afición por aquello que es desagradable a Dios. *"Andad en el Espíritu, y no satisfagáis los deseos de la carne"* (Gál. 5:16).

3.2. El lado humano

Es totalmente cierto que Dios es el que santifica al creyente. Nadie puede hacerlo por sí mismo. Pablo nos dice, *"Porque Dios es el que produce en vosotros así el querer como el hacer, por su buena voluntad"* (Fil. 2:13). Pero al mismo tiempo se nos dice, en un número de pasajes de la escritura, que un cristiano debe santificarse a sí mismo: *"Santificaos, pues, y sed santos, porque entonces soy vuestro Dios"* (Lv. 20:7). *"Porque entonces no la podían celebrar, por cuanto no había suficientes sacerdotes santificados"* (II Cr. 30:3).

Ezequías había descubierto, en la ley, que Israel debía celebrar la pascua en el primer mes de cada año. No lo estaban haciendo, así que el rey dio el mandamiento de que la celebración se mantuviera. Pero los sacerdotes no se habían santificado suficientemente a tiempo para la observación en el primer mes. Así que el rey les dio treinta días más para que se santificasen. *"Y Josué dijo al pueblo: Santificaos, porque mañana Jehová hará maravillas entre vosotros"* (Jos. 3:5). *"Así que, amados, puesto que tenemos tales promesas, limpiémonos de toda contaminación de carne y de espíritu, perfeccionando la santidad en el temor de Dios"* (II Cor. 7:1). *"Pero en una casa grande, no solamente hay utensilios de oro y de plata, sino también de madera y de barro; y unos son para usos honrosos, y otros para usos viles. Así que, si alguno se limpia de estas cosas, será instrumento para honra, santificado, útil al Señor, y dispuesto para toda buena obra"* (II Ti. 2:20,21).

¿Qué puede hacer un hombre para "santificarse", "limpiarse", y "purgarse"? Empleando los medios que Dios ha puesto a su disposición, puede aprovecharse del ministerio de limpieza y santificación de Dios a su favor. ¿Cuales son los medios a su disposición?

3.2.1. Fe - *"Para que reciban, por la fe que es en mí, perdón de pecados y herencia entre los santificados"* (Hch. 26:18). *"Y ninguna diferencia hizo entre nosotros y ellos, purificando por la fe sus corazones"* (Hch. 15:9). Es por fe que el creyente se apodera de la sangre santificadora de Jesucristo, anteriormente referida.

3.2.2. Obediencia a la palabra - Se dice que la palabra de Dios es un gran medio de santificación: *"Ya vosotros estáis limpios por la palabra que os he hablado"* (Jn. 15:3); *"Santifícalos en tu verdad; tu palabra es verdad."* (Jn. 17:17); *"Para santificarla, habiéndola purificado en el lavamiento del agua por la palabra"* (Ef. 5:26). *"Pero si andamos en luz, como él está en luz, tenemos comunión unos con otros, y la sangre de Jesucristo su Hijo nos limpia [continúa limpiando] de todo pecado"* (I Jn. 1:7). Caminar en la luz es caminar según la palabra de Dios. *"Lámpara es a mis pies tu palabra, y lumbrera a mi camino."* (Sal. 119:105). La única manera en que la palabra de Dios puede ser un agente limpiador en nuestras vidas es mediante la obediencia. Esto nosotros debemos proveerlo.

3.2.3. Cediendo al Espíritu Santo - El Espíritu Santo nunca obliga a nadie. Debe haber una rendición y un ceder de nuestros miembros a su unción. ¡Con qué gracia Él toma la palabra y hace claro su mensaje, dando al creyente el deseo y el poder de obedecerlo! *"Pero cuando venga el Espíritu de verdad, él os guiará a toda la verdad; porque no hablará por su propia cuenta, sino que hablará todo lo que oyere, y os hará saber las cosas que habrán de venir"* (Jn. 16:13).

3.2.4. Dedicación personal - En la experiencia inicial de la santificación, que toma lugar en la conversión, Dios separa al creyente como un utensilio escogido para su uso y gloria. Pero llega un momento en la vida de todo seguidor sincero del Señor Jesucristo cuando él, por un acto de profunda dedicación personal, se aparta a sí mismo de las cosas del mundo y de la carne, y se dedica a la perfecta voluntad de Dios para su vida. El individuo ha reconocido y recibido a Jesucristo como su salvador, pero ahora lo corona como Rey y Señor de su vida. Este es un verdadero acto de santificación. A esto se refiere Pablo cuando urge: *"Así que, hermanos, os ruego por las misericordias de Dios, que presentéis vuestros cuerpos en sacrificio vivo, santo, agradable a Dios, que es vuestro culto racional. No os conforméis a este siglo, sino transformaos por medio de la renovación de vuestro entendimiento, para que comprobéis cual sea la buena voluntad de Dios, agradable y perfecta"* (Rom. 12:1,2).

La rendición definitiva de la vida a Dios constituye la condición suprema para la santificación práctica. Esto involucra el ceder de todos nuestros miembros a su voluntad. *"Ni tampoco presentéis vuestros miembros al pecado como instrumentos de iniquidad, sino presentaos vosotros mismos a Dios como vivos de entre los muertos, y vuestros miembros a Dios como instrumentos de justicia"* (Rom. 6:13). *"Hablo como hermano, por vuestra humana debilidad; que así como para iniquidad presentasteis vuestro miembros para servir a la inmundicia y a la iniquidad, así ahora para santificación presentad vuestros miembros para servir a la justicia"* (Rom. 6:19).

"Así que, si alguno se limpia de estas cosas, será instrumento para honra, santificado, útil al Señor, y dispuesto para toda buena obra" (II Ti. 2:21). Cuántas veces hemos orado, "Señor, límpiame" Si escucháramos atentamente quizá le oiríamos decir "¡Límpiate a ti mismo!" Hay mucho que podemos hacer para mantener nuestros pasos fuera de los caminos que nos llevan al pecado, y nuestros ojos de aquello que trae tentación. Podemos leer y estudiar la palabra de Dios, orar y buscar su rostro y mantenernos en el lugar y la compañía de la comunión espiritual. Si nosotros hacemos todo lo que podemos en este sentido para santificarnos, ciertamente Dios hará más de su parte. "Dado a que Dios debe hacer al hombre santo, para que sea santo, el hombre debe ceder a Dios a fin de que Él pueda lograr esta obra en él."[45]

H. CERTEZA.

La más grande necesidad en la vida es creer en el Señor Jesucristo y encontrar la vida eterna: *"Y en ningún otro hay salvación; porque no hay*

---

[45] Thiessen, 384.

otro nombre bajo el cielo, dado a los hombres, en que podamos ser salvos" (Hch. 4:12). *"Yo soy el camino, y la verdad, y la vida; nadie viene al Padre, sino por mí"* (Jn. 14:6). Es igualmente importante, que cuando uno ha llegado a creer, tenga la certeza verdadera y perdurable de haber recibido la vida eterna. Muchos son llenos de incertidumbre en cuanto a su posición ante Dios. Piensan que son salvos, sin embargo les falta entonar con certeza dicha verdad. Otros tienen miedo de ser demasiado positivos sobre el tema, temiendo quizás presumir sobre la gracia de Dios. Como resultado, su vida cristiana es apologética, y falta la realidad de una verdadera comunión con Dios por medio de Jesucristo.

Seguramente Dios quiere que sepamos que somos salvos. Creemos que una de las principales razones detrás del plan eterno de salvación es el restablecimiento de la comunión entre Dios y el hombre. El fundamento de la comunión es la certeza. La primera es completamente imposible sin la última. ¿Cómo se puede tener comunión con alguien cuando no se tiene confianza o entendimiento respecto a su comunión con él? Es imperativo que sepamos que somos salvos. Todo lo demás en la vida cristiana depende de esta certeza.

Las escrituras enseñan positivamente que la salvación debe ser obtenida en esta vida; que es imposible que un incrédulo la reciba después de haber muerto. Entonces seguramente debe haber algún medio por el cual un alma que busca puede reconocer cuando ha encontrado esta posesión tan atesorada. Si la certeza no es posible, entonces la vida eterna es sólo una posibilidad.

1. Algunas razones para la falta de certeza.

1.1. Buscamos certeza a través de guardar la ley, o mediante las buenas obras.

Dios ha dicho, *"Todas nuestras justicias [son] como trapo de inmundicia"* (Is. 64:6). Si esta es la imagen de nuestra justicia, ¿qué debe pensar el Señor de nuestros pecados? Y, *"Por cuanto todos pecaron y están destituidos de la gloria de Dios"* (Rom. 3:23). La salvación es solamente por gracia. *"Porque por gracia sois salvos por medio de la fe; y esto no de vosotros, pues es don de Dios; no por obras, para que nadie se gloríe"* (Ef. 2:8,9).

"Pero sabemos que todo lo que la ley dice, lo dice a los que están bajo la ley, para que toda boca se cierre y todo el mundo quede bajo el juicio de Dios; ya que por las obras de la ley ningún ser humano será justificado delante de él" (Rom. 3:19,20). Sea la experiencia inicial, o en el reino de la certeza, debemos dejar de miramos a nosotros mismos para mirar a Cristo; ver lo que Él ha logrado para nosotros en el Calvario.

1.2. No han nacido de nuevo.

Algunos cristianos han sustituido ceremonias religiosas por una experiencia vital con Dios. Muchos se han unido a la iglesia sin haber experimentado el milagro de gracia en sus corazones por el Espíritu Santo. Jesús dijo *"Os es necesario nacer de nuevo"*, y ninguna ordenanza exterior de una ceremonia religiosa será suficiente.

Otros han visto la necedad de su camino pecaminoso y han decidido vivir una forma de vida diferente. Moralmente se han mejorado. Pero una mejora no es el nuevo nacimiento que lleva a una certeza positiva y duradera de la posición espiritual de uno.

1.3. No han encarado y tratado con el problema de pecado en sus vidas.

Demasiados han buscado salvación sólo como una panacea para la angustia, las desilusiones o la frustración. Aquello con lo que se debe tratar es la culpa de un alma que ha quebrantado las leyes de Dios. El Hombre necesita ser reconciliado con Dios. Jesús vino y logró esa reconciliación.

Juan el Bautista, presentando a Jesús al mundo al comienzo de su ministerio, exclamó diciendo: *"He aquí el Cordero de Dios, que quita el pecado del mundo"* (Jn. 1:29). La persona logra tener verdadera certeza de que sus pecados han sido perdonados y que tiene la vida eterna por medio de aceptar a Jesucristo como su salvador personal.

1.4. Falta de fe en lo que Dios dice en su palabra.

Algunos tienen miedo de confiar en la promesa de Dios. Se miran a sí mismos para descubrir si se sienten salvos en vez de mirar a la palabra de Dios y su declaración positiva. Examinan su conducta para asegurarse que están viviendo lo que ellos piensan es una vida cristiana. Si su conducta es correcta, tienen certeza, pero si descubren debilidad y fracaso, su certeza desaparece. Si Dios esta satisfecho y nos aceptó, entonces nuestro gozo es creer que hemos sido recibidos y descansar en su palabra.

1.5. Pensando que es imposible tener una absoluta certeza de salvación en esta vida.

Algunos nos dicen que no podemos saber sino hasta el día de juicio. Gracias a Dios, esa espera no es necesaria. El día de juicio para el pecado es pasado cuando uno acepta a Jesús como su Salvador. El pecado fue juzgado en el Calvario. Ya paso todo. *"De cierto, de cierto os digo: El que oye mi palabra, y cree al que me envió, tiene vida eterna; y no vendrá a condenación [juicio], mas ha pasado de muerte a vida"* (Jn. 5:24).

2. Medios positivos de certeza.

2.1. Por el testimonio del Espíritu.

Cuando un pecador nace de nuevo viene a su corazón el testimonio de que algo definitivo ha sido tramitado entre él y Dios. Escrituralmente es mostrado por los siguientes pasajes que este testimonio dentro de uno es una experiencia verdadera: *"El que cree en el Hijo de Dios, tiene el testimonio en sí mismo"* (I Jn. 5:10). *"El Espíritu mismo da testimonio a nuestro espíritu, de que somos hijos de Dios"* (Rom. 8:16). *"Y en esto sabemos que él permanece en nosotros, por el Espíritu que nos ha dado"* (I Jn. 3:24)."Y por cuanto sois hijos, Dios envió a vuestros corazones el Espíritu de su Hijo, el cual clama: ¡Abba, Padre!" (Gál. 4:6).

¿Qué es este "testimonio del Espíritu? ¿Cómo se manifiesta? ¿Cómo se siente? No es fácil poner en palabras exactamente cómo se manifiesta este testimonio, porque es un testimonio no en la carne sino en el espíritu. No es una cuestión de sentimientos, pero el testimonio de una nueva relación. En Romanos ocho versículo quince leemos: *"Pues no habéis recibido el espíritu de esclavitud para estar otra vez en temor, sino que habéis recibido el espíritu de adopción, por el cual clamamos: ¡Abba, Padre!"* El testimonio que se nos da es que estamos en la familia de Dios. Somos hijos de Dios. Se ha establecido una nueva relación y no necesita haber en ella ningún error. ¿Puede imaginarse a un hijo confundiendo a otra mujer por su madre? Aunque no la haya visto en muchos años, y ella haya cambiado con el pasar del tiempo, hay algo que responde desde adentro, y él podría distinguirla entre centenares de otras. Hay un parentesco, un testigo que nunca fallaría. De esta manera, el Espíritu Santo da testimonio dentro de nosotros cuando una nueva relación con Dios se hace realidad en nuestras vidas.

Note que no es nuestra relación con Dios, mucho mejor que esto, es la relación de Él con nosotros a la que el Espíritu da testimonio. La bendita verdad que atestigua a nuestros corazones es que Dios, el poderoso Señor de gloria, es nuestro Padre.

2.2. Por el testimonio de la palabra de Dios.

En Juan 3:36 leemos: *"El que cree en el Hijo tiene vida eterna."* Es una clara declaración de la verdad de Dios. Si usted cree en el Hijo usted tiene vida eterna. Es el Padre que lo dice. Después de todo, la salvación es de, y desde Dios; y si Él dice que yo soy salvo, eso es mas que suficiente. Después de todo, es la santidad de Dios la que ha sido abusada por mi pecado, y cuando Dios está satisfecho, yo también lo estoy.

Note Romanos 10:9,10: *"Que si confesares con tu boca que Jesús es el Señor, y creyeres en tu corazón que Dios le levantó de los muertos, serás salvo. Porque con el corazón se cree para justicia, pero con la boca se confiesa para salvación."* Aquí hay dos requerimientos. Debe haber una confesión exterior de la fe que hay en el corazón. Note también, que la fe no está en la cabeza, sino en el corazón. Implica una rendición a Él en quien creemos.

Otro versículo que da fe positiva al creyente es Juan 5:24: *"De cierto, de cierto os digo: El que oye mi palabra, y cree al que me envió, tiene vida eterna; y no vendrá a condenación, mas ha pasado de muerte a vida."* Hay condiciones para llenar aquí, y cuando son llenadas, la promesa es segura. Note particularmente el tiempo presente: "tiene vida eterna." Es algo experimentado y asegurado ahora mismo; no es una bendición futura, sino que es nuestra ahora mismo.

Quizá el versículo mas claro de todos es I Juan 5:13: *"Estas cosas os he escrito a vosotros que creéis en el nombre del Hijo de Dios, para que sepáis que tenéis vida eterna, y para que creáis en el nombre del Hijo de Dios."*

2.3. Por el amor hacia los hermanos.

Sí uno ama a los hijos del Señor, es una verdadera prueba de que Dios ha hecho una obra de gracia en el corazón.

Porque este es el mensaje que habéis oído desde el principio: Que nos amemos unos a otros. No como Caín, que era del maligno y mató a su hermano. ¿Y por qué causa le mató? Porque sus obras eran malas, y las de su hermano justas. Hermanos míos, no os extrañéis si el mundo os aborrece. Nosotros sabemos que hemos pasado de muerte a vida, en que amamos a los hermanos. El que no ama a su hermano permanece en muerte (I Jn. 3:11-14).

Hay un principio fundamental detrás de esta indicación de salvación. La referencia en estos versículos señala a Caín y su actitud hacia su hermano justo, Abel. ¿Por qué odiaba o, no amaba Caín a su hermano? Se nos dice que es porque *"sus obras eran malas, y las de su hermano justas."*

En otras palabras, si las obras de Caín hubieran sido justas hubiera amado a su hermano Abel; pero porque eran malas, la sola presencia de Abel lo condenaba y lo hacía sentirse desdichado y por supuesto su corazón se llenó de odio hacia su hermano.

Uno puede amar a los hijos del Señor sólo cuando su propia vida ha sido transformada por medio de Jesucristo; de otra manera la vida y experiencia del cristiano se hace una fuente de condenación a su alma y no disfruta de la compañía, ni ama la comunión de aquellos que han sido limpiados por medio del Calvario. Este pensamiento está claramente mostrado en las palabras de Jesús:

Y esta es la condenación: que la luz vino al mundo, y los hombres amaron más las tinieblas que la luz, porque sus obras eran malas. Porque todo aquel que hace lo malo, aborrece la luz y no viene a la luz, para que sus obras no sean reprendidas. Mas el que practica la verdad viene a la luz, para que sea manifiesto que sus obras son hechas en Dios (Jn. 3:19-21).

Además, el amor es algo positivo y es obtenido sólo de aquel que es la fuente del amor. Si tenemos ese amor, prueba que estamos en comunión con Él. *"Amados, amémonos unos a otros; porque el amor es de Dios. Todo el que ama es nacido de Dios, y conoce a Dios. El que no ama, no ha conocido a Dios; porque Dios es amor"* (I Jn. 4:7,8).

2.4. Por el deseo de obedecer los mandamientos de Dios.

"Y en esto sabemos que nosotros le conocemos, si guardamos sus mandamientos. El que dice: Yo le conozco, y no guarda sus mandamientos, el tal es mentiroso, y la verdad no está en él; pero el que guarda su palabra, en éste verdaderamente el amor de Dios se ha perfeccionado; por esto sabemos que estamos en él" (I Jn. 2:3-5).

Note las declaraciones definitivas en el texto: *"Y en esto sabemos que nosotros le conocemos... por esto sabemos que estamos en él."* Esta es la certidumbre exacta que deseamos. Si guardamos "sus mandamientos", si guardamos "su palabra", le conoceremos. El amor de Dios será perfeccionado en nosotros.

¿Por qué debe ser la obediencia prueba de nuestra relación? ¿No es posible obedecer a Dios sin una transformación espiritual de nuestra vida; sin ser salvos? ¿Cuál principio fundamental está en peligro? Sin la gracia transformadora de Dios, es imposible que el hombre obedezca adecuadamente los mandatos del Señor. No es que sea improbable que el hombre no regenerado haga la voluntad de Dios, sino que es absolutamente imposible. Pablo nos dice en Romanos 8:7:

Por cuanto los designios de la carne son enemistad contra Dios; porque no se sujetan a la ley de Dios, ni tampoco pueden. El hecho es que no es posible para el hombre carnal guardar la Ley de Dios.

Hay varias razones por las cuales esto es así. En primer lugar, el hombre, en sí mismo no tiene el poder para guardar los mandatos del Señor. Los antiguos israelitas, en la entrega de la ley, de toda buena fe dijeron, *"Haremos todas las palabras que Jehová ha dicho"* (Ex. 24:3). Sin embargo, sobrestimaron su capacidad, porque no habían pasado cuarenta días antes que de hubieran quebrantado el más importante de los mandatos y estuvieran adorando a una imagen de oro hecha de sus propias joyas.

El hombre simplemente no puede hacer la voluntad de Dios por su propio poder. Si el no salvo se propusiera obedecer los mandatos de Dios pronto se encontraría cara a cara con I Juan 3:23: *"Y este es su mandamiento: Que creamos en el nombre de su Hijo Jesucristo."* Si se rehusara a hacer eso no estaría obedeciendo los mandatos de Dios. Así que o es un caso de rendirse en fe salvadora a Jesús o es admitir que uno no puede ser sujeto a la voluntad de Dios.

Otra razón por la cual el hombre carnal no puede hacer la voluntad de Dios es porque los mandamientos del Señor son espirituales. Hay principios espirituales detrás de todo lo que Dios nos pide que hagamos, y a éstos el hombre natural está completamente ciego. *"Pero el hombre natural no percibe las cosas que son del Espíritu de Dios, porque para él son locura, y no las puede entender, porque se han de discernir espiritualmente"* (I Cor. 2:14). Por lo tanto, fracasa en apreciar la voluntad de Dios y consecuentemente no la puede obedecer.

Además, el inconverso no es uno que está informado de lo que concierne a las cosas de Dios y que sólo necesita ser instruido a fin de aceptar, y vivir en armonía con todo lo que Dios desea. El hombre inconverso es depravado por naturaleza. Tiene dentro de sí un espíritu que dice, como Faraón, *"¿Quién es Jehová, para que yo oiga su voz?"* Antes de que un hombre no regenerado desee hacer la voluntad de Dios, debe haber un cambio en su naturaleza, una transformación positiva. Si este hombre natural, pecador, repentinamente encuentra que se deleita en la ley del Señor, y desea hacer aquello que es agradable al Señor, puede correctamente creer que se ha convertido en un participante de la naturaleza divina.

Avanzando un paso más leemos en Juan 14:23: *"El que me ama, mi palabra guardará."* La manifestación de amor será la obediencia. Lo inverso es igualmente verdad, que la base de la obediencia es amor. *"El que tiene mis mandamientos, y los guarda, ése es el que me ama"* (Jn. 14:21). Cuando un cristiano se deleita en hacer la voluntad de Dios, hay una evidencia positiva de que ama al Señor. Como dice el versículo en el comienzo de esta sección: *"en éste verdaderamente el amor de Dios se ha perfeccionado"* (I Jn. 2:5).

Las personas que descubren que *"Sus mandamientos no son gravosos"*, pueden decir, *"El hacer tu voluntad, Dios mío, me ha agradado."* Así concluimos que *"El que guarda sus mandamientos, permanece en Dios, y Dios en él"* (Jn. 3:24).

2.5. La transformación de la vida y los deseos.

"De modo que si alguno está en Cristo, nueva criatura es; las cosas viejas pasaron; he aquí todas son hechas nuevas" (II Cor. 5:17). Es difícil explicar como toma lugar el proceso, pero, nosotros sabemos cuando ocurre. *"El viento sopla de donde quiere, y oyes su sonido; mas ni sabes de donde viene ni adonde va; así es todo aquel que es nacido del Espíritu"* (Jn. 3:8).

Un hombre sabe que el viento está soplando, no porque ve el viento, pero porque ve los resultados del viento. Así también es con el espíritu de regeneración. No podemos verlo hacer su maravillosa obra de regeneración, pero podemos ver su resultado, y sabemos que la salvación ha llegado por la transformación gloriosa de su vida y deseos. ¿Cuales son algunas de las indicaciones que muestran que la salvación ha llegado?

2.5.1. Arrepentimiento - Una verdadera separación del pecado. El arrepentimiento es tanto el trabajo del Espíritu de Dios en el corazón humano como la llenura final de la gracia salvadora que transforma la vida del pecador. Ciertamente toda la fe del mundo no traerá certeza sin una verdadera separación del pecado y de allí que el hombre necesita la ayuda de Dios para hacer eso. Si uno está dispuesto a abandonar el pecado y verdaderamente arrepentirse, puede conocer la realidad y eterna certeza de la salvación de Dios. *"Si sabéis que él es justo, sabed también que todo el que hace justicia es nacido de él"* (I Jn. 2:29).

2.5.2. Paz - El alma redimida puede correctamente esperar una paz profunda y estable en su alma. *"Justificados, pues, por la fe, tenemos paz para con Dios por medio de nuestro Señor Jesucristo"* (Rom. 5:1). El hombre fue hecho para Dios. Una facultad espiritual fue colocada dentro de su ser, capacitándolo para tener comunión con Dios. En tanto que el pecado separa al hombre de Dios y le es extraño, no puede esperar ninguna verdadera y duradera paz en su alma. *"Pero los impíos son como el mar en tempestad, que no pueden estarse quietos, y sus aguas arrojan cieno y lodo. No hay paz, dijo mi Dios, para los impíos"* (Is. 57:20,21). Pero qué paz inexplicable viene al momento en que la carga del pecado es quitada una *"paz que sobrepasa todo entendimiento"* (Fil. 4:7). La enemistad de nuestro corazón rebelde desaparece, y somos reconciliados con Dios mediante nuestro Señor Jesucristo (vea Rom. 5:1,11,21; 6:11,23).

2.5.3. Poder - Un nuevo poder para resistir y vencer el pecado. Cuando desaparece la culpa y la condenación del pecado, la esclavitud a los hábitos del pecado también se va, y en su lugar hay un nuevo poder y gozo en justicia. Por primera vez el alma se da cuenta de que está libre. El pecador supone que es libre, porque puede satisfacerse en lo que desea. El hecho es que así se satisface porque no puede resistir la tentación. Está esclavizado y debe someterse. El cristiano, por el otro lado, está libre. Es libre para decir, "¡No!" a lo que no es provechoso, y libre de elegir aquello que sabe es correcto y agradable a Dios.

2.5.4. Erradicación del temor a la muerte - El temor a la muerte será completamente erradicado, y una anticipación de ver al Salvador en gloria llenará su lugar. La cuestión del pecado ha sido resuelta. El juicio y la condenación han pasado; y estar ausente del cuerpo es ahora estar presente con el Señor." La tierra es el cuarto de vestuario para el cielo, y la vida eterna ha comenzado.

Porque sabemos que si nuestra morada terrestre, este tabernáculo, se deshiciere, tenemos en Dios un edificio, una casa no hecha de manos, eterna, en los cielos. Y por esto también gemimos, deseando ser revestidos de aquella nuestra habitación celestial; pues así seremos hallados vestidos, y no desnudos. Porque asimismo los que estamos en este tabernáculo gemimos con angustia; porque no quisiéramos ser desnudados, sino revestidos, para que lo mortal sea absorbido por la vida. (II Cor. 5:1-4)

3. ¿Qué significará al cristiano tal ausencia de duda y tal certeza positiva?

3.1. Estabilizará su entera experiencia cristiana.

Donde quiera que hay duda o incertidumbre hay inestabilidad. Hasta que nos demos cuenta de que nuestra experiencia está fundada sobre aquello que es cierto e incambiable, seremos como el hombre en la parábola que construyó su casa sobre la arena. El triunfo emocional y la evidencia centrada en uno mismo son fundamentos pobres para la vida eterna, pero una vez que uno obtiene la certeza de salvación basada en la palabra de Dios y su obra eterna, es como una roca debajo de las columnas del alma, donde se puede edificar bien y eternamente.

El conocimiento positivo y la certeza de salvación estabilizarán al cristiano en las horas de tentación. Cuando otros puedan ver y volver atrás, uno será guardado por el poder divino. Sin una seguridad establecida, la bendición de la vida cristiana fluctuará con cada circunstancia pasajera, pero el conocimiento seguro de una eterna relación con Dios anclará todo en lo seguro y firme. Citamos las palabras de Hebreos 6:17-20:

Por lo cual, queriendo Dios mostrar más abundantemente a los herederos de la promesa la inmutabilidad de su consejo, interpuso juramento; para que por dos cosas inmutables, en las cuales es imposible que Dios mienta, tengamos un fortísimo consuelo los que hemos acudido para asirnos de la esperanza puesta delante de nosotros. La cual tenemos como segura y firme ancla del alma, y que penetra hasta dentro del velo, donde Jesús entró por nosotros como precursor, hecho sumo sacerdote para siempre según el orden de Melquisedec.

3.2. Lo capacitará para disfrutar una vida positiva de oración, dándole fe que apropiará las promesas de Dios.

La oración que logra cosas en el reino, está fundada sobre la relación con Dios. Jesús dijo, *"Vosotros, pues, oraréis así: Padre nuestro"*, y de esa manera nos introduce a un lugar de gracia y de certeza, como parte íntegra de la familia de Dios.

3.3. Le dará poder sobre Satanás.

El éxito de un conflicto depende muchísimo del terreno sobre el que se lucha. Si el Diablo puede causar que el cristiano abandone la "torre alta" del nombre de Jesús y haga batalla en su propia fuerza, ese archienemigo de la justicia estará seguro de ganar la victoria. Si puede aunque sea causar una duda en el medio del combate, sabe que ganará. Pero cuando ese mismo cristiano afirma que su vida está *"escondida con Cristo en Dios"*, y que se rehusa a encontrarse ante el tentador fuera de su relación con el poderoso conquistador, entonces vera que el Diablo es un enemigo derrotado. Hay un conflicto de fe en el que, cuando el enemigo ataca, el cristiano debe declarar valientemente su posición en Cristo y rehusar dar un paso atrás. Para esto, debe estar seguro de su relación con Dios.

3.4. Dará poder a su testimonio y a su influencia.

Hay suficientes incertidumbres en el mundo hoy en día. La religión ofrece demasiadas filosofías vagas y vanas. Los hombres están buscando algo positivo y real. Ellos quieren un Cristo que conteste sus necesidades, un Cristo que pueda revelarse a ellos y hacerles conocer su presencia en sus vidas, un Cristo que pueda salvar y hacerle a uno saber que ha sido redimido.

La iglesia de hoy necesita el llamado de hombres y mujeres que estén entregados a Dios, que sepan en quien están cimentados; que no tienen miedo de salir adelante para Dios. ¿Quién sabe cuántos a nuestro alrededor en un mundo de pecado, están solamente esperando ese sincero y urgente llamado de aquellos que saben que la salvación es real, para causar que ellos abandonen las filas del pecado y cedan a Jesucristo?

El primer hecho esencial e irremplazable que debe estar en cada corazón con una indudable certeza es éste, que usted debe saber que ha nacido de nuevo. Todo lo demás parte de este glorioso conocimiento. Aquí yace el comienzo de la eternidad: *"Porque yo sé a quien he creído, y estoy seguro que es poderoso para guardar mi depósito para aquel día"* (II Ti. 1:12).

I. LA SEGURIDAD DEL CREYENTE.

1. El problema.

Si hay un hecho desgarrador en nuestra nación hoy, es la multitud de hermanos y hermanas a nuestro alrededor, que alguna vez han servido al Señor en la iglesia, han profesado la vital experiencia de la salvación, han dado evidencia de haber recibido el bautismo del Espíritu Santo hasta han predicado la palabra de Dios pero hoy, no hacen ni sombra en la puerta de la iglesia, no tienen ninguna pretensión de servir al Señor que una vez profesaron amar con todo su corazón.

Entre más uno contempla la situación, más se convence de que estamos en ese tiempo al que se refirió el apóstol Pablo cuando escribió: *"Porque no vendrá [el día del Señor] sin que antes venga la apostasía, y se manifieste el hombre de pecado, el hijo de perdición"* (II Tes. 2:3). La condición citada no está reservada para lo que a nosotros nos gusta referir como "denominaciones antiguas o tradicionales." Quizá lo justificarnos diciendo que éstos nunca fueron realmente salvos en primer lugar, o que algún día, aún en el último momento se arrepentirán y volverán al Señor." Pero, no podemos olvidar o abandonar el tema tan fácilmente. Un gran predicador que creía fuertemente en la seguridad eterna e incondicional del creyente, admitió la existencia de un vasto grupo de antiguos creyentes, e inventó un purgatorio virtual donde serían castigados y purgados de sus tropiezos antes de ser admitidos en la eterna recompensa de los santos.

2. La certeza es posible.

Note que el tema no se ha elaborado bajo el tema "La inseguridad del creyente", sino más bien, "La seguridad del creyente." Sobre todo lo demás, en nuestra vida cristiana, debemos tener una certeza positiva de nuestra salvación. Ciertamente es la voluntad de Dios que los hombres sean salvos y que lo sepan. Toda experiencia espiritual, todo conflicto con el enemigo, cada oración contestada, toda promesa que es buscada, se basa en la certeza de la posición de uno en Cristo. Cuando un cristiano trate de hacer cualquier cosa por Dios debe tener certeza de que es su hijo. ¡La certeza es posible hoy mismo! *"Pues nuestro evangelio no llegó a vosotros en palabras solamente, sino también en poder, en el Espíritu Santo y en plena certidumbre"* (I Tes. 1:5).

3. Dos lados del tema.

Este tema constituye un antiguo campo de batalla. La controversia ha durado durante años, y han habido aquellos que han ido a los extremos en ambos lados de la controversia. En algunos casos, amigos se han separado; en otros casos, iglesias se han dividido; se han comenzado denominaciones y se han formulado escuelas enteras de teología. Hay sólo una forma de resolver el desacuerdo y es por medio de la palabra de Dios. Lo negativo es que ambos lados dicen exactamente la misma cosa.

El calvinista presenta una larga lista de textos de prueba, cada uno afirmando que la salvación es una obra eterna y que una vez hecha en un corazón, nunca puede ser deshecha. El arminiano por su parte, tiene una lista de textos igualmente larga que prueba exactamente lo opuesto. El calvinista dice, "Ah, pero usted interpreta eso incorrectamente"; y el no arminiano dice, "Usted también."

El hecho es que esta diferencia ha continuado por centenares de años, y el que tantos hombres ejemplares estén en ambos lados de la cuestión, prueba que hay escrituras y buen razonamiento para ambas posiciones. No hay una manera fácil para probar que una posición sea correcta y la otra incorrecta; si fuese así, ya se hubiera hecho hace tiempo. La Biblia debe ser la respuesta. La Biblia debe ser interpretada por la Biblia. La conclusión a la que se debe llegar es que hay algo de verdad en ambas posiciones. El llevar cualquiera de los dos a extremos, significaría destruir el sentido de certeza y seguridad del creyente, o consolar al apóstata y su apostasía. Hay dos lados en toda pregunta teológica, porque toda doctrina tiene que ver con Dios y el hombre.

La salvación y toda bendición espiritual vienen de Dios. Pero el hombre tiene una parte en toda transacción espiritual. Si Dios hubiera hecho al hombre un autómata, sin voluntad o mente propia, no sería así. Pero lo es. Por esta razón, en todo asunto teológico está el lado de Dios y el del hombre. Esto nos ayuda a entender porque es posible hacer dos listas. Parecen contradecirse la una a la otra, pero en realidad no lo hacen. Una tiene que ver con lo que Dios promete hacer. La otra tiene que ver con lo que el hombre debe hacer. En realidad no se contradicen, sino que se complementan la una a la otra.

4. El balance de la escritura.

Note estas benditas promesas del poder preservador de Dios: *"Y yo les doy vida eterna; y no perecerán jamás, ni nadie las arrebatará de mi mano. Yo y el Padre uno somos"* (Jn. 10:28-30). *"Por lo cual estoy seguro de que ni la muerte, ni la vida, ni ángeles, ni principados, ni potestades, ni lo presente, ni lo porvenir, ni lo alto, ni lo profundo, ni ninguna otra cosa creada nos podrá separar del amor de Dios, que es en Cristo Jesús Señor nuestro"* (Rom. 8:38, 39).

Estas gloriosas promesas no deben ser empequeñecidas, sino que deben ser entendidas en relación apropiada con pasajes tales como:

Cuando alguno es tentado, no diga que es tentado de parte de Dios; porque Dios no puede ser tentado por el mal, ni él tienta a nadie; sino que cada uno es tentado, cuando de su propia concupiscencia es atraído y seducido. Entonces la concupiscencia, después que ha concebido, da a luz el pecado; y el pecado, siendo consumado, da a luz la muerte (Stg. 1:13-15).

Porque es imposible que los que una vez fueron iluminados y gustaron del don celestial, y fueron hechos partícipes del Espíritu Santo, y asimismo gustaron de la buena palabra de Dios y los poderes del siglo venidero, y recayeron, sean otra vez renovados para arrepenti-

miento, crucificando de nuevo para sí mismos al Hijo de Dios y exponiéndole a vituperio. Porque la tierra que bebe la lluvia que muchas veces cae sobre ella, y produce hierba provechosa a aquellos por las cuales es labrada, recibe bendición de Dios; pero la que produce espinos y abrojos es reprobada, está próxima a ser maldecida, y su fin es el ser quemada (Heb. 6:4-8).

Una de las reglas básicas de la hermenéutica es que el significado obvio de un pasaje es probablemente el más cercano al verdadero significado. Apenas uno puede leer los versículos cuatro y cinco de este pasaje sin creer que estas expresiones describen a uno que ha experimentado la salvación.

Mientras que este pasaje advierte del peligro de alejarse de Cristo, no debe ser usado para enseñar que no hay esperanza para uno que se aparta del camino. Las escrituras hacen claro que si uno que se ha alejado de Cristo, o ha rechazado a Cristo, se humillare y volviere a la fe en Cristo, encontrará perdón.

¿O pensáis que la escritura dice en vano: El Espíritu que él ha hecho morar en nosotros nos anhela celosamente? Pero él da mayor gracia. Por esto dice: Dios resiste a los soberbios, y da gracia a los humildes. Someteos, pues, a Dios... Acercaos a Dios, y él se acercará a vosotros. Pecadores, limpiad las manos y vosotros los de doble ánimo, purificad vuestros corazones Afligíos y lamentad, y llorad Vuestra risa se convierta en lloro, y vuestro gozo en tristeza. Humillaos delante del Señor, y él os exaltará (Stg. 4:5-10).

Mirad, hermanos, que no haya en ninguno de vosotros corazón malo de incredulidad para apartarse del Dios vivo; antes exhortaos los unos a los otros cada día, entre tanto que se dice: Hoy; para que ninguno de vosotros se endurezca por el engaño del pecado. Porque somos hechos participantes de Cristo, con tal que retengamos firme hasta el fin nuestra confianza del principio, entre tanto que se dice: Si oyereis hoy su voz, no endurezcáis vuestros corazones, como en la provocación. ¿Quiénes fueron los que, habiendo oído, le provocaron? ¿No fueron todos los que salieron de Egipto por mano de Moisés? ¿Y con quiénes estuvo él disgustado cuarenta años? ¿No fue con los que pecaron, cuyos cuerpos cayeron en el desierto? ¿Y a quiénes juró que no entrarían en su reposo, sino a aquellos que desobedecieron? Y vemos que no pudieron entrar a causa de incredulidad (Heb. 3:12-19).

Hermanos, si alguno de entre vosotros se ha extraviado de la verdad, y alguno le hace volver, sepa que el que haga volver al pecador del error de su camino, salvará de muerte un alma, y cubrirá multitud de pecados (Stg. 5:19, 20).

Permítanme recordarles que este pasaje fue escrito a cristianos (vea Stg. 1:2). Decir que eran judíos es aparte, porque en Cristo no hay ni judío ni griego. Esto habla de un cristiano que peca, pero si uno "le hace volver" (volver de su pecado) él "salvará de muerte un alma." Es posible entonces que es el alma la que muere y no solamente el cuerpo. Note también I Juan 5:16: *"Si alguno viere a su hermano cometer pecado que no sea de muerte, pedirá, y Dios le dará vida; esto es para los que cometen pecado que no sea de muerte. Hay pecado de muerte, por el cual yo no digo que se pida."*

Se le dice al cristiano claramente: *"Ocupaos en vuestra salvación con temor y temblor"* (Fil. 2:12). Pero la escritura se apresura en añadir: *"Porque Dios es el que en vosotros produce así el querer como el hacer, por su buena voluntad"* (Vs 13). Dios puso dos grandes principios en estos versículos, y la Biblia dice: *"Lo que Dios juntó, no lo separe el hombre."* La Biblia presenta y refuerza ambas verdades y nunca baja el tono de énfasis de uno por miedo a chocar con el otro. En esta exacta conexión, Alexander McLaren dice: "La cuerda corta de mí plomo no llega al fondo del sin fondo, y yo no profeso ni entender a Dios, ni entender al hombre, ambos de los cuales debería querer hacer antes de entender el misterio de su acción conjunta."[46] Aquí tenemos la presentación de ambas de estas líneas de verdad, lo que Dios dice, El hará; y lo que El dice, nosotros debemos hacer. *"Ocupaos en vuestra salvación... porque Dios es el que en vosotros produce"* (Fil. 2:12).

Ciertamente no es la voluntad de Dios que ninguno de sus hijos se pierda. También se nos asegura que Él es capaz de guardarlos de la caída. Pero estas cosas no son automáticas. Dios no salva a un hombre en contra de su voluntad, ni tampoco lo mantiene en contra de su voluntad. Tanto la fe y el arrepentimiento son necesarios para la salvación, como también lo son para la continuación de esa salvación en la vida del cristiano. La condición escritural para la salvación es creer. *"El que cree en el Hijo tiene vida eterna"* (Jn. 3:36). *"El que en él cree no es condenado; pero el que no cree, ya ha sido condenado, porque no ha creído en el nombre del unigénito Hijo de Dios"* (Jn. 3:18). *"De cierto, de cierto os digo: El que oye mi palabra, y cree al que me envió, tiene vida eterna, y no vendrá a condenación, mas ha pasado de muerte a vida"* (Jn. 5:24). *"De cierto, de cierto os digo: El que cree en mí, tiene vida eterna"* (Jn. 6:47).

Es importante notar que la palabra "eterna" en estos dos últimos versículos no es utilizada como adverbio sino como adjetivo. Es la vida la que es eterna, no la posesión de ella. La palabra "cree" en éstos, y en otros pasajes (vea Jn. 3:16; Jn. 6:40) está en tiempo presente, y significa "creer y

---

[46] Alexander McLaren, fuente desconocida.

continuar creyendo." Es tiempo presente continuo o progresivo e implica no sólo un acto inicial de fe, sino una actitud mantenida. Certeza de seguridad, entonces, es para los que creen. Los escogidos son *"guardados por el poder de Dios mediante la fe"* (I P. 1:5). Meody llama la atención a la traducción literal de Juan 10:28, y dice:

> Ni por un momento dudo de esta traducción literal: "Mis ovejas continúan oyendo mí voz, y yo las continúo conociendo, y ellas continúan siguiendome, y yo les sigo dando vida eterna; y no perecerán jamás, y nadie las arrebatará de mi mano." Algunos leen el pasaje como si dijera: "Mis ovejas oyeron mi voz, y yo las conocí, y me siguieron, y yo les di vida eterna." Los verbos son presente lineal, indicando una acción continua para las ovejas y el Pastor, no la falencia de una acción puntual del tiempo pasado.[47]

No hay ninguna promesa en la Biblia de que Dios guardará al hombre que voluntariamente se vuelve de las provisiones de salvación que Cristo ha hecho. De hecho, se nos dice claramente: *"Porque si pecáremos voluntariamente después de haber recibido el conocimiento de la verdad, ya no queda más sacrificio por los pecados, sino una horrenda expectación de juicio, y de hervor de fuego"* (Heb. 10:26,27). Estos versículos describen a un apóstata que voluntariamente se vuelve, o rechaza a, Cristo. *"El que viola la ley de Moisés, por el testimonio de dos o tres testigos muere irremisiblemente. ¿Cuánto mayor castigo pensáis que merecerá el que pisoteare al Hijo de Dios, y tuviera por inmunda la sangre del pacto en el cual fue santificado, e hiciere afrenta al Espíritu de gracia."* (Heb. 10:28, 29). Tal persona que se aleja de Cristo ciertamente no tiene esperanza, porque voluntariamente se aparta de la única fuente de perdón y limpieza.

5. Advertencias bíblicas.

La palabra de Dios contiene suficiente advertencia para impedir cualquier pensamiento de presumir de la gracia de Dios. Los seguidores de Cristo son exhortados a *"Velad y orad, para que no entréis en tentación"* (Mt. 26:4); de *"Guardaos, no sea que arrastrados por el error de los inicuos, caigáis de vuestra firmeza"* (II P. 3:7); de *"procurad hacer firme vuestra vocación y elección"* (II P. 1:10); de mantener *"la fe y buena conciencia"* a fin de evitar un naufragio (I Ti. 1:19); de procurar *"ocuparse en buenas obras"* (Tit. 3:8); de *"estad así firmes en el Señor"* (Fil. 4:1).

Al cristiano se le advierte del peligro mortal: mediante la sal perdiendo su sabor (Lc. 14:34,35); por fracasar al no permanecer en Cristo (Jn. 15:6); en ser removido de la esperanza del evangelio (Col. 1:23); en errar de la fe (I

---

[47] *The Word of the Truth* (La Palabra de Verdad) por Dale Moody (Grand Rapids, MI: Wm B. Eerdmans Publishing Company, 1981) 356.

Ti. 6:10); en ser tomado cautivo por el Diablo (II Ti. 2:24-26); en descuidar una salvación tan grande (Heb. 2:3); en apartarse del Dios vivo (Heb. 3:12); en ser endurecido por el engaño del pecado (Heb. 3:13); en pecar voluntariamente (Heb. 10:26-31); en errar de la verdad (Stg. 5:19,20); en ser vencidos por el mundo (II P. 2:20-22); y en abandonar el primer amor (Ap. 2:4,5).

6. La responsabilidad del creyente.

Sin embargo el reconocer la posibilidad de que la unión con Cristo puede ser quebrantada, no debe llevarnos al pensamiento legalista de que somos guardados por nuestros propios esfuerzos. El cristiano no puede guardarse a sí mismo por el poder de la carne, como tampoco puede salvarse por la carne. Somos *"guardados por el poder de Dios a través de la fe"* (I P. 1:5). Nuestra parte es creer en Él; la parte de Dios es guardarnos. La responsabilidad del creyente es apropiarse de los medios de gracia provistos por Dios para sus hijos. El creyente no se puede guardar a sí mismo pero debe someterse al poder de Dios. La única manera en que el creyente puede actuar a favor de su salvación es en proporción a la obra de Dios en él (Fil. 2:12,13).

La participación del creyente es nutrirse en la palabra de Dios, someterse al ministerio del Espíritu Santo y preservar la comunión constante con Dios a través de la oración. Es por medio de la fe, la obediencia y la sumisión a la voluntad de Dios, que el creyente se adueña de todo lo que la gracia de Dios suple. No somos ni salvados ni guardados a causa de la fe y la obediencia. Pero la fe y la obediencia nos mantienen en comunión con Cristo, quién es fiel y nos preserva hasta el fin. *"Porque yo sé en quién he creído, y estoy convencido de que es poderoso para guardar mi depósito hasta aquel día"* (II Ti. 1:12).

Si el seguidor de Cristo hace estas cosas, estará seguro por toda la eternidad. Pero si no mora en Cristo por causa de su incredulidad, o por una vida que peca a propósito y nunca se arrepiente, o por continuar en apostasía, entonces no hay promesa alguna de que será guardado. En ninguna parte de la escritura se nos da permiso a desafiar la gracia de Dios. Tenemos un sumo sacerdote que *"puede compadecerse de nuestras flaquezas"* (Heb. 4:15), y que es *"poderoso para salvar para siempre a los que por medio de El se acercan a Dios, puesto que vive perpetuamente para interceder por ellos [nosotros]"* (Heb. 7:25). Somos exhortados a acercarnos *"con un corazón sincero, en plena certidumbre de fe"*, y al mismo tiempo *"mantenemos firmes en la fe"* (Heb. 10:22-23).

El mantenimiento de nuestra salvación no es un acto de equilibrio sobre un camino angosto con precipicios en ambos lados. Claro que hay un precipicio, pero por la fe, la obediencia y la comunión fiel con el Señor, tendremos el privilegio de caminar más y más lejos del precipicio y llegar más y más cerca de la ciudad de Dios.

7. Una ilustración.

Hace algunos años un avión venía en medio de una gran tormenta, donde los elementos lo arrojaban y lo golpeaban continuamente. Cuando pasó el área de turbulencia, una pasajera suspiró con gran alivio y se acomodó en su asiento descansando con las palabras: "¡Bueno, lo logramos!" Ella había hecho su parte. Poco pensaba ella, o posiblemente ni sabía de los planes y diseño del gran avión: los años de experiencia con modelos pasados, las miles de horas que habían pasado talentosos técnicos sobre sus mesas de dibujo, las casi interminables pruebas en los túneles de viento con todo tipo de modelo concebible, los miles de hombres que habían trabajado en todas las partes y componentes, la habilidad y precisión con que fue armado con esfuerzos diminutamente calculados. Ella no consideró la experiencia del piloto y su tripulación, con tal vez un millón o más millas de experiencia de vuelo. Debía estar llena de preocupación y aprehensión. Debía hacer algo. ¡Cálmese señora! Su seguridad no descansa en su temor o preocupación, sino que descansa en el avión y su hábil tripulación.

¡Así también el destino eterno de nuestras almas! Cuando las tormentas de tentación, duda y temor golpeen la nave de su experiencia, no olvide la amorosa fidelidad de su Padre celestial, quien, antes de que el mundo fuera, puso el fundamento de su salvación. No olvide toda la habilidad, la labor y el sacrificio divino que han tomado parte en ella. Recuerde que "el Piloto" ha llevado muchas almas a través de tormentas que usted nunca tendrá que soportar. Él mismo experimentó todas estas tempestades. *"Porque convenía a aquel por cuya causa son todas las cosas, y por quien todas las cosas subsisten, que habiendo de llevar muchos hijos a la gloria, perfeccionase por aflicciones al autor de la salvación de ellos... para venir a ser misericordioso y fiel sumo sacerdote"* (Heb. 2:10-17). ¡Él lo logró! Y Él es capaz de ayudar a todos los que confían el Él.

Solamente, no abandone la nave. No salga y confíe en su paracaídas, ni trate de volar su débil avión a través de la tormenta. Quédese en la nave de su salvación. Asegúrese un poco más el cinturón de sus promesas. Alegre su corazón con alabanza y adoración a aquel que está en los controles. Manténgase cerca de Jesús. Recuerde su fidelidad

"Estando persuadido de esto, que el que comenzó en vosotros la buena obra, la perfeccionará hasta el día de Jesucristo" (Fil. 1:6). Manténgase cerca de Él y usted tocará tierra con el más suave, el más perfecto aterrizaje sobre la orilla de la eternidad. ¡Manténgase cerca de Jesús!.

CAPITULO 6
La Doctrina del Espíritu Santo
Neumatología

INTRODUCCION

Bajo el estudio de la doctrina de la teología, ya ha sido tratado el tema de la deidad de la trinidad. A su vez, se hizo referencia a la tercera persona de la trinidad, el Espíritu Santo. Este estudio previo trató con su personalidad, deidad, sus nombres y símbolos. En la presente sección entraremos más profundamente a considerar el ministerio del Espíritu Santo como la obra exteriorizada de estas características previamente tratadas. Estudiaremos la obra del Espíritu Santo, el ministerio del Espíritu Santo como consolador, el fruto del Espíritu Santo, el bautismo con el Espíritu Santo, ofensas contra el Espíritu Santo y los dones del Espíritu Santo.

I. LA OBRA DEL ESPIRITU SANTO

Uno de los primeros pensamientos que debe impresionarnos a medida que proseguimos con éste estudio, es el diversificado ministerio atribuido al Espíritu Santo. Saquemos completamente de nuestra mente la impresión de que el Espíritu Santo no vino al mundo sino hasta el día de Pentecostés, descrito en el capítulo dos de Hechos, porque así se notará que el Espíritu Santo ha estado activo en cada dispensación, y presente dondequiera que Dios ha sido revelado.

No siempre es posible, ni tampoco necesario, distinguir minuciosamente entre la obra del Espíritu Santo y aquella del Padre y del Hijo. Dios es uno y la interrelación entre las diversas actividades de cada persona de la deidad es tan cercana que no siempre podemos discernir una de la otra. En muchas de sus actividades, Dios actúa a través del Hijo, en el poder del

Espíritu Santo. Como principio general podría decirse que todas las obras divinas se originan en el Padre, son llevadas a cabo por el Hijo, y son traídas a fructificación por medio del Espíritu Santo. A continuación estudiaremos las obras del Espíritu Santo en cuanto a su relación con (1) el universo físico, (2) los inconversos, (3) el Señor Jesucristo, y (4) el creyente.

A. LA OBRA DEL ESPIRITU SANTO EN RELACIÓN CON EL MUNDO EN GENERAL.

1. En relación con el universo material.

1.1. El Espíritu Santo como agente en la creación.

Cada persona de la deidad es representada como habiendo creado todas las cosas: El Padre, *"Dios,... nos ha hablado por el Hijo,... por quien asimismo hizo el universo... "* (Heb. 1:1,2); El Hijo, *"Todas las cosas por él fueron hechas, y sin él nada de lo que ha sido hecho, fue hecho"* (Jn. 1:3), *"Porque en él fueron creadas todas las cosas, las que hay en los cielos y las que hay en la tierra, visibles e invisibles , sean tronos, sean dominios, sean principados, sean potestades; todo fue creado por medio de él y para él"* (Col. 1:16); El Espíritu Santo, *"Envías tu Espíritu, son creados, y renuevas la faz de la tierra"* (Sal. 104:30); *"El Espíritu de Dios me hizo, y el soplo del Omnipotente me dio vida"* (Job 33:4).

No debe pensarse que estos pasajes son contradictorios, mas bien debe pensarse en ellos como una presentación del principio que prevalece a través de la Biblia, las tres personas de la trinidad trabajan juntas para el logro de la voluntad divina. De hecho, la declaración de apertura de la Biblia *"En el principio creó Dios los cielos y la tierra"* sugiere que la trinidad entera estaba activa; porque la palabra "Dios", *Elohim* en hebreo, que es una palabra uni-plural, indica más de una personalidad.

1.2. Tres actos específicos de la creación.

En la narración de la creación dada en Génesis 1:1-27, la palabra hebrea *bara* que significa "crear" o "hacer de la nada", es utilizada tres veces. En otras oportunidades se dice que Dios ha "hecho" ciertas cosas, lo cual implicaría usar algo de lo que ya estaba en existencia. Estas tres ocasiones representan a los tres reinos distinguidos: los cielos y la tierra (1:1), la vida animal (1:21), y vida humana (1:26, 27). Los evolucionistas tratan de decirnos que cada reino es el resultado del desarrollo gradual de un reino menor, pero la palabra de Dios enfatiza que un reino nuevo fue solamente hecho posible a través de un acto especial de creación. Es interesante para nuestro estudio presente notar lo que se dice del Espíritu Santo al haber estado activo en la creación de cada uno de estos tres reinos:

* Los cielos y la tierra (Gn. 1:2; Job 26:13; Sal. 33:6).

- La vida animal (Sal. 104:30; refiriéndose definitivamente a todas las criaturas mencionadas en los versículos previos de este Salmo: 11, 12, 14, 17, 18, 20, 21, 26).
- La vida humana (Job 33:4)

2. En relación con la humanidad en su totalidad.

2.1. El Espíritu Santo da testimonio de la obra redentora de Cristo.

El plan y el método de salvación de Dios es atestiguado por el Espíritu Santo. Nadie lo sabría mejor que el Espíritu Santo.

El Dios de nuestros padres levantó a Jesús, a quien vosotros matasteis colgándolo de un madero. A éste Dios ha exaltado con su diestra por Príncipe y Salvador, para dar a Israel arrepentimiento y perdón de pecados. Y nosotros somos testigos suyos de estas cosas, y también el Espíritu Santo, el cual ha dado Dios a los que le obedecen (Hch. 5:30-32).

2.2. El Espíritu Santo convence al mundo de pecado, justicia y juicio.

"Y cuando él venga, convencerá al mundo de pecado, de justicia, y de juicio" (Jn. 16:8). En versiones diferentes se utilizan distintas palabras para "convencer", tales como: dar convicción, exponer y redargüir. Alguien ha declarado: "Estas tres cosas son las más difíciles de inculcar en cualquier ser humano, porque éste siempre intentará justificarse con alguna excusa para sus acciones malignas, pidiendo una escala relativa de normas éticas en lugar de justicia absoluta, o asumiendo que el juicio es indefinidamente diferido y que por lo tanto no hay una verdadera amenaza." (Los autores están en deuda con la fuente desconocida de esta cita.)

2.2.1. "De pecado, por cuanto no creen en mí" (Vs. 9)

Aquí hay algo que es imposible que el hombre logre. Nadie puede producir convicción en el corazón de otro. Sólo el Espíritu Santo puede vencer la ceguera y el engaño del pecaminoso corazón humano y hacer que un hombre se dé cuenta de la grandeza de su propia iniquidad. Note el pecado particular del cual el Espíritu Santo traerá convicción. No es el pecado de robar, o de borrachera o de adulterio. La conciencia dará convicción al hombre de que tales cosas son incorrectas, pero el Espíritu Santo es el que da convicción de un pecado del cual la conciencia nunca convencería; el pecado de incredulidad. *"De pecado, por cuanto no creen en mí..."* (Jn. 16:9).

La incredulidad en Jesucristo es el más grande de todos los pecados. Causa el rechazo del único medio de perdón de Dios, y trae toda la condenación de cada pecado sobre el que uno fracasa en apropiarse de la salvación de Cristo mediante la fe. Como George Smeaton lo ha dicho tan apropiadamente:

> El pecado de incredulidad está descrito aquí, con toda la enorme culpa ligada a él, como el rechazo de la propuesta de reconciliación, como el supremo principal pecado porque es un pecado contra el remedio, tan pecaminoso en sí, que previene la remisión de los demás pecados... todos los otros pecados, originales y reales, con toda su culpa, son remisibles mediante la fe en Cristo. Pero éste pecado involucra el rechazo del remedio provisto por gracia; y la incredulidad final no tiene nada que interponer entre el pecador y la justa condenación... El pecado de incredulidad es descrito aquí como si fuera el único pecado, porque, según el comentario de Agustino, mientras continúa, todos los demás pecados son retenidos y cuando éste parte, todo los demás pecados son remitidos.[1]

2.2.2. "De justicia, por cuanto voy al Padre, y no me veréis más" (Vs 10)

La justicia de la cual el Espíritu trae convicción no es la justicia humana, sino la justicia de Cristo. La justicia de Cristo está atestiguada por el hecho que Él fue levantado de los muertos y ascendió al Padre. Si hubiera sido un impostor, como insistía el mundo religioso al rechazarlo, el Padre no lo hubiera recibido. El hecho de que el Padre sí lo exaltó a su propia diestra, demuestra que Él es completamente inocente de todas las acusaciones puestas en su contra. Además, prueba que Él había pagado el precio completo por lo pecados del creyente que habían sido puestos sobre Él. Nuevamente, Smeaton declara:

> Convencer al mundo de justicia debe significar que el Espíritu da evidencia convincente, no meramente que su causa fue buena, y que Él era inocente, sino también que en Él se encuentra la justicia que el mundo necesita, la justicia imputada que fue provista para nosotros por gracia y se hace nuestra por la fe. [2]

Su regreso al Padre dio evidencia de que Él había enteramente finalizado la tarea por la cual había sido enviado al mundo, aquella de proveer justicia para aquellos que creerían en Él.

2.2.3. "De juicio, por cuanto el príncipe de éste mundo ha sido ya juzgado" (Vs. 11)

El mundo es culpable al rechazar creer en Cristo; su condenación es atestiguada por la justicia de Cristo exhibida en su regreso al Padre; por lo

---

[1] *The Doctrine of The Holy Spirit* (La Doctina del Espíritu Santo) por George Smeanton, (London, The Banner of Truth Trust, 1958) 178.

[2] Smeanton, 179.

tanto, no le espera sino juicio. La demostración más grande de juicio es que el príncipe de éste mundo será juzgado. *"Ahora es el juicio de este mundo; ahora el príncipe de este mundo será echado fuera"* (Jn. 12:31). Si Cristo va a juzgar al príncipe de éste mundo, entonces todos los que le siguen serán asimismo juzgados.

Es importante que todo cristiano se dé cuenta de cómo éste ministerio de convicción del Espíritu Santo es logrado. El Espíritu Santo no opera en esta capacidad mediante la atmósfera. Él ministra mediante creyentes llenos del Espíritu Santo. Jesús dijo, *"Si yo no me fuere, el Consolador no vendría a vosotros; mas si me fuere, os lo enviaré. Y cuando él venga, convencerá al mundo de pecado, de justicia, y de juicio"* (Jn. 16:7,8). Esto enfatiza la importancia que cada creyente viva una vida llena del Espíritu.

B. LA OBRA DEL ESPIRITU SANTO EN RELACION CON CRISTO.

Probablemente la más profunda declaración de todos los tiempos se encuentra en las primeras cuatro palabras con las que comienza nuestra Biblia: "En el principio... Dios." Ninguna explicación es dada. Ningún intento es hecho para dar cuenta de su existencia. Simplemente es dada la revelación más grande. Sólo en la manera en que Dios haya escogido revelarse podemos esperar tener alguna comprensión respecto a Él mismo. Dios ha hecho esto particularmente en la persona de su Hijo. *"Dios, habiendo hablado muchas veces y de muchas maneras en otro tiempo a los padres por los profetas, en estos postreros días nos ha hablado por* [literalmente: "en"] *el Hijo"* (Heb. 1:1,2).

Jesús podía decir: *"El que me ha visto a mí, ha visto al Padre"* (Jn. 14:9), porque el Hijo era el *"resplandor de su gloria, y la imagen misma de su sustancia"* (Heb. 1:3). Pero entonces tenemos una revelación posterior del Hijo por el Espíritu Santo. Jesús dijo del Espíritu Santo, *"Él me glorificará, porque tomará de lo mío, y os lo hará saber. Todo lo que tiene el Padre es mío; por eso dije que tomará de lo mío, y os lo hará saber"* (Jn. 16:14,15). Por lo tanto vemos la revelación progresiva: El Padre revelado por el Hijo y el Hijo revelado por el Espíritu Santo. G. Campbell Morgan habla de Jesús como la revelación del Padre y del Espíritu Santo, como la interpretación de la revelación.[3]

Será sumamente provechoso, entonces, estudiar la cercanía del ministerio del Espíritu Santo a la persona y ministerio del Señor Jesús, especialmente ya que Él tomó sobre sí mismo la bajeza de nuestra naturaleza humana. Al estudiar la obra del Espíritu Santo en la vida de Cristo, reconocemos que el Espíritu Santo tiene poco, si acaso algo que ver, con la dei-

---

[3] *The Gospel according to John* (El Evangelio según Juan) por G. Campbell Morgan (Nueva York: Fleming H, Revell Company, 1909) 247.

dad de Cristo. Eso no era necesario, porque era perfecto y siempre había sido así. Pero El Espíritu Santo tuvo mucho que ver con la naturaleza humana de Cristo. Se llamará la atención a la obra del Espíritu Santo en (1) la persona de Cristo; (2) el ministerio terrenal de Cristo; (3) concerniendo la muerte y resurrección de Cristo; y (4) el ministerio de Cristo a la iglesia de hoy en día.

1. En cuanto a la persona de Cristo.

1.1. Fue enviado al mundo por el Espíritu Santo, junto con el Padre.

"...Y ahora me envió Jehová el Señor, y su Espíritu. Así ha dicho Jehová, Redentor tuyo, el Santo de Israel..." (Is. 48:16,17). Cristo no tuvo su comienzo en Belén. Él existió desde toda eternidad; se podría decir que aquel que ya existía fue enviado al mundo.

1.2. Fue concebido, o engendrado, por el Espíritu Santo.

Este hecho se confirma en tres pasajes de la escritura: *"Respondiendo el ángel, le dijo: El Espíritu Santo vendrá sobre ti, y el poder del Altísimo te cubrirá con su sombra; por lo cual también el santo Ser que nacerá, será llamado Hijo de Dios"* (Lc. 1:35). *"Estando desposada María su madre con José, antes que se juntasen, se halló que había concebido del Espíritu Santo"* (Mt. 1:18). *"...Un ángel del Señor le apareció en sueños y le dijo: José, hijo de David, no temas recibir a María tu mujer, porque lo que en ella es engendrado, del Espíritu Santo es"* (Mt. 1:20).

La concepción de Jesús, no fue el llamamiento de un nuevo ser a la vida, (como en el caso de todos los nacimientos humanos), sino de uno que había existido eternamente, y quien, por su concepción, ahora entraba a una relación vital con la naturaleza humana. Cuando Cristo nació no fue la concepción de una personalidad humana sino la de una naturaleza humana. Hay sólo una personalidad en Jesucristo, o sea el Eterno, que era y es el Hijo de Dios.

1.3. Su recepción en el templo fue preparada por el Espíritu Santo.

Y he aquí había en Jerusalén un hombre llamado Simeón, y este hombre, justo y piadoso, esperaba la consolación de Israel; y el Espíritu Santo estaba sobre él. Y le había sido revelado por el Espíritu Santo, que no vería la muerte antes que viese al ungido del Señor. Y movido por el Espíritu, vino al templo. Y cuando los padres del niño Jesús lo trajeron al templo, para hacer por él conforme al rito de la ley, él le tomó en sus brazos, y bendijo a Dios, diciendo: Ahora, Señor, despides a tu siervo en paz, conforme a tu palabra; porque han visto mis ojos tu salvación... (Lc. 2:25-30).

Este es un pasaje notable en relación con el ministerio del Espíritu Santo, al testificar a Simeón y luego preparar el cumplimento de la profecía dada a ese antiguo santo.

1.4. Su crecimiento es atribuido al Espíritu Santo.

La Biblia atribuye el crecimiento físico, intelectual, y espiritual al Espíritu Santo. *"Y el niño crecía y se fortalecía* [en el Espíritu], *y se llenaba de sabiduría; y la gracia de Dios era sobre él"* (Lc. 2:40).

También se nos dice en Lucas 2:52: *"Y Jesús crecía en sabiduría y en estatura, y en gracia para con Dios y los hombres."* Jesús no fue creado como un adulto al igual que Adán. Él creció y se desarrolló como crece cualquier otro niño, excepto que no poseía ninguno de los detrimentos de una naturaleza pecaminosa. Su desarrollo fue rápido y hermoso. El hecho es que, a la edad de doce años, los rabinos en el templo estuvieron asombrados al escucharlo. Pero esto se debía a una operación del Espíritu Santo dentro de Él. Dice el profeta Isaías: *"Saldrá una vara del tronco de Isaí, y un vástago retoñará de sus raíces. Y reposará sobre él el Espíritu de Jehová; espíritu de sabiduría y de inteligencia, espíritu de consejo y de poder, espíritu de conocimiento y de temor de Jehová"* (Is. 11:1,2). La deidad de Cristo no podía crecer ni en lo más mínimo, o en ningún sentido, porque era perfecta y completa. Pero su humanidad sí se desarrolló y se incrementó en sus capacidades. Palmer declara:

> Ni era esto debido al hecho que el Jesús hombre estaba inseparablemente conectado a la persona divina, para que como hombre tuviera omnisciencia; eso destruiría su verdadera humanidad.[4]

1.5. Fue guiado por el Espíritu Santo al desierto, para ser tentado por el Diablo.

"Entonces Jesús fue llevado por el Espíritu al desierto, para ser tentado por el diablo" (Mt. 4:l). *"Y luego el Espíritu le impulsó al desierto. Y estuvo allí en el desierto cuarenta días, y era tentado por Satanás..."* (Mr. 1:12,13). Palmer comenta que Lucas:

> ... usa un tiempo verbal, el imperfecto, que indica no un acto momentáneo, sino un período de tiempo. La clara indicación, entonces, es que no sólo el Espíritu Santo llevó a Cristo al desierto, sino que todo el tiempo que Cristo estuvo allí, el Espíritu Santo estuvo con Él, guiándole y ayudándole a vencer las tentaciones. Y cuando todas terminaron, Lucas dice que Él *"volvió en el poder del Espíritu"* (4:4). En otras palabras, ese período entero de tentación, de principio a fin, estuvo bajo el

---

[4] *The person and the Ministry of the Holy Spirit: The Traditional Calvinistic Perspective* (La Persona y el Ministerio del Espíritu Santo: La Perspectiva Calvinista) por Edwin H. Palmer (Grand Rapids, MI: Baker Book House, 1974) 68.

control del Espíritu Santo, y fue por medio del Espíritu que le fue dada a la naturaleza humana de Jesús la fuerza para vencer las severas tentaciones puestas ante Él. El no tuvo victoria porque su naturaleza divina infundió cualidades divinas a su naturaleza humana, capacitándole para resistir. De ser así, entonces ya no hubiera sido hombre. En cambio, siendo un hombre completo, se fió del Espíritu que moraba en Él para obtener la habilidad de resistir el mal.[5]

Note cuidadosamente que Jesús no fue acorralado por el diablo. Él fue llevado o como Marcos dice, "impulsado" por el Espíritu a encontrar al enemigo. Esto es de gran instrucción para los creyentes hoy día. Enseña fuertemente que el cristiano no está necesariamente fuera de la voluntad de Dios cuando está siendo expuesto a una prueba personal. También, enseña que puede tener la misma victoria, porque tiene el mismo Espíritu Santo morando en él.

2. En cuanto al ministerio terrenal de Cristo.

Jesús era en realidad el verdadero Dios, pero cuando vino a este mundo parece que se sujetó de tal manera al Padre que su ministerio fue mediante la dirección y el poder del Espíritu Santo. Note los siguientes ejemplos de la actividad del Espíritu en el ministerio de Cristo:

2.1. El Espíritu Santo ungió a Jesús con poder para su ministerio.

Y Jesús, después que fue bautizado, subió luego del agua; y he aquí los cielos fueron abiertos, y vio al Espíritu de Dios que descendía como paloma, y venía sobre él. Y hubo una voz de los cielos, que decía: Este es mi hijo amado, en quien tengo complacencia (Mt. 3:16,17).

2.2. Esta unción del Espíritu Santo tiene como propósito equipar a Jesús oficialmente para su ministerio público.

2.2.1. Su ministerio de predicación

No es hasta después de esto que leemos que Él enseña y predica (Lc. 5:14, 15; Mt. 4:17). *"El Espíritu de Dios está sobre mí, por cuanto me ha ungido para dar buenas nuevas a los pobres..."* (Lc. 4:18). Es muy común pensar que las palabras de gracia que proceden de su boca fueron el resultado de su propia grandeza inherente, pero Jesús las atribuye a la unción del Espíritu Santo.

2.2.2. Su ministerio como sanador

"Cómo Dios ungió con el Espíritu Santo y con poder a Jesús de Nazaret y cómo éste anduvo... sanando a todos los oprimidos por el diablo,

---

[5] Palmer, 71,72.

porque Dios estaba con él" (Hch. 10:38). En verdad, fue el resultado del poder dado a Él por el Espíritu Santo el que pudo ejecutar milagros.

2.2.3. Su ministerio de liberación echando fuera a los demonios

En Mateo 12:28 Jesús atribuye su habilidad de echar fuera demonios al Espíritu Santo: *"Pero si yo por el Espíritu Santo echo fuera los demonios..."* Los fariseos acusaron a Jesús de echar fuera demonios por Beelzebú, el príncipe de los demonios. Jesús les mostró la insensatez de Satanás echándose fuera a sí mismo. Él aclaró muy bien su fuente de poder para este ministerio. En Hechos 10:38 leemos: *"Cómo Dios ungió con el Espíritu Santo y con poder a Jesús de Nazaret y cómo éste anduvo haciendo bienes y sanando a todos los oprimidos por el diablo, porque Dios estaba con él."* Jesús era consciente de esta unción, al leer en la sinagoga de Nazaret, en Isaías 61:1: *"El Espíritu del Señor está sobre mí, por cuanto me ha ungido..."* (Lc. 4:18).

3. En cuanto a la muerte y resurrección de Cristo.

3.1. Fue capacitado por el Espíritu Santo para ofrecer el sacrificio necesario por los pecados.

"¿Cuánto más la sangre de Cristo, el cual mediante el Espíritu eterno se ofreció a sí mismo sin mancha a Dios, limpiará vuestras conciencias de obras muertas para que sirváis al Dios vivo?" (Heb. 9:14). No era suficiente que Jesús sufriera y muriera por nuestros pecados, debía hacerlo en la forma debida. Como lo expresa Abraham Kuyper:

> Cristo no solamente nos redimió a través de sus sufrimientos, al ser escupido, azotado, coronado con espinas, crucificado y muerto; sino que esta pasión fue hecha efectiva para nuestra redención por su amor y obediencia voluntaria. Por lo tanto, en los sufrimientos de Cristo hubo mucho más que una satisfacción meramente pasiva y penal. Nadie obligó a Jesús. Él, participante de la naturaleza divina, no podía ser forzado, pero se ofreció voluntariamente: *"He aquí que vengo, oh Dios, para hacer tu voluntad, como en el rollo del libro está escrito de mí."*[6]

Y Edwin Palmer explica:

> Dios siempre demanda una relación correcta entre el corazón y el acto público. Él no se agrada con la simple conformación externa a su voluntad, sino que debe haber la actitud correspondiente del alma. Él no mira sólo a los labios que dicen, "Señor, Señor", o los vasos que están limpios por fuera, sino que Él demanda una actitud de amor perfecto hacia Él. Si Jesús hubiera ido a la cruz involuntariamente, de mal hu-

---

[6] *The Work of the Holy Spirit* (La Obra del Espíritu Santo) por Abraharri Kuyper (Grand Rapids, MI: Win B. Eerdinans Publishing Company, n.d.) 104.

mor, de mala gana, estoicamente; y no voluntariamente, con un celo perfecto, ardiente, y con fe hacia el Padre, no se hubiera podido hacer ninguna expiación.[7]

Hebreos 9:14, citado anteriormente, indica que la perfección del sacrificio de Cristo, la actitud correcta, obediente y amante fue hecha posible por el Espíritu Santo. *"El cual mediante el Espíritu eterno se ofreció a sí mismo sin mancha a Dios."* Sin la capacitación del Espíritu Santo, el Jesús hombre nunca hubiera podido hacer esto. El Espíritu le capacitó para ofrecer un sacrificio perfecto con la actitud que era aceptable a Dios. ¡Indudablemente, el Espíritu Santo le dio poder por gracia y lo sostuvo durante los sufrimientos, tanto físicos como espirituales, de ese horrible sacrificio!

3.2. Fue levantado de los muertos por el Espíritu Santo.

Romanos 8:11 habla de *"el Espíritu de aquel que le levantó de los muertos a Jesús."* A veces la resurrección de Jesús es atribuida al Padre. Hechos 2:24, hablando de Jesús, dice: *"Al cual Dios levantó."* En otros pasajes se dice que la obra fue del Hijo mismo. En Juan 10:17,18, Jesús dice: *"...Yo pongo mi vida, para volverla a tomar. Nadie me la quita, sino que yo de mí mismo la pongo. Tengo poder para ponerla, y tengo poder para volverla a tomar."* Pero también, en una manera especial, la resurrección es la obra del Espíritu Santo.

4. En cuanto al ministerio de Cristo a la iglesia.

4.1. Cristo dio mandamientos a sus apóstoles por medio del Espíritu Santo.

Hechos 1:1,2 dice *"...todas las cosas que Jesús comenzó a hacer y enseñar, hasta el día en que fue recibido arriba, después de haber dado mandamientos por el Espíritu Santo a los apóstoles que había escogido...."* El Espíritu Santo está tan vitalmente conectado con el ministerio de los siervos del Señor que parece muy lógico que debiera haber sido Él quien inspiró al Señor Jesús a dar mandamientos a los discípulos al ser enviados.

Hoy, al guiar el Espíritu Santo a cada cristiano en el servicio del Señor, es una bendición darse cuenta que es aún la voz de Jesús hablándole. En otras palabras, el mismo Salvador que comandó a esos primeros discípulos por medio del Espíritu Santo, está guiando y dirigiendo los intentos de sus siervos de hoy por medio del mismo bendito Espíritu Santo. La iglesia no depende de la presencia corporal del Señor a fin de ser guiada por Él. Tal guianza es lograda por el Espíritu Santo.

4.2. Cristo es el dador del Espíritu Santo.

---

[7]　Palmer, 72.

En el mensaje de Pedro en el día de Pentecostés, explicando el derramamiento del Espíritu que maravilló a todos en Jerusalén, él dijo acerca de Jesús: *"Así que, exaltado por la diestra de Dios, y habiendo recibido del Padre la promesa del Espíritu Santo, ha derramado esto que vosotros veis y oís"* (Hch. 2:33). Este fue el cumplimiento de la promesa del Señor a sus discípulos, *"Pero cuando venga el Consolador, a quien yo os enviaré del Padre..."* (Jn. 15:26). Quizá la cosa más importante que Jesús ha hecho por sus seguidores, después de haber comprado la redención por su muerte y resurrección, es bautizarlos con el Espíritu Santo. Juan el Bautista, movido por el Espíritu Santo, al hablar de aquello que caracterizaría la venida de Jesús, dijo, *"... él os bautizará en Espíritu Santo y fuego"* (Mt. 3:11). El Espíritu estaba tan vitalmente presente en todo el ministerio del Salvador, que no era extraño que Él estuviera ansioso de que, aquellos que iban a continuar su obra, tuvieran igualmente el mismo poder del Espíritu Santo. ¡Es verdaderamente maravilloso que los creyentes hoy en día tengan este mismo y gran privilegio! ¿De qué otra forma podría ser lograda su obra? Este es el verdadero ministerio del Nuevo Testamento, siendo Jesús nuestro gran ejemplo. Esto es lo que Jesús indicó cuando dijo: *"...El que en mí cree, las obras que yo hago, él las hará también y aún mayores hará, porque yo voy al Padre"* (Jn. 14:12).

C. LA OBRA DEL ESPIRITU SANTO EN EL CREYENTE.

Hemos visto brevemente la revelación del Padre mediante el Hijo, y también la revelación del Hijo mediante el Espíritu Santo. Ahora es nuestra tarea observar la manera en que el Padre y el Hijo son revelados dentro y a través de aquellos que son creyentes en Cristo en el mundo hoy. Este es un ministerio más amplio del Espíritu Santo.

1. La obra del Espíritu en la salvación.

1.1. El creyente es nacido de nuevo del Espíritu Santo.

El tema del nuevo nacimiento es tratado bajo la sección de regeneración en este libro (vea cap. 5, la doctrina de salvación). Enfatizamos aquí el hecho de que esta experiencia es lograda mediante el Espíritu Santo. Jesús dijo a Nicodemo, *"El que no naciere de agua y del Espíritu, no puede entrar en el reino de Dios. Lo que es nacido de la carne, carne es; y lo que es nacido del Espíritu, espíritu es"* (Jn. 3:5,6). Cuando uno nace naturalmente, vida natural le es impartida. En un grado bien definido, Adán perdió la vida espiritual cuando pecó. Muchos creen que perdió la morada interior del Espíritu Santo. Dios había advertido que la muerte seguiría a la desobediencia a su palabra (Gn. 2:17) y, como resultado de su pecado, Adán quedó en oscuridad espiritual.

Myer Pearlman comenta sobre el resultado de esta oscuridad, o falta del Espíritu Santo en el hombre no regenerado:

En relación con el entendimiento, el inconverso no puede saber las cosas del Espíritu de Dios (I Cor. 2:14); en relación con la voluntad, no puede ser sujeto a la ley de Dios (Rom. 8:7); en relación con la adoración, no puede llamar a Jesús "Señor" (I Cor. 12:3); en lo que respecta a lo práctico, no puede agradar a Dios (Rom. 8:8); con respecto al carácter, no puede dar fruto espiritual (Jn. 15:4); con respecto a la fe, no puede recibir el espíritu de verdad (Jn. 14:17).[8]

Esta nueva vida espiritual es impartida al creyente mediante el Espíritu Santo que mora en él, que es la marca de un cristiano nuevo testamentario. *"Mas vosotros no vivís según la carne, sino según el Espíritu, si es que el Espíritu de Dios mora en vosotros. Y si alguno no tiene el Espíritu de Cristo, no es de él"* (Rom. 8:9). Citamos otra vez a Pearlman: "Una de las definiciones mas completas de lo que es un cristiano, consiste en que en él mora el Espíritu Santo. Su cuerpo es el templo del Espíritu Santo, y en virtud de dicha experiencia es santificado, así como el tabernáculo fue consagrado como la morada de Jehová."[9] *"¿O ignoráis que vuestro cuerpo es el templo del Espíritu Santo el cual está en vosotros, el cual tenéis de Dios, y que no sois vuestros?"* (I Cor. 6:19).

Esto no debe ser confundido con el bautismo del Espíritu Santo, que es un derramamiento del Espíritu posterior a la salvación, dado a que no es la impartición de la vida espiritual, sino de poder para el servicio espiritual.

1.2. El Espíritu Santo da testimonio al creyente de ser hijo.

"El que cree en el Hijo de Dios, tiene el testimonio en sí mismo..." (I Jn. 5:10). *"El Espíritu mismo da testimonio a nuestro espíritu de que somos hijos de Dios"* (Rom. 8:16).*"Y por cuanto sois hijos, Dios envió a vuestros corazones el Espíritu de su Hijo, el cual clama: ¡Abba, Padre!"* (Gál. 4:6). Es importante notar que en cada uno de estos versículos el Espíritu es el que toma la iniciativa. Él es el que da testimonio dentro del corazón del creyente. Esto no es sólo un sentimiento interior. Es el testigo divino de una nueva relación llevada a cabo por el Espíritu Santo; y cuando es lograda, Él es quien testifica de su realidad.

1.3. El Espíritu Santo bautiza al creyente en el cuerpo de Cristo.

"Porque así como el cuerpo es uno, y tiene muchos miembros, pero todos los miembros del cuerpo, siendo muchos, son un solo cuerpo, así también Cristo. Porque por un solo Espíritu fuimos todos bautizados en

---

[8] *Knowing the Doctrines of the Bible* (Conociendo las Doctrinas de la Biblia) por Myer Pearlman (Springfield, MO: The Gospel Publishing House, 1932) 306.

[9] Pearlman, 307.

un cuerpo, sean judíos o griegos, sean esclavos o libres..." (I Cor. 12:12,13).

Mucha confusión ha surgido sobre este versículo porque algunos han enseñado que aquí se está refiriendo al bautismo con el Espíritu que los ciento veinte recibieron en el día de Pentecostés. Por lo tanto, se dice que todos reciben el bautismo con el Espíritu Santo cuando son salvos. Hay una diferencia vital entre el Espíritu Santo bautizando a los creyentes en el cuerpo de Cristo, una operación del Espíritu Santo, y el ser bautizado con el Espíritu Santo, que es una operación de Jesús. Juan el Bautista dijo, *"Yo a la verdad os he bautizado con agua; pero él [refiriéndose a Cristo] os bautizará con el Espíritu Santo"* (Mr. 1:8).

El bautismo del que se habla en I Corintios 12:13 es conducido por el Espíritu Santo, y tiene que ver con la posición del creyente en Cristo; mientras que el bautismo del que habla Juan en Marcos 1:8 es conducido por Jesucristo, y tiene que ver con el poder para servicio. En el primero de estos dos bautismos, aquel en el Cuerpo de Cristo, el Espíritu Santo es el agente, mientras que el Cuerpo de Cristo, la iglesia, es el medio. En el segundo, Cristo es el agente y el Espíritu Santo es el medio. El versículo en I Corintios capítulo doce, enseña que todo creyente es hecho miembro del cuerpo de Cristo, la iglesia, mediante una operación del Espíritu Santo llamado bautismo.

Primera de Corintios 10:1,2 declara: *"Porque no quiero, hermanos, que ignoréis que nuestros padres estuvieron bajo la nube, y todos pasaron el mar; y todos en Moisés fueron bautizados en la nube y el mar... "* Los creyentes cristianos son bautizados "en Cristo." Bautismo significa muerte, sepultura y resurrección. Se dice que el pecador es bautizado en el cuerpo de Cristo porque por la fe toma el lugar de la muerte con Cristo en el Calvario, y se levanta con vida nueva en unión con Cristo. El bautismo en agua es un símbolo exterior de aquello que en realidad es logrado por el Espíritu Santo.

1.4. El Espíritu Santo sella al creyente.

"En él también vosotros, habiendo oído la palabra de verdad, el evangelio de vuestra salvación, y habiendo creído en él, fuisteis sellados con el Espíritu Santo de la promesa, que es las arras de nuestra herencia hasta la redención de la posesión adquirida..." (Ef. 1:13,14). *"Y no contristéis al Espíritu Santo de Dios, con el cual fuisteis sellados para el día de la redención"* (Ef. 4:30). El sello del creyente trae al pensamiento la idea de posesión. Cuando somos salvos, Dios coloca su sello de dominio sobre nosotros.

Era común, en los días de Pablo, que un mercader fuera al puerto y eligiera ciertos trozos de madera poniendo su marca o sello. El sello de posesión de Dios a sus santos es la presencia del Espíritu Santo morando en sus corazones. Esta es el arra o contrato de que ellos son suyos, hasta el día cuando Él regrese a tomarlos para sí mismo. *"Pero el fundamento de Dios está firme, teniendo este sello: Conoce el Señor a los que son suyos"* (II Ti. 2:19a).

2. La obra del Espíritu Santo posterior a la salvación.

Hemos estudiado el papel tan importante que el Espíritu Santo ocupa en la salvación de un alma, y nos hemos dado cuenta de que sin este ministerio nadie podría llegar a ser un hijo de Dios. Sin embargo, después de que el corazón humano ha sido regenerado por el Espíritu de Dios y la vida de Cristo ha sido impartida, el Espíritu Santo no se retira. Si fuera así, el nuevo cristiano pronto volvería a sus antiguos caminos. El Espíritu Santo tiene un ministerio continuo que busca ejecutar en todo creyente; es en verdad el secreto de la fuerza y progreso de la nueva vida espiritual. Enfatizaremos aquí que el Espíritu Santo continúa siendo el agente activo en el caminar progresivo de los hijos de Dios.

2.1. El creyente es santificado por el Espíritu Santo.

El tema de la santificación se encuentra en el estudio de soteriología; aquí señalaremos que el Espíritu Santo tiene una parte integra y vital en esta fase del desarrollo cristiano. *"Elegidos según la presciencia de Dios Padre en santificación del Espíritu, para obedecer y ser rociados con la sangre de Jesucristo..."* (I P. 1:2; vea también II Tes. 2:13). Al tratar la doctrina de la santificación observamos que la santificación tiene dos fases: la primera consiste en ser separados para el Señor, y la segunda consiste en limpieza necesaria y continua. El pasaje recién citado enfatiza lo que podríamos llamar el progreso de la salvación. Es mediante la elección del Padre, la separación o santificación del Espíritu Santo, el rociado de la sangre de Jesucristo, y el creer en la verdad de la palabra de Dios. El mundo, la carne y el Diablo están siempre presentes en el diario andar del cristiano. Así como un pecador no puede salvarse a sí mismo, tampoco un creyente puede sostenerse fuera de la fuerza diaria impartida por el Espíritu Santo. El cristiano disfruta de este ministerio de gracia al creer en la palabra de Dios y al rendirse al Espíritu Santo.

2.2. El creyente se capacita para humillar la carne mediante el Espíritu Santo.

Porque los que son de la carne piensan en las cosas de la carne; pero los que son del Espíritu, en las cosas del Espíritu. Porque el ocuparse de la carne es muerte, pero el ocuparse del Espíritu es vida y paz... Mas vosotros no vivís según la carne, sino según el Espíritu, si es que el Espíritu de Dios mora en vosotros... Pero si Cristo está en vosotros, el cuerpo en verdad está muerto a causa del pecado, mas el espíritu vive a causa de la justicia... Así que, hermanos, deudores somos, conforme a la carne; porque si vivís conforme a la carne, moriréis; mas si por el Espíritu hacéis morir las obras de la carne, viviréis (Rom. 8:5-13).

La palabra "carne o carnal" significa "sensual." Pablo nos dice que es imposible hacer la voluntad de Dios con la mente carnal: "*...porque no se sujetan a la ley de Dios, ni tampoco pueden; y los que viven según la carne no pueden agradar a Dios*" (Rom. 8:7,8). Es el Espíritu Santo quien nos capacita para humillar, hacer morir a la carne y vivir victoriosamente en el Espíritu. Hacemos morir las obras de la carne al reconocer al viejo hombre crucificado con Cristo (Rom. 6:11), y al elegir el andar bajo la guía y el poder del Espíritu Santo.

2.3. El Espíritu Santo transforma al creyente a la imagen de Cristo.

Este pensamiento también tiene que ver con la influencia santificadora del Espíritu Santo al transformar la naturaleza de los hijos de Dios. "*Por tanto nosotros todos, mirando a cara descubierta como un espejo de gloria del Señor, somos transformados de gloria en gloria en la misma imagen, como por el Espíritu del Señor*" (II Cor. 3:18). Weymount traduce este versículo: "*Mas todos nosotros, como con la faz sin velo reflejamos la gloria de Dios, siendo transformados a la misma semejanza, de gloria en gloria, aun como es derivada del Espíritu del Señor.*"

Pablo, hablando del hecho de que los cristianos son epístolas de Cristo, dice: "*escrita no con tinta, sino con el Espíritu del Dios vivo; no en tablas de piedra, sino en tablas de carne del corazón*" (II Cor. 13). La figura cambia en el versículo dieciocho y asemeja al cristiano a un espejo que refleja la imagen de la gloria de Dios. La cara de Moisés resplandecía a medida que descendía del monte Sinaí dado a que al comunicarse con Dios (II Cor. 3:7), tuvo que poner un velo sobre su rostro para que la gente pudiera mirarlo a causa de que la gloria del Señor era resplandeciente.

Nuestra faz, dice Pablo, no tiene velo, sino que esta descubierta al reflejar la gloria de Cristo Jesús. Lo asombroso es que mientras nosotros reflejamos la gloria del Señor y otros la ven, algo ocurre dentro de nuestra vida. Somos cambiados (literalmente la palabra es "trasformados") por la operación del Espíritu Santo a la misma imagen de Cristo que estamos esforzándonos por reflejar. Si mantenemos nuestro enfoque en Jesús, la impresión de su imagen va a ser implantada sobre nuestras propias vidas mediante el ministerio interior del Espíritu Santo.

2.4. El Espíritu Santo fortalece al creyente y le revela a Cristo con mayor intensidad.

Para que os dé, conforme a las riquezas de su gloria, el ser fortaleci-
dos con poder en el hombre interior por su Espíritu [¿con cuál propó-
sito?] para que habite Cristo por la fe en vuestros corazones, a fin de
que arraigados y cimentados en amor, seáis plenamente capaces de
comprender con todos los santos cual sea la altura, la longitud, la
profundidad y la altura, y de conocer el amor de Cristo, que excede a
todo conocimiento, para que seáis llenos de toda plenitud de Dios
(Ef. 3:16-19).

Lo que Jesús tuvo en mente cuando dijo sobre el Espíritu Santo, *"El*
me glorificará" (Jn. 16:14), está expresado en los versículos anteriormente
citados. ¿Quién sino el Espíritu de Dios podría capacitamos para comprender tales revelaciones de gracia sobre la persona y naturaleza de nuestro
maravilloso Señor? Este ministerio de revelación que el Espíritu Santo ejerce sobre la mente renovada del creyente, es con el propósito de traerlo al
lugar donde este puede ser lleno de toda la plenitud de Dios" (Ef. 3:19). A
medida que Él revela estas cosas es que el creyente experimenta el deseo
de tenerlas, y entonces la fe y el deseo se extienden para poseerlas.

2.5. El Espíritu Santo guía a los hijos de Dios.

"Porque todos los que son guiados por el Espíritu de Dios, éstos son
hijos de Dios" (Rom. 8:14). *"Pero si sois guiados por el Espíritu, no estáis*
bajo la ley" (Gál. 5:18). *"El os guiará"*, Jesús dijo del Espíritu Santo (Jn.
16:13). Uno de los privilegios más grandes de los hijos de Dios es el de ser
conducidos por la omnisciente e infalible guianza del Espíritu Santo. Consideremos que estamos pasando por un camino por el cual jamás hemos
pasado. Estamos atravesando por territorio peligroso, con enemigos por
todos lados. ¡Que bendición es tener a un guía que conoce todo lo que hay
por delante! El Espíritu Santo es una persona, y su guía convierte nuestra
vida en un viaje personalmente conducido por Él. Y no solamente el Espíritu Santo guía a los hijos de Dios, sino que les capacita y da poder a cada
uno para andar en la senda de su elección.

2.6. El Espíritu Santo ejecuta el oficio de Consolador.

En cuatro pasajes de la escritura en el Evangelio de San Juan, Jesús se
refiere al Espíritu Santo como el Consolador. Los pasajes son 14:16-18;
14:26; 15:26; y 16:7-15. Debido a que éstos serán estudiados con considerable detalle en la sección futura, no serán ampliados aquí. (Vea sección II.
"El ministerio del Espíritu Santo como Consolador".)

2.7. El Espíritu Santo produce fruto en la vida del creyente.

El tema del fruto del Espíritu será tratado en detalle en otra sección
más adelante. (Vea sección III. "El fruto del Espíritu".) Las siguientes escrituras son sumamente pertinentes al tema: Gál 5:22; Rom. 14:17; 15:13; I
Ti. 4:12; II Ti. 3:10; II Cor. 6:6; Ef. 5:8-9; II Ti. 2:24-25; II P. 1:5 -7.

3. La obra del Espíritu Santo en relación con el ministerio o servicio.

Hasta aquí hemos considerado el ministerio del Espíritu Santo con respecto a la impartición y el desarrollo de la vida espiritual e individual del cristiano. Pero el Espíritu tiene una gran parte en dotar al creyente de una vida de ministerio y servicio en la obra del reino de Dios. El ministerio y servicio espiritual, siempre se representan en las escrituras como un hecho logrado por medio del Espíritu Santo antes que por cualquier habilidad humana: *"... Esta es la palabra de Jehová a Zorobabel que dice: No con ejército, no con fuerza, sino con mi Espíritu ha dicho Jehová de los ejércitos"* (Zac. 4:6).

3.1. El Espíritu Santo bautiza y llena a los creyentes, dándoles poder para servirle.

Las palabras familiares de la gran comisión en Marcos 16:15, *"Id por todo el mundo y predicad el evangelio a toda criatura"* son seguidas y afinadas en Lucas 24:49 por otro mandamiento del Señor: *"... pero quedaos vosotros en la ciudad de Jerusalén hasta que seáis investidos de poder desde lo alto."* Este bautismo con el Espíritu Santo y fuego (Lucas 3:16) y la unción peculiar de poder como su resultado, vendría a ser una nueva etapa en la obra del Espíritu Santo. Jesús había prometido *"He aquí yo enviaré la promesa de mi Padre sobre vosotros; pero quedaos vosotros en Jerusalén hasta que seáis investidos de poder de lo alto"* (Lc. 24:49). Nuevamente, antes de su ascensión, Él amplió esta promesa diciendo a sus discípulos: *"Pero recibiréis poder cuando haya venido sobre vosotros el Espíritu Santo, y me seréis testigos en Jerusalén, en todo Judea, en Samaria y hasta lo último de la tierra"* (Hch. 1:8).

Este poderoso ministerio del Espíritu Santo no debe ser confundido con sus otras actividades en relación con los hijos del Señor. El bautismo con el Espíritu Santo es distinto de, y posterior a, su obra regeneradora en los corazones de los inconversos. Este bautismo es especialmente para que los creyentes tengan el poder espiritual necesario para llevar a cabo el ministerio que les ha sido entregado. En una sección posterior estudiaremos enteramente el tema del bautismo con el Espíritu Santo. (Vea sección IV. "El bautismo con el Espíritu Santo".)

2.2. El Espíritu Santo revela y da entendimiento de la palabra de Dios.

La herramienta principal que necesita y usa un obrero cristiano, es la palabra de Dios, la Biblia. Aquí está la revelación completa de Dios al hombre, indicando los medios de salvación y dando instrucciones de cómo vivir la vida cristiana. Uno de los ministerios más importantes del Espíritu Santo es revelar las verdades de la palabra de Dios al corazón del creyente. Visto que la palabra fue escrita por hombres que fueron movidos por el Espíritu de Dios (II P. 1:21) puede decirse justamente que Él es el autor. Ciertamente el autor de un libro es el más capaz de explicar lo que verdaderamente quiere decir su contenido. Lo extraordinario es que cada creyente puede tener al autor de la Biblia como su maestro y guía personal. No sólo el Espíritu Santo puede dar entendimiento en cuanto al significado de la escritura, sino también es capaz de guiar al creyente a experimentar la verdad contenida en sus páginas, haciéndola palabra viva.

2.3. El Espíritu Santo ayuda al creyente a orar.

Junto con un estudio de la palabra de Dios, la oración es la fuente principal de fuerza para la vida diaria del cristiano en su constante batalla con los enemigos de su alma. El Espíritu Santo está vitalmente conectado con ambas de estas fuentes de vida y poder cristiano.

Y de igual manera el Espíritu nos ayuda en nuestra debilidad; pues qué hemos de pedir como conviene, no lo sabemos, pero el Espíritu mismo intercede por nosotros con gemidos indecibles. Mas el que escudriña los corazones sabe cuál es la intención del Espíritu, porque conforme a la voluntad de Dios intercede por los santos (Rom. 8:26,27).

Orando en todo tiempo con toda oración y súplica en el Espíritu... (Ef. 6:18).

Pero vosotros, amados, edificándoos sobre vuestra santísima fe, orando en el Espíritu Santo... (Jud. 20).

El ministerio del Espíritu en la oración es muy precioso. Orar en la fuerza y la sabiduría de la carne es muy difícil y fatigador. Es difícil darse cuenta de la presencia de Dios a quien se está orando. Es difícil ejercitar la fe por cosas que uno no puedo ver. Es casi imposible saber cómo orar sobre cosas que están más allá del entendimiento humano. Pero todo esto es cambiado cuando el Espíritu Santo unge el corazón y la mente. La presencia de Dios se hace real; el Espíritu abre el entendimiento y al ser Dios tan real, la fe es ejercitada.

A medida que uno es elevado en el Espíritu, lo espiritual llega a ser mas real que lo temporal y es así que sentimos mayor carga por las cosas eternas. Sumado a esto, el Espíritu Santo da sabiduría de como presentar peticiones al Padre, recordándonos constantemente las promesas que Él ha dado. Muchas veces el Espíritu Santo capacita al intercesor orando en otras lenguas sobre problemas que uno nunca podría entender en lo natural, pero que son maravillosamente solucionados cuando el creyente ora "en el espíritu" (I Cor. 14:14,15). La oración bajo la unción y guía del Espíritu Santo es una de las experiencias más preciosas del cristiano.

3.4. El Espíritu Santo da poder para predicar la palabra de Dios.

Pablo testificó: *"Y ni mi palabra ni mí predicación fue con palabras persuasivas de humana sabiduría, sino con demostración del Espíritu y de poder..."* (I Cor. 2:4). De nuevo dice: *"Pues nuestro evangelio no llegó a vosotros en palabras solamente, sino también en poder, en el Espíritu Santo..."* (I Tes. 1:5). Pedro reconoció la presencia del Espíritu Santo en su predicación al testificar frente al sanedrín judío en Jerusalén. Él declaró, *"Y nosotros somos testigos suyos de estas cosas, y también el Espíritu Santo..."* (Hch. 5:32).

La predicación efectiva del evangelio es bajo la unción del Espíritu Santo. No hay nada más imposible que tratar de hacer que el hombre se de cuenta del valor y necesidad de las cosas espirituales, a no ser que el mensaje sea entregado en el poder del Espíritu Santo. Jesús testificó que él estaba ungido especialmente para el ministerio de predicación (Lc. 4:18,19). Si esto fue necesario para Jesucristo, mucho más para todos nosotros, insignificantes siervos de la cruz.

Las señales que siguieron a la predicación del evangelio eran importantes porque demostraban la autoridad Dios en los predicadores. Pero las señales no eran la predicación del evangelio, sino las evidencias de su autoridad. El mensaje que debían predicar era: el evangelio de salvación a través del (o mediante el) nombre del Señor Jesús; y el llamado al arrepentimiento. *"Así que, somos embajadores en nombre de Cristo, como si Dios rogase por medio de nosotros; os rogamos en nombre de Cristo: Reconciliaos con Dios. Al que no conoció pecado, por nosotros lo hizo pecado, para que nosotros fuésemos hechos justicia de Dios en él"* (II Cr. 5:20, 21). Este es el mensaje del predicador a el cual Dios ha dado el Espíritu Santo, dando poder a la predicación. El evangelio de Jesucristo (no el milagro que acompaña la predicación) es el poder de Dios para salvación (Rom. 1:16,17). ¡Nosotros que nos regocijamos en el mensaje de Pentecostés, no fracasaremos teniendo en cuenta esta verdad!

3.5. El Espíritu Santo da dones espirituales al creyente para ministrar a favor de otros.

El tema de los dones espirituales se presenta en I Corintios 12:4-11 y en Romanos 12:6-8. El pasaje de I Corintios 12:7 enseña claramente que los dones deben ser utilizados en el ministerio a favor de otros *"Pero a cada uno le es dada la manifestación del Espíritu para provecho."* El tema está profundamente discutido en una sección posterior, pero es mencionado aquí, indicando su relación con el ministerio y servicio.

4. La obra del Espíritu Santo en conexión con la resurrección.

4.1. Él levantará los cuerpos de los creyentes en el día final.

"Y si el Espíritu de aquel que levantó de los muertos a Jesús mora en vosotros, el que levantó de los muertos a Cristo Jesús vivificará también vuestros cuerpos mortales por su Espíritu que mora en vosotros" (Rom. 8:11). El cuerpo humano es una parte definitiva e importante del ser humano, y está incluido en la redención de Cristo (Rom. 8:23). Como Cristo fue levantado de los muertos, y ahora vive en un cuerpo glorificado, así también cada creyente, que muere en Cristo, experimentará una resurrección similar. Esto es atribuido a la morada interna del Espíritu Santo. No entendemos el misterio, pero se nos dice aquí que el Espíritu Santo "vivificará" o "hará vivo" nuestro cuerpo mortal. *"Mas nuestra ciudadanía está en los cielos, de donde también esperamos al Salvador, al Señor Jesucristo; el cual transformará el cuerpo de la humillación nuestra, para que sea semejante al cuerpo de la gloria suya, por el poder con el cual puede también sujetar a sí mismo todas las cosas"* (Fil. 3:20,21).

4.2. El Espíritu Santo nos da un gozo anticipado de esta resurrección al sanar nuestros cuerpos mortales.

La expresión *"vivificará también vuestros cuerpos mortales por su Espíritu"* parece prometer que ahora mismo el Espíritu Santo trae fuerzas y sanidad al creyente. Efesios 1:13,14 dice que el Espíritu Santo es *"las arras* [un anticipo, como una garantía de nuestra herencia] *con miras a la redención de la posesión adquirida de Dios."* Por lo tanto, la promesa, o el gozo anticipado de la vida resucitada, es la sanidad de nuestro cuerpo mortal ahora. Pablo habla de esta vida de resurrección como siendo manifestada *"en nuestro cuerpo mortal"* (II Cr. 4:10,11).

II. EL MINISTERIO DEL ESPIRITU SANTO COMO CONSOLADOR

El apóstol Juan cita que Jesús dio al Espíritu Santo un nombre que no se encuentra en ningún otro libro del Nuevo Testamento. Aparentemente Juan fue el escritor inspirado y elegido para revelar a la iglesia el nombre de "Consolador." Aunque el vocablo no es hallado en ninguna otra parte, se ha convertido, después de "El Espíritu Santo", en el término favorito para designar a la tercera persona de la trinidad.

La importancia del ministerio del Espíritu Santo como Consolador puede ser notada en las palabras de Jesús: *"Pero yo os digo la verdad: Os conviene que yo me vaya; porque si no me fuere, el Consolador no vendría a vosotros; mas si me fuere, os lo enviaré"* (Jn. 16:7). Aparentemente, Jesús consideraba más importante para sus discípulos que el Espíritu Santo estuviera presente con ellos, antes que Él, en su presencia corporal, habitara con ellos. Jesús estaba geográficamente limitado por su encarnación. Come ser humano, Jesús no podía estar con sus discípulos en todo momento y en todo lugar. Pero el Consolador habitaría en cada creyente y consecuentemente tendría un ministerio mundial a través de ellos.

Con respecto a la venida del Espíritu Santo, dos expresiones importantes son empleadas en Juan 14:16, que no deben ser pasadas por alto. Primero, Jesús habló de Él como "otro Consolador." Esta palabra "otro" es una clave del significado de la palabra "Consolador." La palabra usada aquí significa "otro de la misma clase." El Espíritu Santo no es otra clase de Consolador, sino otro de la misma clase de la cual Jesús había sido. Lo que Jesús fue a ese pequeño grupo de discípulos, el Espíritu Santo lo sería a ellos. De hecho, Jesús dijo, *"No os dejaré huérfanos, vendré a vosotros"* (Jn. 14:18). Jesús no dejó huérfanos a sus discípulos; de hecho, de ninguna manera los dejó. Partió como el Cristo sufriente para venir de nuevo en el Espíritu Santo. Cristo no está restringido a un lugar o posición en el cielo; Él mora en nuestros corazones. Jesús mora en nosotros de la misma manera en que el Espíritu mora en nosotros. Ser lleno del Espíritu significa ser lleno de Jesús.

Esto no quiere decir que Jesús y el Espíritu son intercambiables; sino que al igual que Jesús estaba lleno del Espíritu, así también el Espíritu en su presencia está lleno de Jesús. Si el Espíritu puede morar en el Hijo, entonces el Hijo, en su estado glorificado, puede morar en el Espíritu. Jesús estaba en el Padre, y el Padre estaba en Jesús para que aquellos que vieran al Hijo vieran al Padre. Nosotros estamos en Cristo y Él en nosotros. Por lo tanto leemos: *"Y el Señor, después que les habló, fue recibido arriba en el cielo, y se sentó a la diestra de Dios. Y ellos, saliendo, predicaron en todas partes, ayudándoles el Señor y confirmando la palabra con las señales que la seguían"* (Mr. 16:19,20). El Señor estaba en el cielo; pero también estaba sobre la tierra en el poder del Espíritu, obrando sus mismas señales y milagros. Esto es posible sólo porque cada miembro de la trinidad es omnipresente, y cada uno presente en los otros.

En segundo lugar, Jesús dijo del Consolador, *"para que esté con vosotros para siempre."* El Consolador prometido es enviado en un sentido permanente. Él habita en el creyente para siempre. En tanto haya una iglesia, habrá un Consolador. Podemos esperar que la permanencia del Espíritu en la iglesia resultará en las mismas obras de poder y bendición que ha habido en todas las edades. Es mediante el ministerio directo del Espíritu Santo (Consolador) que Jesús es para nosotros *"el mismo ayer, y hoy, y por los todos los siglos. Amén."* (Heb. 13:8).

La palabra traducida "consolador" en la Reina-Valera, es la palabra griega **parákletos**. El entendimiento moderno de la palabra "consolador" ya no es tan adecuado para describir el ministerio del Espíritu Santo. Pensamos en un consolador como uno que consuela en tiempo de angustia. El Espíritu no nos consuela en nuestra angustia, mas bien nos da fuerza y victoria sobre nuestras angustias. Es verdad que los discípulos estaban angustiados sobre la anunciada partida de su Señor, pero el otro Paracleto era precisamente quien removería esa angustia tomando el lugar de Jesús.

Algunas versiones la traducen con la palabra "abogado"; porque la palabra *parákletos* obviamente significa "abogado" cuando se aplica a Jesús en I Juan 2:1b: *"Y si alguno hubiere pecado, abogado tenemos para con el Padre, a Jesucristo el justo."* Entendemos que un abogado es uno que representa a otro o apela la causa de otro. Esta perfectamente claro en Romanos 8:26 que ésta es una de las funciones verdaderas del Espíritu Santo que mora en nosotros: *"Y de igual manera el Espíritu nos ayuda en nuestra debilidad; pues qué hemos de pedir como conviene, no lo sabemos, pero el Espíritu mismo intercede por nosotros con gemidos indecibles."*

El Hijo y el Espíritu, ambos son abogados de nuestra causa e intercesores por nosotros. El Espíritu intercede desde nuestro interior, mientras que el Hijo intercede desde el trono de gracia. *"Y de igual manera el Espíritu nos ayuda en nuestras debilidades"* (Rom. 8:26). El significado más literal de *parákletos* es "llamado al lado de uno para ayudar." El Consolador no hace por nosotros lo que nosotros mismos podemos hacer, sino que nos ayuda a hacer cualquier cosa que intentemos hacer para Dios. Dios ha escogido obrar mediante instrumentos humanos, pero sólo cuando tales instrumentos están rendidos al Espíritu Santo.

Hay aún otro significado de la palabra *parákletos*. La forma verbal de la cual viene *parákletos* significa "rogar" o "exhortar." Es utilizado en Romanos 12:1: *"Así que, hermanos, os ruego por las misericordias de Dios, que presentéis vuestros cuerpos en sacrificio vivo."* El Espíritu no sólo consuela, anima, intercede y ayuda, sino que también suplica, exhorta, y ruega. Sin la persuasión del Espíritu Santo, ninguna predicación tendría éxito, ni la pureza de la sana doctrina podría permanecer por mucho tiempo. Ningún estudio relacionado con el Espíritu Santo estaría completo si no se tomara en cuenta su ministerio de exhortación, convicción y convencimiento.

Sin embargo, después de considerar múltiples definiciones, estamos de acuerdo con A.J. Gordon que dijo:

> El nombre es la persona misma, y sólo al conocer a la persona podemos interpretar su nombre. ¿Por qué intentar traducir esta palabra más de lo que lo hacemos con el nombre de Jesús?... Es cierto que el idioma del Espíritu Santo jamás puede ser enteramente comprendido por una apelación al léxico. El corazón de la iglesia es el mejor diccionario del Espíritu Santo. Aunque todos los sinónimos anteriormente mencionados son correctos, ninguno es adecuado, ni todos juntos son

Doctrina del Espíritu Santo 309

suficientes para expresar el completo significado de este gran nombre, "El Paracleto."[10]

El ministerio del Consolador es detallado en los siguientes cuatro pasajes del Evangelio de Juan:

Y yo rogaré al Padre, y os dará otro Consolador, para que esté con vosotros para siempre: el Espíritu de verdad, al cual el mundo no puede recibir, porque no le ve, ni le conoce; pero vosotros le conocéis, porque mora con vosotros, y estará en vosotros. No os dejará huérfanos; vendrá a vosotros (Jn. 14:16-18).

Mas el Consolador, el Espíritu Santo, a quien el Padre enviará en mi nombre, él os enseñará todas las cosas, y os recordará todo lo que yo os he dicho (Jn. 14:26).

Pero cuando venga el Consolador, a quien yo os enviaré del Padre, el Espíritu de verdad, el cual procede del Padre, él dará testimonio acerca de mí (Jn. 15:26).

Pero yo os digo la verdad: Os conviene que yo me vaya; porque si no me fuere, el Consolador no vendría a vosotros, mas si me fuere, os lo enviaré. Y cuando él venga, convencerá al mundo de pecado, de justicia y de juicio. De pecado, por cuanto no creen en mí; de justicia, por cuanto voy al Padre, y no me veréis más; y de juicio, por cuanto el príncipe de este mundo ha sido ya juzgado. Aún tengo muchas cosas que deciros, pero ahora no las podéis sobrellevar. Pero cuando venga el Espíritu de verdad, él os guiará a toda la verdad; porque no hablará por su propia cuenta, sino que hablará todo lo que oyere, y os hará saber las cosas que habrán de venir. Él me glorificará; porque tomará de lo mío, y os lo hará saber. Todo lo que tiene el Padre es mío; por eso dije que tomará de lo mío, y os lo hará saber (Jn. 16:7-15).

En estos pasajes el ministerio del Espíritu Santo está dividido en cuatro fases. Considerémoslas bajo estos cuatro encabezamientos: (1) Él es nuestro maestro, (2) Él es quien nos hace recordar, (3) Él es el revelador de Jesús, y (4) Él es el reprobado del mundo.

A. ÉL ES NUESTRO MAESTRO, "EL ESPIRITU DE VERDAD"

"Él os enseñará todas las cosas" (Jn. 14:26).

---

[10] *The Ministry of the Spirit* (El Ministerio del Espíritu) por Adoniram Judson Gordon (Grand Rapids, MI: Baker Book House, 1964) 35.

1. Él nos guía a la verdad.

"El os guiará a toda la verdad" (Jn. 16:13). La obra del Espíritu es guiar a toda la verdad. La mitad de la verdad es a veces peor que la ignorancia. Cristo desea que lleguemos a un pleno conocimiento de toda verdad divina relacionada con la redención y la gloria de Dios.

El Espíritu Santo guía a la verdad de la palabra de Dios, revelando el significado escondido, haciendo claras sus enseñanzas, y causando que aún los pasajes más familiares irradien nueva belleza y significado. La razón es que el lector necesita que alguien le enseñe y le guíe a sus verdades, dado a que la Biblia es un libro espiritual. (Vea Hch. 8:30,31; Lc. 14:45; I Cor. 2:14.) ¿Quién puede guiar mejor que aquel que inspiró a sus escritores?

Note la ignorancia de los discípulos antes de que fueran llenos con el Espíritu Santo. Ellos fracasaron en comprender lo que Jesús quería decir cuando se refirió a *"la levadura de los fariseos y de los saduceos"* (Mt. 16:6-11). No podían entender el significado de sus parábolas (Mr. 4:10). Fracasaron en percibir a lo que Jesús se refería cuando habló de la muerte de Lázaro como un sueño (Jn. 11:11-14). Ignoraron completamente la verdad concerniente a su resurrección (Jn. 20:9).

Sin embargo, después del día de Pentecostés fueron hombres diferentes, dando exposiciones maravillosas de pasajes del Antiguo Testamento, estando perfectamente familiarizados con sus significados. Ahora podían entender enteramente lo bíblico de su resurrección (Hch. 2:25-31). Antes de Pentecostés, no podían entender que Jesús debía sufrir; pero ahora si entendían las profecías del Antiguo Testamento acerca de su crucifixión (Hch. 4:25-28). Muchos de los mensajes que predicaron fueron nada más que exposiciones de pasajes del Antiguo Testamento (Hch. 2:16-21; 3:12-26; 7:2-53). ¡Qué maravillosa profundidad tenían ahora en la verdad!

2. Él actúa como boca de Dios para revelar su palabra y deseos.

"Hablará todo lo que oyere" (Jn. 16:12,13).

2.1. Las Escrituras:

Esto se refiere probablemente, en su aplicación más amplia, al Espíritu Santo inspirando a hombres escogidos para escribir las escrituras del Nuevo Testamento. Pablo declara que él recibió las maravillosas verdades contenidas en sus epístolas por revelación (Gál. 1:12-16; Ef. 3:3-5). Sin duda esto fue logrado mediante el ministerio del Consolador, el Espíritu de verdad.

2.2. Revelación personal:

También Él habla individualmente a los corazones cristianos revelando lo que Dios querría que cada uno hiciere en su servicio para el Señor. Note cómo el Espíritu guió a Felipe a unirse con el eunuco etíope, para que lo llevara a Cristo (Hch. 8:26-29). Vea también al Espíritu Santo guiando a Pablo respecto a dónde debería ministrar (Hch. 16:6-10).

3. Él revela lo que aún ha de venir.

"Os hará saber las cosas que habrán de venir" (Jn. 16:13).

3.1. Las bendiciones posteriores en nuestra vida espiritual.

Primera de Corintios 2:9-12 habla de las cosas posteriores para el hijo de Dios que éste jamás se ha imaginado. Esto se refiere a la plenitud de la gloriosa redención que es en Cristo Jesús. Pablo declara: *"Pero Dios nos las reveló a nosotros por el Espíritu..."* (I Cor. 2:10). Hay también maravillosas verdades espirituales en relación con el Señor que todavía no han sido entendidas, y que Pablo ora que puedan ser conocidas (Ef. 1:17-21). El Consolador continuamente mueve el corazón de cada creyente a un mayor intento por buscar la plenitud de Dios.

3.2. Verdad dispensacional.

El Espíritu Santo dará testimonio a los que oyen, en cuanto a lo que hay en el futuro para el mundo y la iglesia, haciendo claras las escrituras proféticas (Am. 3:7; Gn. 18:17). Cada uno debe ser cuidadoso, sin embargo, de que ninguna revelación personal sea aceptada si no está perfectamente de acuerdo con las enseñanzas de Jesús y la palabra de Dios escrita. El Paracleto no tiene ninguna enseñanza independiente. Que nadie diga que el Espíritu ha revelado algo que está en conflicto con las enseñanzas claras de Cristo. Seamos precavidos de cualquiera de los tales llamados "nuevos" movimientos del Espíritu Santo donde se dice que las enseñanzas de Cristo están fuera de época o regidas por nuevas revelaciones. Ninguna enseñanza que minimiza a la palabra de Dios procede del Espíritu Santo.

3.3. Lo que hay en el futuro del creyente.

Cuando Dios escoge a ciertos hombres para tareas específicas, su llamado llega a los corazones por el Espíritu Santo. Muchas veces hará saber ciertas cosas que se encuentran en el futuro y lo prepara para eventualidades imprevistas. Agabo fue enviado por el Espíritu Santo para decirle a Pablo de los peligros que se encontraban delante de él en Jerusalén (Hch. 21:10,11); y así Pablo fue fortificado y preparado para el conflicto venidero. Es importante que el cristiano sea sensible a la guianza del Espíritu Santo con relación a estas cosas.

B. ÉL ES QUIEN NOS HACE RECORDAR.

"... Él... os recordará todo..." (Jn. 14:26). La memoria del hombre, como toda otra función de su ser, ha sufrido como resultado de la caída. Por lo tanto, necesita, y tiene, un maravilloso "recordador" en el Consolador, el Espíritu Santo.

1. Recordándonos la palabra de Dios.

"... Él... os recordará todo lo que yo os he dicho" (Jn. 14:26). El siervo del Señor se salvaría de muchos problemas y angustias si estuviera más atento a la palabra que le ha sido dada. Pedro nunca hubiera negado a su Señor si hubiera recordado más pronto lo que Jesús le había dicho (Mt. 26:75). Los discípulos no hubieran tenido que pasar esos tres días y noches perturbados mientras Jesús estaba en la tumba, ni hubieran dudado de las mujeres que contaron de su resurrección, si sólo hubieran recordado lo que Él había dicho sobre su muerte y resurrección (Mt. 16:21; 17:22,23; 20:18,19; Jn. 2:22; Lc. 24:6-11). Los prejuicios de Pedro y la iglesia primitiva contra los gentiles fueron sobrellevados cuando recordaron la palabra del Señor (Hch. 11:15-18). En tiempos de persecución, cuando el Diablo murmura que uno está fuera de la voluntad de Dios, es precioso recordar Juan 15:18-20:

> *Si el mundo os aborrece, sabed que a mí me ha aborrecido antes que a vosotros. Si fuerais del mundo, el mundo amaría lo suyo pero porque no sois del mundo, antes yo os elegí del mundo, por eso el mundo os aborrece. Acordaos de la palabra que yo os he dicho: El siervo no es mayor que su señor. Si a mí me han perseguido, también a vosotros os perseguirán; si han guardado mi palabra, también guardarán la vuestra.*

En tiempos de disciplina, cuando uno está tentado a pensar que Dios no lo ama, o no hubiera permitido esto o aquello, cuán confortante es recordar que *"el Señor al que ama disciplina, y azota a todo el que recibe por hijo"* (Heb. 12:6).

2. Recordándonos las promesas de Dios.

El Espíritu Santo constantemente nos recuerda alguna promesa especial que Dios ha dado en el pasado. Cuántas veces debe haber sido alentado Pablo cuando el Espíritu Santo le recordaba de aquella noche en el castillo en Jerusalén cuando *"... se le presentó el Señor y le dijo: Tened ánimo, Pablo, pues como has testificado de mí en Jerusalén, así es necesario que testifiques también en Roma"* (Hch. 23:11), especialmente en la gran tormenta en el mar (Hch. 27:24,25). ¡Qué precioso es el ser recordado de la fidelidad de Dios en todos los días que han pasado, y estar seguros de que Él cuidará de los suyos ahora! *"Bendito sea Jehová, que ha dado paz a su pueblo Israel, conforme a todo lo que él había dicho; ninguna palabra de todas sus promesas que expreso por Moisés su siervo, ha faltado."* (I R. 8:56).

3. Recordándonos cuando estamos ministrando.

El Espíritu Santo es un experto trayendo a la memoria pensamientos y versículos al estar predicando o tratando con un alguien acerca de su necesidad espiritual. ¡Cuántas veces el pasaje exacto ha sido traído a memoria!

C. EL ESPIRITU SANTO REVELA A JESUS.

"Él dará testimonio acerca de mí" (Jn. 15:26); *"El me glorificará"* (Jn. 16:14). Estas promesas de Cristo fueron ciertamente cumplidas en la iglesia primitiva, y se cumplen cada vez que el ministerio del Espíritu Santo es honrado. En cualquier momento que el Espíritu esté moviéndose poderosamente dé por seguro que Jesús está siendo glorificado poderosamente. Mediante la operación del Espíritu Santo hay una revelación triple de Jesucristo.

1. Cristo es revelado al creyente por el Espíritu Santo.

"Él me glorificará; porque tomará de lo mío, y os lo hará saber. Todo lo que tiene el Padre es mío; por eso dije que tomará de lo mío y os lo hará saber" (Jn. 16:14-15). Nadie conoce a Jesús como el Espíritu Santo. Él estuvo con Cristo a través de las eternidades y a través de su ministerio terrenal, aún hasta su sacrificio sobre la cruz. Como el siervo de antaño le dijo a Rebeca de Isaac, el novio desconocido (Gn. 24:33-36), así también el Espíritu Santo revela las glorias del novio celestial del cristiano.

2. Cristo es revelado en el creyente por el Espíritu Santo.

"Pero cuanto agradó a Dios que me apartó desde el vientre de mi madre y me llamó por su gracia revelar a su Hijo en mí, para que yo le predicase entre los gentiles..." (Gál. 4:19; vea también Ef. 4:14; II Cor. 3:18). Uno de los grandes propósitos de la salvación es restaurar al hombre a la imagen de Dios de la cual cayó por el pecado. Después de la conversión, el Espíritu Santo busca modelar el nuevo bebé en Cristo a la imagen del mismo Cristo e implantar su semejanza dentro de su corazón. El fruto del Espíritu (Gál. 5:22-23) es una descripción del carácter de Cristo, que a medida que se hace notorio en el creyente, va creciendo a la medida de la estatura de la plenitud de Cristo" (Ef. 4:13).

314 Fundamentos de Teología Pentecostal

3. Cristo es revelado a través del creyente por el Espíritu Santo.

"No hablará por su propia cuenta... él me glorificará" (Jn. 16:13,14).
El Espíritu Santo nunca se magnifica a sí mismo ni al vaso humano mediante el cual opera. El vino a magnificar la persona y el ministerio de Jesucristo. Cada vez que logra su objetivo, Cristo y ningún otro es exaltado.
Note el corazón del mensaje de Pedro en el día de Pentecostés: *"Sepa
pues, ciertísimamente toda la casa de Israel, que a este Jesús a quien
vosotros crucificasteis, Dios le ha hecho Señor y Cristo"* (Hch. 2:36). Note
lo que dice Saulo bajo la dirección del Espíritu Santo: *"En seguida predicaba a Cristo en las sinagogas, diciendo que éste era el Hijo de Dios"* (Hch.
9:20).

En el tiempo del Antiguo Testamento Dios era manifestado mediante la
ley y los profetas. En los días de su carne, Jesús fue la manifestación de
Dios al mundo. Ahora Dios se manifiesta mediante la revelación del Espíritu
Santo de Cristo por medio de vasos humanos.

D. ÉL ES EL QUE REDARGÜYE AL MUNDO.

*"De pecado por cuanto no creen en mí; de justicia por cuanto voy al
Padre y no me veréis más; de juicio por cuanto el príncipe del mundo ha
sido juzgado"* (Jn. 16:9-11). Hemos estudiado esta fase del ministerio del
Espíritu Santo en una lección previa. (Vea sección I. "La Obra del Espíritu
Santo", sección A. 2.2": "El Espíritu trae convicción..." pag. 287)

III. EL FRUTO DEL ESPIRITU

*Mas el fruto del Espíritu es amor, gozo, paz, paciencia, benignidad,
bondad, fe, mansedumbre, templanza; contra tales cosas no hay ley
(Gál. 5:22,23). Porque el fruto del Espíritu es en toda bondad, justicia
y verdad (Ef. 5:9). Mas ahora que habéis sido libertados del pecado y
hechos siervos de Dios, tenéis por vuestro fruto la santificación, y
como fin, la vida eterna (Rom. 6:22).*

Hemos llegado al centro de la manifestación práctica de la vida cristiana. Es por los frutos del carácter, que se manifiestan en la vida diaria, que
el cristiano da evidencia de la realidad de la vida de Cristo dentro de él. Jesús dijo:

*¿Acaso se recogen uvas de los espinos, o higos de los abrojos? Así,
todo buen árbol da buenos frutos, pero el árbol malo da frutos malos.
No puede el buen árbol dar malos frutos, ni el árbol malo dar frutos
buenos. Todo árbol que no da buen fruto, es cortado y echado en el
fuego. Así que, por sus frutos los conoceréis (Mt. 7:16b-20).*

El fruto del Espíritu es la característica verdadera de la vida cristiana. El "bienaventurado" del Salmo capítulo uno es descrito *"como árbol plantado junto a corrientes de aguas, que da su fruto en su tiempo"* (Sal. 1:3).

El propósito principal de un árbol es que pueda dar fruto. Jesús no tenía lugar para un árbol que no producía fruto. *"Por la mañana, volviendo a la ciudad, tuvo hambre. Y viendo una higuera cerca del camino, vino a ella, y no halló nada en ella, sino hojas solamente; y le dijo: Nunca jamás nazca de ti fruto. Y luego se secó la higuera"* (Mt. 21:18,19). *"Todo pámpano que en mí no lleva fruto, lo quitará..."* (Jn. 15:2).

"Mas el fruto del Espíritu es amor, gozo, paz, paciencia, benignidad, bondad, fe, mansedumbre, templanza" (Gál. 5:22,23). La verdadera virtud cristiana es el fruto del Espíritu, jamás el fruto del esfuerzo humano. Tenemos el fruto del Espíritu cuando tenemos al Espíritu. Podemos dar fruto sólo viviendo en cooperación con el dador de fruto que mora interiormente. El fruto del Espíritu es el carácter de Cristo, producido por el Espíritu de Cristo, en el seguidor de Cristo. Cuanto más uno esté infucionado en la presencia del Espíritu, más enfática será la manifestación del fruto del Espíritu en el vivir y obrar. Solamente cuando uno está lleno del Espíritu Santo puede exhibir la plena fructificación de las virtudes cristianas.

Una gran cantidad de personas están tratando de producir el fruto del Espíritu mediante el proceso de edificación de carácter a nivel natural solamente, tal como: el ejercicio de la voluntad, cultura estética, ciencia mental, el estudio de filosofía, educación a la ética, etc.; todo lo cual es muy recomendable desde el punto de vista humano. Es mucho mejor ser moral, ético, cultural, bien informado, decente, amigable, honrado y paciente que ser lo opuesto. Sin embargo, estas virtudes mencionadas son adquiridas puramente por el esfuerzo humano, no son el fruto del Espíritu, sino una imitación de él. Son frutos artificiales, de cera, en contraste con el fruto verdadero; tan hermosos como los verdaderos vistos desde cierta distancia, pero inmensurablemente inferiores al genuino. Al estar Cristo plenamente formado en el creyente por la presencia del Espíritu Santo, las virtudes genuinas del cristiano son un resultado natural, resultado tan natural como el del crecimiento de manzanas en un árbol de manzana. Si no hay fruto en el creyente, obviamente éste está sin el Espíritu de Cristo.

La lista de las características del fruto del Espíritu que Pablo nos da, es en realidad una condensación del "Sermón del monte"; el vivir cristiano. El capítulo trece de I Corintios es una extensión de Gálatas 5:22,23. Pablo enfatiza el mismo principio de la vida cristiana cuando, escribiendo a los filipenses, dice: *"Por lo demás, hermanos, todo lo que es verdadero, todo lo honesto, todo lo justo, todo lo puro, todo lo amable, todo lo que es de buen nombre; si hay virtud alguna, si algo digno de alabanza, en esto pensad"* (Fil. 4:8).

Cualquier concepto del cristianismo que no tiene como modelo de carácter el fruto del Espíritu es un concepto falso. El tesoro más grande del creyente es ésta cadena de oro compuesta de nueve preciosos eslabones en la que está grabado, "el fruto del Espíritu." El apóstol Pedro está de acuerdo exactamente con el apóstol Pablo cuando dice: *Por medio de las cuales nos ha dado preciosas y grandísimas promesas, para que por ellas llegaseis a ser participantes de la naturaleza divina, habiendo huido de la corrupción que hay en el mundo a causa de la concupiscencia; vosotros también, poniendo toda diligencia por esto mismo, añadid a vuestra fe virtud; a la virtud, conocimiento; al conocimiento, dominio propio; al dominio propio, paciencia; a la paciencia, piedad; a la piedad, afecto fraternal; y al afecto fraternal, amor. Porque si estas cosas están en vosotros, y abundan, no os dejarán estar ociosos ni sin fruto en cuanto al conocimiento de nuestro Señor Jesucristo* (II P. 1:4-8).

A. EL CONTRASTE ENTRE LAS OBRAS DE LA CARNE Y EL FRUTO DEL ESPIRITU.

La lista de los privilegios del fruto del Espíritu en Gálatas 5:22,23, está precedida por una lista de lo que Pablo llama "Las obras de la carne."

Y manifiestas son las obras de la carne, que son: adulterio, fornicación, inmundicia, lascivia, idolatría, hechicerías, enemistades, pleitos, celos, iras, contiendas, disensiones, herejías, envidia, homicidios, borracheras, orgías, y cosas semejantes a estas; acerca de las cuales os amonesto, como ya os lo he dicho antes, que los que practican tales cosas no heredarán el reino de Dios (Gál. 5:19-21).

El fruto del Espíritu es manifiesto, no puede ser escondido. Así también son las obras de la carne. Un hombre lleno del Espíritu puede ser distinguido por su fruto. Un hombre carnal puede ser identificado por sus obras. La manifestación del carácter del creyente se llama "fruto", mientras que la del carnal incrédulo es llamada "obras." Un hombre carnal es uno que no está dominado por el Espíritu de Dios.

La lucha en la personalidad es una lucha entre el ser mismo y Cristo. Si el ser gana, éste llega a ser el centro de la personalidad y la persona se convierte en egocéntrica. Si Cristo gana, Él llega a ser el centro de la personalidad y la persona se convierte en Cristo-céntrica. El resultado de una vida egocéntrica es la manifestación de las obras de la carne. El resultado de una vida Cristo-céntrica es la manifestación del fruto del Espíritu. El principio de dar fruto es el principio de vida. El fruto no se hace, sino que crece. Samuel Chadwick, refiriéndose al pasaje en el capítulo cinco de Gálatas ha dicho:

El rasgo más asombroso del contraste es el cambio enfático de obras a fruto. Las obras pertenecen a un taller de trabajo; el fruto pertenece al jardín. Uno proviene de la ingenuidad de la fábrica; el otro del crecimiento silencioso de la vida abundante. La fábrica opera con cosas muertas; el jardín cultiva fuerzas vivas para sus fines designados. Las obras siempre están en el reino de las cosas muertas. Todo edificio es construido con material muerto. El árbol debe morir antes de que pueda ser útil al constructor. No hay vida en piedras y ladrillos, en vigas de acero y de hierro. Todos están muertos y en proceso de desintegración. Ninguna cosa material dura. Las mejores obras del hombre fracasan y empalidecen, decaen y pasan. El fruto no viene del trabajo del hombre, requiere de su diligencia, pero no es ni su invención ni su producto. El no hace las flores. Ninguna habilidad suya trae la dorada cosecha a los campos, o el fruto delicioso a los árboles. Cuando el hombre ha hecho todo lo que puede, entonces Dios comienza y la vida continúa. El fruto es obra de Dios. La frase "fruto del Espíritu" asigna las gracias del carácter cristiano a su fuente correcta. Ellos no son la producción del hombre.[11]

Así que la diferencia entre las obras de la carne y el fruto del Espíritu es bastante aparente. La carne produce obras; el Espíritu produce fruto. Uno requiere esfuerzo propio; el otro ningún esfuerzo de la carne. Uno es el producto de fábrica; el otro es del jardín. Uno está muerto; el otro vivo. Uno es de la carne; el otro del Espíritu.

B. LOS SECRETOS DE LLEVAR FRUTO.

En Juan 15:1-8, Jesús nos enseña la importancia y los secretos de llevar fruto. Este pasaje habla de aquel que "no lleva fruto" y el *"echado fuera como pámpano, y se secará"* (Vs 6). Se dice de otro que lleva *"fruto"*, *"más fruto"*, y *"mucho fruto."* Este fruto al que se refiere es, sin duda, el fruto del Espíritu, la verdadera esencia de la vida espiritual.

El primer secreto para llevar fruto es permanecer en Cristo. *"Permaneced en mí, y yo en vosotros. Como el pámpano no puede llevar fruto por sí mismo, si no permanece en la vid, así tampoco vosotros, si no permanecéis en mi. Yo soy la vid, vosotros los pámpanos; el que permanece en mí, y yo en él, éste lleva mucho fruto; porque separados de mí nada podéis hacer"* (Vs 4,5). El llevar fruto es el resultado de la vida en Cristo; la vid, fluyendo por el pámpano en la vida del creyente. Jesús dijo, *"Separados de mí* [lit. "Apartados de mí" o "sin mí" *nada podéis hacer"* (Vs 5). Por lo tanto, el pámpano debe permanecer en la vid.

---

[11] *TheWay to Pentecost* (El Camino a Pentecostés) por Samuel Chadwick (Nueva York: Fleming H. Revell Company, 1937) 102,103.

Es importante darse cuenta de que el fruto del Espíritu en la vida del creyente no es directamente el resultado del bautismo con el Espíritu. Todo creyente tiene al Espíritu Santo morando en él, y a medida que éste continúa permaneciendo en Cristo experimentará el fruto del Espíritu en su vida. Ciertamente, uno que está "lleno del Espíritu Santo" experimentará "fruto", "más fruto" y "mucho fruto" en su vida; pero de nuevo, esto viene de permanecer en Cristo. El hecho de que todo creyente puede tener el fruto del Espíritu en su vida explica el por qué algunos cristianos profundamente espirituales nunca han dado evidencia de haber recibido una experiencia pentecostal. El fruto no viene como resultado del bautismo con el Espíritu, sino de permanecer en Cristo.

Esto también explica por qué algunos, que han recibido el bautismo con el Espíritu, pueden no estar manifestando las cualidades del fruto del Espíritu. Muchos de los que son bautizados con el Espíritu fracasan en continuar en una vida llena de la plenitud del Espíritu. Muchos de los gálatas, al igual que algunos de los corintios, que habían recibido la unción pentecostal, estaban al mismo tiempo vacíos de amor. Habían experimentado la plenitud en un tiempo, pero no estaban viviendo en la plenitud.

Nosotros erramos en suponer que el ser bautizado con el Espíritu Santo en una sola experiencia, es la adquisición máxima de la vida cristiana. La adquisición que corona es una vida diaria llena del Espíritu, abundante en el fruto del Espíritu. Si el Espíritu que mora en nosotros está angustiado y apagado, si caminamos en la carne en vez del Espíritu, podemos esperar una vida sin fruto. Este tema será ampliado más adelante en este estudio.

Es tremendamente importante darse cuenta de la necesidad de permanecer en Cristo. *"Todo pámpano que en mí no lleva fruto, lo quitará"* (Vs 2). Esto se refiere a cristianos o los que una vez se convirtieron en tales y no solamente a creyentes profesantes. La expresión *"en mí"* muestra claramente que algunos de los que son quitados por fracasar en producir fruto fueron originalmente verdaderos pámpanos en la vid. Eran pámpanos, pero no se mantuvieron en contacto con la fuente de vida por suficiente tiempo para llevar fruto.

Note que es el pámpano el que se quita, no el fruto. El versículo cinco dice: *"vosotros sois los pámpanos"* La gente que dice que son "una vez salvos, siempre salvos" les gustaría que creyésemos que Dios rechaza sólo el "fruto" del apóstata, pero no al hombre mismo. No obstante, la palabra dice que el pámpano reprobado es removido y echado en el fuego, porque no lleva fruto. No es irrazonable esperar que el creyente lleve fruto dado a que es Dios quien provee los elementos para ello. El creyente tiene una sola responsabilidad, que es el permanecer en Cristo. El fruto es el producto natural del permanecer. Sin embargo, si uno no permanece, no lleva fruto, consecuentemente es echado fuera.

El segundo secreto para llevar fruto, que Jesús no da en el capítulo quince de Juan, se encuentra en el versículo dos: *"Todo pámpano... que lleva fruto, lo limpiará, para que lleve más fruto."* Esto sugiere el proceso de podar. Todo pámpano que no lleva fruto es echado fuera, pero el pámpano que sí lleva fruto es podado para que lleve aún más fruto. El proceso de podar en la vida de un cristiano sincero nunca es fácil. Podar sugiere disciplinar, y *"... ninguna disciplina al presente parece ser causa de gozo, sino de tristeza; pero después da fruto apacible de justicia a los que en ella han sido ejercitados"* (Heb. 12:11).

Las hojas pueden ser muy hermosas, pero los árboles a los que se les deja crecer hojas en exceso rara vez producen mucho fruto. Algunas veces el Señor debe cortar algunas de las "hojas" de indulgencia personal de la vida del cristiano para que pueda llevar "más fruto", y aún "mucho fruto." Para que no tenga una tendencia a alejarse de esta disciplina en su vida, y que el creyente pueda recordar que Jesús dijo, *"Mi Padre es el labrador"* (Jn. 15:1). Él es quien poda, el que emplea las tijeras de podar. Seguramente podemos confiarnos a su amante cuidado.

C. ¿QUE SIGNIFICA PERMANECER EN CRISTO?

Al contestar esta pregunta, tenga en mente la figura de la vid y los pámpanos. El pámpano es una parte integral de la vid. Crece de ella, y nunca debe ser cortado de la vid; nada se debe interponer entre el pámpano y la fuente de su vida. Considerando la relación del creyente con Cristo, esto significaría una comunión inviolable con Él. Esta relación es sostenida primeramente por una fe no vacilante en lo que Cristo ha hecho por él, y lo que él es en Cristo. El creyente debe regocijarse continuamente en la gracia salvadora de Jesucristo y estar constantemente consciente de que está redimido, justificado, que ha nacido a la familia de Dios, ha sido colocado como hijo y hecho heredero y coheredero con Jesucristo. Como resultado de estas gloriosas percepciones, se mantendrá entonces en constante agradecimiento y adoración, comunión en oración, y comunión consciente con el Señor. Habrá un intento honesto, de siempre ceder al Espíritu Santo que habita en él, de obedecer sus mandatos, y de caminar en su voluntad. El debe *"vivir por el Espíritu"* (Gál. 5:25), ser *"guiado por el Espíritu"* (Gál. 5:18), y *"andar en el Espíritu"* (Gál. 5:16,25).

D. LA DIFERENCIA ENTRE LOS DONES DEL ESPIRITU Y EL FRUTO DEL ESPIRITU.

Es vital y de suma importancia para la vida espiritual y el ministerio que estas dos áreas de bendición espiritual sean plenamente entendidas en su relación una con la otra. No son iguales. No debe haber jamás alguna confusión entre ellas. Una no substituye la otra. Ninguno debe decir jamás, como algunos lo han dicho, "Yo creo en el amor, pero no en los dones del Espíritu." El fruto tiene su lugar y los dones tienen su lugar. Ambos pertenecen a diferentes categorías de bendición espiritual.

Note las siguientes diferencias entre los dos: Los dones del Espíritu tienen que ver con la capacidad espiritual, lo que uno puede hacer en el servicio del Señor. El fruto del Espíritu tiene que ver con el carácter espiritual, lo que uno es en el Señor. Los dones son recibidos como resultado del bautismo con el Espíritu Santo. El fruto es el resultado del nuevo nacimiento y de permanecer en Cristo. Los dones son recibidos instantáneamente, mientras que el fruto se desarrolla gradualmente. Los dones, en si mismos, no son el medio para juzgar la profundidad de la vida espiritual de una persona. Sin embargo, el fruto es el criterio básico del desarrollo de la vida y el carácter espiritual. Hay variedad de dones, pero hay sólo un fruto del Espíritu. Ampliemos estos pensamientos.

Los dones espirituales indican capacidades espirituales, mientras que el fruto denota el carácter espiritual. Hay muchos dones y talentos naturales con los que nacen las personas. Sin estas tendencias innatas ninguno podría realmente sobresalir en ningún campo (por ejemplo, arte y música). Jesús utilizó las parábolas de los "talentos" para indicar que a algunos hombres se les entregaba estos talentos para usarlos, y ellos eran responsables por éstos. Así que en el ámbito espiritual, el Espíritu Santo, en su divina elección, confiere ciertas capacidades espirituales para ser usadas en el servicio espiritual. El fruto del Espíritu no tiene nada que ver con lo que una persona puede hacer en el servicio al Señor. Como lo observaremos, no tendrá demasiado que ver con qué ésta hace por el Señor, sino cómo lo hace.

La manifestación de los dones del Espíritu tiene que ver con el derramamiento del Espíritu en el día de Pentecostés. Ciertamente los apóstoles, y otros, recibieron habilidades que no fueron manifestas antes de que fueran bautizados con el Espíritu Santo. Jesús indicó claramente que el fruto, del que Él había hablado en el capítulo quince de Juan, era el resultado de permanecer en Él, la vid.

Los dones del Espíritu son otorgados por el Espíritu Santo *"repartiendo a cada uno en particular como él quiere"* (I Cor. 12:11). Estas habilidades divinas son aparentemente otorgadas virtualmente al instante. El otorgamiento del Espíritu Santo en el día de Pentecostés fue "de repente." *"Y fueron todos llenos del Espíritu Santo, y comenzaron a hablar en otras lenguas, según el Espíritu les daba que hablasen"* (Hch. 2:4). En un instante no podían hablar en lenguas y al siguiente lo estaban haciendo. Hechos 19:6 lo confirma, porque leemos de los creyentes en Efeso: *"Y ha-*

biéndoles impuesto Pablo las manos, vino sobre ellos el Espíritu Santo; y hablaban en lenguas, y profetizaban." El fruto, por otro parte es el resultado de un desarrollo lento y gradual. Debido a que el fruto sugiere rasgos de carácter, necesariamente involucra un período de desarrollo.

Existe entre muchos la tendencia de mirar con asombro a uno que tiene muchos dones del Espíritu como si esto indicara que éste es un individuo super espiritual. Es bueno darse cuenta que los dones no son, en si mismos, la indicación de una vida espiritual profunda. Pablo dijo de la iglesia en corintio *"nada os falta en ningún don"* (I Cor. 1:7). De hecho, ellos eran reconocidos por el ejercicio de por lo menos algunos de los dones del Espíritu. Al mismo tiempo el apóstol los acusa de ser carnales y culpables de permitir muchas situaciones en medio de ellos que no eran evidencias de crecimiento espiritual.

El primer rey de Israel, Saúl, fue conocido por el don de profecía. Alrededor del tiempo de su unción como rey leemos: *"...y el Espíritu de Dios vino sobre él con poder, profetizó entre ellos. Y aconteció que cuando todos los que le conocían antes vieron que profetizaba con los profetas, el pueblo decía el uno al otro: ¿Qué le ha sucedido al hijo de Cis? ¿Saúl también entre los profetas?"* (I Sam. 10:10,11). Más tarde en su reinado, después de que Saúl, había deshonrado al Señor y desobedecido su palabra, después de que Dios dijo que no escucharía más las oraciones de Saúl, y de que el Espíritu del Señor se apartó de él (I Sam. 16:14); Saúl se unió a un grupo de profetas y el Espíritu del Señor vino sobre él y él profetizó (I Sam. 19:23,24). Ciertamente esto no indicó que Saúl fuera otra vez un hombre espiritual.

La medida del desarrollo del fruto del Espíritu en la vida de un individuo es, sin embargo, una verdadera indicación de la firmeza de su permanencia en Cristo. (Vea también Balaam, como ejemplo de uno con dones, pero poca vida espiritual [Nm. 22-27]).

Hay variedad de dones, pero un fruto del Espíritu. En I Corintios 12:8-10, Pablo nos da una lista de nueve diferentes dones del Espíritu. Otros pasajes tales como Romanos 12:6-8; Efesios 4:11; y I Pedro 4:10,11; indican que puede haber muchos más.

Hay un sólo fruto del Espíritu, que es amor. No es bíblico hablar de "los frutos del Espíritu." La lista de Gálatas 5:22,23 son ocho características del fruto del Espíritu que es el amor. Todas las otras virtudes mencionadas no son más que facetas del amor. Cuando el Espíritu de Dios entra a la vida de uno, derrama su amor invariablemente en el corazón. En "Notas de mi Biblia", por D.L. Moody, la caracterización de amor se halla en términos de estas otras virtudes:

- Gozo es amor regocijándose.

- Paz es amor reposando.
- Paciencia es amor incansable.
- Benignidad es amor perdurable.
- Bondad es amor en acción.
- Fe es amor en el campo de batalla.
- Mansedumbre es amor bajo disciplina.
- Templanza es amor en entrenamiento.[12]

E. LA RELACION ENTRE LOS DONES DEL ESPIRITU Y EL FRUTO DEL ESPIRITU.

Mientras que hay ciertas diferencias definidas entre los dones y el fruto del Espíritu, también hay una relación vital entre estos dos. No es casualidad que el capítulo trece de I Corintios éste justamente entre los capítulos doce y catorce. Los capítulos doce y catorce tratan con los dones del Espíritu, mientras que el capítulo trece sobre el amor, el fruto del Espíritu. Esto enfatiza la importancia de tener el fruto del Espíritu en relación con los dones. Pablo hace muy claro que los dones sin el fruto son impotentes y de poco uso. De hecho, va tan lejos hasta el punto de decir que son "nada."

Si yo hablase lenguas humanas o angélicas, y no tengo amor, vengo a ser como metal que resuena, o címbalo que retiñe. Y si tuviese profecía, y entendiese todos los ministerios y toda ciencia, y si tuviese toda la fe, de tal manera que trasladase los montes, y no tengo amor, nada soy (I Cor. 13:1-2).

El amor es la esencia verdadera del fruto del Espíritu. Así que lo que Pablo está diciendo es que aunque él tenga el don de hablar en otras lenguas, profecía, sabiduría, ciencia y fe, pero no tenga el fruto del Espíritu, estos dones significan absolutamente nada. El desarrollo de la naturaleza interior de un carácter semejante a Cristo debe respaldar el uso de cualquiera de los dones espirituales. Mientras Pablo está enfatizando el hecho negativo de que el don sin el fruto no tiene valor, uno debe reconocer la verdad positiva de que el ministerio de los dones del Espíritu, acompañado por el fruto del Espíritu es de gran poder y utilidad en la obra del Señor. El Espíritu Santo está tan interesado en el carácter como lo está en el poder. Todo siervo bautizado por el Espíritu necesita darse cuenta de la importancia de ambas bendiciones. (Este tema es discutido nuevamente en Sec. VI.

---

[12] *Notes From My Bible: From Genesis to Revelation* (Apuntes de mi Biblia: Desde Génesis Hasta Apocalipsis) por Dwight Lyman Moody (Nueva York: Fleming H. Revell Company, 1896) 166.

Los dones del Espíritu, vea J. La relación entre los dones y el fruto del Espíritu).

F. CARACTERISTICAS DETALLADAS DEL FRUTO DEL ESPIRITU.

1. Amor

"Mas el fruto del Espíritu es amor" (Gál. 5:22). Sería imposible sobrenfatizar la prominencia de esta virtud de gracia como la característica principal de la vida cristiana. *"Amados, amémonos unos a otros; porque el amor es de Dios. Todo aquel que ama, es nacido de Dios, y conoce a Dios. El que no ama, no ha conocido a Dios; porque Dios es amor"* (I Jn. 4: 7,8). El amor es la evidencia de que uno ha nacido de Dios.

No sólo es la evidencia interna, también es la evidencia externa. Jesús dijo, *"En esto conocerán todos que sois mis discípulos, si tuviereis amor los unos con los otros"* (Jn. 13:35). También les dio a sus discípulos el mandato: *"...Amad a vuestros enemigos, haced bien a los que os aborrecen; bendecid a los que os maldicen, y orad por los que os calumnian"* (Lc. 6:27,28). Esto es imposible para el hombre natural porque no puede ser producido por el esfuerzo humano. Tal amor sólo puede ser el producto del amor de Dios derramado en el corazón de uno por el Espíritu Santo (Rom. 5:5).

El amor que produce el Espíritu es algo más que el afecto humano por más sincero que sea. Viene del permanecer en Cristo y experimentar su amor fluyendo a través del alma. El amor es el cemento que junta a todas las otras virtudes del fruto del Espíritu en una unidad entera. Es el común denominador de todo carácter cristiano. Uno no puede amar y fracasar en tener cualquiera de las otras virtudes. Estar lleno con el Espíritu es estar lleno de amor.

2. Gozo

"Porque el reino de Dios no es comida ni bebida, sino justicia, paz y gozo en el Espíritu Santo" (Rom. 14:17). El gozo es la reacción del amor ante las misericordias, bendiciones y beneficios de Dios. El gozo cristiano no depende de las circunstancias. El gozo, que es una faceta del amor, confía en Dios aún en las situaciones más difíciles. El gozo humano ve las cosas de un punto de vista terrenal y es afectado por dicha condición. El gozo cristiano, un fruto del Espíritu, mira hacia el cielo y no está afectado por las condiciones que lo rodean, dado a que los beneficios del cielo nunca fluctúan. El gozo acepta las pruebas como un disfraz de la bendición divina. La verdadera vida cristiana es una vida gozosa.

Aquellos que suprimen toda emoción en la adoración cristiana, y que igualan el entusiasmo y regocijo con "emocionalismo", no interpretan correctamente la palabra de Dios. Existe una gran diferencia entre emoción y "emocionalismo." La enseñanza de la palabra de Dios no condena la emoción en ningún lugar. El "emocionalismo", sin embargo, no es una enseñanza de la palabra de Dios. El gozo es natural en el cristianismo. Pablo usa la palabra "gozo" y "regocijar" diecisiete (17) veces en la breve epístola a los filipenses. La adoración sin emoción es adoración fría. La emoción es la condición de ser interiormente movido. El emocionalismo es la búsqueda de la emoción como fin.

Distinguimos cuidadosamente entre extravagancia emocional y la verdadera acción del Espíritu Santo. En sujeción con la enseñanza de las escrituras, ejercemos control sobre nuestros sentimientos a fin de no interrumpir egoístamente las fases más provechosas de adoración y el ministerio de la palabra. Por otro lado, creemos en cantar gozosamente, en orar fervorosamente, en predicar celosamente, en testificar con fuerza, y en dar alegremente; *"porque el gozo de Jehová es vuestra fuerza"* (Neh. 8:10). Cuando el Espíritu de Dios llena a un individuo, seguramente que el gozo del Señor esta en él, porque *"en tu presencia hay plenitud de gozo"* (Sal. 16:11).

3. Paz

"Porque el reino de Dios no es comida ni bebida, sino justicia, paz y gozo en el Espíritu Santo" (Rom. 14:17). La paz es más profunda y constante que el gozo. Jesús dijo, *"La paz os dejo, mi paz os doy; y no la doy como el mundo la da"* (Jn. 14:27). Pablo habla de *"la paz de Dios, que sobrepasa todo entendimiento"* (Fil. 4:7). La paz con Dios es obtenida como resultado de ser justificado por la fe (Rom. 5:1). Pero la paz, como el fruto del Espíritu, es una característica interior que se manifiesta en la buena relación con otros. Significa ser libre de un espíritu de riña, contencioso y dividido. Busca vivir pacíficamente con todos los hombres. El creyente lleno del Espíritu puede tener paz no sólo con Dios, sino que puede tener paz que sobrepasa todo entendimiento" (Fil. 4:7), basado en la promesa: *"Y el Dios de paz estará con vosotros"* (Fil. 4:9).

4. Paciencia - Clemencia.

Virtualmente todos los traductores modernos utilizan la palabra "paciencia." Esta no es una característica muy común en el espíritu humano. La mayoría de nosotros carecemos de esta virtud. Esta es sin embargo, una característica especial de nuestro Señor. El cristiano necesita una permanencia más cercana con Cristo a fin de que esta gracia pueda hacerse parte de su vida.

Ha sido previamente mencionado que "Paciencia es amor incansable." Es amor perseverando a través de la tormenta y el diluvio. Cuando el creyente se da cuenta de cuán paciente ha sido el Señor con él, es capacitado para ser más paciente con otros. Dios es paciente en buscar y ganar a los inconversos: *"El Señor... es paciente para con nosotros, no queriendo que ninguno perezca, sino que todos procedan al arrepentimiento"* (II P. 19). *"Mas tú, Señor, Dios misericordioso y clemente, lento para la ira, y grande en misericordia y verdad"* (Sal. 86:15). ¡Cuánto necesita el creyente de hoy la ayuda del Espíritu Santo en esta área de semejanza a Cristo! Podría ser el lugar donde más la necesita. Santiago amonesta: *"Mas tenga la paciencia su obra completa, para que seáis perfectos y cabales, sin que os falte cosa alguna"* (Stg. 1:4).

5. Benignidad - Ternura.

Numerosas versiones modernas interpretan esta palabra como "benignidad." En ninguna otra parte en el Nuevo Testamento es traducida como "gentileza." La palabra es usada frecuentemente para representar el trato de Dios con su pueblo. Ellos traen gloria a Él cuando manifiestan esta misma gracia a otros. Benignidad es el amor tratando con otros en sus faltas. Quizá nada desacredita más frecuentemente el testimonio y ministerio que la falta de benignidad. Ninguna circunstancia concebible puede justificar el mal trato a otros. No importa cuán firme uno deba llegar a ser en la corrección, nunca se necesita dejar de ser benévolo. No hay marca más grande de grandeza y nobleza de carácter que la habilidad de corregir con benevolencia. *"Redargüye, reprende, exhorta con toda paciencia"* (II Ti. 4:2). *"El amor es sufrido, es benigno"* (I Cor. 13:4).

6. Bondad

"Porque el fruto del Espíritu es en toda bondad, justicia y verdad" (Ef. 5:9). La bondad mencionada aquí tiene relación con las obras y hechos de la bondad, bondad mostrada a otros y obras prácticas de amor. Si un hombre es verdaderamente bueno de corazón, hace bien a otros. Hay una clase de bondad farisaica, de auto - justicia que es más una decepción para el cristianismo que una recomendación. La bondad egoísta bien podría ser una clase de maldad. "La bondad es amor en acción." Es el amor acumulando beneficios sobre otros. El cristiano hace el bien porque él es bueno. La bondad negativa no es suficiente. Cuando el Espíritu Santo ocupa nuestro ser, hay una efusión positiva de bondad hacia todos los hombres.

7. Fe

La mayoría de los traductores traducen esta palabra como "fidelidad", antes que "fe." Fe tiene que ver con cómo el carácter se relaciona a otros.

Dice J. Lancaster: "Mientras que la fe en Dios y su palabra sea la base de nuestra relación con Él y la avenida por la cual fluyen sus bendiciones a nuestras vidas, lo que vemos aquí es fidelidad de carácter y la conducta que tal fe produce."[13] El fruto de un árbol no es para el árbol, sino para otros. Cada una de estas características indica la actitud cristiana para con los él tiene contacto.

Dos pensamientos han sido sugeridos acerca de esta virtud particular. El primero está expresado en la palabra "honradez." Jesús dijo a los dos que habían multiplicado sus talentos, *"Bien, buen siervo y fiel, sobre poco has sido fiel..."* (Mt. 25:21,23), sugiriendo la característica de honradez. Según esta interpretación, el que lleva el fruto del Espíritu mantendrá su palabra con otros; será fiel a sus pactos, promesas, tareas y obligaciones. El verdadero cristiano no falta a sus responsabilidades.

La segunda es "confiabilidad." En su comentario sobre Gálatas, Martín Lutero dice:

Al poner fe en la lista de los frutos del Espíritu, Pablo obviamente no quiere decir fe en Cristo, sino fe en los hombres. Tal fe no es sospechosa de la gente, sino que cree lo mejor. Naturalmente el poseedor de tal fe será engañado, pero lo deja pasar. Está listo para creerle a todo hombre. Donde falta esta virtud, los hombres son suspicaces, apresurados e indóciles y no creerán nada, ni cederán a nadie. No importa qué tan bien una persona diga o haga, encontrarán alguna falta en él, y si no los complace, nunca podrá agradarles. Tal fe en la gente es necesaria. ¿Qué clase de vida sería ésta si una persona no pudiera creer en otra?[14]

Pablo claramente enseña esta característica del amor *"... No se goza de la injusticia, mas se goza de la verdad. Todo lo sufre, todo lo cree..."* (I Cor. 13:6, 7).

Ambos puntos de vista son posibles, y ciertamente ambas, la honradez y la confiabilidad, son virtudes necesarias. Un verdadero cristiano no será ni infiel, ni suspicaz.

---

[13] *Pentecostal Doctrine* (Doctrina Pentecostal) por J. Lancaster en ed. Perey S. Brewster (Cheltenham, Inglaterra: Grenehurst Publishers, 1976) 71,72. Percy S. Brewster es el postrer Secretario General de la Iglesia Elim de Gran Bretaña.

[14] *Commentary on Galatians* (Comentario Sobre Gálatas) por Martín Lutero, trad. al inglés por Theodore Graebner (Grand Rapids, MI: Zondervan Publishing House, 1939) 232.

8. Mansedumbre

Jesús dijo, "*Llevad mi yugo sobre vosotros, y aprended de mí, que soy manso y humilde de corazón; y hallaréis descanso para vuestras almas*" (Mt. 11:29). La mansedumbre es lentitud a la ira y a tomar ofensa. Los mansos no son bulliciosos, ruidosos, o egoístamente agresivos. No disputan, no riñen ni contienden. No son argumentativos o jactanciosos. Sin embargo, la mansedumbre no debe ser confundida con evasión, timidez, o debilidad, que son características de un complejo de inferioridad. W.E. Vine comenta:

> Debe ser claramente entendido, entonces, que la mansedumbre manifestada por el Señor y encomendada al creyente es fruto de poder... el Señor fue "manso" porque tenía los recursos infinitos de Dios a su disposición.[15]

La mansedumbre espiritual no es cobardía ni falta de liderazgo. Moisés fue el hombre más manso de Israel, pero fue su líder más grande. Él era humilde y paciente, pero también fue capaz de tener firmeza y gran valor. Antes que una descalificación para liderazgo, la mansedumbre es una esencial para él. Jesús dijo, en el sermón del monte, "*Bienaventurados los mansos, porque ellos recibirán la tierra por heredad*" (Mt. 5:5).

9. Templanza - Dominio propio.

La palabra "templanza" es en realidad "dominio propio." Entre las gracias del Espíritu, que son los frutos de permanecer en Cristo, ninguna es más importante que el dominio propio. "*Mejor es el que tarda en airarse que el fuerte; y el que se enseñorea de su espíritu, que el que toma una ciudad*" (Pr. 16:32). La templanza es verdadero amor propio. El que se respeta, que considera su cuerpo un templo del Espíritu Santo, ejercitará control sobre sus propios impulsos. La templanza verdadera es control no sólo sobre comida y bebida, sino sobre toda área de la vida.

Templanza significa completo control propio. Significa control sobre el enojo, pasiones carnales, apetitos, deseos de placeres mundanos, y egoísmo. Antes de que uno pueda gobernar una ciudad, una comunidad, un club, una iglesia o una nación debe primero ser capaz de gobernar su propio espíritu. Pablo trata éste tema admirablemente en su carta a los corintios; dice:

> Todas las cosas me son lícitas, mas no todas convienen; todas las cosas me son lícitas, mas yo no me dejaré dominar por ninguna. Las

---

[15] *An Expository Dictionary of New Testament* Words (Un Diccionario Expositivo de Palabras del Nuevo Testamento) por William Edwy Vine (Old Tappan, N.J.: Fleming H. Revell Company, 1966) III, 56.

viandas para el vientre, y el vientre para las viandas; pero tanto al uno como a las otras destruirá Dios. Pero el cuerpo no es para la fornicación, sino para el Señor, y el Señor para el cuerpo. Y Dios, que levantó al Señor, también a nosotros nos levantará con su poder (I Cor. 6:12-14).

¿O ignoráis que vuestro cuerpo es templo del Espíritu Santo, el cual está en vosotros, el cual tenéis de Dios, y que no sois vuestros? Porque habéis sido comprados por precio; glorificad, pues, a Dios en vuestro cuerpo y en vuestro espíritu, los cuales son de Dios (I Cor. 6:19, 20).

Concluyendo su comentario concerniente a las nueve gracias del fruto del Espíritu, enumeradas por Pablo en Gálatas 5:22,23, Samuel Chadwick dice:

En español contemporáneo se leería así: El fruto del Espíritu es una disposición afectuosa, amorosa, un espíritu radiante y un temperamento alegre; una mente tranquila, una conducta calmada; una paciencia incansable en circunstancias provocadoras y con gente difícil; una visión compasiva, ayuda discerniente; juicio generoso, caridad, lealtad y confianza de todo corazón y bajo toda circunstancia; humildad que se olvida de sí misma en el gozo de otro, todo con dominio propio, que es la marca final de perfeccionamiento. [16]

Al resumir el tema del Fruto del Espíritu, enfatizamos que estas características no son impuestas sobre el cristiano desde afuera, sino son el resultado de la vida con Cristo adentro. Describiendo el carácter de Jesucristo en la vida del creyente J. Lancaster explica:

De alguna forma, el término "Semejanza a Cristo" es inadecuado, ya que el cristiano es llamado, no solamente a asemejarse a Cristo, sino a compartir su misma vida. En relación con un gran clásico cristiano, la vida del creyente es más que la imitación de Cristo; es llegar *"a ser participantes de la naturaleza divina"* (II P. 2:4). Uno podría ser lo suficientemente valiente para sugerir que "Cristocidad" estaría más cerca a la meta, ya que el creyente es más que una copia de Cristo; es parte de su propio ser, *"miembros de su cuerpo, de su carne y de sus huesos"*, como Pablo audazmente lo dice en Efesios 5:30. Nuestra semejanza a Cristo no es entonces algo aplicado desde afuera, una transformación cosmética producida por la fórmula de algún departamento de maquillaje religioso sino una semejanza genuina producida por una relación íntima con Él. La analogía de Cristo mismo con la vid y los pámpanos comprueba esto (Juan 15). Los pámpanos no son solamente semejantes a la vid, son parte de la vid; asimismo el fruto no se

---

[16] Chadwick, 104.

asemeja solamente a las uvas, sino que poseen su estructura y sabor inherente.[17]

IV. EL BAUTISMO CON EL ESPIRITU SANTO

Llegamos ahora al estudio de esa poderosa experiencia que fue responsable del milagroso crecimiento de la iglesia cristiana en los años apostólicos y post-apostólicos, y que ha sido la causa principal del avivamiento dinámico que ha movido al mundo desde el comienzo del siglo XX y que en términos numéricos, es el mayor avivamiento que el mundo ha experimentado. Según la Enciclopedia Cristiana Mundial (World Christian Encyclopedia), se calcula que en el mundo hay aproximadamente 51'000.000 de creyentes en iglesias pentecostales, que han experimentado el Bautismo con el Espíritu Santo. Esto es además de 11'000.000 más en otras iglesias que gozan de la plenitud de esta bendición.[18] No se hace, aquí, ningún intento por exaltar el ministerio de poder del Espíritu Santo sobre la obra redentora de Cristo. La obra principal del Espíritu Santo es exaltar a Cristo. Pero también está afirmado que, la obra final de Cristo hace provisión a favor de una plenitud del Espíritu que va más allá de la regeneración de la cual pueden o no beneficiarse los creyentes. La promesa más grande al mundo entero es, por supuesto: *" ... para que todo aquel que en él cree, no se pierda, mas tenga vida eterna"* (Jn. 3:16); pero la más grande promesa a la Iglesia es *"Pero recibiréis poder, cuando haya venido sobre vosotros el Espíritu Santo..."* (Hch. 1:8).

El Bautismo con el Espíritu Santo es la segunda de las cuatro verdades cardinales sobre las cuales está fundado el Evangelio Cuadrangular; Jesucristo el Bautizador con el Espíritu Santo. Este bautismo es de vital importancia en relación con la vida espiritual y el servicio de todo creyente. El bautismo con el Espíritu Santo es el secreto del poder en la iglesia. Es la mayor necesidad en toda esfera de actividad cristiana, a fin de que el mensaje de salvación pueda ser proclamado con la unción divina y así asegurar su éxito.

Es ahora nuestro propósito el tratar con:

- El nombre (término) de esta experiencia,
- su definición, propósito y necesidad,
- para quiénes está provisto,
- condiciones para su obtención,

---

[17] Lancaster en Brester, 74,75.
[18] *World Christian Encyclopedia* (Enciclopedia Mundial Cristiana) por ed. David B. Barret (Oxford, Inglaterra: Oxford University Press, 1982) 838.

- cómo recibirlo,
- la manera de su recepción,
- evidencia y resultados, y
- plenitud adicional del Espíritu.

A. EL TERMINO DE LA EXPERIENCIA.

Al tratar con verdades y experiencias escriturales es importante que nos sujetemos al uso de los términos escriturales, de lo contrario uno no puede estar seguro que haya recibido la misma o verdadera experiencia escritural. No es sabio entremeterse en la revelación de las verdades de Dios en la manera en que Él ha considerado darlas.

1. Negativamente.

1.1. No es "la segunda obra de gracia."

Esta expresión no se usa en ninguna parte en la Biblia, aunque lo oímos bastante en ciertos círculos religiosos. No decimos que no creemos en una segunda obra de gracia, porque estamos ansiosos por recibir todo lo que Dios tiene para nosotros; pero sí hay una segunda obra de gracia, quizás hay una tercera, cuarta, quinta, etc. En otras palabras creemos en un continuo crecimiento en gracia (II P. 3:18). Esto sin embargo, no describe al bautismo con el Espíritu Santo.

1.2. No es "La segunda bendición."

Esta expresión no se usa en la escritura. Sin duda Dios tiene una segunda, y muchas otras bendiciones para sus hijos; pero llamar a una experiencia espiritual definitiva por este nombre no es bíblico. Reciba toda bendición posible del Señor, pero dése cuenta de que "La segunda bendición" no es el nombre que Dios da al derramamiento del Espíritu Santo.

1.3. No es "Santificación."

Santificación es el término bíblico para algo bastante diferente al bautismo con el Espíritu Santo. Este tema ha sido tratado bajo soteriología.

1.4. No es "Santidad."

Santidad es un término escritural, pero describe un atributo de carácter antes que una experiencia. La santidad se desarrolla, no se recibe como un don (regalo) o una bendición singular.

2. Positivamente

Es "El bautismo con el Espíritu Santo." El nombre escritural para la venida del Espíritu Santo sobre las vidas de hombres y mujeres cristianos es

"El bautismo con el Espíritu Santo." Note el lenguaje explícito de las siguientes escrituras: " ...*él os bautizará en Espíritu Santo y fuego*" (Mt. 3:11); "*Yo a la verdad os he bautizado con agua; pero él os bautizará con Espíritu Santo*" (Mr. l:8); "*Porque Juan ciertamente bautizó con agua, mas vosotros seréis bautizados con el Espíritu Santo dentro de no muchos días*" (Hch. 1:5).

Esta gran experiencia debe ser llamada por su nombre correcto. Otros, sin duda, han tenido la misma experiencia en días pasados, y han fracasado en llamarlo por su nombre escritural. Como resultado, han fracasado en pasar la verdad a otros. Decir que estos otros nombres significan la misma cosa es confundir las bendiciones, propósitos y provisiones de Dios para los suyos.

B. LO QUE ES EL BAUTISMO CON EL ESPIRITU SANTO.

1. Negativamente.

1.1. No es el nuevo nacimiento.

El bautismo con el Espíritu Santo es subsecuente al nuevo nacimiento, y distinto de su obra regeneradora. Una completa experiencia cristiana ciertamente debería contener ambos; pero hacemos esta distinción porque muchos son genuinamente salvos pero nunca han sido llenos con el Espíritu. Los siguientes hechos prueban esta distinción.

1.1.1. Los apóstoles fueron convertidos bajo el ministerio de Jesús (Jn. 1:35; Lc. 10:20; Jn. 13:10,11; Jn. 15:3). Fueron mandados a esperar, y fueron instantáneamente llenos con el Espíritu Santo por lo menos dos años más tarde (Lc. 24:49; Hch. 1:13,14; 2:1-4).

1.1.2. Los samaritanos fueron salvos bajo el ministerio de Felipe (Hechos 8:5-8,12). Fueron bautizados con el Espíritu Santo bajo el ministerio de Pedro y Juan algunos días más tarde (Hch. 8:14-17).

1.1.3. Pablo fue convertido en el camino a Damasco por una visión personal del Cristo resucitado (Hechos 9:3-9). Fue bautizado con el Espíritu Santo bajo el ministerio de Ananías tres días más tarde (Hch. 9:17-19).

1.1.4. Los doce hombres en Efeso eran "creyentes" según las propias palabras de Pablo a ellos: "*¿Recibisteis el Espíritu Santo cuando creísteis?*" (Hch. 19:2). Estos creyentes fueron bautizados en agua y luego recibieron el Espíritu Santo después de la imposición de manos de los apóstoles (Hch. 19:2-7). Aquellos que enseñan que todos los que son salvos reciben el bautismo con el Espíritu Santo al mismo tiempo que la salvación usan este pasaje para probar su punto. Pero la respuesta de estos creyentes de Efeso a la pregunta: "*¿Recibisteis el Espíritu Santo cuando creísteis?*" fue "*Ni siquiera hemos oído si hay Espíritu Santo*" (Hch. 19:2).

No obstante, eran creyentes. Uno, puede, entonces, ser un creyente y no haber sido lleno del Espíritu Santo. No se necesita de un largo período de tiempo entre la salvación y la plenitud del Espíritu, sin embargo, el bautismo con el Espíritu es una experiencia adicional al nuevo nacimiento.

1.2. No es santificación.

Como indicamos en el estudio de soteriología, la santificación es una manifestación de la gracia de Dios completamente diferente del bautismo con el Espíritu Santo. Los dos se aumentan el uno al otro, pero son vitalmente diferentes en su carácter y propósito. La santificación tiene que ver con la separación para Dios, y la purificación para su servicio. Se puede entender así: La santificación tiene dos faces: (1) instantánea (Jn. 15:3; I Cor. 6:11; Heb. 10:10-14). Esta fase de la santificación se refiere particularmente a la posición del creyente en Cristo. (2) progresiva (I Tes. 5:23; Heb. 6:1; 12:14), se refiere al proceso diario por el cual la condición actual del creyente es traída a esta posición.

1.3. No es una recompensa por los años de servicio cristiano, ni es el cenit de la experiencia cristiana.

Esto debe ser claramente entendido, porque muchos han adoptado la idea de que al haber recibido el bautismo con el Espíritu Santo son marcados como superiores en espiritualidad y dignos de alguna dispensación especial de Dios. Al contrario; los creyentes eran enseñados a esperar la plenitud del Espíritu inmediatamente después de la conversión y el bautismo en agua. *"... Arrepentíos, y bautícese cada uno de vosotros en el nombre de Jesucristo para perdón de los pecados; y recibiréis el don del Espíritu Santo"* (Hch. 2:38). En otras palabras, el bautismo con el Espíritu Santo está a la disposición de los recién nacidos en Cristo.

El Bautismo con el Espíritu Santo no es algo que uno guarda sino algo que uno usa. No es la cima de la experiencia espiritual, sino uno de los fundamentos básicos y esenciales para la continuación del desarrollo y servicio cristiano.

1.4. Un error corregido.

Algunos enseñan que el Espíritu Santo fue derramado una vez y por todos en el día de Pentecostés, y que no necesitamos esperar ninguna experiencia de ese tipo, ni individualmente ni colectivamente.

Note sin embargo, que Pedro, citando a Joel 2:29, no dijo: "Ahora se cumplió lo dicho por el profeta Joel." Si hubiera dicho eso, no habría nada más que esperar. La profecía estaría cumplida. Lo que sí dijo fue: *"Esto es lo que fue dicho por medio del profeta Joel."* Pedro dio a entender a sus oidores que esto era lo que Joel había profetizando tanto a ellos como a nosotros, una continuación de manifestaciones similares. Note la redacción específica en la escritura cuando una profecía finalmente se cumple: *"Todo esto aconteció para que se cumpliese lo dicho por el profeta, cuando dijo: Decid a la hija de Sion: He aquí, tu Rey viene a ti, manso, y sentado sobre una asna, sobre un pollino, hijo de animal de carga"* (Mt. 21:4,5); *"Cuando le hubieron crucificado, repartieron entre sí sus vestidos, echando suertes, para que se cumpliese lo dicho por el profeta: Partieron entre sí mis vertidos, y sobre mi ropa echaron suertes"* (Mt. 27:35). Pentecostés no fue el cumplimiento. Han habido muchos Pentecostés desde ese día. La consumación completa de la profecía de Joel está aún en el futuro cuando todas las señales que la acompañan se cumplan (Jl. 2:30, 31).

Además de lo ya explicado, la posición mencionada anteriormente es insostenible en virtud de que el libro de los Hechos cita por lo menos cuatro ocasiones más donde el Espíritu fue derramado después del día de Pentecostés: Hechos 8:14-17; 9:17; 10:44-46; 19:2-7.

En relación con la Iglesia en general, el bautismo con el Espíritu Santo fue dado una vez y para todos, es decir que el Espíritu Santo esta a nuestra disposición en la misma manera que el don de la vida eterna fue ofrecido una vez y para todos en el Calvario. Sugerir que todo creyente está bautizado con el Espíritu Santo equivale a decir que al morir Cristo, todo el mundo automáticamente se salvó. No podemos dudar que primero debe haber una aceptación y experiencia definitiva e individual de salvación y del bautismo con el Espíritu Santo. Si el Espíritu fue derramado sólo en Pentecostés, entonces los 120 fueron los únicos que recibieron el bautismo con el Espíritu Santo. La salvación no se puede obtener por medio de un apoderado, ni se puede transferir de una generación a otra. De igual manera el bautismo con el Espíritu. Ambas experiencias deben ser aceptadas individualmente.

2. Positivamente.

2.1. Es una experiencia.

El Bautismo con el Espíritu Santo es una experiencia definitiva, posterior a la salvación, en la cual la tercera persona de la deidad viene sobre el creyente para ungirlo y energizarlo a favor de un ministerio especial. Esta experiencia se describe en el nuevo testamento como el Espíritu "cayendo sobre", "viniendo sobre", o "derramado sobre" el creyente en forma repentina y sobrenatural.

2.2. La promesa del Padre.

"He aquí, yo enviaré la promesa de mi Padre sobre vosotros..." (Lc. 24:49). *"Y estando juntos, les mandó que no se fueran de Jerusalén, sino que esperasen la promesa del Padre..."* (Hch. 1:4). Estas promesas son de gran aliento para el que las busca de todo corazón. El Bautismo con el Espíritu Santo no es algo acerca de lo cual el creyente debe persuadir al Padre

que le dé. Dios es el que tomó la iniciativa y el que prometió darle el Espíritu Santo. Esta experiencia no se originó en los hombres. Además, el Padre no se olvida de lo que ha prometido. Dios es abundantemente capaz de cumplir lo que prometió.

2.3. El don del Padre y del Hijo.

"Y yo rogaré al Padre, y os dará otro Consolador..." (Jn. 14:16). *"Pero cuando venga el Consolador, a quien yo os enviaré del Padre, el Espíritu de verdad, el cual procede del Padre..."* (Jn. 15:26). *"...Arrepentíos, y bautícese cada uno de vosotros en el nombre de Jesucristo para perdón de los pecados; y recibiréis el don del Espíritu Santo"* (Hch. 2:38). *"Y nosotros somos testigos suyos de estas cosas, y también el Espíritu Santo, el cual ha dado Dios a los que le obedecen"* (Hch. 5:32). Si el bautismo con el Espíritu Santo es un don, entonces es gratuito; no se puede obtener por trabajar por él, ni puede ser meritorio en ninguna manera. El Espíritu no se recibe como una recompensa por las horas de oración o por hacer grandes sacrificios. El Espíritu Santo es un don que nos llega gratuitamente por la gracia de Dios. ¡Recíbalo con toda libertad!

2.4. El Mandato del Señor.

"Y estando juntos, les mandó que no se fueran de Jerusalén, sino que esperasen, la promesa del Padre, la cual, les dijo, oísteis de mí" (Hch. 1:4). *"Y nosotros somos testigos suyos de estas cosas, y también el Espíritu Santo, el cual ha dado Dios a los que le obedecen"* (Hch. 5:32). *"No os embriaguéis con vino, en lo cual hay disolución; antes bien sed llenos del Espíritu..."* (Ef. 5:18). El recibir la plenitud del Espíritu no fue algo dejado al capricho o antojo del creyente. Hay un mandato estricto del Señor que cada uno tiene responsabilidad de obedecer. El no hacerlo, constituye un acto de desobediencia.

C. EL PROPOSITO Y LA NECESIDAD DEL BAUTISMO CON EL ESPIRITU SANTO.

1. Poder para servir.

El propósito principal del bautismo con el Espíritu Santo es capacitar al creyente para el servicio cristiano. La promesa más grande dada al cristiano, bien podría ser aquella dada por Jesús a sus discípulos justo antes de su ascensión: *"Pero recibiréis poder, cuando haya venido sobre vosotros el Espíritu Santo, y me seréis testigos en Jerusalén, en toda Judea, en Samaria, y hasta lo último de la tierra"* (Hch. 1:8). El resultado característico de haber sido lleno con el Espíritu Santo es poder para servir.

Jesús fue ungido con el Espíritu Santo antes de comenzar su ministerio público, ejecutando sus obras poderosas por el poder del Espíritu. Jesús predicó y sanó bajo la unción del Espíritu Santo. *"El Espíritu del Señor está sobre mí, por cuanto me ha ungido para dar buenas nuevas a los pobres; me ha enviado a sanar a los quebrantados de corazón; a pregonar libertad a los cautivos, y vista a los ciegos, a poner en libertad a los oprimidos..."* (Lc. 4:18).

Cómo Dios ungió con el Espíritu Santo y con poder a Jesús de Nazaret, y cómo éste anduvo haciendo el bien y sanando a todos los oprimidos por el diablo, porque Dios estaba con él (Hch. 10:38).

Pero si yo por el Espíritu de Dios echo fuera los demonios, ciertamente ha llegado a vosotros el reino de Dios (Mt. 12:28).

Por grandes que fueran los hechos del Salvador, Él prometió que sus discípulos ejecutarían obras mayores por medio del poder del Espíritu a quien Él enviaría a ellos cuando regresara al Padre. *"De cierto, de cierto os digo: El que en mí cree, las obras que yo hago, él las hará también; y aun mayores hará, porque yo voy al Padre"* (Jn. 14:12). Es probable que Jesús se estuviera refiriendo a las obras de los discípulos siendo mayores en cantidad más que en calidad. Los discípulos fueron transformados en hombres diferentes después de que el Espíritu vino sobre ellos el día de Pentecostés.

En Juan 20:19 los discípulos estában reunidos detrás de puertas cerradas "por miedo de los judíos." Esos mismos hombres no se mantuvieron detrás de las puertas cerradas (Hch. 5:17- 20); se hicieron tan valientes como leones ante las autoridades judías por el poder del Espíritu Santo. Escúchelos ante los gobernantes judíos: *"Juzgad si es justo delante de Dios obedecer a vosotros antes que a Dios; porque no podemos dejar de decir lo que hemos visto y oído"* (Hch. 4:19,20). Note como oran: *"Y ahora, Señor mira sus amenazas, y concede a tus siervos que con todo denuedo hablen tu palabra ... y todos fueron llenos del Espíritu Santo, y hablaban con denuedo la palabra de Dios"* (Hch. 4:29-31). Esteban tenía poder: *"Y Esteban, lleno de gracia y de poder, hacía grandes prodigios y señales entre el pueblo... Pero no podían resistir su sabiduría y al Espíritu con que hablaba"* (Hch. 6:8,10). Pablo predicó con poder: *"Y ni mi palabra ni mi predicación fue con palabras persuasivas de humana sabiduría, sino con demostración del Espíritu y de poder..."* (I Cor. 2:4).

2. Poder para las batallas espirituales.

El creyente necesita la plenitud del poder del Espíritu Santo sobre su vida a causa de la naturaleza de la tarea que le ha sido dada. Es enviado para cumplir una tarea espiritual, imposible de cumplir sin habilidad espiritual. Además, está en oposición a grandes fuerzas del enemigo en el dominio espiritual, necesitando habilidad y poder espiritual para ser victorioso en su obra. *"Porque no tenemos lucha contra sangre y carne, sino contra principados, contra potestades, contra los gobernadores de las tinieblas de este siglo, contra huestes espirituales de maldad en las regiones celestes"* (Ef. 6:12).

Las armas espirituales son provistas: *"Pues aunque andamos en la carne, no militamos según la carne; porque las armas de nuestra milicia no son carnales, sino poderosas en Dios para la destrucción de fortalezas, derribando argumentos y toda altivez que se levanta contra el conocimiento de Dios, y llevando cautivo todo pensamiento a la obediencia de Cristo..."* (II Cor. 10:3-5). No hay sustituto para el poder del Espíritu Santo. El que lo rehusa o lo resiste es impotente *"... Mayor es el que está en vosotros, que el que está en el mundo"* (I Jn. 4:4).

3. Poder "rebosante."

El desafió de Jesús es, *"... Si alguno tiene sed, venga a mí y beba. El que cree en mí, como dice la Escritura, de su interior correrán ríos de agua viva. Esto dijo del Espíritu que habían de recibir los que creyesen en él, pues aún no había venido el Espíritu Santo, porque Jesús no había sido aún glorificado"* (Jn. 7:37-39). Note en particular la palabra *"correrán."* El poder debe "correr del interior hacia fuera" del creyente. No es suficiente que el Señor tenga el poder, el obrero lo debe tener también. Un "fluir hacia afuera" sólo puede ser un "rebosar." Los siervos de Dios son más que canales vacíos. Son vasijas. El Señor está buscando aquellos a los que pueda llenar de tal manera que rebosarán. La única verdadera bendición que uno puede traer a otros es el rebosar de su propia experiencia con Dios. No es cuánto puede contener, sino cuánto puede rebosar.

Note la gran promesa de Efesios 3:20: *"Y a Aquel que es poderoso para hacer todas* (**todo... todo** lo que **pedimos... todo** lo que **pedimos** o **entendemos... sobre todo** lo que **pedimos** o **entendemos... abundantemente sobre todo** lo que **pedimos** o **entendemos**) *las cosas* **mucho mas abundantemente de lo que pedimos o entendemos."** ¡Qué promesa! Pero observe: *"según el poder que actúa en nosotros."* No es suficiente que Dios tenga todo este excesivo, abundante poder; el creyente mismo debe tenerlo antes de que pueda ser usado por Dios. Jesús dio a sus discípulos poder para sanar a los enfermos y echar fuera a los demonios (Mt. 10:1). Era su poder, pero se lo otorgó a ellos. Los creyentes hoy en día, pueden tener el mismo poder mediante la plenitud del Espíritu Santo de Dios.

4. Poder para ser hábil

El poder de lo alto es "habilidad" del cielo. Habilidad divina para hacer tareas divinas y llevar a cabo las comisiones dadas por Dios; habilidad de ser guiados divinamente a campos conocidos sólo por Dios; habilidad para responder a la providencia divina; habilidad para exaltar al Señor Jesucristo; habilidad de amar divinamente como amó Jesús; habilidad de predicar a Cristo con convicción y persuasión; habilidad de ejercer dones espirituales para la edificación de la iglesia; habilidad para sufrir persecución por la causa del Señor; habilidad para vivir una vida santa por encima de las sórdidas normas del mundo; habilidad para trabajar para Dios; amorosamente, voluntariamente, fielmente, e incansablemente; habilidad para trabajar hasta que venga Jesús, o hasta que seamos llamados de este mundo.

D. ¿PARA QUIENES ES EL BAUTISMO CON EL ESPIRITU SANTO?

Ha sido notado anteriormente que el bautismo con el Espíritu Santo fue un mandato de Jesús; fue una promesa del Padre y regalo del Padre e Hijo. Lo que es importante saber es a quiénes se aplica este mandato, esta promesa y don. Nadie responde a un mandato del cual no se está seguro de que se aplica a uno mismo, ni busca aquello de lo que no se está seguro esté disponible. Es importante que sepamos si el Señor ha escogido una clase especial de creyentes para esta experiencia extraordinaria, o si se aplica a un grupo más amplio de cristianos.

1. Negativamente.

1.1. No es para aquellos que vivieron en tiempos apostólicos.

Es sorprendente ver el número de cristianos que creen que el derramamiento pentecostal del Espíritu fue sólo para los que vivieron en ese tiempo, cristianos que creen que ellos necesitaban un investimiento sobrenatural de poder que, por alguna razón u otra, la iglesia no necesita hoy. Esta idea ciertamente no está de acuerdo con las palabras de Pedro en ese día del derramamiento: *"Arrepentíos, y bautícese cada uno de vosotros... y recibiréis el don del Espíritu Santo. Porque para vosotros es la promesa, y para vuestros hijos, y para todos los que están lejos; para cuantos el Señor nuestro Dios llamare"* (Hch. 2:38,39).

Es difícil conferir tal promesa a cualquier tipo de limitación de tiempo. Pedro se refirió a la generación presente de su día cuando dijo *"para vosotros es la promesa."* Incluyó específicamente a la siguiente generación con las palabras, *"y para vuestros hijos."* Uno concluirá que estaba pensando en generaciones futuras cuando dijo, *"y para todos los que están lejos."* Algunos pueden limitar eso a centenares de años, pero es difícil creer que las siguientes palabras no signifiquen que es para todo cristiano en todos los tiempos: *"para cuantos el Señor nuestro Dios llamare."*

El bautismo con el Espíritu Santo es para la iglesia de Dios en todas las edades. Dios no hace distinción de tiempos dentro de la edad de la iglesia. No había necesidades, problemas o urgencias existentes en el tiempo de la iglesia primitiva de las que no podamos hablar hoy. En tanto siga en efecto la gran comisión ligándonos a la tarea de evangelización mundial, habrá provisión de poder para cumplirla.

1.2. No se limita a ministros, misioneros, y aquellos en servicio especial para el Señor.

Hay una verdad enfatizada en el Nuevo Testamento: la unidad del cuerpo de Cristo y la importancia de cada miembro en el cuerpo. El apóstol Pablo enseña que ningún miembro es de mayor importancia que otro.

Ni el ojo puede decir a la mano: No te necesito, ni tampoco la cabeza a los pies: No tengo necesidad de vosotros. Antes bien los miembros del cuerpo que parecen más débiles, son los más necesarios; y a aquellos del cuerpo que nos parecen menos dignos, a éstos vestimos más dignamente; y los que en nosotros son menos decorosos, se tratan con más decoro. Porque los que en nosotros son más decorosos, no tienen necesidad; pero Dios ordenó el cuerpo, dando más abundante honor al que le faltaba, para que no haya desavenencia en el cuerpo, sino que los miembros todos se preocupen los unos por los otros (I Cor. 12:21-25).

Si esto es verdad, entonces todo cristiano es de igual importancia para el logro de la perfecta voluntad de Dios por medio de su iglesia. El cristiano más humilde que está caminando en el centro de la voluntad de Dios, es tan siervo del Señor como lo es el más famoso predicador de su día. Uno es llamado a un ministerio y otro a otro (Rom. 12:3-8). Dios está observando nuestra fidelidad dondequiera que nos haya puesto. A menudo es más difícil ser fiel en lo que parece ser un lugar pequeño que en aquel que parece más grande. Todo cristiano necesita el bautismo con el Espíritu Santo para ser capaz de cumplir su parte en el gran esquema de ministrar el evangelio a un mundo necesitado.

1.3. No es para una clase especial, privilegiada.

Pedro aprendió que la plenitud del Espíritu era para gentiles al igual que judíos (Hch. 10:34,35,44-48; 11:15-18). El Señor no ha hecho acepción de personas y no tiene favoritos. Todos son tratados por igual y los dones de Dios son gratuitos para todos por igual.

Uno no debe pensar que después de recibir el bautismo con el Espíritu es mejor que otros. Todos los dones de Dios son por gracia, y aquello que es recibido gratuitamente de ninguna manera contribuye a la glorificación personal del individuo. Toda la gloria pertenece a Él, el gran dador. El recibimiento de la plenitud del Espíritu nunca incrementa el prestigio de uno, más bien sirve para incrementar su responsabilidad. Si uno tiene gran poder, Dios tiene derecho a esperar un mayor servicio.

1.4. No es simplemente para cristianos maduros.

Existen varias opiniones acerca de que el bautismo con el Espíritu es sólo para aquellos que son profundamente maduros en su vida cristiana; que se debe esperar hasta adquirir tal posición antes de que pueda recibirse. El Señor bautizó a los creyentes samaritanos sólo algunos días después de su conversión (Hch. 8:14-17). Aquellos en la casa de Cornelio fueron llenos con el Espíritu casi inmediatamente después de creer la palabra que Pedro les estaba predicando. De hecho, parece que el mensaje fue interrumpido por el Espíritu Santo derramándose sobre ellos (Hch. 10:44-46).

El creyente más nuevo necesita y puede tener este don de Dios. Es poder para el servicio y se necesita tan pronto como uno se enlista bajo la bandera del Señor. Los cristianos fueron enseñados a esperar el bautismo con el Espíritu Santo inmediatamente después de la conversión y el bautismo en agua (Hch. 2:38).

2. Positivamente - Para todos los que creen.

El bautismo con el Espíritu Santo es para todos, para todas las edades, para los que creen en Jesucristo como Salvador y Señor, hijos de Dios por medio de Él. Es la provisión normal y divina que capacita; está a disposición de todo creyente en toda nación, toda época, toda raza, y llamamiento.

E. CONDICIONES PARA OBTENER EL BAUTISMO CON EL ESPIRITU SANTO.

¿Qué es necesario tener antes de que uno pueda recibir esta experiencia maravillosa? ¿Hay pasos preliminares? Las escrituras indican las siguientes condiciones:

1. Arrepentimiento del pecado.

Cuando la multitud vino a Pedro en ese memorable día de Pentecostés, dijeron, *"Varones hermanos, ¿qué haremos?"* Él contestó, *"Arrepentíos... bautícese cada uno... y recibiréis del don del Espíritu Santo"* (Hch. 2:37,38). El arrepentimiento entonces, es el primer paso. El Espíritu Santo no puede operar donde el pecado tiene dominio (Vea también Hch. 17:30).

2. La experiencia definitiva de salvación.

El arrepentimiento debe ser seguido por fe en Jesucristo para salvación. El arrepentimiento en sí, es negativo. Una fe positiva es necesaria antes de que tome lugar el nuevo nacimiento. Lucas 11:13 enfatiza el hecho de que es *"vuestro Padre celestial"* que da *"El Espíritu Santo a los que se lo pidan."* Uno debe ser de la familia de Dios antes de que pueda esperar este don del Padre. El Espíritu Santo es el don del Padre, y sólo aquellos que han sido salvos pueden llamarlo "Padre." *"Y por cuanto sois hijos, Dios enviό a vuestros corazones el Espíritu de su Hijo, el cual clama: ¡Abba, Padre!"* (Gál. 4:6).

3. Bautismo en agua.

De nuevo damos atención a las palabras de Pedro en el día de Pentecostés: *"Arrepentíos... y bautícese cada uno..."* (Hch. 2:37,38). El orden parece ser: arrepentimiento, regeneración, bautismo en agua, y luego el bautismo con el Espíritu Santo. Cada paso de obediencia abre camino al siguiente. No está declarado dogmáticamente que uno que no ha sido bautizado en agua nunca podrá recibir la plenitud del Espíritu. Pero es necesario dado a que el bautismo en agua es un paso de obediencia. Ninguno que conoce y voluntariamente desobedece los mandatos de Dios puede tener fe para recibir la plenitud del Espíritu. La fe siempre sigue a la obediencia.

Es interesante, sin embargo, notar que en dos oportunidades en el libro de los Hechos, el derramamiento del Espíritu Santo precedió al bautismo en agua. Saulo de Tarso, el apóstol Pablo, fue sanado de su ceguera y lleno con el Espíritu Santo al poner Ananías sus manos sobre él en la casa de Judas, de la calle llamada Derecha: *"Hermano Saulo, el Señor Jesús, que se te apareció en el camino por donde venías, me ha enviado para que recibas la vista y seas lleno del Espíritu Santo."* Después de esto leemos: *"y al momento cayeron de los ojos como escamas, y recibió al instante la vista; y levantándose, fue bautizado"* (Hch. 9:17,18).

Sabemos que aquellos que estaban reunidos en la casa de Cornelio en Cesarea, creyeron la palabra que Pedro predicaba y fueron llenos del Espíritu en ese momento. Pedro, viendo esto, dijo: *"¿Puede acaso alguno impedir agua, para que no sean bautizados éstos que han recibido el Espíritu santo también como nosotros?"* (Hch. 10:44-48). Notamos que en ambos casos el Espíritu Santo vino sobre nuevos creyentes antes que tuvieran oportunidad de ser bautizados en agua. Para aquellos que son creyentes, y están buscando la plenitud del Espíritu, el bautismo en agua sería un paso necesario. Muchos han recibido la plenitud del Espíritu al salir de las aguas bautismales.

4. Una convicción profunda de necesidad.

Debe haber hambre y sed verdaderas para obtener más de Dios, antes de que uno reciba el bautismo con el Espíritu. Dios da tales dones de gracia en la medida en que sean sinceramente deseados y profundamente apreciados. *"Bienaventurados los que tienen hambre y sed de justicia, porque ellos serán saciados"* (Mt. 5:6). *"Si alguno tiene sed, venga a mí y beba... Esto dijo del Espíritu que habían de recibir los que creyesen en él..."* (Jn. 7:37-39). *"Como el ciervo brama por las corrientes de las aguas, así clama por ti, oh Dios, el alma mía. Mi alma tiene sed de Dios..."* (Sal. 42:1,2).

5. Una medida de consagración.

En tanto que una persona accede al bautismo de poder para servicio, debe haber una rendición de la voluntad propia a la voluntad de Dios. De aquí, que uno está dispuesto a ser guiado en el camino de su elección. No confunda este ceder de voluntad por un abandono completo de la voluntad, en el sentido que uno se vuelva sin voluntad. Eso es peligroso porque uno queda expuesto al poder de espíritus malignos. Uno debe estar en todo tiempo en completa posesión de su voluntad y facultades. Lo que significa es que el centro de la voluntad de uno pasa a Cristo. Cristo hace el mejor uso de la voluntad de la persona que está dispuesta a rendir su voluntad al Espíritu de Dios para su dirección y control.

F. COMO RECIBIR EL BAUTISMO CON EL ESPIRITU SANTO.

Habiendo considerado el significado, el propósito y la necesidad, al igual que algunas de las condiciones principales para recibir el bautismo con el Espíritu Santo, ahora consideraremos exactamente cómo se obtiene esta rica bendición del Señor. No es un tema fácil de tratar, dado a que Dios emplea muchos métodos para colmarnos con sus promesas; no hay dos seres humanos que reciban exactamente las cosas espirituales de una manera igual. Existen, sin embargo, algunos principios básicos que sirven de guía al corazón aspirante y sincero. Las siguientes verdades proveerán ayuda en esta área.

1. Por fe.

"... A fin de que por la fe recibiésemos la promesa del Espíritu" (Gál. 3:14). *"Esto dijo del Espíritu que habían de recibir los que creyesen en él..."* (Jn. 7:39). Todo lo que recibimos del Señor es por fe: *"... porque es necesario que el que se acerca a Dios crea..."* (Heb. 11:6). ¡No hay otra manera! El bautismo con el Espíritu no es un asunto de sentimientos, de buscar señales o evidencias. Es creer que Dios enviará su promesa, que Jesús nos bautizará con el Espíritu Santo. Sin embargo, debemos ser claros en que, cuando uno recibe algo del Señor por fe, en realidad lo recibe. No confundamos el recibir algo por fe, con un deseo, una esperanza, o presumir que el Espíritu ya vino.

Uno puede asimilar intelectualmente que es salvo, y sin embargo nunca experimentar el poder transformador y la regeneración en su vida. En cambio, la fe verdadera logra una experiencia real; hay un testimonio seguro de que verdaderamente ha nacido del Espíritu. De igual manera es el Bautismo con el Espíritu Santo. Creer en la plenitud del Espíritu por fe existe manteniendo ante el Señor, un corazón abierto y a la expectativa, hasta que se sepa realmente que el Espíritu ha bautizado. No sustituya el pensamiento por la experiencia, porque, cuando el Espíritu viene en su plenitud, nadie le tendrá que decir que Él vino: Usted mismo tiene la experiencia. Aún así, tengamos en cuenta que el Espíritu sólo vendrá en tanto que creamos en las promesas de Dios. La fe opera de la siguiente manera:

1.1. Fe en la promesa de Dios.

La fe no está centrada en uno mismo, sino en el hecho que Dios ha prometido dar el Espíritu Santo y que Él mantendrá su palabra.

¿Qué padre de vosotros, si su hijo le pide pan, le dará una piedra? ¿o si pescado, en lugar de pescado, le dará una serpiente? ¿O si le pide un huevo, le dará un escorpión? Pues si vosotros, siendo malos, sabéis dar buenas dádivas a vuestros hijos, ¿cuánto más vuestro Padre celestial dará el Espíritu Santo a los que se lo pidan? (Lc. 11:11-13) ... *Todo lo que pidiereis orando, creed que lo recibiréis, y os vendrá* (Mr. 11:24).

1.2. Fe en que la promesa es para usted.

"Porque para vosotros es la promesa..." (Hch. 2: 38, 39). *"Porque todo aquel que pide, recibe; y el que busca, halla; y al que llama, se le abrirá"* (Lc. 11:10). Una creencia general en la promesa de Dios no es suficiente. Debe haber una apropiación personal. No se trata de un mérito personal, sino de la promesa de Dios a cada uno individualmente por los méritos de Jesús. El no hace acepción de personas. Si ha otorgado el Espíritu a otros, que son salvos por gracia, también oirá y responderá a la petición de cada uno que llega con sinceridad. No glorificamos al Señor cuando creemos que Él hará por uno de sus hijos lo que no hará por todos.

1.3. Fe que persiste.

Las dos parábolas de Jesús en Lucas 11:5-10 y 18:1-8, enfatizan la importancia de la consistencia y persistencia de fe que no será negada. A veces el Señor puede tardar en otorgar esta petición porque el bautismo con el Espíritu Santo señala un gran cambio en la experiencia cristiana. El Señor se interesa en probar plenamente los motivos y deseos del corazón. Confíe en la promesa de Dios hasta que se cumpla.

1.4. Fe manifestada en alabanza y acción de gracias.

Dándonos cuenta de la grandeza de lo que Dios ha prometido, y aquello que está por hacer, causa al corazón un regocijo y un desbordar de gratitud. Casi invariablemente el Espíritu Santo viene en el acto de alabar al Señor. La alabanza es una manifestación de fe. Usted puede alabar a Dios aún cuando uno no siente el deseo. La gratitud y la alabanza a Dios están centradas en la grandeza de Dios; no en los sentimientos de uno. Dios es el mismo, sin importar cómo uno se pueda sentir. El siempre es digno de que los suyos le adoren.

2. Rindiéndose a fin de que el Espíritu Santo haga su voluntad.

Esta es la condición más difícil de cumplir. Después de que uno se da cuenta de su necesidad del bautismo con el Espíritu Santo y viene al Señor para recibir esa bendición, todavía permanece el rendir varias facultades al control del Espíritu. Generalmente es más fácil hacer algo uno mismo que ceder a que otro lo haga por uno. Concerniendo a Jesús, dijo Juan, " *El os bautizará en Espíritu santo y fuego*" (Lc. 3:16; Mr. 1:8; Mt. 3:11).

Cuando uno menciona el tema del bautismo con el Espíritu Santo, generalmente se piensa en el Espíritu Santo, y eso es correcto. Pero debemos darnos cuenta que esta experiencia es primariamente un encuentro con el Señor Jesucristo. Pedro confirmó la asociación personal del Señor con la experiencia pentecostal cuando en el día de Pentecostés dijo: *"A éste Jesús resucitó Dios, de lo cual todos nosotros somos testigos. Así que, exaltado por la diestra de Dios, y habiendo recibido del Padre la promesa del Espíritu Santo, a derramado esto que vosotros veis y oís"* (Hch. 3:32,33).

Cuando uno recibe el bautismo con el Espíritu Santo está rindiéndose. El rechazo de la experiencia pentecostal es el rechazo de un ministerio ejercido por Jesucristo. Para que haya un bautismo debe haber un bautizador. Uno debe rendirse completamente al que lo está sumergiendo en las aguas bautismales. Asimismo uno debe ceder al que lo está bautizando en el Espíritu Santo. El bautismo con el Espíritu santo es una rendición completa al Señor Jesucristo, por lo tanto, el bautismo con el Espíritu Santo le proporciona al creyente una relación nueva e íntima con Jesucristo.

Este concepto es fundamental en el trasfondo de una vida y ministerio llenos del Espíritu. Cada fase de servicio debe ser el resultado del rendimiento al poder y la presencia del Espíritu. Dios busca enseñarnos desde el comienzo, éste secreto de rendirse a Él.

Es virtualmente imposible instruir a otro ser humano en el cómo rendirse. Algunos han buscado la plenitud del Espíritu durante muchos años, y se preguntan por qué no lo han recibido. Cuando lo reciben, han testificado que, si sólo hubieran sabido cómo ceder al Espíritu, podrían haberlo recibido años antes. Cada uno debe aprender ésta importante lección por sí mismo. Dios quiere que todo individuo sepa cómo permitir que Él haga su voluntad en nuestras vidas. Esta gran experiencia con Dios es una bendición muy individual; parece que el Señor ha dejado que cada uno aprenda por sí mismo.

Es vitalmente importante, si embargo, darnos cuenta que en ningún momento el Señor requiere que un creyente rinda su personalidad. Muchos de los cultos satánicos hoy en día, llevan a una persona al lugar donde niegan su propia personalidad. Esto es peligroso. El Señor no obra de esa manera. Él ha dotado a cada uno de la personalidad que posee, obrando mediante ella. El Espíritu Santo no toma el lugar del individuo. Él desea brillar a través de él, realzando y glorificando sus talentos humanos y todo su ser. El no suple un grupo nuevo de funciones, sino que utiliza lo que está allí y que le es cedido a Él. Esto enfatiza la naturaleza individualista del tratamiento de Dios con sus hijos.

Moisés se maravilló al ver la zarza que estaba ardiendo en el desierto (Ex. 3:2,3). Pero lo que le asombró no era que la zarza estuviera ardiendo, sino que no se consumía. Asimismo cuando el Espíritu prende fuego a los corazones y la vida de los creyentes con la gloria ardiente de su presencia, la personalidad del individuo no se consume. Las impurezas son consumidas, pero la vida en sí, se hace radiante con la gloria de Dios.

3. "Esperando" el bautismo con el Espíritu Santo.

En los primeros días del siglo veinte, era costumbre decir que uno tenía que "esperar" el bautismo con el Espíritu. La idea de "esperar" la experiencia pentecostal se basa en dos pasajes bíblicos: *"He aquí, yo enviaré la promesa de mi Padre sobre vosotros; pero quedaos [esperad] vosotros en la ciudad de Jerusalén, hasta que seáis investidos de poder desde lo alto"* (Lc. 24:49). *"Y estando juntos, les mandó que no se fueran de Jerusalén, sino que esperaran la promesa del Padre..."* (Hch. 1:4).

En obediencia a estos mandatos, los discípulos esperaron un número de días hasta el día de Pentecostés, cuando el Consolador descendió en su venida inicial para permanecer en la iglesia para siempre. Era necesario que los discípulos esperaran la promesa, dado a que el advenimiento del Consolador estaba designado para un determinado día al igual que el advenimiento del Hijo. Los discípulos no podían recibirlo antes del día de Pentecostés. Ellos tenían que esperar al Consolador prometido. Pero desde el día de Pentecostés, el Consolador que mora en el creyente, espera al creyente. Concluimos, entonces, que ahora no es necesario esperar al Espíritu.

Un repaso de cada pasaje en el libro de Hechos que menciona al bautismo del Espíritu Santo, revela que en cada caso que los creyentes que recibieron la bendita experiencia lo hicieron ya sea en la primera reunión de oración, o en la primera ocasión en que fue buscado. Los apóstoles no tenían reuniones de "espera"; ellos tenían reuniones de "recibimiento." Hoy, a causa del uso descuidado de la palabra "esperar", muchos que buscan con hambre, creen que el bautismo del Espíritu sólo puede ser recibido después de semanas o meses de espera. A aquellos que tienen esta creencia les es difícil ejercer la fe y así recibirlo inmediatamente. A los que buscan el bautismo con el Espíritu, debería enseñárseles que el Espíritu está dispuesto a llenarlos tan pronto como abran sus corazones, cedan sus vidas y ejerzan la fe.

Hay una diferencia entre una reunión de oración que "espera" y una reunión de oración que "recibe" al Espíritu. Aquel que espera al Espíritu cree que lo recibirá cuando Dios esté listo. Aquel que ora por el Espíritu sabe que él vendrá cuando el que busca esté listo. Notemos la manera en que el Espíritu Santo fue recibido en el avivamiento en Samaria: *Cuando los apóstoles que estaban en Jerusalén oyeron que Samaria había recibido la palabra de Dios, enviaron allá a Pedro y a Juan; los cuales, habiendo venido, oraron por ellos para que recibiesen el Espíritu Santo... Entonces les imponían las manos, y recibían el Espíritu Santo* (Hch. 8:14-17).

Cuando los apóstoles de Jerusalén vinieron a Samaria encontraron un gran avivamiento en progreso. Muchos habían sido gloriosamente salvos, pero ninguno había recibido al Espíritu Santo. La razón era que no habían recibido enseñanza sobre este tema. Cuando Pedro y Juan enseñaron lo concerniente al Espíritu Santo, tuvieron una reunión de oración con los nuevos convertidos, les impusieron las manos y el Espíritu fue derramado. En Samaria no hubo "esperar" pero ciertamente hubo oración.

Hoy en día podemos hacer la pregunta ante la luz de lo que hemos dicho: ¿por qué tantos oran por tanto tiempo antes de recibir? La Biblia no documenta ni un caso de una persona buscando por largos períodos de tiempo antes de recibir. Los ejemplos bíblicos son tomados dentro de una época de condiciones mas o menos ideales. La fe era grande y las enseñanzas doctrinales eran uniformes. Los apóstoles eran hombres de gran fe y poder espiritual que creaban alta expectativa en los que les oían. Desafortunadamente hoy en día no es siempre el caso. Muchos buscan una experiencia más profunda sin darse cuenta de qué es lo que buscan, y con poca fe para esperar resultados inmediatos. Sin embargo, Jesús es el mismo de esos días de la iglesia primitiva, y la recepción del Espíritu no necesita diferir hoy de lo que era en ese tiempo. Esto puede ser atestiguado en muchas iglesias donde se presentan las condiciones apostólicas.

Además de lo ya mencionado, agregamos que las siguientes condiciones causarán tardanza en recibir la plenitud de la promesa de Dios: fe débil, una vida impura, consagración imperfecta y motivos egocéntricos.

La fe débil es causada por un conocimiento insuficiente de la promesa y la noción que largos períodos de "espera" son invariablemente necesarios antes de recibirlo. La fe que apropia, cree que la bendición está disponible ahora.

No es difícil para nadie entender que el Espíritu que es **santo** no operará a través de canales no santos. La vida impura es una barrera para recibir de su plenitud. Pablo nos exhorta en un gran pasaje sobre la necesidad de la limpieza antes de que un instrumento pueda ser *"útil al Señor"* (II Ti. 2:19-21). Debe existir una experiencia de limpieza que preceda al bautismo con el Espíritu Santo.

Asimismo la consagración imperfecta es otro impedimento. El bautismo con el Espíritu Santo es dado para dar poder para servir. Es lógico que el Espíritu Santo no llenará a un creyente que no esta dispuesto a servir totalmente al Señor. Cualquiera que busca la plenitud del Espíritu sin ninguna intención de servir al Señor, cualquier cosa que Él elija, necesita observar la amonestación de Pablo en Romanos 12:1.

Finalmente, observamos que motivos egocéntricos constituyen otra razón para la tardanza en el recibimiento del bautismo con el Espíritu Santo. ¿Busca uno la plenitud de Dios sólo para estar en competencia con otros? ¿Por el gozo de una experiencia emocional; o para ser respetado como "espiritual"? El deseo de recibir el bautismo con el Espíritu no debe ser egoísta, antes bien con el propósito de ser más útil a Dios para ganar almas y para la extensión de su reino. En muchas de nuestras iglesias la experiencia pentecostal se interpreta como una medalla de prestigio espiritual, antes que el medio para una vida pura, un testimonio radiante y un servicio poderoso.

G. LA MANERA EN QUE SE RECIBE EL BAUTISMO CON ESPIRITU SANTO.

Un resumen breve muestra la manera en que esta experiencia fue recibida en la iglesia primitiva. Dios es un Dios de variedad infinita; no debemos pensar que existe una sola forma en que el Espíritu es recibido.

- Repentinamente, mientras esperaban sentados que Él viniera (Hch. 2:1-4).

- Instantánea e inesperadamente, mientras oían un mensaje (Hch. 10:44-46). Aunque estos hombres no estaban específicamente esperando que el Espíritu Santo viniera en esta forma, estaban en una actitud de expectativa y sus corazones estaban abiertos a la verdad de Dios, cualquiera que fuera.

- Mediante oración y la imposición de manos de los apóstoles (Hch. 8:14-17; 9:17; 19:6).

- Mediante la oración fe personal (Lc. 11:9-13; Jn. 7:37-39).

H. LA EVIDENCIA Y LOS RESULTADOS DEL BAUTISMO CON EL ESPIRITU SANTO.

Una experiencia tan grande y tan importante como el bautismo con el Espíritu Santo indudablemente será acompañada por evidencias inequívocas, para no tener ninguna duda de que en verdad se ha recibido la promesa del Padre. Algunas de las evidencias son manifestadas inmediatamente, mientras que otras continúan sobre la base permanente del caminar en la plenitud del Espíritu.

1. Evidencias inmediatas.

1.1. Hablar en otras lenguas como el Espíritu da para hablar.

(Hch. 2:4; 10:44-46; 19:6). La evidencia inicial de la recepción del don del Espíritu Santo es de suprema importancia para todos los que tienen hambre por ser llenos con el Espíritu. Es lógico que la experiencia sobrenatural del bautismo con el Espíritu Santo fuera acompañada de alguna señal definitiva e inequívoca por la cual el que busca fuese asegurado de que lo ha recibido. Hay muchas manifestaciones del Espíritu, pero sólo un bautismo con el Espíritu. Si no hubiera una evidencia particular y sobrenatural del bautismo con el Espíritu, por la cual éste pudiera ser distinguido de toda otra operación del Espíritu, ¿cómo se podría estar seguro de la experiencia? Creemos que la evidencia inicial del bautismo con el Espíritu Santo es hablar en otras lenguas como el Espíritu da para hablar. La evidencia de la plenitud del Espíritu en el día de Pentecostés fue hablar en otras lenguas por la incitación del Espíritu Santo. *"Y fueron todos llenos del Espíritu Santo, y comenzaron a hablar en otras lenguas, según el Espíritu le daba que hablasen"* (Hch. 2:4).

La manifestación del Espíritu en el día de Pentecostés fue el derramamiento original de poder sobre la iglesia. Fue el modelo de la experiencia. Es razonable que lo que ocurrió a los discípulos al ser llenos, igualmente ocurra a todos los que hoy desean ser llenos. En tanto que el propósito de la unción era darles el poder para testificar, no es sorprendente que la señal de la experiencia fuese manifiesta en el hablar en otras lenguas.

Además del derramamiento inicial del Espíritu en Hechos 2:4, tenemos la narración del recibimiento del Espíritu por los creyentes en la casa de Cornelio en Hechos 10:44-46a:

Mientras aún hablaba Pedro estas palabras, el Espíritu Santo cayó sobre todos los que oían el discurso. Y los fieles de la circuncisión que habían venido con Pedro se quedaron atónitos de que también sobre los gentiles se derramase el don del Espíritu Santo. Porque los oían que hablaban en lenguas, y que magnificaban a Dios.

Es interesante notar como los judíos que vinieron con Pedro sabían que estos gentiles habían recibido la misma experiencia del Espíritu Santo que habían recibido los discípulos en el día de Pentecostés. La escritura dice que lo sabían porque *"los oían que hablaban en lenguas."* Este versículo dice literalmente, *"los escuchaban que continuaban hablando en lenguas."* Su hablar en lenguas no era una breve confusión de sílabas, sino un hablar fluido y coherente en un idioma que traía asombro a los oidores. Ahora bien, si aquellos presentes estaban convencidos de que los gentiles tenían una experiencia del Espíritu Santo equivalente a aquella disfrutada por los judíos con base a su hablar en lenguas, entonces las lenguas deben ser la señal inequívoca o evidencia inicial de la experiencia pentecostal. Hoy en día se puede saber si el bautismo es la experiencia pentecostal genuina y equivalente a la de los discípulos, cuando se experimenta el hablar en otras lenguas por el poder del Espíritu. Uno no busca las lenguas, pero sí busca tal señal que confirmará que uno ha sido lleno al estilo bíblico.

La tercera narración de creyentes que recibieron la plenitud del Espíritu, donde se menciona específicamente que hablaron en lenguas, está en Hechos 9:16: *"Y habiéndoles impuesto Pablo las manos, vino sobre ellos el Espíritu Santo; y hablaban en lenguas y profetizaban."* Esto fue en la ciudad de Efeso. La teoría, que algunos han planteado, es que la unción del Espíritu con la evidencia de hablar en otras lenguas, sólo era dada cuando un nuevo grupo racial aceptaba el evangelio, tal como los judíos en Pentecostés, los samaritanos en el avivamiento de Felipe, y los gentiles en la casa de Cornelio. Pero aquí, esta teoría sucumbe en Hechos 19:6, donde no puede distinguirse ningún grupo étnico nuevo. Lo mismo podría decirse de los corintios, que ciertamente también hablaron en lenguas.

Algunos se oponen a las lenguas como la señal inicial, basándose en que las lenguas no siempre son mencionadas en la Biblia en relación con el bautismo del Espíritu Santo. Es verdad que tres de las narraciones no dicen nada acerca de lenguas, pero la omisión es debido a la brevedad de esas narraciones. En el derramamiento sobre los samaritanos (Hch. 8:14-19) no se hace mención de ninguna señal acompañante, pero el hecho de que Simón estaba dispuesto a pagar dinero por el poder de impartir dones del Espíritu, muestra que alguna señal audible o visible hizo del don algo espectacular. Es lógico asumir que él los oyó hablando en lenguas.

En Hechos 4:31 no hay mención de lenguas. Pero bien podría haber sido una nueva llenura de aquellos que fueron bautizados inicialmente en el día de Pentecostés. *"Cuando hubieron orado, el lugar en que estaban congregados tembló; y todos fueron llenos del Espíritu Santo, y hablaban con denuedo la palabra de Dios."*

En Hechos 9:17 no leemos que Pablo habló en lenguas cuando recibió el Espíritu; pero que lo hizo es ciertamente seguro por su testimonio, *"Doy gracias a Dios que hablo en lenguas más que todos vosotros"* (I Cor. 14:18).

En esta conexión notamos dos pensamientos. Primero, la primera y última narración bíblica del recibimiento del Espíritu Santo (Hch. 2:4; 19:6) mencionan que los que lo recibieron hablaron en lenguas. Segundo, en toda narración del derramamiento del Espíritu Santo, donde cualquier señal es mencionada, significa lenguas. Donde no se habla de ninguna señal, existe una fuerte evidencia de que hablaron en lenguas.

La Asociación Pentecostal de Norte América es una asociación compuesta de veintidós de las más grandes denominaciones pentecostales de Los Estados Unidos y Canadá. La declaración de fe, con la que todos los grupos miembros deben estar de acuerdo, establece lo siguiente: "Creemos que el evangelio completo incluye santidad de corazón y vida, sanidad para el cuerpo y el bautismo con el Espíritu Santo con la evidencia inicial de hablar en otras lenguas como el Espíritu da para hablar."

Hay algunos que enseñan que la evidencia inicial de lenguas no es siempre necesaria para asegurar que uno ha recibido la plenitud del Espíritu, sino que cualquiera de los otros dones del Espíritu podría ser evidencia de la experiencia pentecostal. Estos a veces mencionan Hechos 19:6 donde leemos: *"hablaron en lenguas y profetizaban."*

Nunca se declara que lo único que uno hará, cuando está lleno del Espíritu, es hablar en lenguas. Otros dones bien pueden ser manifestados. Todo lo que se declara aquí es que los creyentes nuevamente bautizados en Efeso, hablaron en lenguas al igual que profetizaron. ¿Por qué se declara que el hablar en lenguas es la señal de la llenura más que cualquier otro don del Espíritu? Porque todos los dones del Espíritu fueron más o menos manifiestos en la época del Antiguo Testamento, con la única excepción de hablar en otras lenguas y su don acompañante de la interpretación de lenguas. La palabra de sabiduría: Josué (Dt. 34:9) y Salomón (I R. 3:9-12); la palabra de ciencia: Bezaleel (Ex. 31:3); fe: Abraham (Gn. 15:6); dones de sanidad: Elías (I R. 17:17-23) y Eliseo (II R. 4:18-37); obrar milagros: Elías (II R. 1:10), Eliseo (II R. 6:4-7) y Moisés (Ex. 7:10,20); profecía: Isaías, David (II Sam. 23:2), y Balaam. (Nm. 24:2); discernimiento de espíritus: Ahías (I R. 14:16) y Moisés (Ex. 32:17-19). Dios estaba haciendo algo nuevo en Pentecostés, algo que nunca antes fue experimentado y la señal que lo acompañaba era algo nunca atestiguado previamente. Era una señal sumamente significativa.

1.2. Puntos importantes para notar:

- El hablar en lenguas no es el bautismo con el Espíritu Santo, es la evidencia inicial, pero no la única.

- No busque hablar en lenguas como si fuera el equivalente del bautismo con el Espíritu Santo, busque más de Dios y ríndase a Él. Él se encargará de lo demás.

- Puede ser cierto que algunos aparentemente hayan hablado en lenguas y no hayan recibido el bautismo con el Espíritu Santo. La palabra "aparentemente" es utilizada porque se cree que muchos de éstos no son idiomas verdaderos. El Diablo tiene una falsificación de este don como lo tiene para todos los otros. Pero el que busca sinceramente más de Dios no debe tener temor alguno de que va a recibir otra cosa que lo mejor de Dios (Lc. 11:11-13).

1.3. Evidencias adicionales

Otras evidencias inmediatas de una nueva experiencia de la unción del Espíritu en la vida incluirá: alabanza a Dios (Hch. 2:11; 2:47; 10:46); gozo sobreabundante (Hch. 2:46); una carga profunda y deseo de predicar o testificar de Jesús (Hch. 1:8; 2:14; 3:31; 19:6).

2. Evidencias permanentes.

2.1. Jesucristo es glorificado y revelado como nunca antes (Jn. 14:21-23; 15:26; 16:13-15). El Espíritu Santo centra todas las cosas en Cristo. A medida que uno continúa en la vida plena del Espíritu nace un nuevo amor que crecerá. El Espíritu Santo lo capacita a uno para comprender la grandeza del Salvador, su persona y sus provisiones (Ef. 1:17-23). Se reconoce que muchas de estas escrituras son llevadas a cabo mediante el ministerio del Espíritu Santo como el Consolador quien mora en todos los creyentes. Pero se ha experimentado que todos los ministerios del Espíritu Santo son realizados como resultado del bautismo pentecostal con el Espíritu.

2.2. Una pasión más profunda por las almas. Uno no puede leer la historia de la iglesia primitiva inmediatamente después de Pentecostés, sin darse cuenta del ardiente deseo de proclamar el camino de salvación (Hch. 2:14,41; 4:19,20; 5:29-33; 6:8-10; 11:22-24; 26:28,29).

2.3. Un mayor poder para testificar (Hch. 1:8; 2:41; 4:31-33; Jn. 15:26,27; I Cor. 2:4,5).

2.4. Un nuevo poder en la oración y un espíritu de oración (Hch. 3:1; 4:23-31; 6:4; 10:9; Rom. 8:26; Judas 20; Ef. 6:18; I Cor. 14:14-17).

2.5. Un amor más profundo y conocimiento más amplio de la palabra de Dios (Jn. 16:3).

2.6. La manifestación de los dones del Espíritu (I Cor. 12:4-11).

I. LLENURAS ADICIONALES CON EL ESPIRITU SANTO.

El bautismo pentecostal con el Espíritu Santo es una experiencia definitiva en la vida de un cristiano, pero es más que una experiencia, es una vida. Una experiencia es de poco valor si no deja una impresión permanente en la vida de uno. Esto es particularmente cierto acerca del bautismo con el Espíritu. Un tiempo breve de éxtasis espiritual tiene valor mientras dura. Pero su valor es cuestionable si no lleva una posesión permanente de poder espiritual. El bautismo con el Espíritu Santo nos conduce hacia una vida colmada del Espíritu. Pablo amonesta a los cristianos: *"No os embriaguéis con vino, en lo cual hay disolución; antes bien sed llenos del Espíritu..."* (Ef. 5:18). Literalmente dijo, "Estén siendo llenos del Espíritu." Debe ser una experiencia continua. Resumimos brevemente cuatro llenuras adicionales que recibieron los discípulos después del día de Pentecostés. El libro de Hechos parece indicar que hay un bautismo, pero muchas llenuras.

1. Para defender la fe.

"Entonces Pedro, lleno del Espíritu Santo, les dijo: Gobernantes del pueblo, y ancianos de Israel..." (Hch. 4:8). Siguiendo la sanidad del paralítico en la puerta del templo la Hermosa y el gran mensaje que predicó Pedro en el pórtico de Salomón, los discípulos fueron encarcelados. A la mañana siguiente, el sanedrín los sacó y preguntó, *"¿Con qué potestad, o en qué nombre, habéis hecho vosotros esto?"* La respuesta valiente e inspiradora que les dio Pedro fue el resultado de ser lleno del Espíritu. Esta fue una nueva experiencia para hombres humildes; pero el Espíritu Santo los capacitó para esta ocasión.

Jesús les había dicho que tales tiempos vendrían, pero que el Espíritu Santo les enseñaría que decir en tal hora. *"Cuando os trajeren a las sinagogas, y ante los magistrados y las autoridades, no os preocupéis por cómo o qué habréis de responder, o qué habréis de decir; porque el Espíritu Santo os enseñará en la misma hora lo que debáis decir"* (Lc. 12:11,12). Los resultados fueron que los líderes *"se maravillaban"* (Hch. 4:13).

2. Para reprender el poder del Diablo.

"Entonces, Saulo, que también es Pablo, lleno del Espíritu Santo, fijando en él los ojos, dijo: ¡Oh, lleno de todo engaño y de toda maldad, hijo del diablo, enemigo de toda justicia! ¿No cesarás de trastornar los caminos rectos del Señor?" (Hch. 13:9,10). En la isla de Chipre Pablo estaba ministrando al procónsul Sergio Paulo cuando el mago Elimas buscó tornar al procónsul en contra de la fe. Pablo recibió una unción especial del Espíritu y lo reprendió con palabras no inciertas. Cuando Satanás busca

estorbar la palabra de Dios, podemos esperar unciones especiales para que él pueda ser vencido y el ministerio no sea estorbado.

3. Para dar nueva valentía y poder a los discípulos.

"Cuando hubieron orado, el lugar en que estaban congregados tembló; y todos fueron llenos del Espíritu Santo, y hablaban con denuedo la palabra de Dios" (Hch. 4:31). El concilio recién había mandado a los discípulos, y los había amenazado, *"que no hablen de aquí en adelante a hombre alguno en este nombre"* (Hch. 4:17). Pero los discípulos acudieron a la oración y, como resultado, una nueva llenura del Espíritu vino sobre ellos y recibieron valentía y poder divino para continuar predicando la palabra de Dios.

4. Gracia y poder para aguantar persecuciones.

"Y los discípulos estaban llenos de gozo y del Espíritu Santo" (Hch. 13:52). Como resultado del gran éxito en predicar el evangelio en Antioquía de Pisidia, *"... los judíos instigaron a mujeres piadosas y distinguidas, y los principales de la ciudad, y levantaron persecución contra Pablo y Bernabé, y los expulsaron de sus límites. Ellos entonces, sacudiendo contra ellos el polvo de sus pies, llegaron a Iconio. Y los discípulos estaban llenos de gozo y del Espíritu Santo"* (Hch. 13:50-52). Ninguno disfruta particularmente ser perseguido. Pero éstos recibieron una llenura especial del Espíritu Santo en tales momentos. El verbo griego usado aquí está en el tiempo imperfecto significando que estaban siendo constantemente, todos los días llenos con el Espíritu Santo. Estaban siendo sujetos a persecución cada día, ¿por qué no una llenura fresca para cada día?

V. OFENSAS CONTRA EL ESPIRITU SANTO

Aunque las seis ofensas contra el Espíritu Santo que son mencionadas en el Nuevo Testamento han sido divididas en aquellas cometidas por los incrédulos y aquellas por los creyentes, puede haber algunas que se extiendan en parte para cualquiera de los grupos.

A. OFENSAS COMETIDAS POR LOS INCREDULOS.

1. Resistir al Espíritu Santo.

"¡Duros de cerviz, e incircuncisos de corazón y de oídos! Vosotros resistís siempre al Espíritu Santo; como vuestros padres, así también vosotros" (Hch. 7:51). Estas palabras fueron habladas por Esteban al hablar ante el sanedrín incrédulo. El Espíritu Santo busca hablar al corazón del

incrédulo y llevarlo a Dios. El Espíritu es paciente y persistente, pero es posible resistir todos sus ruegos (Gn. 6:3). Estos líderes espirituales de Israel, en el capítulo siete de Hechos, estaban convencidos de la verdad que Estaban les estaba diciendo, pero sus corazones no cedían (Hch. 6:10).

2. Insultar o hacer afrenta al Espíritu Santo.

"¿Cuánto mayor castigo pensáis que merecerá el que pisoteare al Hijo de Dios, y tuviera por inmunda la sangre del pacto en la cual fue santificado, e hiciere afrenta al Espíritu de gracia?" (Heb. 10:29). El oficio del Espíritu Santo es presentar la obra salvadora de Jesucristo a los inconversos. Cuando el inconverso rehusa aceptar a Jesucristo, en realidad está insultando al amor de Dios, manifestado en su gracia, expresando que no necesita salvación, o que no cree que Cristo puede salvarlo. Resistir al llamado del Espíritu es, entonces, un insulto a la deidad y el romper la única esperanza de salvación.

3. Blasfemar al Espíritu Santo - el pecado imperdonable.

Por tanto os digo: Todo pecado y blasfemia será perdonado a los hombres; mas la blasfemia contra el Espíritu no les será perdonada. A cualquiera que dijere una palabra contra el Hijo del Hombre, le será perdonado; pero al que hable contra el Espíritu Santo, no le será perdonado, ni es este siglo ni en el venidero (Mt. 12:31,32).

Esta es la ofensa más seria contra el Espíritu Santo, porque no hay perdón para el que lo comete. ¿Qué es la blasfemia contra el Espíritu Santo? (Note Mt. 12:22-30). Los fariseos habían acusado a Jesús de obrar milagros por el poder del Diablo. En realidad Jesús había echado a ese demonio por el poder del Espíritu Santo. Por lo tanto, es atribuir la obra del Espíritu Santo al Diablo. Note Marcos 3:28-30, especialmente el versículo treinta: *"Porque ellos habían dicho: Tiene espíritu inmundo."* Este pecado puede ser cometido por un cristiano al igual que por un inconverso, si no tiene cuidado.

B. OFENSAS COMETIDAS POR LOS CREYENTES.

1. Contristar al Espíritu Santo.

"Y no contristéis al Espíritu Santo de Dios, con el cual fuisteis sellados para el día de la redención. Quítense de vosotros toda amargura, enojo, ira, gritería y maledicencia, y toda malicia" (Ef. 4:30,31). Contristar significa hacer triste o angustiar. Hacemos esto como individuos, cuando permitimos que cualquier cosa no semejante a Él entre en nuestro corazón.

El versículo treinta y uno nos da algunos ejemplos de aquello que contrista al Espíritu Santo.

2. Mentir al Espíritu Santo.

"Y dijo Pedro, Ananías, ¿por qué llenó Satanás tu corazón para que mintieses al Espíritu Santo, y sustrajeses del precio de la heredad?" (Hch. 5:3). Cuando uno consagra cualquier cosa al Señor, y luego no lleva a cabo esa consagración, está mintiendo al Espíritu Santo. Puede ser dinero, tiempo o servicio. Si la intención del creyente no es ser fiel a su promesa, es mejor que no haga la consagración en primer lugar. Pedro, en el versículo cuatro del capítulo cinco de Hechos, le dice a Ananías, *"No has mentido a los hombres, sino a Dios."*

3. Apagar al Espíritu Santo.

"No apaguéis al Espíritu" (I Tes. 5:19). El pensamiento de apagar sugiere que hay un fuego. La incredulidad y crítica carnal pueden servir para apagar el fuego del movimiento del Espíritu Santo. Esto ocurre generalmente en la congregación, cuando el Espíritu se está manifestando en la alabanza. Es mejor no criticar que arriesgar el peligro de estorbar el movimiento del Espíritu.

VI. LOS DONES DEL ESPIRITU

El estudio de la doctrina del Espíritu Santo debe incluir un desarrollo completo de los dones del Espíritu. Tres capítulos del Nuevo Testamento, al igual que partes de otros dos, están dedicados exclusivamente al tema. Hay aproximadamente cien referencias del Nuevo Testamento que se refieren al tema de dones espirituales o al ejercicio de uno u otro de aquellos de la lista de I Corintios capítulo doce; éste número es exclusivo de los milagros de Jesús en los evangelios.

A pesar de la manifestación frecuente del Espíritu en la iglesia del Nuevo Testamento, la mayoría de los libros sobre doctrina y teología ignoran los dones espirituales o dedican un simple párrafo o dos a su discusión, con el sentir de que los dones cesarían al final de la era apostólica, mucho de lo cual es negativo. No existe la más mínima clave en el Nuevo Testamento de que el otorgamiento del Espíritu Santo cesaría antes de ver "cara a cara" y antes de que lo "perfecto" venga (I Cor. 13:10-12).

Aimme Semple McPherson dice respecto a los dones espirituales:

Creemos que el Espíritu Santo tiene los siguientes dones para impartir a la iglesia creyente en el Señor Jesucristo: Palabra de sabiduría, palabra de ciencia, fe, dones de sanidades, operaciones de milagros, profecía, discernimiento de espíritus, lenguas, interpretación de lenguas; que, de acuerdo a la gracia y a la fe del creyente, son repartidos como el Espíritu Santo quiere. Estos dones deben ser deseados y buscados, en el orden y en la proporción que prueben ser de mayor edificación y beneficio para la iglesia...[19]

A. EL ANTECEDENTE PARA LOS DONES ESPIRITUALES.

1. La promesa dada.

Era de esperar que una capacitación espiritual y especial fuera provista a fin que la iglesia pudiera llevar a cabo la misión divina encomendada a ella por el Señor Jesucristo. Jesús instruyó a sus seguidores el pregonar el evangelio, pero les dijo que primero esperaran la impartición del poder de lo alto (Lc. 24:47-49). Adjunto con el mandato de "La gran comisión", Jesús prometió, *"Estas señales seguirán a los que creen";* echar fuera demonios, hablar con "nuevas" lenguas, y la sanidad por la imposición de manos. Cuando Jesús anunció su regreso al Padre, prometió a sus seguidores que enviaría al Consolador quien moraría para siempre, quien les enseñaría todas las cosas, quien les guiaría a toda verdad, quien convencería de pecado, justicia y juicio y quien testificaría de Él.

2. La promesa cumplida.

Entonces, en el día de Pentecostés, el prometido Espíritu Santo fue derramado sobre la iglesia con señales visibles y audibles; y comenzaron a hablar en las lenguas predichas en los pasajes de la gran comisión. Los creyentes fueron llenos del Espíritu Santo (Hch. 2:2-4). Fueron tan enteramente capacitados por el poder del Espíritu, que en todo lugar su ministerio fue marcado por lo sobrenatural. Los apóstoles no eran los guardianes de la ortodoxia; eran embajadores de Cristo, divinamente equipados. Tenían una obra divina para hacer y tenían el poder divino con qué hacerla. Siempre debe ser así. La misión de la iglesia es mucho más que propagar una nueva filosofía o el llamado a una nueva moralidad; es librar a hombres del cautiverio de Satanás; es atar y desatar en el nombre de Jesús (Mt. 16:19). Filosofar y moralizar puede ser hecho con la capacidad humana, y tiene su importancia. Pero librar de cautiverio y traer al arrepentimiento y a la fe requiere de la unción del Espíritu Santo (II Cor. 3:4-6).

Ciertamente, Dios acepta y honra todo talento humano dedicado a su servicio. Él realza los talentos dedicados con el resplandecimiento del Espíritu elevándolo a un nuevo nivel. Dios puede y a menudo lo hace; tomar

---

[19] *Declaración de Fe* por Aimee Semple McPherson (Los Angeles, CA: Iglesia Internacional del Evangelio Cuadrangular, n.d.) 27.

capacidades naturales para convertirlas en operaciones espirituales (Ex. 35:29-35; Rom. 15:13,14; Tit. 1:7-9; II Ti. 2:2).

B. EL VOCABULARIO DE LOS DONES ESPIRITUALES.

La naturaleza de los dones espirituales se puede determinar en gran parte por el vocabulario que se emplea para referirse a ellos. La primera referencia a los dones como una clase general de fenómeno se halla en I Corintios, escrito alrededor de 55 D.C. Los capítulos doce al catorce están dedicados en su totalidad a los dones espirituales. Los primeros siete versículos tratan con los dones como una clase y proveen un vocabulario para su descripción. Estos dones son llamados:

1. Espirituales

"No quiero, hermanos, que ignoréis acerca de los dones espirituales" (12:1). En La Biblia de las Américas la palabra "dones" aparece en letra bastardilla, que significa que no se halla en el griego original. La primera referencia al fenómeno espiritual llamado dones espirituales los clasifica solamente como "espirituales" (género neutro) o "cosas del Espíritu." Exactamente la misma descripción es usada en el versículo uno del capítulo catorce (14:1). La referencia probablemente es a los dones, aunque en I Cor. 14:28 la misma palabra, *pneumáticos* (género masculino) es para "personas espirituales." F.F. Bruce, en su comentario de I Corintios, toma *pneumática* para referirse a las "personas dotadas de dones espirituales."[20] Los "espirituales" en un sentido son "dones", pero son más que dones como será mostrado.

2. Dones espirituales

"Ahora bien, hay diversidad de dones..." (Vs. 4). La palabra griega *carisma*, que es traducida "don espiritual", viene de la palabra básica *caris*, que significa "gracia." Un *carisma*, entonces, es una capacitación, una dotación, o una bendición impartida libremente por Dios. El texto en Corintios ser refiere a los "dones" como "espirituales" porque son capacidades libremente impartidas por el Espíritu Santo. No pueden ser merecidas ni ganadas, siendo de origen divino. Son operadas a través de personas llenas del Espíritu, pero en un sentido real son dones a la iglesia, el cuerpo de Cristo (I Cor. 12:11-27).

---

[20] *New Century Bible Commentary: First Corinthians* (Comentario Bililico Nuevo Siglo: Primera de Corintios) por Frederick Fyvie Bruce (Grand Rapids, MI: Wni B. Eerdmans Publishing Company, 1971).

3. Ministerios

"Y hay diversidad de ministerios..." (Vs. 5). Los "espirituales" son "dones" en cuanto a su origen y fuente, pero son "ministerios" en cuanto a su aplicación. El que ejercita su don espiritual en el cuerpo ministra al cuerpo. Hay tantas clases de ministerios como hay de dones espirituales y oficios espirituales. Los "dones" no son adjudicaciones por mérito, ni son impartidos principalmente para beneficiar al poseedor; el Espíritu imparte el **carismata** a fin de que haya ministerio al cuerpo. Su valor reside en su capacidad de ministrar beneficio y edificación espiritual al cuerpo.

4. Operaciones.

"Y hay diversidad de operaciones..." (Vs. 6). Los "espirituales" son "operaciones" en el sentido de que son dones y ministerios "operados" por el Espíritu Santo. La palabra castellana "energía" viene de la misma raíz *(energémata)*. Los dones espirituales son actividades del Espíritu trayendo efectos espirituales; son operaciones energizadas por el Espíritu produciendo efectos en el cuerpo. Un don que no opera ni ministra ni produce un efecto no es de valor.

5. Manifestaciones

"Pero a cada uno le es dada la manifestación del Espíritu para provecho" (Vs 7). Cada operación de los "espirituales" es una manifestación del espíritu. La manifestación es definida como la "evidencia exterior" *(fanérosis)*. Los dones del Espíritu traen al Espíritu Santo a una evidencia exterior en el cuerpo. La operación de los dones causa a los creyentes estar alerta a la presencia de Dios, produciendo los efectos de alabanza y adoración. A todo creyente le es dada alguna capacidad para la manifestación del Espíritu. El versículo siete dice: *"Pero a cada uno le es dada la manifestación del Espíritu para provecho."* El ejercicio de un don es una manifestación del Espíritu primariamente, y no de la persona dotada, y la prueba de su genuinidad es que es de provecho al cuerpo entero.

6. Diversidad

Vea I Corintios 12:4-6. La idea central de la palabra "diversidad" es "distribución" *(diaireseis)*. La intención de Dios no es sólo que algunos dones operen a través de una o dos personas. Hay diferentes dones espirituales, más que los nueve elegidos en I Corintios doce. Puede que haya tantos dones como funciones útiles en la iglesia. Cada creyente debe tener alguna manifestación del Espíritu y toda variedad de don debe operar en el cuerpo. Dios es un Dios de variedad infinita. Los "espirituales" tienen gran variedad, pero hay un Dios y un Espíritu Santo operando en gran variedad de manifestaciones y ministerios espirituales.

C. EL PROPOSITO DE LOS DONES ESPIRITUALES.

El propósito de los dones espirituales es la edificación de la iglesia. Si el ejercicio de los dones no edifica y construye, el cuerpo no tienen valor. *"Así también vosotros; pues que anheláis dones espirituales [**pnéumata**, (cosas) espirituales], procurad abundar en ellos para edificación"* (I Cor. 14:26b). Las palabras "edificar" y "provechoso" se emplean ocho (8) veces en I Corintios con relación a la operación de dones espirituales. Los dones son impartidos con el propósito de traer provecho y edificación espiritual a todo el cuerpo. Si un don espiritual es ejercido sin amor, o como despliegue personal, entonces una campana de oro se transforma en címbalo que retiñe.

El don de profecía tiene tres propósitos: *"El que profetiza habla a los hombres para edificación, exhortación y consolación"* (I Cor. 14:3). Cada uno de estos tres efectos edifica y es de provecho al cuerpo de Cristo.

1. Edificación

La palabra "edificación" viene de la palabra griega *oikodomé*, que básicamente significa "el acto de construir una estructura." Los dones vocales son dados para ayudar en la "edificación" del templo del cuerpo de Cristo.

2. Exhortación

La palabra "exhortación" se traduce de la palabra griega *paráklesis* que significa exhortar o animar; está relacionada con la palabra *"paracleto"*, el nombre que Jesús dio al Espíritu Santo. El nombre "Bernabé" significaba "Hijo de Consolación" o "ánimo." La palabra griega traducida "consolación" es la misma *paráklesis*. ¡Qué bendición y que provechoso resultó Bernabé a toda la iglesia, especialmente a la iglesia de Antioquía! (Hch. 11:22-26). La forma verbal de *paráklesis* (exhortación) frecuentemente es traducida como "Os ruego." El que exhorta a la iglesia puede mover y motivar a los creyentes a hacer la total voluntad de Dios. Hebreos 10:24 provee un buen ejemplo de este tipo de exhortación: *"Y considerémonos unos a otros para estimulamos al amor y a las buenas obras..."*

3. Consuelo

La palabra "consuelo" que proviene de la palabra *paramuthía* aquí significa "calmar, confortar, consolar." Fue predicho que la iglesia sufriría persecución. El cuerpo necesita a menudo el ministerio de consolación en tiempo de angustia.

Hay un proceso de crecimiento en el ejercicio de los dones espirituales. A fin que la iglesia reciba edificación, Dios desea que los dones sean ejercitados maduramente: *"Hermanos, no seáis niños en el modo de pensar... pero maduros en el modo de pensar."* (I Cor. 14:20). Primera de Corintios catorce contiene la enseñanza del apóstol acerca del uso maduro de los dones espirituales. Donde los dones están en operación, esta enseñanza debe ser impartida diligentemente.

D. LOS DONES ENUMERADOS EN I CORINTIOS 12.

Los dones del Espíritu enumerados en I Corintios 12, según muchos, son nueve (9) en número. Sin embargo, en el versículo veintiocho del mismo capítulo, Pablo, después de repetir milagros, sanidades y lenguas, agrega los dones de ayudas y gobiernos sin hacer ninguna distinción en clasificarlos. Pablo tampoco distingue detalladamente entre los oficios de apóstoles, profetas, maestros, con las imparticiones de milagros, sanidades y lenguas. Aparentemente, cuando Dios apartaba a una persona para un oficio, lo dotaba con la capacidad espiritual que correspondía al oficio o ministerio. Quizá el mencionar de dos dones adicionales en el versículo veintiocho (12:28) fue hecho con el propósito de mostrar que la lista podría ser considerablemente alargada.

Algunos han visto la necesidad de fijar el número de dones en nueve (9) para relacionarlos con los nueve frutos del Espíritu, pero una cuidadosa búsqueda revelará otros frutos del Espíritu en adición a los nueve de la lista de Gálatas capítulo cinco. Pablo menciona diecisiete (17) obras de la carne, luego finaliza la lista con la frase, *"y cosas semejantes a éstas."* Si la carne puede producir diecisiete obras y más, el Espíritu puede producir un número sin fin de virtudes relacionadas con el **amor**. En I Corintios 12-14, Pablo menciona los dones que eran bien conocidos por los corintios; en Romanos presenta otros dones que ilustraban su propósito de discusión. August Hermann Cremer, eminente teólogo y erudito griego, dijo respecto a los dones, sus funciones y su orden numérico:

El lugar, entonces, que cada miembro tiene en la comunidad lo tiene por virtud de un "carisma" que debe administrar a sus hermanos (I P. 4:10). Poderes naturales como tales son inútiles a la vida del cuerpo de Cristo; lo que necesita es ser espiritual. Carísmata, entonces, puede ser definido como poderes y capacidades necesarias para la edificación de la iglesia, impartidos por el Espíritu Santo sobre sus miembros, en virtud de los cuales son capacitados para emplear sus habilidades naturales a el servicio de la iglesia, o ser dotados con nuevas habilidades para este propósito. Según I Cor. 12:11,18; Rom. 12:5-8; Ef. 4:11, los "carísmata" forman la base de los oficios de la iglesia. No puede haber oficio sin carisma; pero no todos los carísmata son aplicables al ejercicio de un oficio. Aquellos que corresponden a las necesidades permanentes e invariables de la iglesia forman la base de los oficios, los otros no... Ya que el número de los carísmata debe corresponder a las necesidades de la iglesia, las listas en I Cor. 12, Ef. 4, y Rom. 12 no pueden ser tomadas como exhaustivas.[21]

1. Palabra de sabiduría

Este no es el don de sabiduría en general, sino el don de *"palabra de sabiduría." (logos sojías)*. Sin embargo no es necesariamente un don vocal. "Palabra" *(logos)* es definida como un "concepto", idea", "dicho", "asunto", "razón", narrativa" o "doctrina." Si se hubiera querido expresar la idea de "declaración" probablemente hubiera sido usada la palabra griega *rhema* en vez de logos. Obrando junto con profecía, la "palabra de sabiduría" podría funcionar como un don vocal. Es probable que éste es el don que operaba en Esteban en Hechos 6:10: *"Pero no podían resistir a la sabiduría y al Espíritu con que hablaba."* Hechos quince registra el primer concilio de la iglesia apostólica para resolver un problema. La conclusión a la que llegaron está expresada de la siguiente manera: *"Porque ha parecido bien al Espíritu Santo, y a nosotros no imponeros ninguna carga más que estas cosas necesarias..."* (Hch. 15:28).

La mente del Espíritu Santo probablemente fue transmitida a los apóstoles por una "palabra de sabiduría." Mientras que "sabiduría" tiene muchos significados, usado en contraste con "conocimiento" probablemente significa un entendimiento profundo para la "conducta o acción práctica." En la vida de la iglesia local hay momentos cuando decisiones importantes necesitan ser hechas respecto al curso de acción a tomarse. (Vea I Cor. 2:13-16.)

2. Palabra de ciencia o conocimiento

Este don de palabra de ciencia puede ser el referido por la declaración de Pablo en I Corintios 1:5: *"Porque en todas las cosas fuisteis enriquecidos en él, en toda palabra y en toda ciencia..."* Si la "palabra de sabiduría" trae profundo conocimiento a la iglesia para la acción práctica, la "palabra de ciencia" *(logos gnóseos)* debe traer a la luz los principios de doctrina que forman la base para la acción. Este don trae verdades bíblicas a la atención de la iglesia, o puede revelar hechos que son necesarios para una acción posterior.

---

[21]The New Schaff Herzog Encyc1opedia of Religious Knowledge (La Nueva Enciclopedia Schaff Herzog de Ciencia Religiosa) por August Hermann Cremer (Grand Rapids, MI: B aker Book Flouse, 1949-50) III, 11.

Pablo tenía confianza en el conocimiento espiritual que operaba en la iglesia cuando dijo: *"Pero estoy seguro de vosotros, hermanos míos, de que vosotros mismos estáis llenos de bondad, llenos de todo conocimiento, de tal manera que podéis amonestaros los unos a los otros"* (Rom. 15:14). Juan probablemente ejerció el don de la palabra de ciencia para discernir las condiciones espirituales de las siete iglesias a las que escribió en Apocalipsis, capítulos dos y tres. Estos dones de palabra de sabiduría y palabra de ciencia son guía para el conocimiento y acción de la iglesia; no son de guía personal.

Silas era un profeta, pero no esta escrito en ningún lugar que guió a Pablo en sus decisiones. Cuando Pablo no supo para qué lado dirigirse en Troas, Dios le dio una visión del hombre macedonio llamándole a predicar a Grecia... Silas estaba con él en ese momento. Los dones son entregados para exhortar, edificar, y confortar a la iglesia. Los dones de revelación operan en armonía con la palabra de Dios, nunca contradiciendo su enseñanza; porque la palabra inspirada es llamada *"una palabra profética más segura"* (II P. 1:19).

3. Fe especial

Casi todos los autores que escriben sobre los dones se refieren al don de fe como aquel de "fe especial" *(pistis)*. La razón para esto es que el don de fe difiere de la fe salvadora y la fe cristiana normal, y *"sin fe es imposible agradar a Dios"* (Heb. 11:6). Toda fe es semejante en naturaleza, pero el don de fe especial difiere de otra fe en grado y en aplicación. La "fe especial" obra a menudo en conjunción con sanidades y milagros. El don de fe es visto en operación en la sanidad del hombre paralítico en la puerta del templo en Hechos el capítulo tres. Pedro tenía la fe milagrosa de ordenar al hombre paralítico levantarse y caminar en el nombre de Jesús. Citamos a Donald Gee en lo concerniente a esta fe:

En tiempos de crisis y de oportunidad especial pareciera venir sobre ciertos siervos de Dios un poder tal, que son elevados fuera del dominio natural u ordinario, teniendo una certeza divina puesta en sus almas que triunfa sobre todo.[22]

Quizá Jesús estaba describiendo esta calidad de fe cuando dijo a sus discípulos, *"Tened fe en Dios"* (Mr. 11:22). El griego de Marcos 11:22 dice literalmente: "Tened la fe de Dios." Jesús dice en el versículo siguiente que, con esta fe divinamente impartida, uno podría decir a la montaña, "Quítate

---

[22] *Spiritual Gifts in The Work of the Ministry Today* (Dones Espirituales en la Obra del Ministerio Hoy) por Donald Gee (Springfield, MO: Gospel Publishing House, 1963) 65.

y échate en el mar y pasaría." La montaña simbolizaba cualquier obstáculo aparentemente imposible a la misión de la iglesia.

4. Dones de sanidades

Al inferir que todos los "espirituales" son *carísmata* (dones), el término está en realidad sólo adherido al don de sanidades (*carísmata iamaton)*. En el griego, ambos términos, "dones", y "sanidades", son plurales. Este hecho sugeriría que hay muchos dones de sanidad para enfermedades distintas, o que cada ejercicio de poder sanador es un don separado. En ninguna parte del Nuevo Testamento se dice que una persona tiene "el" don de sanidad. La mayoría de los evangelistas y pastores que han tenido grandes ministerios de oración por los enfermos han negado la posesión de un don de sanidad.

Ciertamente nadie ha tenido el ministerio de sanar a toda persona enferma. Jesús sanó a todos los que venían a Él en ocasiones, pero fue limitado en otras ocasiones por falta de fe por parte de la gente (Mt. 13:58). Lo que es seguro, es que Dios ha hecho provisión para que la sanidad física sea un ministerio de su iglesia, y que los dones de sanidad operen junto con la fe. La sanidad es tan común en el ministerio de Jesús y en el de los apóstoles, que una iglesia sin dones de "sanidad" parecería apartada del modelo bíblico. En adición a los dones de sanidades, todos los ancianos (pastores) deben estar listos para ungir con aceite a todos los enfermos que los llamen, y orar sobre ellos, la oración de fe. Dios ha prometido levantar a los enfermos y perdonar sus pecados (Stg. 5:14-16).

En la gran comisión de Marcos (Mr.16:15-18), Jesús prometió que señales seguirían los ministerios de aquellos que testificaran del evangelio salvador. Una de estas señales sería que los enfermos se recuperarían luego de la imposición de manos por creyentes. Durante el tiempo que tomara el predicar el evangelio a toda criatura, señales seguirían a los que creyeran, incluyendo aquella de la sanidad de los enfermos. La cláusula *"los que creen"* sugeriría que las señales o "dones" no son ejercitados solamente por los apóstoles, sino por todos los que tuvieran fe.

En el mandato y en la promesa de Jesús, la "imposición de manos" es una expresión exterior de fe y amor por parte de aquellos que orarían, y enseña que Dios usa a creyentes fieles como un canal de su poder. La unción con aceite, según Santiago capítulo cinco, también involucraba la imposición de manos, el aceite simboliza la obra del Espíritu Santo. Cuando Jesús envió a los doce discípulos a ministrar, ellos, según Marcos: *"ungían con aceite a muchos enfermos, y los sanaban"* (Mr. 6:13). El creyente es el vehículo de poder, pero la sanidad es la obra del Espíritu.

Aunque en algunas ocasiones los enfermos son sanados mediante la fe del que ora, la fe por parte de la persona enferma es importante y a veces esencial: *"Pablo, el cual fijando en él sus ojos, y viendo que tenía fe para ser sanado, dijo a gran voz: Levántate derecho sobre tus pies. Y él saltó y anduvo"* (Hch. 14:9b,10). Pablo estaba ejerciendo los dones de fe y sanidades, no obstante su orden de levantarse fue dada después que había discernido que el hombre cojo tenía fe para ser sanado. La necesidad del enfermo de tener fe sugiere que los candidatos para la sanidad bien podrían beneficiarse en las enseñanzas que ayudan a "aumentar la fe." El aumento de la fe viene mediante la palabra de Dios: *"Así que la fe es por el oír, y el oír, por la palabra de Dios"* (Rom. 10:17). Algunas promesas de sanidad en el Antiguo Testamento se encuentran en: Ex. 15:26; Ex. 23:25; Dt. 32:39; II R. 20:5; Sal. 30:1,2; Sal. 103:3; Sal. 107:17-22; Is. 53:5; 38:4,5. Algunos pasajes de sanidad en el Nuevo Testamento son: Mt. 4:23; 8:16,17; 8:8; 10:8; Mr. 3:14,15; Lc. 4:40; 9:6; Hch. 3:1-11; 4:30; 5:15,16; 8:7; 28:8; I Cor. 12:9; Stg. 5:14-16; I P. 2:24.

5. Operaciones de milagros

La obra de milagros proviene de la traducción del griego *energémata dunámeon* que traducido literalmente es "operaciones de poderes sobrenaturales." Al igual que los "dones de sanidades", ambos términos son plurales. Este no es un don que lo hace a uno un "milagrero." Parece que por la pluralidad de las expresiones cada milagro o manifestación sobrenatural de poder es operado a través de uno con un don de fe (Ver Mt. 17:20; 21:20-22). ¿Qué es un milagro? Es "un evento o acción que aparentemente contradice las leyes científicas y que por lo tanto, es razonado como causa sobrenatural, especialmente a un acto de Dios."[23]

En el Nuevo Testamento los eventos de origen sobrenatural son llamados "señales, maravillas y milagros." Las palabras griegas que se traducen "milagros, maravillas y señales" son *térata, dunameis* y *seméia*. Literalmente significan, "eventos que causan asombro", "eventos de poder divino" y "eventos que significan algo" (sobre Dios o sus obras). Es importante notar que el término "maravilla" nunca se emplea solo, sino siempre con el término "señal." Dios no manifiesta su poder sólo para causar asombro; El siempre quiere enseñar algo con sus milagros: *"...testificando Dios juntamente con ellos, con señales y prodigios y diversos milagros* [actos de poder], *y repartimientos del Espíritu Santo según su voluntad"* (Heb. 2:4).

---

[23] *Webster's New World Dictionary of the American Language* (Nuevo Diccionario de Webster del Idioma Americano) (Nueva York, Collins World Publishing Company, 1976) s.v. "miracle." prodigios y señales" (Hch. 2:22; 2:43; 6:8; 8:13; Heb. 2:4).

Algunos ejemplos de milagros incluyen liberaciones sobrenaturales de encarcelamiento (Hch. 5;18-20, 12:5-10, 16:23-30); la ceguera de Elimas el mago (Hch. 13:8-12); la transportación instantánea de Felipe de Gaza a Azoto (Hch. 8:39-40); la resurrección de Dorcas (Hch. 9:36-42) y de Eutico (Hch. 20:9-12); y la sacudida de la víbora venenosa de la mano de Pablo sin padecer daño alguno (Hch. 28:3-5). La sanidad de los enfermos y el echar fuera a espíritus demoníacos, se puede clasificar como dones de milagros cuando hay un gran valor de señal, como en el caso de Pablo en Efeso donde resultó en la ganancia de muchas almas:

"Y hacía Dios milagros extraordinarios [lit. "no milagros comunes"] *por mano de Pablo, de tal manera que aún se llevaban paños o delantales de su cuerpo, y las enfermedades se iban de ellos, y los espíritus malos salían"* (Hch. 19:11,12); y en el caso de Pedro en Jerusalén cuando su sombra caía sobre los enfermos, ellos sanaban (Hch. 5:12-15).

6. Profecía

La palabra "profeta" es una transliteración del griego *profetés*, que se deriva de dos palabras: *pro* que significa "antes", "delante" o "por, a favor de"; y *phemi* que significa "declarar" o "anunciar." Al unir ambos significados, la palabra *profetés* puede significar "uno que predice" (dice de antemano), "uno que habla delante o a favor de."

Ya que el oficio del profeta comienza en el Antiguo Testamento, la definición básica debería comenzar allí. La palabra hebrea para "profeta" es *nabi*, que significa "anunciar, ser testigo o testificar." El oficio de un profeta se define claramente: *"Profeta les levantaré de entre sus hermanos, como tú; y pondré mis palabras en su boca, y él les hablará todo lo que yo les mandaré"* (Dt. 18:18). El profeta es uno que habla a la gente, en favor de Dios, las palabras que Dios pone en su boca. Esto se confirma en las palabras del Señor a Moisés cuando Moisés negó su habilidad para hablar a faraón: *"Mira, yo te he constituido dios para Faraón, y tu hermano Aarón será tu profeta. Tu dirás todas las cosas que yo te mande, y Aarón, tu hermano hablará a Faraón..."* (Ex. 7:1,2).

Aarón es llamado profeta de Moisés porque hablaba en favor de Moisés, entregando el mensaje de Moisés. La misma idea de hablar en favor de Dios es dada por el testimonio de Jeremías el profeta: *"Y extendió Jehová su mano y tocó mi boca, y me dijo Jehová: He aquí he puesto mis palabras en tu boca"* (Jer. 1:9). A veces el profeta hablaba en favor de Dios un mensaje a la gente de su época; a menudo predecía eventos venideros; en cualquier caso, estaba dando el mensaje del Señor.

Varios requisitos para ser un profeta y pruebas de su autenticidad son dadas en Deuteronomio 13 y 18:

- Es tomado de entre sus hermanos (18:18).
- Debe hablar a sus hermanos en el nombre del Señor (18:19).
- Puede juntamente con sus profecías mostrar señales y prodigios (13:1).
- Si profetiza cualquier cosa en contradicción a la ley de Dios ya revelada (escritura), debe ser rechazado a pesar de cualquier señal o milagro (13:1-3). (Dios puede permitir profetas falsos para probar nuestra obediencia a su palabra.)
- Si predice el futuro y la predicción no ocurre como él profetizó, debe ser rechazado (18:20-22).

En el Nuevo Testamento hay dos tipos de profetas: aquellos que ejercen el oficio de profeta (Ef. 4:11), y aquellos en la iglesia que poseen el don de profecía. Aquellos de la primera categoría están entre los dones ministeriales; aquellos de la segunda podrían incluir a cualquier creyente lleno del Espíritu. No todos pueden ejercer el oficio de un profeta *"Y a unos puso Dios en la iglesia, primeramente apóstoles luego profetas... "*, pero según I Corintios 14:31, *"Podéis profetizar todos uno por uno."* Por lo tanto, tener el don de profecía no hace de uno un "profeta" (don ministerial).

Entre los dones descritos por Pablo en I Corintios, el don de profecía es el más fervientemente deseado (14:1,5,24,25,39). Su importancia se explica por el hecho de que alguna variante de la palabra ocurre veinte (20) veces en I Corintios capítulos 12-14. El don de profecía se define como: *"... el que profetiza habla a los hombres para edificación, exhortación y consolación"* (I Cor. 14:3). El predecir eventos futuros no está asociado con el don de profecía; ésta es una función del oficio profético. El don opera con el fin de edificar (espiritualmente) al cuerpo (iglesia) local. Cuando la iglesia se encuentra ante un problema o una necesidad de sabiduría para una acción práctica, una palabra de ciencia o una palabra de sabiduría puede operar junto con el don de profecía.

Una palabra de sabiduría pudo haber dado seguridad a los apóstoles en su deliberada y dura decisión descrita en Hechos capítulo quince (Ver Hch. 15:27, 28). Cuando la conclusión del concilio fue entregada a la iglesia gentil en Antioquía por Judas y Silas, quienes eran profetas, Lucas informa: *"Y Judas y Silas, como ellos también eran profetas, consolaron y confirmaron a los hermanos con abundancia de palabras"* (Hch. 15:32). Normalmente en la operación del don de profecía el Espíritu unge excesivamente al creyente para hablar al cuerpo, no palabras premeditadas, sino palabras que suple el Espíritu espontáneamente: para levantar, animar, incitar a la obediencia al servicio fiel, para traer consuelo y consolación. Las palabras no necesitan estar en español arcaico, ni en una voz fuerte y alterada, ni habladas en primera persona. (Ver sección E. "Instrucciones especiales sobre los dones de lenguas y profecías").

7. Discernimiento de espíritus

La frase "discernimiento de espíritus" viene del griego *diakriseis pneumaton*. La palabra griega *diakriseis* se define como "discernir", "discriminar", o "distinguir." La forma verbal se emplea en Hebreos 5:14: *"Pero el alimento sólido es para los que han alcanzado la madurez, para los que por el uso tienen los sentidos ejercitados en el discernimiento del bien y del mal."* Pablo usa el verbo varias veces en I Corintios. Por ejemplo, en I Cor. 6:5 lo usa con respecto a la disputa de si tenían a alguien suficientemente sabio para "juzgar entre sus hermanos" (en cuanto a lo cual estaba en lo cierto). En I Cor. 11:29 Pablo usa la palabra para reprender a los hermanos de Corinto que no pudieron "discernir" el cuerpo del Señor (discerniendo el significado del pan de la santa cena para salud y sanidad física).

Muy claramente, el don de discernimiento de espíritus es la capacidad de discernir la fuente de una manifestación espiritual, si es del Espíritu Santo, un espíritu maligno, o el espíritu humano. En I Corintios 14:29, Pablo dice: *"Asimismo los profetas hablen dos o tres, y los demás juzguen* [discernir- *diakrino*]." Esto parece instruirnos en que alguien con el don de discernimiento debería estar presente cuando se usa el don de profecía. Aparentemente, en Corinto el don de discernimiento era tan común como el de profecía (*"que los demás* [plural] *juzguen* [disciernan]").

Todo creyente lleno del Espíritu es, en cierta medida, capaz de juzgar las manifestaciones de los dones vocales, basándose en si se está edificando espiritualmente al cuerpo. El ejercicio de los dones no es infalible. Si una declaración (profecía o interpretación de lenguas) no es recibida, el orador no debería sentirse ofendido rehusándose a recibir la enseñanza; por el contrario, debería orar humildemente por una mejor sensibilidad al Espíritu y por más sabiduría en el uso de su don. Por otro lado, los creyentes deberían hacer caso a la amonestación de Pablo en I Tesalonicenses 5:19,20: *"No apaguéis al Espíritu. No menospreciéis las profecías."*

Una enseñanza bíblica cuidadosa sobre los dones espirituales evitará manifestaciones inmaduras y desencaminadas por un lado, y por otro lado, temor, desconfianza y el apagar el Espíritu. Note que el don de "discernimiento de espíritus" no es aquel de juzgar a la gente, más bien al espíritu detrás de la manifestación, sea santo, maligno o humano.

8. Clases de lenguas

La Palabra usa esta frase literalmente "clases de lenguas" (*gene glossón*). El término "clases" sin duda se refiere al hecho de que hay "nuevas lenguas" y "lenguas humanas y angélicas" (I Cor. 13:1). Algunas lenguas son idiomas humanos, como en el día de Pentecostés (para mostrar que el evangelio es para toda raza y nación); algunas lenguas son de origen celestial (de ángeles, usadas para alabanza y oración donde la mente es sobrepasada: I Cor. 14:2; Rom. 8:26,27). Es importante saber que en estas lenguas de origen celestial el orador habla a Dios con misterios y que nadie lo entiende.

Las lenguas como "señal" (I Cor. 14:22) pueden ser idiomas conocidos por los cuales se da testimonio al no salvo; debido a que el incrédulo puede conocer cualquiera de éstas lenguas, entonces debe haber, varias "clases." Si uno emplea lenguas sólo en la devoción privada, la clase de lenguas no es importante; probablemente serán lenguas nuevas o lenguas celestiales dadas por el Espíritu.

Es muy importante observar que hay varios y distintos usos de lenguas. Paul A. Hamar, en su comentario sobre I Corintios, comenta:

> Hay una diferencia reconocida entre las lenguas como evidencia del bautismo del Espíritu Santo, en la oración personal, y las lenguas como un don (como es usado aquí). La diferencia es básicamente una en propósito: una es para edificar al espíritu único de uno; la otra es para edificar a la congregación.[24]

Cuando el apóstol hace la pregunta en I Corintios 12:30: *¿Hablan todos en lenguas?"*, la forma de la pregunta infiere una respuesta negativa. Pablo no está hablando aquí de lenguas como la evidencia inicial del bautismo del Espíritu, sino de lenguas como don congregacional acompañado por la interpretación. No todos tenían el don de lenguas, pero todos habían recibido las lenguas como evidencia de su bautismo. Aquellos que tienen el don de lenguas pueden emplearlo para hablar con Dios en alabanza, para orar o cantar en el Espíritu, o para hablar en la congregación; sin embargo, las lenguas habladas públicamente deben ser interpretadas.

Si no hay un intérprete presente, el que tiene el don de lenguas debe callar. Aquellos que tienen el don de lenguas para manifestación pública deberían orar por el don de interpretación de lenguas acompañante. Si el que habla en lenguas no sabe si hay un intérprete presente, debe estar listo para interpretar su propia declaración (I Cor. 14:13,28). Aparentemente, las lenguas junto con su interpretación son equivalentes a la profecía; excepto que las lenguas son dirigidas a Dios, mientras que la profecía es dirigida a la congregación (I Cor. 14:5,14,15; Hch. 2:11; 10:45,46).

---

[24] *The Radiant Commentary on the New Testament, The Book of First Corinthians* ("El Comentario Radiante del Nuevo Testamento, El Libro de Primera de Corintios") por Paul A. Hamar (Springfield, MO: Gospel Publishing House, 1980) 110.

El siguiente es un resumen de los diferentes propósitos (usos) de hablar en lenguas:

- La evidencia física inicial del bautismo en el Espíritu Santo (Hch. 2:4; 10:45,46; 19:6).

- Orar en lenguas como un idioma de oración, cuando la mente es sobrepasada y el espíritu conversa directamente con Dios (I Cor. 14: 2,14,15; Rom. 8:26, 27).

- Lenguas con interpretación, para la edificación espiritual del cuerpo de la iglesia (I Cor. 14:5, 26-28).

- Lenguas junto con interpretación, como una "señal" al incrédulo (I Cor. 14:22). (Las lenguas pueden ser una señal de la presencia de Dios, o pueden actuar como una señal cuando el incrédulo entiende el idioma hablado.)

9. Interpretación de lenguas

La frase "interpretación de lenguas" viene del griego *hermenéia glossón*. La palabra "interpretación" es una traducción de la palabra griega *hermenéia*, del cual se deriva la palabra castellana "hermenéutica" (la ciencia de interpretación). La palabra griega puede tener varios significados: "traducción", "explicación" o "interpretación." La forma verbal de la palabra es usada varias veces (Jn. 1:38,42; 9:7; Heb. 7:2) donde tiene el significado de "traducción." La forma sustantiva *hermenéia* es hallada solamente en I Corintios capítulos doce y catorce, donde es usada como don espiritual. El significado básico de la palabra sugiere más la idea de "explicación" o "interpretación"; no se necesita esperar que la interpretación de lenguas sea una traducción literal palabra por palabra, antes bien una explicación del significado.

La interpretación puede variar razonablemente de acuerdo con la longitud de la declaración en lenguas. Donde el don de lenguas es ejercitado para la edificación de la iglesia, o como un don de señal, la interpretación es esencial, porque Pablo limita el don de lenguas como idioma personal de oración a no ser que esté acompañado por la interpretación (I Cor. 14:13,27,28). Aquellos que tienen el don de lenguas son exhortados a orar por el don de interpretación (I Cor. 14:13).

La pregunta que a menudo surge es la concerniente al número de intérpretes a ser usados en un culto (servicio). En I Corintios 14:27 dice: *"Si habla alguno en lengua extraña, sea esto por dos, o a lo más tres, y por turno; y uno interprete."* La palabra griega para "uno" es *heis*, que es el número uno. La palabra griega puede tener el significado de "alguien", pero como son usados el número "dos" y "tres" en el mismo versículo, se diría que "uno" es usado como número, que es su significado usual. No todas las versiones y los comentarios están de acuerdo en la cláusula: "Y uno intérprete." Una de las versiones nuevas dice: *"alguno debe interpretar."* No obstante, la mayoría de las versiones traducen *heis* como el número "uno." Comentaristas tales como Grosheide, Alford, Godet, Clarke, y Plummer interpretan la palabra "uno" como un número. Autores pentecostales y carismáticos no han llegado a un acuerdo; por eso mismo uno no debe ser dogmático. Si una persona interpreta en un culto, no quiere decir que el mismo intérprete tiene que funcionar en todos los cultos. Diremos más en la próxima sección acerca de profecía y lenguas e interpretación.

10. Ayudas

Los nueve (9) dones de la lista de I Corintios 12:8-10 no constituyen el número total de *carísmata*, como ya fue indicado en un resumen de ese mismo capítulo (Vs 28-30). Pablo enumera tres dones ministeriales: apóstoles, fundadores de la iglesia; profetas, que exhortan y motivan a la iglesia; y maestros (o pastores), que instruyen a la iglesia. Después de eso, son enumerados seis de los *carísmata:* milagros, sanidades, ayudas, administraciones, lenguas e interpretación. Dos de los *carísmata* son nuevos en la lista: ayudas y administraciones.

La palabra "ayudas" viene de la palabra griega *antílempseis,* usada sólo una vez en el Nuevo Testamento. La forma verbal (*antilambano*) ocurre en tres pasajes, de los cuales uno da una buena indicación del significado del don: *"En todo os he enseñado que, trabajando así, se debe ayudar [antilambano] a los necesitados y recordar las palabras del Señor Jesús que dijo: Más bienaventurado es dar que recibir"* (Hch. 20:35). Pablo se estaba dirigiendo a los ancianos en Efeso, en cuyas manos estaba el cuidado de la iglesia. Estos fueron exhortados a alimentar al rebaño con la palabra de Dios (Vs. 28).) y a fortificar contra falsos maestros (Vs 29,30).). También fueron instruidos a llevar a cabo el ministerio de ayudas (*antílempseis*) para el beneficio de aquellos que estaban "necesitados" física y económicamente, es decir enfermos y pobres.

No cualquier persona puede ser asignada a un ministerio para los enfermos y pobres. Debe tener una carga espiritual y un amor dado por Dios a favor de los necesitados y afligidos. La compasión humana ayuda, pero a esto debe ser agregado un llamado divino y la unción del Espíritu. Sin tal dotación espiritual, uno rápidamente se desanimará y criticará. Además, el ministerio a los enfermos y a los pobres no es solamente para administrar sedantes espirituales; por el contrario, conduce de la debilidad a la fuerza (Heb. 11:34). Para todo tipo de trabajo que la iglesia debe hacer, Dios ha suplido un don espiritual correspondiente.

11. Administraciones [gobiernos]

La palabra griega traducida "administraciones" (*kuberneseis*) como en el caso del don de ayudas, aparece sólo una vez en el Nuevo Testamento. Sin embargo el modo sustantivo **kubernetes** ocurre dos veces, refiriéndose ambas veces a un timón (Hch. 27:11; Ap. 18:17). La forma verbal significa "conducir", "ser un timonero." El don de administración, entonces, describe la capacidad espiritual dada a ciertos líderes para conducir (gobernar) a la iglesia a través de tormentas y tumultuosos mares. Basándose en I Timoteo 5:17, algunos han pensado que había dos clases de ancianos en las iglesias, ancianos maestros y ancianos administradores. Se ha sugerido que algunos de los ancianos que no ministraban la palabra pudieron haber ejercido su ministerio en los negocios y aspectos estructurales de la iglesia. Citamos a Paul Hamar:

> Puede haber involucrados ancianos que no ministraban en la palabra y la doctrina, pero que estaban encargados de alguna forma de liderazgo y distribución.[25]

El término moderno "cibernética", que viene de la misma palabra griega, es el nombre para la ciencia de control sobre operaciones y procesos por medio de computadoras. La iglesia tiene necesidad de líderes que la mantengan balanceada.

E. INSTRUCCIONES ESPECIALES SOBRE LOS DONES DE LENGUAS Y PROFECIA.

Todo el capítulo catorce de I Corintios fue escrito para instruir a la iglesia sobre el uso correcto de los dones espirituales, especialmente los dones vocales de lenguas, interpretación de lenguas y profecía. Algunos han concluido que Pablo escribió a los corintios para desanimar el uso de lenguas. Tal no puede ser el caso, porque él dijo en el versículo cinco: *"Así que, quisiera que todos vosotros hablaseis en lenguas... "* El apóstol que dijo: *"Doy gracias a Dios que hablo en lenguas más que todos vosotros..."* (Vs 18) no estaba desanimando el uso de las lenguas, pero sí estaba prohibiendo las lenguas no interpretadas en reuniones públicas.

Pablo quería que todos usaran las lenguas como un idioma de oración (Vs 2,4) . Aparentemente, los corintios pensaban que cuando el Espíritu se movía se esperaba que ejercieran su don, aún si todos hablaban al mismo tiempo, y aún si no había interpretación. No sabían que el espíritu de la persona dotada estaba sujeto al control personal (v. 32). Pasaron por alto el hecho de que Dios da privilegios a los creyentes para ser usados inteligen-

---

[25] Hamar, 114.

temente, de acuerdo con la escritura, y con el único propósito de la edificación espiritual del cuerpo entero.

Los dones realmente pertenecen a la iglesia más de lo que pertenecen a los individuos que los ejercen. Los dones no deben ser utilizados egoísta u ostentosamente, o sin amor (I Cor. 13). El uso de los dones vocales entre miembros del cuerpo no debe usarse todo el tiempo de la reunión, causando que el ministerio de la enseñanza de la palabra y la predicación del evangelio sean desplazados o desaparecidos (Vs 27,29). Lo opuesto, por supuesto, también es cierto. Los dones son una gran bendición cuando están en sumisión al modelo bíblico y a un sabio liderazgo espiritual.

1. La prioridad de la profecía.

"Seguid el amor; y procurad los dones espirituales, pero sobre todo que profeticéis" (14:1). Profecía es el don vocal de preferencia. Ha sido dicho que las lenguas más la interpretación es igual a la profecía (Vs 5). Esto no es del todo cierto. El versículo treinta y nueve dice: *"Así que, hermanos, procurad profetizar, y no impidáis el hablar lenguas."* Las lenguas referidas aquí, deben haber sido interpretadas, dado a que Pablo ya les había prohibido hablar en lenguas sin interpretación. La conclusión es que las lenguas deben ser permitidas, pero la profecía ha de ser procurada y animada. La profecía logra la edificación en una operación; es más directa y con menos posibilidad de distracción. Las lenguas son principalmente dirigidas a Dios, y son preferidas para la oración y alabanza; la profecía es preferida para la edificación, exhortación y consolación de la iglesia.

2. El uso privado de las lenguas.

El uso más importante del don de lenguas es aquel de lenguas como idioma de oración personal (Vs 2,14,15; Rom. 8:26,27). Algunos han sugerido que Jesús habló en lenguas interiormente cuando oró por el hombre sordomudo en Marcos 7:34, porque la misma palabra griega *stenazo* es usada en Romanos 8:26 y es traducida como "gemidos indecibles." La oración en lenguas es normal para un creyente lleno del Espíritu. Los creyentes son ordenados a orar así: *"Orando en todo tiempo con toda oración y súplica en el Espíritu..."* (Ef. 6:18) (Vea también Ef. 5:18,19).

La oración en el Espíritu promueve una profundización de la vida de oración y el desarrollo de la personalidad espiritual. Muchos críticos del don de lenguas concluyen que el hablar en lenguas puede estorbar la sanidad mental. El hecho es que estudios psicológicos han mostrado que el hablar

en lenguas tiende a integrar y solidificar la personalidad y hacer a los poseedores del don más capaces de enfrentar los problemas de la vida.[26]

Pablo, en Romanos 8:26,27 dice que el Espíritu puede ayudar en
nuestra debilidad a través de la oración que se deriva de nuestra falta de
conocimiento en cuanto al por qué y sobre qué orar. El Espíritu que conoce
nuestra necesidad mejor que nosotros y ora a través de nosotros con gemidos indecibles, logrando intercesión en un nivel más alto que aquel de
nuestro pedir consciente.

3. Lenguas e interpretación.

Hay tres usos del don de lenguas además de las lenguas como evidencia física e inicial del bautismo con el Espíritu Santo:

3.1. Lenguas ejercitadas en alabanza como lenguaje de oración, lo cual
es un poderoso canal de comunicación con Dios y un vehículo de alabanza.

3.2. Lenguas como una señal a los incrédulos (I Cor. 14:22,23). Una
"señal" no es necesariamente un medio para convertir a los incrédulos. Según Pablo (Vs 22-24), la profecía es la que convence al incrédulo; las lenguas, la "señal", testifican al incrédulo de arrepentimiento y condenan al
que no se arrepiente. En el versículo veintiuno, Pablo había dicho, refiriéndose a la cita de Isaías: *"...En otras lenguas y con otros labios hablaré a
este pueblo, y ni aun así me oirán, dice el Señor. "* (Vea Is. 28:11-13) No
obstante, la "señal" cuando es dada por Dios es necesaria.

3.3. Las lenguas como un don vocal dirigido a la iglesia, que siempre
deben ser interpretadas. Si el que habla en lenguas no está seguro de la
presencia de un intérprete, debe mantenerse callado u orar que él pueda
ser capacitado para interpretar (Vs 13,28).

4. Oración y alabanza en el Espíritu.

Mucho ha sido escrito sobre este aspecto de las lenguas como un vehículo provisto por el Espíritu para orar y alabar. Sin embargo, hay ocasiones
cuando las lenguas de oración y alabanza en el Espíritu requieren interpretación. *"¿Qué pues? Oraré con el espíritu, pero oraré también con el entendimiento; cantaré con el espíritu, pero cantaré también con el entendimiento"* (Vs 15). En el versículo 16 se indica que éste es un ministerio al
cuerpo (quizá un grupo menor) *"Porque si bendices sólo con el espíritu, el
que ocupa lugar de simple oyente, ¿cómo dirá el Amén a tu acción de*

---

[26] *Gifts and Graces* (Dones y Gracias) por Arnold Bittlinger (Grand Rapids, MI:
Win. B. Eerdmans Publishing Company, 1967) 101, y Speaking with Tongues (Hablando en Lenguas) por Morton J. Kelsey (Nueva York, Doubleday Flublishin-
gCompany, 1965).

gracias? pues no sabe lo que has dicho. " Claramente, esta manifestación difiere de las lenguas como un idioma privado de oración como es descrito en I Corintios 14:14,28.

5. Limitaciones sobre las lenguas y profecías.

Aparentemente, las reuniones en Corinto estaban tan entregadas al ejercicio de los dones vocales, especialmente el hablar en lenguas (con o sin interpretación), que todo otro ministerio era reducido o eliminado. Primera de Corintios capítulo catorce fue escrito para colocar a los dones vocales en perspectiva y dar una enseñanza sobre un ejercicio maduro de los dones. El capítulo doce (Vs 4-6) ya había enfatizado la necesidad de variación en la distribución de los dones. Si todos los dones han de ser ejercitados, y si todo creyente ha de ejercer algún don (Vs 11), los dones vocales no deben ocupar el cuerpo entero.

La profecía y las lenguas con interpretación ejercidas en orden bíblico son muy edificantes, pero debe haber también una enseñanza ungida, la predicación del evangelio y otros ministerios. Por lo tanto, las manifestaciones con lenguas deben estar a cargo de dos o tres y con su debida interpretación. Asimismo las profecías deben ser limitadas a dos o tres en cualquier reunión. Las declaraciones sobrenaturales no deben ser tan numerosas que llegan a ser el común y corriente. Esto puede haber ocurrido en Tesalónica, causando a Pablo advertir *"No menospreciéis las profecías"* (I Tes. 5:20). Un importante hecho sobre la operación de los dones es expresado por el apóstol en el versículo treinta y dos: *"Y los espíritus de los profetas están sujetos a los profetas. "* Luego agrega: *"Pues Dios no es Dios de confusión, sino de paz. Como en todas las iglesias de los santos..."* (Vs 33).

Todos aquellos que ejercen los dones vocales deberían orar por sabiduría en el reconocimiento de aquellos momentos de una reunión en donde una declaración está edificando. Sólo en ocasiones muy raras se debe interrumpir al que está ministrando, a través de hablar en lenguas. El Espíritu Santo es un caballero. Hay momentos diferentes en la reunión donde el don para la edificación de la iglesia puede ser ejercitado; no hay necesidad de que ninguno sea interrumpido. Hay excepciones, pero son raras.

6. No ha de ser considerado infalible.

Otro principio para el ejercicio de los dones es que ninguna operación lograda por medio de instrumentos humanos es infalible. El don de discernimiento de espíritus deber estar activo en toda asamblea donde los dones sean ejercidos. Esto no significa que cada vez que un don vocal se active en la iglesia, se debe juzgar públicamente. Pablo escribió: *"Asimismo, los profetas hablen dos o tres, y los demás juzguen* [disciernan]*"* (I Cor.

14:29). Todo creyente lleno del Espíritu tiene alguna medida de habilidad para juzgar si lo dicho resulta ser edificante espiritualmente. Si todos han de discernir, entonces cada uno debe discernir si la declaración tiene o no valor espiritual para él mismo. Si tiene valor y aplicación, él debería recibir el mensaje y actuar de acuerdo con él en su propia vida.

No todos los mensajes son aplicables a todos los presentes. Si la declaración es completamente del espíritu humano y no es edificante, entonces, con el don de discernimiento puede ser juzgada sin provecho. Si la declaración es del espíritu del maligno, entonces se denuncia y los creyentes son advertidos. El liderazgo debería procurar el don de discernimiento. *"Seguid el amor, y procurad los dones espirituales, pero sobre todo que profeticéis"* (I Cor. 14:1).

F. LOS DONES DEL ESPIRITU ENUMERADOS EN ROMANOS 12.

1. Profecía y ministerio.

En el estudio de los dones enumerados en I Corintios 12, por lo menos once (11) fueron identificados, junto con tres de los dones ministeriales (a ser estudiados en la próxima sección). En Romanos 12, sólo un don es común con la lista de I de Corintios: el don de profecía. De los dones vocales que operaban en Corinto, aparentemente sólo el de profecía era ejercido en Roma. Sin embargo, como la profecía es el don vocal de preferencia, lograba el propósito de toda edificación, exhortación y consolación. Aquí Pablo agrega el hecho de que la "fe" es el principio que opera detrás de la profecía, y que la profecía debe ser ejercida en proporción a la medida de la fe de uno. Esta "fe" no es la fe salvadora que todos poseen como don, ni tampoco "la fe" en el sentido de doctrina cristiana, sino la "fe" asociada con obras de poder (Mt. 9:29).

Pablo menciona los dones de "ministerio" (*diakonía*) a la iglesia en Roma, probablemente incluyendo no solo un don pero un número de dones. En I Corintios 12:5, Pablo había escrito: *"Y hay diversidad de ministerios [diakonia], pero el Señor es el mismo"*; esto sugiere que todos los dones son ministerios o vehículos de servicio al cuerpo. Después de mencionar "profecía" y "ministerio", el enfoque ya no es el don en sí mismo, sino la persona que ejerce el don.

2. El maestro y su enseñanza.

Dios no imparte dones en la iglesia simplemente para satisfacer el instinto de adquisición de una persona, sino más bien para que las cosas de

Dios puedan ser ministradas mutuamente y que la iglesia sea edificada espiritualmente. Cuando Dios provee enseñanzas acerca de su verdad, en realidad esta impartiendo dos dones. Él da a la iglesia un maestro, y junto con el maestro, da la capacidad divina para enseñar, o sea el don de la enseñanza. Pero un maestro tiene poco valor si no ejerce su don. En Romanos 12:7, Pablo está diciendo, *"Si uno es un maestro ungido de Dios, que use su don para enseñar"*; la prueba de que uno es un creyente se ve en el hecho de que está practicando la enseñanza. El título no hace al ministro, sino el hecho de que ministra. Lo que hace auténtico a un maestro escogido por Dios es que los alumnos crecen en gracia y conocimiento bajo el don de enseñanza (I Cor. 2:10-16; II Ti. 2:2; I Ti. 5:17; I Jn. 2:20, 27).

3. El exhortador y su exhortación.

Pablo dice en I Cor. 12 que la exhortación *(paráklesis)* es uno de los ejercicios del profeta. Al parecer había un grupo de personas llamadas "exortadores" en Roma, ya que *"el que exhorta"* es mencionado aquí (Rom. 12:8), además del que profetiza (Vs 6). Bernabé fue llamado *"el hijo de exhortación (paráklesis)"* (Hch. 4:36 versión de Rotherham, en inglés). Ya que Pablo frecuentemente usa el verbo "exhortar" en el sentido de "implorar", "ungir" o "rogar" (vea Rom. 12:l), probablemente el trabajo del "exhortador" era aquel de mover y motivar a la iglesia a una tolerancia paciente, amor fraternal y a las buenas obras.

El autor de Hebreos fue un exhortador cuando imploró: *"Mantengamos firme, sin fluctuar, la profesión de nuestra esperanza, porque fiel es el que prometió. Y considerémonos unos a otros para estimularnos al amor y a las buenas obras; no dejando de congregarnos, como algunos tienen por costumbre, sino exhortándonos; y tanto más, cuanto veis que aquel día se acerca"* (Heb. 10:23-25).

Algunos grupos religiosos reconocen el ministerio del exhortador y otorgan la credencial ministerial correspondiente. (Vea Hch. 9:31; 11:23; 14:22; 15:31,32; 16:40; 20:2; I Tes. 5:14-22.)

4. El dador y su liberalidad.

En la iglesia hay aquellos que tienen el don de "dar." El dador no es aquel que administra las ofrendas de la iglesia, sino aquel que comparte sus propias posesiones con gran liberalidad. "El que da" se traduce del griego, *ho metadidoús*. El término se halla en Efesios 4:28: *"...sino trabaje, haciendo con sus manos lo que es bueno, para que tenga qué compartir [metadídonai] con el que padece necesidad."* La misma palabra se usa en Lucas 3:11 por Juan el Bautista: *"...El que tiene dos túnicas, dé [metadotol] al que no tiene; y el que tiene qué comer, haga lo mismo."* Esto no es una donación institucional, sino un compartir personal.

El dador puede canalizar sus dádivas a través de la iglesia, pero él es más que un oficial que distribuye las dádivas de otros; es un dador de sus propias cosas quien, motivado por el Espíritu Santo, da con extraordinaria generosidad. Un ejemplo de tales dádivas es hallado en II Corintios 8. Pablo, escribiendo a los corintios sobre la colecta para los pobres, dijo: *"Asimismo, hermanos, os hacemos saber la gracia [caris] de Dios que se ha dado a las iglesias de Macedonia; que en grande prueba y tribulación, la abundancia de su gozo y su profunda pobreza abundaron en riquezas de su generosidad... Y no como lo esperábamos, sino que a sí mismos se dieron primeramente al Señor, y luego a nosotros por la voluntad de Dios"* (II Cor. 8:1,2,5). Luego usando como ejemplo a las iglesias macedónicas (Filipos, Tesalónica, Berea), Pablo urgió a los corintios (la iglesia dotada) a manifestar el mismo don de dar a los pobres. Dijo también: *"Por tanto, como en todo abundáis, en fe, en palabra, en ciencia... abundad también en esta gracia* [don]" (II Cor. 8:7).

Pablo usa aquí la palabra "gracia" *(caris)* en el mismo sentido que la palabra "don" (*cárisma*). Él llama a los dones (*carísmata*) "gracias", los cuales poseía la iglesia de Corinto. W.E. Vine define el significado de "gracia" como "el poder y equipamiento para el ministerio."[27] Esta definición de "gracia" como un don espiritual la revela Pablo en I Corintios 1:4,5,7: *"Gracias doy a mi Dios... por la gracia de Dios que os fue dada en Cristo Jesús; porque en todas las cosas fuisteis enriquecidos en él, en toda palabra y en toda ciencia... de tal manera que no os falte en ningún don, esperando la manifestación de nuestro Señor Jesucristo..."*

Todos los creyentes, por amor, compasión y por un sentido de responsabilidad al reino de Cristo, darán a la iglesia y a los necesitados. Más allá de este dar normal, hay aquellos quienes dotados por el Espíritu Santo dan con extraordinaria libertad, aún en aflicción y pobreza.

5. El líder y su diligencia.

Pablo insinúa en I Timoteo 5:17 que había otros ancianos de la iglesia además de aquellos que ministraban la palabra de Dios. La iglesia tiene necesidad de diferentes clases de liderazgo. En Romanos 12:8 el apóstol dice: *"...el que preside [como don], con solicitud..."* La misma palabra griega, traducida "el que preside" es hallada en I Tesalonicenses 5:12,13a: *"Os rogamos, hermanos, que reconozcáis a los que trabajan entre vosotros, y os presiden en el Señor, y os amonestan; y que los tengáis en mucha estima y amor por causa de su obra."*

Muchos de los hombres escogidos por Dios ocupan posiciones ejecutivas de liderazgo, administración, manejo de fondos, guía personal, planea-

---

[27] Vine, s.v. "grace."

ción de estrategias y cuidado de obras misioneras. A menudo se piensa que éstas están fuera del dominio del movimiento del Espíritu Santo. Pero de hecho, estos líderes necesitan de dones espirituales como cualquiera que predica o enseña. Algunas de las personas más espiritualmente poderosas en la historia de la iglesia han sido también los líderes de la iglesia. Dios tiene un don espiritual de liderazgo que Él ha impartido a la iglesia; los creyentes deberían orar constantemente que sus líderes, incluyendo sus pastores, puedan disfrutar de una poderosa unción del Espíritu sobre sus oficios (Heb. 13:7,17, 24; Ef. 6:18-20; II Cor. 1:11; Col. 2:2-4; I Ti. 2:1-3).

Algunos han creído que el don de liderazgo enunciado en Romanos 12 es el mismo que aquel llamado "ministerios" (gobierno) en I Corintios 12:28. Esto es posible. Sin embargo, las palabras griegas empleadas son completamente distintas y con diferentes significados básicos. El don de Romanos 12:8 tiene el significado de "estar sobre" otros como su líder, mientras que aquel en I Corintios 12:28 tiene más el significado de guía (piloto) a través de todo tipo de mares (un timón). Ambas clases de liderazgo son necesarias en la iglesia. Una persona podría tener ambas capacidades. Es estimulante saber que los líderes de la iglesia de Cristo no tienen que ejercer sus ministerios solo con sabiduría y habilidad humana. Está declarado que la virtud característica del liderazgo espiritual es la "solicitud" (diligencia). Quizá el apóstol estaba describiendo la solicitud en II Corintios 11:28 cuando habló de su *"preocupación por todas las iglesias."* (Ver también I Cor. 12:15.)

6. El misericordioso.

Es posible que el don descrito en Romanos 12:8 como *"el que hace misericordia"* pueda ser el mismo don de I Corintios 12:28 conocido como "ayudas." La palabra griega "tener misericordia" es ***eleeo***, definida como "tener piedad o misericordia de", "tener compasión." Se dice que la misericordia es un atributo de Dios: *"Pero Dios, que es rico en misericordia, por su gran amor con que nos amó..."* (Ef. 2:4).

Casi siempre, los enfermos que clamaban a Jesús exclamaban, *"¡Ten misericordia (piedad) de mí!"* Parecería que como un don en ejercicio en la iglesia, "el hacer misericordia" sería un ministerio de cuidado por los enfermos y afligidos mediante la visitación y la oración. Con mucha probabilidad, los "dones de sanidades" eran ejercidos por aquellos con el ministerio de misericordia.

Todos los creyentes tienen alguna responsabilidad de hacer tales misericordias a los pobres y afligidos, pero hay aquellos que, por estar dotados por el Señor, llevan a cabo obras de compasión como un ministerio ungido. Hay aquellos que por la unción del Espíritu son "dadores alegres" (II Cor. 9:7), que comparten prontamente con los necesitados; hay otros con un don diferente que comparten su amor, compasión, tiempo y presencia a fin de sanar y restaurar a los pobres y afligidos. Es característico del Dios de toda misericordia y compasión colocar a tales personas dotadas en el cuerpo de Cristo. Los tales no son dones vocales, sino obras de amor que hablan tan fuerte como las palabras. El Dios de variedad ciertamente administra una bendita variedad de dones y ministerios ungidos del Espíritu, cada uno para combinar con cada necesidad en la iglesia.

G. LOS DONES MINISTERIALES.

El apóstol Pablo, escribiendo a la iglesia en Efeso declaró una verdad notable concerniente a los líderes espirituales en el cuerpo de Cristo:

> *Pero a cada uno de nosotros fue dada la **gracia** conforme a la medida del **don** de Cristo. Por lo cual dice: "Subiendo a lo alto, llevó cautiva la cautividad, y dio **dones** a los hombres"* [Sal. 68:18]. *...Y él mismo **constituyó** a unos, apóstoles; a otros, profetas; a otros evangelistas; a otros, pastores y maestros, a fin de perfeccionar a los santos para la obra del ministerio, para la edificación del cuerpo de Cristo* (Ef. 4:7-12).

La verdad es que los oficios (ministerios) en la iglesia deben ser vistos como dones de Cristo a su cuerpo. Por lo tanto, los hombres no pueden hacerse líderes, ni pueden ser hechos tales por el antojo de otros (Rom. 1:5; I Cor. 1:1; II Cor. 1:1; Gál. 1:1,16). La iglesia debe apartar, como líderes y ministros espirituales, a aquellos a quien Dios ha llamado y escogido (Hch. 13:1-3). Cuando Cristo coloca a un hombre en el cuerpo de Cristo, primero lo dota con el don espiritual que corresponde a su ministerio.

Algunos maestros de la Biblia marcan una fuerte distinción entre los dones ministeriales y los *carísmata*, sosteniendo que los primeros son dones de Cristo, mientras que los *carísmata* son dones del Espíritu (*pneumática*). Se nota en la introducción de Pablo a los *carísmata* que todos los ministerios y capacidades divinas son dones del trino Dios: *"Ahora bien hay diversidad de dones, pero el Espíritu es el mismo. Y hay diversidad de ministerios, pero el Señor es el mismo. Y hay diversidad de operaciones, pero **Dios** que hace todas las cosas en todos, es el mismo"* (I Cor. 12:4-6). Además, Pablo mezcla oficios (ministerios) con sus imparticiones en su resumen de los *carísmata*: *"Y a unos puso Dios en la iglesia, primeramente apóstoles, luego profetas, lo tercero maestros, luego los que hacen milagros, después los que sanan, los que ayudan, los que administran, los que tienen don de lenguas"* (I Cor. 12:28). Se enumeran tres oficios (ministerios) juntamente con cinco dones espirituales. En Romanos 12, donde el apóstol enumera siete dones, Pablo mezcla dos dones (*carísmata*) con cinco clases de poseedores de dones. Todo suma a la conclusión de que a todos los hombres divinamente ordenados les es dado un don de capacitación, y todo don espiritual les equipa para algún tipo de ministerio.

Por supuesto, no todo ejercicio de un don hace a un líder sobre otros, como aquellos descritos en pasajes tales como Efesios 4:11; Hebreos 13:7,17,24; I Tesalonicenses 5:12; Hechos 20:28; I Pedro 5:14; o I Timoteo 5:17. Sean líderes o seguidores, hay dones espirituales que equipan divinamente a los santos para edificar el cuerpo de Cristo. La Biblia no hace una brecha tan ancha entre los líderes y creyentes en general, como los hombres tienden a hacer. No obstante, los oficios (ministerios) de las iglesias son un don divino, sin los cuales la iglesia no puede madurar, o ser adecuadamente dirigida y protegida de errores. Los oficios (ministerios) y sus provisiones son:

1. El apóstol.

Los apóstoles fueron los primeros líderes de la Iglesia, primeros en tiempo (Mt. 10:1-2; Lc. 22:14,15; Ef. 2:20); primeros en autoridad (Mr. 6:7; Hch. 1:21-26); primeros en ministerio (Hch. 2:37; 6:l-4); y primeros en las listas (Ef. 4:11; I Cor. 12:28). Los apóstoles fueron aquellos comisionados y enviados por Jesús para iniciar y dirigir la predicación y enseñanza del evangelio y, juntamente con El, fundar la iglesia (Ef. 2:20; Ap. 21:14).

El título "apóstol" viene del griego *apóstolos* que significa "un mensajero, uno enviado con una comisión, un apóstol de Cristo." La idea básica derivada de la palabra "apóstol" es aquella de un enviado como representante de otro y que deriva su autoridad del que lo envía. En el griego clásico, *apóstolos* también significaba "una flota de naves, una expedición." Del último, el significado es extendido a "uno comisionado y enviado a otro país", como la descripción de "un misionero." El verbo *apostello* significa "enviar de, o fuera."

¿Quiénes son llamados en el Nuevo Testamento "apóstoles"? El primer grupo llamado "apóstoles" fue el de los doce discípulos de Jesús (Mt. 10:2; Lc. 6:13), cuyo número fue reducido a once por la caída de Judas (Hch. 1:26). En adición a los doce, varios otros son llamados "apóstoles", tales como Bernabé (Hch. 14:14), Silas y Timoteo (I Tes. 2:1,6), Santiago (I Cor. 17:7), Pablo (Rom. 1:1), y probablemente Andrónico y Junias (Rom. 16:7). Los últimos dos eran parientes de Pablo y son mencionados en II Corintios 8:23 como mensajeros (gr. *apóstolos*) de las iglesias. Epafrodito es llamado por Pablo el mensajero (apóstol) de la iglesia filipense (Fil. 2:25). Parece que el término "apóstol" fue usado con cuatro significados diferentes:

- Los doce apóstoles de Jesús (Mt.10:2; 19:28; Lc. 22:14)

- Todos aquellos comisionados por Jesús (70?) (l20?). (Ver I Corintios 15:5,7)

- Pablo como apóstol especial a los gentiles (Gál. 2:7,9)
- Ciertos asociados de Pablo en su ministerio a las naciones (Hch. 14:14; Rom. 16:7)

Diferentes niveles de apostolado parecen ser enunciados en I Corintios 15:4-10:

> *...resucitó al tercer día, conforme a las Escrituras; y que apareció a Cefas, y después a los doce... Después apareció a Jacobo; después a todos los apóstoles; y al último de todos, como a un abortivo, me apareció a mí. Porque yo soy el más pequeño de los apóstoles, que no soy digno de ser llamado apóstol, porque perseguí a la iglesia de Dios. Pero por la gracia de Dios soy lo que soy; y su gracia no ha sido en vano para conmigo, antes he trabajado más que todos ellos; pero no yo, sino la gracia de Dios conmigo.*

Una comparación entre los versículos cinco y siete mostrará que el apóstol hizo una clara distinción entre "los doce" (Vs 5) y "todos los apóstoles" (Vs 7). Grosheide comenta sobre el versículo siete: "Hay entonces una analogía con el versículo cinco: allí fue Pedro primero y luego los doce, aquí Jacobo primero y luego un círculo más amplio de apóstoles"[28]

Finalmente, Pablo se refiere a sí mismo como el último y el menor de todos los apóstoles. Si Pablo se consideró *como "el último de todos"* los hombres que habían visto al Señor Jesús (vea I Cor. 9:1), entonces no puede haber mas apóstoles en tiempos posteriores. El círculo mayor de apóstoles probablemente incluía a los setenta a quienes Jesús comisionó personalmente, o aún los ciento veinte que recibieron la plenitud del Espíritu en el día de Pentecostés.

Está claro en pasajes tales como Hechos 1:22-26 y Apocalipsis 21:14 que estos últimos no eran considerados apóstoles en el mismo nivel con los doce. Bernabé, Silas, Andrónico y Junias bien pudieron haber estado entre los setenta (70) o los ciento veinte (120) que fueron testigos de la resurrección de Jesús (Hch. 1:21,22).

Pablo se clasifica en una tercera clase de apóstoles, "un abortivo", uno a quien el Señor resucitado había aparecido después de su ascensión. Él había visto al Señor (I Cor. 9:1). Las señales de un apóstol habían aparecido en su ministerio (II Cor. 12:12). Había recibido la diestra de la comunión de los apóstoles de Jerusalén, y la autoridad de ellos para llevar el evangelio a los gentiles. La historia subsiguiente demostró el apostolado de Pablo, usa-

---

[28] *New International Commentary on the New Testament, First Corinthians* (Nuevo Comentario Sobre el Nuevo Testamento, Primera de Corintios) por Frederick Willem Grosheide (Grand Rapids, MI: Win B. Eerdmans Publishing Company, 1953) 352.

do por el Señor al escribir más libros del Nuevo Testamento que cualquier otro. Sin embargo, el hecho de que Pablo fue forzado a luchar fuertemente por su propio apostolado, muestra que la iglesia primitiva había puesto cualidades extremadamente altas para el oficio (ministerio) del apostolado (I Cor. 9:1, II Cor. 12:11,12).

Aquellos que clamaban falsamente el apostolado eran fuertemente condenados (II Cor. 11:13; Ap. 2:2). Los apóstoles son llamados el fundamento de la iglesia; una estructura puede tener sólo un fundamento (Ef. 2:20). Alrededor de Pablo en Antioquía se formó un círculo de hombres tales como Bernabé, Silas, Timoteo, Tito y Epafrodito, que fueron llamados apóstoles en el sentido de que fueron comisionados por la iglesia en Antioquía como "misioneros" (un significado de la palabra *apóstolos*). En este último sentido, ha habido "apóstoles" en todas las edades de la iglesia, hombres con potentes dones del Espíritu, hombres que mediante el poder del Cristo resucitado empujan las fronteras de la iglesia a los confines de la tierra. Si ellos no se han llamado "apóstoles", igual han logrado las obras de apóstoles.

El título "apóstol" pertenece mas bien a la primera generación de la iglesia; sin embargo los dones espirituales necesarios para la obra apostólica seguirán siendo derramados en tanto haya gente que alcanzar sobre la faz de la tierra. Jesús todavía está enviando a hombres comisionados con su autoridad sobre las potestades de las tinieblas, que tienen autoridad de atar y desatar, y que predican el evangelio con la unción de un profeta. Ellos trabajan entre nosotros hoy día.

2. El profeta.

El profeta, enumerado por Pablo entre los dones ministeriales a la iglesia (Ef. 4:11), es segundo en importancia después de los apóstoles. El profeta no sólo ejerce el don de profecía, sino que ocupa un lugar de liderazgo junto con los apóstoles y maestros (Hch. 11:27; 13:1-3; 15:32; Ef. 2:20; 3:5).

En la iglesia primitiva había dos clasificaciones de profetas. Cualquier miembro del cuerpo general de creyentes que ministraba edificación, exhortación y consolación mediante el don de profecía era llamado profeta (I Cor. 14:24,31). Otro grupo, formado de tales hombres como Bernabé, Silas, Judas, Agabo y otros mencionados en Hechos 13:1, eran líderes espirituales de la iglesia (Hch. 21:22). Pablo se refiere a esta clase de profetas en Efesios 4:11 cuando enumera dones ministeriales otorgados a la iglesia. Aquellos del último grupo, aunque ejercían el mismo don de profecía, poseían un *cárisma* de liderazgo adicional para dirigir el cuerpo general de creyentes.

¿Cómo operaba el don de profecía en y a través de aquellos que lo ejercían?

2.1. El profeta habla como el agente de Dios.

El profeta habla lo que Dios quiere que él hable. Pedro define la función de profeta de la siguiente manera: *"Cada uno según el don [cárisma] que ha recibido, minístrelo a los otros, como buenos administradores de la multiforme gracia de Dios. Si alguno habla, hable conforme a las palabras de Dios; si alguno ministra, ministre conforme al poder que Dios da..."* (I P. 4:10,11). En todo ministerio dotado existe un elemento sobrenatural.

2.2. El profeta puede dar un mensaje de improvisto.

A menudo el contenido del mensaje del profeta es dado de improviso en el momento de hablar. Sin embargo, el mensaje puede haberse dado de antemano durante oración o meditación. Muchos de los profetas del Antiguo Testamento recibían el contenido de su mensaje en un sueño, una visión, o durante oración, para ser entregado al pueblo en una fecha posterior (Is. 6:9-13).

2.3. El profeta puede usar escrituras.

Algunas veces, el contenido del mensaje puede consistir de información bien conocida por el profeta como verdad escritural o historia bíblica. Pedro en el día de Pentecostés (Hch. 2:14-37) y Esteban ante el concilio (Hch. 7), dieron mensajes proféticos que estaban llenos de citas del Antiguo Testamento. Está claro por las narraciones en Hechos que ambos hablaron en el poder del Espíritu. La palabra usada para describir la declaración de Pedro en Hechos 2:14 *apophthéngomai*, es la misma usada en la cláusula *"y comenzaron a hablar en otras lenguas"* (Hch. 2:4), un término usado para expresar el habla de profetas, adivinadores y de los oráculos.

Esteban concluyó su mensaje con una visión de Cristo *"que está a la diestra de Dios"* (Hch. 7:56). Parece según esto, que un profeta puede emplear la escritura en sus mensajes, caso en el cual el Espíritu Santo lo dirige a la selección del material y a su aplicación en situaciones específicas. Un profeta puede ser movido fuertemente por el Espíritu para presentar cierto pasaje bíblico, en cuya instancia el Espíritu también provee un valor y poder especial en la comunicación *"Y todos fueron llenos del Espíritu Santo y hablaban con denuedo [parresía] la palabra de Dios"* (Hch. 4:29-31); *"Orando en todo tiempo con toda oración y súplica en el Espíritu... por mí, a fin de que... con denuedo [parresía] hable de él, como debo hablar"* (Ef. 6:18-20).

No toda la predicación es profecía, pero muchas predicaciones se hacen proféticas cuando una gran verdad o aplicación no premeditada es provista por el Espíritu, o donde una revelación especial es dada de antemano en oración y de una manera poderosa en su entrega. Cuando uno habla en lenguas, la mente está inactiva (I Cor. 14:14); pero cuando uno profetiza, el Espíritu opera a través de la mente para suplir un mensaje: *"Pero en la iglesia prefiero hablar cinco palabras con mi entendimiento, para enseñar también a otros, que diez mil palabras en lengua desconocida"* (I Cor. 14:9). Aquí el apóstol no está comparando una declaración dotada con una no dotada; está comparando lenguas con profecía; porque todo el capítulo catorce de I Corintios está escrito para comparar las lenguas interpretadas con la profecía.

2.4. El profeta revela el plan de salvación.

Antes que fuera escrito el Nuevo Testamento, muchos de los profetas apostólicos eran usados por el Espíritu para revelar el plan de salvación. Esto era así porque esto sólo estaba vagamente prefigurado en la tipología del Antiguo Testamento (Ef. 2:20). Esta revelación profética luego fue incorporada en las epístolas *"... leyendo lo cual podéis entender cuál sea mi conocimiento en el misterio de Cristo, misterio que en otras generaciones se dio a conocer a los hijos de los hombres, como ahora es revelado a sus santos apóstoles y profetas por el Espíritu..."* (Ef. 3:4,5).

2.5. El profeta puede predecir el futuro.

Mientras que la profecía es más "declarar" que "predecir", a veces puede involucrar una predicción del futuro. En el libro de Hechos hay dos profecías de Agabo (Hch. 11:27,28; Hch. 21:10-14). La primera relativa al hambre amenazante en Judea; la segunda concerniente a la pronta venida del encarcelamiento de Pablo en Jerusalén. Ambas profecías fueron cumplidas. Notamos, respecto a la segunda profecía de Agabo en Hch. 21:11, que Pablo no cambió sus planes como resultado de la profecía, aún ante el ruego de sus amigos. Esto enseña que la profecía puede ser entregada para revelar o confirmar un hecho venidero, pero no para proveer guía personal. Pablo respetó la profecía de Agabo la cual revelaba sólo lo que Pablo ya sabía (Hch. 20:22,23), pero siguió su propio entendimiento de la voluntad de Dios para su futuro. Dios puede revelar el futuro, pero nosotros no debemos acudir "al profeta para interrogar" respecto el futuro. Aquellos que caminan por la fe viven un día a la vez, dejando el futuro desconocido a Dios.

2.6. El profeta habla lo que el Espíritu revela.

A menudo se pregunta si las declaraciones proféticas deberían ser puestas en primera persona ("Yo, el Señor"), o en tercera persona ("Así dice el Señor" o "El Señor dice"). Cuando uno ejerce un don vocal, habla como

el Espíritu suple los pensamientos; el Espíritu revela, el profeta habla. Dios no habla, sino que revela al profeta lo que Él quiere que se diga. Pablo dijo: *"Asimismo, los profetas hablen dos o tres, y los demás juzguen"* (I Cor. 14:29). Ya que los mensajes de los profetas están sujetos a ser juzgados (discernidos), parece más consistente con la humildad del profeta, hablar en tercera persona como hizo Agabo en Hechos 21:11. Pablo declaró que las cosas que él escribió en I Corintios capítulo catorce eran los mandamientos del Señor (I Cor. 14:37); sin embargo, expresó sus preceptos en tercera persona. Myer Pearlman dice al respecto: "Muchos obreros con experiencia, creen que las interpretaciones y los mensajes proféticos deben ser dados en tercera persona." [29]

Lucas declara, concerniente a los que fueron llenos del Espíritu en el día de Pentecostés: *"Y comenzaron a hablar en otras lenguas, según el Espíritu les daba que hablasen"* (Hch. 2:4). Dios no habló en lenguas, los creyentes hablaron al ser capacitados por el Espíritu. Dios no habla normalmente a través de hombres como si éstos fueran megáfonos pasivos. Él revela a los profetas su voluntad, capacitándoles para hablar lo que Él suple. A menudo Dios hablaba directamente al profeta; pero cuando el profeta entregaba el mensaje al pueblo, decía "Así ha dicho el Señor" o algo equivalente. Hoy en día muchos opinan que la declaración profética es mejor fraseada en el idioma contemporáneo, antes que en palabras arcaicas, excepto donde pueda ser incorporada la escritura en sí.

3. El evangelista.

"Evangelista" viene de la palabra griega *euagelistés,* definida como "el que proclama buenas noticias." Un evangelista es entonces uno que se dedica enteramente a "proclamar (predicar) el evangelio", especialmente el mensaje de salvación. El término evangelista se usa sólo tres veces en el Nuevo Testamento (Hch. 21:8; Ef. 4:11; II Ti. 4:5). No obstante, Pablo enumera al evangelista como uno de los dones ministeriales de la iglesia (Ef. 4:11). Solamente Felipe es llamado específicamente un "evangelista" (Hch. 21:8); pero trabajadores tales como Timoteo (II Ti. 4:5), Lucas (II Cor. 8:18), Clemente (Fil. 4:3) y Epafras (Col. 1:7; 4:12) pueden haber funcionado como evangelistas.

Las palabras de Pablo a Timoteo sugieren que su verdadero llamado era de evangelista: *"Que prediques la palabra; que instes a tiempo y fuera de tiempo; redargüye, reprende, exhorta con toda paciencia y doctrina... Pero tú sé sobrio en todo, soporta las aflicciones, haz obra de evangelista, cumple tu ministerio"* (II Ti. 4:2,5; vea también I Ti. 1:18; 4:14). Pablo,

---

[29] Pearlman, 326.

anónimamente describe a un evangelista, (la mayoría de los eruditos lo identifican como Lucas): *"Y enviamos juntamente con él al hermano cuya alabanza en el evangelio se oye por todas las iglesias."* (II Cor. 8:18).

El cuadro más claro de un evangelista se halla en Hechos capítulo ocho, que describe el ministerio de Felipe, quien es específicamente llamado un evangelista" (Hch. 21:8). Las siguientes características del ministerio de Felipe forman un modelo de evangelismo del Nuevo Testamento:

* Felipe predicaba la palabra de Dios, declarando específicamente el centro del evangelio, que es Cristo el Salvador. *"Les predicaba a Cristo"* (8:4,5,35).

* Hubo muchos que creyeron y fueron bautizados (8:6,12).

* Milagros de sanidad siguieron a su predicación y muchos fueron librados de espíritus demoníacos (8:6,7). Los milagros de sanidad dieron mayor efectividad al ministerio de Felipe (8:6,8).

* Felipe estaba listo para testificar de Cristo como Salvador, tanto en ciudades enteras, como a un solo individuo. Dejando Samaria, fue dirigido al carruaje del tesorero de Etiopía (8:26), a quien llevó a Cristo (8:35-38). El verdadero ganador de almas tiene una pasión por las almas que lo hace adaptable al evangelismo en masa y al evangelismo personal.

* El ministerio evangelístico de Felipe lo llevó de ciudad en ciudad (8:40).

El cuadro del evangelista del Nuevo Testamento y de la época post-apostólica, era el de uno predicando el mensaje evangélico de salvación de iglesia en iglesia y de ciudad en ciudad. Eusebio, el gran historiador de la iglesia del siglo cuarto describe al evangelista:

Y ellos esparcían las semillas salvadoras del reino de los cielos, tanto lejos como cerca, y a través del mundo entero... Luego comenzaron largos viajes, ejecutaban el oficio (ministerio) de evangelistas, llenos del deseo de predicar a Cristo, a los que todavía no habían oído la palabra de fe.[30]

4. El pastor-maestro.

En la estructura gramatical de Efesios 4:11, el término "maestro" no tiene un artículo definido como lo tienen todos los términos precedentes. Entonces, "maestro" se une con "pastor." Esto no significa que los términos sean intercambiables. Pueden haber maestros que no son pastores, pero no puede haber pastores que no sean maestros (Hch. 20:28-30). En iglesias donde había varios ancianos, algunos pueden haber tenido el mi-

---

[30] *Church History* (Historia Eclesiástica) por Eusebio, Vol. III, cap. 37, pág. 1,2.

nisterio de liderazgo no siendo maestros (Tit. 5:17). Pero el verdadero pastor era un maestro: *"Mayormente los que trabajan en predicar y enseñar"* (I Ti. 5:17b). Una de las cualidades necesarias para un obispo (pastor, anciano) era que fuera *"apto para enseñar"* (Tit. 3:2; II Ti. 2:24). Un verdadero pastor, entonces, tendrá el **carisma** para enseñar (Rom. 12:7; I Cor. 12:28).

La palabra "pastor" (gr. **poimén**), usada para referirse al líder de una iglesia local, se halla sólo una vez en el Nuevo Testamento (Ef. 4:11). Sin embargo, la figura de la iglesia como un "rebaño" (gr. **poimén**), y de la obra del líder espiritual de la iglesia como "pastorear el rebaño de Dios" (gr., **poimaino**), se halla varias veces (Jn. 21:15-17; Hch. 20:28; I P. 5:14).

El concepto de Israel como el rebaño de Dios y de Jehová como su pastor es común en el Antiguo Testamento (Sal. 23:4; Sal. 80:1,2; Is. 40:11; Jer. 23:4; 25:34-38; Ez. 34; Zac. 11). En el Nuevo Testamento, Jesús usa la figura del pastor y las ovejas en Juan capítulo diez, donde se llama a sí mismo el "Buen Pastor." Además del título "Buen Pastor", Jesús también es llamado el "Gran Pastor" (Heb. 13:20), el "Príncipe de los Pastores" (I P. 5:4), y el "Pastor Dócil" (Is. 40:11). Los pastores de las iglesias son pastores "delegados", que sirven bajo "el Príncipe de los Pastores."

El hecho de que la enseñanza es el objetivo principal de la gran comisión como fue expresado por Mateo (Mt. 28:19,20) muestra la importancia del ministerio docente. El libro de Hechos refuerza esta observación: *"Y todos los días, en el templo y por las casas, no cesaban de enseñar y predicar a Jesucristo "* (Hch. 5:42; vea Hch. 11:26; 13:1; 15:35; 20:20; 28:31; I Cor. 4:17; Col. 3:16; II Ti. 2:2).

Debido a la importancia de la enseñanza, no es sorprendente que uno de los dones especiales del Espíritu Santo es la capacitación para enseñar. El profeta inspiraba, exhortaba, consolaba y motivaba a la iglesia; el maestro instruía a la iglesia en sana doctrina, guardando al rebaño de falsos maestros y sus enseñanzas destructivas. La iglesia en Antioquía disfrutaba de un ministerio balanceado por profetas y maestros que administraban la exhortación, el evangelismo y la enseñanza ungida. Algunos han concluido que el **carisma** de una "palabra de sabiduría" era el don de profeta, y que la operación de la "palabra de ciencia" era el don del maestro.

El apóstol Juan se refiere a la unción disfrutada por verdaderos maestros al decir: *"Pero vosotros tenéis la unción del Santo, y conocéis todas las cosas"* (Jn. 2:20; vea también I Jn. 2:27). Hay la tendencia de pensar que el profeta habla sobrenaturalmente, y que el maestro imparte los hallazgos de una escuela meramente natural. La diferencia no es entre lo sobrenatural y lo natural; la diferencia entre los dos es una diferencia en la manera por la cual el Espíritu Santo opera en los dos dones ministeriales. La unción sobre el profeta es más repentina e imprevista, con la meta de motivación. La unción sobre el maestro es más medida, operando para iluminar la palabra de verdad y dar habilidad para comunicar correctamente. Para cada ministerio en el cuerpo de Cristo hay un *carisma* espiritual.

H. OTROS DONES ESPIRITUALES.

Ya ha sido indicado que las listas de dones espirituales en I Corintios doce, Romanos doce y Efesios cuatro, no tienen la intención de ser exhaustivas. Las siguientes son fases de ministerio que pueden requerir una provisión especial del Espíritu Santo:

1. Hospitalidad.

Pedro clasifica la "hospitalidad" como un don espiritual: *"Hospedaos los unos a los otros sin murmuraciones. Cada uno según el don [cárisma] que ha recibido, minístrelo a los otros, como buenos administradores de la multiforme gracia de Dios"* (I P. 4:9,10). La hospitalidad era muy importante para los creyentes primitivos. Era un requisito necesario para los obispos: *"Pero es necesario que el obispo sea irreprensible... hospedador, apto para enseñar..."* (I Ti. 3:2). Quizá en el mundo moderno, particularmente en las ciudades, los obreros cristianos no son demasiado agasajados en los hogares de los hermanos, pero la hospitalidad puede ser manifestada en el mundo contemporáneo a través del interés amoroso y la inquietud por las necesidades de otros.

2. Intercesión.

Un ejercicio básico de la vida cristiana es la oración. La oración es a la vida espiritual lo que el respirar es a la vida física. Sin embargo, la oración en el Espíritu *"con gemidos indecibles"* es un *cárisma* del Espíritu (Rom. 8:26, 27). La oración en el Espíritu es el potencial de todo creyente lleno del Espíritu; pero la mayoría necesita *"no descuidar el don"* (I Ti. 4:14; II Ti. 2:6). Quizá la oración y alabanza en el Espíritu son aspectos del don de lenguas o interpretación de lenguas. En si, son operaciones carismáticas del Espíritu en el creyente (Ef. 5:18,19; Col. 3:16; I Cor. 14:15).

3. Testificar.

El testificar es una de las metas principales de la iglesia de Jesucristo. Jesús prometió, *"Pero recibiréis poder, cuando haya venido sobre vosotros el Espíritu Santo, y me seréis testigos..."* (Hch. 1:8). No se dice específicamente que el testificar es un don espiritual, pero la capacidad de testificar efectivamente está claramente conectada cono resultado del derramamiento del Espíritu Santo. Ya que hay muchos, como Pablo, que tienen el ministerio especial de testificar, Dios puede dar una provisión especial para eso: *"Pero habiendo obtenido auxilio de Dios, persevero hasta el día de hoy, dando testimonio a pequeños y a grandes..."* (Hch. 26:22; vea también Hch. 23:11). Dos pasajes declaran que el testificar es una obra especial del Espíritu: *"Y nosotros somos testigos suyos de estas cosas, y también el Espíritu Santo, el cual ha dado Dios a los que le obedecen"* (Hch. 5:32); *"Y el Espíritu es el que da testimonio; porque el Espíritu es la verdad"* (I Jn. 5:6b). Parece que entre más uno cede al Espíritu, mayor es la capacidad de testificar efectivamente.

I. DONES PARA HABILIDADES ESPECIALES.

1. Evidencia en el Antiguo Testamento.

En el Antiguo Testamento dones especiales del Espíritu fueron dados a los artesanos que sirvieron en la construcción del tabernáculo:

Y Moisés dijo a los hijos de Israel: Mirad, Jehová a nombrado a Bezaleel hijo de Uri, hijo de Hur, de la tribu de Judá; y lo ha llenado del Espíritu de Dios, en sabiduría, en inteligencia, en ciencia y en todo arte, para proyectar diseños, para trabajar en oro, en plata y en bronce... para trabajar en toda labor ingeniosa (Ex. 35:30-33).

Este pasaje provee una tipología de la obra del Espíritu Santo quien suple, en la nueva dispensación, dones especiales para creyentes que son obreros de Dios, edificando al cuerpo de Cristo.

2. Música, prosa y poesía espiritual.

Si Dios suplió dones sobrenaturales para toda habilidad necesaria en la construcción del tabernáculo y su mobiliario, ¿no suplirá también en esta era la capacitación espiritual que corresponde a cada clase de servicio necesario para construir el santo templo del cual Cristo es el fundamento y piedra angular? ¿No incluirá esto la composición de música espiritual, la maestría en instrumentos musicales que ayudan en la alabanza, la escritura de literatura cristiana que edifica espiritualmente, y aún la construcción de estructuras que sirven para adoración y enseñanza?

3. Capacitación espiritual para cada obra en el cuerpo de Cristo.

Si alguno tiene un servicio que es útil a la iglesia de Cristo, ¿no debería esperar que Dios provea ese servicio con una unción especial, para que ninguna obra en el cuerpo de Cristo tenga que hacerse en fuerza meramente humana? De aquí que *"... si alguno ministra, ministre conforme al poder que Dios da: para que en todo sea Dios glorificado por Jesucristo."* (I P. 4:11).

J. LA RELACION ENTRE LOS DONES Y EL FRUTO DEL ESPIRITU.

1. La importancia del amor.

Los críticos de la operación de los dones espirituales dicen a menudo: "Preferiría tener amor que lenguas o milagros." Afortunadamente no son alternativas mutuamente exclusivas. Uno no tiene que elegir entre el amor y los milagros, ni entre los dones del Espíritu y el fruto del Espíritu. El Espíritu otorga tanto los frutos como los dones; ambos son esenciales para una iglesia completa. El gran "capítulo del amor" de la Biblia, I Corintios 13, está entre los dos grandes "capítulos de dones", no como alternativa, pero como un refuerzo para los dones. Pablo dijo: *"Seguid el amor; y procurad los dones espirituales..."* (I Cor. 14:1). Es verdad que el ejercicio de los dones sin amor no tiene valor (I Cor. 13:1-3).

Si la posesión de dones es solamente una cosa del ego, o un "símbolo de posición", entonces los dones son menos que inútiles. Si uno que ejerce un don rehusa la instrucción y no tiene interés alguno en edificar al mundo entero, entonces no es nada (I Cor. 13:2). Nosotros no buscamos los dones, el Espíritu Santo los distribuye como desea; pero el fruto del Espíritu debe ser la búsqueda de todo creyente lleno del Espíritu: *"Seguid el amor..."* (I Cor. 14:1). Cuando el fruto del Espíritu madura en la vida del creyente, el Espíritu Santo, sin duda, impartirá dones a aquellos que los desean para la edificación del cuerpo y para la gloria de Dios.

2. Cómo todo el fruto es contenido en el amor.

El apóstol, enumerando el fruto del Espíritu dijo: *"Mas el fruto del Espíritu es amor, gozo, paz, paciencia, benignidad, bondad, fe, mansedumbre, templanza..."*(Gál. 5:22,23). Pablo recién había declarado que las obras de la carne eran tales como adulterio, idolatría, envidia, iras, contiendas, etc. Las obras de la carne eran plurales (obras). Cuando enumeró el fruto, dijo *"El fruto del Espíritu es amor* [singular]." Todas las virtudes que siguen al amor realmente son aspectos del amor. La carne manifiesta muchas obras perversas. El Espíritu manifiesta amor que es una joya espiritual con ocho facetas brillantes. El amor es el requisito básico para el ministerio de los dones; también debería ser la motivación para el deseo de los dones. En los dones vocales, el amor hace la diferencia entre metal resonante y la música celestial.

CAPITULO 7
La Doctrina de la Sanidad Divina

INTRODUCCIÓN

Muchos creyentes pentecostales alrededor del mundo se identifican con las palabras de Aimee Semple McPherson en cuanto al tema de la sanidad divina: "Creemos que la sanidad divina es el poder del Señor Jesucristo para sanar al enfermo en respuesta a la oración de fe; que Él, quien es el 'mismo ayer, hoy, y por los siglos,' nunca ha cambiado sino que todavía es una ayuda suficiente en la hora de la angustia, poderoso para suplir toda necesidad, vivificar y renovar la vida del cuerpo, como también la del alma y del espíritu en respuesta a la fe de aquellos que siempre oran con sumisión a su divina y soberana voluntad."[1]

Esta preciosa doctrina no debe ser descuidada por aquellos que ministran la palabra de Dios. En algunos círculos hay muchos malentendidos y oposición con respecto a la sanidad divina. Esto se debe a una falla en aceptar y comprender la completa enseñanza de la palabra de Dios sobre este tema.

I. LA RACIONALIDAD DE LA SANIDAD DIVINA

A la luz de todo lo revelado en las escrituras, es razonable que el Señor sane las aflicciones físicas de aquellos que buscan su ayuda. No es el propósito de esta sección tratar con la racionalidad de la sanidad física solamente desde un punto de vista lógico y aceptable. El pensamiento a enfatizar es que basados en la escritura y su revelación de la voluntad, propósito y poder de Dios, es enteramente razonable creer que Dios está interesado

---

[1] *Declaración de Fe por Aimee Semple McPherson (Los Angeles, CA: Iglesia Internacional del Evangelio Cuadrangular, n.d.) 20.*

en los cuerpos físicos de aquellos que son sus hijos mediante el nuevo nacimiento. Los hechos tratados en esta sección dan testimonio de esto. No es necesario que el cristiano trate de persuadir a Dios para que Él tome interés en sus necesidades físicas. Desde la creación, Dios ciertamente ha estado interesado en nuestro bienestar. Las promesas de Dios y las revelaciones de su preocupación por las necesidades físicas del hombre siempre han excedido la fe del hombre para recibirlas.

A. DIOS SE INTERESA POR EL CUERPO HUMANO.

La relación vital del cuerpo humano con el programa de Dios está presentado en I Corintios 6:9-20. De este pasaje citamos:

> *Las viandas para el vientre, y el vientre para las viandas; pero tanto al uno como a las otras destruirá Dios. Pero el cuerpo no es para la fornicación, sino para el Señor, y el Señor para el cuerpo. Y Dios, que levantó al Señor, también a nosotros nos levantará con su poder. ¿No sabéis que vuestros cuerpos son miembros de Cristo? ¿Quitaré, pues, los miembros de Cristo y los haré miembros de una ramera? De ningún modo. ¿O no sabéis que el que se une con una ramera, es un cuerpo con ella? Porque dice: Los dos serán una sola carne. Pero el que se une al Señor, un espíritu es con él. Huid de la fornicación. Cualquier otro pecado que el hombre cometa, está fuera del cuerpo; mas el que fornica, contra su propio cuerpo peca. ¿O ignoráis que vuestro cuerpo es templo del Espíritu Santo, el cual está en vosotros, el cual tenéis de Dios, y que no sois vuestros? Porque habéis sido comprados por precio; glorificad, pues, a Dios en vuestro cuerpo y en vuestro espíritu, los cuales son de Dios. (I Cor. 6:13-20).*

En el versículo trece, una certeza doble es dada: *"Pero el cuerpo... es... para el Señor, y el Señor para el cuerpo."* No sólo está propuesto que el alma y el espíritu sean para el Señor, sino que su cuerpo también sea *"para el Señor."* Pero luego Pablo agrega el pensamiento revelador de que Dios no sólo ha provisto para las necesidades de la naturaleza espiritual humana, sino que también ha provisto para sus necesidades físicas, *"El Señor es para el cuerpo."* Note lo siguiente:

1. El hombre fue creado a la imagen de Dios.

"Entonces dijo Dios: Hagamos al hombre a nuestra imagen, conforme a nuestra semejanza; ... y creó Dios al hombre a su imagen, a imagen de Dios lo creó..." (Gn. 1:26,27). Mientras que esto se aplica particularmente a la naturaleza espiritual del hombre, *la "imagen de Dios"*, también debe tener alguna relación con el cuerpo del hombre. Esto se evidencia en una verdad sugerida en Génesis 9:6: *"El que derramare sangre de hombre, por el hombre su sangre será derramada; porque a imagen de Dios es hecho el hom-*

bre." Sabemos que la muerte sólo afecta al cuerpo. No mata el alma (Lc. 12:4,5). Sin embargo, la razón para esta advertencia de juicio sobre aquel que mate al cuerpo del hombre es, *"porque a imagen de Dios es hecho el hombre."* La imagen de Dios, entonces, debe tener alguna relación con el cuerpo físico del hombre.

2. El cuerpo humano está incluido en la redención de Cristo.

"... nosotros también gemimos dentro de nosotros mismos, esperando la adopción, la redención de nuestro cuerpo" (Rom. 8:23). El cuerpo del cristiano pertenece a Dios porque fue comprado por Él. *"¿O ignoráis que vuestro cuerpo es templo del Espíritu Santo, el cual está en vosotros... y que no sois vuestros? Porque habéis sido comprados por precio..."* (I Cor. 6:19,20). Aunque muchos nunca cuestionan el interés de Dios sobre el alma y el espíritu, sí niegan su interés en el cuerpo. Definitivamente Dios está interesado en ambos.

3. El cuerpo de un cristiano es un miembro de Cristo.

"¿No sabéis que vuestros cuerpos son miembros de Cristo?" (I Cor. 6:15). De nuevo está enfatizado que es el cuerpo, y no el alma o el espíritu del hombre, el que está bajo observación.

4. Dios está profundamente interesado en el valor del cuerpo de sus hijos.

I Corintios 6:15-18 aclara esto dramáticamente. Algunos pecados, Pablo enfatiza, son particularmente contra el cuerpo físico. A Dios le preocupan los pecados que afectan el cuerpo así como aquellos que afectan sólo al alma.

5. El cuerpo físico del cristiano es el templo del Espíritu Santo.

"¿O ignoráis que vuestro cuerpo es templo del Espíritu Santo?" (I Cor. 6:19). Sólo hay que considerar cuán profundamente interesado estaba Dios en cada detalle del tabernáculo en el desierto, y del templo en Jerusalén, para darse cuenta de cuán interesado está en este armazón físico que es la morada de su Espíritu Santo.

6. Los cristianos son instados a glorificar a Dios en sus cuerpos físicos.

"Glorificad, pues, a Dios en vuestro cuerpo y en vuestro espíritu, los cuales son de Dios" (I Cor. 6:20). Glorificar a Dios con la correcta actitud del espíritu es una verdad comúnmente aceptada en la vida cristiana, pero la

amonestación aquí, es a glorificarle con la parte física del ser. Ambos aspectos del ser humano se dicen ser de Dios.

7. Los cristianos son instados a presentar sus cuerpos como un sacrificio vivo a Dios.

"Así que, hermanos, os ruego por las misericordias de Dios, que presentéis vuestros cuerpos en sacrificio vivo, santo, agradable a Dios..." (Rom. 12:1). De nuevo, note que es el cuerpo, y no el alma o el espíritu, el que está especificado aquí. Después de que Sadrac, Mesac y Abed-nego salieron del horno de fuego sin una sola quemadura, Nabucodonosor dijo, *"Bendito sea el Dios de ellos, de Sadrac, Mesac y Abed-nego, que envió su ángel y libró a sus siervos que confiaron en él, y que no cumplieron el edicto del rey, y entregaron sus cuerpos antes que servir o adorar a otro dios que su Dios"* (Dn. 3:28). El gran monarca se impresionó con estos tres fieles seguidores del Señor porque ellos *"entregaron sus cuerpos"* en sacrificio al Señor.

8. El cuerpo humano ha de ser resucitado.

"Y Dios, que levantó al Señor, también a nosotros nos levantará con su poder" (I Cor. 6:14). La resurrección es real. Los cristianos vivirán durante toda la eternidad en el mismo cuerpo, resucitado y glorificado. A causa de esto, es importante para Dios lo que le suceda ahora. Las arras de la herencia del creyente de una vida resucitada e inmortal (Ef. 1:14), son la sanidad y salud para su cuerpo ahora.

B. HAY UNA RELACION VITAL ENTRE EL ALMA Y ESPIRITU DEL HOMBRE CON SU CUERPO FISICO.

La condición del cuerpo afecta el alma. Cuando hay salud en el cuerpo, la disposición de uno es casi siempre alegre. Cuando el cuerpo está enfermo, no es inusual que una persona esté deprimida en su espíritu.

De la misma manera, la condición del alma y del espíritu afectará al cuerpo. Buenas noticias alegrarán al cuerpo y causarán que uno camine con paso liviano, mientras que malas noticias a menudo causarán que uno camine con pies de plomo. "Las estadísticas presentadas en 1948 indicaron que dos tercios de los pacientes que fueron a un médico tenían síntomas causados o agravados por tensión mental."[2]

---

[2] Journal of the American Medical Association *(Diario de la Asociación Médica Americana) (May 29, 1948) 442, citado en Sim I McMillen, M.D None of These Diseases (Ninguna de Estas Enfermedades) (Westwood, NJ; Fleming H. Revell Company, 1963) 60.*

Hay una relación tan cercana entre el alma y el cuerpo del hombre, que es difícil ver como Dios podría estar interesado, y hacer provisión para uno sin el otro. Muchos creen que la vida espiritual debería ser sobrenatural y la vida física meramente natural. Nunca habrá armonía perfecta hasta que todo sea dado a Dios para su cuidado y custodia. Dios está interesado en ambos, el alma y el cuerpo, el hombre entero. Lo correcto es siempre lo saludable.

C. LAS NECESIDADES DEL HOMBRE SON DOBLES.

El ser humano tiene dos naturalezas diferentes. Es tanto un ser material como uno espiritual. Cuando Adán pecó, ambas partes de su naturaleza fueron afectadas por la caída. Esto es verdad para todo hombre desde aquel entonces, porque ha heredado su naturaleza caída.

El alma del hombre está corrompida por el pecado; su cuerpo está expuesto a enfermedad. El plan completo de la redención de Cristo incluye a ambas naturalezas del hombre, provee para la restauración de su vida espiritual, y al mismo tiempo provee para los resultados del pecado vistos en su ser físico. Una redención completa debe igualar el efecto entero del pecado y satisfacer la necesidad total de la humanidad. Esto está ilustrado en el ministerio de Jesús. Él sanó a todos los enfermos que vinieron a Él, y derramó su sangre preciosa para el perdón de sus pecados. También está representado por la comisión doble dada a los discípulos: *"Id por todo el mundo y predicad el evangelio a toda criatura. El que creyere y fuere bautizado, será salvo... sobre los enfermos pondrán sus manos, y sanarán* (Mr. 16:15-18).

II. EL ORIGEN DE LA ENFERMEDAD

Un claro entendimiento del origen de la enfermedad es absolutamente esencial para la comprensión del tema de sanidad divina. Nadie tendrá nunca la clase de fe adecuada para creer en la sanidad de Dios hasta que vea la enfermedad como Dios la ve, ni tampoco podrá ver la enfermedad como Dios la ve hasta que sepa como se originó la enfermedad.

En esta sección de estudio intentaremos mostrar que la enfermedad es el resultado del pecado, y que su presencia en el mundo es consecuencia directa de la influencia y el poder de Satanás. Este hecho será estudiado histórica, fisiológica, y correctivamente.

A. HISTORICAMENTE.

Hay poco lugar para desacuerdo en que la enfermedad es el resultado de la venida del pecado al mundo. Creado como fue el hombre, a la imagen de Dios, si no hubiera pecado, ciertamente no hubiera sufrido dolor, debilidad y enfermedad en su cuerpo. Pablo establece claramente que la muerte es el resultado del pecado. *"Por tanto, como el pecado entró en el mundo por un hombre, y por el pecado la muerte, así la muerte pasó a todos los hombres, por cuanto todos pecaron"* (Rom. 5:12).

La muerte es la etapa final de la enfermedad. La muerte es el resultado del pecado. Por lo tanto, la enfermedad debe también ser el resultado del pecado, ya que el mayor (la muerte) contiene al menor (la enfermedad). Esto quiere decir que si no hubiera habido pecado en el mundo no habría habido enfermedad. Este principio general de que la enfermedad es el resultado del pecado y que puede ser vista como consecuencia directa de la influencia y poder de Satanás, está específicamente ilustrado en lo siguiente:

1. La aflicción que vino sobre Job.

"Entonces salió Satanás de la presencia de Jehová, e hirió a Job con una sarna maligna desde la planta del pie hasta la coronilla de la cabeza" (Job 2:7). El lenguaje no pudo haber sido más claro para decir que la aflicción de Job vino de Satanás. Fue Dios quien lo sanó: *"Y quitó Jehová la aflicción de Job, cuando él hubo orado por sus amigos"* (Job 42:10).

2. Aquellos a quienes Jesús sanó estaban oprimidos por el diablo.

"Cómo Dios ungió con el Espíritu Santo y con poder a Jesús de Nazaret, y cómo éste anduvo haciendo bienes y sanando a todos los oprimidos por el diablo, porque Dios estaba con él" (Hch. 10:38).

3. La mujer que había estado encorvada por más de dieciocho años.

"Y a esta hija de Abraham, que Satanás había atado dieciocho años, ¿no se le debía desatar de esta ligadura en el día de reposo?" (Lc. 13:16).

4. El perfil profético del ministerio de Jesús.

Al estar parado en la sinagoga en Nazaret, Jesús abrió el rollo del profeta Isaías en el capítulo sesenta y uno (61) y comenzó a leer el mensaje profético que perfilaba su ministerio terrenal: *"El Espíritu del Señor está sobre mí, por cuanto me ha ungido para dar buenas nuevas a los pobres... a pregonar libertad a los cautivos, y vista a los ciegos; y poner en libertad a los oprimidos..."* (Lc. 4:18). La humanidad estaba atada y el carcelero era Satanás.

5. Enemistad entre Satanás y la simiente de la mujer.

En el huerto del Edén fue pronunciada la enemistad entre Satanás y la simiente de la mujer (Gn. 3:15). Esta enemistad ha acosado a la raza humana desde entonces.

6. El hombre en Corinto entregado a Satanás para la destrucción de la carne.

"El tal sea entregado a Satanás para la destrucción de la carne, a fin de que el espíritu sea salvo en el día del Señor Jesús" (I Cor. 5:5). Cuando Pablo quizo que el hombre de la iglesia de Corinto quien era culpable de incesto fuera disciplinado para que su espíritu pudiera ser salvo, lo entregó a Satanás. Sin duda lo hizo para que alguna aflicción física viniera sobre él y no pudiera continuar más en su pecado.

7. La enfermedad está entre las maldiciones de la ley quebrantada.

Entre las maldiciones que Dios dijo que vendrían sobre Israel por su pecado, hay muchas enfermedades físicas (Dt. 28:15, 22, 27, 28, 35).

8. El "aguijón en la carne" de Pablo.

Si el *"aguijón en la carne"* de Pablo era una aflicción física, como muchos creen que lo era, su origen es muy claro; porque el texto dice, específicamente, que era *"un mensajero de Satanás"* (II Cor. 12:7).

9. Satanás atado durante el milenio.

No habrá enfermedad en la tierra durante el milenio: *"No dirá el morador: Estoy enfermo..."* (Is. 33:24); *"No harán mal ni dañarán en todo mi santo monte..."* (Is. 11:9). Es sumamente significativo que Satanás será atado en el abismo durante todo este tiempo (Ap. 20:2,3).

10. Jesús reprendía la enfermedad.

Al sanar a los enfermos, Jesús a veces trataba con ellos de la misma manera en que lo hacía con los demonios, mostrando que Él consideraba a la enfermedad como la obra del diablo. En el caso de posesión demoníaca: *"Y Jesús le reprendió... Entonces el demonio, derribándole en medio de ellos, salió de él, y no le hizo daño alguno"* (Lc. 4:35). En el caso de la sanidad de la suegra de Pedro: *"E inclinándose hacia ella, reprendió a la fiebre; y la fiebre la dejó..."* (Lc. 4:39).

B. FISIOLOGICAMENTE.

1. En su esencia, toda enfermedad es resultado del pecado.

Hospitales, asilos, sanatorios y otras instituciones a lo largo de la tierra son una evidencia tangible de la presencia del pecado y su manifestación en el cuerpo humano. Esto no significa que cada vez que uno se enferma, es porque se ha cometido algún pecado en particular. Pero sí significa que si no hubiera habido pecado en el mundo no habría existido la enfermedad.

2. Algunas enfermedades y aflicciones son el resultado de pecados específicos.

Jesús dijo al hombre que fue sanado en el estanque de Betesda: *"... no peques más, para que no te venga una cosa peor"* (Jn. 5:14). Los discípulos reconocieron el principio de que el pecado causa la enfermedad cuando le hicieron la pregunta, *"Rabí, ¿quién pecó, éste o sus padres, para que haya nacido ciego?"* (Jn. 9:2). Estaban equivocados en esta ocasión, pero el principio permanece en otros casos. Hay ciertos pecados que son cometidos directamente en contra del cuerpo, y lo exponen a uno a enfermedades. *"Nada hay sano en mi carne, a causa de tu ira; ni hay paz en mis huesos, a causa de mi pecado... Hieden y supuran mis llagas, a causa de mi locura... Porque mis lomos están llenos de ardor, y nada hay sano en mi carne. Estoy debilitado y molido... Mi corazón está acongojado, me ha dejado mi vigor, y aun la luz de mis ojos me falta ya"* (Sal. 38:3-10). *"Porque mi vida se va gastando de dolor, y mis años de suspirar; se agotan mis fuerzas a causa de mi iniquidad, y mis huesos se han consumido"* (Sal. 31:10).

3. Los hallazgos de médicos y psicólogos.

Médicos y psicólogos se están dando cuenta más y más de que la ira, el odio, el temor, y el sentido de culpabilidad son responsables de un gran porcentaje de enfermedades orgánicas. Úlceras del estómago, artritis, y problemas del corazón están entre aquellas que resultan de algunas de las actitudes del alma previamente mencionadas. El odio y el temor son pecado. Jesús condenó el odio como asesinato (Mt. 5:21,22), porque es la causa del asesinato. Jesús condenó la simiente del asesinato y no sólo el fruto del hecho exterior consumado. El temor es pecado. *"Y todo lo que no proviene de fe, es pecado"* (Rom. 14:23). Una conciencia culpable, la cual es el resultado de un pecado no confesado y no perdonado, es la causa básica de muchas de las enfermedades físicas de la gente.

4. El mal uso del cuerpo.

El mal uso del cuerpo, con relación a la dieta y a la moral o el no cuidarlo correctamente, es pecado. Dios dio a Israel leyes morales y dietéticas, las cuales si eran desobedecidas serían constituidas como pecado. Él les dio estas leyes porque Él sabía que eran buenas para sus cuerpos, y quería que su pueblo cuidara de su constitución física. El descuido de estos principios a menudo traía enfermedad o debilidad física.

Si el cuerpo del cristiano le pertenece a Dios, es comprado por un precio, y es el templo del Espíritu Santo, entonces el cristiano es quien debería ocuparse de su cuidado correcto. El comer excesivamente, trabajar excesivamente y la falta de descanso y ejercicio correcto son pecados en contra del cuerpo. Muchos cristianos y ministros son culpables de esto.

C. CORRECTIVAMENTE.

1. A causa de la desobediencia o el pecado del hombre.

Dios permite a veces que venga la enfermedad sobre sus hijos como una medida de disciplina a causa de su desobediencia o pecado (Heb. 12:5-13). Esto, nuevamente, señala la relación entre la enfermedad y el pecado.

El salmista describe este proceso de disciplina en manos del Señor. *"Fueron afligidos los insensatos, a causa del camino de su rebelión y a causa de sus maldades; su alma abominó todo alimento, y llegaron hasta las puertas de la muerte. Pero clamaron a Jehová en su angustia, y los libró de sus aflicciones. Envió su palabra, y los sanó, y los libró de su ruina"* (Sal. 107:17-20).

Sin embargo, debe ser claramente entendido que la disciplina no es castigo, sino corrección. Todo el juicio de los pecados de el creyente fue llevado por Cristo en la cruz del Calvario.

2. Debido al amor de Dios por sus hijos.

Además, Dios no disciplina a sus hijos porque está enojado con ellos. La disciplina es siempre administrada en amor, y porque Dios desea corregirlos para el bien de ellos y la gloria de Él.

Y habéis ya olvidado la exhortación que como a hijos se os dirige, diciendo: Hijo mío, no menosprecies la disciplina del Señor, ni desmayes cuando eres reprendido por él; porque el Señor al que ama, disciplina, y azota a todo aquel que recibe por hijo. Si soportáis la disciplina, Dios os trata como a hijos... Pero si se os deja sin disciplina, de la cual todos han sido participantes, entonces sois bastardos, y no hijos (Heb. 12:5-8).

Desgraciadamente, los padres a menudo disciplinan a sus hijos porque están airados con ellos. *"Por otra parte, tuvimos a nuestros padres terrenales que nos disciplinaban... Y aquellos, ciertamente... nos disciplinaban como a ellos les parecía..."* (Heb. 12:9,10). Esto generalmente ocurre a causa de que los padres son tomados por sorpresa por el mal comportamiento del niño y se aíran, resultando en la expresión de su enojo sobre el niño. Dios nunca es tomado por sorpresa. Él sabe lo que sus hijos harán, y por lo tanto está preparado antes de tiempo para tratar con ellos de acuerdo con su amor, por más severo que aparente ser el sufrimiento. Note nuevamente, que el propósito de Pablo en entregar al hombre incestuoso en Corinto a Satanás era el amor por su alma: *"a fin de que el espíritu sea salvo en el día del Señor Jesús"* (I Cor. 5:5).

3. A causa de discernir incorrectamente el cuerpo del Señor.

Pablo ilustra el principio mostrando que la razón por la cual algunos de los santos en Corinto estaban débiles y enfermizos, y algunos ya habían muerto, era porque habían fracasado en discernir el cuerpo del Señor en su observación de la ordenanza de la santa cena (I Cor. 11:27-30). Agrega: *"Si, pues, nos examinásemos a nosotros mismos, no seríamos juzgados; más siendo juzgados, somos castigados por el Señor, para que no seamos condenados con el mundo"* (I Cor. 11:31,32).

4. A causa de murmurar en contra de los líderes establecidos por Dios.

La desobediencia y las murmuraciones por parte de los hijos de Israel, trajeron plagas sobre sus cuerpos. Note el resultado de la crítica de María contra su hermano Moisés, como el líder escogido por Dios (Nm.12). También, cuando la congregación murmuró contra el liderazgo de Moisés, plagas fueron enviadas entre la gente y miles murieron (Nm. 16:46-50).

No puede haber ninguna duda de que algunas de las aflicciones que los cristianos están soportando aún hoy, son el resultado de su propia desobediencia y pecado. Algunas personas no necesitan la oración para ser sanadas tanto como necesitan arrepentirse de su desobediencia y pecado. Muchos se han recuperado físicamente en el momento en que han confesado su pecado y han pedido perdón a Dios. Otros que han guardado amargura en su corazón hacia otro, han sido sanados cuando perdonaron al que les había hecho mal.

III. LA NATURALEZA ESPIRITUAL DE LA ENFERMEDAD

Por demasiado tiempo una gran distinción ha sido hecha entre el pecado y la enfermedad. Se ha enseñado, o se ha dado por sentado, que el uno debe ser tratado desde un punto de vista espiritual, mientras que el otro, siendo puramente físico, debe ser tratado a través de medios naturales. Sin embargo, está siendo reconocido más y más que la enfermedad tiene también un significado espiritual. Si puede ser demostrado que la enfermedad tiene un carácter espiritual, entonces se establece la racionalidad de un remedio espiritual: la sanidad divina. Los siguientes tres hechos son un resumen de lo que ha sido presentado anteriormente, y establecen claramente la naturaleza espiritual de la enfermedad física:

A. LA ENFERMEDAD ESTA EN EL MUNDO A CAUSA DEL PECADO.

La enfermedad está en el mundo a causa del pecado, el cual está en el dominio espiritual, y por la actividad de Satanás, que es un ser espiritual. De allí que su fuente original es espiritual.

B. CIERTAS ENFERMEDADES SON PRODUCTO DE PECADOS ESPECIFICOS.

Se sabe que ciertas enfermedades son el resultado directo de ciertos pecados específicos. Hay una relación cercana entre la enfermedad y el pecado; por lo tanto se constata que hay un significado espiritual en estas enfermedades.

C. LA ENFERMEDAD COMO MEDIDA DISCIPLINARIA.

Dios a veces permite que venga la enfermedad sobre sus hijos como una medida disciplinaria, y esto porque Él los ama. Estas enfermedades deben tener un significado espiritual porque tienen un propósito espiritual: corregir los pasos de los hijos de Dios.

Si la enfermedad es algo espiritual, entonces debe ser hallada una cura que en sí misma sea espiritual. Ningún remedio que reaccione sólo en lo físico podrá satisfacer la necesidad entera. El remedio del médico podrá aliviar los síntomas físicos, pero no es capaz de tratar con la causa espiritual detrás de los síntomas físicos. Muchos médicos y psiquiatras han admitido que una vasta mayoría de sus pacientes estarían físicamente bien si pudieran satisfacer sus necesidades espirituales. La sanidad divina trata con la necesidad física a través del reino espiritual y así llega al corazón mismo de la necesidad de la persona enferma.

El perdón de pecados y la sanidad de enfermedades están relacionados el uno con el otro en numerosos pasajes en la palabra de Dios. *"Él es quien perdona todas tus iniquidades, el que sana tus dolencias..."* (Sal. 103:3). *"No dirá el morador: Estoy enfermo; al pueblo que more en ella le será perdonada la iniquidad"* (Is. 33:24). *"Y la oración de fe salvará al enfermo, y el Señor lo levantará; y si hubiere cometido pecados, le serán perdonados"* (Stg. 5:15).

El hecho de que una gran bendición espiritual siempre acompaña la sanidad física es prueba de la inter-relación de los dos. De hecho, muchos experimentan que la bendición espiritual recibida es aún mayor que el alivio físico que viene por el toque del poder de Dios. Cualquier cosa que no satisfaga la necesidad espiritual detrás de la enfermedad física no es cura suficiente.

IV. LA SANIDAD Y LA VOLUNTAD DE DIOS

El mayor impedimento para que los hijos de Dios disfruten de la sanidad divina y salud es la falta del conocimiento claro de la voluntad de Dios en este asunto. Este impedimento está centrado alrededor de la molesta incertidumbre en cuanto a si es la voluntad de Dios sanar a todos los que vienen a ÉL hoy. No es cuestión de la habilidad de Dios para sanar. Todo cristiano profesante cree que Dios tiene la habilidad de hacer cualquier cosa que Él quiera realizar. La vasta mayoría de aquellos que no hacen ninguna profesión de salvación aún creen en Dios, y en que puede ejecutar lo milagroso si Él desea hacerlo.

Nuevamente, la cuestión no es una de habilidad sino de voluntad. Comúnmente descartamos ésto como algo natural sin buscar el sentido de lo que está involucrado aquí. En realidad, estamos insultando a Dios cuando adoptamos esta actitud. En vez de decirle, "Yo sé que lo harías si pudieras", le estamos diciendo, "Yo sé que lo harías si sólo quisieras." Estamos censurando la inclinación de Dios a hacer el bien por sus hijos cuando pensamos de tal manera. ¡Qué extraños pensamientos han tenido muchos con respecto a la voluntad de Dios! Durante demasiado tiempo lo han considerado como algo que debe ser aceptado como la prenda final de sacrificio por su parte. Kenneth MacKenzie dice:

> La voluntad de Dios ha sido una profunda sombra sobre sus propias sendas, obscureciendo la luz de bendición presente con sus posibles decretos de angustia. Ha sido un "esqueleto en su armario" [algo escondido], por el cual han orado que permaneciera detrás de puertas cerradas. Ha sido una presencia de cuyo frío abrazo han rogado ser librados: su terror de su voluntad los ha obligado a educarse para estar listos para su visitación como para una pestilencia que barre la tierra. La voluntad de Dios está asociada con cuartos de enfermos, pobreza, pérdida, desamparo, funerales, y la tumba abierta. La voluntad de Dios, para éstos, está siempre vestida de negro. Y esta concepción de su voluntad resulta en cristianos enfermizos, de fe débil, gozo vacío, conquistas inferiores. Para muchos, no se le da ningún pensamiento a la voluntad de Dios, hasta que alguna calamidad presiona sus vidas, y se despiertan a conjeturas tan tristes como hemos notado. Cuando decimos en oración, *"Hágase*

tu voluntad", ¿estamos siempre impresionados con su significado? La voluntad de Dios no es un juez vengativo, ejerciendo un agudo escrutinio de inevitable retribución. ¡Ah, como hemos difamado sobre el gran corazón de nuestro Padre con todos estos pensamientos miserables acerca de Él! Su voluntad es un bendito compañero, que ilumina nuestro camino, alegra nuestro espíritu, da gozo a nuestra vida y trae fruto a todo lo que hacemos. [3]

Busquemos conocer la voluntad de Dios en este asunto de sanidad para los enfermos de hoy. ¿Desea Dios sanar?; ¿Piensa Él que sanar es algo sabio?; ¿Es la sanidad parte de su plan para nosotros en el tiempo presente?. La importancia de hallar las respuestas bíblicas a estas preguntas está enfatizada según F. F. Bosworth: "Es imposible reclamar valientemente por fe una bendición que no estamos seguros que Dios ofrece, porque el poder de Dios puede ser reclamado solamente donde se conoce la voluntad de Dios... La fe comienza donde la voluntad de Dios es conocida." [4]

La mayoría de la gente no ha tomado el tiempo para aprender cuál es la voluntad de Dios revelada en su palabra y cuáles son sus provisiones para sanar. Por esta razón, la mayoría de la gente agrega a su petición de sanidad: "Si es tu voluntad." Hubo uno en el tiempo de Cristo que tuvo este tipo de fe. Era un leproso, y vino a Jesús diciendo, *"Señor, si quieres, puedes limpiarme. Entonces extendiendo él [Jesús] la mano, le tocó, diciendo: Quiero; sé limpio. Y al instante la lepra se fue de él"* (Lc. 5:12,13). El *"quiero"* de Cristo canceló el *"si quieres"* del leproso. La fe del leproso que creía en el poder de Cristo para sanar se transformó por la palabra de Jesús "quiero" en una fe que creyó que Cristo lo haría.

La teología del leproso que vino primero a Jesús es hoy casi universal. "Si quieres, puedes." El momento en que decimos "Si quieres" en la oración para la sanidad de los enfermos, estamos poniendo toda la responsabilidad sobre Dios. Estamos haciendo a Dios responsable de la enfermedad, porque estamos diciendo que el Señor podría curar si sólo quisiera. Esto no es bíblico. El Señor pone la responsabilidad sobre el que está buscando el toque sanador. El padre que trajo a su hijo a Jesús al pie del monte de la transfiguración clamó, *"Si puedes hacer algo, ten misericordia de nosotros, y ayúdanos. Jesús le dijo: Si puedes creer, al que cree todo le es posible"* (Mr. 9:22,23). El padre, por sus palabras, *"Si puedes"*, estaba poniendo la respon-

---

[3] Divine Life for the Body *(Vida Divina para el Cuerpo) por Kenneth MacKenzie (Brooklyn, N.Y.: Christian Alliance Publishing Company, n.d.) 32, 33.*

[4] Christ the Healer: Message on Divine Healing *(Cristo el Sanador: Mensaje sobre Sanidad Divina) por Fred Francis Bosworth (Miami Beach, 1948) 7th. Edition, 33.*

sabilidad sobre el Señor; pero El inmediatamente devolvió la responsabilidad al padre, *"Si puedes creer, al que cree todo le es posible."*

A menudo se elabora la pregunta respecto a si la oración por los enfermos debiera incluir la declaración "si quieres" o "si es tu voluntad." Todo cristiano sincero quiere la voluntad de Dios. Si le puede ser mostrado que la enfermedad es mejor para él que la sanidad, debiera estar resignado a la enfermedad; pero si la sanidad es comprada para él, como declara la palabra de Dios, y prometida a la iglesia como provisión divina del Dios inmutable, entonces pedirá valientemente al Señor que lo sane, asumiendo con base en la escritura, que es su voluntad. ¿Debemos dudar de la voluntad de Dios para hacer algo que Él ha prometido?; ¿Oramos nosotros, "Señor sálvame, si es tu voluntad"? Los "Si acaso" derrotan a la fe.

Nadie puede tomar un beneficio por fe si duda de su disponibilidad. Uno debería, sin embargo, descubrir si el asunto está de acuerdo a la voluntad de Dios antes de orar. Si la enfermedad es una disciplina, entonces uno debiera orar primero por guianza hacia la victoria o hacia la madurez, después de lo cual uno puede orar por la sanidad. Si uno tiene duda en cuanto a la naturaleza de una enfermedad, debería orar por una visión profunda de la aflicción. Si uno siente que la enfermedad es una prueba temporaria, debería orar por gracia para soportar la aflicción. Sin embargo, normalmente, uno no necesita orar "si acaso" sino que puede asumir que Dios desea cumplir su promesa. Dios es bueno, y desea la bendición y la salud de todos sus hijos. Note el deseo de Dios expresado por Juan de que sus bendiciones sean para el hombre entero: *"Amado, yo deseo que tú seas prosperado en todas las cosas, y que tengas salud, así como prospera tu alma"* (III Jn. 2). Sin duda Pablo tenía en mente esta triple bendición cuando escribió: *"Y el mismo Dios de paz guarde... todo vuestro... espíritu, alma y cuerpo... irreprensible para la venida de nuestro Señor Jesucristo"* (I Tes. 5:23).

Si la enfermedad es del diablo, seguramente Dios no la desea sobre ninguno de sus hijos comprados por su sangre. Durante siglos el pueblo ha sido instruido en las tradiciones de los hombres antes que en la palabra de Dios, y por lo tanto no están seguros si es o no la voluntad de Dios sanarlos. Dios nos dice que sus caminos son mucho más altos que nuestros caminos (Is. 55:8,9), y entre más rápido despidamos las tradiciones de los hombres y volvamos a la palabra de Dios, mejor. La única manera segura de aprender cuál es la voluntad de Dios con respecto a la sanidad para los enfermos es buscar en la palabra de Dios y determinar lo que dice sobre el tema. En el plan de Dios para su pueblo en cada época, la salud física y la sanidad fueron incluidas. Aquellos que creían enteramente en su palabra, y le obedecían, disfrutaban de esta bendición. Busquemos ahora en la palabra y veremos qué provisión ha hecho Él para la sanidad de su pueblo en cada período de la historia humana.

V. LA SANIDAD DIVINA Y LAS ESCRITURAS

A. LA SANIDAD DIVINA EN EL ANTIGUO TESTAMENTO.

No es posible someterse en este tomo a un estudio exhaustivo de la sanidad en el Antiguo Testamento, pero nos referiremos a muchos de los casos sobresalientes y a las promesas principales estudiadas.

El primer caso de sanidad divina registrada en la Biblia es el siguiente: "Entonces Abraham oró a Dios; y Dios sanó a Abimelec y a su mujer, y a sus siervas, y tuvieron hijos. Porque Jehová había cerrado completamente toda matriz de la casa de Abimelec, a causa de Sara mujer de Abraham" (Gn. 20:17,18). Lo que se ha referido como el pacto divino de sanidad del Antiguo Testamento, fue entregado a Israel muy poco después del milagroso escape de Egipto y el cruce del Mar Rojo. En el principio de aquellos largos años de viajar y vagar, en su camino a la tierra prometida, leemos:

> ... Allí les dio estatutos y ordenanzas, y allí los probó y dijo: Si oyeres atentamente la voz de Jehová tu Dios, e hicieres lo recto delante de sus ojos, y dieres oído a sus mandamientos, y guardares todos sus estatutos, ninguna enfermedad de las que envié a los egipcios te enviaré a ti; porque yo soy Jehová tu sanador (Ex. 15:25,26).

Las palabras del versículo veinticinco, "allí les hizo estatutos y ordenanzas", indica que esto era más que una promesa pasajera para una situación individual. Esto sería un pacto permanente a ser incorporado en las vidas del pueblo de Dios. No existe registro alguno de que Dios alguna vez haya anulado la promesa hecha aquí. Más aun, Él puso uno de sus nombres redentores [*Jehová Rapha*] a este acuerdo legal. Esta gran promesa todavía se aplica hoy día, dado a que Dios no dijo "Yo fui", para indicar un tiempo incierto en el futuro. Dios dijo, "*Yo Soy*", indicando la gran naturaleza eterna e inmutable de Dios mismo. Dios usó otra vez este gran nombre en respuesta a Moisés cuando el patriarca, en la ocasión en que tuvo que ir a faraón y demandar la liberación de Israel de su cautiverio, preguntó a Dios:

> He aquí que llego yo a los hijos de Israel, y les digo: El Dios de vuestros padres me ha enviado a vosotros. Si ellos me preguntaren: ¿Cuál es su nombre?, ¿Qué les responderé? Y respondió Dios a Moisés: **yo soy el que soy**. Y dijo: Así dirás a los hijos de Israel: **yo soy** me envió a vosotros (Ex. 3:13,14).

Jesús pronunció este gran nombre cuando habló a los judíos, *"Antes que Abraham fuese, yo soy"* (Jn. 8:58). Y el escritor de Hebreos lo expresó en palabras conocidas, *"Jesucristo es el mismo ayer, y hoy, y por los siglos"* (Heb. 13:8). Exodo 15:26 no deja ninguna duda de que fue la voluntad de Dios sanar a todos los que estaban enfermos. El Salmo 105:37 indica claramente que Dios guardó su pacto: *"Los sacó con plata y oro; y no hubo en sus tribus enfermo."* Esta condición universal de salud entre el pueblo de Israel continuó en tanto que ellos mantuvieron su parte del pacto. Pero cuando María angustió al Señor por criticar el liderazgo de su hermano Moisés, fue herida con lepra (Nm. 12:1-10). Ella había roto el pacto. Cuando se arrepintió y cuando Moisés oró a Dios para sanarla, fue liberada (Nm. 12:11-14). Y allí Dios mostró que todavía era Él quien sanaba.

De nuevo, como consta en Números 16:41-50, la congregación pecó y una plaga destruyó a un gran número de ellos. Sin embargo, cuando se arrepintieron y de nuevo cumplieron las condiciones del pacto que Dios les había dado, el Señor los sanó y la plaga fue detenida. Por lo tanto, una vez más mostró que era *Jehová Rapha*, el Dios que sanaba, no a algunos, sino a todos. Israel continuó disfrutando la salud que Dios había prometido hasta que otra vez rompieron el pacto. *"Y habló el pueblo contra Dios y contra Moisés..."* (Nm. 21:5), y *"serpientes ardientes"* fueron entre ellos y los destruyeron. Cuando cumplieron las condiciones de Dios mediante el arrepentimiento, Dios sanó a todos los que miraban a la serpiente de bronce sobre el asta (el cuadro del Calvario, vea Jn. 3:14). Dios también en ese entonces era el Gran Médico que sanaba a todos los que miraban a Él.

Otros versículos del Antiguo Testamento que muestran la voluntad de Dios de sanar a los enfermos son:

Exodo 23:25 - *"Mas a Jehová vuestro Dios serviréis, y el bendecirá tu pan y tus aguas; y yo quitaré toda enfermedad de en medio de ti."*

Deuteronomio 7:15 - *"Y quitará de ti Jehová toda enfermedad; y todas las malas plagas de Egipto, que tu conoces, no las pondrá sobre ti, antes las pondrá sobre todos los que te aborrecen."*

Deuteronomio 30:20 - *"Amando a Jehová tu Dios, atendiendo a su voz, y siguiéndole a él; porque él es vida para ti, y prolongación de tus días; a fin de que habites sobre la tierra que juró Jehová a tus padres, Abraham, Isaac y Jacob, que les había de dar."*

Salmo 34:19 - *"Muchas son las aflicciones del justo, pero de todas ellas le librará Jehová."*

Salmo 91:9,10 - *"Porque has puesto a Jehová, que es mi esperanza, al Altísimo por tu habitación, no te sobrevendrá mal, ni plaga tocara tu morada."*

Salmo 103:2,3 -*"Bendice, alma mía, a Jehová, y no olvides ninguno de sus beneficios. El es quien perdona todas tus iniquidades, el que sana todas tus dolencias...*" (*"El que sana todas tus dolencias"* es tan permanente como *"El quien perdona todas tus iniquidades"*).

Salmo 107:20 - *"Envió su palabra, y los sanó, y los libró de su ruina."*

Proverbios 4:20-22 - *"Hijo mío, está atento a mis palabras; inclina tu oído a mis razones. No se aparten de tus ojos; guárdalas en medio de tu corazón; porque son vida a los que las hallan, y medicina a todo su cuerpo."*

Otros ejemplos de sanidades del Antiguo Testamento:

María sanada de lepra	*Nm. 12:12-15*
El pueblo sanado de la plaga	*II Sam. 24:25, Nm. 16*
El hijo de una viuda levantado de los muertos	*I R. 17:17-24*
El hijo de la mujer sunamita levantado de los muertos	*II R. 4:18-37*
Naamán sanado de lepra	*II R. 5:1-15*
La vida de Ezequías es extendida quince años	*II R. 20:1-11*
Job sanado de su dolorosa aflicción	*Job 42:10-13*

La cuestión de sanidad divina en el Antiguo Testamento no es para nada incierta o dudosa. Los ejemplos anteriores, juntamente con numerosas otras promesas, comprueban que *Jehová* era el médico de los israelitas. Las únicas preguntas que podrían surgir serían: ¿Puede esperarse que Dios sane a otros además de Israel?; Cuándo Dios declaró, *"Yo soy Jehová tu sanador"*, en Exodo 15:26, ¿quiso decir que su ministerio de sanidad tendría capacidad permanente?; ¿Cómo podemos saber que este pacto de sanidad es aplicable a otra nación y no sólo a la de Israel, y no sólo para aquellos días?"

La respuesta a estas importantes preguntas es hallada en un estudio de los nombres compuestos de *Jehová*. Los nombres de Dios son expresivos de sí mismo y escogidos para ese propósito. Algunos aspectos en el plan de Dios nunca cambian y nunca dejan de existir porque son la manifestación de la verdadera naturaleza de Dios. El Señor nunca deja de hacer algunas cosas porque son los actos resultantes de su carácter verdadero. Dios hace lo que hace, porque Él es lo que es: *"Porque yo Jehová no cambio"* (Mal. 3:6). Santiago dice del Señor: *"Toda buena dádiva y todo don perfecto desciende de lo alto, del Padre de las luces, en el cual no hay mudanza, ni sombra de variación"* (Stg. 1:17). El nombre *Jehová* es el nombre de Dios cuando está tratando en relación de pacto con su pueblo. Significa, "El Dios eterno, en sí existente, inmutable." Hay siete nombres compuestos que, junto con el nombre *Jehová*, revelan su relación de pacto con Israel; pero también, a causa de que nunca cambia, revelan su relación **redentora** con su pueblo hoy.

Siete nombres compuestos, redentores de Jehová:

JEHOVA-JIREH	"Jehová proveerá"	*Gn. 22:14*
JEHOVA-NISI	"Jehová es nuestro estandarte"	*Ex. 17:8-15*
JEHOVA-SALOM	"Jehová es nuestra paz"	*Jue. 6:24*
JEHOVA-RAAH	"Jehová es nuestro pastor"	*Sal. 23:1*
JEHOVA-TSIDKENU	"Jehová, nuestra justicia "	*Jer. 23:6*
JEHOVA-SAMA	"Jehová está" (presente)	*Ez. 48:35*
JEHOVA-RAPHA	"Jehová tu sanador"	*Ex. 15:26*

El carácter de Jehová en el Antiguo Testamento es el mismo que el de Jesús en el Nuevo Testamento. Compare los siguientes versículos: *"Voz que clama en el desierto: Preparad camino a Jehová; enderezad calzada en la soledad a nuestro Dios"* (Is. 40:3). *"Pues este es aquel de quien habló el profeta Isaías, cuando dijo: Voz del que clama en el desierto: Preparad el camino del Señor, enderezad sus sendas"* (Mt. 3:3). ¿Para quién estaba Juan preparando el camino? Isaías lo llama *Jehová*. Note también las palabras de Jeremías: *"He aquí que vienen días, dice Jehová, en que levantaré a David renuevo justo, y reinará como rey, el cual será dichoso, y hará juicio y justicia en la tierra. En sus días será salvo Judá, e Israel habitará confiado; y este será su nombre con el cual le llamará: Jehová justicia nuestra"* (Jer. 23:5,6). Ahora, ¿quién es el que reinará como rey en el trono de David? ¿No es el Señor Jesús mismo? ¿Quién es el que es Jehová justicia nuestra? ¿No es Cristo el Cordero de Dios que murió por nuestros pecados, *"el cual nos ha sido hecho ... justificación"* (I Cor. 1:30)?

Jehová nunca cambia. Lo que su santo nombre revela acerca de su naturaleza siempre continuará siendo. Cada uno de los siete nombres compuestos de *Jehová* es dado para revelar algún aspecto de la relación eterna del Señor con su pueblo. Lo que Él se reveló ser a Israel, por su nombre, así será a su iglesia, mediante Jesucristo.

Está entonces más allá de discusión que si *Jehová* ha permanecido constante en todas las relaciones reveladas por sus nombres a través de los siglos del Antiguo Testamento, y a través de la era eclesiástica presente, debe haber continuado constante en su relación como **sanador** del cuerpo. Si Él es todavía nuestro Proveedor, nuestro Estandarte, nuestra Paz, nuestro Pastor, el Omnipresente, y nuestra Justicia, entonces es todavía nuestro **Gran Sanador** - *"Él es el mismo ayer, y hoy, y por los siglos"* (Heb. 13:8).

	A ISRAEL	A LA IGLESIA
JEHOVA-JIREH	*"El Señor proveerá"* (Gn. 22:14)	*"Mi Dios, pues, suplirá todo lo que os falte conforme a sus riquezas en gloria en Cristo Jesús"*(Fil. 4:19)
JEHOVA-NISI	*"Jehová es mi estandarte"* (Ex. 17:15) *"Su bandera sobre mí fue amor"* (Cnt. 2:4)	*"Nadie tiene mayor amor que este, que uno ponga su vida por sus amigos"* (Jn. 15:13)
JEHOVA-SALOM	*"Jehová es paz"* (Jue. 6:24)	*"Porque él es nuestra paz"* (Ef. 2:14)
JEHOVA-RAAH	*"Jehová es mi pastor"* (Sal. 23:1)	*"Yo soy el buen pastor"* (Jn. 10:11)
JEHOVA-TSIDKENU	*"Jehová justicia nuestra"* (Jer. 23:6)	*"Cristo Jesús, el cual nos ha sido hecho por Dios.... Justificación"* (I Cor. 1:30)
JEHOVA-SAMA	*"Jehová está"* (presente) (Ez. 48:35)	*"No te desampararé, ni te dejaré"* (Heb. 13:5)
JEHOVA-RAPHA	*"Jehová tu sanador"* (Ex. 15:26)	*"Y la oración de fe salvará al enfermo, y el Señor lo levantará"* (Stg. 5:15)

B. LA SANIDAD EN EL MINISTERIO DE JESUS.

No cabe duda de que era la voluntad de Dios sanar a su pueblo en la época del Antiguo Testamento. Ahora deseamos encontrar la revelación de su voluntad para aquellos de nosotros que vivimos en la era del Nuevo Testamento. Es necesario aprender sobre el tema de sanidad divina teniendo como modelo el ministerio de Jesús.

Ciertamente no hay mejor forma para hallar la voluntad de Dios con respecto a la sanidad física que mediante un detallado estudio del ministerio y las enseñanzas del Señor Jesús tal como están registradas en los evangelios. Jesús fue la expresión de la voluntad del Padre. En su vida y ministerio entero Él fue "La Palabra", hablando la voluntad de Dios. El dijo, *"Porque he descendido del cielo, no para hacer mi voluntad, sino la voluntad del que me envió"* (Jn. 6:38). Él llevó a cabo literalmente la voluntad de Dios. Por esta razón cuando vemos a Jesús sanando a las multitudes que venían a Él vemos al Padre en acción: *"al Padre que mora en mí, él hace las obras"* (Jn. 14:10). La sanidad de los enfermos fue hecha como una revelación de la voluntad de Dios para el hombre. Tomas Holdcroft concluye:

Un total de veintisiete milagros individuales de sanidad acreditados a Jesús son hallados en las escrituras, al igual que diez ocasiones registrando la sanidad general de grandes números de personas. Su ministerio trató con una amplia variedad de dolencias humanas: posesión demoníaca, enfermedad, accidente, y aún la muerte... En cada instancia, Jesús libre y francamente se presentó a si mismo como un objeto de fe a ser sinceramente creído. En vista de un ministerio de sanidad tan impresionante, es verdaderamente sorprendente que Él prometiera a sus discípulos, *"Las obras que yo hago... aún mayores harán"* (Jn. 14:12). Al ministrar a las necesidades físicas, nuestro Señor sanó por medio de una palabra, por un toque, o por una unción física; sanó a los que estaban cerca y los que estaban a una distancia; sanó en el día de reposo, sanó tanto a individuos como a grandes grupos. Entre las veintisiete instancias de sanidad, hay siete casos en que fue echado fuera un demonio; en once ocasiones amigos trajeron al necesitado; en seis ocasiones nuestro Señor ejecutó la sanidad a distancia. Sanó a ocho personas por un toque; sanó a siete por decir una palabra; tres fueron sanos en un acto en el cual escupió y tocó al paciente; y en una instancia, sanó efectuando una sanidad gradual" (Jn. 4:52 - *"Había comenzado a estar mejor"*).[5]

La siguiente es una lista de sanidades individuales ejecutadas por Jesús durante su ministerio aquí sobre la tierra, como aparecen registradas en los cuatro evangelios:

Sanidades narradas en tres Evangelios

Incidente de Sanidad	Mateo	Marcos	Lucas
El leproso	8:2-4	1:40-45	5:12-15
La suegra de Pedro	8:14,15	1:29-31	4:38,39
Hombre con una legión de demonios	8:28-34	5:1-20	8:26-39
Hombre paralítico	9:2-8	2:1-12	5:17-26
Mujer con flujo de sangre	9:20-22	5:25-34	8:43-48
La hija de Jairo resucitada de los muertos	9:23-26	5:35-43	8:49-56
Hombre en la sinagoga con la mano seca	12:9-13	3:1-5	6:6-11
Muchacho endemoniado	17:14-21	9:14-29	9:37-43
Ciego Bartimeo (dos ciegos - Mt.)	20:29-34	10:46-52	18:35-43

[5] Divine Healing: a Comparative Study (*Sanidad Divina: Un Estudio Comparativo) por Leslie Thomas Holcroft, (Springfield, MO: Gospel Publishing House, 1967) 13,14.*

Sanidades narradas en dos Evangelios

Incidente de Sanidad	Mateo	Marcos	Lucas
Endemoniado en la sinagoga – Capernaúm		1:23-27	4:33-36
Siervo del Centurión	8:5-13		7:1-10
Endemoniado sordomudo	12:22,23		11:14
Hija de la mujer sirofenicia	15:21-28	7:24-30	
María Magdalena		16:9	8:2

Sanidades narradas solamente en un Evangelio

Incidente de Sanidad	Mateo	Marcos	Lucas	Juan
Dos hombres ciegos	9:27-31			
Endemoniado mudo	9:32,33			
Hombre sordomudo		7:31-37		
Ciego sanado		8:22-26		
Hijo de la viuda levantado de los muertos			7:11-16	
Mujer encorvada			13:11-17	
Hombre con hidropesía			14:1-6	
Diez leprosos			17:11-19	
Oreja del siervo del Sumo Sacerdote			22:50,51	
Hijo del noble				4:46-54
Hombre paralítico – Betesda				5:1-15
Hombre nacido ciego				9:1-38
Lázaro levantado de los muertos				11:1-45

Además de éstos pasajes, hay las siguientes ocasiones en que Jesús sanó a muchos a la vez: Mt. 4:23-25; 8:16; 12:15; 14:14; 14:34-36; 15:30; 19:2; 21:14; Lc. 6:17-19. Estas son ocasiones alentadoras, porque leemos que algunas veces había "multitudes" que venían o eran traídas para sanidad, y en estas narraciones leemos tales expresiones como: *"sanando toda enfermedad y toda dolencia en el pueblo", "sanó a todos los enfermos", "y todos los que lo tocaron, quedaron sanos."*

Por más impresionante que sea esta lista, Juan nos dice: *"Hizo además Jesús muchas otras señales en presencia de sus discípulos, las cuales no están escritas en este libro"* (Jn. 20:30); también, *"Y hay también otras muchas cosas que hizo Jesús, las cuales si se escribieran una por una, pienso que ni aun en el mundo cabrían los libros que se habrían de escribir"* (Jn. 21:25).

Es sorprendente y digno de mucha consideración el hecho de que Jesús sanó a todo aquel que vino a Él, o que fue traído a Él para ser sano. Además de la gran variedad de necesidades individuales que le fueron presentadas, hubieron aquellos tiempos, como hemos notado anteriormente, cuando debieron haber habido enormes multitudes de enfermos traídos a Él. Jamás rehusó sanar a ninguno. Es posible esperar que Jesús le dijera a algunos, o tan solo a uno: "Lo lamento mucho, pero no es ni mi voluntad ni la del Padre de sanarlo." Jamás leemos acerca de la mas leve sugerencia de tal sentimiento. Uno podría esperar que si no fuera la voluntad de Dios el sanar a todos los que acudieron a Él durante la época de la iglesia, habría alguna duda acerca del ministerio de Jesús. Pero que afortunados somos de que ese no fue el caso. Porque si por alguna u otra razón hubiese rechazado sanar, aunque fuera una sola persona, esos millones que buscan la sanidad al no ser inmediatamente sanados se declararían la excepción basados en esa única excepción.

C. LA SANIDAD EN EL MINISTERIO DE LOS DISCIPULOS

Tanto fue la voluntad de Dios sanar a los enfermos en los días cuando Jesús ministro en la tierra, como lo fue cuando Él extendió este ministerio a sus discípulos, dándoles poder para sanar a los enfermos, resucitar muertos y echar fuera demonios. El ministerio de Jesús, cuando estaba aquí en la carne, estaba casi totalmente limitado a la esfera de su presencia física. De allí que la bendita influencia de su compasión y poder fue engrandecida al investir a otros con la misma habilidad divina: *"Entonces llamando a sus doce discípulos, Jesús les dio poder sobre espíritus inmundos para expulsarlos y para sanar toda enfermedad y toda dolencia"* (Mt. 10:1).

1. Se les da poder a los doce y son enviados.

Después llamó a los doce, y comenzó a enviarlos de dos en dos; y les dio autoridad sobre los espíritus inmundos... y saliendo, predicaban que los hombres se arrepintiesen. Y echaban fuera muchos demonios, y ungían con aceite a muchos enfermos, y los sanaban (Mr. 6:7-13).

Entonces llamando a sus doce discípulos, les dio autoridad sobre los espíritus inmundos, para que los echasen fuera, y para sanar toda enfermedad y dolencia... A estos doce envió Jesús, y les dio instruccio-

nes, diciendo... Y yendo, predicad, diciendo: El reino de los cielos se ha acercado. Sanad enfermos, limpiad leprosos, resucitad muertos, echad fuera demonios; de gracia recibisteis, dad de gracia (Mt. 10:1-8).

2. Se les da poder a los setenta y son enviados.

"Después de estas cosas, designó el Señor también a otros setenta, a quienes envió de dos en dos delante de él... En cualquier ciudad donde entréis... sanad a los enfermos que en ella haya..." (Lc. 10:1-9). Los resultados de esta comisión fueron bastante evidentes: *"Volvieron los setenta con gozo, diciendo: Señor, aun los demonios se nos sujetan en tu nombre"* (Lc. 10:17). Jesús no fue sorprendido frente a este informe que los demonios estaban sujetos a su nombre. El dijo, *"Yo veía a Satanás caer del cielo como un rayo. He aquí os doy potestad de hollar serpientes y escorpiones, y sobre toda fuerza del enemigo, y nada os dañará. Pero no os regocijéis de que los espíritus se os sujetan, sino regocijaos de que vuestros nombres están escritos en los cielos"* (Lc. 10:18-20).

Mateo 10:8 es muy significativo en revelar la voluntad de Dios para sanar, no a algunos, sino a muchos. Los discípulos no debían ser ahorrativos en el uso del poder sanador que les fue dado. Jesús dijo, *"De gracia recibisteis, dad de gracia."* Sin duda alguna, el poder dado a los doce y a los setenta es el mismo poder prometido por Jesús que sería en calidad permanente y que fue recibido por la iglesia en el día de Pentecostés (Jn. 14:16,17; Lc. 24:49; Hch. 1:8).

D. LA SANIDAD EN LA IGLESIA PRIMITIVA.

El libro de Hechos comienza con el escritor, Lucas, dando atención a su *"primer tratado"*, el Evangelio de Lucas, que narra *"acerca de todas las cosas que Jesús comenzó a hacer y a enseñar."* El ministerio de Cristo sobre la tierra es descrito como lo que Él enseñó e hizo. La palabra *"hizo"* ciertamente se refiere a los milagros de sanidad. Se nos dice aquí que durante los años de ministerio antes de su muerte, sepultura, resurrección, y ascensión, Jesús comenzó a hacer y a enseñar. La fuerte inferencia es que Él continuó haciendo lo mismo después de su regreso al Padre. Esto lo logró mediante sus discípulos, que son todos los creyentes, miembros de su cuerpo. Cristo (la Cabeza viviente) todavía ministra mediante la iglesia (su cuerpo). El libro de Lucas es el registro inspirado sobre lo que Jesús *"comenzó a hacer y enseñar"* en su ministerio terrenal; mientras el libro de Hechos contiene su relato inspirado de lo que Jesús continuó haciendo y enseñando después de su ascensión al cielo. Reconocemos entonces al libro de Hechos como otra revelación más de la voluntad de Dios referente a la sanidad de los enfermos.

Si los creyentes cristianos son miembros del cuerpo de Cristo, del cual Cristo es la cabeza motivadora y guiadora, entonces lo que Cristo hizo mientras estuvo corporalmente presente sobre la tierra debería continuar sucediendo mediante los miembros de su cuerpo espiritual.

Cuando Pedro dijo al hombre paralítico en la puerta del templo "la Hermosa", *"En el nombre de Jesucristo de Nazaret, levántate y anda"* (Hch. 3:6), tomándolo *"por la mano derecha [y] le levantó"* era como si Jesucristo se extendiera y lo tocara, mediante Pedro, un miembro de su propio cuerpo. Si Cristo hubiera estado presente físicamente y hubiera podido tocar al paralítico, ciertamente habría sido sanado y habría podido caminar. ¿Por qué no sería lo mismo cuando Pedro, uno de su cuerpo, tocó al enfermo en el nombre de Jesús? La multitud corrió al pórtico de Salomón **atónita** ante el milagro. Pedro dijo: *"Varones israelitas, ¿por qué os maravilláis de esto? ... El Dios de Abraham, de Isaac y de Jacob, el Dios de nuestros padres, ha glorificado a su hijo Jesús... Dios [lo] ha resucitado de los muertos"* (Vs 12-15). En otras palabras, Pedro estaba diciendo, *"Jesús está vivo. No está muerto. ¿Por qué entonces no debiera estar aún manifestando el mismo poder y milagros que ejecutó antes de su crucifixión?"*

El Cristo viviente obrando a través de su cuerpo, la iglesia, es la verdadera imagen del ministerio cristiano de hoy. Esto está demostrado en los siguientes ejemplos en el libro de Hechos:

Sanidades mediante los apóstoles

El hombre paralítico	Pedro	*Hch. 3:1-10*
Muchos sanados	Pedro	*Hch. 5:12-16*
Prodigios y milagros	Esteban	*Hch. 6:8*
Avivamiento en Samaria	Felipe	*Hch. 8:5-8*
Eneas	Pedro	*Hch. 9:32-35*
Tabita es resucitada	Pedro	*Hch. 9:36-42*
Hombre cojo en Listra	Pablo	*Hch. 14:8-10*
Pablo levantado en Listra		*Hch. 14:19,20*
Demonio echado fuera	Pablo	*Hch. 16:16-18*
Milagros especiales	Pablo	*Hch. 19:11,12*
Eutico	Pablo	*Hch. 20:7-12*
En la isla de Malta	Pablo	*Hch. 28:8,9*

Nada ha cambiado, concerniente a las provisiones de Dios para las necesidades de la humanidad desde los días apostólicos. Cristo ha muerto y ha resucitado, el Espíritu Santo ha sido derramado, y la gran comisión está aun en vigencia. La ruina del pecado y sus horrendos resultados todavía están manifestados en nuestro mundo hoy. Los médicos, con todo su conocimiento y dedicación, todavía están confundidos por las aflicciones y enfermedades. Nadie puede probar que el Dios que nunca cambia ha alterado su voluntad respecto a la sanidad de enfermedades. Él es **Jehová-Rapha:** "... *Yo soy Jehová tu sanador"* (Ex. 15:26).

VI. LA SANIDAD A TRAVES DE LA HISTORIA DE LA IGLESIA

El Dr. A. J. Gordon cita al Dr. Gerhard Uhlhorn: "Los testigos que están por encima de sospecha no dan lugar para dudar que los poderes milagrosos de la era apostólica continuaron operando por lo menos hasta pasado el tercer siglo."[6] El Dr. Gordon entonces hace un importante comentario:

> Si se prueba que milagros fueron ejecutados en el segundo siglo después de Cristo, ninguna razón puede ser sostenida que afirma que no podían ser ejecutados en el siglo diecinueve (y nosotros agregamos "siglo veintiuno"). La era apostólica, debe admitirse, fue peculiarmente favorecida. Mientras que aún vivían los hombres que habían visto al Señor, y lo habían acompañado durante su ministerio terrenal, había posibles secretos de poder en su posesión que una generación futura quizá no tendría. Es fácil ver entonces que este período puede ser especialmente distinguido por los dones del Espíritu. Pero sin embargo, el Salvador parece ser cuidadoso en enseñar que habría un aumento más bien que una disminución de energía sobrenatural, después de su partida. *"Pero recibiréis poder cuando haya venido sobre vosotros el Espíritu Santo." "De cierto, de cierto os digo: él que en mí cree, las obras que yo hago, el las hará también; y aun mayores hará, porque yo voy al Padre."* Pero concediendo ciertas marcadas ventajas poseídas por los seguidores inmediatos de Cristo, encontramos en la historia que no hay una terminación abrupta de milagros con la expiración de la era apostólica. Por lo tanto debemos comenzar a formularnos la pregunta del por qué debería haber cualquier terminación de estos mientras permanezca la iglesia, y sea perpetuado el ministerio del Espíritu.[7]

En verdad, la historia muestra que la sanidad por el poder directo de Dios continuó a través de la entera era eclesiástica hasta el tiempo presente.

Note los testimonios de algunos de los patriarcas de la iglesia:

---

[6] Conflict of Christianity with Heathenism *(Conflicto del Cristianismo con Paganismo) por Dr. Gerhard Uhlhorn,, 196, citado en Adoniram Judson Gordon,* Ministry of Healing *(Ministerio de Sanidad) (Harrisburg, PA: Christian Publications)* 58.

[7] *Gordon, 58,59*

- Escribiendo en 165 d.C., más de sesenta y cinco años después de la muerte de Juan, el último de los apóstoles, **Justino Martyr** dice: "Muchos endemoniados a través del mundo entero y en su ciudad *han sido sanados y están sanando* por medio del ministerio de muchos de nuestros hombres cristianos, quienes los exorcizan [echando fuera demonios] en el nombre de Jesucristo, que fue crucificado bajo Poncio Pilato, dejando impotentes a los demonios poseedores y echándolos fuera de los hombres, cuando éstos no podían ser curados por todos los otros exorcistas, o por aquellos que usaban encantamientos y drogas."[8]

- Escribiendo en 192 d.C., **Ireneo** declara: "... Aquellos que de verdad son los discípulos recibiendo la gracia de Él, en su nombre ejecutan milagros a fin de promocionar el bienestar de otros, según el don que cada uno ha recibido de Él... Otros todavía sanan a los enfermos imponiendo las manos sobre ellos, y son sanados. Aún más, como he dicho, los muertos han sido levantados, y permanecieron entre nosotros durante años."[9]

- Escribiendo en 216 d.C., **Tertuliano** dice: "Porque el dependiente de uno de ellos que era expuesto a ser tirado al suelo por un espíritu maligno fue liberado de su aflicción, como también lo fue el familiar de otro, y el pequeño hijo de un tercero. Y cómo muchos hombres de rango, por no decir nada de las personas comunes, *han sido liberados de demonios y sanados de enfermedades.*"[10]

- Escribiendo en 250 d.C., **Origen** testifica: "Y algunos dan evidencia de haber recibido mediante su fe un poder maravilloso por las sanidades que ejecutan, invocando ningún otro nombre sobre aquellos que necesitan su ayuda sino el del Dios de todas las cosas, y de Jesús... Porque por estos medios hemos visto también a muchas personas libradas de tristísimas calamidades, y de distracciones de la mente, locura, y un sin número de otras enfermedades que no podían ser curadas ni por hombres ni por diablos."[11]

- Escribiendo en 275 d.C., **Clemente de Alejandría** dice: "Que ellos [jóvenes ministros], entonces, con ayuno y oración, hagan sus intercesiones, y no con voluntad arreglada, o con palabras escogidas de sabiduría humana, sino como hombres que han recibido el don de sanidad confiadamente, para la gloria de Dios."[12]

- Escribiendo en 429 d.C., **Teodoro de Mopsueste** declara: "A través de los cristianos, muchos paganos son sanados de cualquier enfermedad

---

[8] Apol. *Por Justin Martyr, I, Capítulo 6, citado por Gordon, 60.*
[9] Versus Heretics, *por Irenaeus, I , Capítulo 34, citado por Gordon, 60.*
[10] Ad. Scap, *por Tertulian, IV, 4, citado por Gordon, 60,61.*
[11] Contra Celsum B, *Origen, III, Capítulo 24 citado por Gordon, 61.*
[12] Epis. C., XII, *por Clemente de Alejandría, citado por Gordon, 61.*

que tengan, por lo tanto, abundantes son los milagros en nuestro medio."[13]

- En 500 d.C. **Gregorio el Grande** (quien se cree fue el primer Papa) donó su fortuna heredada, y se convirtió en un misionero en Gran Bretaña, orando por la gente y ungiéndolos con aceite en el nombre del Señor, citando Santiago 5:14,15.

- **Juan Wesley**, refiriéndose al período después de Constantino, dijo: "La gran razón por la cual los dones súbitamente desaparecieron no fue sólo porque la fe y la santidad fueron casi perdidas, sino también porque hombres ortodoxos, secos y formales, comenzaron a ridiculizar cualquier don que ellos mismos no tuvieran, y a desacreditarlos como locura o impostura."[14]

Desde el día de Gregorio hasta la reforma, el mundo atravesó una era oscura, tanto con respecto al progreso de las cosas espirituales como el avance del aprendizaje. Pero con el surgimiento de la reforma, regresó la evidencia de las obras sobrenaturales de Dios.

El siguiente es un extracto de **"Las Confesiones de Fe"** de los waldenses, una secta profundamente espiritual de cristianos del siglo doce, seguidores de Pedro Waldo: "En cuanto al ungimiento de los enfermos, *sostenemos como un artículo de fe* y lo profesamos sinceramente de corazón que las personas enfermas, cuando lo piden, pueden legalmente ser ungidas con el aceite de unción por aquél que se une con él en oración para que pueda ser efectiva la sanidad del cuerpo, según el diseño, fin y efecto mencionados por los apóstoles; profesamos que tal unción ejecutada según el diseño y la práctica apostólica, sanará y será provechosa."[15]

El conde **Zinzendorf**, obispo del movimiento moravio (Hermanos Unidos), amigo cercano a Juan Wesley, y un hombre profundamente sincero que tenía una carga por la evangelización mundial, dice de su iglesia: "Creer contra esperanza es la raíz del don de milagros; y debo este testimonio a nuestra amada iglesia, que los poderes apostólicos son manifestados allí. Tenemos pruebas innegables de ello. En la sanidad de enfermedades en sí incurables,

---

[13] Christlieb: Modern Doubt, *(Duda Moderna) por Teodoro de Mopsueste, p. 321 citado por Gordon, 61.*

[14] The Journal of the Rev. John Wesley, A.M., *(El Diario del Reverendo Juan Wesley) por John Wesley, ed. Nehemiah Curnock (Londres, Epworth Press, 1938) I-IX.*

[15] Waldesian Confession, *(Confesión Waldesiana) por Johannis Lukawitz, 1431, citado por Gordon, 65.*

tales como cáncer, consunción, y cuando el paciente estaba en la agonía de la muerte, todo por medio de una oración o palabra."[16]

Las siguientes extracciones son del diario de **Juan Wesley**:

- 19 de marzo de 1741 - "Judith Williams, quien sufría de gran dolor tanto de cuerpo como de mente, después de un tiempo corto de oración, la dejamos. Pero el dolor desapareció... su cuerpo fue tan fortalecido que se levantó inmediatamente, y al día siguiente se fue de viaje" (II, 437).

- 3 de octubre de 1756 - "Mi enfermedad regresó tan violentamente como nunca; pero no le hice caso mientras llevé a cabo el servicio en Snowfields en la mañana, ni después en Spitalfields; hasta que fui a administrar la mesa del Señor. Un pensamiento vino a mi mente, '¿Por qué no acudir a Dios en el principio de la enfermedad antes que en el final?' Así lo hice, y encontré alivio inmediato..." (IV, 188).

- 2 de septiembre de 1781 - "Creo que es mi deber relatar lo que algunos estimarán como una instancia muy notable de entusiasmo. Sea o no así, afirmo el hecho. Una hora después de que dejamos Taunton, uno de los caballos de la carreta de repente quedó lisiado que no podía casi poner su pata sobre el suelo. Siendo imposible procurar algún remedio humano, no supe de otro remedio más que la oración. Inmediatamente la parálisis le dejó, y anduvo igual que antes" (VI, 334).[17]

Juan Wesley ciertamente no era un fanático ignorante, sino un hombre de ciencia, un graduado de la Universidad de Oxford. El gran avivamiento que Dios le encargó realmente salvó a Inglaterra de ruina moral y civil. Wesley fue uno de los personajes sobresalientes de la historia, tanto religiosa como secular. Si su testimonio es pasado por alto, entonces ningún testimonio humano puede ser tomado como uno de valor. El ha dado testimonio innegable del poder eficaz de Dios en sanidad corporal, y de la verdad que el día de milagros definitivamente no ha pasado.

En este breve repaso de la historia, un despliegue de testigos fue presentado cuyos incuestionables testimonios remueven cualquier duda de que la sanidad divina ha continuado desde los días del Antiguo Testamento, durante la vida de Cristo, los días de sus discípulos y apóstoles, después de la muerte de los apóstoles, los patriarcas de la iglesia primitiva, y a través de las edades hasta nuestra propia generación. *Jehová-Rapha* - "el Señor tu Sanador" - es *"el mismo ayer, y hoy, y por los siglos"* (Heb. 13:8). Dios ha mostrado su voluntad de sanar en cada era de la historia del mundo. Innumerables milagros de sanidad en el día presente dan testimonio de que su volun-

---

[16] History of the United Brethren, *(Historia de la Hermandad Unida) por Reverendo A Bost, I, 17, citado por Gordon, 66, 67.*

[17] *Wesley: II 437; IV, 188;VI, 334.*

tad no ha cambiado hasta esta hora presente. La Biblia y la historia están en perfecto acuerdo en este punto.

VII. LA SANIDAD Y LA EXPIACION

Aprendimos, en nuestro estudio de soteriología, que la palabra "expiación" literalmente significa "cubrir." Es una palabra del Antiguo Testamento que representa lo que recibía un israelita al traer su ofrenda prescrita al sacerdote por su pecado. Sus pecados estaban cubiertos hasta que la sangre de Jesucristo fuese derramada para la remisión, y no solamente la cobertura, de su pecado. (Heb. 10:1-18). Sin embargo, se ha hecho bastante común en círculos teológicos el uso del término "expiación" en una manera amplia como refiriéndose a la plenitud del sacrificio que Jesús hizo en el Calvario, y todo lo que fue logrado allí para los creyentes. Es en esta forma más amplia que empleamos aquí la palabra al tratar la sanidad divina y la expiación.

La respuesta más positiva a la pregunta respecto a la voluntad de Dios concerniente a la sanidad para hoy en día, se encuentra en la relación entre la sanidad divina y la expiación. No se tiene ninguna duda respecto a la habilidad de Cristo para sanar, pero el centro del asunto está en la pregunta: ¿Hizo Cristo una provisión especial para la sanidad del cuerpo?; ¿Está incluida esta bendición en el sacrificio expiatorio que hizo en la cruz del Calvario?. Nosotros creemos que la Biblia enseña que sí, y Tomás Holdcroft está de acuerdo: "La sanidad no es tanto un fin en sí misma; en cambio puede ser vista como la apropiación de un aspecto vital más de la victoria total de Jesucristo."[18]

A. EN EL ANTIGUO TESTAMENTO LA EXPIACION FUE HECHA PARA LA SANIDAD.

Levítico 14:1-32 describe el método por el cual un israelita enfermo con lepra podía ser sanado. En seis ocasiones diferentes se usa en este pasaje la expresión, *"Y hará el sacerdote expiación por él"* (v 18-21,29,31). Las instrucciones ceremoniales dadas a los sacerdotes y al pueblo en el tiempo del Antiguo Testamento son reconocidas como tipos del sacrificio y provisiones hechas por Jesucristo en la cruz. Jesús también hizo expiación por las enfermedades cuando Él fue ofrecido.

Números 16:46-50 describe una gran plaga que andaba desenfrenadamente a través del campamento de Israel a causa de sus pecados. La plaga fue aquietada y el pueblo sanado cuando una *"expiación"* (v 46,47) fue hecha por ellos.

Números 21:5-9 narra la ocasión cuando, a causa de los pecados de Israel, *"serpientes ardientes"* estaban causando aflicción y muerte entre el pueblo. La sanidad fue lograda cuando Moisés levantó una serpiente de

[18] *Holdcroft, 40.*

bronce sobre un asta, y aquellos que habían sido mordidos la miraban. Según Juan 3:14,15 leemos: *"Y como Moisés levantó la serpiente en el desierto, así es necesario que el Hijo del Hombre sea levantado, para que todo aquel que en él cree, no se pierda, mas tenga vida eterna."* La serpiente de bronce sobre el asta fue claramente un tipo del sacrificio de Cristo sobre la cruz; nosotros podemos recibir sanidad física al mirarlo a Él en fe, como los israelitas de la antigüedad hallaron liberación mirando a la serpiente de bronce.

Job 33:24,25 dice: *"Que le diga que Dios tuvo de él misericordia, que lo libró de descender al sepulcro, que halló redención. Su carne será más tierna que la del niño, volverá a los días de su juventud."* La palabra "redención" es literalmente, como lee al margen, "expiación." Es significativo que esta promesa trata claramente con una bendición física de sanidad y fuerza, y que la palabra usada es "expiación."

B. EL PERDON DE PECADOS Y LA SANIDAD DE ENFERMEDADES VAN JUNTOS EN LA BIBLIA.

En el pacto de sanidad del Antiguo Testamento, Exodo 15:26, está declarado definitivamente que si los hijos de Israel *"oyeren atentamente la voz de Jehová... e hicieren lo recto delante de sus ojos, y dieren oído a sus estatutos"* el Señor no pondría ninguna de las enfermedades de Egipto sobre ellos y sería su Sanador. Por tanto, la sanidad y la salud estaban basadas sobre la obediencia al Señor. Pero ésta era exactamente la base para el perdón de pecados bajo la economía mosaica. Así que la sanidad y el perdón están en la misma base en el Antiguo Testamento. En el Nuevo Testamento, el perdón de pecados y la sanidad también están sobre la misma base: fe en el sacrificio de Cristo en el Calvario.

Note también dos otros pasajes, cada uno del Antiguo y Nuevo Testamento, donde se ve esta relación cercana: *"Bendice, alma mía, a Jehová, y no olvides ninguno de sus beneficios. Él es quien perdona todas tus iniquidades, el que sana todas tus dolencias"* (Sal. 103:2,3); *"Y la oración de fe salvará al enfermo, y el Señor lo levantará; y si hubiere cometido pecados, le serán perdonados"* (Stg. 5:15).

Marcos 16:16-18 lee en parte: *"El que creyere y fuere bautizado, será salvo... Y estas señales seguirán a los que creen... sobre los enfermos pondrán sus manos, y sanarán."* Note que el mismo creer que está ligado a la promesa de salvación, tiene también unido a él, la promesa de la sanidad para los enfermos. Ningún cristiano dudaría que, *"El que creyere y fuere bautizado, será salvo"*, se aplica a todas las edades del cristianismo. ¿Por qué no se aplicarían de la misma manera *"estas señales seguirán a los que creen"* a todas las edades de la era cristiana?

C. REDENCION DE LA MALDICION DE LA LEY.

El versículo clave en esta consideración es Gálatas 3:13: *"Cristo nos redimió de la maldición de la ley, hecho por nosotros maldición, (porque escrito está: Maldito todo el que es colgado de un madero)..."* ¿Qué es "la maldición de la ley?" La respuesta se encuentra en Deuteronomio 28:15-68. En los primeros catorce versículos de este capítulo, Moisés enumera las bendiciones de la obediencia de la ley. Luego enumera las maldiciones que vendrían por desobediencia. Es significativo que, entre otras cosas, las siguientes enfermedades físicas son mencionadas: consunción (tuberculosis), fiebre, inflamación, ardor extremo, hemorroides, úlcera, picazón, locura, ceguera, enfermedades en las rodillas y piernas, grandes plagas de larga continuación, dolorosas enfermedades de larga continuación, todas las enfermedades de Egipto, también toda enfermedad y toda plaga que no está escrita en el libro de la Ley. Estas eran las maldiciones de la ley. Pero, *"Cristo nos redimió de la maldición de la ley."* Por lo tanto, Cristo nos ha redimido de la enfermedad. ¿Cómo hizo esto? Sobre la cruz del Calvario, porque leemos: *"Maldito todo el que es colgado en un madero."* Por lo tanto, en una forma que no entendemos completamente, el Señor sustitucionalmente llevó nuestras enfermedades en la cruz.

D. ISAIAS 53.

El gran capítulo de la redención del Antiguo Testamento, Isaías 53, enseña que Cristo llevó nuestras enfermedades, al igual que nuestros pecados en el Calvario.

Este es el gran capítulo de expiación del Antiguo Testamento. Mediante el ojo de la profecía, Isaías está describiendo los eventos que habrían de ocurrir en el Calvario centenares de años después de que escribió. El versículo cuatro dice: *"Ciertamente llevó él nuestras enfermedades, y sufrió nuestros dolores..."* En Deuteronomio 7:15 leemos: *"Y quitará Jehová de ti toda enfermedad."* La palabra hebrea para "enfermedad" es **khloee**, y esta misma palabra es hallada en: Dt. 28:61; I R. 17:17; II R. 1:2; II R. 8:8; II Cr. 16:12, 21:15.

Note también los verbos en este cuarto versículo del capítulo cincuenta y tres. La palabra "llevó" viene de las palabras hebreas **nasa** y **sabal**. Ambas implican que lo llevado es en forma sufrida o como pena. *"Si alguno pecare... él llevará [**nasa**] su pecado."* *"Y fue contado [Cristo] con los pecadores, habiendo él llevado [**nasa**] el pecado de muchos..."* (v 12). ¿Cómo llevó Cristo nuestros pecados? Vicariamente, como nuestro **substituto**. Si él llevó nuestros pecados (v 12) vicariamente, debe haber también llevado nuestras enfermedades (v 4) en la misma manera porque el mismo verbo [**nasa**] es usado para ambos. *"Nuestros padres pecaron... y nosotros llevamos [**sabal**] su castigo"* (Lm. 5:7). *"Verá [Cristo] el fruto de la aflicción de su alma, y*

quedará satisfecho... y llevará **[sabal]** *las iniquidades de ellos"* (Is. 53:11).
¿Cómo llevó Cristo nuestras iniquidades? Vicariamente, como nuestro substituto. De la misma manera, el Cristo también sufrió nuestros dolores (Is.
53:4). Aunque las palabras hebreas son dos traducidas al español, casi siempre es una, que lleva el significado de ambas.

Si pudiera existir cualquier duda con respecto a esta traducción e interpretación, será para siempre removida al buscar Mateo 8:16,17. Aquí tenemos la interpretación propia del Espíritu Santo de Isaías 53:4: *"Y cuando llegó la noche, trajeron a él muchos endemoniados, y con la palabra echó
fuera a los demonios, y sanó a todos los enfermos; para que se cumpliese
lo dicho por el profeta Isaías, cuando dijo: El mismo tomó nuestras enfermedades, y llevó nuestras dolencias."*

Isaías continúa describiendo la escena sobre el Calvario en el versículo
cinco: *"Mas él herido fue por nuestras rebeliones, molido por nuestros pecados; el castigo de nuestra paz fue sobre él, y por su llaga fuimos nosotros
curados."* La palabra "llaga" literalmente es "herida." Significa la completa
herida o sufrimiento de Cristo, incluyendo las llagas que fueron puestas sobre
su espalda, el abofeteo, el arrancar de su barba, los clavos en sus manos y
pies, la corona de espinas en su frente y la lanza metida en su costado. Todos sus sufrimientos corporales acontecieron a fin de que nosotros pudiéramos ser sanados. Pedro muestra esto cuando cita a Isaías 53:5: *"Quien llevó
él mismo nuestros pecados en su cuerpo sobre el madero, para que nosotros, estando muertos a los pecados, vivamos a la justicia; y por cuya herida fuisteis sanados"* (I P. 2:24). Para que no sea pensado que Pedro se estaba
refiriendo a la sanidad espiritual, es notado que la palabra "sanado" es *iao-
mai* en griego, un verbo que siempre habla de sanidad física en el Nuevo
Testamento, y siempre con respecto a la sanidad de enfermedades físicas.

E. LA PASCUA Y LA CENA DEL SEÑOR.

La pascua y la cena del Señor enseñan claramente que la provisión fue
hecha, no sólo para la liberación espiritual, sino para la salud y fuerza física
también. La sangre del cordero, que fue matado la noche de la primera pascua en Egipto, fue puesta en los postes y dinteles de toda casa hebrea para
asegurar el perdón de la vida del primogénito, que representaba a la familia
entera. El cuerpo del cordero era comido a fin de que el pueblo recibiera
fuerza física para el viaje que tenían por delante (Ex. 12:7,8).

Pablo dice, *"Porque nuestra pascua, que es Cristo, ya fue sacrificada
por nosotros"* (I Cor. 5:7). De nuevo aquí, el tipo es cumplido por el antitipo,
Cristo. El significado de la pascua en el Antiguo Testamento es llevado adelante para nosotros en la observación de la cena del Señor, o el servicio de
comunión. ¿Por qué hizo Jesús una distinción entre el pan y la copa? ¿Por
qué diferenció entre su cuerpo y su sangre? Pareciera que Él quería que sus

seguidores se dieran cuenta que había una diferencia en las provisiones hechas en cada una. Como en la observación de la pascua, la sangre es para el perdón de los pecados y para salvación, mientras que el cuerpo es para la salud y fuerza del hombre físico.

Pablo tenía esta gran verdad en su mente cuando escribió a la iglesia en Corinto (I Cor. 11:23-30). La iglesia de Corinto estaba haciendo una fiesta de la santa cena y Pablo los reprendió por la manera en que se estaba profanando esta ordenanza. Les dijo: *"Porque el que come y bebe sin discernir (correctamente) el cuerpo del Señor, come y bebe juicio para sí. Por esta razón hay muchos débiles y enfermos entre vosotros y algunos duermen"* (I Cor. 11:29-30). Esta condición enfermiza y de muerte prematura entre los corintios se debía a que no discernían el cuerpo del Señor. Hay muchos cristianos hoy en día que no se dan cuenta de la eficacia del cuerpo del Señor a favor de su fuerza física y sanidad. Es posible que algunos hayan muerto por esa misma razón. Sin darse cuenta de las provisiones hechas para el cuerpo, *"Por sus llagas fuimos sanados"*, no se pueden apropiar por la fe de lo que esta a la disposición del creyente. Tomás Holcroft declara:

> La conclusión elaborada a base de los conceptos previos es que la sanidad fue provista por la muerte expiatoria de Cristo en el Calvario y que la misma es apropiada por el ejercicio de la fe. No es algo que podemos ganar o algo que podemos engatusar de un Dios no dispuesto. La sanidad es un hecho logrado para todo hijo de Dios afligido, y el único requerimiento o condición impuesta por Dios es que la fe creyente debe ser ejercitada. La sanidad no es un favor especial, un mérito o un don providencial dependiente de la benevolencia; es una provisión especial de la expiación de Cristo disponible a todos los que satisfacen la única condición de apropiación. Siendo una parte integral de la obra terminada, la sanidad es desprovista de todo capricho o incertidumbre.[19]

VIII. EL POR QUE JESÚS SANÓ A LOS ENFERMOS

Muchas nociones falsas se están esparciendo con respecto al ministerio de sanidad de Jesús cuando estuvo en la tierra. Algunas de éstas son solamente los razonamientos de hombres, a menudo provenientes de aquellos que no creen que se puede esperar que Cristo sane hoy. Algunas de estas ideas no bíblicas tienen que ver con las razones por las cuales Jesús sanó a los enfermos durante su ministerio terrenal. Las tres razones siguientes son las más populares:

- **Para demostrar su poder.**
- **Para vindicar su reclamo a la deidad.**

---

[19] *Holdcroft, 48.*

- **Para iniciar la predicación del evangelio.**
Con respecto al primero de éstos (para demostrar su poder) observemos que no hay evidencia en las escrituras de esto. Ciertamente Jesús no anduvo haciendo milagros sólo para mostrar que podía. Si solamente hubiera querido manifestar su poder, no hubiera necesitado sanar a todos los que vinieron a Él para sanidad. Unas pocas demostraciones sobresalientes hubieran sido todo lo necesario. Él tenía todo el poder en el cielo y en la tierra, pero no lo usó para demostrar que era suyo. De hecho, ésta era un área de su vida donde estaba completamente entregado a la voluntad de su Padre. El tener todo-poder, y sin embargo usarlo sólo para la gloria de Dios, mostraba cuán dedicado estaba completamente a la voluntad del Padre. ¡Ciertamente hubo un propósito detrás de cada milagro, mucho más importante que una simple muestra de poder!

Con respecto a la segunda razón (para vindicar su reclamo a la deidad) es posible encontrar alguna base bíblica. Cuando los escribas cuestionaron la habilidad de Jesús de perdonar pecados, Él les dijo, *"Porque, ¿qué es más difícil, decir: Los pecados te son perdonados, o decir: Levántate y anda? Pues para que sepáis que el Hijo del Hombre tiene potestad en la tierra para perdonar pecados* [una prerrogativa sólo de Deidad], *(dice entonces al paralítico): Levántate, toma tu cama, y vete a tu casa"* (Mt. 9:5,6). Otro incidente sugiere este mismo pensamiento básico.

> *Y al oír Juan, en la cárcel, los hechos de Cristo, le envió dos de sus discípulos, para preguntarle: ¿Eres tú aquel que había de venir, o esperaremos a otro? Respondiendo Jesús, les dijo: Id, y haced saber a Juan las cosas que oís y veis. Los ciegos ven, los cojos andan, los leprosos son limpiados, los sordos oyen, los muertos son resucitados, y a los pobres es anunciado el evangelio* (Mt. 11:2-5).

Sin embargo, parece que ésta no es la única, o aún la más importante razón por la que Jesús sanó a los enfermos. El hecho es que todos los milagros que Jesús ejecutó convencieron sólo a algunos de que Él era su Mesías, el Hijo de Dios. Multitudes gritaban mientras Él colgaba de la cruz, *"Si es el Rey de Israel, descienda ahora de la cruz, y creeremos en él... porque ha dicho: Soy Hijo de Dios"* (Mt. 27:42,43).

Hay verdaderamente una sincera duda respecto a la tercera razón (para iniciar la predicación del evangelio). Algunos han agregado la idea de que los milagros fueron usados para este propósito hasta que fue escrito el Nuevo Testamento, y ahora éstos ya no son necesarios. Esta última idea no tiene fundamento bíblico, es una teoría sin pruebas. Es verdad que la ejecución de grandes milagros atraía las multitudes a Jesús, pero es cuestionable que hizo estas potentes obras principalmente para atraer multitudes. De hecho, en más de una ocasión, Él ordenó a la persona sanada que no dijera nada de ello (Mt. 8:4; 12:15,16; Mr. 7:36; 8:26; Lc. 8:56). En algunas ocasiones llevaba al necesitado fuera del pueblo, donde hubiera estado la gente, antes de sanarlo (Mr. 7:33, 8:23).

Un estudio detallado de los milagros de sanidad de Cristo muestra que en la mayoría de éstos tienen una razón que explica su ejecución. Estos pueden ser agrupados en cinco o seis clasificaciones. No presumiremos declarar todo lo que estaba en la mente del Señor, sino que nos limitaremos a lo que está claramente enunciado en el registro.

A. A CAUSA DE LAS PROMESAS DE SU PALABRA.

Y sanó a todos los enfermos; para que se cumpliese lo dicho por el profeta Isaías, cuando dijo: El mismo tomó nuestras enfermedades, y llevó nuestras dolencias (Mt. 8:16,17).

B. A FIN DE REVELAR SU VOLUNTAD.

Otra vez entró Jesús en la sinagoga; y había allí un hombre que tenía seca una mano. Y le acechaban para ver si en el día de reposo le sanaría, a fin de poder acusarle. Entonces dijo al hombre que tenía la mano seca: Levántate y ponte en medio... Entonces mirándolos alrededor con enojo, entristecido por la dureza de sus corazones, dijo al hombre: Extiende tu mano. Y él la extendió, y la mano le fue restaurada sana" (Mr. 3:1-5).

(Vea también Lucas 14:1-6.)

C. PARA MANIFESTAR LAS OBRAS DE DIOS.

Respondió Jesús: No es que pecó éste, ni sus padres, sino para que las obras de Dios se manifiesten en él" (Jn. 9:3). *"Estaba entonces enfermo uno llamado Lázaro, de Betania... Oyéndolo Jesús, dijo: Esta enfermedad no es para muerte, sino para la gloria de Dios, para que el Hijo de Dios sea glorificado por ella...* (Jn. 11:1-4).

D. A CAUSA DE SU COMPASION.

En por lo menos seis ocasiones se nos dice que Jesús sanó porque tuvo compasión de aquellos que estaban afligidos. Esto fue verdad de vastas multitudes (Mt. 9:35,36; 14:14); de dos hombres ciegos (Mt. 20:34); un leproso (Mr. 1:41); el endemoniado gadareno (Mr. 5:19); la viuda de Naín a cuyo hijo Jesús levantó de los muertos (Lc. 7:13).

F. F. Bosworth ha señalado:

La teología moderna glorifica el poder de Dios más de lo que magnifica su compasión... Pero la Biblia invierte esto, y magnifica su voluntad de usar su poder más de lo que glorifica el poder en sí. En ninguna parte dice la Biblia que "Dios es poder", pero sí dice, que "Dios es amor." No es la fe en el poder de Dios la que asegura sus bendiciones, sino la fe en su amor y su voluntad.[20]

El comentario de Bosworth es muy claro al decir: "No es lo que Dios puede hacer, sino lo que anhela hacer, que inspira la fe."[21]

Centenares necesitando sanidad nos han escrito o han venido, diciendo, respecto a sus necesidades de liberación, "el Señor es capaz"; Pero sus enseñanzas, al igual que su falta de enseñanza, les ha impedido saber que el Señor está deseoso. ¿Cuánta fe toma decir "El Señor es capaz"? El diablo sabe que Dios es capaz, y sabe que Él está deseoso; pero ha impedido a la gente saber este último hecho.[22]

E. A CAUSA DE LA FE, NO SOLO EN SU HABILIDAD, SINO TAMBIEN EN SU DESEO.

1. A veces por la fe de otros para la persona enferma.

1.1. La del centurión para su siervo - Mt. 8:5-13.

1.2. La del noble para su hijo - Jn. 4:46-53.

1.3. La de los cuatro que trajeron al paralítico - Mr. 2:1-12.

1.4. La de la mujer sirofenicia para su hija - Mt. 15:21-28.

Muchos otros casos podrían ser citados: Mt. 9:32,33; 12:22,23; Mr. 5:35-43; 7:32; 8:22-26; Jn. 5:1-15.

2. A veces por la fe de aquellos que necesitaban la sanidad.

1.1. La mujer con el flujo de sangre - Mr. 5:25-34.

"Porque decía: si tocare tan solamente su manto, seré salva." Ella no tenía ninguna escritura para guiarla a esto. La idea comenzó en su propio corazón. La sanidad vino enteramente en respuesta a su propia fe. Jesús dijo: *"...tu fe te ha hecho salva..."*

1.2. Dos hombres ciegos - Mt. 9:27-31.

"Jesús les dijo: ¿Creéis que puedo hacer esto? Ellos dijeron: Sí, Señor. Entonces les tocó los ojos diciendo: Conforme a vuestra fe os sea hecho."

1.3. Un leproso - Mt. 8:2-4.

1.4. Diez leprosos - Lc. 17:11-19.

---

[20] *Bosworth, 63, 64.*
[21] *Bosworth, 62.*
[22] *Bosworth, 64.*

En los siguientes dos casos hubo una combinación de la fe de aquellos que vinieron y la compasión de Jesús: un leproso - Marcos 1:40-45 y dos hombres ciegos - Mt. 20:29-34.

En estos casos, donde la razón para la sanidad está claramente enunciada, la gran mayoría fue sanada o por una definida y positiva fe o por la compasión del Señor. No hay una palabra en la Biblia para indicar que la compasión del Señor haya disminuido jamás, o que Dios ha dejado alguna vez de responder a la fe de aquellos que vienen.

Además de los casos enumerados bajo las seis razones anteriores para la sanidad, los siguientes cinco incidentes están registrados en la escritura. En estos no se enuncia ninguna razón. Quizá debemos concluir que fueron simplemente el resultado de la soberana voluntad de Cristo de vencer la obra del diablo: Mt. 8:14,15; 8:28-34; Mr. 1:23-27; Lc. 7:11-16; 13:10-13.

IX. ¿POR QUE LOS CRISTIANOS DEBEN BUSCAR LA SANIDAD DIVINA?

A. PORQUE ES UN MANDATO SOLEMNE.

Cuando Dios ha declarado expresamente que Él es el sanador de su pueblo, tanto en su palabra como en su ejemplo viviente, ¿están en libertad los hombres de tratar a este ministerio suyo con indiferencia complaciente? A menudo se escucha decir a buena gente cristiana: "Sí, pienso que la sanidad divina es una hermosa verdad. Debe ser maravilloso vivir una vida de dependencia en Dios. Pero, usted sabe, pocos tienen tal fe." No es de ninguna ventaja para nosotros, ni trae la gloria a Dios, decir que otros pueden tener lo que nosotros no tratamos de poseer. Esto es deshonroso para Dios. Él no hace acepción de personas porque es un pecado (Stg. 2:9) y Dios no peca. Tenemos una solemne responsabilidad hacia Dios de recibir todo lo que Él puede hacer y quiere hacer por nosotros.

Dios se ha declarado a sí mismo el sanador de su pueblo (Ex. 15:26; 23:25; Dt. 30:20; Sal. 103:3). ¿Le obedeceremos y confiaremos en Él? Muchos podrán usar otros medios y obtener sanidad, pero, ¿es éste el plan de Dios para nosotros? Algunos piden a Dios que Él bendiga los medios. Si tenemos fe para eso, ¿por qué no para una sanidad milagrosa? No estamos diciendo que Dios no bendice a veces los medios. Él está lleno de amor y compasión. Aquellos creyentes que dudan en la sanidad divina no están parados sobre la tierra del pacto y simplemente están tomando su lugar con el resto del mundo.

El punto que debe ser resuelto es el siguiente: ¿qué quiere Dios que hagan sus hijos?; ¿Son ellos libres de elegir?; ¿Estará complacido nuestro

Padre con nosotros si faltamos de cumplir su mandato tanto como si lo cumpliéramos?

B. A CAUSA DE LA BENDICION ESPIRITUAL QUE TRAERA.

No olvidemos que Satanás es la fuente de las enfermedades, y que esta no es simplemente una condición física, sino la reflexión de una condición espiritual. El pecado causó la enfermedad; Satanás causó el pecado. Entonces debemos buscar un medio de liberación que no tratará solamente con la manifestación física, sino con la condición espiritual y con el enemigo que lo ha causado.

El hecho de que cuando un cristiano recibe sanidad del toque sobrenatural de Dios siempre hay una gloriosa bendición espiritual que lo acompaña prueba que hay una condición espiritual detrás de la enfermedad. Santiago dice: *"Y la oración de fe salvará al enfermo, y el Señor lo levantará; y si hubiere cometido pecados, le serán perdonados"* (Stg. 5:15). Aquí está el resultado espiritual.

Por supuesto, si lo que estamos buscando es meramente mejorarnos de nuestra enfermedad, entonces cualquier medio es legítimo. Pero aquellos que buscan morar profundamente en Dios ven un significado más profundo en las aflicciones de la carne. Buscan aprender victoria espiritual mediante sus sufrimientos y la derrota del enemigo.

Jesús aprendió la obediencia por las cosas que sufrió. *"Y aunque era Hijo, por lo que padeció aprendió la obediencia"* (Heb. 5:8). *"Porque convenía a aquel... perfeccionarse por aflicciones al autor de la salvación de ellos"* (Heb. 2:10).

Dándonos cuenta de la naturaleza espiritual de la enfermedad, de que Satanás está detrás de ella, y de que Dios quiere enseñar algo a sus hijos y lograr un resultado espiritual en ellos, los creyentes deberían mirar a Dios para la victoria. Ellos no aprenderán nada espiritual por el uso de medios, ni siquiera pidiéndole a Dios que bendiga los medios.

C. PORQUE GLORIFICA A DIOS.

Algunos han enseñado que hay enfermedades que son para la gloria de Dios. No existe ningún versículo que enuncie este concepto. Un estudio muy simple mostrará que Dios era glorificado, no mientras que las personas estaban enfermas, sino cuando eran sanadas. Vea lo siguiente: el paralítico bajado por el techo (Mt. 9:8), las multitudes (Mt. 15:31), el levantamiento del hijo de la viuda en Naín (Lc. 7:16), la mujer encorvada por dieciocho años (Lc. 13:13), y el leproso agradecido (Lc. 17:15).

Respecto a la enfermedad de Lázaro, donde Jesús dijo, *"Esta enfermedad no es para muerte, sino para la gloria de Dios"* (Jn. 11:4), es muy claro que nadie dio gloria a Dios hasta después que Lázaro fue levantado de la tumba. Antes de esto, los discípulos estaban confundidos, María y Marta llenas de angustia, y los amigos de la familia estaban llenos de duda. *"Y algunos de ellos dijeron: ¿No podía éste, que abrió los ojos al ciego, haber hecho también que Lázaro no muriera?"* (Jn. 11:37). La gloria vino a Dios después de que Lázaro fue levantado de los muertos: *"Entonces muchos de los judíos que... vieron lo que hizo Jesús, creyeron en él"* (Jn. 11:45). Dios quiere ser glorificado en nuestra sanidad. Nuestro servicio es más rico y nuestro testimonio más claro si hemos experimentado el toque de Dios sobre nuestro cuerpo. La sanidad magnifica el nombre de Jesús.

X. METODOS PARA ADMINISTRAR LA SANIDAD DIVINA

Ha sido notado, en relación con otras experiencias espirituales, que Dios es un Dios de variedad. Sus métodos de ninguna manera están estereotipados. Esto es verdad también en relación con la manera en que la sanidad divina es administrada. Las siguientes son seis maneras en las que la gente recibe sanidad del Señor.

A. ORAR POR SI MISMO.

Santiago 5:13 dice: *"Está alguno entre vosotros afligido? Haga oración."* Aparentemente, es bíblico orar por sí mismo cuando se está afligido.

B. PEDIR A OTRO QUE ORE POR USTED.

Santiago 5:16 instruye: *"... orad unos por otros, para que seáis sanados."* Cualquier cristiano sincero que cree, puede orar por otro. No son necesarias credenciales ministeriales ni dones especiales del Espíritu.

C. LLAME A LOS ANCIANOS DE LA IGLESIA.

A menudo Santiago 5:14-16 ha sido llamado el "pacto de sanidad del Nuevo Testamento":

> *¿Está alguno enfermo entre vosotros? Llame a los ancianos de la iglesia y oren por él, ungiéndole con aceite en el nombre del Señor. Y la oración de fe salvará al enfermo, y el Señor lo levantará; y si hubiera cometido pecados, le serán perdonados. Confesaos vuestras ofensas unos a otros, y orad unos por otros, para que seáis sanados. La oración eficaz del justo puede mucho.*

Este debería ser el proceder normal de aquellos que están en comunión con una iglesia local. Estos versículos enseñan claramente que Dios no hace acepción de personas, sino que todos pueden ser sanados. La promesa estipula, *"¿Está alguno enfermo entre vosotros?"* No hay ninguna discriminación. Es la voluntad de Dios sanar a cualquiera y todos los que llamen. *"La oración de fe"* sería aquella oración ofrecida por los ancianos. Hay una responsabilidad descansando sobre ellos. El enfermo ejercita su fe cuando llama a los ancianos. Los ancianos oran la oración de fe. Algunos han ido bastante lejos en la interpretación de este versículo diciendo que los ancianos deberían "masajear" a la persona enferma con aceite, y que ésta será la causa de la recuperación. Ciertamente no hay ningún aceite conocido por la ciencia médica que pueda garantizar sanidad, cualquiera que sea la enfermedad.

El texto no dice que el aceite sanó al enfermo; *fue "la oración de fe", "y el Señor lo levantará."* Creemos que el aceite es un símbolo del Espíritu Santo, que vivifica nuestros cuerpos mortales (Rom. 8:11). Algunos asocian el aceite como el medio de sanidad con la masa de higos de Ezequías (II R. 20:7). ¡Es asombroso cómo la gente puede tener más fe en un poco de aceite, o en un montón de higos, que en el poder de Dios!

D. POR LA IMPOSICION DE MANOS.

"Y estas señales seguirán a los que creen: En mi nombre... sobre los enfermos pondrán sus manos, y sanarán" (Mr. 16:17,18). Debería ser notado aquí cuidadosamente que no se hace mención de ungir con aceite, o de orar por los enfermos. Todo lo que se dice es que aquellos que creen pondrán las manos sobre los enfermos en el nombre de Jesús. Este es el método que Jesús usó en varias ocasiones. En los siguientes versículos se dice que Jesús tocó a los enfermos, o puso la mano sobre ellos: Mt. 8:15; Mr. 6:5; 8:23,25; Lc. 4:40; 5:13; 13:13.   Hoy cuando el que cree pone las manos sobre los enfermos en el nombre de Jesús, es como si las manos de Jesús les fueran impuestas.

E. MILAGROS EXTRAORDINARIOS MEDIANTE PAÑOS Y DELANTA-LES.

"Y hacía Dios milagros extraordinarios por mano de Pablo, de tal manera que aún se llevaban a los enfermos los paños o delantales de su cuerpo, y las enfermedades se iban de ellos, y los espíritus malos salían" (Hch. 19:11,12). Estos eran "milagros extraordinarios" en que no hubo instrucciones bíblicas respaldándolos. Pablo debe haber sido simplemente guiado por el Espíritu Santo en este asunto. Muchas iglesias han seguido un modelo similar y han repartido pequeños trozos de tela, sobre los cuales se ha orado, y a veces han sido ungidos con aceite. Se ha informado de algunos milagros notables por el uso de este método. Es entendido que la "tela de oración" no tiene virtud en sí misma, sino que provee un acto de fe por el cual la atención de uno es dirigida al Señor que es el Gran Médico.

F. DONES ESPIRITUALES DE SANIDAD.

"Porque a este es dado por el Espíritu... dones de sanidades..." (I Cor. 12:9). *"Y a unos puso Dios en la iglesia... después los que sanan..."* (I Cor. 12:28). En tanto que este tema esté cubierto enteramente bajo los dones del Espíritu, no será elaborado aquí. Dos cosas son de interés especial:

- Primero, éste es el único don del Espíritu que está en plural. Razones sugeridas para esto están dadas en el estudio de los dones.

- Segundo, en la lista de sanidades hechas por los apóstoles registradas en el libro de Hechos, previamente enumerados en este capítulo, es de interés notar que en ningún caso oraron los apóstoles para que el enfermo fuera sanado. En varios casos hubo oración sobre la persona enferma, pero la sanidad pareció ser administrada por el poder que les había sido dado para este ministerio. Probablemente ellos tenían los "dones de sanidades."

XI. ¿POR QUE NO SON TODOS SANADOS?

Si el Señor es *Jehová* nuestro Sanador y nunca cambia, si la sanidad es provista en la expiación de Jesucristo, si la enfermedad es la obra del diablo y Jesús fue manifestado para destruir las obras del diablo, si Dios es Todopoderoso, y si el Señor está lleno de compasión, ¿por qué, entonces, no son sanados inmediatamente de su enfermedad todos aquellos por los cuales se hace oración? Debemos concluir que la culpa no recae en Dios. La razón puede estar en el enfermo, en aquello por lo cual se ora, o en aquellos que oran. Uno debería darse cuenta, que la sanidad del cuerpo, maravillosa como es, no es la cosa más importante que puede pasarle a una persona. La salvación y el crecimiento espiritual son mayores que la salud física, y hay sin duda momentos en que la bendición espiritual debe tener prioridad sobre la física. Creemos enteramente que Dios quiere que sus hijos disfruten ambos beneficios al máximo, pero a veces vienen estorbos en el camino. La razón por la qué algunos no son inmediatamente sanados está explicada por las siguientes razones:

A. ALGUNOS BUSCAN SANIDAD ANTES QUE SALVACION.

La sanidad divina es una de las bendiciones de pacto del Señor. Es para los hijos del reino, los miembros de la familia de Dios. Nuestro Padre celestial ha tomado una solemne responsabilidad de proveer para los suyos. Esto no es así para aquellos que por su incredulidad están fuera del rebaño familiar. Esto no quiere decir que Dios no sanará a veces a aquellos que no son salvos. La experiencia ha enseñado que esto es así, pero no hay promesa que el incrédulo pueda reclamar. Dios es muy misericordioso y Él hace *"salir su sol sobre justos e injustos"* (Mt. 5:45), pero el que busca no puede venir con nin-gún grado de fe positiva. Quizá el Señor sana a un incrédulo porque Él sabe que esto lo llevará a su salvación. Sin embargo, la regla parecería ser que uno debería aceptar a Jesucristo como su Salvador y Señor y entregar su vida a la voluntad de Dios antes de buscar sanidad para su cuerpo.

B. ALGUNOS BUSCAN SANIDAD CON LOS PROPOSITOS EQUIVO-CADOS.

El Señor no sana simplemente para que la gente pueda estar más có-moda o para que pueda usar su salud para pretensiones egoístas y munda-nas. Santiago dice: *"Pedís, y no recibís, porque pedís mal, para gastar en vuestros deleites"* (Stg. 4:3). La sanidad debería ser para la gloria de Dios y para su servicio.

C. ALGUNOS MIRAN AL MINISTRO EN VEZ DE MIRAR A CRISTO.

Mientras que es verdad que Dios usa canales humanos para llevar a cabo sus obras maravillosas, es importante que aquel que busca sanidad mire más allá del canal a la fuente, y se dé cuenta de que ningún ministro puede sanar a nadie. Solo Jesús es el Gran Sanador. Mientras que es verdad que Pedro le dijo al cojo en la puerta del templo, *"Míranos"* (Hch. 3:4), a fin de llamar su atención, inmediatamente dirigió la atención del hombre fuera de sí mismo con las palabras, *"No tengo plata ni oro, pero lo que tengo te doy; en el nombre de Jesucristo de Nazaret, levántate y anda."*

D. DESOBEDIENCIA.

Como hemos notado en Exodo 15:26, la sanidad está condicionada por la obediencia a la palabra y a la voluntad de Dios. Si uno ha sido desobe-diente respecto a promesas hechas al Señor, o está resistiendo la voluntad de Dios en su vida, es dudoso que pueda esperar ser sanado.

E. A CAUSA DE ALGUN PECADO NO CONFESADO EN LA VIDA.

La sanidad no es una recompensa por santidad personal. Viene por la gracia de Dios, como toda otra bendición adquirida en la cruz. Pero el peca-do conocido en la vida del creyente impedirá la fe y la recepción de lo que el Señor ha provisto. *"Si en mi corazón hubiese yo mirado a la iniquidad, el Señor no me habría escuchado"* (Sal. 66:18). *"Confesaos vuestras ofensas los unos a los otros, y orad unos por otros, para que seáis sanados"* (Stg. 5:16).

F. A CAUSA DE LA INCREDULIDAD.

1. En aquel que ora.

"La oración de fe salvará al enfermo" (Stg. 5:15). *"Estas señales seguirán a los que creen"* (Mr. 16:17).

2. En aquel por el cual se ora.

"Porque es necesario que el que se acerca a Dios crea que le hay, y que es galardonador de los que le buscan" (Heb. 11:6).

G. FALTA DE MANTENERSE FIRME EN LA FE HASTA QUE VIENE LA RESPUESTA.

"Porque os es necesario la paciencia para que habiendo hecho la voluntad de Dios, obtengáis la promesa" (Heb. 10:36). Mientras que aquellos a quienes Jesús y los discípulos primitivos ministraban recibían sanidad virtualmente de inmediato, parece haber momentos en que hay un atraso en la manifestación de la victoria. Daniel experimentó una demora dramática cuando buscó al Señor por veintiún días. Después de este tiempo, la palabra del Señor vino a él:

Daniel, no temas; porque desde el primer día que dispusiste tu corazón a entender y a humillarte en la presencia de tu Dios, fueron oídas tus palabras; y a causa de tus palabras yo he venido. Mas el príncipe del reino de Persia se me opuso durante veintiún días; pero he aquí Miguel, uno de los principales príncipes, vino para ayudarme, y quedé allí con los reyes de Persia. He venido... (Dn. 10:12-14).

La enfermedad viene de Satanás, y habrá ocaciones cuando él buscará impedir la liberación. Debemos creer en la palabra de Dios y mantenernos firmes sobre la fe hasta que la respuesta sea manifiesta.

XII. COMO RETENER LA SANIDAD DIVINA

Millones del pueblo de Dios alrededor del mundo están dando testimonio de la experiencia personal del toque sanador del Señor Jesús sobre sus cuerpos en respuesta a la oración de fe. La vasta mayoría de éstos han encontrado que la sanidad ha sido una liberación permanente. La experiencia muestra, sin embargo, que en algunos casos los síntomas han regresado, y a causa de que estas personas no sabían qué hacer, perdieron la sanidad que Dios les había dado. Esto ha causado considerable asombro y mucha incredulidad.

¿Da la Biblia algún ejemplo de esto? No, no lo da, y estamos agradecidos por esto. Si lo diera, algunos dirían que es bíblico perder la sanidad. Si la Biblia contuviera una sola narración de una persona perdiendo su sanidad, muchos se olvidarían de las innumerables multitudes que fueron sanadas por Jesús y se esconderían detrás de aquel que perdió la suya, de la misma manera en que multitudes de casos de horribles enfermedades son justificadas por el *"aguijón en la carne"* de Pablo. ¡Cuán prontamente el corazón humano se aferra a una excusa por la incredulidad!

Si los síntomas de una debilidad física, de la cual un creyente ha sido sanado, regresan, no significa que no hubo sanidad en primer lugar. No hay nada incorrecto en lo que hace Dios. Pero los seres humanos son individuos responsables y pueden cooperar con la voluntad de Dios o resistirla. Retener la sanidad requiere ceder a la voluntad de Dios. Es demasiado fácil echarle la culpa a Dios y decir, "Quizá no fui realmente curado después de todo." Si Dios desea sanar, entonces ciertamente es la voluntad de Dios que la sanidad sea retenida. La respuesta a este problema no yace en Dios sino en el alma individual.

Hay dos razones principales por las cuales los cristianos pierden su sanidad:

- **Por pecado voluntario.** Enseguida después de sanar al hombre en el estanque de Betesda, Jesús lo encontró y le dijo, *"Mira, has sido sanado; no peques más, para que no te venga alguna cosa peor"* (Jn. 5:14). Aparentemente, algún pecado era responsable de la aflicción del hombre. Jesús le advirtió que el pecado continuo resultaría en mayor sufrimiento aún. El pecado voluntario podría estar privando a muchos hoy de sanidades de gracia que Dios ha impartido. Esto no significa que es necesaria una perfección de la vida para que uno continúe disfrutando de su sanidad, pero sí significa que un cristiano no puede vivir en pecado conocido y mantener la victoria que Dios le ha dado. No somos sanados para vivir para el diablo.

- **Por la fe vacilante.** La sanidad es recibida por fe; y si la fe vacila, la sanidad vacilará. Retenemos lo que recibimos de Dios de la misma manera por la cual lo recibimos. Muchas veces es necesario contender por nuestra fe. Hay un enemigo que nos acusaría y nos robaría de lo que Dios hace a nuestro favor: *"Al cual resistid firmes en la fe..."* (I P. 5:9). Una de las principales ocupaciones de Satanás es robar al pueblo de su fe. *"Y luego viene el diablo y quita de su corazón la palabra, para que no crean"* (Lc. 8:12). Una vez perdida la fe, la experiencia seguirá atrás.

A continuación, damos siete sugerencias practicas para mantener la sanidad:

A. MANTENERSE EN UNA ATMOSFERA DE FE.

Asóciese con aquellos que creen. La fe responderá a la atmósfera por la cual está rodeada. Escuchar a aquellos que dudan y critican desalentará a la fe. Todo cristiano necesita la frescura y fuerza espiritual que viene de los cultos de alabanza y de estudio de una buena iglesia espiritual.

B. CONTINUAR ALABANDO A DIOS POR LO QUE ÉL HA HECHO.

Uno necesita darse cuenta que ha sido el recipiente de la maravillosa gracia de Dios. Uno no merece la sanidad que recibe. Deje que la gloria y gratitud de la bondad de Dios continúen emocionando siempre su corazón. Es peligroso pensar que usted es de alguna manera digno.

C. CONTINUAR TESTIFICANDO DE LO QUE DIOS HA HECHO.

Continúe diciéndoles a otros de la bondadosa gracia de Dios para con usted. Esto debe ser hecho con un verdadero sentido de humildad, lejos de pensar que recibir la sanidad del Señor lo hace mejor que otros. Algunos han perdido sanidades milagrosas por la falta de testificar de la liberación que Dios ha hecho por ellos.

D. ALIMENTAR LA FE CON LA PALABRA DE DIOS.

No mire a quien oró por usted. Dios puede haber usado a una persona, pero él o ella es impotente aparte del Señor Jesucristo. La persona fue sólo el canal; Dios hizo la obra. *"La fe es por el oír, y el oír, por la palabra de Dios"* (Rom. 10:17). ¡De allí la importancia de leer y estudiar la palabra! Cite las promesas de sanidad todos los días. *"Yo soy Jehová tu sanador"* (Ex. 15:26). *"El mismo tomó nuestras enfermedades, y llevó nuestras dolencias"* (Mt. 8:17). *"Por cuya herida fuisteis sanados"* (I P. 2:24). Crea lo que Dios dice, no lo que usted siente.

E. CONTIENDER EN LA FE POR LA SANIDAD.

A veces el diablo le dirá a un hijo de Dios que no es salvo. La mejor manera de responder a tal cargo es darnos cuenta que el diablo es un mentiroso. *"Cuando habla mentira, de suyo habla; porque es mentiroso, y padre de mentira"* (Jn. 8:44). Declare lo que Dios dice: *"Cree en el Señor Jesucristo, y serás salvo."* (Hch. 16:31). *"Yo creo; por ende, soy salvo."* Cite: *"Si confesares con tu boca que Jesús es el Señor, y creyeres en tu corazón que Dios le levantó de los muertos, serás salvo"* (Rom. 10:9). Dígale al enemigo, "Yo creo en mi corazón, y ahora lo confieso a Jesús como Señor, así que ahora soy salvo." Ninguno objeta a este método de silenciar las dudas que Satanás pondría en el corazón del creyente con respecto a su salvación. ¿ Por qué no tratar con los síntomas de duda respecto a la sanidad de la misma manera?

Si quiere saber si es salvo, usted mira a la palabra, no a usted mismo y sus sentimientos sobre el asunto. Si usted quiere saber si es sanado, mire a lo que Dios dice sobre ello en su palabra. No vacile en pararse firmemente sobre las promesas inagotables de Dios.

F. CAMINAR EN OBEDIENCIA A LA VOLUNTAD DE DIOS (SU PALABRA).

Somos salvos para servir y obedecer al Señor. Somos sanados para servir y obedecer al Señor. La voluntad de Dios está revelada en su palabra. La fe, y todas las bendiciones que trae, florece en el camino de la obediencia.

G. COMENZAR Y/O CONTINUAR EL SERVICIO AL SEÑOR.

No sea egoísta con lo que Dios ha dado. Use la salud y fuerza que Él le ha impartido en su obra. Encuentre un lugar para servir en su iglesia y sea fiel a ella. Fielmente traiga su diezmo al alfolí. Traiga a otros al Señor. Hay multitudes que necesitan el poder salvador y sanador de Dios. Dios le ha sanado impartiéndole su vida. Viva enteramente para Dios y disfrute la plenitud de lo que Él ha hecho por usted.

XIII. VIDA DIVINA PARA EL CUERPO

A medida que nos acercamos más al Señor nuestra fe se extiende a reclamar todas las promesas de Dios. También podemos ver claramente que Cristo Jesús proveyó para nosotros una salvación completa, no sólo por la cual morir, sino por la cual vivir. Es una salvación que abraza al hombre entero: espíritu, alma y cuerpo. *"Porque en él habita corporalmente toda la plenitud de la Deidad, y vosotros estáis completos en él..."* (Col. 2:9,10). Jesús dijo, *"... Yo he venido para que tengan vida, y para que la tengan en abundancia"* (Jn. 10:10). Esta vida que Él ha provisto incluye la sanidad divina para nuestros cuerpos. Aimee Semple McPherson escribió una vez: "La sanidad divina... no es ejecutar una ceremonia, no es estrujar una petición de los cielos por la lógica de la fe y la fuerza de su voluntad, sino que es la inspiración del aliento de vida de Dios. Es el toque viviente que ninguno puede entender excepto aquellos cuyos sentidos están ejercitados para conocer las realidades del mundo invisible."[23]

La sanidad divina es vida divina en el cuerpo físico. Es parte de esa vida que es "en Cristo." Pablo testificó acerca de la vida de Cristo en él: *"Con Cristo estoy juntamente crucificado, y ya no vivo yo, mas vive Cristo en mí; y lo que ahora vivo en la carne, lo vivo en la fe del Hijo de Dios, el cual me*

---

[23] *Aimee Semple McPherson, de las notas del autor.*

amó y se entregó a sí mismo por mí" (Gál. 2:20). Moisés testificó de esta experiencia: *"Amando a Jehová tu Dios, atendiendo a su voz, y siguiéndole a él; porque él es vida para ti, y prolongación de tus días; a fin de que habites sobre la tierra que juró Jehová a tus padres, Abraham, Isaac y Jacob, que les había de dar"* (Dt. 30:20).

Aquí hay dos versículos que son muy explícitos concernientes a la vida de Cristo en el cuerpo mortal: *"Llevando en el cuerpo siempre por todas partes la muerte de Jesús, para que también la vida de Jesús se manifieste en nuestros cuerpos. Porque nosotros que vivimos, siempre estamos entregados a muerte por causa de Jesús, para que también la vida de Jesús, se manifieste en nuestra carne mortal"* (II Cor. 4:10,11). Esto no significa solamente vida espiritual en nuestro espíritu invisible, sino su vida en nuestra propia carne que es la parte mortal de nosotros (el cuerpo físico). Esta es una bendita identificación con Cristo por la cual el cuerpo mortal es beneficiado por ella. Pablo no está hablando de una nueva forma de vivir sino de una nueva clase de vida. *"... Porque somos miembros de su cuerpo, de su carne y de sus huesos"* (Ef. 5:30). *"¿No sabéis que vuestros cuerpos son miembros de Cristo?"* (I Cor. 6:15). Es su vida - la vida de la Cabeza - que fluye a través del cuerpo: *"... fortalecidos con poder en el hombre interior por su Espíritu..."* (Ef. 3:16); *"... llenos de toda la plenitud de Dios..."* (Ef. 3:19). La fe triunfante no permitirá que esto sea limitado solamente a necesidades espirituales. Piense en el poder del hecho de que *"... vuestro cuerpo es el templo del Espíritu Santo, el cual está en vosotros..."* (I Cor. 6:19).

Algunas personas no están contentas con vivir en una casa sucia y destruida, sino que inmediatamente la limpian y refuerzan la estructura que esta en mal estado. Cuando el Espíritu Santo entra a nuestras vidas, si le permitimos, Él limpiará y sanará nuestro cuerpo cristiano, el cual es su templo.

Kenneth Mackenzie describe la relación de su vida, el espíritu y el cuerpo:

> La sanidad divina es simplemente vida divina. Es la unión de nuestros miembros con el propio cuerpo de Cristo y la afluente de vida de Cristo en nuestros miembros vivientes. Es tan real como su cuerpo levantado y glorificado.

> Es tan razonable como el hecho de que Él fue levantado de los muertos, y de que es un hombre vivo con un verdadero cuerpo y un alma racional a la diestra de Dios. Ese Cristo vivo pertenece a nosotros en todos sus atributos y poder. Somos miembros de su cuerpo, de su carne, de sus huesos; si podemos sólo creerlo, podremos vivir en la propia vida del Hijo de Dios.[24]

---

[24] *Mackenzie, 56,57.*

Ya no estamos más en cautiverio al antiguo pensamiento que dice que el cuerpo es una miserable habitación en la cual soportamos nuestro confinamiento hasta que por fin seamos liberados. El cuerpo se convierte en la escena de la obra interna santificadora del Espíritu Santo, el cual, entrando a cada esquina de nuestro ser, permeabiliza el todo con su santa energía, y asegura la posesión y experiencia de la propia vida de Cristo.[25]

XIV. RESPUESTAS A OBJECIONES

En esta sección de sanidad divina, la mayoría de las objeciones a la doctrina de sanidad divina han sido anticipadas y contestadas en esencia, pero a causa de la amplia oposición a la doctrina de sanidad divina por maestros tradicionales, existe la necesidad de respuestas lógicas y bíblicas a sus objeciones más comunes.

No es que las objeciones sean irrefutables, sino que el ministerio pentecostal necesita ser capaz de dar una pronta respuesta a cada objetante sin titubeo o confusión. El maestro de sanidad no sólo debe estar listo para enfrentar a los objetantes mismos, sino que debe ser capaz de remover las objeciones de la mente del pueblo enfermo que ha sido enseñado contra la sanidad divina.

Estos argumentos no deben ser usados como regla, a menos que haya verdaderos objetantes presentes o haya verdaderas dudas en las mentes de la gente. Es mucho mejor enseñar la sanidad de una manera positiva, tratando a las promesas y enseñanzas espirituales que enseñarla de una manera polémica.

Las objeciones toman muchas formas, pero todas pueden ser contestadas bajo doce encabezamientos. Algunas de las doce objeciones pueden sobreponerse, pero hay un verdadero sentido de que cada una difiere y requiere una respuesta o explicación diferente.

A. "EL DIA DE LOS MILAGROS HA PASADO."

Esta conclusión ha llegado a ser aceptada universalmente; de hecho, muchos creen que la Biblia enseña la idea de una era de milagros. Uno arriesga su reputación de sano juicio en muchos lugares por sugerir la posibilidad de un milagro moderno. Sin embargo, en una era donde la ciencia está ejecutando milagros virtuales, es extraño que aquellos que creen en Dios de cualquier manera puedan dudar que el Omnipotente puede y a veces ejecuta obras que están por encima de la obra usual de la ley natural.

Hay dos clases de personas que se oponen a milagros; el **racionalista** que cree que los milagros jamás han ocurrido, que cree que Dios siempre ha

---

[25] *Mackenzie, 59,60.*

limitado sus obras a leyes naturales del universo que son conocidas por el hombre; y el **tradicionalista** que cree que los milagros fueron confinados en una era o dispensación de milagros después del cual Dios obraría sólo por leyes naturales. El gran problema con ambas clases es que han hecho la ley natural demasiado angosta; han confinado a la ley dentro de los angostos límites de definición hechos por el científico natural moderno que no ha investigado fuera de su laboratorio. Hay otras leyes (la ley de fe) que el científico natural no ha investigado y que son tan seguras y uniformes como cualquiera de las "tales llamadas" leyes naturales, y que están ampliamente probadas por la historia de la iglesia. Es una falta de muchos científicos naturales cuando admiten como evidencia solamente lo que probará **sus** presuposiciones.

Si los testimonios de milagros en la historia de la iglesia son descartados, entonces la confiabilidad de toda historia está en cuestión y uno debe creer sólo lo que él mismo ha visto.

La filosofía del racionalista puede ser desaprobada con probar un sólo milagro. Hay un milagro que tiene tanto peso de evidencia como cualquier evento histórico, y que ciertamente no puede ser desaprobado: la resurrección de Jesucristo. Cuando Jesús murió en la cruz, los discípulos estaban completamente desalentados. Las mujeres fueron a embalsamar su cuerpo como último respeto a la memoria de su incomparable vida. Los hombres volvieron a sus oficios con las esperanzas rotas.

Nunca hubiera habido una religión cristiana sin la resurrección. Además, los discípulos testificaron repetida e inequívocamente de la resurrección de Cristo en el mismo lugar donde ocurrieron los acontecimientos de la muerte y la resurrección del Señor. Si los testimonios no fuesen verdaderos, los líderes judíos fácilmente los hubieran podido probar la falsedad de sus contenciones. También, los discípulos no tenían nada que ganar y todo que perder por predicar la resurrección, a no ser que supieran que era verdad.

Los escritores del evangelio fueron hombres honestos y inteligentes, que estaban dispuestos a morir por su doctrina de resurrección. Es por éste motivo, y sin lugar a dudas, que ellos eran hombres sinceros. Ahora, no hubo posibilidad de que estuvieran equivocados en lo que vieron, porque Cristo se apareció a muchos en varias ocasiones, y todos están de acuerdo sobre lo que ocurrió (Hch. 1:1-3). No hay otro evento histórico más firmemente fundado sobre evidencia, ninguno más obviamente veraz que la resurrección de Cristo, el milagro de los milagros. Cualquiera que niega este milagro debe estar preparado para dudar toda la historia.

Ahora, si ha habido un milagro, pueden haber miles de milagros con igual probabilidad. Si Jesús resucitó de los muertos, ¿por qué debiera ser improbable que ese mismo poder vivificara y sanara los cuerpos enfermos de los hijos de Dios? (Rom. 8:11).

Al tradicionalista, contestamos que no hay tal distinción bíblica de una era de milagros. La Biblia reconoce siete (7) dispensaciones o edades: Inocencia (Gn. 1:28); conciencia (Gn. 3:23); gobierno humano (Gn. 8:20); promesa (Gn. 12:1); ley (Ex. 19:18); gracia (Jn. 1:17); y el reino (Ef. 1:10). En cada una de estas dispensaciones hay eventos escritos que serían considerados contrarios a la obra de la ley natural, o milagros. ¿Por qué ha de considerar Dios conveniente permitir milagros en cada dispensación excepto en la presente?; ¿Dónde está la declaración en la Biblia de que los milagros cesarían de ser ejecutados?; ¿No representa la Biblia, por el contrario, a Dios y a Cristo como eternamente iguales? (Mal. 3:6; Heb. 13:8; Stg. 1:17; Sal. 102:27).

Más allá de la duda, la sanidad está en la expiación (vea Sec. VII) y ciertamente los beneficios de la expiación se extienden a través de la presente era de la gracia.

Uno de los argumentos más fuertes en favor de la continuación de milagros es que de hecho sí continuaron, según algunos de los más reverenciados santos y escritores de la historia de la iglesia. (Vea Sec. VI). ¿No infiere fuertemente la declaración de Lucas, en Hechos 1:1-3, que las obras de Jesús continuarían bajo la operación del Espíritu Santo? Lucas se refiere al su propio evangelio como el libro que relata las cosas que Jesús comenzó a hacer y enseñar. (Compare también Jn. 14:12 y Mr. 16:17).

Si la era de milagros ha pasado, entonces los mismos objetantes tendrían que concluir que la posibilidad de conversión ya no existe porque la conversión es tan milagrosa y sobrenatural como la sanidad divina.

Algunos afirman que la sanidad era sólo una señal permitida en el primer siglo para atestiguar el carácter sobrenatural del cristianismo, y que ahora la sanidad ya no es necesaria porque las verdades del cristianismo han sido confirmadas. Mientras que algunas clases de milagros especiales han sido usadas como señales, está claramente revelado que Jesús sanó no sólo como una señal, sino porque tenía compasión sobre la gente que estaba en dolor. (Mr. 1:41; Mt. 9:35-38; 14:14 y 20:34) ¿Quién puede decir que Jesús es menos compasivo hoy que hace dos mil años?; Además, ¿no tiene cada nuevo siglo o cada generación sus escépticos y dudosos quienes se oponen a la cristiandad?; ¿Acaso no necesitan todas las generaciones señales para atestiguar la predicación de una religión que reclama ser sobrenatural en su origen y resultados? Toda era es una era de milagros para aquellos que tienen fe en Dios. La fe dice, *"Todo es posible"* (Mt. 19:26).

B. "NO TODOS LOS CRISTIANOS SON SANADOS"

Muchos han dicho lo siguiente: "Si la sanidad está en la expiación, ¿Por qué muchos cristianos no son sanados?"

Podemos contestar que la salvación está en la expiación, pero no todos son salvos. La vida victoriosa es para todos los cristianos, pero no todos viven victoriosamente. El fruto del Espíritu es destinado para toda vida cristiana, pero muchos son deficientes en llevar fruto. Cada promesa de la palabra de Dios está acompañada con una provisión, y la provisión debe ser satisfecha por el que busca antes que venga la bendición. En la sanidad, la provisión es la fe. Cuando el que busca no tiene fe para ser sanado, la sanidad por lo general no viene.

Hay otras razones también aparte de falta de fe que explican la ausencia de sanidad. Pero una de estas razones es una enseñanza incorrecta: hay muchos cristianos tradicionales que están enfermos y que no reciben sanidad porque sus pastores les enseñan que la sanidad divina no es para hoy, o que es de origen satánico. Naturalmente estas personas aceptan su enfermedad como un mal necesario de la vida terrenal y tratan de ser pacientes hasta que pueden deshacerse de este marco terrenal. Pero si a muchas de estas personas les fuera enseñada la gran verdad de sanidad vicaria, creerían y recibirían salud corporal. *"... no tenéis lo que deseáis, porque no pedís"* (Stg. 4:2).

Además, algunos cristianos están enfermos porque constantemente descuidan las leyes de la naturaleza. Uno no puede esperar tentar a Dios y tenerlo a su favor. Aquellos que viven de tal manera, aquellos que hacen peligrar su salud corporal cuando es innecesario, sufren las consecuencias, y es probable que no se recuperen hasta que cesen de vivir incorrectamente. Tales no pueden protestar que la sanidad no funciona, porque la sanidad es prometida a aquellos que viven en la voluntad de Dios (Jn. 5:14).

De nuevo, la ciencia médica ha sido tan exaltada que la mayoría de las personas piensan en ella como la única fuente del beneficio de la sanidad. La ciencia médica ha hecho en verdad grandes avances, y es una muy digna y necesaria profesión, pero no es la única fuente del beneficio de la sanidad. Si todos los cristianos reconocieran a Dios como una fuente de sanidad, habría más fe y consecuentemente menos enfermedad entre los creyentes.

Es un error juzgar la enseñanza de la palabra de Dios por el grado de éxito obtenido en cualquier era. Si todo cristiano estuviera enfermo, esto no cambiaría la enseñanza clara de la palabra de Dios. La ausencia de sanidad divina indicaría solamente que los hombres estarían fracasando en satisfacer los requerimientos de Dios. ¡Pero todos los cristianos no están enfermos! Por el contrario, hay miles que por fe se están apoderando de las provisiones de la expiación y están recibiendo sanidad divina del trono de gracia.

C. DIFERENCIA ENTRE MILAGROS ORDINARIOS Y MILAGROS DE PACTO.

Otros han dicho lo siguiente: "Si uno cree en la sanidad, ¿Por qué no creer también en la resurrección de los muertos y otros milagros prometidos en Marcos 16, tales como: hablar en nuevas lenguas, levantar serpientes, y tomar venenos mortales?"

Nótese, primeramente, que la resurrección de los muertos **no** está mencionada en la gran comisión de Marcos 16. Es verdad que los doce discípulos, cuando fueron enviados en una excursión de predicación para anunciar el reino, fueron ordenados a resucitar muertos (Mt. 10:8), pero ésta no fue la comisión permanente dada a la iglesia. La iglesia no tiene orden de resucitar a los muertos, ni se le da tal promesa a la iglesia. La iglesia, sin embargo, es instruida poner las manos sobre los enfermos, y se promete que los enfermos se recuperarán (Mr. 16:16-18; Stg. 5:14-16).

Hay una diferencia entre milagros extraordinarios y milagros de pacto. Los milagros extraordinarios eran ejecutados como una señal para satisfacer circunstancias especiales tales como: convertir el agua en vino, caminar sobre el mar, calmar la tormenta, y multiplicar los panes y los peces. Estos milagros extraordinarios no le son prometidos a la iglesia. Los milagros tales como sanidad divina, regeneración, el bautismo con el Espíritu y la provisión de necesidades, sin embargo, son promesas que pueden ser reclamadas por el pueblo de Dios. Los milagros extraordinarios son para tiempos y circunstancias especiales, pero los milagros del pacto son para toda la edad de la gracia.

Ahora, esto no significa que jamás ocurrirán milagros extraordinarios en este día. Significa solamente que no pueden ser reclamados fundándose en alguna promesa. Circunstancias especiales en cualquier era pueden dar lugar a milagros extraordinarios, y han habido muchos de los tales registrados en la historia de la iglesia. La fe es poderosa y puede traer la providencia para la ayuda del hombre en muchas maneras no prometidas específicamente. Hay muchos casos verificados en tiempos modernos de la resurrección de muertos a base de una poderosa fe que no se rendía ante la muerte.

Ahora respecto a levantar serpientes y tomar venenos, éstos están incluidos en la gran comisión y se esperan en la iglesia cuando las circunstancias lo justifiquen. Los misioneros constantemente testifican el cumplimiento de estas promesas. Muchos de los mismos misioneros constantemente enfrentan el peligro de aguas envenenadas pero Dios da protección para que no sean dañados. Por supuesto sería tentar a Dios el tomar veneno deliberadamente o manejar reptiles venenosos cuando no existiera propósito o necesidad de hacerlo. Tal no sería fe, sino presunción o intrepidez. Respecto al hablar en nuevas lenguas, este fenómeno también es parte de la gran comisión y es prometida a la iglesia en varios lugares: I Cor. 12:10-14; Hch. 2:4; Is. 28:11; Hch. 10:46, 19:6.

Es claro que la objeción anterior no es objeción alguna porque los creyentes pentecostales sí creen en todos los milagros mencionados; Los pentecostales aceptan estos milagros como bendiciones para la iglesia por promesa, excepto la resurrección de los muertos, y no consideran como una cosa increíble que Dios levantará a los muertos si las circunstancias lo justifican.

D. "LA MEDICINA MODERNA HA REEMPLAZADO A LA SANIDAD DIVINA"

Algunos han objetado en contra de la sanidad divina lo siguiente: "No había ciencia médica competente en los tiempos de la Biblia: Entonces Jesús sanó a los enfermos; pero ahora que la ciencia médica está perfeccionada, Dios espera que su pueblo use la medicina para la sanidad."

Esta objeción está en error por tres razones:

1. Había una ciencia médica desarrollada en los tiempos de la Biblia.

Tan temprano como 400 a.C. había una ciencia de sanidad científica. Hipócrates (460-370), el padre de la medicina, desarrolló esta ciencia a una condición relativamente alta. Algunas de sus técnicas aún se practican hoy en día. Grecia, Egipto y Roma tenían muchos practicantes competentes en la época de Jesús. Los judíos que se adherían a las reglas de salud de la ley de Moisés vivían bajo condiciones higiénicas no grandemente sobrepasadas hoy. La ley de Moisés fue dada por Dios a fin de preservar una nación santa con el propósito de llevar a cabo su plan de redención.

2. La ciencia médica de hoy no puede sanar todas las enfermedades.

Además, la ciencia médica de hoy todavía está en un estado experimental, incapaz de sanar multitudes de enfermedades con las que miles están afligidos. Hay en realidad varias enfermedades y aflicciones comunes que en el presente están incrementándose a pesar de toda la actividad médica.

Ahora, la mayoría de las enfermedades sanadas por Jesús en los tiempos del Nuevo Testamento serían casos desahuciados por los médicos modernos; así que, si Jesús sanó en su día porque la medicina era impotente, aún sanará hoy, porque la medicina todavía es impotente en muchas clases de enfermedades.

3. "La sanidad divina no tiene nada que ver con la competencia o incompetencia de una ciencia sanadora natural."

Sin embargo, la sanidad divina es principalmente una bendición espiritual provista por la expiación, no solamente un asunto de curación física. Si la ciencia médica pudiera curar a toda persona enferma sobre la tierra no anularía la sanidad divina. Cuando la medicina sana al cuerpo, el médico recibe el crédito, pero cuando uno es sanado por el poder de un Padre celestial, personal y amoroso, la gloria es para Dios, y la persona sanada es bendecida espiritualmente y fortalecida en la fe.

Uno puede razonar igualmente que la sociología está ahora en un estado más avanzado, y que como consecuencia, uno ahora no necesita regeneración divina. Algunos liberales extremistas piensan de esta manera. La expiación puede satisfacer a Dios por la cuestión del pecado. La reformación de sí mismo no hace nada por el pecado pasado, ni tampoco establece entre Dios y el hombre una comunión de pacto. Ahora, la sanidad divina es parte de la expiación, el beneficio físico del nacimiento nuevo; y ambos beneficios de la obra del Calvario proponen ser beneficios permanentes para toda la era de la gracia. Ni la salvación ni la sanidad están condicionadas sobre el mejoramiento de las ciencias naturales. Las ciencias naturales son buenas y siempre serán necesarias, pero la mejor manera en que Dios obra es el camino de la fe en asuntos de los cuales las escrituras hacen promesa.

E. "SI LA SANIDAD DIVINA SIEMPRE FUNCIONARA, NINGUN CRISTIANO JAMAS MORIRIA."

Los exponentes de la sanidad divina no afirman que la muerte pueda ser perpetuamente alejada, como tampoco fue afirmado por los apóstoles que ciertamente practicaban la sanidad divina con resultados milagrosos. Se afirma únicamente que el creyente fiel puede tener salud divina dentro de la duración normal de su vida. Tal vida plena o completa está descrita en Job 5:26. La misma Biblia que enseña la sanidad divina también pone un límite a la duración de la vida del hombre. (Sal. 90:10; Heb. 9:27). Por este motivo, la sanidad es provista para el hombre pero sólo dentro de la duración designada para su vida. No significa, sin embargo, que el hombre, aunque teniendo un cuerpo mortal, deba vivir en dolor y sufrimiento, o morir por una aflicción. La fe asegurará para el creyente una vida de salud y vigor divino, y cuando la muerte viene en el tiempo designado, puede ser sin gran sufrimiento o enfermedad. Por supuesto que la fe imperfecta y la desobediencia frecuentemente estorban este estado físico pleno e ideal. Pero esta provisión es válida, no obstante, y es en realidad apropiada por muchos creyentes.

Aun si se pudiera asegurar una vida perpetua por la sanidad divina, no sería deseable en este cuerpo presente, aun en su estado más saludable. El cuerpo mortal de Jesús fue sujeto a la fatiga natural, el cansancio y otras penalidades de la mortalidad. La salud divina es una bendición maravillosa para ésta presente morada, pero la meta del creyente redimido está fijada en la ciudad celestial, la vida inmortal en un cuerpo glorificado y eterno.

F. "HAY CASOS DE FRACASO EN EL NUEVO TESTAMENTO."

Se hace mucho del "aguijón en la carne" de Pablo por aquellos que se oponen a la sanidad divina. El hecho es que nadie sabe el carácter exacto de su aguijón, así que no puede ser probado que el aguijón fue una enfermedad. Cualquiera que fuera el aguijón, Pablo fue liberado de él (Gál. 4:13-16; II Cor. 1:8-10). Si la dificultad mencionada por Pablo en Gálatas 4:13-16 fue una enfermedad, no fue una enfermedad permanente, porque dice que la tuvo "al principio."

Sabemos que Pablo no tenía ninguna aflicción permanente por dos hechos: (1) La vida de viajes y labor enérgica de Pablo no podrían haberse llevado a cabo si hubiera estado seriamente enfermo. Cuando se considera que Pablo viajaba constantemente bajo condiciones penosas, organizando iglesias; sufriendo apedreamientos, latigazos, naufragios y encarcelamientos, que se mantenía trabajando con sus propias manos, y que siempre estaba gozoso y confiado, no parecería probable que estuviera sufriendo de una grave enfermedad. (2) Pablo mencionó todas sus dificultades en II Corintios 11:23-33, y ni una vez menciona una enfermedad. Si Pablo hubiera tenido una grave enfermedad, la hubiera mencionado en esta lista.

Algunos señalan a Gálatas 4:15 como prueba de que Pablo tenía una enfermedad en los ojos. Sin embargo, las palabras *"os hubierais sacado vuestros propios ojos para dármelos"*, tienen un sentido figurativo, tal como, *"me hubieras dado tu brazo derecho."* Además, la teoría de una enfermedad del ojo oriental no es consistente con la gran actividad de Pablo. Hay otro pasaje en el cual Pablo se refiere a su aguijón como un abofeteo (II Cor. 12:7). Un abofeteo infiere golpes repetidos, no un estado permanente de enfermedad.

Respecto a Epafrodito, su caso sostiene la sanidad divina antes que levantar una objeción. Epafrodito estaba verdaderamente enfermo, pero Dios lo sanó (Fil. 2:25-27). No se proclama que los creyentes nunca estarán enfermos bajo ninguna circunstancia; cuando los creyentes oprimen a sus cuerpos o desobedecen las leyes de la naturaleza, es probable que estén enfermos; pero cuando se vuelven al Señor para sanidad, ellos la reciben. Epafrodito se enfermó como resultado de un viaje muy duro desde Filipos a Roma, pero Dios lo liberó. Este es un hecho que sostiene la doctrina de la sanidad.

La referencia al caso de Trófimo es tan breve que muy se conoce acerca de ella. Pablo dejó enfermo a Trófimo (II Ti. 4:20), pero nada se sabe de la fe de este obrero poco conocido. Quién puede decir que no fue sanado pronto después, porque la sanidad no es siempre instantánea. Ciertamente, tal referencia tan breve no es suficiente para derribar el gran fondo de escritura en favor de la sanidad divina. Finalmente, la interpretación de la escritura descansa sobre sus promesas y enseñanzas y no sobre alguna cosa que aconteciera a las personas. No importa cuán seguras y simples sean las provisiones de Dios para las necesidades del hombre, siempre habrá fracasos de parte del hombre.

G. "LA SANIDAD DIVINA ES ENSEÑADA SOLO POR SECTAS FALSAS."

Está declaración está lejos de ser cierta. Wesley, Lutero y Zinzendorf enseñaron y practicaron la sanidad divina. Ellos fueron los líderes de las iglesias metodista, luterana y moravia; ciertamente nadie dudaría que estas son iglesias ortodoxas. Aquellos que enseñan la sanidad hoy, juntamente con el poder salvador de la sangre de Jesús y la deidad de Cristo, no son menos ortodoxos que los líderes de las iglesias anteriormente mencionadas cuando ellos enseñaban la sanidad divina.

Es verdad que varios cultos falsos enseñan una clase de sanidad, pero sus doctrinas de sanidad están lejos de ser similares a la doctrina de sanidad divina, ortodoxa y bíblica. El hecho es que Satanás se ha aprovechado del fracaso de la iglesia en predicar el evangelio completo, avanzando cultos de sanidad que niegan la eficacia de la sangre, y la deidad de Cristo. El resultado es que mucha gente enferma es engañada por cultos falsos, cuando su sanidad corporal debiera haber sido satisfecha dentro de la verdadera iglesia. Las sectas falsas de sanidad son capaces de sobrevivir y crecer progresivamente porque ofrecen algo deseado grandemente por multitudes de personas.

Jesús siempre tuvo compasión de las multitudes y sanaba a sus enfermos, y Jesús es el mismo hoy y para siempre. Es una gran tragedia que la iglesia verdadera mande a los afligidos de regreso con las manos vacías y con la excusa superficial que el poder de Dios ya no funciona. Además, la sanidad enseñada por la mayoría de las sectas falsas no es sanidad divina, sino la sanidad que viene del poder de la mente sobre la materia, o sanidad psíquica. Ahora, médicos reconocidos han admitido que la sanidad mental es verdaderamente científica en muchos aspectos, pero aun así, es sólo una sanidad natural. Cuando uno es sanado por la secta denominada la ciencia cristiana, Dios no es acreditado con la recuperación. Las sectas de sanidad reconocen a Dios como un principio solamente y no como una persona. Cuando uno es sanado por un principio, esa no es sanidad divina, sino natural. Los maestros de sanidad divina ortodoxa creen que los enfermos son sanados por el poder directo de un Dios personal que tiene compasión de la humanidad sufriente. En la sanidad ofrecida por los cultos se niega la existencia del pecado y de la enfermedad; pero en la sanidad ortodoxa, el pecado y el sufrimiento son admitidos como reales. Sin embargo, Cristo es reconocido como el victorioso sobre todo enemigo del hombre, y como el salvador personal del mundo.

Finalmente, Satanás frecuentemente falsifica las verdaderas bendiciones de Dios. El hecho de que algunos cultos falsos imitan a la sanidad divina no es una señal de que la sanidad es falsa; al contrario, es indicación de que hay una verdadera sanidad divina.

H. "LA SANIDAD DIVINA PONE MAS ENFASIS SOBRE EL CUERPO QUE SOBRE EL ALMA."

Si esta observación se admite, entonces la misma debe hacerse del ministerio de Jesús, porque la mayor parte de su ministerio fue dedicado a sanar a los enfermos. De igual manera, se necesitaría objetar el ministerio de los apóstoles, porque el libro de Hechos registra milagros de sanidad en todos los avivamientos (Vea Hechos 8:5-8; 9:36-42; 14:6-10; 16:16-18; 19:11,12; 28:7-9). Ahora, si el Señor Jesús y los discípulos podían predicar y practicar la sanidad divina sin temor de sobre enfatizar las necesidades corporales, entonces lo mismo puede ser hecho en cualquier época, si el procedimiento se mantiene bíblico y la enseñanza está apropiadamente balanceada. Por supuesto, es posible dar demasiado énfasis a cualquier doctrina, pero esto no es necesariamente así. La salvación para el alma y la sanidad para el cuerpo son beneficios inseparables de la obra expiatoria de Cristo. Los dos deberían ser predicados juntos como aspectos del mismo mensaje (Is. 53:4,5; I P. 2:24).). Omitir el mensaje de sanidad es predicar un evangelio parcial. Las buenas nuevas de salvación también conciernen al cuerpo mortal que ha sido redimido por un precio (I Cor. 6:19,20).

Sería un error suponer que la sanidad divina imparte sólo una bendición física. El beneficio recibido de un toque sanador es tanto espiritual como físico. En la sanidad divina, el que recibe siente la cercanía y el cuidado providencial de un salvador y Señor personal; su fe es fortalecida y está doblemente al tanto del gran amor de Dios. Es verdad que la fe concierne principalmente a lo invisible, pero mientras que el hombre está en un mundo temporal, él necesita y se beneficia de las provisiones materiales y las bendiciones de Dios.

Muchos de los que oran con regularidad por una bendición financiera o de cuidado y protección providencial desprecian la sanidad divina, pero ciertamente no hay ninguna diferencia en principio entre un tipo de beneficio y el otro. Si el creyente no ha de orar por sanidad porque sobre enfatiza lo material, entonces nunca debe orar por empleo, dinero, comida, ropa, protección, o cualquier otro beneficio material. Si el hombre se beneficia en la enfermedad, entonces también se beneficiaría en la pobreza o la miseria. Los cristianos primitivos practicaban la pobreza mucho más de lo que sufrían aflicción en el cuerpo.

Finalmente cuidémonos de que la sanidad nunca debe ser predicada separadamente de la redención del alma y otras verdades fundamentales del evangelio. La sanidad no es un evangelio en sí, es un aspecto del evangelio de Cristo. Tampoco es completo el evangelio que omite el mensaje de sanidad. Además, es sabio dirigir reuniones de instrucción sobre la sanidad antes de orar por los enfermos, a fin de que sea completamente entendida la relación correcta entre sanidad y el evangelio. También la instrucción es necesaria a fin de que sólo se ore por aquellos que están abiertos a Dios y que poseen algo de fe, esto es, aquellos por los que se ora públicamente. Siempre se debe aclarar que ningún poder de sanidad es poseído por el que ora, sino que es el poder y la misericordia de Dios (Hch. 3:12,13).

I. "SI DIOS CREO HIERBAS Y DROGAS, ¿NO ESPERA QUE EL HOMBRE LAS USE PARA SANIDAD?"

Es verdad que Dios creó todas las hierbas y plantas, pero no sancionó de allí cada uso al que el hombre pondría sus extracciones. Dios creó la amapola, pero no sancionó cada uso que se le daría al opio. Dios creó la planta de tabaco, pero su intención no era que el hombre usara la planta para inhalar nicotina a su cuerpo. La nicotina del tabaco es un insecticida espléndido para controlar insectos, pero no debiera ser usado para matar seres humanos. Ahora, mientras que algunas hierbas sin duda fueron creadas con la mira al uso terapéutico para la humanidad, no se deduce que no hay otra fuente de sanidad, ni que la sanidad por medio de las medicinas es la mejor fuente de sanidad. Dios es misericordioso con toda la humanidad, salvos e incrédulos, justos e injustos; Él ha provisto misericordia aun para aquellos que no lo reconocen como Señor, pero ¿no puede Dios proveer una mejor y más directa sanidad para aquellos que están en comunión cercana con Él?

La Biblia sí ordena el uso de aceite al orar por los enfermos, también higos en un caso, y vino en otro, pero ninguno de éstos es recomendado como una droga para la sanidad. En ninguna parte la Biblia recomienda medicamentos o médicos para los redimidos. En la isla de Malta, Pablo oró por el padre de Publio y por muchos enfermos que fueron sanados por el poder de Dios; sin embargo, Lucas, que era un médico, estaba presente con Pablo. Si Dios quería que el creyente llamara a un médico, ¿por qué no administró Lucas medicamentos a las personas de la isla (Hch. 28:8,9)?

Se manda el aceite para la unción en Santiago 5:14-16, pero está claramente declarado que es la **oración de fe** la que salva al enfermo y el Señor quien lo levanta, no el aceite. Además, ¿permitiría Dios a un inspirado apóstol el recomendar aceite para la sanidad de toda enfermedad? Cualquiera sabe que mientras el aceite pueda ejecutar ciertos beneficios menores, ciertamente no es un "cura-lo-todo." El aceite no es una panacea para todos los males físicos del hombre. El aceite ha de ser usado sólo como un símbolo al orar por los enfermos. La unción tipifica la obra del Espíritu Santo, que es el agente en la sanidad. Cuando un rey o un sacerdote era inaugurado en Israel, era ungido con aceite el cual no le hacía ningún bien físico, pero era simbólico del Espíritu de Dios que dirigiría su reino o ministerio. El aceite en la sanidad indica que la sanidad es ejecutada por el Espíritu de Dios y no por el anciano que ora.

La narración de la enfermedad y sanidad de Ezequías se encuentra en II Reyes 20:1-11. En esta narración es claro que la masa de higos no fue la fuente de sanidad. Ezequías oró a Dios y recibió certeza de Dios que sería sanado y recibiría quince años de extensión a su vida, antes de que los higos fueran aplicados.

Dios testificó de su promesa al causar que declinara diez grados la sombra en el reloj de Acaz. Es obvio que Ezequías puso su completa confianza en el poder de Dios, porque si los higos hubieran tenido tal valor curativo, él habría confiado de inmediato en los higos. Si los higos son curativos hasta el punto de salvar una vida, ¿por qué la ciencia médica de hoy no explota su poder? Además, la recomendación fue hecha por Isaías y no por el Señor. Si Dios había inspirado la recomendación, fue sólo un acto de obediencia tal y como la inmersión de Naamán en el río Jordán, o la unción de los ojos del ciego con barro por Jesús.

Pablo recomendó que Timoteo tomara vino en vez de agua (I Ti. 5:23). Algunos afirman que el vino fue recetado como remedio para el problema de estómago de Timoteo. Uno se pregunta si todos los oponentes de la sanidad divina recomendaran que todos los miembros que sufrieran de problemas estomacales cesaran de tomar agua en favor de vino. Si el agua disponible fuera buena para tomar, es seguro que habría sido mejor para el estómago que vino. Nada es mejor para la salud que el uso generoso de agua pura; pero el agua donde estaba residiendo Timoteo era muy impura y dañina, y por lo tanto le estaba haciendo daño a su salud. El vino sólo era un sustituto para el agua, donde no había agua buena disponible. Si el vino hubiera sido destinado como medicamento, habría sido recetado en adición al agua. El hecho de que fue prohibido tomar el agua prueba que el agua local era la fuente de su problema.

Frecuentemente se menciona a los médicos en la Biblia, pero ciertamente no se dice nada de el reemplazo de la sanidad divina para los hijos creyentes de Dios. Moisés fue educado en todas las maneras de los egipcios, un pueblo sabio en el uso de hierbas, pero ni una vez receta ninguna medicina para los israelitas; al contrario, Dios le prometió que la obediencia le aseguraría una plena salud divina a la nación entera.

J. "LA SANIDAD NO ES PARA HOY SEGÚN ISAIAS 53"

Algunos han rechazado la doctrina de sanidad divina basándose en el siguiente argumento: "Los milagros registrados en Mateo 8:16,17 cumplieron completamente la profecía de sanidad física en Isaías 53:4,5." "No fueron necesarios milagros subsiguientes para cumplir la promesa; por lo tanto, la sanidad no es para hoy con base en Isaías 53."

Respondemos a esta objeción con dos argumentos:

- Las palabras traducidas "llevó" y "sufrió" son usadas tanto para sanidad corporal como para salvación del alma, y usadas en el mismo sentido. Si las primeras sanidades de Jesús cumplieron completamente la profecía en que Jesús *"llevó nuestras enfermedades, y sufrió nuestros dolores",* entonces las primeras conversiones cumplirían la profecía de que Cristo *"llevará... los pecados de muchos"* (Is. 53:11,12).

- La palabra "cumplió", como es usada en la Biblia para marcar el cumplimiento de profecías del Antiguo Testamento, no infiere en su uso que el evento marcado es el completo cumplimiento y que no seguirán eventos similares. (Vea la discusión de este asunto en la Sección VII.)

K. "SI LA SANIDAD ESTA EN LA EXPIACION, LOS CRISTIANOS QUE ESTAN ENFERMOS DEBEN CONCLUIR QUE SON PECADORES."

Que algunos cristianos estén enfermos no significa que necesariamente sean pecadores. Pueden ser ignorantes de la bendición de sanidad, o faltos de fe en el presente, o ser descuidados en pedirle definitivamente a Dios la sanidad. La salvación está en la expiación; pero que algunos no reciban salvación no significa que Cristo no murió por ellos. Los hombres no son salvos hasta que ejercitan la fe e invocan al Señor. La sanidad es provista por la expiación, pero es recibida, como la salvación, sólo por aquellos que reconocen las provisiones y buscan la bendición. La fe es el requisito para recibir sanidad, y algunos cristianos son débiles en tener una fe activa. Somos salvos por la gracia mediante la fe, pero logramos diferentes grados de santidad práctica y bendición divina, aunque la victoria y bendición perfectas son provistas para todo creyente por la expiación. Hay muchos que son moralmente rectos y espiritualmente devotos, pero a causa de la enseñanza débil que reciben, no están al tanto de la completa provisión del Calvario; y cuando están enfermos, acuden a remedios médicos cuando podrían tener la sanidad divina si hubieran sabido o querido pedirla. *"...no tenéis lo que deseáis, porque no pedís"* (Stg. 4:2). No! Los cristianos enfermos no son más pecadores que cualquier otro en este estado imperfecto; solamente no están privilegiados a causa de enseñanza incorrecta.

L. "EL FRACASO DE MUCHOS EN RECIBIR SANIDAD DEBILITA LA FE DE LA IGLESIA ENTERA."

Cualquiera que pudiera hacer tal objeción no podría entender la fe. Hebreos 11:1 define a la fe de la siguiente manera: *"Es, pues, la fe la certeza de lo que se espera, la convicción de lo que no se ve."* La fe no depende de lo que ve o de las circunstancias. La fe cree aun cuando no puede ver. Mientras que la fe es fortalecida viendo la obra de Dios, la fe no naufragará si no ve. El hecho que es pasado por alto en esta objeción es que la fe siempre lleva a cabo lo que desea. Si la iglesia tiene fe, su fe llevará a cabo cosas. Jesús nunca falla, y donde se ofrece oración por los enfermos, acompañada por fe, habrá señales que seguirán: la palabra de Dios asegura que será así (Mr. 16:17).

Nadie afirma que todos por los que se ora serán sanados, pero la mayoría de los creyentes deben saber que habrá algún fracaso cuando hay una provisión por satisfacer a aquellos que están buscando sanidad, particularmente la fe. Los oponentes de la sanidad divina son oponentes porque no tienen fe en el poder sobrenatural de Dios. La falta de fe en lo sobrenatural, es falta de fe en el mismo corazón del cristianismo, que no es una simple sociedad ética, orden social, o hermandad fraternal, sino una religión sobrenatural vitalizada por el Espíritu Santo. Aquellos que creen en la sanidad lo comprenden suficientemente como para saber que no todos por los que se ora serán sanados, por razones explicables. Aquellos que no creen en un cristianismo sobrenatural, no tienen ninguna fe vital que perder, aunque de lo contrario sean personas muy espléndidas y piadosas.

CAPITULO 8
La Doctrina de la Iglesia
Eclesiología

INTRODUCCION

La Eclesiología es el estudio de la iglesia en su naturaleza, ordenanzas, ministerio, misión y gobierno.

En tiempos recientes ha habido un renovado interés en el estudio de la doctrina de la iglesia. Cada era ha tenido su particular énfasis doctrinal. Nuestra era no es una excepción. Muchos teólogos y doctos bíblicos contemporáneos, están diciendo que necesitamos volver a estudiar la doctrina de la iglesia a fin de poder entender lo que es la iglesia, y cuál es su misión hoy en día. Varios movimientos contemporáneos tales como el ecuménico y el carismático han contribuido a un resurgir del interés en el modelo de la iglesia del Nuevo Testamento. El avivamiento del espíritu de alabanza entre las iglesias pentecostales ha sido acompañado por un fuerte interés en entender mejor la vida, ministerio, y liderazgo de la iglesia del Nuevo Testamento.

Ya que la iglesia es el cuerpo divinamente constituido mediante el cual el evangelio es predicado y los creyentes son nutridos, el estudio cuidadoso y entendimiento claro de ella son obviamente importantes. La mejor manera de entender este tema es a través del estudio de la iglesia y sus definiciones.

I. "IGLESIA" - SUS DEFINICIONES

A. KURIAKON.

La palabra castellana "iglesia" se deriva de la palabra **kuriakon** que significa "perteneciendo al Señor", una palabra que nunca es aplicada a la iglesia en el período del Nuevo Testamento; aunque se halla dos veces en él como un adjetivo aplicado a la cena del Señor y al día del Señor (I Cor. 11:20; Ap. 1:10). En tiempos post-apostólicos, los griegos usaron la palabra **kuriakon** para designar al edificio de la iglesia. Las únicas palabras utilizadas en el Nuevo Testamento para designar a un edificio como lugar de adoración son templo y sinagoga (Hch. 5:42; Stg. 2:2).

B. EKKLESIA.

En el Nuevo Testamento castellano la palabra "iglesia" es usada invariablemente para traducir la palabra griega **ekklesia** (Mt. 16:18, 18:17; Hch. 2:47, 9:31, 13:1, 14:23, 15:22, 16:5, 20:17,18; Rom. 16:4,5; I Cor. 12:28; Ef. 5:23-29; Col. 1:18; Ap. 1:4,11). La palabra **ekklesia** significa "una asamblea de personas." El término se deriva de dos palabras griegas, **ek** que significa "fuera de", y **kaleo** que significa "llamar." Originalmente, "los llamados fuera de" hacía referencia al cuerpo legislativo de ciudadanos de la república griega llamados de sus comunidades para servir al país. Cuando nos referimos a una sesión de la "asamblea" del Estado, estamos usando la palabra "asamblea" exactamente de la misma manera en que los griegos usaban el término **ekklesia**.

En la época del Nuevo Testamento, cuando Jesús empleó la palabra **ekklesia** para designar al cuerpo que Él edificaría, el significado de la palabra provenía de por lo menos dos fuentes: (1) El uso judío de la palabra en el Antiguo Testamento griego (septuaginta) donde se refería a la "congregación" de Israel, y (2) el empleo griego de la palabra para referirse a cualquier asamblea de personas aunque constituyera un cuerpo o un tumulto desorganizado. Un ejemplo del uso judío se encuentra en Hechos 7:37,38: *"Este es aquel Moisés que estuvo en la congregación [ekklesia] en el desierto con el ángel que le hablaba en el monte Sinaí, y con nuestros padres, y que recibió palabras de vida para darnos."* El uso judío de la palabra **ekklesia**, generalmente traduce la palabra hebrea **quahal** que era la palabra del Antiguo Testamento para la congregación de Israel en el desierto. Un ejemplo del uso griego de **ekklesia** se halla en Hechos 19:39: *"Y si demandáis alguna otra cosa, en legítima asamblea se puede decidir* [cuerpo oficial legislativo]."

No hay duda que Jesús eligió la palabra traducida "iglesia" porque había sido usada para designar al pueblo de Dios, pero la palabra en la mente popular meramente significaba "asamblea." La palabra hebrea traducida **ekkle-sia** a veces se usaba como "sinagoga." Es muy posible que ésta palabra haya sido elegida a fin de evitar confusión entre la iglesia y la sinagoga de Israel. Cuando Jesús dijo, *"Y sobre esta roca edificaré mi iglesia"* (Mt. 16:18), Él no puso énfasis sobre la palabra "iglesia", sino sobre la palabra "mi." La iglesia es única, no porque sea llamada iglesia, sino porque es la asamblea de los creyentes que pertenecen a Jesús y que constituyen su cuerpo.

II. USOS DEL TERMINO "IGLESIA" EN EL NUEVO TESTAMENTO

A. EL CUERPO UNIVERSAL DE CRISTO.

La iglesia universal está compuesta de todos los creyentes cristianos genuinos de todas las edades, tanto en la tierra como en el paraíso, el cuerpo de Cristo completo. La iglesia universal completa se congregará en la cena de las bodas del Cordero (Ap. 19:6-9) que seguirá al arrebatamiento de la iglesia. Los siguientes pasajes se aplican a la iglesia universal: Mt. 16:18; Ef. 3:10,21; 5:23-32; Col. 1:18,24; Heb. 12:22,23, *"A la congregación de los primogénitos que están inscriptos en los cielos, a Dios el Juez de todos, a los espíritus de los justos hechos perfectos..."* (Heb. 12:23).

B. LA IGLESIA LOCAL.

La iglesia local está compuesta por creyentes cristianos identificados como un cuerpo constituido que adora en una localidad (Rom. 16:1; Col. 4:16; Gál. 1:2,22; Hch. 14:23). Los miembros de una iglesia local constituyen la iglesia aun cuando no están congregados, como puede verse en Hechos capítulo catorce: *"Y habiendo llegado, y reunido a la iglesia, refirieron cuán grandes cosas había hecho Dios con ellos..."* (Hch. 14:27). Todos los creyentes genuinos son miembros del cuerpo universal de Cristo; sin embargo, todos los fieles creyentes deben estar identificados con una iglesia local donde se congregan para adorar, confraternizar y servir con cierta regularidad (Heb. 10:24,25). Los cristianos no pueden ser creyentes propiamente cuando están aislados porque no solo son creyentes, sino que también son discípulos, hermanos, y miembros de un cuerpo. Según Aimee Semple McPherson, es fundamental para el creyente el identificarse con su iglesia local:

"Creemos que habiendo aceptado al Señor Jesucristo como Salvador personal y Rey, y habiendo así nacido de nuevo a la familia y cuerpo invisible e iglesia del Señor, es deber sagrado del creyente, siempre que esté a su alcance, identificarse y trabajar lo más ardientemente posible con la iglesia visible de Cristo sobre la tierra para la edificación del reino de Dios..." (Stg. 5:14; Hch. 11:26-30)[1]

C. LAS IGLESIAS EN HOGARES.

En los tiempos del Nuevo Testamento no había edificios para iglesias; los creyentes se reunían para adorar donde hubiera instalaciones disponibles. A menudo se reunían en los hogares de creyentes: *"Aquila y Priscila, con la iglesia que está en su casa, os saludan muchos en el Señor"* (I Cor. 16:19b). Cuando la iglesia en una comunidad era muy grande, habían muchas iglesias en los hogares (vea I Cor. 14:23); sin embargo, la iglesia de esa comunidad era considerada una, y se reunían todos juntos tan a menudo como podían. En comunidades pequeñas, una iglesia en el hogar puede haber acomodado al cuerpo entero (vea Col. 4:15). Una razón por la cual las iglesias generalmente tenían una pluralidad de ancianos se debía quizá a la existencia de varias iglesias en los hogares dentro el cuerpo completo de la comunidad. En Hechos, capítulo veinte, el apóstol Pablo llamó a los ancianos de la iglesia de Efeso a congregarse: *"Enviando, pues, desde Mileto a Efeso, hizo llamar a los ancianos de la iglesia"* (Hch. 20:17). La iglesia en Efeso era una, pero la gran cantidad de ancianos (pastores) sugiere que a menudo la iglesia se reunía en hogares por la falta de grandes edificios para la iglesia. Todas estas iglesias eran, sin embargo, una iglesia en Efeso: *"Por tanto, mirad por vosotros, y por todo el rebaño en que el Espíritu Santo os ha puesto por obispos, para apacentar la iglesia del Señor, la cual él ganó por su propia sangre"* (Hch. 20:28). Cada iglesia local era considerada como la manifestación física de la iglesia universal en esa comunidad (Vea Rom. 16:5,23; I Cor. 16:15; Flm. 2).

D. LA IGLESIA COLECTIVA.

Hay varios pasajes del Nuevo Testamento en los que se hace referencia a la iglesia visible en la tierra como una iglesia: I Cor. 10:32; 15:9; Gál. 1:13; Fil. 3:6. En Hechos 9:31, donde se hace referencia a la paz que experimentó la iglesia después de la conversión de Saulo, la versión Reina-Valera usa la palabra "iglesias"; pero en el texto griego, al igual que en otras versiones, la palabra es singular. *"Entonces la iglesia tenía paz por toda Judea, Galilea y Samaria; y era edificada, andando en el temor del Señor, y se acrecentaba fortalecida por el Espíritu Santo"* (Hch. 9:31).

En varios pasajes la palabra iglesia es usada genéricamente, eso es, refiriéndose a la iglesia en general. (Vea Mt. 18:17; I Ti. 3:15; I Cor. 12:28.)

---

[1] Declaración de fe *por Aimee Semple McPherson, (Iglesia Internacional del Evangelio Cuadrangular)* 22.

E. LAS IGLESIAS ACTUANDO EN ACUERDO.

Hay aquellos que afirman que las iglesias locales eran autónomas, sujetas sólo al liderazgo local que era elegido por votación de la congregación. No hay duda de que las iglesias locales tenían mucha libertad; ciertamente, no eran gobernadas rígidamente por una jerarquía central. Este es un hecho demostrado por el consejo sobre la doctrina y la práctica que registra Hechos, capítulo quince. Sin embargo, está claro por un número de pasajes bíblicos que las iglesias actuaban en acuerdo y seguían al liderazgo apostólico: Hechos 14:23; Rom. 16:4; I Cor. 16:19; 14:33; II Cor. 11:28; Tit. 1:5. Pablo instruía a iglesias locales sobre doctrina, práctica y gobierno; mandaba saludos de parte de grupos de iglesias de una zona; designaba a ancianos en las iglesias o instruía a hermanos obreros para designar a los oficiales. Pablo escribió a Tito ordenando: *"Por esta causa te dejé en Creta, para que corrigieses lo deficiente, y establecieses ancianos en cada ciudad, así como yo te mandé"* (Tit. 1:5).

III. USOS DE LA PALABRA "IGLESIA" QUE NO SE HALLAN EN EL NUEVO TESTAMENTO

A. NO ES USADO PARA UN EDIFICIO.

La palabra griega *ekklesia* que es traducida "iglesia" siempre se refiere a personas; nunca a un edificio. Hoy, uno podría decir, "Hay una iglesia blanca en la esquina de la cuarta y bolívar." Cuando la Biblia habla de la iglesia en Efeso, se refiere a la congregación de cristianos creyentes en Efeso. Debido a que no se construyeron edificios para iglesias hasta el tercer siglo, no se inventó ninguna palabra para referirse a ellas. Cuando se construían iglesias, se utilizaba una palabra distinta *(kuriake),* que significaba "la casa del Señor" para referirse a ellas. Por otro lado, el uso de una palabra para describir tanto al edificio como a la congregación fue un desarrollo natural. El llamar al edificio una iglesia es una metáfora llamada "metonimia" (el contenedor puesto por el contenido). Lo mismo se encuentra en I Corintios 11:26: *"Así, pues todas las veces que... bebieres esta copa"* (No tomamos la copa, sino el contenido). No hay daño en llamar al santuario una "iglesia" en tanto uno tenga en mente la verdadera naturaleza de la iglesia.

B. NO SE USA PARA UNA DENOMINACION.

Durante los tiempos del Nuevo Testamento no surgió ningún grupo cristiano que se identificara con nombre separado como en las denominaciones modernas. Por lo tanto, la palabra "iglesia" no fue añadida a los nombres de líderes o dogmas doctrinales, como en la iglesia luterana o iglesia bautista, para identificar a distintas organizaciones eclesiásticas. La condición ideal

Fundamentos de Teología Pentecostal

para la iglesia sobre la tierra, sin duda, hubiera sido la de unidad universal en doctrina y organización; sin embargo, cuando el principal cuerpo eclesiástico se separó de la escritura en doctrina y práctica, era inevitable que hubiera reformas rechazadas por el sistema que las dio a luz, forzando a los fieles a formar cuerpos distintos.

Ya que todo avivamiento ampliamente esparcido ha causado reacción en el liderazgo establecido de la iglesia, la formación de organizaciones nuevamente creadas para preservar la doctrina sana y la vida espiritual han sido virtualmente inevitable.

El movimiento ecuménico se ha esforzado para traer a las denominaciones a una reunión corporal, pero cuando ha sido logrado, ha costado la plenitud doctrinal y espiritual. Una fe y práctica aceptable a todos ha sido el "menor común denominador." Las denominaciones pueden haber sido la forma de Dios para preservar el avivamiento y fervor misionero. Los miembros de las iglesias denominacionales, sin embargo, deben mantener en mente que la iglesia, que es el cuerpo de Cristo, está compuesta de todos los verdaderos creyentes, y que los verdaderos creyentes deben estar unidos en espíritu para llevar adelante el evangelio de Cristo en el mundo, porque todos serán tomados juntos en la venida del Señor. Es ciertamente una verdad bíblica, que iglesias locales deberían reunirse para compañerismo y misiones (II Cor. 8:1-19,23,24; Tit. 1:5).

IV. LOS OFICIALES, MINISTROS Y LIDERES DE LA IGLESIA

La cantidad de material bíblico relativo a la organización y liderazgo de la iglesia apostólica no es grande. Los títulos llevados por los líderes de la iglesia del Nuevo Testamento eran más descriptivos de sus ministerios que de su oficio y rango. Ya que los primeros miembros y líderes de la iglesia primitiva eran judíos, familiarizados con la sinagoga, su organización eclesiástica fue modelada semejante a la de la sinagoga; de hecho, en un pasaje del Nuevo Testamento, a la asamblea cristiana se le llama sinagoga (Stg. 2:2).

En lo siguiente se ve claramente que había organización en la iglesia del Nuevo Testamento:

- Cuando surgían problemas en ciertas actividades ministeriales, se designaban líderes para administrar esas actividades (Hch. 6:1-7).

- Los discípulos se reunían regularmente para adorar; al principio, todos los días; luego, el primer día de la semana (Hch. 2:46,47; 5:42; 20:7; I Cor. 16:2).

- Eran diligentes en la designación del liderazgo correcto (Hch. 1:23-26; 14:23; Tit. 1:5).

- Los requisitos para los ancianos (obispos) y diáconos están expuestos con algún detalle (I Ti. 3:1-13; Tit. 1:5-9; I Ti. 5:1,17-22; I P. 5:1-4; Hch. 6:1-7; 20:28-35).

- Cada iglesia tenía la autoridad para disciplinar o excluir a ciertos miembros (Mt. 18:17; I Cor. 5:1-5; II Tes. 3:6-16; I Ti. 1:18-20).

- Los miembros eran exhortados a respetar y obedecer a los líderes de la iglesia (I Tes. 5:12,13; Heb. 13:7,17,24).

- Los misioneros eran enviados por la iglesia con aprobación oficial (Hch. 13:1-3).

- Un consejo fue convocado en Jerusalén para solucionar una disputa sobre doctrina y práctica en la iglesia cristiana entera (Hch. 15:1-35).

No es fácil clasificar a los diferentes ministros y oficiales mencionados en el Nuevo Testamento; varios términos, como "pastor, anciano y obispo", que nosotros tomamos como títulos, probablemente son maneras distintas de describir la misma función. Algunos términos como "ministro" y "diácono" son diferentes traducciones de la misma palabra griega *diakonos*. Algunos oficios tales como apóstol y profeta son estrictamente por designación divina del ejercicio de un don espiritual; mientras que otros cargos son por elección humana o una designación basada sobre calificaciones especificadas. "Pastores y maestros" pueden ser dos clases de ministros; o los términos pueden simplemente representar dos funciones de un cargo. A pesar de las dificultades involucradas, se hará un esfuerzo para analizar cada cargo del Nuevo Testamento.

A. APOSTOLES.

Los primeros exponentes del evangelio cristiano fueron los apóstoles. Este fue el primer don ministerial de Dios a la iglesia.

"Y cuando era de día, llamó a sus discípulos, y escogió a doce de ellos, a los cuales también llamó apóstoles" (Lc. 6:13).

"Y al pasar por las ciudades, les entregaban las ordenanzas que habían acordado los apóstoles y los ancianos que estaban en Jerusalén, para que las guardasen" (Hch. 16:4).

"Y él mismo constituyó a unos, apóstoles; a otros profetas; a otros evangelistas; a otros, pastores y maestros, a fin de perfeccionar a los santos" (Ef. 4:11,12a).

"Edificados sobre el fundamento de los apóstoles y profetas, siendo la principal piedra del ángulo Jesucristo mismo" (Ef. 2:20).

La palabra "apóstol" es una transcripción de la palabra griega *apostolos* que significa "un mensajero" o "uno enviado" en una misión." Los apóstoles originales fueron aquellos que Jesús escogió para estar con Él, a quienes Él comisionó personalmente y envió (Mt. 10:2; Lc. 22:14). Eran doce en número. Cuando Judas Iscariote traicionó al Señor, dejando sólo once, otro apóstol fue elegido en su lugar (Hch. 1:15-26). Los nombres de los doce, están escritos en los doce fundamentos de la nueva Jerusalén (Ap. 21:44).

Los requisitos para el apostolado eran:

- Haber estado con el Señor (Hch. 1:21,22).
- Haber sido testigo de la resurrección (Hch. 1:22).
- Haber visto al Señor (I Cor. 9:1).
- Haber obrado señales, milagros y obras poderosas (II Cor. 12:12).

Los apóstoles fundamentales fueron un número fijo de doce. Sin embargo, hay otros que son llamados "apóstoles", tales como:

- Pablo, quien tuvo una visión del Señor, quien también fue llamado personalmente por Jesús a ser el apóstol a los gentiles (Rom. 11:13; I Cor. 9:1), y quien doce veces se declaró ser apóstol.
- Santiago, el hermano de Jesús (I Cor. 15:17).
- Bernabé (Hch. 14:14).
- Ciertos familiares de Pablo (Rom. 16:7).
- Ciertos apóstoles cuyos nombres no están registrados en las escrituras (I Cor. 15:7).

Aparentemente el término "apóstol" llegó a ser usado en un sentido más amplio para aquellos que habían estado con Jesús, tales como: los setenta, los ciento veinte, etc., y especialmente en aquellos que parecían tener una comisión especial para fundar iglesias nuevas. Los términos "apóstol" y "misionero" tienen el mismo significado. Es obvio que el término "apóstol" fue usado en un sentido más amplio dado a que hubo aquellos que reclamaron falsamente ser apóstoles (II Cor. 11:13; Ap. 2:2). Si solamente los doce originales hubieran sido reconocidos como apóstoles, nadie más habría podido hacer una reclamación al apostolado. Es importante hacer una clara distinción entre los apóstoles originales y aquellos que fueron llamados "apóstoles" en el más amplio significado del término. Cercanamente identificados con los doce, estarían hombres como: Pablo, Marcos, Lucas, Santiago, Judas, y el escritor de Hebreos; todos los cuales fueron usados por el Espíritu para escribir el Nuevo Testamento.

¿Existen apóstoles en los tiempos modernos? Esta es una discusión que surge a menudo. Dependería del significado que se le dé a la palabra "apóstol." Obviamente la iglesia sólo puede tener un fundamento. Después del cierre del canon del Nuevo Testamento, ningún escritor apostólico adicional ha sido comisionado para agregar a la escritura. Sin embargo, si el término "apóstol" es usado en el sentido más amplio de uno comisionado por el Señor para abrir nuevos campos misioneros, cuyo ministerio está acompañado de señales y prodigios, no sería un uso inapropiado de la palabra. No obstante, debe ser puesto en claro que los apóstoles son un don de Dios, comisionados por Él. La iglesia nunca fue autorizada para crear apóstoles. Ninguna sucesión apostólica fue establecida jamás. Cuando Jesús el Príncipe de los Pastores regrese, Él vendrá a coronar a los pastores (ancianos), no a los apóstoles (I P. 5:1-4). Pedro, que ciertamente era un apóstol, gozosamente se identificó con los ancianos (I P. 4:1). ¿Será el tiempo del fin un período caracterizado de pastores prominentes que evangelizarán sus regiones?

B. PROFETAS.

Se dice que la iglesia está edificada sobre una fundación de apóstoles y Profetas (Ef. 2:20): *"Y él mismo constituyó a unos, apóstoles, a otros profetas"* (Ef. 4:11). Mientras que los profetas eran segundos en rango a los apóstoles, estaban sujetos a los apóstoles (I Cor. 14:37). Pablo parecía dar la más alta prioridad al don de profecía entre los dones espirituales (I Cor. 14:1-3). La profecía está definida por Pablo de la siguiente manera: *"Pero el que profetiza habla a los hombres para edificación, exhortación y consolación... el que profetiza, edifica a la iglesia"* (I Cor. 14:3,4). Esta definición está demostrada en Hechos capítulo quince: *"Y Judas y Silas, como ellos también eran profetas, consolaron y confirmaron a los hermanos con abundancia de palabras"* (Hch. 15:32).

Una de las funciones menos frecuentes del profeta era aquella de predecir el futuro. En dos ocasiones, un profeta llamado Agabo predijo eventos futuros (Hch. 11:27-29). Su predicción de una hambruna futura posibilitó a la iglesia hacer preparaciones para ayudar a los pobres en Judea. Más tarde Agabo predijo el encarcelamiento de Pablo por los judíos en Jerusalén, una predicción que se cumplió; aunque Pablo no hizo ningún intento de evitar el problema (Hch. 21:10-15). La profecía tuvo una función vital en relación con la capacitación de Timoteo para el ministerio (I Ti. 4:14).

En su mensaje en el día de Pentecostés, Pedro identificó la profecía de Joel (2:8) con el derramamiento del Espíritu sobre la iglesia: *"Y en los postreros días, dice Dios, derramaré de mi Espíritu sobre toda carne, y vuestros hijos y vuestras hijas profetizaran"* (Hch. 2:17).

El don de profecía permanece en efecto en la iglesia hoy, donde se reconocen los dones espirituales. En mucha de la predicación pentecostal, el espíritu de profecía es manifestado.

C. EVANGELISTAS.

No es tan fácil identificar al evangelista en el Nuevo Testamento, porque casi todos hacían la obra de evangelismo. Felipe es el único realmente llamado "evangelista" (Hch. 21:8). Juzgando por el ministerio de Felipe en Samaria, un evangelista es uno cuyo ministerio está dirigido principalmente a ganar a los incrédulos: *"Entonces Felipe, descendiendo a la ciudad de Samaria, les predicaba a Cristo"* (Hch. 8:5). Es digno de notar que su ministerio de ganar almas estaba acompañado de milagros y señales. Después, Felipe fue llamado a predicar a un hombre en el desierto, el tesorero etíope, a quien llevó a Cristo.

Es interesante también notar que se toma tanto espacio para contar la conversión de un hombre, como se toma para narrar la historia del avivamiento samaritano. Timoteo no es llamado un evangelista; pero Pablo le exhorta a hacer la obra de un evangelista (II Ti. 4:5). En el griego, la palabra "evangelista" está derivada del verbo que es traducido *"predicar el evangelio."* Un evangelista es, entonces, uno cuya función principal es predicar el evangelio con el objeto de ganar almas. Los ministerios del apóstol, el profeta y el evangelista anteriormente descritos, fueron ministerios a la iglesia en general; aquellos que siguen son ministerios a la iglesia local.

D. PASTORES.

Mientras que el término "pastor", como líder espiritual de la iglesia local, se encuentra sólo una vez en el Nuevo Testamento (Ef. 4:11), será tratado aquí por dos razones: (1) es el término más comúnmente usado en la iglesia hoy, y (2) la metáfora pastoral está empleada en varios pasajes (I P. 5:2-4; Hch. 20:28,29; Jn. 10:1-16; 21:15-17; Heb. 13:20; I P. 2:25; Mr. 6:34; I Cor. 9:6,7). La terminología favorita de Jesús para expresar su relación con la gente era como el "pastor y ovejas." Es natural, entonces, que aquellos confiados con el cuidado del rebaño del Señor sean llamados "pastores."

Es difícil para la gente del mundo occidental entender la relación cercana que existía entre el pastor palestino y sus ovejas. Ninguna palabra podría haber expresado mejor el cuidado amoroso y la confianza mutua que debería existir entre el líder espiritual y su congregación que la palabra "pastor." Otros sinónimos para el oficio pastoral son usados más frecuentemente en el Nuevo Testamento, pero el título que ha persistido es aquel de "pastor."

E. MAESTROS.

Los maestros son la quinta categoría de dones ministeriales impartidos sobre la iglesia por el Señor ascendido (Ef. 4:11). No está absolutamente claro si el término "maestro" representaba un ministerio distinguido o solamente una función de los apóstoles y pastores (ancianos). Está indicado por el hecho de que había "profetas" y "maestros" en la iglesia en Antioquía que "maestro" era un ministerio distinguido (Hch. 13:1); y que "maestros" están enumerados junto con apóstoles y profetas como oficios que Dios había puesto en la iglesia (I Cor. 12:28). Por otro lado, en Efesios 4:11, "maestro" no está precedido por un artículo definido como lo están los otros oficios; por lo tanto, el término puede meramente indicar maestro como una función de los pastores (pastores-maestros). La enseñanza está enumerada como un don espiritual en Romanos 12:6,7; de allí que, puede ser ejercitado por cualquier creyente que esté así dotado.

Pablo se refiere a sí mismo como uno *"constituido predicador, apóstol y maestro de los gentiles"* (II Ti. 2:2). La gran comisión infiere fuertemente que la enseñanza es de primaria importancia en la obra continuada de la iglesia: *"Por tanto, id, y haced discípulos a todas las naciones, bautizándolos en el nombre del Padre, del Hijo y del Espíritu Santo; enseñándoles que guarden todas las cosas que os he mandado..."* (Mt. 28:19,20). Aunque la enseñanza era una parte de casi todos los ministerios del Nuevo Testamento, habían algunos cuyo principal llamado era aquel de enseñar la palabra de Dios. Sin duda, hay algunos hoy cuyo ministerio podría ser mejor identificado como aquel de "maestro."

F. ANCIANOS.

"Anciano" fue un título tomado prestado de la sinagoga y de la congregación de Israel. El término está usado alrededor de treinta (30) veces en el Nuevo Testamento, con referencia a los ancianos de Israel. La palabra hebrea para "anciano" era **zaquen,** que significaba "un hombre mayor." La palabra griega **presbuteros** tenía el mismo significado, y es la fuente de nuestra palabra presbítero. Cuando Pablo había fundado un número de iglesias en Asia, designó a ancianos para encargarse de ellas (Hch. 14:23). El anciano era equivalente al pastor, y era el título más común para la persona encargada de una iglesia local (Hch. 20:17,28; Tit. 1:5; I P. 5:1-4).

Los ancianos eran mantenidos materialmente por sus congregaciones, las cuales eran exhortadas por el apóstol Pablo a dar doble honor (honorarios) a los ancianos que gobernaban (dirigían) bien sus iglesias. Dignos de muy especial honor eran aquellos ancianos que trabajaban en predicar y enseñar (I Ti. 5:17-19). Ya que la palabra "ancianos" generalmente es plural, se asume que cada iglesia tenía varios ancianos; la razón probable es que las congregaciones mayores tenían que reunirse a menudo en grupos más pequeños en hogares de los miembros (I Cor. 11:20; 16:15,19). Algunos han pensado con respecto al pasaje de I Timoteo 5:17 que habían tanto, "ancianos gobernantes" como "ancianos maestros." Los ancianos eran hombres de fe y poder espiritual, porque se les indicaba a los enfermos buscarles para la unción con aceite y la oración de fe:

"¿Está alguno enfermo entre vosotros? Llame a los ancianos de la igle-
sia, y oren por él, ungiéndole con aceite en el nombre del Señor. Y la
oración de fe salvará al enfermo, y el Señor lo levantará; y si hubiere
cometido pecados, le serán perdonados" (Stg. 5:14,15).

G. OBISPOS (SUPERINTENDENTES).

La palabra griega *episcopos* (de la que se deriva "episcopal") es traducida "obispo." Una mejor traducción para la palabra hubiera sido "superintendente", que es el significado literal. En el Nuevo Testamento, el "obispo" y el
"anciano" es la misma palabra griega traducida "obispo" en otros pasajes. En
los tiempos del Nuevo Testamento el obispo o superintendente estaba a cargo de una iglesia; no fue hasta el siglo segundo que el obispo o superintendente llegó estar a cargo de varias iglesias. Después de los apóstoles, probablemente hubo necesidad de una organización más extensiva; es lamentable
que esta inclinación llevó a la jerarquía romana. (Vea también I Ti. 3:1-9, un
pasaje en que son expuestas las calificaciones para el oficio de superintendente [anciano, pastor).

H. DIACONOS.

La Biblia muestra claramente que los dos oficios fijos de la iglesia local
eran aquellos del anciano y del "diácono." Los diáconos son mencionados
directamente en sólo dos pasajes (Fil. 1:1; I Ti. 3:8-13); sin embargo, unas
cualidades bastantes detalladas para los diáconos, están expuestas en el
mismo capítulo donde se dan las cualidades para los superintendentes. Las
escrituras no delinean las tareas de los diáconos en la iglesia Neotestamenta-
ria posterior; pero se considera por supuesto que sus tareas tenían que ver
con el manejo de las caridades y asuntos de negocios de las iglesias. La palabra "diácono" viene de la palabra griega *diakonos* que significa "siervo."
Los diáconos, entonces, servían a la iglesia de tal manera que dejaban libres
a los ancianos para la oración y el ministerio de la palabra.

Los primeros diáconos probablemente fueron los siete que fueron elegidos en el capítulo sexto de Hechos para servir las mesas y administrar las
caridades a las viudas de la iglesia de Jerusalén. No son llamados diáconos
en Hechos capítulo seis, sino que la forma verbal de la palabra es encontrada
en la frase: *"las viudas de aquellos eran desatendidas en la distribución*
diaria" (Hch. 6:1). Dos de los siete, Felipe y Esteban, también eran predicadores, así que no debe ser asumido que los diáconos sólo realizaban tareas
serviles.

I. MINISTROS.

La palabra "ministro" viene de la misma palabra griega que es traducida
como "diácono." Pero hay un número de pasajes donde la palabra *diakonos*

no puede referirse a la posición de diácono. Por ejemplo, Pablo, escribiendo a la iglesia efesia, dijo: *"por el cual yo fui hecho ministro por el don de la gracia de Dios que me ha sido dado según la operación de su poder."* (Ef. 3:7). Pablo hace referencia con respecto a sí mismo como ministro cinco veces, y varias veces hace referencia a obreros más jóvenes como ministros. Aparentemente, el término enfatiza el papel de servicio del predicador. La meta de los líderes espirituales es la de equipar a los santos para el "ministerio" (Ef. 4:12). Se espera que todos los santos "ministren", (verbo) pero el título de "ministro" (sustantivo) es usado en cada caso solamente para aquellos que han sido llamados al liderazgo espiritual. Cuando el pastor es llamado "el ministro", el título de "ministro" es usado en una forma perfectamente bíblica.

J. LIDERES

Las palabras "preside" y "gobierna" se emplean varias veces en la Versión Reina-Valera para designar líderes en iglesia (Rom. 12:8; I Ti. 5:17; Heb. 13:7,17,24). La Biblia de las Américas usa "guía" y "líder", que parecen ser mas apropiadas. *"Acordaos de vuestros guías que os hablaron la palabra de Dios... Obedecer a vuestros guías (pastores) y sujetaos a ellos porque ellos velan por vuestras almas, como quienes han de dar cuenta..... Saludad a todos vuestros guías (pastores)"* (Heb. 13:7,17,24)

Hay algunos que tienen la actitud de menospreciar el liderazgo en la iglesia. Pero no se puede negar que existe un liderazgo constituido y reconocido por la Biblia. *"Pero os rogamos hermanos que reconozcáis a los que con diligencia trabajan entre vosotros, y os dirigen en el Señor y os instruyen, y que los tengáis en alta estima con amor por causa de su trabajo"* (I Tes. 5:12-13a).

V. LA MISION DE LA IGLESIA

A. PREDICAR Y ENSEÑAR.

La principal misión de la iglesia está declarada en "La gran comisión" la cual Jesús dio a los apóstoles antes de su ascensión. Una forma de la comisión se encuentra en los cuatro evangelios y en el libro de Hechos, cada escritor informa sólo una parte elegida de la comisión total. Por lo tanto, será necesario examinar los cinco casos del encargo de Jesús a la iglesia, a fin de entender el alcance completo de la comisión.

Marcos enfatiza la misión de la iglesia de "predicar el evangelio": *"... Id por todo el mundo y predicad el evangelio a toda criatura"* (Mr. 16:15). La importancia de predicar puede ser indicada por el hecho de que las palabras para predicación se encuentran más de 120 veces en el Nuevo Testamento.

Hay dos palabras griegas principales traducidas como "predicar": **kerosso** que significa "proclamar como heraldo" (como una proclamación real) y **evangellion** que significa "predicar las buenas nuevas"; cada una de las palabras anteriores ocurren más de sesenta veces. Además de la predicación como una misión de la iglesia, Marcos también acentúa el poder sobrenatural del Espíritu Santo que acompañaría la predicación del evangelio (Mr. 16:17-20).

"La gran comisión" informada en el Evangelio de Lucas también enfatiza la predicación:

Y que se predicase en su nombre el arrepentimiento y el perdón de pecados en todas las naciones, comenzando desde Jerusalén. Y vosotros sois testigos de estas cosas. He aquí, yo enviaré la promesa de mi Padre sobre vosotros; pero quedaos vosotros en la ciudad de Jerusalén, hasta que seáis investidos de poder desde lo alto (Mr. 24:47-49).

El Evangelio de Lucas revela parte del contenido de la predicación de la iglesia: *"Que se predicase en su nombre el arrepentimiento y el perdón de pecados."* Este contenido puede ser resumido de la siguiente manera:

1.   Los incrédulos son llamados para el arrepentimiento de pecados.

2.   La oferta del evangelio es perdón de pecados.

3.   La predicación de la iglesia es en el **nombre** de Jesús (la salvación del pecado es por virtud de la obra redentora de Jesús).

Lucas registra, tanto en su evangelio como en Hechos, el encargo del Señor respecto a la preparación necesaria para predicar: *"Pero recibiréis poder cuando haya venido sobre vosotros el Espíritu Santo, y me seréis testigos en Jerusalén, en toda Judea, en Samaria, y hasta lo último de la tierra"* (Hch. 1:8, vea Lc. 24:49). (Vea también Jn. 20:21-23.)

Según ambos, Lucas y Hechos, Jesús comisiona a los predicadores de la iglesia a ser sus testigos; no deben predicar el evangelio como un rumor, sino proclamar lo que ellos han experimentado primero: *"Lo que hemos visto y oído, eso os anunciamos, para que también vosotros tengáis comunión con nosotros; y vuestra comunión verdaderamente es con el Padre, y con su Hijo Jesucristo"* (I Jn. 1:3; vea Lc. 24:48; Hch. 1:8; 10:40-43; I Cor. 1:17-24; 9:16).

La narración de Mateo de "la gran comisión" enfatiza la misión de **enseñanza** de la iglesia:

Toda potestad me es dada en el cielo y en la tierra. Por tanto id, y haced discípulos a todas las naciones, bautizándolos en el nombre del Padre, y del Hijo, y del Espíritu Santo; enseñándoles que guarden todas las cosas que os he mandado; y he aquí yo estoy con vosotros todos los días hasta el fin del mundo... (Mt. 28:18-20).

El ministerio doble de la iglesia de predicar y **enseñar** es evidente a través del libro de Hechos:

*"Y todos los días, en el templo y por las casas, no cesaban de **enseñar** y predicar a Cristo"* (Hch. 5:42).

"Y perseveraban en la doctrina [enseñanza] de los apóstoles" (Hch. 2:42).

*"Y hallándole [Bernabé y Saulo], le trajo a Antioquía. Y se congregaron allí todo un año con la iglesia, y **enseñaron** a mucha gente"* (Hch. 11:25b, 26a).

(Vea también Hch. 15:35; 18:11; 20:20; 28:31.)

La predicación es el ministerio de reclutamiento y motivación de la iglesia; la enseñanza es el ministerio que produce la madurez. Mediante la predicación, nacen nuevos bebés en la familia de Dios; mediante la enseñanza, los bebés son madurados de la leche a la carne fuerte. Podría decirse que la obra de la iglesia es doble: ganar y destetar (I Cor. 3:1,2; Heb. 5:12-14).

B. DISCIPULAR.

"La gran comisión" en el Evangelio de Mateo encargaba a la iglesia de **enseñar** a las naciones (Mt. 28:20). La palabra griega traducida "enseñar" es **matheteuo,** de **mathetes** que significa "discípulo." Una misión de la iglesia es aquella de *"haced discípulos a todas las naciones"* (Mt. 28:19). Discipular es más que enseñar. Uno puede enseñar comunicando un sistema de preceptos. Uno discipula a otro demostrando la verdad con ejemplos. Es posible decirle a otros cómo ser victoriosos; pero aquel que hace discípulos de otros les demuestra, por ejemplo, la vida victoriosa. Aquellos que meramente enseñan tienen alumnos; aquellos que hacen discípulos hacen seguidores de Jesús primero, luego del maestro. Pablo dijo, escribiendo a los tesalonicenses:

*Pues nuestro evangelio no llegó a vosotros en palabras solamente, sino también en poder, en el Espíritu Santo y en plena certidumbre, como bien sabéis cuáles fuimos entre vosotros por amor de vosotros. Y vosotros vinisteis a ser imitadores de **nosotros** y del **Señor**, recibiendo la palabra en medio de gran tribulación, con gozo del Espíritu Santo, de tal manera que habéis sido ejemplo a todos los de Macedonia y de Acaya que han creído* (I Tes. 1:5-7).

La gran fuerza de la iglesia local es su vida cristiana de comunidad. Todos aprenden el uno del otro, y crecen juntos, bajo un ministerio lleno del Espíritu.

C. COMUNION.

Una misión de la iglesia es sostener una comunión de creyentes. La iglesia primitiva era rica en comunión: *"Y perseveraban en la doctrina de los apóstoles, y en la comunión unos con otros"* (Hch. 2:42). La palabra griega para "comunión" es *koinonia*, que significa *"aquello que se tiene en común o se comparte."* El pasaje en Hechos continúa definiendo "comunión" como: *"Todos los que habían creído estaban juntos, y tenían en común todas las cosas"* (Hch. 2:44). La palabra bíblica "comunión" frecuentemente es malentendida y mal aplicada. Muchas veces, es usada intercambiadamente con la palabra "compañerismo" y se relaciona a juegos, comidas, e interacción social.

Las actividades anteriormente mencionadas, cuando se conforman a la ética bíblica, son perfectamente inocentes y útiles en la vida de la iglesia; pero cuando reservamos la palabra bíblica "comunión" (compañerismo) para referirnos a ellas, reducimos tristemente nuestro concepto de comunión *(koinonia)*. Los siguientes son usos escriturales de *koinonia*: *"Nos dieron a mí y a Bernabé la diestra en señal de compañerismo"* (Gál. 2:9 - aceptación al cuerpo); *"Por vuestra comunión en el evangelio"* (Fil. 2:1b - la unidad que el Espíritu efectúa). Quizás el apóstol Juan, en su primera carta, resume una de las más claras aplicaciones de comunión bíblica:

> Lo que hemos visto y oído, eso os anunciamos, para que también vosotros tengáis *comunión* con nosotros; y nuestra comunión verdaderamente es con el Padre, y con su Hijo Jesucristo... Si decimos que tenemos comunión con él, y andamos en tinieblas, mentimos, y no practicamos la verdad; pero si andamos en luz, como él está en luz, tenemos *comunión* unos con otros (I Jn. 1:3,6,7).

La comunión es, primeramente, tener una relación común con el Padre y el Hijo en el cuerpo de Cristo, donde somos unidos por el Espíritu en yugos de amor, unidad, y sencillez de propósito. Esta comunión de creyentes se extiende a todas las actividades mutuas que son para la honra de Dios, incluyendo comer juntos en la "sala de recepciones."

D. ALABANZA.

Jesús dijo que el Padre busca la adoración de aquellos que le adoran en espíritu y en verdad (Jn. 4:23). Una misión importante de la iglesia es promocionar y sostener una atmósfera que conduzca a la adoración, la oración, y la alabanza: *"Los verdaderos adoradores adorarán al Padre en espíritu y en verdad; porque también el Padre tales adoradores busca que le adoren"* (Jn. 4:23).

En el Antiguo Testamento, la adoración a Dios generalmente era acompañada por la ofrenda de sacrificios de animales. La iglesia del Nuevo Testamento ofrece a Dios un sacrificio de **alabanza**: *"Así que, ofrezcamos siempre a Dios, por medio de él, sacrificio de **alabanza**, es decir, fruto de labios que confiesan su nombre"* (Heb. 13:15).

Es una de las obras del Espíritu Santo ayudar al creyente en la oración, intercesión y alabanza: *"Y de igual manera el Espíritu nos ayuda en nuestra debilidad; pues qué hemos de pedir como conviene, no lo sabemos, pero el Espíritu mismo intercede por nosotros con gemidos indecibles"* (Rom. 8:26).

Una ayuda importante en la alabanza para el creyente lleno del Espíritu es su lenguaje de oración, por el cual puede alabar más perfectamente a Dios que con el solo medio del intelecto humano: *"Porque el que habla en lenguas no habla a los hombres, sino a Dios... aunque por el Espíritu habla misterios... El que habla en lengua extraña, a sí mismo se edifica"* (I Cor. 14:2,4a). Un espíritu de adoración, oración y alabanza, casi sin excepción, ha traído avivamiento, renovación y crecimiento a la iglesia.

E. MISIONES Y EVANGELISMO.

"La gran comisión" implicaba la evangelización mundial. La intención de Jesús era que el evangelio se llevara más allá de Jerusalén, Judea y Samaria. El evangelio era "buenas nuevas" para todas las naciones, aún para "lo último de la tierra" (Hch. 1:8). Sin embargo, una persecución devastadora fue la causa del esparcimiento del evangelio y los evangelistas hasta Antioquía (Hch. 8:1; 11:19,20).

La iglesia frecuentemente ha necesitado un empuje especial para continuar con su tarea asignada. William Carey, llamado el padre de misiones modernas, tuvo que sobrellevar una fuerte resistencia antes que fuera liberado para llevar el evangelio a la India. El hecho de que todavía no han sido discipuladas todas las naciones y que lo ultimo del mundo todavía no ha sido alcanzado debe ser impuesto lo suficientemente fuerte sobre la iglesia. Pablo, el gran misionero, desafió a la iglesia con su testimonio:

> *Con potencia de señales y prodigios, en el poder del Espíritu de Dios; de manera que desde Jerusalén, y por los alrededores hasta Ilírico, todo lo he **llenado** del evangelio de Cristo. Y de esta manera me esforcé a predicar el evangelio, no donde Cristo ya hubiese sido nombrado, para no edificar sobre fundamento ajeno, sino como está escrito: Aquellos a quienes nunca les fue anunciado acerca de él, verán; y los que nunca han oído de él, entenderán* (Rom.15:19-21).

(Vea también I Cor. 10:14-16; Is. 52:10.)

F. MADUREZ DEL CREYENTE.

La iglesia no ha completado su misión de convertir a otros. Una gran parte del Nuevo Testamento tiene que ver con enseñar, edificar y madurar al creyente. Pablo explica muy claramente el propósito de su cuerpo, la iglesia:

> *Y él mismo constituyó a unos, apóstoles; a otros, profetas; a otros, evangelistas; a otros, pastores y maestros, a fin de perfeccionar a los santos para la obra del ministerio para la edificación del cuerpo de Cristo, hasta que todos lleguemos a la unidad de la fe y del conocimiento del Hijo de Dios, a un varón perfecto [maduro], a la medida de la estatura de la plenitud de Cristo; para que ya no seamos niños fluctuantes... sino que... crezcamos en todo en aquel que es la cabeza, esto es, Cristo (Ef. 4:11-15).*

La Biblia habla del crecimiento y madurez en, y por medio de, lo siguiente:

1. Oración, Col. 4:12.

2. La palabra de Dios, I P. 2:2; Col. 1:28.

3. El ejercicio de fe, I Tes. 3:10.

4. Paciencia en prueba, Stg. 1:2-4; I P. 1:7.

5. Amor, I Tes. 1:3; Col. 3:14; I Jn. 2:5; 4:12.

6. Gracia, II P. 3:18.

7. Obras cristianas, Heb. 13:21.

8. Dones espirituales, Rom. 1:11; Heb. 6:1; I Cor. 3:1,2; II Ti. 2:15.

G. MINISTERIO EN EL HOGAR.

La misión de la iglesia se extiende al hogar y tiene que ver con la vida de la familia, hecho que está claro en lo siguiente:

1. Jesús tenía gran interés y amor por los niños, Mr. 10:   13-16.

2. En sus epístolas, Pablo da instrucciones especiales para todos los miembros de la familia, Ef. 5:33-6:4; Col. 3:18-21.

3. La promesa del Espíritu Santo era para los creyentes y sus hijos, Hch. 2:39.

4. Cuando Pablo discipulaba nuevos creyentes, proseguía a aconsejarles y a bautizar a toda la familia, Hch. 16:15,34; 18:8.

5. Los ancianos y diáconos de la iglesia tenían como requerimiento tener familias bien ordenadas, I Ti. 3:4,5,12; Tit. 1:6.

6. Muchas de las primeras iglesias eran iglesias en hogares, donde el evangelio influenciaba a la familia entera, Col. 4:15; Rom. 16:5; I Cor. 16:19; Hch. 21:4,5,8,9.

H. MINISTERIO A LAS NECESIDADES MATERIALES.

La iglesia primitiva tenía un sincero interés por las necesidades materiales de los hombres, especialmente de la familia cristiana. Este interés social surgió, sin duda, de la enseñanza de Jesús, vea Mt. 25:34-46; Lc. 10:25-37. La iglesia no tiene el encargo de predicar un "evangelio social", pero la iglesia no puede escapar de las implicaciones sociales del evangelio bíblico. La Iglesia Cuadrangular, inspirada por las obras de su fundadora Aimee Semple McPherson, ha mantenido desde el principio una obra de provisión de la cual millones han sido ministrados materialmente. Se ve en lo siguiente que tal ministerio sigue un precedente escritural:

1. La iglesia en Jerusalén mantenía un servicio de comida para las viudas, y en tiempo de crisis elegía un liderazgo especial entre los hombres más espirituales para resolver los problemas, Hch. 6:1-7.

2. Cuando murió Dorcas de Jope, cuya obra era coser ropa para los pobres y las viudas, Pedro la levantó de los muertos, regresándola a su obra de caridad, Hch. 9:36-42.

3. En tiempo de escasez en Judea, los cristianos de Antioquía mandaron asistencia financiera, Hch. 11:27-30.

4. Durante una crisis posterior, Pablo y sus obreros tomaron ofrendas en todas las iglesias gentiles para los pobres santos de Jerusalén. Mucho del libro de II Corintios relata acerca de estas ofrendas. El pasaje, *"Dios ama al dador alegre"* (II Cor. 9:7b), tiene referencia a dar para las necesidades materiales, vea II Cor. 8:9.

5. Se dan instrucciones especiales para el cuidado de las viudas en la carta de Pablo a Timoteo, I Ti. 5:3-10.

6. La obra de redención de Cristo es para la persona entera: espíritu, alma y cuerpo.

La iglesia es el instrumento del Señor para implementar su bendición provista. La iglesia, al igual que los creyentes individuales, deben reflejar la compasión de Jesús, la cual es a menudo mejor expresada en compartir con los menos afortunados. Santiago escribió:

Y si un hermano o una hermana están desnudos, y tienen necesidad del mantenimiento de cada día, y algunos de vosotros les dice: Id en paz, calentaos y saciaos, pero no les dais las cosas que son necesarias para el cuerpo, ¿de qué aprovecha? Así también la fe, si no tiene obras, está muerta en sí misma (Stg. 2:15-17).

VI. LAS ORDENANZAS DE LA IGLESIA

Las ordenanzas de la iglesia local son ritos u observaciones simbólicas externas ordenadas por Jesús, que presentan verdades cristianas esenciales. El término "ordenanza" viene del latín **ordo**, que significa "fila" u "orden"; luego, por extensión, "algo ordenado y reforzado por la autoridad correcta." Las ordenanzas a veces se llaman **sacramentos**. La palabra "sacramento" originalmente tenía como significado "un juramento de obediencia tomado por soldados alistados recientemente." Las ordenanzas pueden ser definidas como "la señal visible de una obra interior", o "la señal visible de una obra de gracia invisible." Las ordenanzas observadas por las iglesias evangélicas son dos en número, es decir: el bautismo en agua y la cena del Señor.

Mientras que solamente dos ordenanzas fueron claras e inequívocamente ordenadas por Jesús, es interesante notar que durante la historia de la iglesia, tantas como doce practicas externas han sido referidas como sacramentos. La Iglesia Católica Romana practica siete sacramentos: bautismo, confirmación, eucaristía (misa), penitencia, extrema unción (unción de los enfermos con aceite), matrimonio, y órdenes (ordenación de sacerdotes y consagración de monjas). Sin embargo, los patriarcas de la iglesia primitiva generalmente reconocían el bautismo y la cena del Señor como los sacramentos mayores. No fue hasta el siglo doce que Pedro Lombard (1100/1164), en su "Libro de Sentencias", definió el número de sacramentos como siete (7); y no fue hasta el Concilio de Florencia en el año 1439 que fueron formalmente decretados por la iglesia romana como los siete sacramentos. Es importante observar que por más de mil años después de Cristo ningún autor cristiano reconocido declaró que hay siete sacramentos ordenados en la Biblia.

A. BAUTISMO EN AGUA.

Está claro en "La gran comisión" que Jesús estableció el bautismo en agua como una ordenanza, como se relata en Mateo y Marcos (Mt. 28:19; Mr. 16:16). Jesús mismo, puso un ejemplo para su iglesia sometiéndose al bautismo por su precursor, Juan el Bautista (Mt. 3:13-17). Pedro enfatizó el mandato de ser bautizado en su mensaje en el día de Pentecostés (Hch. 2:38,41). A través del libro de Hechos los apóstoles observaron la ordenanza, bautizando a sus convertidos: Hechos 8:12; 8:36-38; 9:18; 10:47,48; 16:15; 16:33; 18:8; 19:5,6; 22:16. El significado espiritual del bautismo en agua está enseñado en las epístolas (Rom. 6:3; I Cor. 10:2; Gál. 3:27).

1. La forma del bautismo.

La **forma** del bautismo es por inmersión. Esto se ve en el significado de la palabra griega **baptizo**, que claramente significa sumergir, aún por la admisión de los doctos cuyas iglesias bautizan por salpicadura, y por la descripción bíblica de la forma del bautismo de Jesús en el río Jordán.

2. La fórmula para el bautismo.

La **fórmula** para el bautismo en agua está claramente declarada en "La gran comisión" como "en el nombre del Padre, y del Hijo y del Espíritu Santo."

Declaraciones acerca de ser bautizado "en el nombre de Jesús" omiten la fórmula larga, y enfatizan el bautismo cristiano como distinguido del bautismo de Juan.

Las siguientes palabras de Aimee Semple McPherson afirman la creencia en la doctrina del bautismo en agua y explican el significado de la ordenanza:

> Creemos que el bautismo en agua en el nombre del Padre y del Hijo y del Espíritu Santo, de acuerdo con el mandamiento de nuestro Señor, es una bendita señal externa de algo que se ha verificado en el interior; un precioso y solemne emblema que nos recuerda que así como nuestro Señor murió en la cruz del Calvario, debemos de considerarnos muertos en verdad al pecado, y el viejo hombre clavado en la cruz con Él; y que así como Él fue tomado del árbol de la cruz y sepultado, así nosotros somos sepultados con Él a muerte por el bautismo: para que así como Cristo fue resucitado de los muertos por la gloria del Padre, así nosotros andemos en vida nueva. [2]

B. LA CENA DEL SEÑOR.

Jesús, en su última pascua, instituyó la ordenanza de tomar del pan y del fruto de la vid como un conmemorativo de su muerte expiatoria: *"Este es mi cuerpo que por vosotros es dado; haced esto en memoria de mí."* (Lc. 22:19). En el libro de Hechos, la costumbre de la cena del Señor se trata bajo el termino de "el partimiento del pan." Cada vez que los discípulos partían frecuentemente pan como un amoroso banquete de compañerismo, éste era concluido con la celebración de la cena del Señor (Hechos 2:42,46; 20:7,11; 27:35). La más clara evidencia de que la iglesia observo la cena del Señor como un sacramento se encuentra en la enseñanza del apóstol Pablo en Primera de Corintios:

> Porque yo recibí del Señor lo que también os he enseñado: Que es Señor Jesús, la noche que fue entregado, tomó pan; y habiendo dado gracias; lo partió, y dijo: Tomad, comed; esto es mi cuerpo que por vosotros es partido; haced esto en memoria de mí. Asimismo tomó también la copa, después de haber cenado, diciendo: Esta copa es el nue-

---

[2] McPherson, 15.

vo pacto en mi sangre; haced esto todas las veces que la bebieres, en memoria de mí. Así, pues, todas las veces que comiereis este pan y bebiereis esta copa, la muerte del Señor anunciáis hasta que él venga (I Cor. 11:23-26).

(Vea también I Cor. 10:16-21; 11:20-22, 11:27-34).

1. La naturaleza de la cena del Señor.

• Es un acto de obediencia al mandato del Señor. Cualquiera que sean las bendiciones derivadas de la práctica de este mandato, se hace bajo el contexto de la obediencia a la cabeza de la iglesia (I Cor. 11:23,24).

• Es un conmemorativo de la muerte expiatoria y el derramamiento de la sangre de Jesús (I Cor. 11:24; Lc. 22:19).

• Es una proclamación de fe, un acto de confesión por la iglesia, en la eficacia de la obra expiatoria de Cristo, *"la muerte del Señor anunciáis"* (I Cor. 11:26).

• Es una declaración de la anticipación del regreso de Cristo para finalizar su obra redentora, *"la muerte del Señor anunciáis hasta que él venga"* (I Cor. 11:26).

• Es una experiencia de comunión con el Señor en la cual el participante recibe por fe la fuerza y bendición de comunión con el Salvador, *"El pan que partimos, ¿no es la comunión [**koinonia**] del cuerpo de Cristo?"* (I Cor. 10:17).

• Es una comunión (**koinonia**) de creyentes ante la mesa del Señor, y una declaración de la unidad del cuerpo de Cristo (I Cor. 10:17).

2. La naturaleza del elemento de la cena del Señor.

• Transubstanciación - la posición de la Iglesia Católica Romana. De acuerdo con esta posición, los elementos, cuando son bendecidos por el sacerdote, son cambiados al verdadero cuerpo y sangre de Jesús. Esta posición está rechazada por la experiencia, porque nunca ha sido demostrado por alguna prueba que los elementos sean otra cosa que pan y el fruto de la vid. También está contradicho por lógica, porque Jesús aún estaba en su cuerpo físico cuando instituyó la ordenanza y dijo del pan, "esto es mi cuerpo."

• Consubstanciación - sostenida por Martín Lutero. Según esta posición, los elementos no son cambiados sino que el verdadero cuerpo y sangre de Jesús están "presentes con" los elementos. Estas posiciones no están sostenidas en ninguna parte por la escritura. Además, animan a la superstición y enfatizan lo físico más que las bendiciones espirituales de la cena del Señor.

- La observación de la cena es meramente un acto conmemorativo que no propicia ninguna bendición. Este es el otro extremo a las posiciones católica y luterana.

- Los elementos, cuando son recibidos por fe, propician al creyente los beneficios espirituales de la muerte de Cristo, esto es sostenido por Calvino y la mayoría de los reformadores. Los elementos en sí son sólo señales, pero cuando son recibidos por fe, se experimenta verdadera comunión con el Señor y pueden ser mediados los beneficios de esa comunión. Esta parece ser la posición más escritural. (Vea I Cor. 10:16; 11:27,28,29).

Se debe hablar acerca de la advertencia en contra del que *"come y bebe indignamente"* (I Cor. 11:27-29). Muchos creyentes que han malentendido estas advertencias se han abstenido innecesariamente de La cena del Señor. Debe ser notado que "indignamente" es un adverbio modificando a los verbos "come" y "bebe", y tiene que ver con la **manera** de tomar parte, no con la indignidad de las personas. La advertencia se refería a la manera codiciosa y exagerada de los corintios descrita en I Corintios 11:20-22. Nadie es "digno" en sí mismo de tener comunión con Jesús, pero tenemos el privilegio por virtud de la obra expiatoria a la cual los elementos simbolizan. Sin embargo, los participantes necesitan examinarse **con relación a** su manera de participar, y su actitud hacia otros creyentes. Los participantes, además, deben estar seguros de discernir el cuerpo del Señor, y no participar en una manera irreverente o frívola. El participar con fe puede traer gran bendición, aún sanidad espiritual y física (I Cor. 11:29,30).

Aimee Semple McPherson declara con respecto a la cena del Señor:

Creemos en la conmemoración y práctica de la cena del Señor por el uso sagrado del pan quebrantado, un símbolo precioso del pan de vida, Jesucristo mismo, cuyo cuerpo fue partido por nosotros; y por el jugo de vid, un símbolo solemne que siempre debe recordarnos la sangre derramada por el Salvador, quien es la vid verdadera, y cuyas ramas representan a todos los creyentes; que esta ordenanza es como un arco glorioso que traspasa la distancia de los años entre el Calvario y la venida del Señor...[3]

VII. LA IGLESIA COMO CUERPO DE CRISTO

Aunque es sabio que una organización dirigida por el Espíritu ayude a la iglesia a llevar a cabo su misión, la iglesia no es por naturaleza una organización, sino más bien, un organismo. La iglesia es un ser viviente, cuya vida divina es provista por la morada interior del Espíritu de Cristo (Rom. 8:9).

---

[3] *McPherson, 15, 16.*

A. LA RELACION VITAL CON LA CABEZA.

El Señor Jesús, después de su misión terrenal, ascendió a la diestra del Padre; pero en un sentido real todavía está en el mundo manifestado a través de su cuerpo, la iglesia. Pablo expresa esta relación de la siguiente manera: *"Y sometió todas las cosas bajo sus pies, y lo dio por* **cabeza** *sobre todas las cosas a la iglesia, la cual es su* **cuerpo,** *la* **plenitud** *de Aquel que todo lo llena en todo"* (Ef. 1:22,23).

La iglesia es el cuerpo de Cristo, por la cual Él cumple su misión terrenal (la plenitud de Cristo). Los últimos dos versículos del Evangelio de Marcos expresan dramáticamente la relación de Cristo a la iglesia: *"Y el Señor, después que les habló, fue recibido arriba en el cielo, y se sentó a la diestra de Dios. Y ellos, saliendo, predicaron en todas partes, ayudándoles el Señor y confirmando la palabra con las señales que la seguían"* (Mr. 16:19,20).

Jesús regresó al Padre, pero justo antes de irse, Él prometió, *"He aquí yo estoy con vosotros todos los días."* Él está con nosotros, como la cabeza está con el cuerpo. Todavía está obrando en la tierra más poderosamente que antes (Jn. 14:12); los miembros de su iglesia son sus brazos, piernas y boca. La iglesia es la extensión del Señor Jesucristo. Jesús expresó esta relación con una metáfora en Juan capítulo quince: *"Yo soy la vid, vosotros los pámpanos; el que permanece en mí y yo en él, éste lleva mucho fruto; porque separados de mí nada podéis hacer"* (Jn. 15:5).

Los pámpanos son a la vid lo que el cuerpo es a la cabeza; de hecho, los pámpanos son el cuerpo de la vid. Como los pámpanos de la vid llevan fruto, así también la obra de Cristo en el mundo debe ser hecha por el cuerpo (la iglesia); pero también, como los pámpanos no pueden hacer nada cortados de la vid, tampoco el cuerpo puede lograr nada sin la vida y dirección de la cabeza (El Señor Jesús).

B. LA UNIDAD DEL CUERPO.

Uno de los énfasis más fuertes de la metáfora del "cuerpo" es aquel de la **unidad** de los muchos miembros de la iglesia. La iglesia (cuerpo) de Cristo no es meramente una colección de individuos que se suscriben a su filosofía; la iglesia es un organismo, del cual los miembros son partes interrelacionadas. Pablo describe la unidad de la iglesia en I Corintios el capítulo doce:

Mas ahora Dios ha colocado los miembros cada uno de ellos en el cuerpo, como él quiso... Pero ahora son muchos los miembros, pero el cuerpo es uno sólo. Ni el ojo puede decir a la mano: No te necesito... De manera que si un miembro padece, todos los miembros se duelen con él, y si un miembro recibe honra, todos los miembros con él se gozan... (I Cor. 12:18,20,21,26).

Hay muchos ministerios en la iglesia, pero todos están coordinados por el Espíritu para lograr un propósito: *"a fin de perfeccionar a los santos para la obra del ministerio"* (Ef. 4:12); hay muchos dones del Espíritu, pero todos son ejercidos en armonía para lograr un fin: la *"edificación de la iglesia"* (I Cor. 12:4-7; 14:5,12,26); hay muchas metodologías empleadas por la iglesia, pero todas ellas tienen una meta común: *"Será predicado este evangelio del reino en todo el mundo, para testimonio"* (Mt. 24:14; 28:19,20; Mr. 16:15).

C. LA IMPORTANCIA DE CADA MIEMBRO EN EL CUERPO.

Todos y cada uno de los miembros del cuerpo de Cristo son importantes, necesarios e imprescindibles:

> *Ni el ojo puede decir a la mano: No te necesito, ni tampoco la cabeza a los pies: No tengo necesidad de vosotros. Antes bien los miembros del cuerpo que parecen más débiles, son los más necesarios... para que no haya desavenencia en el cuerpo, sino que los miembros todos se preocupen los unos por los otros...* (I Cor. 12:21,22,25).

El Dr. F. F. Bruce, comentando sobre el pasaje anteriormente citado en I Corintios capítulo doce, dice:

> "Ningún miembro es menos parte del cuerpo que otro miembro: todos son necesarios. La variedad de órganos, extremidades y funciones es la esencia de la vida corporal. Ningún órgano podría establecer un monopolio en el cuerpo apoderándose de los otros. Un cuerpo consistiendo de un solo órgano sería una monstruosidad."[4]

D. SUMISION EN EL CUERPO.

Hay muchos miembros en el cuerpo de Cristo; pero hay una sola cabeza, el Señor Jesucristo. Los miembros no pueden funcionar correctamente sin una plena sumisión a la cabeza que provea dirección a todo el cuerpo (I Cor. 12:4-7). *"Y sometió todas las cosas bajo sus pies, y lo dio por cabeza sobre todas las cosas a la iglesia"* (Ef. 1:22). Hay cuatro aspectos en que el creyente cristiano debe practicar sumisión:

1. Sumisión a Dios, y a su hijo Jesús (Ef. 5:24; Heb. 2:8; 12:9; Stg. 4:7).

2. Sumisión a los líderes de la iglesia puestos por Dios (Heb. 13:17; I Cor. 16:16; Fil. 2:12; I Tes. 5:12,13).

3. Sumisión el uno al otro en Cristo (Ef. 5:21-6:9; I P. 5:5).

---

[4] The Century Bible Commentary: 1 and 2 Corinthians *(El comentario del siglo: 1 y 2 de corintios) por Frederick Fyvie Bruce. Grand Rapids MI: Wm. B. Eerdmans Publishing Company, 1978.*

4. Sumisión a los gobernadores de la sociedad, cuando tal sumisión no requiere desobediencia a la clara enseñanza de las Escrituras (Hch. 4:19,20; 5:29; Rom. 13:1-7; I P. 2:13-17).

E. EL CUERPO DE CRISTO Y LA IGLESIA LOCAL.

El cuerpo universal de Cristo consiste del número total de creyentes cristianos genuinos de todas las edades, en el cielo y en la tierra. Debe ser señalado, sin embargo, que las escrituras del Nuevo Testamento se dirigen tanto a todos los creyentes terrenales como a todos miembros funcionales de alguna iglesia local. Desafortunadamente, hay muchos cristianos profesantes que creen pertenecer al cuerpo "místico" de Cristo, que creen que la relación con una iglesia local es opcional o innecesaria. Los siguientes hechos discuten la necesidad de la relación a una iglesia local:

1. Jesús supuso que su pueblo estaría relacionado a una iglesia local. Debido a que la fundación de la iglesia todavía era futura, Jesús se refiere a ella por nombre sólo dos veces. La segunda referencia concernía a casos de desacuerdos entre los hermanos, en el cual Jesús instruyó: *"Si no los oyere a ellos [testigos], dilo a la iglesia; y si no oyere a la iglesia, tenle por gentil y publicano"* (Mt. 18:17). Es obvio que una iglesia que puede arbitrar disputas entre creyentes es una iglesia local a la cual los miembros están en sumisión al Señor.

2. Todas las epístolas del Nuevo Testamento están dirigidas a iglesias locales o a líderes de iglesias locales.

3. Todos los ministerios que son dones de Dios, están dados a los cuerpos locales para perfeccionar a los santos para el ministerio el uno al otro. Los apóstoles, profetas, evangelistas, pastores y maestros pueden ministrar solamente a los creyentes que se congregan juntos en comunión (Ef. 4:11-16).

4. Los creyentes tienen orden de Jesús de participar juntos de la cena del Señor hasta su regreso (I Cor. 1:23-26).

5. La operación de los dones del Espíritu puede funcionar solamente en un cuerpo local. Hablando de la operación de los dones, Pablo dijo: *"Procurad abundar en ellos para edificación de la iglesia"* (I Cor. 14:12).

6. Como miembros del cuerpo de Cristo, los creyentes están relacionados no solamente a Cristo, la "cabeza", pero están relacionados el uno al otro en el cuerpo. *"Así nosotros, siendo muchos, somos un cuerpo en Cristo, y todos miembros los unos de los otros"* (Rom. 12:5). Un brazo que decidiera cortar toda relación con el resto del cuerpo sería inútil, aunque tuviera comunicación con la cabeza; por-

que necesitaría sangre bombeada por el corazón y purificada por los pulmones y riñones (I Cor. 12:14-17).

7. Se nos dice que Dios coloca miembros en el cuerpo como Él quiere (I Cor. 12:18).

8. A fin de que los cristianos lleven a cabo la comisión de Cristo, debe haber comunión, crecimiento de la iglesia visible, y la obra mutua de evangelismo y misiones mundiales (Hch. 2:41-47; 11:26-30; 13:1-3).

F. MINISTERIO CORPORAL.

En años recientes, el concepto de la iglesia como el **cuerpo de Cristo** ha tenido un nuevo énfasis que ha resultado en un importante entendimiento de la adoración y el ministerio. Muy a menudo se ha visto al ministerio como algo que viene exclusivamente de una plataforma o púlpito y sólo por clérigos designados. Cuando se concibe al ministerio de tal manera, los miembros de la congregación se convierten meramente en espectadores, cuya única actividad es llenar las bancas. La imagen bíblica de vida corporal no sostiene a un punto de vista del ministerio tan limitado. Dios ciertamente ha puesto liderazgo espiritual en la iglesia para predicar y enseñar; pero el objeto de su predicación, enseñanza y cuidado pastoral es aquel de perfeccionar a los santos para ministrar el uno al otro y al mundo:

> *Y él mismo constituyó a unos, apóstoles; a otros, profetas; a otros, evangelistas; a otros, pastores y maestros, a fin de perfeccionar a los santos para la obra del ministerio, para la edificación del cuerpo de Cristo, hasta que todos lleguemos a la unidad de la fe y del conocimiento del Hijo de Dios, a un varón perfecto, a la medida de la estatura de la plenitud de Cristo; para que ya no seamos niños fluctuantes... sino que siguiendo la verdad en amor, crezcamos en todo en aquel que es la cabeza, esto es, Cristo* (Ef. 4:11-15).

Este concepto de ministerio corporal, expresado por el apóstol Pablo, contiene varios hechos que son claros:

1. Es la intención del Señor que todo miembro del cuerpo de Cristo tenga un ministerio.

Cada miembro del cuerpo humano contribuye a la preservación, crecimiento, salud y actividad de ese cuerpo; si algunos miembros no funcionan, resulta en enfermedad. Muchos de los males de la iglesia han sido el resultado de una membresía que no funciona. Para lograr la participación total en la obra y adoración de la iglesia, Dios ha provisto liderazgo espiritual para equipar y madurar a los santos, y los dones del Espíritu para darles poder y dirección. (La Biblia menciona unos treinta [30] dones del Espíritu que serán tratados especialmente en otra sección.)

2. El propósito central del ministerio corporal es aquel de la edificación de la iglesia entera (Ef. 4:12).

La prueba del valor y la validez del ministerio corporal, y del ejercicio de los dones, está en si edifican o no al cuerpo de Cristo. Pedro escribió: *"Cada uno según el don que ha recibido, minístrelo a los otros, como buenos administradores de la multiforme gracia de Dios"* (I P. 4:10). El ministerio y los dones son una administración o mayordomía. El don del creyente no es dado principalmente para su edificación; es un servicio para ser administrado a otros, para la familia de la iglesia.

3. Cuando todo el cuerpo ministra en unidad y amor, el resultado es crecimiento espiritual y numérico.

*"De quien todo el cuerpo, bien concertado y unido entre sí por todas las coyunturas que se ayudan mutuamente, según la actividad propia de cada miembro, recibe su **crecimiento** para ir edificándose en amor"* (Ef. 4:16). Hoy en día se habla mucho acerca del crecimiento de la iglesia. El crecimiento óptimo de la iglesia no puede ser logrado solamente por los esfuerzos de los líderes, pastores, evangelistas y misioneros; el crecimiento ideal resulta solamente cuando la iglesia entera ministra.

4. La fuerza adhesiva del amor debe estar presente cuando ministra la iglesia entera.

A no ser que la participación de la iglesia sea motivada, llevada a cabo en un espíritu de amor y sumisión al liderazgo, el crecimiento logrado puede ser pasajero y el ministerio ejecutado puede ser menos que edificante. *"Habiendo purificado vuestras almas por la obediencia a la verdad, mediante el Espíritu, para el amor fraternal no fingido, amaos unos a otros entrañablemente, de corazón puro"* (I P. 1:22). (Vea también, I Cor. 13; Gál. 5:13; Ef. 4:2,3,15,16; 3:17-19; Fil. 2:1-5; Col. 3:12-15; I Tes. 5:12,13).

VIII. LA IGLESIA Y EL REINO DE DIOS

Las frases "reino de los cielos" y "reino de Dios" se hallan más de ochenta (80) veces en el Nuevo Testamento. El reino de Dios obviamente es un tema importante. Surgen varias preguntas, sin embargo, en relación con la identidad y manifestación del reino de Dios: ¿qué se quiere decir con la palabra "reino"? ¿El reino de Dios es una realidad espiritual interior, o un gobierno exterior visible? ¿Son idénticos el reino de Dios y el reino de los cielos? ¿Qué relación tiene la iglesia con el reino de Dios? ¿ El reino de Dios es presente o futuro? Estas y otras preguntas serán tratadas, y en cuanto sea posible, serán suplidas con respuestas de la escritura.

A. EL SIGNIFICADO DE LA PALABRA "REINO."

La palabra griega *basileia* de la que se deriva la palabra "reino" tiene dos significados principales: (1) "el gobierno, reino, dominio, o autoridad de un rey" y (2) "el territorio o gente sobre el cual reina un rey." W. E. Vine define *basileia* de la siguiente manera: "*Basileia* es principalmente un sustantivo abstracto indicando soberanía, poder real, dominio, por ej., Ap. 17:18 traducido 'que reina,' literalmente 'tiene un reino;' luego, por metonimia, un sustantivo concreto, indicando el territorio o gente sobre el cual reina un rey, por ej., Mt. 4:8; Mr. 3:24."[5]

En el Antiguo Testamento griego, *basileia* traduce la palabra hebrea *malkut* que también tiene dos significados: (1) "reino real" (Dn. 1:1) y luego, (2) "dominio de un rey." La palabra "reino" es utilizada más frecuentemente en el Nuevo Testamento con el primer significado de "reino" o "poder real." Respecto al significado de la palabra "reino", el Dr. Ladd dice:

"El significado de la palabra reino, *basileia*, en el Nuevo Testamento, es 'reino' antes que 'dominio' o 'gente.' Se le ha dedicado una gran cantidad de atención a este tema en recientes años por doctos críticos, y hay prácticamente un acuerdo unánime que 'poder real, autoridad' es el significado más básico de *basileia* que 'reino' o 'gente.' "[6]

B. ¿ES EL REINO DE DIOS PRESENTE O FUTURO?

El reino de Dios es ambos, presente y futuro. El reino como el dominio del pueblo de Dios de todas las épocas, sobre el cual Cristo reinará en justicia, todavía es futuro; comenzará con la segunda venida de Cristo (II Ti. 4:1; Ap. 11:15). El reino como el "gobierno" o "poder real" de Dios está presente en la obra redentora de Jesús que vino a destruir las obras del diablo. El Dr. Ladd declara:

El reino ha venido en el sentido de que los poderes del reino futuro ya han entrado en la historia y a la experiencia humana a través del ministerio sobrenatural del Mesías que ha efectuado la derrota de Satanás. En el reino escatológico futuro, Satanás será completamente destruido, echado en un lago de fuego y azufre (Ap. 20:10) para que los hombres puedan ser librados de toda influencia del mal. Sin embargo, el pueblo de Dios no necesita esperar la venida del reino futuro para saber qué significa ser liberado del poder satánico. La presencia de Cristo en la tierra te-

---

[5] Expository Dictionary of New Testament Words *(Diccionario Expositor de Palabras del Nuevo Testamento) por William Edwy Vine, (Old Tappan, NJ: Fleming H. Revell Publishing Company, 1958), 294-296.*

[6] Crucial Questions About the Kingdom of God (*Preguntas Cruciales Acerca del Reino de Dios) por George E. Ladd, (Grand Rapids, MI: : Wm. B. Eerdmans Publishing Company, 1977) 78.*

nía por propósito la derrota de Satanás, su atadura, para que el poder de Dios pueda ser una realidad vital en la experiencia de aquellos que se rinden al reino de Dios haciéndose discípulos de Jesús. En Cristo, el reino, en la forma de su poder, ha venido a estar entre los hombres.[7]

C. ¿ES EL REINO INTERIOR Y ESPIRITUAL, O EXTERIORMENTE VISIBLE?

El reino futuro (escatológico) será un reino manifestado exteriormente sobre el cual reinará Cristo en poder y gloria. Este reino prevalecerá sobre toda la tierra y cumplirá las profecías del Antiguo Testamento al fiel remanente de Israel, en lo que concierne al reino del Mesías sobre el trono de David (Is. 9:6,7; 11:1-10; 24:23; 32:1; Dn. 2:44; 7:18,27; Mi. 4:7). Los santos del Nuevo Testamento gobernarán y reinarán con Cristo como reyes y sacerdotes (Mt. 25:21,23; I Ti. 6:14,15; Ap. 5:9,10; 19:14-16; 20:4-6). El reino de mil años de Cristo sobre la tierra se conoce como su "reino del milenio." Aunque la palabra "milenio" no ocurre en la Biblia, es la palabra latina para "mil años" (Ap. 20:4-6).

Por otro lado, el reino presente (soteriológico) de Cristo es espiritual e invisible, porque consiste de la majestad, el poder y la autoridad de Jesús como Salvador y destructor de Satanás.

Está claro que el reino de Jesús es espiritual por dos declaraciones de Jesús. La primera, a los fariseos en respuesta a su pregunta acerca de cuándo vendría el reino, Él dijo: *"El reino de Dios no vendrá con **advertencia**, ni dirán: Helo aquí, o helo allí; porque he aquí el reino de Dios está **entre** vosotros"* (Lc. 17:20b, 21). La segunda, a Pilato quien le preguntó si era un rey, Él contestó: *"Mi reino no es de este mundo"* (Jn. 18:36,37). Jesús continúa diciendo, sin embargo, que Él nació para ser rey sobre el dominio de la verdad divina y que *"todo aquel que es de la verdad, oye mi voz."*

Jesús dijo a Nicodemo, *"El que no naciere de nuevo, no puede ver el reino de Dios... El que no naciere de agua y del Espíritu, no puede entrar en el reino de Dios"* (Jn. 3:3,5). El nacido de nuevo entra en el reino de la verdad salvadora y divina del evangelio. El reino presente de Jesús sobre la tierra es un reino de **evangelio**, un hecho que se relaciona a la razón por la que el evangelio es llamado el *"evangelio del reino"* (Mt. 4:23,24; 9:15; 24:14; Mr. 1:14; Lc. 4:43). (Vea Hch. 1:3; 8:12; 19:8; 28:23,31.) Aquellos que aceptan el evangelio de Jesús también lo aceptan como soberano Señor en su reino convirtiéndose en *"ciudadanos del cielo"* (Fil. 3:20).

El evangelio es el mensaje central del reino o "majestad" presente de Jesús, pero éste no es un evangelio abstracto o pasivo, sino un evangelio que

---

[7] *Ladd, 91.*

es *"poder de Dios para salvación."* (Rom. 1:16). Escribiendo a los tesalonicenses acerca del evangelio, Pablo dijo: *"Pues nuestro **evangelio** no llegó a vosotros en palabras solamente, sino también en poder, en el Espíritu Santo y en plena certidumbre"* (I Tes. 1:5). El resultado de la predicación de Pablo a los tesalonicenses fue que *"os convertísteis de los ídolos a Dios, para servir al Dios vivo y verdadero"* (I Tes. 1:9b). Está claramente declarado que el creyente en el presente entra al reino de Dios: *"El cual nos ha librado de la potestad de las tinieblas, y trasladado al reino de su amado Hijo"* (Col. 1:13). Jesús declaró claramente que Él trajo su "reino" a esta era presente en la forma de "dominio" sobre Satanás y su potestad de tinieblas: *"Mas si por el dedo de Dios echo yo fuera los demonios, ciertamente el reino de Dios ha llegado a vosotros"* (Lc. 11:20). La naturaleza espiritual del "reino presente de Dios está afirmada por Pablo en Romanos: *"Porque el reino de Dios no es comida ni bebida, sino justicia, paz y gozo en el Espíritu Santo"* (Rom. 14:17).

D. ¿SON IDENTICOS LA IGLESIA Y EL REINO DE DIOS?

La manifestación final y completa del reino "escatológico" de Dios todavía es futura; pero el poder, la autoridad y el mensaje del reino fueron introducidos a la era presente por Jesús, y puesto sobre la iglesia, a cuyos apóstoles dijo, *"Sobre esta roca edificaré mi iglesia; ... Y a ti daré las **llaves del reino** de los cielos"* (Mt. 16:18,19a). El reino de Dios como "establecimiento físico" de Dios aún ha de venir, pero el reino como "dominio" ya ha entrado a la presente era y la iglesia esta ejercitando el poder del reino. La iglesia no es idéntica al reino de Dios, porque el reino es más grande que la iglesia; sin embargo, la iglesia es el instrumento presente del reino y heredará el reino (Stg. 2:5; II P. 1:11).

El reino final de Dios incluirá no sólo a la iglesia, sino a los santos del Antiguo Testamento, el futuro remanente de Israel reunido y las naciones justas que serán parte del reino del milenio de Jesús (Mt. 25:32,33; Ap. 20:4,7,8; Is. 66:18-23; Jer. 3:16-18; 23:3-6; 31:10-12; Zac. 14:8,9).

E. ¿ES DIFERENTE EL REINO DE LOS CIELOS DEL REINO DE DIOS?

Algunos doctos bíblicos (incluyendo a los editores de la Biblia de referencia Scofield, [vea las notas al pie de la página sobre Mt. 3:2]) enseñan que *"el reino de los cielos"*, encontrado solamente en Mateo, generalmente se refiere al cristianismo protestante, mientras que *"el reino de Dios"*, usado por Marcos, Lucas y Juan, se refiere al reino soberano de Dios. No hay duda que Jesús en sus parábolas, a veces extiende el concepto del "reino" para incluir a la esfera de profesión exterior (el trigo y la cizaña, Mt. 13:24-30); sin embargo, una comparación cercana de los dos términos "reino de Dios" y "reino de los cielos", como son usados en los cuatro evangelios, mostrará que tienen el mismo significado. Por ejemplo, en las bienaventuranzas, el Evangelio de Mateo dice que los pobres heredarán el reino de los cielos, mientras que en el Evangelio de Lucas heredarán el reino de Dios (Mt. 5:3; Lc. 6:20); en Mateo, los discípulos son enviados a predicar que el reino de los cielos se ha acercado; mientras que en Lucas, anuncian que se ha acercado el reino de Dios (Mt. 10:6,7; Lc. 9:2). (Vea también Mt. 4:17; Mr. 1:15.) En el mismo contexto donde Jesús se refiere a las parábolas (incluyendo aquella del trigo y la cizaña) como enseñando los "misterios del reino", el evangelio de Mateo se refiere a ellos como misterios del reino de los cielos (13:11), mientras que el en evangelio de Marcos (4:11) son misterios del reino de Dios. En un pasaje en Mateo, Jesús usa ambos términos, en el mismo sentido figurativo con exactamente el mismo significado (Mt. 20:23,24); en una oración, *"difícilmente entrará un rico en el reino de los cielos;"* en la próxima, *"es más fácil pasar un camello por el ojo de una aguja, que entrar un rico en el reino de Dios."* Es obvio que los términos "reino de los cielos" y "reino de Dios" en estas comparaciones eran completamente intercambiables en su uso.

IX. OTRAS METAFORAS DE LA IGLESIA

A las metáforas de la iglesia como el "cuerpo de Cristo" y como "una nación santa" tratadas anteriormente, les fue dada consideración especial: Como el cuerpo de Cristo por razón de su prominencia escritural y aplicación contemporánea; y la iglesia como una nación santa o "realeza" por razón de diferencias en interpretación de la palabra "reino." Sin embargo, las metáforas aplicadas a la iglesia en la escritura son muchas, y con razón, porque ninguna metáfora sola puede expresar completamente la relación de los creyentes con Cristo, el uno al otro, y con el mundo. Se tratarán veinticuatro (24) metáforas adicionales, cada una de las cuales agrega algo al concepto total de la iglesia.

A. LA IGLESIA COMO LA FAMILIA DEL SEÑOR.

Jesús nos introduce a la relación familiar, enseñándonos a orar *"Padre nuestro que estás en los cielos"* (Mt. 6:9; Lc. 11:2). Dios, el Padre de nuestro Señor Jesucristo, también es **nuestro** Padre. Jesús oró usando la palabra aramea ***abba***; según Romanos 8:15, el creyente en el espíritu de adopción clama *"Abba, Padre."* Si nosotros juntamente con nuestro Señor Jesús, llamamos a Dios "Padre", entonces Jesús es nuestro hermano mayor en la familia de Dios (Heb. 2:10,11). El autor de Hebreos declara que los creyentes son miembros de la familia de Dios: *"Pero Cristo como hijo sobre su casa, la cual casa somos nosotros, si retenemos firme hasta el fin"* (Heb. 3:6). Como las familias normalmente están orgullosas del nombre de la familia, así también la familia de la iglesia se regocija en el nombre del Padre (Ef. 3:14,15). Como las familias reciben una herencia del padre, así espera la iglesia la herencia prometida por el Padre celestial (Rom. 8:17). Como las buenas familias observan un cierto modelo de conducta, así hay una norma de conducta dada para la casa de Dios (I Ti. 3:15). En el Antiguo Testamento, el padre de cada hogar era, en efecto, el sacerdote sobre el hogar (Nm. 7:2); Jesús se ha convertido en el Sumo Sacerdote sobre la familia eclesiástica de Dios (Heb. 10:21-23; 2:17,18).

La idea de la iglesia como la familia y casa de Dios se deriva del Antiguo Testamento donde el pueblo de Dios es la casa (familia) de Israel, una nación crecida de la familia de Jacob, nutrida mediante cultura familiar. La iglesia es llamada la familia y casa de Dios, "esto testifica acerca de la importancia básica de la familia como una institución social. En el Nuevo Testamento, especialmente en hechos, se da grande importancia al efecto del evangelio sobre familias enteras (Hch. 2:46; 12:12; 16:15,33,34; 21:8,9; I Cor. 1:16; 16:15; II Ti. 4:19).

Aunque en el Antiguo Testamento se habla de Dios como el Padre de la casa entera de Israel (Is. 5:7; Sal. 98:3), nunca se refiere a Él como el Padre de un individuo. Aparentemente, llamar a Dios "Padre" es un privilegio reservado para creyentes en Jesucristo el Hijo.

B. LA IGLESIA COMO UNA COMUNION DE CREYENTES.

La palabra griega para "comunión" es *koinonia*, que significa "aquellos que tienen algo en común." Llegó a ser aplicada a "aquellos que pertenecen a una sociedad." *Koinonia* fue aplicada a la iglesia como aquellos que tenían una salvación común mediante una fe común en Dios y en su Hijo Cristo Jesús: *"Lo que hemos visto y oído, eso os anunciamos, para que también vosotros tengáis comunión con nosotros; y nuestra comunión verdaderamente es con el Padre, y con su Hijo Jesucristo"* (I Jn. 1:3; vea I Cor. 1:9). Tan pronto como nació la iglesia, se estableció una gran comunión de fe, alabanza y servicio: *"Y perseveraban en la doctrina de los apóstoles, en la **comunión** unos con otros, en el partimiento del pan y en las oraciones"* (Hch. 2:42). La metáfora de la "familia" enfatiza la idea de un "Padre" común; la metáfora de "comunión" enfatiza la idea de una misión, un propósito, una adoración y una acción común.

En los Estados Unidos de América hay una fuerte inclinación hacia la vida privada y el individualismo, pero el gran sello de los Estados Unidos contiene el lema, *E Pluribus-Unum*, que significa "en muchos uno", una nación indivisible. Solamente un fuerte sentido de unidad hace a una gran sociedad. La iglesia es la nueva sociedad de Dios, mantenida junta por la unidad del Espíritu. Lucas dice acerca de la iglesia apostólica: *"Todos los que habían creído estaban juntos, y tenían en común todas las cosas"* (gr., **koinos**) (Hch. 2:44). El libro de Efesios es la epístola del Nuevo Testamento en la que está más completamente desarrollada la doctrina de la iglesia. Efesios no usa la palabra *koinonia*, pero es el único libro del Nuevo Testamento que usa el término *"unidad"* (Ef. 4:3-6,13).

La iglesia como la *koinonia* de Dios enfatiza la idea de una "sociedad" cuyas principales características son la unidad y el amor. Una expresión práctica del amor de la iglesia fue aquella de compartir con los necesitados. *Koinonia* a veces es traducida "comunicar", con el significado de extender ayuda material a los pobres y a aquellos abatidos por la mala fortuna. (Vea Fil. 4:14; I Ti. 6:18; Heb. 13:16; también Hch. 2:45; II Cor. 8:4; 9:13; Gál. 2:10; Rom. 12:13.) La *koinonia* de la iglesia es celebrada en la cena del Señor, que simboliza nuestra común redención por la muerte expiatoria de Cristo en la cruz (I Cor. 10:16,17; 11:23-34). Juan R. W. Stott, en un nuevo comentario sobre Efesios, escribió respecto a su mensaje:

> La carta expone lo que Dios hizo a través de la histórica obra de Jesucristo y lo que hace a través de su Espíritu hoy, a fin de construir una sociedad nueva en medio de la vieja. Hemos sido levantados de la muerte espiritual, exaltados a los cielos y sentados con El allí. También hemos sido reconciliados con Dios y el uno con el otro. Como resultado, mediante Cristo, y en Cristo, somos nada menos que la sociedad de Dios, la singular humanidad nueva que Él está creando y que incluye a judíos y gentiles en iguales términos. Somos la familia de Dios el Padre, el cuerpo de Jesucristo su Hijo, el templo y la morada del Espíritu Santo. Por lo tanto, debemos demostrar clara y visiblemente, a través de nuestra nueva vida, la realidad de la nueva obra que Dios ha hecho: primero por la unidad... de nuestra vida común, segundo por la pureza de amor de nuestra conducta diaria.[8]

C. LA IGLESIA COMO UN EQUIPO DE ATLETAS.

Los eventos atléticos eran tan comunes en el mundo griego y romano como lo son hoy. Pablo, que era un observador sutil, usaba frecuentemente la metáfora "atlética." (Vea I Cor. 9:24-26; Gál. 2:2; 5:7; Fil. 2:16; II Ti. 2:5; 4:7; Heb. 12:1; I Ti. 6:12). El pasaje con la metáfora atlética que mejor se aplica a la iglesia es: *"Que estáis firmes en un mismo espíritu, **combatiendo unánimes** por la fe del evangelio"* (Fil. 1:27). La palabra griega traducida "combatiendo unánimes" es **sunathleo**, de **athleo** (nuestro "atletismo") que significa "competir como atleta", y **sun** que significa "con" o "juntos." Pablo quiere oír que los filipenses están en unidad, "jugando como un equipo." El avance y crecimiento más grande de la iglesia no ha sido el resultado de esfuerzos individuales, sino el resultado del esfuerzo mutuo y del trabajo en

---

[8] God's New Society, The Message of Ephesians (*Nueva sociedad de Dios, el mensaje a los efesios) por John R. W. Stott, (Downers Grove, IL: Inter Varsity Press, 1980) 24,25.*

equipo de la familia entera de Dios. Si los creyentes cristianos son como un equipo de atletas, mostrarán características tales como: dedicación, trabajo en equipo, cooperación, negación propia, dominio propio y unidad.

D. LA IGLESIA COMO EL EJERCITO DEL SEÑOR.

La idea de la iglesia como un ejército probablemente no sería muy agradable para muchos, particularmente para la gente joven. Sin embargo, la Biblia a menudo se refiere a la batalla contra los poderes de la oscuridad en la que está comprometida la iglesia. Algo de nuestra aversión a la metáfora militar desaparece cuando nos acordamos que *"las armas de nuestra milicia no son carnales, sino poderosas en Dios para la destrucción de fortalezas, derribando argumentos... y llevando cautivo todo pensamiento a la obediencia de Cristo"* (II Cor. 10:4,5). Al creyente se le exhorta de la siguiente manera: *"Vestíos de toda la armadura de Dios, para que podáis estar firmes contra las asechanzas del diablo. Porque no tenemos lucha contra sangre y carne, sino contra principados, contra potestades, contra los gobernadores de las tinieblas de este siglo, contra huestes espirituales de maldad en las regiones celestes"* (Ef. 6:11,12). La iglesia está comprometida en una verdadera guerra, pero Cristo es nuestro capitán y estamos asegurados de la victoria; de hecho, Satanás ya es un enemigo derrotado. (Vea II Ti. 2:3,4; I Ti. 1:18; Ef. 6:10-17; I Cor. 9:7; I P. 2:11; Ap. 19:11-21; 20:7). La iglesia sobre la tierra se llama la iglesia militante; la iglesia en el cielo se llama la iglesia triunfante.

E. LA IGLESIA COMO EL REBAÑO DEL SEÑOR.

La metáfora pastoral es muy familiar. El líder espiritual de la iglesia local generalmente se llama "pastor" y se refiere frecuentemente a la congregación como el "rebaño." Los primeros dieciocho versículos del décimo capítulo de Juan hablan de Cristo como el Buen Pastor y de sus seguidores como las ovejas de su rebaño. Aunque la palabra "pastor" como el líder espiritual se encuentra solamente una vez en el Nuevo Testamento, tanto Pablo como Pedro dan ejemplos vívidos de la metáfora pastoral: *"Por tanto, mirad por vosotros, y por todo el rebaño... para apacentar [pastorear] la iglesia del Señor"* (Hch. 20:28); *"Apacentad [pastoread] la grey de Dios que está entre vosotros ... siendo ejemplos de la grey. Y cuando aparezca el Príncipe de los pastores, vosotros recibiréis la corona incorruptible de gloria"* (I P. 5:2-4). Pedro recordaría bien las palabras de Jesús, habladas después de la resurrección, que fueron repetidas tres veces: *"¿Me amas?", "Apacienta mis corderos"* y *"Pastorea mis ovejas"* (Jn. 21:15-17). (Vea Sal. 23:1; 80:1; 100:3; II Sam. 7:7; Jer. 31:10; Mr. 6:34; Ef. 4:11; Heb. 13:20; Ap. 7:17)

F. LA IGLESIA COMO LA ESCUELA DEL SEÑOR.

Más de cincuenta (50) veces se le llama o se hace referencia a Jesús como "Maestro" (del griego *didaskalos*, del verbo *didasko* que significa "enseñar") o "Rabí." Los evangelios se refieren a Jesús más como maestro que como predicador. La intención de que la iglesia local fuera un lugar de enseñanza está claramente explicado por la gran comisión: *"Por tanto id, y haced discípulos a todas las naciones, bautizándolos en el nombre del Padre, y del Hijo, y del Espíritu Santo; enseñándoles que guarden todas las cosas que os he mandado; y he aquí yo estoy con vosotros todos los días, hasta el fin del mundo"* (Mt. 28:19,20). Jesús usó dos palabras diferentes para "enseñar" en su comisión: la primera es *matheteuo* (28:19), que significa "hacer discípulos"; y la segunda *didasko* (28:20), que es la palabra común para "enseñar." El término enfático en la comisión es "hacer discípulos." "Ir" y "enseñar", participios subordinados al verbo principal, "hacer discípulos." Hacer discípulos involucraba tanto enseñar como predicar; pero más aun, involucraba traer a los nuevos creyentes a un nivel de discipulado al que habían sido traídos los maestros anteriormente. La enseñanza y predicación pueden caer sobre oídos sordos, pero aquel que hace discípulos trae a sus seguidores por palabra y ejemplo, a ser como él mismo, a su mismo nivel. Sin embargo, no hacemos a los hombres nuestros discípulos, sino discípulos de Jesús.

El método de discipulado de Jesús está claramente revelado en un pasaje en el Evangelio de Marcos: *"Después subió al monte, y llamó a sí a los que él quiso; y vinieron a él. Y estableció a doce, para que estuviesen con él, y para enviarlos a predicar, y que tuviesen autoridad para sanar enfermedades y para echar fuera demonios"* (Mr. 3:13-15). Marcos enumera tres aspectos acerca de hacer discípulos: (1) "para que **estuviesen con Él**" (aprender mediante ejemplo); (2) "para enviarlos a **predicar**" (aprender a comunicar) y (3) "y que tuviesen autoridad para **sanar** enfermedades y para **echar fuera demonios**" (aprender a ministrar). Ninguno de estos aspectos es aprendido a través de simple instrucción verbal; el alumno debe llenarse del espíritu de su maestro, como tomó Eliseo sobre sí el manto de su maestro, Elías. La palabra "discípulo" fue el primer nombre dado a los cristianos primitivos (Hch. 11:26). La virtud principal que caracteriza a uno como discípulo de Jesús es **amor** (Jn. 13:35). (Vea también: Mr. 8:34; Jn. 1:43; 21:19-22; Lc. 5:11,27,28; I Tes. 1:6,7; I P. 2:21; 5:3; I Ti. 1:16; 4:12; Tit. 2:7).

G. LA IGLESIA COMO SIERVO O ADMINISTRADOR.

Las palabras principales de la vida de la iglesia son palabras de servidumbre, relacionadas con ser siervos: "ministrar" o "ministerio" del griego, *diakonos, diakonia* que significa "siervo, servicio", originalmente significaba "uno que sirve mesas" (Jn. 12:26); "siervo" de *doulos*, que significa "esclavo" (Mt. 24:45; 25:14; Gál. 5:13,); "mayordomo" de **oikonomos**, que era el "siervo que administraba la casa" (Lc. 12:42; I Cor. 4:1,2; Tit. 1:7; I P. 4:10). Otras dos palabras traducidas "ministrar" son : **hyperetes**, que originalmente significaba *"siervo que remaba una nave"* (Hch. 13:5), y **leitougos**, que significa *"siervo público"* que servía a la comunidad gratuitamente. (Rom. 15:16).

Que todos los oficiales, ministros, trabajadores y líderes cristianos son **siervos** está claramente establecido de la siguiente manera:

* El ejemplo que dio Jesús asumiendo el lugar de un siervo (Mr. 10:42-45; Mt. 20:27,28).

* El espíritu del mundo es señorear sobre otras personas; los ministros del Señor sirven el uno al otro (I P. 5:3; I Cor. 9:19; Gál. 5:13; Lc. 22:24-28).

* El servicio del creyente es el de un mayordomo de lo cual él dará cuenta (Mt. 25:14-30), y la virtud más grande de un mayordomo es ser hallado fiel (I Cor. 4:1,2; Mt. 25:21).

* Los creyentes deben estar en sujeción unos a otros, y a aquellos que son colocados sobre ellos en el Señor; además, el liderazgo y la dirección son en sí ministerios (Ef. 5:21; I Tes. 5:12; Hch. 20:28; I P. 5:2,3; Heb. 13:7,17,24).

* Pablo, que tenía autoridad apostólica, se llamó a sí mismo un *"siervo de Jesucristo"* (Rom. 1:1).

* Más de 300 veces son utilizadas palabras en el Nuevo Testamento que expresan el oficio del siervo.

* El mandato a todos los creyentes maduros es de ministrar, esto es, servir el uno al otro (Ef. 4:12).

H. LA IGLESIA COMO UN EDIFICIO.

La metáfora de la iglesia como un edificio está sugerida en los siguientes pasajes de la escritura: I Cor. 3:9-15; Ef. 2:20-22; Mt. 16:18; 21:42; I P. 2:4-7; Lc. 6:46-49; Hch. 4:11; Rom. 15:20; Sal. 118:22. De estas escrituras se deriva un número de figuras arquitectónicas:

* "Cristo es el fundamento y la principal piedra angular" de la iglesia; es digno de notar que el Salmo 118:22, *"La piedra que los edificadores desecharon, ha venido a ser la cabeza del ángulo"*, citado por Pedro en I P. 2:7, se encuentra cinco (5) veces en el Nuevo Testamento: Mt. 21:42; Mr. 12:10,11; Lc. 20:17; Hch. 4:11. (Vea también Is. 8:14; 28:16; Dn. 2:34,35; Rom. 9:32,33.)

* Los creyentes son los materiales de construcción o las "piedras vivas."

- Se dice que los ministros son los constructores, Cristo es el maestro constructor y arquitecto.
- No hay "piedras" aisladas, todas son puestas en el edificio.
- Los creyentes deben prestar atención al tipo de material que son, y cómo construyen (I Cor. 3:9-15).

I. LA IGLESIA COMO UN MISTERIO.

Uno de los conceptos más fuertes que Pablo usó acerca de la iglesia fue el de la iglesia como un "misterio." Debe ser notado que la palabra bíblica "misterio" tiene un significado distinto al que tiene en el español moderno. En la antigua Grecia, los misterios eran secretos de las religiones misteriosas, revelados sólo a aquellos que se iniciaban en ella. Los secretos no eran misterios en el moderno uso del término; eran claramente entendidos por los iniciados. Los misterios de Dios son verdades que podían ser conocidas solamente por revelación divina, por ejemplo, los misterios de la redención y de la iglesia; son claramente revelados a los creyentes en las escrituras. Uno de los misterios es la iglesia, la cual no fue revelada en el Antiguo Testamento. Los profetas predijeron que Dios bendeciría a los gentiles, pero no revelaron que los creyentes gentiles compartirían igualmente con Israel el cuerpo de Cristo. Para ser específico, que los gentiles son coherederos, y miembros los unos de los otros, hermanos del cuerpo, y co-participantes de la promesa en Cristo Jesús mediante el evangelio (Ef. 3:4-6; Col. 1:25-27). Pablo consideraba que Dios le había dado un ministerio especial para declarar la doctrina de la iglesia como misterio (Ef. 3:3,4). La gloria de este "misterio" se dice ser la verdad y hecho de *"Cristo en vosotros, la esperanza de gloria"* (Col. 1:27).

J. LA IGLESIA COMO EL CAMPO DEL SEÑOR.

La Biblia frecuentemente emplea la metáfora agrícola. Pablo escribió a la iglesia corintia: *"Vosotros sois labranza [el campo] de Dios"* (I Cor. 3:6-9). En el campo de Dios (la iglesia) hay sembradores, cultivadores y cosechadores, pero es Dios en realidad quien da el crecimiento. Los obreros no deben pelearse sobre su relativa importancia; Dios llama y coloca a cada uno en el oficio divinamente determinado. Los trabajadores son indispensables, pero el "labrador" divino da vida y crecimiento a la vid (Jn. 15:1,2). El trabajo diligente en el campo de Dios trae recompensa; Pablo escribió a Timoteo: *"El labrador, para participar de los frutos, debe trabajar primero"* (II Ti. 2:6). Las parábolas agrícolas en el capítulo trece de Mateo hablan de la semilla (la palabra), diferentes terrenos (oidores de la palabra), y los variados grados de rendimiento: treinta por uno, sesenta y cien (Mt. 13:3-8,18-23).

K. LA IGLESIA COMO UN REAL SACERDOCIO.

Pedro introduce la metáfora de la iglesia como un real sacerdocio:

*Vosotros... sed edificados como casa espiritual y **sacerdocio** santo, para ofrecer sacrificios espirituales aceptables a Dios por medio de Jesucristo* (I P. 2:5)... *Mas vosotros sois linaje escogido, real **sacerdocio**, nación santa, pueblo adquirido por Dios, para que anunciéis las virtudes de aquel que os llamó de las tinieblas a su luz admirable* (I P. 2:9).

La iglesia ya no necesita sacerdotes, en el sentido del Antiguo Testamento, para ofrecer sacrificios de animales; Cristo Jesús ha hecho, una vez y por todas, el sacrificio expiatorio perfecto de sí mismo para nuestra redención. La iglesia, sin embargo, ofrece *"sacrificios espirituales"* de alabanza, adoración y agradecimiento a Dios (Heb. 13:15). La iglesia también intercede y ora por gobernantes y por toda la humanidad (I Ti. 2:1-4).

Una de las grandes verdades de la iglesia es aquella del *"sacerdocio de todos los creyentes."* Todo creyente en Cristo tiene acceso al trono de Dios por los méritos de Jesús: *"Porque por medio de él los unos y los otros tenemos entrada por un mismo espíritu al Padre"* (Ef. 2:14-18). (Vea también Heb. 4:14-16.)

Como "sacerdotes" se les ha dado a los creyentes un ministerio de reconciliación: *"Dios... nos dio el ministerio de reconciliación... y nos encargó a nosotros la palabra de reconciliación. Así que, somos embajadores en nombre de Cristo, como si Dios rogase por medio de nosotros; os rogamos en nombre de Cristo: Reconciliaos con Dios"* (II Cor. 5:18-20). En consagración, el creyente se ofrece a sí mismo a Dios como un "sacrificio vivo" santo y agradable (Rom. 12:1). Otros sacrificios que el creyente ofrece a Dios son: *"amor fraternal"* (Ef. 5:1,2), *"buenas obras"* (Heb. 13:16), *"posesiones materiales"* para ayudar a otros (Heb. 13:16), y *"ministerio"* para otros (Fil. 2:17).

L. LA IGLESIA COMO LA NOVIA DE CRISTO.

Una de las metáforas más atractivas es aquella de la iglesia como la **novia** de Cristo. Esta metáfora es usada por Juan el Bautista, (Jn. 3:29), por el apóstol Pablo (I Cor. 11:2; Ef. 5:21-32); y por el apóstol Juan (Ap. 19:7-9). Hay una fuerte relación entre esta metáfora y aquella de la iglesia como el cuerpo de Cristo. Las siguientes aplicaciones pueden ser tomadas de la analogía de la iglesia como la novia de Cristo:

- Provee un modelo para la relación entre maridos y esposas cristianos.

- Las esposas deben estar en sumisión a sus esposos como la iglesia lo está a Cristo, y los creyentes lo están unos a otros (Ef. 5:21,22), no porque la esposa sea inferior, menos digna, o menos capaz; la responsabilidad de liderazgo espiritual debe ser establecida en el hogar, por eso al esposo le es asignada esa responsabilidad que él lleva con el apoyo indispensable de la esposa y madre.

* Los maridos deben amar a sus esposas como Cristo ama a la iglesia, tanto como se aman a sí mismos, y aún lo suficiente como para morir por ella (Ef. 5:25-29); si tanto las esposas como los maridos cumplen con este modelo, ninguno está en desventaja en la relación matrimonial.

* Esta figura representa el gran amor que Cristo tiene por su iglesia como su propia novia, y que la iglesia experimenta mientras espera la venida del Novio.

M. LA IGLESIA COMO LA EMBAJADORA DEL SEÑOR.

Pablo se llama a sí mismo el embajador del Señor, *"... soy embajador en cadenas"* (Ef. 6:20); también incluye a los creyentes consigo mismo en el oficio de embajador, *"Así que, somos embajadores en nombre de Cristo"* (II Cor. 5:20). Pueden hacerse varias aplicaciones de esta figura: (1) nosotros somos los embajadores de nuestro Rey quien nos despacha en una misión de paz divina, (2) como un embajador mandado en favor de sus "condiciones" de paz soberanas (Lc. 14:31,32), asimismo la iglesia anuncia al mundo las condiciones de reconciliación con Dios, que son fe en Cristo y rendición a El como Señor. El Señor ha dado a la iglesia el ministerio de reconciliación (II Cor. 5:18-21).

N. LA IGLESIA COMO LA COLUMNA Y BALUARTE DE VERDAD.

La iglesia sostiene la verdad del evangelio y lo levanta en alto. Pablo escribió a Timoteo respecto a la iglesia: *"Para que si tardo, sepas cómo debes conducirte en la casa de Dios, que es la iglesia del Dios viviente, **columna y baluarte de la verdad**"* (I Ti. 3:15). En el versículo siguiente, Pablo continuó dando lo que puede haber sido una expresión poética doctrinal del " misterio de la piedad" que era ampliamente usado en la iglesia primitiva (v 16). La iglesia debe proteger la sana doctrina y levantarla en alto por medio de la proclamación del evangelio y una conducta ejemplar.

O. LA IGLESIA COMO EL SANTUARIO DEL SEÑOR.

Muchos pasajes de la escritura apoyan la metáfora de la iglesia como un **santuario** o **templo.** De esos pasajes se hacen aplicaciones prácticas: (1) El Señor no mora en edificios hechos con manos, sino en su pueblo como una iglesia (Hch. 17:24; I Cor. 3:16; I R. 8:27; Is. 66:1,2), (2) La iglesia es el santuario del Señor; El mora donde su pueblo esta congregado en su nombre (Mt. 18:20), (3) el templo era un **santuario**, un edificio **santo** separado, dedicado exclusivamente a la adoración y el servicio de Dios; asimismo la iglesia es el **templo** del Espíritu Santo, el santuario donde mora el Señor; por eso, los miembros de la iglesia son llamados "santos" (I Cor. 3:17; Ef. 2:21,22; I P. 2:4,5).

Pedro dice de los creyentes: *"Como piedras vivas, sed edificados como casa espiritual"* (I P. 2:5). En esta figura, las piedras son parte de un edificio; pero son piedras vivas y por lo tanto parte de un hogar o familia; no cualquier familia o cualquier edificio, sino un santuario y una morada para el Señor.

P. LA IGLESIA COMO PEREGRINA.

Esta metáfora define la relación entre la iglesia y el mundo presente con las siguientes aplicaciones: (1) los creyentes no están realmente "en casa" en este mundo, ni deben conformarse "a este siglo"; su verdadera ciudadanía está en el cielo (Fil. 3:20; Rom. 12:2), (2) se dice que los creyentes están como pasajeros aquí, como peregrinos y extranjeros (Heb. 11:13), (3) sin embargo, los miembros de la iglesia, aunque peregrinos, están comisionados a testificar a este mundo para ganar del mundo ciudadanos para el reino de Cristo (I P. 2:11,12; Col. 1:12-14; Hch. 1:8), (4) la meta de los creyentes es la "ciudad de Dios" venidera (Heb. 13:14): *"Porque no tenemos ciudad permanente, sino que buscamos la por venir."*

Q. LA IGLESIA COMO EL CAMINO.

En el libro de Hechos, la vida de la iglesia es llamada el **camino**, y los creyentes son llamados *"aquellos del **camino**:"* *"Y le pidió cartas para las sinagogas de Damasco, a fin de que si hallase algunos hombres o mujeres de este Camino, los trajese presos a Jerusalén"* (Hch. 9:2). La iglesia como el cuerpo de Cristo es el **camino**, porque Cristo es el **camino**, la **verdad**, y la **vida**, nadie viene al Padre si no es por Él (Jn. 14:6). Se declaran las siguientes cosas acerca del **camino** de Dios en el libro de Hechos: (1) el **camino** de Dios es un camino perseguido (22:4), (2) a menudo se habla mal de él (19:9), (3) es llamado herejía por algunos (24:14), (4) Pablo confesó gozosamente a Félix que él era de ese **camino** (24:14), (5) cuando la iglesia sea poderosa en testimonio y en poder como lo era en Efeso, causará "un gran disturbio", porque el **camino** de Dios será un elemento de disturbio en una sociedad gobernada por los poderes de las tinieblas: *"Hubo por aquel tiempo un disturbio no pequeño acerca del Camino"* (19:23).

R. LA IGLESIA COMO LA HERENCIA DEL SEÑOR.

En el primer capítulo de Efesios, Pablo hace una declaración notable: *"Para que sepáis cual es... la gloria de **su herencia** en los santos"* (Ef. 1:18). Esto a menudo es interpretado para referirse a **nuestra** herencia, pero una lectura cuidadosa muestra que el versículo se refiere a la herencia del Señor la cual es los santos o la iglesia. En los versículos once y catorce se halla la misma verdad. Aunque el versículo once dice en nuestra versión: *"En Él asi-*

mismo tuvimos herencia" en varias otras versiones dice: *"En Él asimismo fuimos hechos una herencia."* El gran erudito en griego, B. F. Wescott, traduce Efesios 1:11a de la siguiente manera: *"también fuimos hechos la porción de Dios."*[9] La Biblia Viviente o paráfrasis lo traduce: *"gracias a lo que Cristo hizo, somos regalos que Dios recibe con deleite."* F. F. Bruce, comentando sobre una de las versiones, dice:

> *"En Él asimismo fuimos hechos una herencia."* Esta es una traducción preferible a, *"En Él asimismo tuvimos herencia."* Ambas declaraciones son verdaderas, pero el apóstol está pensando aquí *en 'la posesión adquirida'* de Dios (v 14), *'Su herencia en los santos'* (v 18). Así que, en los días del Antiguo Testamento, fue revelado que la porción del Señor es su pueblo; Jacob es la heredad que le tocó (Dt. 32:9). En Cristo, entonces, hemos sido admitidos en las filas del pueblo escogido, la santa heredad de Dios.[10]

(Vea también I P. 2:9,10; Ex. 19:5,6; Dt. 14:2; 32:9; Sal. 72:2; Mal. 3:17).

S. LA IGLESIA COMO LA OBRA MAESTRA DEL SEÑOR.

Ya que Efesios es la epístola sobre la iglesia, se encontrarán en ella muchas de las metáforas de la iglesia. En Efesios el capítulo dos, Pablo declara: *"Porque somos hechura suya, creados en Cristo Jesús para buenas obras"* (Ef. 2:10a). La palabra griega traducida "hechura" es **poiema**, que significa una "porción de hechura, una creación"; es la palabra de la que obtenemos nuestra palabra castellana "poema." La iglesia es la obra maestra de la creación de Dios. Cuando la iglesia que es creada para buenas obras sea perfeccionada, representará a su Hacedor y Creador, Cristo Jesús el Señor. *"Cuando él se manifieste, seremos semejantes a él, porque le veremos tal como él es"* (Jn. 3:2).

Debería ser notado que todos los pronombres en Efesios capítulo dos son plurales: *"Somos [nosotros] hechura suya."* La iglesia es la obra maestra de Dios, un mosaico de todo su pueblo en una obra colectiva diseñada. (Vea también Fil. 1:6; 2:3; Ef. 3:10; Col. 1:28,29; Heb. 13:21; II Cor. 5:17.)

T. LA IGLESIA COMO LA LUZ DEL MUNDO.

En el sermón del monte, Jesús dijo, *"Vosotros sois la luz del mundo, una ciudad asentada sobre un monte no se puede esconder"* (Mt. 5:14-16). La figura de la iglesia como luz sugiere lo siguiente: (1) los creyentes que son

---

[9] Saint Paul's Epistle to the Ephesians *(Epístola de San Pablo a los efesios) por Brook Foss Westcott,   (Grand Rapids, MI: Baker Book House, 1979) 14.*

[10] The Epistle to the Ephesians *(La epístola a los efesios) por Frederick Fyvie Bruce, (Westwood NJ: Fleming H. Revell Publishing Company, 1961) 33.*

los hijos de luz dan testimonio de Cristo quien es la verdadera luz del mundo (Jn. 8:12), (2) entonces, la luz del creyente es una luz reflejada, como la luz de la luna; el creyente refleja la luz de Cristo. Ef. 5:14 dice literalmente, *"Te alumbrará Cristo"*, (3) el libro de Apocalipsis llama "candeleros" a las iglesias locales (Ap. 1:20), (4) no importa de cuánta bendición sea ministrar unos a otros, los creyentes no deben olvidar que su misión primaria es aquella de iluminar la oscuridad del mundo (Mt. 5:16), (5) el testimonio del creyente es doble: testimonio por palabras, y testimonio por obras (I P. 2:12).

U. LA IGLESIA COMO LA SAL DE LA TIERRA.

¿Qué quiso decir Jesús cuando dijo, *"Vosotros sois la sal de la tierra"?* Las siguientes aplicaciones parecen ser indicadas:

- La sal preserva; esto quiere decir que la iglesia preserva y refuerza las cualidades de bondad, honor, justicia y misericordia en una sociedad que tiende a ser corrupta.

- La sal inhibe la corrupción; la iglesia restringe las influencias corruptas; las buenas obras de la iglesia reprenden la maldad.

- La sal da sazón y sabor; la iglesia da un sazón y un sabor distinguido a sus alrededores; sin embargo, no se dice que es el "azúcar de la tierra;" el sabor debe ser importante a la figura, porque se les advierte a los creyentes que no pierdan su sabor para que la sal no sea echada fuera y hollada (Mt. 5:13).

- La iglesia no debe solamente "salar" la tierra, debe también mantener su "salinidad" en sí para restringir la ambición egoísta, las discusiones, las pugnas, etc. (Mr. 9:49,50; Lc. 14:33).

- Pablo parece interpretar "sal" para querer decir "sabiduría" o "sabor" espiritual en palabra, palabras que no sean vanas o insípidas (Col. 4:6).

V. LA IGLESIA COMO PESQUERA DEL SEÑOR.

Jesús dijo a sus discípulos, *"Venid en pos de mí, y haré que seáis pescadores de hombres"* (Mr. 1:17). Esta figura se deriva del hecho de que los primeros discípulos fueron pescadores; empleando una metáfora justa, los llamó a ser **pescadores** de hombres. La iglesia es comisionada a pescar hombres para el reino de Cristo, pero en un buen sentido; porque en Lucas 5:10 las palabras *"serás pescador de hombres"* significan literalmente, "tomarás a hombres vivos." Los hombres pescados para Cristo, reciben una nueva calidad de vida. Si la iglesia no pesca hombres para Cristo, Satanás los tomará cautivos (II Ti. 2:25,26). La iglesia meramente nominal, como en la parábola de la red, tiende a pescar a algunos que no son creyentes verdaderos (Mt. 13:47). (Vea Mt. 4:18-20).

W. LA IGLESIA COMO UN CRISOL.

La vida de la iglesia es una vida de **fe**; la fe, para ser genuina, debe ser una fe probada; Dios deja que nuestra fe sea probada a fin que Él pueda aprobarla. Dios puede bendecir solamente la fe que haya sido probada como genuina a través de la prueba. En Pedro 1:6,7, la frase *"sometida a prueba vuestra"* literalmente es "la aprobación [por prueba] de vuestra fe." La palabra griega para "prueba" es *dokime* (el acto de un ensayador de probar y aprobar un metal precioso). La prueba y aprobación de la fe del creyente se dice ser más preciosa que la prueba y aprobación del oro. Como el oro, la fe debe ser puesta en el crisol para ser probada y purificada por el fuego (I P. 4:12-17; Stg. 1:3).

La misma vida del creyente en la comunión cristiana de la iglesia lo pone a prueba: amar a todos los hermanos, caminar en fe y obediencia, someterse a Cristo y el uno al otro, y tomar el ministerio de la palabra en momentos de adversidad (Pr. 17:3; 27:1). Pedro declara que el juicio comienza por la casa de Dios (I P. 4:17). Las palabras griegas: *dokime, dokimazo, dokimos, dokimion* (usadas treinta y nueve veces (39) veces en el Nuevo Testamento), son palabras del trabajo de un ensayador con su crisol. En la vida de la iglesia, los creyentes están en el crisol de Dios, siendo probados y aprobados. (Vea I Tes. 2:4; Rom. 16:10; I Cor. 12:9; II Cor. 10:18; Stg. 1:12.)

X. LA IGLESIA COMO LA RAMA DE OLIVO SILVESTRE.

La iglesia como la rama de olivo silvestre, ha sido injertada en el árbol del propósito redentor de Dios, reemplazando a la Israel rebelde. Esto no es, sin embargo, un desplazamiento permanente; cuando la iglesia haya sido completada, Dios todavía cumplirá sus promesas con el remanente de Israel nacional (Rom. 11:16-24; Jer. 11:16,17).

CAPITULO 9
La Doctrina de los Angeles
Angeleología

INTRODUCCION

Existe un orden de seres celestiales que ocupan una posición bastante diferente a la de Dios o el hombre. Aunque están muy por debajo de la deidad, ellos habitan sin embargo, en un estado por encima del hombre caído. Según A. T. Pierson:

Dios es el Espíritu no creado que preside todo y ocupa todo. Entre El y el hombre existe un dominio intermedio, habitado por un orden de inteligencia superior, no de espíritu puro como Dios, ni físicamente constituido tal como lo es el hombre. Se llaman ángeles, porque aparecen en la escritura como mensajeros de Dios al hombre.[1]

Y según Pearlman:

Con velocidad de relámpago y movimientos silenciosos pasan de lugar a lugar. Habitan los espacios de aire sobre nosotros. Sabemos que algunos se preocupan por nuestro bienestar, otros están puestos para herirnos. Los escritores inspirados abren la cortina y nos dan un vislumbre de este mundo invisible, a fin de que podamos ser tanto animados como prevenidos.[2]

La única fuente de información que tenemos de su existencia y actividades son las Sagradas Escrituras; el misticismo y la filosofía no tienen ninguna

---

[1] The Bible and Spiritual Life (La Biblia y la vida espiritual) por Arthur Tappan Pierson (New York: Gospel Publishing House, 1908) 166.

[2] Knowing the Doctrines of the Bible (Conociendo las doctrinas de la Biblia) por Myer Pearlman, (Springfield, MO: Gospel Publishing House, 1939) 79.

palabra de autoridad. Los saduceos, un grupo prominente del consejo de los judíos en el tiempo de Cristo, no creían en los ángeles: *"Porque los saduceos decían que no hay resurrección, ni ángel, ni espíritu..."* (Hch. 23:8). En vista de que toda nuestra información acerca de ellos viene de la Biblia, hacemos bien en aprender todo lo que ella dice de ellos, pero no debemos ir más allá de lo que está revelado.

Es indicado por la frecuencia de su mención en la Biblia que ellos ocupan un lugar prominente en las ayudas providenciales de Dios. El Antiguo Testamento hace referencia a ellos 108 veces, mientras que el Nuevo Testamento los menciona 165 veces. Satanás una vez fue un ángel, y creemos que los demonios probablemente son ángeles caídos. Si son santos o no, los seres espirituales son igualmente designados "ángeles" *"Después hubo una gran batalla en el cielo, Miguel y sus ángeles luchaban contra el dragón; y luchaban el dragón y sus ángeles..."* (Ap. 12:7). Entonces bajo el título general de Angeleología, trataremos con tres áreas de consideración: ángeles santos, ángeles caídos (demonios), y Satanás. Por lo tanto estudiaremos Angeleología, Demonología, Satanología.

I. ANGELEOLOGIA

A. DEFINICION.

La palabra "ángel" tomada del hebreo *mal'ak* del Antiguo Testamento o del griego *agelos* del Nuevo Testamento, significa "mensajero." Los ángeles santos son mensajeros de Dios, mientras que los ángeles caídos son los mensajeros de Satanás; "el dios de este mundo."

B. EL ORIGEN DE LOS ANGELES.

A diferencia de Dios, los ángeles son seres creados; no han existido desde toda la eternidad. *"Tú solo eres Jehová; tú hiciste los cielos, y los cielos de los cielos, con todo su ejército... y los ejércitos de los cielos te adoran"* (Neh. 9:6). *"Alabadle, vosotros todos sus ángeles; alabadle, vosotros todos sus ejércitos... Alaben el nombre de Jehová; porque Él mandó, y fueron creados"* (Sal. 148:2,5). *"Porque en Él fueron creadas todas las cosas, las que hay en los cielos y las que hay en la tierra, visibles e invisibles; sean tronos, sean dominios, sean principados, sean potestades; todo fue creado por medio de Él y para Él"* (Col. 1:16).

Los ángeles ciertamente están entre las cosas "invisibles" que Dios creó. Respecto al cuando fueron creados exactamente, la escritura no es explícita. Se cree que lo más probable es que fueron creados en el primer día de la creación, inmediatamente después de la creación de los cielos. Génesis 1:1 dice: *"En el principio creó Dios los cielos y la tierra"*, mientras que Job

38:4-7 dice que *"Se regocijaban todos los hijos de Dios"* cuando él fundó la tierra. Entonces estuvieron allí cuando la tierra fue creada.

C. LA NATURALEZA DE LOS ANGELES.

1. No son corpóreos.

1.1. Son espíritus.

Los ángeles no tienen cuerpo de la misma manera que el hombre. Se dice que son espíritus. *"El que hace a los vientos [espíritus, ángeles] sus mensajeros, y a las llamas de fuego sus ministros"* (Sal. 104:4). *"¿No son todos espíritus ministradores, enviados para servicio a favor de los que serán herederos de la salvación?"* (Heb. 1:14). En Lucas 24:37-39, Jesús dijo, *"porque un espíritu no tiene carne ni huesos, como veis que yo tengo."* Pero esto no significa que no son criaturas individuales verdaderas, tanto finitas como espaciales. Sin embargo, se encuentran en una relación más libre con el tiempo y el espacio que el hombre. Muchos pueden estar presentes al mismo tiempo en un espacio muy limitado. *"Y le preguntó Jesús, diciendo: ¿Cómo te llamas? Y él dijo Legión. Porque muchos demonios habían entrado en él"* (Lc. 8:30). Ciertamente no son omnipresentes, cada uno está en un lugar a la vez.

1.2. No deben ser adorados.

Excepto en esas ocasiones muy especiales cuando Dios elige dejar que los hombres los vean, los ángeles son invisibles al ojo humano y los hombres están inconscientes de su presencia. Se ha sugerido que la razón por la que son principalmente invisibles es por la tendencia humana a adorarles. La escritura claramente advierte contra tal práctica. No debemos adorar a la criatura antes que al creador (Rom. 1:25). *"Nadie os prive de vuestro premio, afectando humildad y culto a los ángeles, entremetiéndose en lo que no ha visto, vanamente hinchado por su propia mente carnal..."* (Col. 2:18). Esta es una práctica de la herejía gnóstica.

Yo me postré a sus pies para adorarle. Y él me dijo: Mira, no lo hagas; yo soy consiervo tuyo, y de tus hermanos que retienen el testimonio de Jesús. Adora a Dios; porque el testimonio de Jesús es el espíritu de la profecía (Ap. 19:10).

Yo Juan soy el que oyó y vio estas cosas. Y después que las hube oído y visto, me postré para adorar a los pies del ángel que me mostraba estas cosas. Pero él me dijo: Mira, no lo hagas; porque yo soy consiervo tuyo, de tus hermanos y profetas, y de los que guardan las palabras de este libro. Adora a Dios (Ap. 22:8,9).

1.3. Los ángeles, en numerosas ocasiones, han asumido forma de cuerpos humanos.

"No os olvidéis de la hospitalidad, porque por ella algunos, sin saberlo, hospedaron ángeles" (Heb. 13:2). Tal cosa como sugiere este versículo no podría ser posible si no aparecieran como hombres. A través de las escrituras se mencionan muchas ocasiones cuando esto se hizo una realidad. Aquí hay solamente algunas:

Llegaron, pues, los dos ángeles a Sodoma a la caída de la tarde; y Lot estaba sentado a la puerta de Sodoma. Y viéndolos Lot, se levantó a recibirlos, y se inclinó hacia el suelo... (Gn. 19:1).

Al sexto mes el ángel Gabriel fue enviado por Dios a una ciudad de Galilea, llamada Nazaret, a una virgen desposada con un varón que se llamaba José, de la casa de David; y el nombre de la virgen era María (Lc. 1:26,27).

Y vio a dos ángeles con vestiduras blancas, que estaban sentados el uno a la cabecera, y el otro a los pies, donde el cuerpo de Jesús había sido puesto (Jn. 20:12).

Un ángel del Señor habló a Felipe, diciendo: Levántate y ve hacia el sur, por el camino que desciende de Jerusalén a Gaza... (Hch. 8:26).

Y he aquí que se presentó un ángel del Señor, y una luz resplandeció en la cárcel: y tocando a Pedro en el costado, le despertó, diciendo: Levántate pronto. Y las cadenas se le cayeron de las manos. Le dijo el ángel: Cíñete, y átate las sandalias. Y lo hizo así. Y le dijo: Envuélvete en tu manto, y sígueme (Hch. 12:7,8).

1.4. El Angel de Jehová.

La expresión "el Angel de Jehová", que es usada a través de todo el Antiguo Testamento, parece tener un significado muy especial en relación con la presencia de Dios. Parecería que esta persona es la segunda persona de la deidad, Cristo mismo en presencia preencarnada. Algunas de estas extraordinarias ocasiones son mencionadas aquí.

El ángel de Jehová se le apareció a Agar al estar ella huyendo de la casa de Abraham (Gn. 16:7-14). Cuatro veces en este pasaje es usada la expresión "el Angel de Jehová", pero en el versículo trece leemos: *"Entonces llamó el nombre de Jehová que con ella hablaba: Tú eres Dios que ve; porque dijo: ¿no he visto también aquí al que me ve?"* Agar reconoció a este "Angel de Jehová" como el verdadero Dios.

Se le apareció a Abraham cuando estaba por matar a su hijo Isaac (Gn. 22:11-18). Fue Dios quien le dijo a Abraham ir a ofrecer a su hijo, y cuando Abraham levantó el cuchillo para hacerlo *"El ángel de Jehová le dio voces desde el cielo, y dijo: Abraham, Abraham... No extiendas tu mano sobre el muchacho, ni le hagas nada; porque ya conozco que temes a Dios, por cuanto no me rehusaste tu hijo, tu único.*" Definitivamente el *"no me rehu-saste"* se refiere a Dios.

Se le apareció a Moisés en la zarza que ardía, pero que no era consumida (Ex. 3:2-5). En este pasaje leemos, en el versículo dos, que *"se le apareció el Angel de Jehová"* a Moisés *"en una llama de fuego en medio de una zarza."* En el versículo cuatro esta misma persona es llamada *"Dios:"*, *"lo llamó Dios de en medio de la zarza, y dijo: ¡Moisés, Moisés!"*

Se mostró a Gedeón mientras sacudía un poco de trigo en el lagar, es-condiéndolo de los madianitas (Jue. 6:11-23). En el versículo doce leemos de la aparición del "Angel de Jehová" a Gedeón. En el versículo catorce se nos dice: *"Y mirándole Jehová, le dijo: Ve con ésta tu fuerza."*

En Jueces 13:2-23 se encuentra la narración de varias visitas a Manoa y a su esposa (padres de Sansón) de uno que es variadamente llamado *"el Angel de Jehová"*, *"un Angel de Dios"*, y *"el Varón de Dios."* Doce veces son usadas estas expresiones; pero en el versículo veintidós: *"Y dijo Manoa a su mujer: Ciertamente moriremos, porque a Dios hemos visto"* Al huir Elías de Jezabel, que había atentado contra su vida, estuvo cansado y durmió bajo un enebro, y el ángel de Jehová le trajo comida (I R. 19:5-7).

Segunda de Reyes 19:35 cuenta como, al estar rodeando el ejército asirio a la ciudad de Jerusalén, el ángel de Jehová mató a 185.000 de los soldados asirios.

2. Los ángeles son una compañía, no una raza.

Los ángeles fueron todos creados de una sola vez, y no hay propaga-ción entre ellos; no mueren; por lo tanto no hay un incremento o decreci-miento en sus números. Jesús dio a entender bien claro de que no se ca-san.

Entonces respondiendo Jesús, les dijo: Los hijos de este siglo se casan, y se dan en casamiento; mas los que fueren tenidos por dignos de al-canzar aquel siglo y la resurrección de entre los muertos, ni se casan, ni se dan en casamiento. Porque no pueden ya más morir, pues son iguales a los ángeles, y son hijos de Dios, al ser hijos de la resurrección (Lc. 20:34-36).

Se hace referencia a los ángeles en el género masculino, el cual siem-pre es usado en aquellos quienes no tienen distinción sexual. Aunque lee-mos los *"hijos de Dios"* nunca leemos los "hijos de ángeles."

3. Son vastos en número.

Su gran número está indicado en las siguientes escrituras: *"Sino que os habéis acercado al monte de Sión, a la ciudad del Dios vivo, Jerusalén la celestial, a la compañía de muchos millares de ángeles..."* (Heb. 12:22).

"¿Acaso piensas que no puedo ahora orar a mi Padre, y que él no me daría más de doce legiones de ángeles?" (Mt. 26:53). *"Y miré, y oí la voz de muchos ángeles alrededor del trono, y de los seres vivientes, y de los ancianos; y su número era millones de millones..."* (Ap. 5:11). Sin duda el pensamiento principal revelado por estos versículos es que dentro de la comprensión del hombre su número es incalculable. Dios, quien sabe todas las cosas, sabe el número de ángeles.

4. Su habitación.

Aunque los ángeles a menudo son representados ministrando en favor de Dios a los santos aquí en la tierra, parece que su principal habitación está en el cielo (Mt. 22:30). *"Y repentinamente apareció con el ángel una multitud de las huestes celestiales, que alababan a Dios, y decían: ¡Gloria a Dios en las alturas, y en la tierra paz, buena voluntad para con los hombres! Sucedió que cuando los ángeles se fueron de ellos al cielo..."* (Lc. 2:13-15). *"Y le dijo: De cierto, de cierto os digo: De aquí en adelante veréis el cielo abierto, y a los ángeles de Dios que suben y descienden sobre el Hijo del Hombre"* (Jn. 1:51).

Jesús habló de *"los ángeles que están en el cielo"* (Mr. 13:32), y Pablo escribió: *"Mas si aún nosotros, o un ángel del cielo, os anunciare otro evangelio"* (Gál. 1:8). Parecería que los ángeles tienen un lugar especial donde habitan en el cielo. Judas escribe de *"los ángeles que no guardaron su dignidad, sino que abandonaron su propia morada..."* (Jud. 6).

5. Sus personalidades.

Los ángeles poseen todo rasgo de personalidad. Son seres individuales. Son seres racionales: *"... mi señor es sabio conforme a la sabiduría de un ángel de Dios, para conocer lo que hay en la tierra"* (II Sam. 14:20). *"Cosas en las cuales anhelan mirar los ángeles"* (I P. 1:12). Dan adoración inteligente: *"Alabadle, vosotros todos sus ejércitos"* (Sal. 148:2). Poseen emociones: *"Así os digo que hay gozo delante de los ángeles de Dios por un pecador que se arrepiente"* (Lc. 15:10). Son seres morales creados con la habilidad de saber, y hacer, lo que es bueno o malo. Han sido recompensados por su obediencia y castigados por su desobediencia: *"Porque si Dios no perdonó a los ángeles que pecaron, sino que arrojándolos al infierno los entregó a prisiones de oscuridad, para ser reservados al juicio..."* (II P. 2:4). *"Y a los ángeles que no guardaron su dignidad, sino que abandonaron su propia morada, los ha guardado bajo oscuridad, en prisiones eternas, para el juicio del gran día"* (Jud. 6). Hubo un tiempo de prueba en que los ángeles podían escoger obedecer o desobedecer a Dios. Aquellos que desobedecieron fueron echados fuera, mientras que los que obedecieron fueron confirmados en su posición para Dios. No leemos de la caída de ningún ángel después de que pasó el período de prueba.

6. Su sabiduría y poder.

Se representa a los ángeles como teniendo sabiduría e inteligencia sobrehumana. *"Pero el día y la hora nadie sabe, ni aun los ángeles del cielo, sino sólo mi Padre"* (Mt. 24:36). Esto implica que el conocimiento de los ángeles está sobre el del Hombre: *"... Mi señor es sabio conforme a la sabiduría de un ángel de Dios, para conocer lo que hay en la tierra"* (II Sam. 14:20); *"¿Has venido para destruirnos? Yo te conozco quien eres, el Santo de Dios"* (Lc. 4:34). Aunque el conocimiento de los ángeles es grande, no son omniscientes. Hay ciertas cosas que les gustaría saber: *"cosas en las cuales anhelan mirar los ángeles"* (I P. 1:12).

Se dice mucho en la escritura acerca del poder y la fuerza de los ángeles, aunque en ningún lado se indica que son omnipotentes. Su poder es derivado de Dios. "No son capaces de hacer aquellas cosas que son peculiares a la deidad; crear, actuar sin medios, o buscar en el corazón humano."[3] *"Bendecid a Jehová, vosotros sus ángeles, poderosos en fortaleza, que ejecutáis su palabra"* (Sal. 103:20). *"Mientras que los ángeles, que son mayores en fuerza y en potencia, no pronuncian juicio de maldición contra ellas delante del Señor"* (II P. 2:11). *"Y a vosotros que sois atribulados, daros reposo con nosotros, cuando se manifieste el Señor Jesús desde el cielo con los ángeles de su poder..."* (II Tes. 1:7).

Los discípulos fueron liberados de prisión por ángeles. *"Mas un ángel del Señor, abriendo de noche las puertas de la cárcel [los sacó]"* (Hch. 5:19). *"Y he aquí que se presentó un ángel del Señor, y una luz resplandeció en la cárcel; y tocando a Pedro en el costado, le despertó, diciendo: Levántate pronto. Y las cadenas se le cayeron de las manos"* (Hch. 12:7). Ha sido estimado que la piedra que fue puesta frente a la tumba del Señor puede haber pesado cuatro toneladas, sin embargo leemos: *"Y hubo un gran terremoto; porque un ángel del Señor, descendiendo del cielo y llegando, removió la piedra, y se sentó sobre ella"* (Mt. 28:2). En Apocalipsis 20: 1,2 Juan nos dice: *"Vi a un ángel que descendía del cielo, con la llave del abismo, y una gran cadena en la mano. Y prendió al dragón, la serpiente antigua, que es el diablo y Satanás, y lo ató por mil años."* Se habla de los ángeles como siervos de Cristo. Son *"los ángeles de su poder"* (II Tes. 1:7). *"Quien habiendo subido al cielo está a la diestra de Dios; y a él están sujetos ángeles, autoridades y potestades"* (I P. 3:22). *"Y vosotros estáis completos en él, que es la cabeza de todo principado y potestad"* (Col. 2:10).

---

[3] Systematic Theology *(Teología Sistemática) por Lewis Sperry Chafer, (Dallas TX: Dallas Seminary Press, 1947) II, 15.*

D. LAS CLASIFICACIONES Y LA ORGANIZACION DE LOS ANGELES.

Hablando en general todos los ángeles pueden ser clasificados bajo dos encabezamientos: ángeles buenos o malos. Consideraremos los ángeles buenos, o santos.

1. Los ángeles buenos.

1.1. Una aparente variedad entre ellos.

1.1.1. Diferentes rangos ú oficios.

Comparando los tres siguientes versículos de la escritura, parece haber cinco rangos u oficios diferentes de autoridad entre los ángeles: tronos, dominios, principados, autoridades y poderes. *"Sobre todo principado y autoridad y poder y señorío..."* (Ef. 1:21); *"Porque en él fueron creadas todas las cosas, las que hay en los cielos y las que hay en la tierra, visibles e invisibles; sean tronos, sean dominios, sean principados, sean potestades ..."* (Col. 1:16); *.."*. a él están sujetos ángeles, autoridades y potestades"* (I P. 3:22). Lo que indica exactamente cada una de estas designaciones no se ha hecho claro en la escritura. No es fácil para nosotros comprender la organización celestial.

Todo lo que sabemos es que hay un fundamento para la idea principal, que no hay una insípida y aburrida uniformidad entre los habitantes del cielo, que el orden y la libertad no son inconsistentes con el grado o el rango, que hay gloria y una más elevada gloria, poder y un poder más noble, rango y un rango más elevado, a ser atestiguado en la poderosa escala. Como hay esferas de resplandor brillante entre las pálidas y más humildes estrellas del cielo, así también hay brillantes y majestuosos comandantes entre los ejércitos de Dios, más cerca de Dios en posición, y como Dios en majestad, poseyendo y reflejando más del esplendor divino, que sus brillantes hermanos que los rodean.[4]

El punto más importante de todos, al considerar exactamente qué pueden significar estos variados rangos, es que Jesús está muy por encima de todos, no tiene un igual y no tiene superior.

1.1.2. Querubín.

Es incierto si este término indica una posición especial o un servicio exaltado ejercitado por los que llevan este nombre. Los querubines aparecen por primera vez en la entrada del jardín del Edén: *"...y puso al oriente del huerto de Edén querubines, y una espada encendida que se revolvía por todos lados, para guardar el camino del árbol de la vida"* (Gn. 3:24). Sobre

---

[4] Commentary on the Epistle to the Ephesians *(Comentario sobre la epístola a los efesios) por John Eadie, (Grand Rapids, MI: Zondervan Publishing House, 1883) 102.*

el arca del pacto, en el lugar santísimo del tabernáculo en el desierto, se hicieron dos querubines de oro como parte del propiciatorio (Ex. 37:6-9; II R. 19:15). También se dice que están tejidos en la hermosa cortina interior del tabernáculo y del templo (Ex. 26:1). Ezequiel se refiere a ellos en diecinueve (19) ocasiones diferentes. Se cree que son sinónimos de los "seres vivientes" de Apocalipsis 4:6-5:14. De estas y otras referencias parecería que tienen que ver con la justicia y majestad del trono de Dios.

1.1.3. Serafín.

La palabra significa "los que arden." Se les menciona sólo en el capítulo seis de Isaías. Son vistos por el profeta parados por encima del trono de Dios, cada uno teniendo seis alas. Están ocupados en alabar a Dios, dando voces el uno al otro, *"Santo, santo, santo, Jehová de los ejércitos; toda la tierra está llena de su gloria."* Uno de los serafines, en respuesta a la confesión de Isaías de ser inmundo de labios, voló hacia él con un carbón encendido del altar y tocó los labios del profeta diciendo, *"He aquí que esto tocó tus labios, y es quitada tu culpa, y limpio tu pecado"* (Vs. 6,7). Esto preparó a Isaías para el servicio al cual Dios estaba por llamarlo. Esto parecería ser una parte muy significativa del ministerio del serafín. El Dr. C. I. Scofield en sus apuntes bíblicos sobre este incidente, habla de la necesidad de lavarse antes de desempeñar un servicio: "Puede decirse que el querubín tiene que ver con el altar, el serafín con el lavacro."[5]

1.1.4. Miguel y Gabriel.

Estos dos son distinguidos y distintos entre las huestes angelicales porque son los únicos dos cuyos nombres son mencionados. Miguel es mencionado en cuatro ocasiones diferentes en la escritura. *"En aquel tiempo se levantará Miguel, el gran príncipe que está de parte de los hijos de tu pueblo..."* (Dn. 12:1). *"Miguel"* quiere decir *¿Quién es como Dios?"* Se habla de él como uno que se para, probablemente en defensa, del pueblo de Israel. *"Mas el príncipe del reino de Persia se me opuso durante veintiún días, pero he aquí Miguel, uno de los principales príncipes, vino para ayudarme..."* (Dn. 10:13). En esta misma conexión el versículo veintiuno habla de *"Miguel vuestro príncipe."*

Si es verdad como creen muchos maestros bíblicos, que hay personalidades angelicales que vigilan ciertas naciones, tales como el *"Príncipe de Persia"* y el *"Príncipe de Grecia"*, entonces podría pensarse en Miguel como el *"Príncipe de Israel"* (Dn. 10:21). En la epístola de Judas leemos: *"Pero cuando el arcángel Miguel contendía con el diablo, disputando con él por el cuerpo de Moisés, no se atrevió a proferir juicio de maldición sobre él, sino que dijo: El Señor te reprenda"* (Jud. 9). Aquí se lo llama a Miguel un

---

[5] The New Scofield Reference Bible (*La nueva Biblia de referencia Scofield*) por *Cyrus Scofield, (New York: Oxford University Press, 1967) 718.*

arcángel. Es el único al que se le aplica esta designación. Si él es el único, entonces quizás él será el que hablará en la segunda venida del Señor: *"Porque el Señor mismo con voz de mando, con voz de arcángel, y con trompeta de Dios, descenderá del cielo..."* (I Tes. 4:16). En Apocalipsis 12:7-9 aprendemos más sobre la capacidad guerrera de Miguel:

> Después hubo una gran batalla en el cielo: Miguel y sus ángeles luchaban contra el dragón; y luchaban el dragón y sus ángeles; pero no prevalecieron, ni se halló ya lugar para ellos en el cielo. Y fue lanzado fuera el gran dragón, la serpiente antigua, que se llama diablo y Satanás, el cual engaña al mundo entero; fue arrojado a la tierra, y sus ángeles fueron arrojados con él.

Gabriel, que significa "el poderoso", nunca es mencionado como arcángel en la Biblia, pero a menudo se lo ha llamado así. Es mencionado cuatro veces en la escritura y siempre como portador de grandes noticias respecto a los propósitos de Dios. En Daniel 8:15-27 le reveló a Daniel eventos concernientes a los últimos tiempos. En Daniel 9:20-27 le reveló a Daniel el significado de la visión que había tenido respecto a las setenta semanas. Al estar Zacarías, el sacerdote, el padre de Juan el Bautista, quemando incienso en el oficio del sacerdote, Gabriel se le apareció y le dijo, *"... Zacarías, no temas; porque tu oración ha sido oída, y tu mujer Elisabet te dará a luz un hijo, y llamarás su nombre Juan... Yo soy Gabriel, que estoy delante de Dios; y he sido enviado a hablarte, y darte estas buenas nuevas"* (Lc. 1:13,19). La preeminente posición de Gabriel está indicada por las palabras, *"que estoy delante de Dios."* Juan había de ser el precursor de la venida de nuestro Señor y el que lo bautizaría en el Jordán. El mensaje más grande de Gabriel fue su anunció a la Virgen María del nacimiento del Señor Jesucristo y su parte en el reino de Dios, sentado sobre el trono de David (Lc. 1:26-38).

1.2. El ministerio de los ángeles buenos.

1.2.1. En relación con Dios.

1.2.1.1. Dar alabanza y adoración.

El principal, y probablemente más importante ministerio de los ángeles buenos es aquel de alabar y ofrecer incesante adoración a Dios. Porque Él es digno:

> Y miré, y oí la voz de muchos ángeles alrededor del trono, y de los seres vivientes, y de los ancianos; y su número era millones de millones, que decían a gran voz: El Cordero que fue inmolado es digno de tomar el poder, las riquezas, la sabiduría, la fortaleza, la honra, la gloria y la alabanza. (Ap. 5:11,12).

Y otra vez, cuando introduce al primogénito en el mundo, dice: *"Adórenlo todos los ángeles de Dios"* (Heb. 1:6).

"Y el uno al otro daba voces, diciendo: Santo, santo, santo, Jehová de los ejércitos; toda la tierra está llena de su gloria" (Is. 6:3).

"Bendecid a Jehová, vosotros sus ángeles, poderosos en fortaleza, que ejecutáis su palabra, obedeciendo a la voz de su precepto. Bendecid a Jehová, vosotros todos sus ejércitos, ministros suyos, que hacéis su voluntad" (Sal. 103:20,21).

Una cosa parece ser segura: los ángeles nunca llaman la atención a ellos mismos, sino que siempre la adjudican a Dios. Hubo ángeles presentes en el momento de la creación y se unieron en canto ante este gran evento: *"¿Dónde estabas tú cuando yo fundaba la tierra... cuando alababan todas las estrellas del alba, y se regocijaban todos los hijos de Dios?"* (Job 38:4-7).

1.2.1.2. Traer la ley de Dios a su pueblo.

"Vosotros que recibisteis la ley por disposición de ángeles, y no la guardasteis" (Hch. 7:53). *"Entonces, ¿para qué sirve la ley? Fue añadida a causa de las transgresiones, hasta que viniese la simiente a quien fue hecha la promesa; y fue ordenada por medio de ángeles en mano de un mediador"* (Gál. 3:19). *"Porque si la palabra dicha por medio de los ángeles fue firme, y toda transgresión y desobediencia recibió justa retribución..."* (Heb. 2:2).

1.2.1.3. Ejecutar los juicios de Dios sobre sus enemigos.

"Al momento un ángel del Señor le hirió, por cuanto no dio la gloria a Dios; y expiró comido de gusanos" (Hch. 12:23). Así fue muerto Herodes luego de haber dado un gran discurso en Cesarea y la gente dijo, *"¡Voz de un dios, y no de un hombre!"*, y Herodes no le dio la gloria a Dios (Hch. 12:22). *"Y aconteció que aquella misma noche salió el ángel de Jehová, y mató en el campamento de los asirios a ciento ochenta y cinco mil; y cuando se levantaron por la mañana, he aquí que todo era cuerpos de muertos"* (II R. 19:35).

1.2.1.4. Juntar a los elegidos en la segunda venida de Cristo.

"...Y verán al Hijo del Hombre viniendo sobre las nubes del cielo, con poder y gran gloria. Y enviará sus ángeles con gran voz de trompeta, y juntarán a sus escogidos, de los cuatro vientos, desde un extremo del cielo hasta el otro" (Mt. 24:30,31).

Están parados frente a las puertas de la Nueva Jerusalén, que tenía, *"... un muro grande y alto con doce puertas; y en las puertas, doce ángeles..."* (Ap. 21:12). Thiessen sugiere que "aparentemente servirán como un tipo de cuerpo honorario de centinelas, como para garantizar que nada sucio o corrupto entrará jamás en esa ciudad."[6]

Se les ve derramando las copas de ira en Apocalipsis capítulo 16: *"Oí una gran voz que decía desde el templo a los siete ángeles: Id y derramad sobre la tierra las siete copas de la ira de Dios"* (v 1).

1.2.1.5. Asistir en el día de Juicio.

"Dejad crecer juntamente lo uno y lo otro hasta la siega; y al tiempo de la siega yo diré a los segadores: Recoged primero la cizaña, y atadla en manojos para quemarla; pero recoged el trigo en mi granero"; "El enemigo que la sembró es el diablo; la siega es el fin del siglo; y los segadores son los ángeles" (Mt. 13:30,39). Los ángeles de Dios serán los segadores que separarán los creyentes de los incrédulos. Ellos saben la diferencia entre el trigo y la cizaña. *"Así será el fin del siglo: saldrán los ángeles, y apartarán a los malos de entre los justos, y los echarán en el horno de fuego; allí será el lloro y crujir de dientes"* (Mt. 13:49,50). *"Y a vosotros que sois atribulados, daros reposo con nosotros, cuando se manifieste el Señor Jesús desde el cielo con los ángeles de su poder, en llama de fuego, para dar retribución a los que no conocieron a Dios, ni obedecen al evangelio de nuestro Señor Jesucristo..."* (II Tes. 1:7,8). Entre los capítulos siete y veinte del libro de Apocalipsis se menciona la participación de los ángeles en los juicios de Dios no menos que cincuenta y siete (57) veces. Si alguno se pregunta cómo Dios traerá a todos los hombres a juicio, tiene sólo que recordar la multitud de potentes ángeles que usará el Señor para este propósito. Nada puede impedir éste ministerio de los ángeles, y no se cometerá ninguna equivocación.

1.2.2. Con relación a Cristo.

Los ángeles han mostrado, y continúan mostrando un gran interés en la persona y el ministerio de Jesucristo. Una gran verdad esta implícita en las palabras de Pablo cuando escribió: *"E indiscutiblemente, grande es el misterio de la piedad: Dios fue manifestado en carne, justificado en el Espíritu, visto de los ángeles..."* (I Ti. 3:16). Unas quince referencias distinguidas, en relación con Jesucristo, son atribuidas al servicio de ángeles:

- El nacimiento de su precursor, Juan el Bautista, fue anunciado al padre de Juan por un ángel (Lc. 1:11-13).

- María fue informada por el ángel Gabriel que ella sería la madre del Salvador (Lc. 1:26-38).

---

[6] Introductory Lectures in Systematic Theology *(Lecturas introductorias en Teología Sistemática) por Henry Clarance Thiessen, (Grand Rapids, MI: Wm. B. Eerdmans Publishing Company, 1949) 207.*

- Un ángel aseguró a José que *"lo que en ella es engendrado, del Espíritu Santo es"* (Mt. 1:20).

- Angeles trajeron la noticia de su nacimiento a los pastores en los campos de Belén (Lc. 2:8-15).

- José fue advertido por un ángel de llevar a María y al pequeño niño a Egipto para escapar de Herodes (Mt. 2:13).

- José, otra vez dirigido por un ángel, fue instruido de regresar a la tierra de Israel después de la muerte de Herodes (Mt. 2:19,20).

- Angeles ministraron a nuestro Señor después de su tentación en el desierto (Mt. 4:11).

- Jesús le dijo a Natanael que él vería ángeles ascendiendo y descendiendo sobre sí mismo (Jn. 1:51).

- Un ángel del cielo lo fortaleció en el Jardín del Getsemaní (Lc. 23:43).

- Jesús dijo que podía pedir al Padre y Él enviaría más de doce legiones de ángeles para protegerlo si fuera necesario o si lo hubiera deseado (Mt. 26:53).

- Un ángel removió la piedra del sepulcro y habló a las mujeres que vinieron a la tumba (Mt. 28:2-7).

- Angeles estuvieron presentes en la ascensión de Cristo (Hch. 1:11).

- En su posición glorificada, los ángeles le rinden homenaje supremo como su Señor (I P. 3:22).

- Angeles acompañarán al Señor cuando Él venga por segunda vez (Mt. 16:27; 25:31).

1.2.3. En relación con los creyentes.

Es de suma importancia que los creyentes entiendan el ministerio de los ángeles a su favor, para que su fe sea alentada respecto a esta provisión de gracia que Dios ha hecho para ellos. Es sorprendente encontrar un número de comentaristas expresando su creencia en que el ministerio de los ángeles a los hombres cesó en la ascensión de Cristo, para no ser reasumido hasta su regreso a la tierra. Esto es difícil de entender en relación con Hebreos 1:14 donde se nos dice: *"¿No son todos espíritus ministradores, enviados para servicio a favor de los que serán herederos de la salvación?"* Ciertamente esto se aplica a los creyentes de hoy en día.

Los siguientes son algunos de los muchos ministerios que los ángeles han ejecutado en favor del pueblo de Dios en tiempos del Antiguo Testamento, durante el tiempo de la morada de nuestro Señor en la tierra, y durante los días de la iglesia primitiva. No hay razón para no creer que continúan ejerciendo ministerio similar hoy en día.

1.2.3.1. Proteger de un daño accidental.

"Pues a sus ángeles mandará cerca de ti, que te guarden en todos tus caminos. En las manos te llevarán, para que tu pie no tropiece en piedra" (Sal. 91:11,12). Cuando conozcamos como se nos conoce entenderemos quién nos libró de tiempos de desastre y daño.

Y al rayar el alba, los ángeles daban prisa a Lot, diciendo: Levántate, toma tu mujer, y tus dos hijas que se hallan aquí, para que no perezcas en el castigo de la ciudad. Y deteniéndose él, los varones asieron de su mano, y de la mano de su mujer y de las manos de sus dos hijas, según la misericordia de Jehová para con él; y lo sacaron y lo pusieron fuera de la ciudad (Gn. 19:15,16).

1.2.3.2. Liberar de sus enemigos.

"El ángel de Jehová acampa alrededor de los que le temen, y los defiende" (Sal. 34:7). Eliseo y su siervo experimentaron esta misma bendición:

Y se levantó de mañana y salió el que servía al varón de Dios, y he aquí el ejército que tenía sitiada la ciudad, con gente de a caballo y carros. Entonces su criado le dijo: ¡Ah, Señor mío! ¿Qué haremos? Él le dijo: No tengas miedo, porque más son los que están con nosotros que los que están con ellos. Y oró Eliseo, y dijo: Te ruego, oh Jehová, que abras sus ojos para que vea. Entonces Jehová abrió los ojos del criado, y miró; y he aquí que el monte estaba lleno de gente de a caballo y de carros de fuego alrededor de Eliseo (II R. 6:15-17).

Aquí hay un hermoso ejemplo de las palabras: *"Los carros de Dios se cuentan por veintenas de millares de millares..."* (Sal. 68:17). *"Mi Dios envió su ángel, el cual cerró la boca de los leones, para que no me hiciesen daño, porque ante él fui hallado inocente; y aún delante de ti, oh rey, yo no he hecho nada malo"* (Dn. 6:22). *"Entonces Pedro, volviendo en sí, dijo: Ahora entiendo verdaderamente que el Señor ha enviado su ángel, y me ha librado de la mano de Herodes, y de todo lo que el pueblo de los judíos esperaba"* (Hch. 12:11).

1.2.3.3. Alentar en momentos de extrema prueba.

Cuando Elías estaba huyendo de las amenazas de Jezabel: *"Y echándose debajo del enebro, se quedó dormido; y he aquí luego un ángel le tocó, y le dijo: Levántate, come"* (I R. 19:5). Al estar huyendo Jacob de la ira de su hermano Esaú:

Y soñó: y he aquí una escalera que estaba apoyada en tierra, y su extremo tocaba en el cielo; y he aquí ángeles de Dios que subían y descendían por ella. Y he aquí, Jehová estaba en lo alto de ella, el cual dijo: Yo soy Jehová, el Dios de Abraham tu padre, y el Dios de Isaac; la tierra en que estás acostado te la daré a ti y a tu descendencia (Gn. 28:12,13).

Veinte años más tarde, cuando Jacob regresaba a encontrarse con su hermano Esaú, estaba lleno de temor en anticipación de la recepción que podría recibir de Esaú. Pero leemos de un ejército de ángeles encontrándose con él, sin duda para alentarlo grandemente: *"Jacob siguió su camino, y le salieron al encuentro ángeles de Dios. Y dijo Jacob cuando los vio: Campamento de Dios es éste; y llamó el nombre de aquel lugar Mahanaim [significa "dos campamentos"]* (Gn. 32:1,2). Pablo, en medio de la tormenta en el mar que amenazaba las vidas de todos a bordo animó a sus compañeros y marineros con estas palabras:

Pero ahora os exhorto a tener buen ánimo, pues no habrá ninguna pérdida de vida entre vosotros, sino solamente de la nave. Porque esta noche ha estado conmigo el ángel del Dios de quien soy y a quien sirvo, diciendo: Pablo, no temas; es necesario que comparezcas ante Cesar; y he aquí, Dios te ha concedido todos los que navegan contigo (Hch. 27:22-24).

1.2.3.4. Conceder sabiduría y guía.

José estaba perplejo respecto a darle a María una carta de divorcio: *"Y pensando él en esto, he aquí un ángel del Señor le apareció en sueños y le dijo: José, hijo de David, no temas recibir a María tu mujer, porque lo que en ella es engendrado, del Espíritu Santo es"* (Mt. 1:20). (Vea también Mt. 2:13,19,20). Felipe fue dirigido a ganar al eunuco etíope para el Señor: *"Un ángel del Señor habló a Felipe, diciendo: Levántate y ve hacia el sur, por el camino que desciende de Jerusalén a Gaza, el cual es desierto"* (Hch. 8:26). Cornelio, el centurión romano, estaba orando, y *"vio claramente en una visión, como a la hora novena del día, que un ángel de Dios entraba donde él estaba, y le decía: Cornelio... Tus oraciones y tus limosnas han subido para memoria delante de Dios. Envía, pues, ahora hombres a Jope, y haz venir a Simón, el que tiene por sobrenombre, Pedro"* (Hch. 10:3-5).

1.2.3.5. Escoltar al alma en la muerte.

Concerniente a Lázaro, el mendigo, se nos dice: *"Aconteció que murió el mendigo, y fue llevado por los ángeles al seno de Abraham; y murió también el rico, y fue sepultado"* (Lc. 16:22). Muchos grandes santos de Dios han testificado, en el momento de dejar esta vida, de estar conscientes de la presencia de seres celestiales alrededor de ellos.

1.2.3.6. Regocijarse en la salvación.

Es evidente que los ángeles están vitalmente interesados en los creyentes por su regocijo con el arrepentimiento de cada pecador. *"Así os digo que hay gozo delante de los ángeles de Dios por un pecador que se arrepiente"* (Lc. 15:10). Sin duda también se regocijan cuando Jesús confiesa la fe de estos creyentes en la presencia de los ángeles: *"Os digo que todo aquel que me confesare delante de los hombres, también el Hijo del Hombre le confesará delante de los ángeles de Dios; más el que me negare delante de los hombres, será negado delante de los ángeles de Dios"* (Lc. 12:8,9).

1.2.3.7. Respecto a ángeles guardianes.

No hay ninguna autoridad escritural que apoye la idea antigua de que cada persona, en cuanto nace tiene asignada un ángel guardián especial que atenderá y cuidará de ese individuo a lo largo de su vida. Los dos versículos que han sido usados a menudo como evidencia no proveen suficiente evidencia para esta noción. *"Mirad que no menospreciéis a uno de estos pequeños; porque os digo que sus ángeles en los cielos ven siempre el rostro de mi Padre que está en los cielos"* (Mt. 18:10). Se han ofrecido muchas interpretaciones para este versículo. La siguiente parece ser una admisible explicación, y una que enuncia el otro versículo a menudo usado para sostener la doctrina de los ángeles guardianes.

Por supuesto todo depende de la interpretación del vocablo 'ángel.' A primera vista parecería que estos pequeños tienen ángeles en el cielo, hay un pasaje en Hechos 12:15 que es la clave para resolver la dificultad aquí. Cuando Pedro, rescatado por un ángel, sacado milagrosamente de la prisión, golpeó a la puerta de una asamblea en oración y Rode sostenía que Pedro estaba afuera, ellos dijeron, 'Es un ángel.' Ellos creían que Pedro había muerto y que sus ángeles estaban afuera. ¿Qué significa 'ángel' en este pasaje? Debe querer decir el espíritu de Pedro. Este hecho pone luz en el pasaje ante nosotros. Si estos pequeños, que pertenecen al reino de los cielos, parten, sus espíritus sin cuerpo ven el rostro del Padre en el cielo; en otras palabras, son salvos.[7]

La Escritura es muy clara con respecto al ministerio de los ángeles a favor de todos los creyentes, pero no enseña sobre ángeles guardianes individuales.

1.2.3.8. Ministrar al creyente.

Ha habido mucha confusión entre el ministerio de los ángeles y el del Espíritu Santo hacia los creyentes dentro de la iglesia hoy. Billy Graham comparte algo muy interesante al decir:

Los ángeles no habitan dentro de los hombres, el Espíritu Santo los sella y mora en ellos cuando los ha regenerado. El Espíritu Santo es omnisciente, omnipresente, y todopoderoso. Los ángeles son más poderosos que los hombres, pero no son dioses y no poseen los atributos de la deidad. No son los ángeles, sino el Espíritu Santo quien convence a los

---

[7] The Gospel of Matthew *(El evangelio de Mateo)* por *Arno Clemens Gaebelein, (New York: Publication Office, Our Hope, 1910) 83,84.*

hombres de pecado, justicia y juicio (Juan 16:7). Revela e interpreta a Jesucristo a los hombres, mientras que los ángeles permanecen como mensajeros de Dios que sirven a los hombres como espíritus ministradores (Heb. 1:14). En cuanto yo se, ningún versículo dice que el Espíritu Santo se manifestó jamás a sí mismo en forma humana a los hombres. Jesús hizo esto en su encarnación. El Espíritu Santo glorioso puede estar en todo lugar al mismo tiempo, pero ningún ángel puede estar en más de un lugar en un momento dado. Conocemos al Espíritu Santo como espíritu, no físicamente, pero podemos conocer a los ángeles no solamente como espíritus pero a veces también en forma visible.[8]

Parecería que las actividades de los ángeles están especialmente relacionadas con eventos temporales, mientras que el Espíritu Santo ministra a los creyentes con respecto a las cosas espirituales. De nuevo, según Billy Graham: "El Espíritu Santo no sólo guía y dirige a creyentes, sino también ejecuta una obra de gracia en sus corazones, conformándolos a la imagen de Dios para hacerlos santos como Cristo. Los ángeles no pueden proveer este poder santificador." [9]

1.2.3.9. Aprendiendo de la iglesia.

Aunque extremadamente sabios, no son omniscientes, y por lo tanto sería natural suponer que están aprendiendo continuamente, especialmente con respecto a las cosas de Dios. Este hecho está puesto en claro en la escritura. Por edades el ejército angelical ha estado adorando y alabando a Dios por su santidad y la grandeza de su poder en la creación; pero con la manifestación del evangelio de la gracia de Dios, una esfera completamente nueva de la grandeza y el carácter de Dios, su infinito amor y maravillosa gracia, ha sido revelada. Por lo tanto los ángeles desean saber más de esta gran salvación:

> *Los profetas... inquirieron y diligentemente indagaron acerca de esta salvación, escudriñando qué persona y qué tiempo indicaba el Espíritu de Cristo que estaba en ellos, el cual anunciaba de antemano los sufrimientos de Cristo y las glorias que vendrían tras ellos. A éstos se les reveló que no para sí mismos, sino para nosotros, administraban las cosas que ahora os son anunciadas por los que os han predicado el evangelio por el Espíritu Santo enviado del cielo; cosas en las cuales anhelan mirar los ángeles (I P. 1:10-12).*

Además, la disciplina y el trato de Dios con la iglesia han provisto una revelación maravillosa a los ángeles de su multiforme sabiduría: *"Para que la multiforme sabiduría de Dios sea ahora dada a conocer por medio de la*

---

[8] Angels: God's Secret Agents *(Angeles: Agentes secretos de Dios)* por *William Franklin Graham, (Garden City, NY: Doubleday Pocket Books, 1975) 42,43.*
[9] *Graham, 53.*

iglesia a los principados y potestades en los lugares celestiales" (Ef. 3:10). Sin duda los ángeles disfrutarán los prospectos revelados en Efesios 2:7: *"Para mostrar en los siglos venideros las abundantes riquezas de su gracia en su bondad para con nosotros en Cristo Jesús."*

1.2.3.10. Aprovechándose del maravilloso ministerio de los ángeles.

En ninguna parte se nos instruye a orar a los ángeles o pedir su ayuda. Sus servicios a nuestro favor están dirigidos por el Señor mismo. Por lo tanto, si hemos de experimentar los beneficios y las bendiciones de estos *"espíritus ministradores"*, debemos mantenernos cerca de nuestro Señor. La gran promesa del Salmo 91: *"A sus ángeles mandará acerca de ti, que te guarden en todos tus caminos"*, esta dada a aquellos que habitan *"al abrigo del Altísimo" y moran "bajo la sombra del Omnipotente"* (Sal. 91:1). De nuevo, somos instruidos por la promesa: *"El ángel de Jehová acampa alrededor de los que le temen, y los defiende"* (Sal. 34:7). ¡Temámosle reverentemente y habitemos en su presencia! Recuerde que son *"espíritus ministradores, enviados para servicio a favor de los que serán herederos de la salvación"* (Heb. 1:14). Conduzcámonos siempre como aquellos que son hijos en la casa de nuestro Padre celestial: *"Y si hijos, también herederos; herederos de Dios y coherederos con Cristo..."* (Rom. 8:17).

2. Los ángeles malos.

Aunque es de inspiración, y sumamente alentador, aprender de los grandes ángeles guardianes que cuidan y ministran a los que son los hijos redimidos del Señor, también es muy importante reconocer la realidad y presencia, en esta área de nuestra guerra espiritual, de un vasto ejército de espíritus enemigos cuyo propósito parece ser el impedir todo progreso espiritual. Una de las máximas fundamentales de la guerra ha sido siempre estudiar al enemigo. Seríamos muy poco sabios si no hiciéramos esto en esta la más importante de todas las áreas - la de conflicto espiritual.

2.1. Su existencia.

La Biblia declara claramente el hecho de su existencia. Los contrasta (a ellos) con aquellos ángeles que han continuado haciendo la voluntad de Dios: *"Los ángeles que no guardaron su dignidad, sino que abandonaron su propia morada"* (Jud. 6). *"Porque si Dios no perdonó a los ángeles que pecaron, sino que [los arrojó] al infierno"* (II P. 2:4). Son reconocidos como agentes del juicio de Dios sobre un pueblo malvado; en este caso el pueblo de Egipto: *"Envió sobre ellos el ardor de su ira; enojo, indignación y angustia, un ejército de ángeles destructores [lit. 'malvados']"* (Sal. 78:49). Son presentados como al servicio de Satanás: *"Apartaos de mí, malditos, al fuego eterno preparado para el diablo y sus ángeles"* (Mt. 25:41). *"Después hubo una gran batalla en el cielo: Miguel y sus ángeles luchaban contra el dragón; y luchaban el dragón y sus ángeles... y sus ángeles fueron arroja-dos con él"* (Ap. 12:7-9).

2.2. Su identidad.

Algunos hacen diferencia entre los ángeles malos, o caídos y los de-monios; pero parecería que un gran número de maestros de la Biblia han llegado a creer que los ángeles malos son los demonios de los cuales la Biblia tiene mucho que decir. Reconocemos que la Biblia no es explícita con respecto a este punto, pero con la evidencia que tenemos de la Biblia, esta explicación parece ser la mejor sostenida y la más claramente autenti-cada. Con esto en mente, consideraremos el tema de demonología.

II. DEMONOLOGIA

El tema de la demonología ocupa un lugar bastante sustancial en las re-velaciones de la Sagrada Escritura. Sería sabio que aprendiéramos lo que ha hecho claro la escritura, sin procurar transgredir en áreas que Dios no ha revelado. Una de las versiones de la Biblia ha obscurecido en algo el tema por una pobre traducción de las palabras *daimonion* y *daimon*, dándolas como "diablo" o "diablos." Otras versiones más modernas, las han traducido correctamente como "demonios." Hay sólo un diablo - *diábolos*, mientras que hay multitudes de demonios.

A. LA REALIDAD DE LOS DEMONIOS.

Jesús reconoció su realidad. *"Y si yo echo fuera los demonios por Be-elzebú, ¿por quién los echan vuestros hijos? Por tanto, ellos serán vuestros jueces. Pero si yo por el Espíritu de Dios echo fuera los demonios, cierta-mente ha llegado a vosotros el reino de Dios"* (Mt. 12:27,28). *"Sanad en-fermos, echad fuera demonios; de gracia recibisteis, dad de gracia"* (Mt. 10:8). *"Y estas señales seguirán a los que creen: En mi nombre echarán fuera demonios; hablarán nuevas lenguas"* (Mr. 16:17).

Los setenta creyeron en su realidad. *"Volvieron los setenta con gozo, di-ciendo: Señor, aun los demonios se nos sujetan en tu nombre"* (Lc. 10:17).

El Apóstol Pablo reconoció su realidad. *"Antes digo que lo que los gen-tiles sacrifican, a los demonios lo sacrifican, y no a Dios; y no quiero que vosotros os hagáis partícipes con los demonios"* (I Co. 10:20). *"Pero el Es-píritu dice claramente que en los postreros tiempos algunos apostatarán de la fe, escuchando a espíritus engañadores y a doctrinas de demonios"* (I Ti. 4:1).

B. EL ORIGEN DE LOS DEMONIOS.

Puesto que Dios es el creador de todas las cosas, y cuando había finalizado su obra de creación pronunció que todo era bueno: *"Y vio Dios todo lo que había hecho, y he aquí que era bueno en gran manera"* (Gn. 1:31), parece muy cierto que los demonios no fueron creados pecaminosos. Si como estamos asumiendo, los demonios son ángeles que *"no guardaron su propia dignidad, sino que abandonaron su propia morada..."* (Jud. 6); y son aquellos a los que se refiere cuando leemos: *"Porque si Dios no perdonó a los ángeles, que pecaron, sino que [los arrojó] al infierno..."* (II P. 2:4), entonces podemos concluir que fueron una vez seres perfectos, sin pecado. La causa de su caída y cómo llegaron a convertirse en demonios ha sido el motivo de mucha conjetura. Tres teorías principales han sido ofrecidas por conservadores eruditos cristianos que han procurado demostrar autoridad escritural.

1. Los demonios son espíritus no corpóreos de habitantes de una tierra pre-adánica.

Merrill Unger ha escrito lo siguiente:

Se ha concebido la raza pre-adánica como aquella que existió sobre la tierra original (Gn. 1:1), bajo el gobierno de Satanás en su estado no caído, como "querubín grande, protector" (Ez. 28:14). Esta esfera original es además vista como la escena de la revolución de Satanás (Is. 14:12-14), y la invasión del pecado en el universo moral, resultando en un cataclismo horrible que lo redujo al caos (Gn. 1:2). Los miembros de la raza pre-adánica, que Pember describe como siendo "hombres en la carne", estuvieron de alguna manera involucrados en la rebelión, y, en la siguiente catástrofe, sufrieron la pérdida de sus cuerpos, convirtiéndose en "espíritus no corpóreos", o demonios. El hecho, a menudo registrado, de que los demonios están continuamente tomando los cuerpos de hombres para tratar de usarlos como suyos propios es tomado como evidencia confirmante que los demonios son espíritus no corpóreos, y que su intenso deseo de reincorporarse indica que la condición intolerable de estar desvestidos, para lo cual no fueron creados, es tan poderosa que hasta entrarán en los cuerpos de cerdos (Lucas 8:32).[10]

---

[10] Biblical Demonology: A Study of the Spiritual Forces Behind the Present World Unrest *(Demonología Bíblica: Un estudio de las fuerzas espirituales detras de la intranquilidad del mundo presente) por Merril F. Unger, (Wheaton, IL: Van-Kampen Press, 1952) 42,43.*

2. Los demonios son descendencia de ángeles y mujeres antediluvianas.

Esta teoría se basa en una interpretación de Génesis 6:1-4:

Aconteció que cuando comenzaron los hombres a multiplicarse sobre la faz de la tierra, y les nacieron hijas, que viendo los hijos de Dios que las hijas de los hombres eran hermosas, tomaron para sí mujeres, escogiendo entre todas... Había gigantes en la tierra en aquellos días, y también después que se llegaron los hijos de Dios a las hijas de los hombres y les engendraron hijos. Estos fueron los valientes que desde la antigüedad fueron varones de renombre.

Lo que algunos creen que es enseñado aquí, es que había una cohabitación completamente antinatural entre seres espirituales malos y las mujeres de ese día. Aquellos que sostienen este punto de vista creen que este pecado es la explicación de por qué algunos seres espirituales caídos están confinados a cadenas mientras que otros tienen permiso de andar libres. Judas habla de algunos que están guardados *"bajo oscuridad, en prisiones eternas, para el juicio del gran día"* (v 6). La naturaleza del pecado del cual fueron culpables estos *"ángeles que no guardaron su dignidad"* está comparado con Sodoma y Gomorra donde los pecados sexuales de estas ciudades causaron su destrucción con fuego y azufre. Judas 7 continúa mencionando como "fornicación" a los pecados de estos ángeles malos. Así que sabemos que éstos fueron pecados de la carne. También describe hechos como el de haber *"ido en pos de vicios contra naturaleza"*, refiriéndose, se cree, a la relación antinatural entre espíritus y mujeres.

Como resultado de estos grandes pecados, se manifestó la ira de Dios y mandando el diluvio como juicio. Los cuerpos de la monstruosa descendencia de estas uniones, según la teoría, fueron destruidos en el diluvio y sus espíritus no corpóreos se convirtieron en demonios. Esto pretende mostrar por qué los demonios desean entrar en cuerpos humanos, puesto que han experimentado la incorporación y no están felices en su estado no corpóreo.

Si todo esto fuera ser cierto, ¿por qué a los espíritus de éstos que nacieron de estas uniones no santas, se les permitió ir libres en vez de ser consignados al **Seol** (igual que **Hades** en el Nuevo Testamento) como lo fueron todos los otros malvados antediluvianos? *"Los malos serán trasladados al Seol, todas las gentes que se olvidan de Dios"* (Sal. 9:17). *"Y murió también el rico, y fue sepultado. Y en el Hades alzó sus ojos, estando en tormentos"* (Lc. 16:22,23). *"Y el mar entregó los muertos que había en él; y la muerte y el Hades entregaron los muertos que había en ellos; y fueron juzgados cada uno según sus obras"* (Ap. 20:13). (Vea también Ez. 32:17-24.)

Esta posición procede del significado de "los hijos de Dios." En el Nuevo Testamento, esta expresión se refiere a aquellos que se han convertido en hijos de Dios por medio del nuevo nacimiento: Jn. 1:12; Rom. 8:14-16; I Jn. 3:1,2. En el Antiguo Testamento la expresión es utilizada cinco veces: dos veces en Génesis 6:2-4 y tres veces en Job, donde Satanás, un ser angelical, está clasificado con "los hijos de Dios" (Job 1:6, 2:1, 38:7). Una de las objeciones principales a esta teoría es tomada de las palabras de Jesús en Mateo 22:30; Marcos 12:25; Lucas 21:35,36, donde la enseñanza parece ser que los ángeles no tienen sexo. Jesús dijo que ni se casan ni se dan en casamiento. Para contrarrestar esta declaración de Jesús, se dice que este hecho puede ser verdad de los ángeles no caídos en el cielo, pero no de ángeles caídos. Unger dice que reclamar tal conocimiento "es asumir, pareciera, un grado de conocimiento de la naturaleza angelical caída, que el hombre no posee."[11]

Muchos que niegan la posibilidad de inter-relaciones entre los espíritus malos y las hijas de la raza humana, creen que "los hijos de Dios" se refiere a los descendientes de la línea piadosa" de Set con las mujeres de Caín. Esto bien puede ser una sobre simplificación del problema, porque levanta casi la misma cantidad de dificultades que satisface. ¿Sobre qué base podrían ser llamados "hijos de Dios" los descendientes de Set? Debido a su creación a la imagen de Dios, Adán bien podría ser llamado "hijo de Dios." Pero cuando Adán engendró a Set, se dice que *engendró un hijo a su semejanza, conforme a su imagen"* (Gn. 5:3).

Adán era un hombre caído, un pecador cuando Set nació a su semejanza. Ambos, Set y Caín nacieron fuera del huerto del Edén de padres que eran pecadores por naturaleza. Aunque en la práctica Caín puede haber ido a una mayor profundidad de pecado que Set, ninguno, fuera de la gracia de Dios, podía ser llamado "hijo de Dios." La dificultad más obvia con esta explicación es la razón por la cual la unión de estas dos familias resultaría en el nacimiento de una descendencia extraña como se sugiere por las palabras *"después que se llegaron los hijos de Dios a las hijas de los hombres... Estos fueron los valientes que desde la antigüedad fueron varones de renombre"* (Gn. 6:4). También note las palabras del versículo cuatro: *"Había gigantes en la tierra en aquellos días."* Estos son llamados *Nephilim*, aquí y en Números 13:33.

3. Los demonios son ángeles caídos.

Este punto de vista se basa en el hecho de que un número de versículos se refieren a un gran ejército de espíritus que están variadamente designados bajo la autoridad de Satanás: *"Beelzebú, príncipe de los demonios"* (Mt. 12:24); *"el diablo y sus ángeles"* (Ap. 12:7,9). Puesto que estos seres espirituales, que siguen bajo el liderazgo de Satanás, deben haber sido creados

---

[11] *Unger, 50.*

por Dios (y sabemos que no los creó malos), deben haber caído de su condición creada, perfecta, posiblemente en el momento de la revuelta de Lucifer.

Manteniendo el hecho que Satanás, en su posición no caída, era llamado *"Lucero de la mañana"* (Is. 14:16 y otros), muchos han pensado que no menos de un tercio de los ángeles siguieron en la caída de Lucifer y ahora son los ejércitos demoníacos (Ap. 12:4). Algunos de los ángeles que *"no guardaron su dignidad"* (Jud. 6), han sido arrojados "al infierno [*Tartarus*]" y son conservados en *"prisiones de oscuridad, para ser reservados al juicio"* (II P. 2:4). Exactamente el porque de que algunos de estos ángeles caídos están atados mientras otros están libres para cooperar con Satanás en su oposición a Dios, no se aclara en la escritura.

Al examinar todo este tema, estamos forzados a reconocer dificultades en sostener cualquiera de estas posiciones más allá de la controversia. Concluimos entonces que Dios no ha escogido revelar la respuesta a la cuestión del origen de los demonios. No habría ningún propósito práctico, para el caso espiritual, en que lo hiciera. El hecho de que la Biblia pone muy en claro la existencia de los demonios, nos obliga a ver la necesidad e importancia de conocer acerca de su naturaleza, sus designios y métodos malignos, al igual que nuestra defensa en su contra. Concentrémonos entonces en lo que sí sabemos sobre ellos, aunque sin darles más importancia de la que merecen sus posiciones.

C. LA NATURALEZA DE LOS DEMONIOS.

Muchas cosas que se han dicho con respecto a la naturaleza de los ángeles son aplicables a la naturaleza de los demonios, debido a que al parecer, éstos son ángeles caídos. Los demonios son personalidades espirituales e incorpóreas. Debido a algunas de sus actividades parece que desean habitar en los hombres, y si estos no se lo permiten, hasta escogen entrar en cerdos (Mt. 8:31).

1. Su fuerza.

Son fuertes. Es evidente que no son contrincantes para Jesús, pero son más fuertes que los hombres.

Y cuando salió él de la barca, en seguida vino a su encuentro, de los sepulcros, un hombre con un espíritu inmundo, que tenía su morada en los sepulcros, y nadie podía atarle, ni aun con cadenas. Porque muchas veces había sido atado con grillos y cadenas, mas las cadenas habían sido hechas pedazos por él, y desmenuzados los grillos; y nadie le podía dominar (Mr. 5:2-4).

2. Su sabiduría.

Aunque están lejos de ser omniscientes, su sabiduría es superior a la del hombre. Saben mucho acerca de la autoridad y la deidad de Cristo, y de su propia eterna perdición:

Y clamaron diciendo: ¿Qué tienes con nosotros, Jesús, Hijo de Dios? ¿Has venido acá para atormentarnos antes de tiempo? (Mt. 8:29).

Y entraron en Capernaúm; y los días de reposo, entrando en la sinagoga, enseñaba. Y se admiraban de su doctrina; porque les enseñaba como quien tiene autoridad, y no como los escribas. Pero había en la sinagoga de ellos un hombre con espíritu inmundo, que dio voces, diciendo: ¿Ah! ¿Qué tienes con nosotros, Jesús nazareno? ¿Has venido para destruirnos? Sé quién eres, el Santo de Dios (Mr. 1:21-24).

Pero respondiendo el espíritu malo, dijo: A Jesús conozco, y sé quien es Pablo; pero vosotros, ¿quiénes sois? (Hch. 19:15).

Tú crees que Dios es uno; bien haces. También los demonios creen, y tiemblan (Stg. 2:19).

3. Su carácter.

Son malignos, inmundos y crueles: *"Cuando llegó a la otra orilla, a la tierra de los gadarenos, vinieron a su encuentro dos endemoniados que salían de los sepulcros, feroces en gran manera, tanto que nadie podía pasar por aquel camino"* (Mt. 8:28). *"Entonces llamando a sus doce discípulos, les dio autoridad sobre los espíritus inmundos, para que los echasen fuera..."* (Mt. 10:1).

Hasta parece haber grados de maldad entre ellos:

Cuando el espíritu inmundo sale del hombre, anda por lugares secos, buscando reposo, y no lo halla. Entonces dice: Volveré a mi casa de donde salí; y cuando llega, la halla desocupada, barrida y adornada. Entonces va, y toma consigo otros siete espíritus peores que él, y entrados, moran allí; y el postrer estado de aquel hombre viene a ser peor que el primero (Mt. 12:43-45).

D. EL PROPOSITO DE LOS DEMONIOS.

El propósito general de los demonios parece ser doble: buscan estorbar los propósitos de Dios, y extender el poder de Satanás. El deseo de Satanás de gobernar y ser "semejante al Altísimo", no ha cambiado desde su expresión inicial en Isaías 14:13,14. Su conducta en la tentación de Jesús en el desierto es una evidencia positiva de este espíritu arrogante, ya que trató hasta de influir en Cristo para que lo adorara (Mt. 4:9). Bajo su control los ejércitos de demonios están interesados en nutrir este mismo plan.

E. LAS ACTIVIDADES DE LOS DEMONIOS.

1. Oponerse a los santos.

Se oponen constantemente a los santos en sus intentos de vivir vidas santas y de servir al Señor. *"Porque no tenemos lucha contra sangre y carne, sino contra principados, contra potestades, contra los gobernadores de las tinieblas de este siglo, contra huestes espirituales de maldad en las regiones celestes"* (Ef. 6:12).

"Por lo cual quisimos ir a vosotros, yo Pablo ciertamente una y otra vez; pero Satanás nos estorbó." (I Tes. 2:18). Debido a que Satanás no es omnipresente, muchas de las actividades del diablo deben ser llevadas a cabo por demonios.

2. Inducir el alejamiento de la fe.

Pero el Espíritu dice claramente que en los postreros tiempos algunos apostatarán de la fe, escuchando a espíritus engañadores y a doctrinas de demonios... (I Ti. 4:1).

3. Animar al formalismo y al ascetismo como el resultado de falsa enseñanza.

Pero el Espíritu dice claramente que en los postreros tiempos algunos apostatarán la fe, escuchando a espíritus engañadores y a doctrinas de demonios; por la hipocresía de mentirosos que, teniendo cauterizada la conciencia, prohibirán casarse, y mandarán abstenerse de alimentos que Dios creó para que con acción de gracias participasen de ellos los creyentes y los que han conocido la verdad (I Ti. 4:1-3).

4. Apoyar toda adoración a ídolos.

¿Qué digo pues? ¿Que el ídolo es algo, o que sea algo lo que se sacrifica a los ídolos? Antes digo que lo que los gentiles sacrifican, a los demonios lo sacrifican, y no a Dios; y no quiero que vosotros os hagáis partícipes con los demonios. No podéis beber la copa del Señor, y la copa de los demonios; no podéis participar de la mesa del Señor, y de la mesa de los demonios (I Cor. 10:19-21).

Pablo, al discutir la pregunta de ofrecer viandas a ídolos, y si era correcto para cristianos luego comer esas viandas, ya ha dicho *"... sabemos que un ídolo nada es en el mundo, y que no hay más que un Dios"* (I Cor. 8:4), pero advierte que detrás del ídolo hay un demonio. Si los cristianos corintios comían las viandas que habían sido ofrecidas a los ídolos, estarían en peligro de tener comunión con demonios. Sabemos acerca de múltiples millones que han adorado, y adoran a ídolos, por esta razón nos es difícil entender cómo podrían encontrar alguna satisfacción espiritual en postrarse, y prometer fidelidad, a algo hecho por manos humanas. Pero el darse cuenta que hay espíritus demoníacos detrás de los ídolos, se hace claro que allí hay una comunión espiritual, y Satanás y sus huestes han logrado engañar a las multitudes.

Apocalipsis 9:20 también señala la asociación entre demonios e idolatría: *"Y los otros hombres que no fueron muertos con estas plagas, ni aun así se arrepintieron de las obras de sus manos, ni dejaron de adorar a los demonios, y a las imágenes de oro, de plata, de bronce, de piedra y de madera, las cuales no pueden ver, ni oír, ni andar."*

5. Causar varias aflicciones físicas.

Está dentro del poder de los demonios el causar: mudez (Mt. 9:32,33), ceguera (Mt. 12:22), locura (Lc. 8:26-35), manía suicida (Mr. 9:22), heridas personales (Mr. 9:18), y varios defectos y deformidades (Lc. 13:11-17).

6. Lograr a veces los propósitos de Dios, no obstante.

Como explica Unger:

Los demonios son los instrumentos para ejecutar los planes de castigo de Dios para los impíos (Sal. 78:49). El malvado Acab fue castigado por sus crímenes por un "espíritu de mentira" que Jehová puso en la boca de todos sus profetas para llevarlos al desastre en Ramot de Galaad (I Reyes 22:23). Los demonios incitan a los ejércitos resistentes a Dios de Armagedón a una catástrofe similar (Ap. 16:13-16). Satanás y sus ministros también efectúan los planes de Dios para disciplinar a los justos. A través de Satanás zarandear a alguien, Dios cumple su propósito de cosechar el fruto como en el caso de Pedro (Lc. 22:31). Job es traído mediante prueba satánica a un lugar de engrandecimiento y refinamiento espiritual (Job 42:5,6). El creyente incestuoso de Corinto *entregado "a Satanás para destrucción de la carne, a fin que el espíritu sea salvo en el día del Señor Jesús"* (I Cor. 5:5). Himeneo y Alejandro son entregados *"a Satanás para que aprendan a no blasfemar"* (I Ti. 1:20).[12]

---

[12] *Unger, 70.*

F. POSESION DEMONIACA.

1. La realidad de la posesión demoníaca.

A pesar de que muchos científicos modernos están tratando de deshacerse de la idea que alguna vez haya existido la posesión demoníaca, la Biblia es explícita en que tal era el caso.

1.1. Como se ve en el ministerio de Jesús.

Personas poseídas por demonios eran traídas a Él. Jesús trató con ellas echando fuera a los demonios:

Y cuando llegó la noche, trajeron a él muchos endemoniados; y con la palabra echó fuera a los demonios (Mt. 8:16).

Y cuando salió él de la barca, en seguida vino a su encuentro, de los sepulcros, un hombre con un espíritu inmundo... y saliendo aquellos espíritus inmundos, entraron en los cerdos... y el hato se precipitó en el mar por un despeñadero... (Mr. 5:2-13).

Mientras salían ellos, he aquí le trajeron un mudo endemoniado. Y echado fuera el demonio, el mudo habló; y la gente se maravillaba, y decía: Nunca se ha visto cosa semejante en Israel (Mt. 9:32,33).

Jesús creyó con certeza que había echado fuera los demonios de esos individuos. Hizo de este hecho en su ministerio una prueba de su divina misión. Cuando los fariseos le acusaron de echar fuera demonios por Beelzebú, el príncipe de los demonios, Él mostró la necedad de tal declaración: *"Y si Satanás echa fuera a Satanás, contra sí mismo está dividido; ¿cómo, pues, permanecerá su reino? Y si yo echo fuera los demonios por Beelzebú, por quién los echan vuestros hijos? Por tanto, ellos serán vuestros jueces. Pero si yo por el Espíritu de Dios echo fuera los demonios, ciertamente ha llegado a vosotros el reino de Dios"* (Mt. 12:26-28). Tanto Él creía que los demonios eran reales y que Él los estaba echando fuera, que advirtió a aquellos que estaban criticándole por esta obra que estaban bordeando sobre el pecado imperdonable.

1.2. Vista en el ministerio de la iglesia primitiva.

Más testimonio en las escrituras de la realidad de posesión demoníaca es hallada en la comisión apostólica que vino de los labios del Señor mismo. *"Y les dijo: Id por todo el mundo y predicad el evangelio a toda criatura... Y estas señales seguirán a los que creen. En mi nombre echarán fuera demonios..."* (Mr. 16:15-17).

1.2.1. Los primeros apóstoles.

Esto fue cumplido en el ministerio de los primeros apóstoles: *"Y aun de las ciudades vecinas muchos venían a Jerusalén, trayendo enfermos y atormentados de espíritus inmundos; y todos eran sanados"* (Hch. 5:16).

1.2.2. Felipe el evangelista.

"Y la gente, unánime, escuchaba atentamente las cosas que decía Felipe; oyendo y viendo las señales que hacía. Porque de muchos que tenían espíritus inmundos, salían éstos dando grandes voces; y muchos paralíticos y cojos eran sanados" (Hch. 8:6,7).

1.2.3. El apóstol Pablo.

"Aconteció que mientras íbamos a la oración, nos salió al encuentro una muchacha que tenía espíritu de adivinación, la cual daba gran ganancia a sus amos, adivinando. Esta, siguiendo a Pablo y a nosotros, daba voces. diciendo: Estos hombres son siervos del Dios Altísimo, quienes os anuncian el camino de salvación. Y esto lo hacía por muchos días; mas desagradando a Pablo, éste se volvió y dijo al espíritu: Te mando en el nombre de Jesucristo, que salgas de ella. Y salió en aquella misma hora" (Hch. 16:16-18).

La realidad de la posesión demoníaca es puesta claramente en evidencia por los dramáticos eventos registrados en Hechos 19:13-16. Aquí siete exorcistas, viajeros profesionales, intentaron usar el nombre de Jesús para echar fuera demonios, como habían visto hacer a Pablo, pero sufrieron en las manos del hombre poseído, huyendo desnudos y heridos.

1.3. En relación con la obra redentora de Cristo.

Se ha notado que al parecer había un incremento de la actividad demoníaca durante la vida y el ministerio de nuestro Señor Jesús aquí sobre la tierra. La explicación a esto podría ser, que la oposición declarada de Satanás es en contra de la simiente de la mujer (Gn. 3:15). También es razonable cuando uno se da cuenta exactamente por qué vino Jesús a la tierra. Juan resume concisamente: *"Para esto apareció el Hijo de Dios, para deshacer las obras del diablo"* (I Jn. 3:8). Habrá un incremento similar en la actividad de demonios en el mundo al cierre de esta era, y continuando en la gran tribulación. *"Pero el Espíritu dice claramente que en los postreros tiempos algunos apostatarán de la fe, escuchando a espíritus engañadores y a doctrinas de demonios..."* (I Ti. 4:1).

1.4. La posesión demoníaca en contraste con la influencia demoníaca.

No toda actividad demoníaca resulta en posesión demoníaca. Hay una vasta diferencia entre la posesión demoníaca y la influencia demoníaca. En el primero, el cuerpo es invadido y un control dominante es logrado; mientras que en el último, se lleva a cabo desde afuera una guerra por sugerencia, tentación e influencia. Estos deben *ser "los dardos de fuego del maligno"* (Ef. 6:16).

1.5. Contrastada con la enfermedad.

La escritura hace muy claro que toda enfermedad, aunque originalmente es el resultado del pecado y Satanás, no es causada por posesión demoníaca, y no es una indicación de que uno está poseído. Por lo tanto, la práctica de algunos, quienes al ministrar a los enfermos siempre tratan de echar fuera un demonio, no es un procedimiento bíblico. Tome nota de cómo la palabra de Dios distingue entre los dos, tanto en la causa como en el método de liberación. En el ministerio de Jesús: *"... con la palabra echó fuera a los demonios, y sanó a todos los enfermos..."* (Mt. 8:16). De nuevo se hace una clara distinción en el mensaje de Jesús a Herodes, *"Y les dijo: Id, y decid a aquella zorra: He aquí echo fuera demonios y hago curaciones hoy y mañana..."* (Lc. 13:32). *"Al ponerse el sol, todos los que tenían enfermos de diversas enfermedades los traían a él; y él, poniendo las manos sobre cada uno de ellos, los sanaba. También salían demonios de muchos, dando voces y diciendo: Tú eres el Hijo de Dios. Pero él los reprendía y no les dejaba hablar..."* (Lc. 4:40,41).

Debe notarse que Jesús puso las manos sobre los enfermos, pero reprendía a los demonios. De nuevo, la distinción es clara en su comisión a los Doce: *"... les dio poder y autoridad sobre todos los demonios, y para sanar enfermos"* (Lc. 9:1). Los demonios son expulsados; las enfermedades son sanadas. Hay una vasta diferencia entre sanar y el exorcismo.

2. ¿Existe la posesión demoníaca hoy?

No parece haber ninguna razón por la cual el diablo no deba estar tan activo hoy a través de su ejército de demonios como lo ha estado en días anteriores, particularmente los bíblicos. El Dr. Juan C. Nevius, un misionero presbiteriano en la China de 1854 a 1892, hizo un cuidadoso e imparcial estudio de fenómenos demoníacos en la provincia de Shantung y presenta evidencia inequívoca de una posesión demoníaca esparcida en la China moderna y pagana. Unger se refiere a los hallazgos del Dr. Nevius en el siguiente párrafo:

Lo que impacta en las narraciones dadas por el Dr. Nevius es su correspondencia cercana con los casos de posesión demoníaca en el Nuevo Testamento. Por ejemplo, el sujeto en el tiempo de la posesión pasa a tener un estado anormal (vea Marcos 9:18). Durante la transición frecuentemente es arrojado a un violento paroxismo, cayendo al suelo sin sentido o echando espuma por la boca (vea Marcos 9:18; Lucas 9:39,42). Durante el ataque evidencia otra personalidad, estando completa o parcialmente dormida su personalidad normal en ese momento (vea Marcos

5:7). La nueva personalidad presenta rasgos de carácter totalmente extraños a aquellos del endemoniado en su condición normal, y este cambio de carácter es prácticamente siempre en la dirección de la impureza
moral (vea Lucas 8:27). Muchas personas mientras están poseídas os-
tentan un conocimiento sobrehumano. Frecuentemente aparentan conocer al Señor Jesús como una persona divina y muestran temor a él
(vea Lucas 8:31). A veces conversan en idiomas extranjeros, de los cuales en su condición normal son totalmente ignorantes.[13]

Los misioneros de muchas tierras traen testimonios similares.

Quizá se pregunte por qué no se ven tantas manifestaciones de este tipo
en zonas más altamente educadas y cultas. Los demonios son muy sabios y
capaces de adaptarse a las características culturales del lugar y de la época
que los rodea. En comunidades como las mencionadas no revelan los aspectos más grotescos de sus manifestaciones. Son capaces de revelarse no
solamente como *"león rugiente"* (I P. 5:8), pero también como *"ángel de luz"*
(II Cor. 11:14). Puede que no sea sospechada su presencia, pero su propósito
en oponerse a Dios a menudo es logrado, aun en vidas morales y ejemplares.
Es posible que algunos individuos altamente educados, quienes se oponen a
la palabra de Dios en un racionalismo sofisticado, son instrumentos de demonios en una manera más eficiente que aquellos que sufren las más crudas
manifestaciones de actividad demoníaca como se ve en los países paganos.
Muchas veces solamente el don espiritual de *"discernimiento de espíritus"* (I
Cor. 12:10), puede detectar su presencia.

3. El echar fuera demonios.

No es el propósito de este libro entrar en un estudio detallado de esta
fase de ministerio. En un capítulo excelente del libro "Pentecostal Doctrine"
("Doctrina Pentecostal", editado y publicado en Inglaterra por el Reverendo
Percy Brewster), Jorge Canty, evangelista dice lo siguiente:

Un culto (o servicio) cristiano no es necesariamente un fracaso
cuando no son echados fuera demonios como algunos sugieren, lo cual
puede indicar una obsesión sobre un pequeño aspecto de la actividad
satánica. No obstante, Jesús insiste que el echar fuera demonios es parte
de la gran comisión (Marcos 16:15-20; Lucas 9:1,2; 10:1,17; Mateo
10:8). Sorprendentemente, no se dice nada sobre esto en el Evangelio
de Juan ni en ninguna de las cartas apostólicas, aunque frecuentemente
se urge la predicación del evangelio como una continuación de la obra
propia de Cristo. Él fue manifestado *"para destruir las obras del diablo"*

[13] Demon Possesion and Allied Themes, *(Posesión de demonios y temas alia-
dos) por Dr. John C. Nevius, (5ta edición, 9-94, como es citado en Unger, 87).*

(I Juan 3:8), y *"anduvo haciendo bienes y sanando a todos los oprimidos por el diablo"* (Hch. 10:38), como debiéramos nosotros.

En años recientes, estas obras [satánicas] se han incrementado por el interés en el ocultismo, espiritismo, satanismo y experimentos con la magia. Los efectos sobre la gente han sido típicos. La gente se hace consciente de "presencias" cercanas a ellos en un sentido desagradable, con apariciones enervantes, pesadillas, visitas sobrenaturales, voces, impulsos que no pueden ser controlados, depresiones, tendencias al suicidio, temor constante, deseos interiores de cometer violencia u homicidio, convulsiones,   tensiones insoportables, obsesiones sexuales, histeria, y demás. La locura total o la muerte puede ser el resultado final. Es obvio que hay un llamado para cuidar de aquellos que están en este estado calamitoso, y debería haber una atención especial para discernir tales necesidades.

En el Nuevo Testamento no se dan instrucciones precisas para el trato de espíritus inmundos, por eso es que la manera en que actuaron Cristo y los apóstoles debe ser nuestra guía. De lo anterior hacemos los siguientes puntos.

El nombre de Jesús es el secreto principal... La gran comisión de Cristo dice, *"En mi nombre echarán fuera demonios"* (Marcos 16:17). Pablo reprendió a un espíritu con las palabras: *"Te mando en el nombre de Jesucristo, que salgas de ella"* (Hch. 16:18), al igual que Pedro, cuando sanó al hombre cojo, dijo, *"En el nombre de Jesucristo de Nazaret, levántate y anda"* (Hechos 3:6, vea 3:16; 4:10).

Tome nota cuidadosamente de que hay peligro en atacar a los espíritus usando el nombre de Cristo como una mera fórmula mágica, ya que los provocaría, como en el caso de los hijos de Esceva. El elemento vital no es la fórmula, sino la presencia de Jesús en la vida de la persona que está echando fuera a los demonios. El mismo debería ser un verdadero representante de Cristo, una persona "en Cristo", aceptando la autoridad del Señor.

En ese caso, la fórmula no es quizá tan importante. La pronunciación del nombre sobre la persona poseída era en parte un testimonio para aquellos que observaban lo que estaba ocurriendo. Los hijos de Israel echaban fuera demonios por varios nombres, así que, cuando fue curado el hombre cojo, las autoridades en seguida fueron movidas por la curiosidad en cuanto a qué nombre había sido usado (Hechos 4:7). El hecho es que a veces vemos en el Nuevo Testamento que los demonios dejaban a las personas cuando no era mencionado el nombre de Jesús (Hechos 5:15,16; 19:11,12). Pedro levantó a Dorcas de los muertos sin mencionar a Jesús (Hechos 9:40), al igual que Pablo trajo la ceguera sobre Elimas el mago sin invocar el nombre (Hechos 13:9-11), y así mismo sanó al cojo en Listra (Hechos 14:9,10). Cristo nos ha dado un cierto "poder de abogado", para actuar en su favor, o "en su nombre", sin necesariamente citar constantemente su nombre. Ciertamente se nos dice, *"Y todo lo que hacéis, sea de palabra o de hecho, hacedlo todo en el nombre del Señor Jesús, dando gracias a Dios Padre por medio de él."* Obviamente, esto no significa que debemos estar mencionando constantemente su nombre para cada hecho. Actuamos para Él, en su favor "A Cristo el Señor servís." De la misma manera, bautizamos en el nombre de Jesús, eso es con su autoridad. La verdadera fórmula para usar está clara en Mateo 28:19. El echar fuera demonios no requiere mucha palabrería con voluminosas repeticiones de la palabra "Jesús" o "Cristo." Tenemos autoridad, y podemos usarla, como "embajadores" (II Cor. 5:20), pero debemos evitar tratarlo como a un conjuro "mágico", como parte de un abracadabra o un hechizo. Cuando decimos "Señor Jesucristo" indica que El es el Señor del que habla, de otra manera somos como los hijos de Esceva, desconocidos a los espíritus.

El "método" particular es de muy poca consecuencia. Algunos pueden poner las manos sobre el enfermo; algunos sienten que no deben. No hay un verdadero registro de liberación de demonios por la imposición de manos, pero la mayoría de las instancias no hacen ninguna mención de lo que en realidad fue hecho. Si fuera de alguna importancia, tendríamos claras instancias o algunas instrucciones al respecto.

En un caso, Jesús preguntó a los espíritus su nombre y respondieron "Legión" (Marcos 5:9). De esto, algunos han dicho que es necesario hacerlo siempre, pero esta regla no fue seguida por Pablo en los casos ya citados. Uno se pregunta, ¿de qué sirve si los espíritus son espíritus de mentira? Podrían mentir sobre su identidad para esquivarnos. Tampoco hay nada en la Escritura sobre el arrojar fuera a los demonios a través de toser o escupir. Un demonio es un espíritu y como tal es invisible. No se nos da ningún incentivo para sostener conversaciones con demonios. Una vez que se sabe que están, se les debe decir que se vayan. Jesús "no dejaba hablar a los demonios, porque le conocían." Y reprendía a los espíritus inmundos "para que no le descubriesen" (Marcos 1:34; 3:11,12). Ciertamente, los espíritus sufren de egoísmo y nada los complace más que ser el centro de atención.

Con relación a esto, a nadie se le dio jamás un don especial para el "exorcismo", sólo para discernimiento, como parte de la protección de la iglesia, principalmente en contra de los falsos maestros con doctrinas mentirosas y engañosas de demonios. Nadie ha manifestado un ministerio para tratar exclusivamente con demonios. Esto atraería la atención a Satanás más que a Cristo. La preocupación con esta esfera de cosas es una clase de tributo al poder de Satanás. "El resultado de nuestra conversación [o conducta]", dice Hebreos 13:7,8, es "Jesucristo es el mismo ayer, y hoy, y por los siglos", lo cual ni apenas se puede decir de algunos cuyo continuo pensamiento es sobre "las potestades de las tinieblas."

Si el "método" importara, sería en otro nivel. Aunque puede ser posible echar fuera un demonio, muy a menudo una persona necesita más que esto. Necesita, en verdad, una ayuda más profunda. Las situaciones de la vida, y fuertes tentaciones, que afectan la voluntad de una persona para dejar su pecado, no pueden ser ignoradas. A no ser que el pecado sea abandonado, entonces, como dijo Jesús, el último estado del hombre puede ser peor que el primero, porque el demonio volverá con varios más. Es la voluntad del hombre que abre paso al diablo, por lo tanto, se requiere arrepentimiento además de exorcismo. Puede ser que deba tomarse interés pastoral para llegar a las raíces del problema del cual la posesión demoníaca no es la causa sino el resultado o síntoma. Es incorrecto asumir que un mal particular en la vida es el resultado de control demoníaco. Es más probable que estuviera allí primero el mal, permitiendo la entrada del poder satánico.

De nuevo, el "método" no debe subestimar el poder de la Palabra de Dios. La predicación del evangelio es liberación, es el poder de Dios en sí mismo "para salvación" (liberación). Bien podría ser que grandes conversiones sean casos directos de la Palabra de Dios venciendo a Satanás en la vida de los hombres. Sería absurdo pensar en la conversión de un hombre dejándolo con demonios aún en su corazón. ¿Puede ser salvo un hombre por la fe en el evangelio y luego necesitar una segunda experiencia para salvarlo de Satanás? ¿De qué fue salvado en la primera instancia? "La unción quiebra el yugo." (Is. 10:27).

El discernimiento debería no solamente detectar demonios, sino también detectar donde no hay demonios. Es bastante común que la gente tenga tendencias hipocondríacas. Insisten en que tienen una enfermedad, pero en realidad están bastante bien y viven hasta una edad bastante avanzada. Pueden presentarse motivos psicológicos de los cuales el paciente mismo está inconsciente, tales como utilizar la enfermedad para sus propios fines o para atraer la atención o lástima. Es obviamente posible que la condición se extiende a una simulada posesión demoníaca. Donde hay un ministerio a los atormentados por demonios, algunos llegan automáticamente pensando que tienen tal condición. Su temor puede traer pseudo-síntomas, especialmente si se les dice que pueden estar poseídos.

Por esta razón es extremadamente peligroso decirles a las personas que son víctimas. Es mucho más fácil crear la idea que deshacerse de ella. Algunos van de sanador en sanador queriendo liberación pero sin mejorarse, simplemente porque no se les ha hecho consciente de que no están poseídos, sino que son víctimas de autosugestión o de una sugestión impuesta por otra persona. Esto nuevamente demanda un asesoramiento cuidadoso. Si la persona tiene suficiente confianza en el consejero, puede lograrse sanidad diciendo directamente, "Usted no tiene un demonio."

Los demonios se agradan en que se les preste atención, y tienden a aparecer donde se habla bastante de ellos. Los cazadores de demonios también, exhibiendo sus poderes figurados con algún orgullo, pueden enojar a Satanás. Él a cambio oprime a aquellos que lo provocan por sus esfuerzos de exorcismo. Esta es quizá la lección moderna que podemos aprender de la advertencia de Judas. Advertencia de la cual aún el arcángel Miguel mostró respeto por la dignidad del diablo y de la cual meramente dijo, "El Señor te reprenda." Algunos dicen injurias a Satanás; esto no es bíblico ni sabio. Los poderes del infierno no deberían ser provocados ni deberíamos juguetear con ellos. Debería ordenárseles que se vayan si nos confrontan, y, si creemos en Dios, eso debería ser el fin del asunto. Puede ser probable que a la iglesia se le reclame más y más para limpiar a personas de espíritus inmundos, pero la predicación del evangelio es el medio principal, y ésta debería ser la actividad primordial de todos los siervos de Dios.[14]

4. El ocultismo y la posesión demoníaca.

Satanás se ha puesto muy audaz en años recientes y el ocultismo ha estado recibiendo gran cantidad de atención pública. Parece casi increíble que, aún en las llamadas tierras cristianas, la adoración a espíritus (animismo) sea tan común. Información sobre tales cosas está disponible en cualquier librería. En la introducción de su libro, "I Believe in Satan's Downfall", ("Yo Creo en la Caída de Satanás",) Miguel Green, rector de San Aldate, Oxford, dice:

La adoración satánica, fascinación por lo oculto, magia negra y blanca, astrología, horóscopos, las sesiones con espiritistas y las cartas de tarot se han convertido en la moda. Las tablas güija (que adivinan la suerte) y la levitación pueden ser halladas en muchas escuelas. A pesar de nuestra sofisticación, hoy en día hay en el Oeste un mayor interés en estas prácticas que el que ha habido durante tres siglos.[15]

Lo "oculto" significa "cosas escondidas", y tiene que ver particularmente con la magia, las predicciones del futuro y el espiritismo. Según Miguel

---

[14] Pentecostal Doctrine, *(Doctina pentecostal) George Canty (ed., Rev. Percy Brewster, Cheltenham, Inglaterra: Grenehurst Publishers, 1976) 252,257*

[15]I Believe in Satan's Downfall *(Creo en la caída de Satanás) por Michael Green, (Grand Rapids, MI: Wm. Eerdmans Publishing Company, 1981) 9.*

Green: "la magia es el intento de traer el mundo de los espíritus bajo el conocimiento y control de uno. Es la oposición precisa a la religión, la cual busca la rendición al divino, y no control sobre él, y opera por fe y no por conocimiento."[16] Además, es un intento de "evocar espíritus del universo que son ajenos al Dios Todopoderoso."[17] Se emplean métodos tales como la telepatía, el magnetismo en personas para lograr ver (clarividencia) y oír lo oculto, percepción extra sensorial, escritura automática, encantos y sanidades mágicas. La predicción del futuro usa la adivinación pretendida por medio de la lectura de las palmas de las manos, las cartas de tarot, esferas de cristal, psicometría (el practicante sostiene un objeto personal del inquiridor), y la astrología. El espiritismo, falsamente llamado "espiritualismo", es idéntico a la antigua nigromancia, que es el intento de comunicarse con los espíritus de los muertos.

Todas estas prácticas fueron severamente condenadas en la Biblia: *"No os volváis a los encantadores ni a los adivinos; no los consultéis, contaminándoos con ellos"* (Lv. 19:31). *"Y la persona que atendiere a encantadores o adivinos, para prostituirse tras de ellos, yo pondré mi rostro contra tal persona, y la cortaré de entre su pueblo"* (Lv. 20:6). *"No sea hallado en ti quien haga pasar a su hijo o a su hija por el fuego, ni quien practique adivinación, ni agorero, ni sortilegio, ni hechicero, ni encantador, ni adivino, ni mago, ni quien consulte a los muertos. Porque es abominación para con Jehová cualquiera que hace estas cosas, y por estas abominaciones Jehová tu Dios echa estas naciones de delante de ti"* (Dt. 18:10-12). *"Y si os dijeren: Preguntad a los encantadores y a los adivinos, que susurran hablando, responded: ¿No consultará el pueblo a su Dios? ¿Consultará a los muertos por los vivos?"* (Is. 8:19).

Se les advierte a los creyentes estar en contra de tener cualquier cosa que tenga que ver con tales prácticas, aunque algunas de ellas exteriormente parecen ser bastante inocentes. No hay duda de que se practican muchos trucos en estas áreas, pero debemos darnos cuenta que hay espíritus demoníacos que buscan siempre engañar y esclavizar a aquellos que se entregan a tales prácticas. Los "espíritus familiares" son simplemente demonios que han estado familiarizados con una persona durante su vida y que personifican al amigo o amado muerto en la atmósfera no sagrada de la sesión espiritista.

No es por accidente que la brujería y la inmoralidad son mencionadas tan a menudo en los mismos versículos: *"Y manifiestas son las obras de la carne, que son: adulterio, fornicación, inmundicia, lascivia, idolatría, hechicerías..."* (Gál. 5:19,20). *"Y no se arrepintieron de sus homicidios, ni de*

---

[16] *Green, 11.*
[17] *Green, 118.*

sus hechicerías, ni de su fornicación, ni de sus hurtos" (Ap. 9:21). El espiritismo era una ofensa capital en Israel: "*A la hechicera no dejarás que viva*" (Ex. 22:18).

5. El cristiano y la posesión demoníaca.

Se ha dicho y escrito mucho sobre la posibilidad de que cristianos lleguen a estar poseídos por demonios. Aunque uno no debe estar ciego a la presencia y el poder de las fuerzas demoníacas en el mundo, ni ser ignorante de los instrumentos de Satanás (II Cor. 2:11), no se debe subestimar la gran salvación y liberación que Dios ha logrado para el creyente en Cristo Jesús. Debe siempre alentarse y tomar fuerzas en el hecho de que Cristo ha "*despojado a los principados y potestades*", y "*los exhibió públicamente, triunfando sobre ellos en la cruz*" (Col. 2:15).

Cristo es mencionado como el más fuerte en Lucas 11:21,22: "*Cuando el hombre fuerte armado guarda su palacio, en paz está lo que posee. Pero cuando viene otro más fuerte que él y le vence, le quita todas sus armas en que confiaba, y reparte el botín.*"

Cuando el Señor llamó a Saulo de Tarso en el camino a Damasco, lo envió a judíos y gentiles por igual, "*para que abras sus ojos, para que se conviertan de las tinieblas a la luz, y de la potestad de Satanás a Dios*" (Hch. 26:18). Se describe el efecto del evangelio: "*el cual nos ha librado de la potestad de las tinieblas, y trasladado al reino de su amado Hijo*" (Col. 1:13).

Juan dice que si un hombre ha nacido de Dios, "*el maligno no le toca*" (I Jn. 5:18). Jesús dijo, "*He aquí os doy potestad de hollar serpientes y escorpiones, y sobre toda fuerza del enemigo, y nada os dañará*" (Lc. 10:19). El arrepentimiento "*para conocer la verdad*", significa, dice Pablo, *que* "*escapen del lazo del diablo, en que están cautivos a voluntad de él*" (II Ti. 2:25,26).

Pablo pregunta: "*¿Y qué concordia Cristo con Belial? ... ¿Y qué acuerdo hay entre el templo de Dios y los ídolos?* "*Luego nos asegura:* "*Porque vosotros sois el templo del Dios viviente...*" (II Cor. 6:15,16). La declaración es que el creyente es su templo. ¿Va a permitir Dios que aquello que es suyo, y aquello en que Él habita, sea ocupado por Satanás? Si el cuerpo de un cristiano *es* "*templo del Espíritu Santo, el cual está en vosotros*" (I Cor. 6:19), ¿pueden un demonio y el Espíritu Santo habitar en la misma casa? ¿Lo permitiría Dios? ¿Ha provisto Cristo una gran liberación para nosotros, o no? En casos donde se menciona que enfermedades fueron causadas por demonios (Mt. 4:24; 9:32,33; 10:1; Mr. 1:32; 3:15; Lc. 6:17,18; 9:1; etc.), no hay ningún tipo de indicación que estos individuos estuvieran en una relación correcta con Dios.

Esto no significa que un hijo de Dios sea totalmente inmune al poder de Satanás. Tenemos liberación de Satanás en tanto vivamos en la victoria de Cristo sobre él. Esto lo hacemos por fe y obediencia. Cuando Jesús le dijo a Pedro, *"Satanás os ha pedido para zarandearos como a trigo"*, El no oró que no se le permitiera hacerlo, sino que oró que la fe de Pedro no le faltara (Lc. 22:31,32). La desobediencia y petulancia persistente proveen territorio al enemigo en el cual puede atacar e influir al cristiano. Se nos exhorta, *"ni deis lugar al diablo"* (Ef. 4:7). Ananías y Safira son solemnes ejemplos de aquellos que permitieron que Satanás llenase sus corazones de tal manera que mintiesen *"al Espíritu Santo"* (Hch. 5:3).

El Señor está completamente familiarizado con la constante lucha en que está comprometido el cristiano (Ef. 6:12), y por eso ha provisto la armadura necesaria para su constante victoria (Ef. 6:13-18). Debería notarse especialmente el hecho de que la armadura es provista por Dios, y el creyente es exhortado a "tomar" la armadura, no a "hacerla." La Escritura no indica que estos conflictos espirituales que el creyente tiene con el enemigo sean el resultado de posesión demoníaca. Satanás y sus cohortes son enemigos externos, y están buscando oportunidades para atacarnos desde su morada en la atmósfera que nos rodea.

Ha surgido mucho malentendido de una interpretación incorrecta de la palabra "espíritu" como está usada a veces en la Biblia. Una declaración adoptada por el Presbítero General de las Asambleas de Dios declara:

Algunas, por ejemplo, enseñan que ya que la Biblia habla de un espíritu de temor cobarde, cualquier liberación de temor debe ser lograda echando fuera un espíritu o demonio de temor. Pero un examen detallado del mismo pasaje (II Ti. 1:7) muestra que también se habla de un espíritu de poder, de amor, y de dominio propio. Si la gente interpreta que el temor es un espíritu maligno que necesita echarse, para ser consistentes, necesitarían llamar a tres buenos espíritus a que entren. El error de este razonamiento es obvio. El amor y el dominio propio son frutos del Espíritu Santo en nuestras vidas. Por espíritu de amor y dominio propio se quiere decir las actitudes que resultan de nuestra cooperación con el Espíritu Santo. En realidad, la palabra "espíritu" en muchos casos significa una actitud o una disposición. David habló de un espíritu quebrantado (Salmo 51:17); Salomón de un espíritu humilde (Proverbios 16:19); Pablo quería ir a Corinto, no con una vara, sino con amor y un espíritu de mansedumbre (I Corintios 4:21). Pedro habló de adornar al corazón con el incorruptible ornato de un espíritu afable y apacible (I Pedro 3:4), queriendo decir en realidad una disposición silenciosa. Esto está en línea con el uso frecuente de la palabra "espíritu" para el espíritu propio de uno y sus expresiones (Hageo 1:14; Hch. 17:16; I Corintios 2:11, etc.). Por lo tanto, a no ser que el mismo contexto demuestre que se refiere a un ser espiritual independiente, parece mejor tomar la mayoría de las frases tales como un espíritu de soberbia, un espíritu de violencia, un espíritu de sueño, un espíritu de celos, etc., a ser pecados de la disposición o deseos de la carne (Gálatas 6), y no demonios. Un serio peligro de considerar todos estos pecados de la disposición como demonios es que el individuo puede no sentir ninguna responsabilidad por las acciones y sentir que no hay necesidad de arrepentimiento. En realidad, la Biblia llama a los hombres a arrepentirse de estas cosas y deshacerse de estas actitudes. El gran conflicto dentro de nosotros no es entre el Espíritu Santo y los demonios, sino entre el Espíritu Santo que mora en nosotros y la carne (es decir, todo el aparato sensorial que tiende hacia el pecado).[18]

Al concluir esta sección sobre Demonología, se ha declarado nuevamente que los demonios prosperan con publicidad. Al igual que su líder Satanás, son orgullosos y egoístas, y parecen deleitarse cuando se les presta atención. El siervo sabio de Dios no publicará sus actividades, ni buscará implantar temor en el corazón de cristianos respecto a ellos. El hijo de Dios, quien está caminando en la luz de la palabra de Dios, y regocijándose firmemente en la victoria de nuestro Señor sobre ellos, creyendo en las promesas de triunfo de Dios, no necesita tener temor de demonios. Ellos son espíritus de las tinieblas y nosotros somos hijos de luz. No hay suficiente oscuridad en todo el mundo para apagar una sola pequeña luz. "*¡Andemos en luz, como él está en luz!*" (I Jn. 1:7).

Hay casi 300 referencias a ángeles en la palabra de Dios y sólo aproximadamente ochenta (80) a diablos y demonios. En otras palabras, las referencias a ángeles en la Biblia triplican las que hay sobre demonios. ¿Por qué, entonces, se pasan algunas personas tres veces más tiempo hablando de demonios que de ángeles? Los ángeles son nuestros amigos. Pensemos y hablemos más bien de ellos, que de nuestros enemigos los demonios. Los demonios son inmundos e impuros. Pablo nos exhorta: "*Por lo demás, hermanos, todo lo que es verdadero, todo lo honesto, todo lo justo, todo lo puro, todo lo amable, todo lo que es de buen nombre; si hay virtud alguna, si algo digno de alabanza, en esto pensad*" (Fil. 4:8).

---

[18] Del panfleto publicado por Gospel Publishing House, Spingfield, MO, titulado *"Puede el Creyente Nacido de Nuevo ser Poseído por Demonios?"* Este documento esta oficialmente aprobado por las Asambleas de Dios y el Presbiterio General en Mayo 1972, (vea pp. 9, 10).

III. SATANOLOGIA

A. LA IMPORTANCIA DE ESTA DOCTRINA.

Aunque nunca se le debe dar a Satanás importancia inmerecida, es importante que seamos conscientes del lugar que se le da en la escritura. Ningún otro individuo, excepto el Padre, el Hijo y el Espíritu Santo, tiene concedido un lugar tan prominente en la Biblia desde su principio hasta su fin, como el personaje a quien conocemos como Satanás, el diablo. De ninguna otra persona somos tan detalladamente informados en cuanto a su origen, su caída, su carácter y trabajo, su influencia, su juicio y destino final. Podemos estar profundamente agradecidos por esta revelación de él y su ejército de demonios. Las tierras paganas han estado encerradas en la más gruesa oscuridad, despreciables supersticiones y prácticas porque carecen de las claras enseñanzas concernientes a lo que la palabra enseña respecto a él. No es necesario que *"ignoremos sus maquinaciones."*

B. LA REALIDAD DE SU EXISTENCIA.

1. Duda de su existencia.

Se ha hecho bastante popular hablar de él como una simple "expresión figurativa", una "personificación metafórica de la maldad", o "una ilusión de mentes enfermas." Es interesante ver que esto es verdad sólo en tierras cristianas donde es conocido el nombre de su conquistador (Jesús). Ciertamente es ventajoso para Satanás que su presencia sea negada para que, de tal manera, pueda trabajar más sutilmente en engañar a la humanidad, y fácilmente desarmar sus prejuicios y temores. Chafer bien ha dicho:

> Puede observarse que las figuras literarias no son ángeles creados que pecan y sirven en dominios de oscuridad y están destinados a un juicio espantoso y final en la mano de Dios. Una metáfora difícilmente entraría en una manada de cerdos y precipitaría su destrucción instantánea. Una metáfora tampoco ofrecería los reinos de este mundo al Señor de gloria asegurando que esos reinos fueron entregados a él y que él los daría a quien quería.[19]

2. Registro bíblico de su existencia.

Satanás, su nombre hebreo, es sólo mencionado, expresamente, en cinco ocasiones en el Antiguo Testamento. En la primera ocasión (Gn. 3:1-15) es visto en el disfraz de la serpiente que tentó a Eva y causó el primer pecado sobre la tierra. En I Crónicas 21:1 leemos: *"Pero Satanás se levantó contra*

---

[19] *Chafer, II, 34.*

Israel, e incitó a David a que hiciese censo a Israel." Seguidamente aparece en Job (en el orden de los libros de la Biblia en nuestras versiones) en dos ocasiones, donde es visto cuando *"vinieron a presentarse delante de Jehová, los hijos de Dios, entre los cuales vino también Satanás"* y de allí resultaron las dramáticas confrontaciones entre Satanás y Dios que llevó a la variedad de pruebas a las que Job fue sujeto (Job 1:6-12; 2:1-7). El lugar final es en Zacarías 3:1,2:

> *Me mostró al sumo sacerdote Josué, el cual estaba delante del ángel de Jehová, y Satanás estaba a su mano derecha para acusarle. Y dijo Jehová a Satanás: Jehová que ha escogido a Jerusalén te reprenda. ¿No es éste un tizón arrebatado del incendio?*

Sin embargo, se le refiere a él como "Satanás", o el "diablo", alrededor de setenta y dos (72) veces en el Nuevo Testamento. Esta aparente discrepancia entre el Antiguo y el Nuevo Testamento probablemente puede ser explicada por Génesis 3:15: *"Y pondré enemistad entre ti y la mujer, y entre tu simiente y la simiente suya; ésta te herirá en la cabeza, y tú le herirás en el calcañar."* Cuando Cristo, la "simiente" de la mujer, nació en la carne, vino a lograr su gran victoria sobre Satanás y a comprar redención en el Calvario, el diablo se hizo manifiestamente activo en un grado mayor que el anterior a este evento.

C. SU PERSONALIDAD.

La personalidad de Satanás es un hecho que está sutilmente negado por los racionalistas de nuestro tiempo, pero aquellos que aceptan la Biblia como la inspirada palabra de Dios no tienen dificultad en aceptar esta verdad junto con todo lo que revelan las escrituras. La Biblia habla de la personalidad de Satanás tan plenamente como de cualquier otra persona a la que se refiere. Ciertamente, si no creyéramos en la personalidad de Satanás, conforme lo que registra la Biblia, sería difícil creer en la personalidad del Señor Jesús. En realidad, no podríamos confiar para nada en las escrituras.

A Satanás le son adjudicadas todas las características de personalidad. Se refiere a él constantemente como un ser personal. Se le aplican pronombres personales, Job 1:8,12; 2:2,3,6; Zac. 3:2; Mt. 4:10; Jn. 8:44. Se le adjudican atributos personales: Is. 14:13,14 voluntad; Job 1:9,10 conocimiento; y actos personales que son ejecutados por él Job 1:9-11; Mt. 4:1-11; Jn. 8:44; I Jn. 3:8; Jud. 9; Ap. 12:7-10.

D. SU ORIGEN.

Mucha de la enseñanza bíblica respecto al origen de Satanás está cubierta bajo la doctrina de Hamartiología, que debería ser estudiada en conexión a ésta. Satanás, juntamente con los otros ángeles, como hemos notado en una sección previa de este estudio (vea Sec. I., B. de Angeleología), fue creado por Dios. *"Alabadle, vosotros todos sus ángeles; alabadle, vosotros todos sus ejércitos... Alaben el nombre de Jehová; porque él mandó, y fueron creados"* (Sal. 148:2-5).

Dios no creó al diablo como lo conocemos hoy. Todo lo que Dios hizo fue declarado bueno (Gn. 1:31). Ezequiel 28:12-19 da una imagen detallada de la belleza y la sabiduría con las que Satanás fue originalmente creado. Este pasaje habla de él como: *"lleno de sabiduría, y acabado de hermosura ... de toda piedra preciosa era tu vestidura ... tú querubín grande, protector ... perfecto eras en todos tus caminos desde el día que fuiste creado."* Isaías 14:12-17 nos da su nombre antes de que cayera. Era llamado "Lucero", que significa "la estrella de la mañana." Literalmente es "el que lleva luz." Se nos presenta como el ángel más alto de la creación de Dios. El misterio es cómo un ser tan sabio y hermoso pudo haber caído a tales profundidades como para ser ahora el ser más vil en el universo.

Isaías capítulo catorce nos cuenta de su caída y la razón de ella. Todo comenzó cuando Lucero levantó su voluntad sobre la del Dios Todopoderoso: *"... Subiré al cielo, en lo alto, junto a las estrellas de Dios, levantaré mi trono, y en el monte del testimonio me sentaré, a los lados del norte; sobre las alturas de las nubes subiré, y seré semejante al Altísimo"* (v 13,14). El cielo había sido el cielo porque había solamente uno que reinaba y nadie pensaba en oponerse a su voluntad. Por lo tanto prevalecía la armonía y la paz. Luego vino el momento de la rebelión, y cinco veces este hermoso, ungido querubín vociferó su voluntad en oposición a la de Dios. Chafer dice: "Ciertamente muy débil es el poder de la imaginación humana para imaginar la crisis que hubo en este universo en el momento cuando tomó lugar el primer repudio de Dios en el cielo."[20] ¿Qué causó tal acontecimiento no imaginado? ¡El orgullo y la ambición egoísta!

Pablo, escribiendo a Timoteo respecto a los requisitos para oficiales en la iglesia primitiva, insiste que tal persona no debe ser un novicio, *"no sea que envaneciéndose caiga en la condenación del diablo"* (I Ti. 3:6). Lucero, en su orgullo egoísta, buscó elevarse por encima de la esfera en la que fue creado, y por encima del propósito y el servicio que se le había asignado. Como resultado de esta rebelión, Lucero fue echado fuera del reino celestial y del puesto que había tenido. *"Mas tú derribado eres hasta el Seol, a los lados del abismo"* (Is. 14:15). Así clama el profeta, *"¡Cómo caíste del cielo, oh Lucero, hijo de la mañana! Cortado fuiste por tierra, tú que debilitabas a las naciones"* (Is. 14:12).

---

[20] *Chafer, II, 47.*

Jesús dijo, "*yo veía a Satanás caer del cielo como un rayo*" (Lc. 10:18). Algunos comentaristas creen que estas palabras eran proféticas y se refieren a lo que está registrado en Apocalipsis 12:9: "*Y fue lanzado fuera el gran dragón, la serpiente antigua, que se llama diablo y Satanás, el cual engaña al mundo entero; fue arrojado a la tierra, y sus ángeles fueron arrojados con él.*" Otros sostienen la posición que estas palabras de Jesús miran atrás al juicio histórico de Lucero, cuando fue expulsado del cielo y se convirtió en Satanás.

En cuanto a si Satanás tiene o no acceso al cielo aún, ya hemos notado "*Un día vinieron a presentarse delante de Jehová los hijos de Dios, entre los cuales vino también Satanás. Y dijo Jehová a Satanás: ¿De dónde vienes? Respondiendo Satanás a Jehová, dijo: De rodear la tierra y de andar por ella*" (Job 1:6,7). El contraste, sugerido por el hecho de que Satanás había estado rodeando la tierra, nos llevaría a creer que él, junto con los hijos de Dios estaba aquí delante del Señor en el cielo. Como "*el acusador de nuestros hermanos*" sí tuvo acceso al cielo (Ap. 12:10). Una cosa es cierta, que después de que fue expulsado por su malvado orgullo y rebelión nunca tuvo acceso a su anterior posición de honor e influencia.

Si se contestara la pregunta de cómo un ser santo en un lugar santo podría haber originado el primer pecado, y él mismo haber sufrido tal caída, la respuesta sería que como diablo, él se ha auto-hecho. De alguna manera inexplicable, y posiblemente ininteligible a nosotros, él originó su propio pecado: "*Tú decías en tu corazón: Subiré [yo lo haré]...*" (Is. 14:13).

E. SU CARACTER.

Una de las mayores ventajas de Satanás, en oponerse a la obra del Señor, es su apariencia engañosa. A través de los siglos ha tomado parte en roles que han causado que los hombres piensen de él de cualquier otra manera que su verdadero carácter, de esta manera haciéndole más fácil alejarlos de Dios. F.C. Jennings ha dicho:

Al considerar la persona de Satanás, sería bueno mirar primero la idea común, vulgar, y popular, que todavía es sostenida hoy por las masas del cristianismo, y la cual ha hecho la base, o una de las bases, del rechazo de su misma existencia por muchos de los "doctos" de la época. El concepto más bajo posible, y aún el más extendido que tenemos es en lo que uno podría llamar la idea escenario, como lo vemos constantemente en los anuncios en nuestras calles. Una forma humana, con cara maliciosa, caracterizada por una sonrisa burlona de baja astucia, cuernos, patas, y cola con forma de horquilla; completamente obsceno, y provocando nada más que desprecio, ridículo, y repulsión.[21]

Ciertamente la Biblia no presenta tal imagen de él. Si se presentara tal disfraz, nadie lo seguiría: El propósito dominante de Satanás no es, como es la creencia popular, el ser desigual a Dios. Su trascendente objetivo es ser *"semejante al Altísimo"* (Is. 14:14). Las escrituras dan un gran número de diferentes nombres y títulos descriptivos de Satanás. Los siguientes dieciocho (18) figuran para evidenciar la variedad de sus maquinaciones y pueda ser revelado mucho de su verdadero carácter.

F. NOMBRES Y TITULOS DADOS A SATANAS.

1. Lucero (Lucifer).

Este era su título en el cielo, antes de su rebelión y caída. *"¿Cómo caíste del cielo, oh Lucero, hijo de la mañana!"* (Is. 14:12). La última frase literalmente es, *"estrella de la mañana"* o *"estrella matutina."* Significa "el que lleva luz." La Biblia indica que Lucero ocupaba una alta posición en los cielos, posiblemente segundo sólo a la trinidad misma. Es bueno recordar esto en nuestro pensamiento de él, porque, sin duda, él no ha perdido toda la dignidad que era suya entonces. Debemos estar prevenidos de que él no viene a nosotros como una espantosa criatura del infierno, sino como uno que anteriormente ocupó las alturas. Por lo tanto sus apelaciones a veces parecerán ser altas y sublimes.

2. Satanás.

Este nombre acentúa sus actividades como el adversario. El nombre "Satanás" es usado cincuenta y seis (56) veces en el Antiguo y Nuevo Testamento. Refleja la imagen de sus intentos maliciosos y persistentes de estorbar el programa de Dios. Como tal, él se opone a todo y a toda persona que es buena. Él es el adversario tanto de Dios como del hombre. I Pedro 5:8 habla de *"vuestro adversario el diablo."* Pablo escribe a la iglesia en Tesalónica y les dice a los santos allí: *"Por lo cual quisimos ir a vosotros, yo Pablo ciertamente una y otra vez; pero Satanás nos estorbó"* (I Tes. 2:18).

3. Diablo.

Apocalipsis 20:2 usa cuatro nombres para Satanás: *"Y prendió al dragón, la serpiente antigua, que es el diablo y Satanás."* El nombre "diablo" significa particularmente difamador y acusador. Satanás es presentado en

---

[21] Satan, His Person, Work and Destiny *(Satanás, su persona, trabajo y destino) por Frederick Charles Jennings, (Neptune, NJ: Loizeaux Brothers) 12.*

este papel cuando, mediante la serpiente, acusa a Dios ante el hombre: *"Entonces la serpiente dijo a la mujer: No moriréis, sino que sabe Dios que el día que comáis de él, serán abiertos vuestros ojos, y seréis como Dios, sabiendo el bien y el mal"* (Gn. 3:4,5). En Apocalipsis 12:10 leemos de Satanás como *"el acusador de nuestros hermanos"* siendo *"lanzado fuera... el que los acusaba delante de nuestro Dios día y noche."* Por lo tanto acusa al hombre ante Dios. "Diablo" refiriéndose a Satanás mismo, ocurre treinta y cinco (35) veces en el Nuevo Testamento.

4. Serpiente.

Satanás es visto por primera vez en su actividad sobre la tierra como una serpiente (Gn. 3:1-15). Pablo, en II Corintios 11:3, dice: *"Pero temo que como la serpiente con su astucia engañó a Eva, vuestros sentidos sean de alguna manera extraviados de la sincera fidelidad a Cristo."* Uno no debe pensar en la serpiente, como está mencionada en Génesis capítulo tres; una criatura que se arrastra como la conocemos hoy. Esta acción vino solamente como el resultado de la maldición sobre ella, cuando Dios dijo a la serpiente, *"Por cuanto esto hiciste, maldita será entre todas las Bestias y entre todos los animales del campo, sobre tu pecho andarás, y polvo comerás todos los días de tu vida"* (Gn. 3:14). Anterior a la maldición, la serpiente debe haber caminado erguida y haber sido una criatura sumamente hermosa. Tampoco debemos pensar en la serpiente como un simple animal. Esto no es posible ya que se dice que ella habló, y el habla es una característica del espíritu, la cual una serpiente no posee. Concluimos que algún espíritu, Satanás, tomó posesión de la serpiente, hablando, discutiendo y razonando. Apocalipsis 12:9 y 20:3 habla de la "serpiente antigua, que se llama diablo." Este nombre revela perversidad, engaño y fraude.

5. Dragón.

En Apocalipsis 20:2 Satanás es identificado específicamente como "el dragón, la serpiente antigua, que es el diablo y Satanás." También en Apocalipsis 12:9 leemos, *"Y fue lanzado fuera el gran dragón, la serpiente antigua, que se llama diablo y Satanás, el cual engaña al mundo entero; fue arrojado a la tierra, y sus ángeles fueron arrojados con él."* El versículo siete del mismo capítulo nos dice: *"hubo una gran batalla en el cielo: Miguel y sus ángeles luchaban contra el dragón."* La palabra "dragón" literalmente es "monstruo de mar." Se piensa que el nombre se refiere a su gran poder. Esto se ve claramente en Apocalipsis 13:2: *"Y la Bestia que vi era semejante a un leopardo, y sus pies como de oso, y su boca como boca de león. Y el dragón le dio su poder y su trono, y grande autoridad."*

6. Beelzebú.

"Si al padre de familia llamaron Beelzebú, cuánto más a los de su casa?" (Mt. 10:25). Jesús está hablando aquí de los fariseos llamándole a él por este nombre: *"Mas los fariseos, al oírlo, decían: Este no echa fuera demonios sino por Beelzebú, príncipe de los demonios"* (Mt. 12:24). El nombre originalmente significaba "señor de las moscas", pero los judíos luego lo cambiaron a "señor del muladar." Este nombre sugiere el vasto ejército de espíritus demoníacos sobre el cual Satanás gobierna como su príncipe.

7. Belial.

Este nombre es usado a menudo en hombres impíos o perversos, a quienes se les designa "hijos de Belial." (Aunque la palabra Belial no aparece en estos versículos, se ha traducido como impío, perverso. En el idioma original tiene el sentido de algo que no vale para nada. Dt. 13:13; Jue. 20:13; I Sam. 10:27; 30:22).

8. Tentador.

"Y vino a él el tentador, y le dijo: Si eres hijo de Dios, di que estas piedras se conviertan en pan" (Mt. 4:3). *"Por lo cual también yo, no pudiendo soportar más, envié para informarme de vuestra fe, no sea que os hubiese tentado el tentador, y que vuestro trabajo resultase en vano"* (I Tes. 3:5). En tanto que Dios prueba al hombre para su bien, para que pueda aprender y fortalecerse en las pruebas, Satanás tienta a los hombres con el propósito de destruirlos. Como tentador, constantemente incita al hombre al pecado.

9. Malvado, maligno o malo.

Cualquiera de estos nombres da testimonio del carácter de Satanás. Aunque sus tácticas pueden ser variadas y engañosas, siempre son para un propósito maligno e inicuo. *"Sabemos que somos de Dios, y el mundo entero está bajo el maligno"* (I Jn. 5:19). Segunda de Tesalonicenses 2:8 dice: *"Y entonces se manifestará aquel inicuo."* *"Viene el malo, y arrebata lo que fue sembrado en su corazón"* (Mt. 13:19). *"El campo es el mundo; la buena semilla son los hijos del reino, y la cizaña son los hijos del malo"* (Mt. 13:38). Escribiendo a *"vosotros, padres"*, Juan declara dos veces: *"habéis vencido al maligno"* (I Jn. 2:13,14).

10. Príncipe de este mundo.

Tres veces Jesús le aplicó este nombre a Satanás: *"Ahora es el juicio de este mundo; ahora el príncipe de este mundo será echado fuera"* (Jn. 12:31); *"No hablaré ya mucho con vosotros; porque viene el príncipe de este mundo, y él nada tiene en mí"* (Jn. 14:30); *"Y de juicio, por cuanto el príncipe de este mundo ha sido ya juzgado"* (Jn. 16:11). Este título habla del reino y la influencia de Satanás sobre los gobiernos de este mundo y la política mundial. Los negocios y la sociedad están bajo su dominio. Satanás tiene un trono. *"Yo conozco ... donde moras, donde está el trono de Satanás"* (Ap. 2:13).

Durante la tentación de Jesús en el desierto, cuando el diablo le ofreció *"los reinos del mundo y la gloria de ellos"*, Jesús no negó el derecho de Satanás de ofrecérselos. Dios le dio a Adán dominio sobre la tierra (Gn. 1:26), pero al desobedecer la palabra del Señor, y ceder a Satanás, el hombre perdió su derecho de gobernar, y vendió su dominio al diablo. En el libro de Job, al preguntarle el Señor a Satanás donde había estado, su repuesta fue, *"De rodear la tierra y de andar por ella"*, como si gobernara sobre ella (Job 1:6,7). Pero debe notarse claramente que Satanás nunca es llamado "rey" de este mundo. Es designado "Príncipe", pero aún está bajo el dominio de Dios cuyo gobierno es supremo, y debe reconocer a aquel que está sobre él.

11. Príncipe de la potestad del aire.

Esto sugiere su gobierno sobre aquellos seres espirituales que compartieron su pecado: *"En los cuales anduvisteis en otro tiempo, siguiendo la corriente de este mundo, conforme al príncipe de la potestad del aire, el espíritu que ahora opera en los hijos de desobediencia"* (Ef. 2:2). *"Porque no tenemos lucha contra sangre y carne, sino contra principados, contra potestades, contra los gobernadores de las tinieblas de este siglo, contra huestes espirituales de maldad en las regiones celestes"* (Ef. 6:12). (Vea también Mt. 12:24; 25:41; Ap. 12:7).

12. El dios de este siglo.

"... En los cuales el dios de este siglo cegó el entendimiento de los incrédulos, para que no les resplandezca la luz del evangelio de la gloria de Cristo, el cual es la imagen de Dios"(II Cor. 4:4). Los dos últimos títulos, "Príncipe de este mundo", y "Príncipe de la potestad del aire", se refieren a poderes de gobierno y principados. La realeza es una dignidad civil y gloria política. Al buscar ser semejante al Altísimo, Satanás aspiraba al liderazgo religioso, así que este título, *"Dios de este siglo"*, habla de su gobierno en este ámbito.

En verdad, puede ser que aquí esté su más devastador ataque contra Dios. Como un líder religioso, un dios: atiende a reuniones religiosas (Job 1); tiene sus enseñanzas, *"doctrinas de demonios"* (I Ti. 4:1); su lugar de reunión, *"Sinagoga de Satanás"* (Ap. 2:9); sus sacrificios, *"Lo que los gentiles sacrifican, a los demonios lo sacrifican, y no a Dios"* (I Cor. 10:20); y "ministros", *"Así que, no es extraño si también sus ministros se disfrazan como ministros de justicia; cuyo fin será conforme a sus obras"* (II Cor. 11:15).

Estos "ministros" apadrinan todas las clases de religiones materialistas y humanistas, y son responsables de las sectas multitudinarias esparcidas en el mundo.

Citamos un pasaje apto de F.C. Jennings sobre este mismo tema:

En este sistema presente de cosas vistas desde un punto de vista moral y aparte de Dios, él (Satanás) arregla de tal manera no simplemente la política de la tierra, o sus inmoralidades, sino su religión porque esto es necesariamente la fuerza de este título "Dios" en contraste con "príncipe" para adecuarse a sus propios fines. De tal manera, entreteje el curso de esta era: sus formas religiosas, ceremonias, decencias externas, respetabilidad, y convencionalismos para formar un grueso velo, que oculta completamente "la gloria de Dios en la faz de Jesucristo", la cual consiste de justa misericordia solamente a pecadores penitentes. Este velo no está formado por la mala vida, depravación, o cualquier forma de lo que pasa como maligno entre los hombres, sino por la fría formalidad, decencia descorazonada, orgullosa auto-complacencia, respetabilidad externa altamente estimada, y debemos agregar, membresía en la iglesia, todo sin Cristo. Es el más fatal de todos los engaños, el más grueso de todos los velos, y lo más común. Es la manera que, porque es religiosa, respetable, decente *"al hombre le parece derecho; pero su fin es camino de muerte"*; porque no hay en ella ni un Cristo, ni un Cordero de Dios, ni sangre de expiación.[22]

13. Engañador.

Si hay algún nombre apropiado para este archi-enemigo de Dios, es éste, el engañador. *"Y el diablo que los engañaba fue lanzado en el lago de fuego"* (Ap. 20:10). *"Y fue lanzado fuera el gran dragón, la serpiente antigua, que se llama diablo y Satanás, el cual engaña al mundo entero; fue arrojado a la tierra"* (Ap. 12:9). *"Y prendió al dragón, la serpiente antigua, que es el diablo y Satanás, y lo ató por mil años; y lo arrojó al abismo, y lo encerró, y puso su sello sobre él, para que no engañase más a las naciones, hasta que fuesen cumplidos mil años"* (Ap. 20:2,3). No habiendo aprendido nada de sus mil años de encarcelamiento en el "abismo", Satanás, inmediatamente después de que sea liberado, va *"a engañar a las naciones que están en los cuatro ángulos de la tierra, a Gog y a Magog, a fin de reunirlos para batalla; el número de los cuales es como la arena del mar"* (Ap. 20:8). Este es su último gran intento de engañar a las naciones al pensar éstas que pueden triunfar sobre el Dios Todopoderoso, y que será para su beneficio seguir al "Príncipe de este mundo." La única manera posible en que Satanás podría influir en alguien para dejar a Dios y seguirlo a él sería enga-

---

[22] *Jennings, 29,30.*

ñándolo. Nadie marcharía bajo el estandarte de Satanás conscientemente de ello.

14. El Acusador.

"Porque ha sido lanzado fuera el acusador de nuestros hermanos, el que los acusaba delante de nuestro Dios día y noche" (Ap. 12:10). No estando satisfecho con dirigir sus sutiles energías y fuerzas contra los santos personalmente, hasta presume a acusarlos delante de su Dios incesantemente. Imagine la arrogancia de uno que acusa en la presencia de Dios mismo, a aquellos que han sido redimidos mediante la sangre preciosa del propio Hijo de Dios. El clásico ejemplo de esto es Job, quien Satanás se atrevió a decir que maldeciría a Dios en su misma presencia, si fuera levantada la cerca, y él, Satanás, tuviera permiso de tocar sus posesiones (Job 1:10,11). El Señor sabe quiénes son suyos, y los cristianos nunca necesitan temer que su mano de protección será alguna vez levantada de ellos, excepto, quizá, temporalmente por su bien. Fíjese las notas triunfantes de victoria que acompañan a esta gran proclamación de la caída del acusador: *"Entonces oí una gran voz en el cielo, que decía: Ahora ha venido la salvación, el poder, y el reino de nuestro Dios, y la autoridad de su Cristo"* (Ap. 12:10).

15. Angel de luz.

Porque éstos son falsos apóstoles, obreros fraudulentos, que se disfrazan como apóstoles de Cristo. Y no es maravilla, porque el mismo Satanás se disfraza como ángel de luz. Así que, no es extraño si también sus ministros se disfrazan como ministros de justicia; cuyo fin será conforme a sus obras (II Cor. 11:13-15).

Este es, quizá, el mayor papel de engaño que hace Satanás. Posa como un líder espiritual para dirigir a aquellos que necesitan ayuda para salir de su oscuridad. Sin embargo, su único propósito es guiarles a una oscuridad eternamente creciente, engañándolos bajo la impresión de que están llegando más y más a la luz. ¡Cuán verdaderas las palabras de Jesús! *"Así que, si la luz que en ti hay es tinieblas, ¿cuántas no serán las mismas tinieblas?"* (Mt. 6:23).

16. Homicida.

Jesús mismo se lo dijo a los judíos, *"Vosotros sois de vuestro padre el diablo, y los deseos de vuestro padre queréis hacer. El ha sido homicida desde el principio"* (Jn. 8:44). ¡Que contraste con nuestro Señor que dijo, *"Yo he venido para que tengan vida, y para que la tengan en abundancia"* (Jn. 10:10)! Satanás ha sido un homicida desde el principio; porque él ha sido el iniciador del pecado, y el pecado trae la muerte. Por lo tanto, al tentar a los hombres a pecar, está promocionando la muerte.

17. Padre de mentiras.

De nuevo en Juan 8:44 Jesús describe al diablo: *"Él... no ha permanecido en la verdad, porque no hay verdad en él. Cuando habla mentira, de suyo habla; porque es mentiroso, y padre de mentira."* De nuevo, se ve la principal característica de Satanás. Él es un engañador y las mentiras son sus instrumentos favoritos. Satanás no se especializa en mentiras que son tan aparentemente negras como el carbón. Su equipo de comercio es la variedad de mentirillas, con suficiente verdad en ellas como para engañar al descuidado. Había cierta cantidad de verdad en lo que le dijo a Eva. Eva y Adán llegaron a conocer el bien y el mal; pero no tenían poder para hacer el bien, ni para resistir el mal. Satanás usará hasta la escritura como hizo con Jesús (Mt. 4:6), pero siempre para citarla o aplicarla incorrectamente. Cuando usted lee algo que dice Satanás, busque en eso la mentira. El no puede hablar la verdad.

18. León rugiente.

"Sed sobrios, y velad; porque vuestro adversario el diablo, como león rugiente, anda alrededor buscando a quien devorar" (I P. 5:8). Satanás se presenta como una serpiente para mostrar su sutileza, pero como león para expresar su ferocidad y fuerza. La palabra "rugiente" se utiliza para describir especialmente los alaridos de animales salvajes cuando están vorazmente hambrientos.

19. Destructor.

*"Y tienen por rey sobre ellos al ángel del abismo, cuyo nombre en hebreo es **Abadón**, y en griego, **Apolión**"* (Ap. 9:11). Ambos nombres, **Abadón** y **Apolión**, significan "destructor."

G. LA DERROTA DE SATANAS.

Aunque se le permite continuar sus actividades sobre la tierra, Satanás es un enemigo derrotado. Ya ha sufrido mucho bajo la mano de Dios, a quien se atrevió a oponerse. Reconocer, y regocijarse en las derrotas que Satanás ha tenido que soportar, es de mucha ayuda al cristiano en sus conflictos diarios con el mundo, la carne y el diablo.

1. Fue echado de su posición exaltada en el cielo.

Inmediatamente después de sus valientes afirmaciones registradas en Isaías 14:12-14, fue anunciada su caída: *"Mas tú derribado eres hasta el Seol, a los lados del abismo*" (Is. 14:15). Bien podría ser que Jesús se estaba refiriendo a este evento cuando dijo, *"Yo veía a Satanás caer del cielo como un rayo"* (Lc. 10:18). Aunque hay indicación en la escritura de que Satanás tiene algún acceso a la presencia de Dios, al acusar a los hermanos (Ap. 12:10), Satanás nunca recobró la sublime posición que tuvo una vez.

2. Fue maldecido en el huerto del Edén.

Y Jehová dijo a la serpiente: Por cuanto esto hiciste, maldita serás entre todas las Bestias y entre todos los animales del campo; sobre tu pecho andarás, y polvo comerás todos los días de tu vida. Y pondré enemistad entre ti y la mujer, y entre tu simiente y la simiente suya; ésta te herirá en la cabeza, y tú le herirás en el calcañar (Gn. 3:14,15).

Aunque esta maldición fue dirigida a la criatura que Satanás había poseído en su acercamiento a Eva, y la serpiente se ha arrastrado sobre su pecho desde entonces, la referencia a la enemistad ciertamente va más allá de la criatura, a Satanás mismo. Esta es una maldición sobre el diablo que nunca ha sido quitada, ni nunca lo será. A pesar de todo su coraje, Satanás debe darse cuenta que lleva el peso de esta maldición sobre sí mismo en todo tiempo.

3. Fue derrotado por Cristo en la tentación del desierto.

Tres veces el tentador buscó alejar a Jesús de su misión divina aquí sobre la tierra, y tres veces Jesús desenvainó "la espada del espíritu", la palabra de Dios, y declaró *"Escrito está."* (Mt. 4:3-10). Nunca, de ninguna manera, se apartaría Cristo de los propósitos de Dios expresados en su palabra. El resultado fue: *"El diablo entonces le dejó; y he aquí vinieron ángeles y le servían"* (Mt. 4:11).

4. Fue juzgado en la cruz del Calvario.

Justo antes de su condenación y crucifixión, Jesús dijo, sabiendo que estaba en camino a la cruz, *"Ahora es el juicio de este mundo; ahora el príncipe de este mundo será echado fuera"* (Jn. 12:31). Refiriéndose a este mismo evento del Calvario, Jesús profetizó que el Espíritu Santo convencería de juicio. Luego explicó, *"De juicio, por cuanto el príncipe de este mundo ha sido ya juzgado"* (Jn. 16:11). Mediante su muerte en la cruz, Jesús *destruyó "al que tenía el imperio de la muerte, esto es, el diablo"* (Heb. 2:14). Pablo habla en relucientes términos de la victoria sobre Satanás en la cruz: *"Y despojando a los principados y a las potestades, los exhibió públicamente, triunfando sobre ellos en la cruz"* (Col. 2:15).

Si la derrota de Satanás fue tan triunfante en el Calvario usted podría preguntarse por qué todavía él está en la escena, permitiéndosele tanta libertad para acosar a la iglesia de Jesucristo. Aún después de la cruz, Satanás es llamado *"el príncipe de la potestad del aire"* (Ef. 2:2), y *"el dios de este siglo"* (II Cor. 4:4). Hay una vasta diferencia entre un juicio ganado y el llevar a cabo la pena. No hay duda del juicio hecho contra Satanás en la cruz; pero por buenas razones, mejor conocidas por Dios mismo, El ha visto correcto permitir al enemigo un grado de libertad. Ciertamente no es por falta de poder que Dios no ha aplicado su sentencia al diablo. El momento para su dispensación final vendrá; la hora ya ha sido establecida.

H. EL DESTINO DE SATANAS.

1. Ha de ser finalmente echado del cielo.

Después hubo una gran batalla en el cielo: Miguel y sus ángeles luchaban contra el dragón; y luchaban el dragón y sus ángeles; pero no prevalecieron, ni se halló ya lugar para ellos en el cielo. Y fue lanzado fuera el gran dragón, la serpiente antigua, que se llama diablo y Satanás, el cual engaña al mundo entero; fue arrojado a la tierra, y sus ángeles fueron arrojados con él (Ap. 12:7-9).

Desde este momento en adelante, su maldad será confinada a esta tierra.

2. Ha de ser confinado al abismo.

Vi a un ángel que descendía del cielo, con la llave del abismo, y una gran cadena en la mano. Y prendió al dragón, la serpiente antigua, que es el diablo y Satanás, y lo ató por mil años; y lo arrojó al abismo, y lo encerró, y puso su sello sobre él, para que no engañase más a las naciones, hasta que fuesen cumplidos mil años; y después de esto debe ser desatado por un poco de tiempo" (Ap. 20:1-3).

Al comienzo del reino milenial de Cristo, Satanás será atado en el abismo. Parece lógico presumir que las huestes demoníacas estarán allí con él. Fueron echados del cielo con él (Ap. 12:9), así que parece que serán atados con él en el abismo. Después que terminen los mil años, Satanás será desatado por poco tiempo, tiempo en el cual conducirá su última campaña de engaño. el ejército rebelde que él reunirá será destruido por fuego de Dios del cielo (Ap. 20:7-9).

3. Será consignado al lago de fuego.

"Y el diablo que los engañaba fue lanzado en el lago de fuego y azufre, donde estaban la Bestia y el falso profeta; y serán atormentados día y noche por los siglos de los siglos" (Ap. 20:10). Habiendo terminado su obra y habiendo sido probado el último grupo de seres humanos, Satanás será en-

tonces consignado por el Dios Todopoderoso al lago de fuego donde será atormentado para siempre.

I. EL CURSO DE ACCION DEL CREYENTE RESPECTO A SATANAS.

1. Reconocer las limitaciones de Satanás.

Nunca es sabio subestimar al diablo. Es un enemigo artimañoso y hábil. Ha tenido casi 6000 años de experiencia en tratar con la humanidad. Pero tampoco uno debe sobrestimar sus habilidades. El diablo tiene ciertas limitaciones muy definidas. Estas deberían ser completamente conocidas, para que uno no sea abrumado por él.

1.1. El no es omnipotente. Tiene gran poder, más que cualquier hombre. Pero solamente nuestro Dios es todopoderoso, y Satanás no es contrincante para Él.

1.2. El no es omnisciente. Tiene un intelecto muy agudo; y por experiencia sabe muchas cosas, muchas más que los hombres. De nuevo, sólo Dios lo sabe todo.

1.3. El no es omnipresente. Satanás tiene una personalidad individual y está solamente en un lugar a la vez. A causa de la cantidad de demonios bajo su control, parece que el diablo está en todo lugar al mismo tiempo. Muchos de los llamados ataques del diablo sólo son la actividad de uno de sus demonios asistentes. Sólo Dios está siempre en todo lugar.

1.4. El diablo no puede dar vida, ni levantar a nadie de los muertos. Apocalipsis 13:15 dice, *"Y se le permitió infundir aliento a la imagen de la Bestia"*, pero no dice que el le dio vida en ninguna circunstancia.

2. Darse cuenta que el poder de Satanás está limitado por la voluntad de Dios.

Esto está visto claramente en la historia de Satanás, Dios y Job (Job 1:10). *"¿No le has cercado alrededor a él y a su casa y a todo lo que tiene?"* Satanás no podía tocar ninguna de las posesiones de Job, ni su persona, hasta que Dios le diera permiso. (Vea también Job 2:4-6). Jesús le dijo a Pedro, *"Simón, Simón, he aquí Satanás os ha pedido para zarandearos como a trigo"* (Lc. 22:31). La implicación es que Satanás no podía tener a Pedro para este propósito sin el permiso del Señor.

3. Darse cuenta que él ha sido vencido.

"Para esto apareció el Hijo de Dios, para deshacer las obras del diablo" (I Jn. 3:8). Satanás es un enemigo vencido, derrotado por ningún otro que nuestro Señor Jesucristo. En ninguna parte se le dice a los cristianos que

combatan al diablo. Nuestro Señor hizo eso de una vez y por todas en la cruz. Nuestra parte es reclamar, por fe, y pararnos, en victoria. *"Resistid al diablo"* no lo pelee y él es quien *"huirá de vosotros"* (Stg. 4:7). I Pedro 5:9 explica como esto ha de ser hecho: *"Al cual resistid firmes en la fe."* Fe en el registro de la victoria de Cristo sobre el diablo, y fe en las promesas de Dios es el secreto de victoria. Jesús presentó con bastante claridad las tácticas de Satanás en la parábola del sembrador y la semilla. Parte de la semilla, dijo Jesús, cayó junto al camino, y las aves del cielo se la comieron. Interpretando esto, Jesús explicó: *"Y los de junto al camino son los que oyen, y luego viene el diablo y quita de su corazón la palabra, para que no crean y se salven"* (Lc. 8:12). El diablo sabía que si se permitía que la palabra permaneciera en los corazones de los que oyeron traería fe. *"Así que la fe es por el oír, y el oír, por la palabra de Dios"* (Rom. 10:17). La fe en la palabra de Dios es el secreto del triunfo diario del creyente. F.C. Jennings resume esta verdad cuando dice:

> Esto entonces sugiere muy claramente que el "blanco de raíz de sus ataques" es siempre para destruir la fe en Dios; y nuestro lado en el conflicto es mantener esa fe a pesar de todo lo que él pueda traer en nuestra contra. Así que el apóstol Pedro dice *"al cual resistid firmes en la fe"* y el gozoso canto de nuestro apóstol (Pablo) es: *"He peleado la buena batalla, he acabado la carrera, he guardado la fe"* (II Ti. 4:7); y nos da a nosotros la palabra *"pelea la buena batalla de la fe"* (I Ti. 6:12).[23]

4. Recordar que el creyente tiene uno que intercede en su favor.

Esto está hermosamente ilustrado en el siguiente versículo: *"Dijo también el Señor: Simón, Simón, he aquí Satanás os ha pedido para zarandearos como a trigo; pero yo he rogado por ti, que tu fe no te falte"* (Lc. 22:31,32).

5. Practicar vigilancia continua.

"Sed sobrios, y velad; porque vuestro adversario el diablo, como león rugiente, anda alrededor buscando a quien devorar" (I P. 5:8). Una versión traduce esto como: "Ejercita autocontrol, sé cauteloso." El creyente, conociendo la malicia, astucia y el poder de Satanás, hará que su suprema ocupación sea el ser vigilante.

6. Negar a Satanás toda posición establecida en sí mismo.

"Ni déis lugar al diablo" (Ef. 4:27). La exhortación es que el creyente no debe dar al diablo ningún lugar dentro de su vida donde pueda lograr un lugar, u oportunidad para ataque. Jesús podía decir, *"Viene el príncipe de este*

---

[23] *Jennings, 140.*

mundo, y él nada tiene en mí" (Jn. 14:30). No había lugar en Jesús donde Satanás podía establecerse.

7. Ponerse toda la armadura de Dios.

> *Por tanto, tomad toda la armadura de Dios, para que podáis resistir en el día malo, y habiendo acabado todo, estar firmes, Estad, pues, firmes, ceñidos vuestros lomos con la verdad, y vestidos con la coraza de justicia, y calzados los pies con el apresto del evangelio de la paz. Sobre todo, tomad el escudo de la fe, con que podáis apagar todos los dardos de fuego del maligno. Y tomad el yelmo de la salvación, y la espada del Espíritu, que es la palabra de Dios; orando en todo tiempo con toda oración y súplica en el Espíritu...* (Ef. 6:13-18).

El Señor ha provisto una completa armadura para que el cristiano pueda estar protegido de todo dardo de fuego del maligno. Pero el creyente debe ponerse completamente esta armadura. La omisión de cualquier porción puede ser fatal para la vida y el testimonio cristiano.

CAPITULO 10
La Doctrina de los Últimos Acontecimientos

Escatología

INTRODUCCION

El término "escatología" viene de dos palabras griegas *eschatos* que significa "último" y *logos* que significa "materia, tema;" de allí que, la escatología es el estudio doctrinario que trata con los últimos eventos de la historia sagrada, incluyendo todo lo que está más allá de esta vida y era, además de los eventos finales de esta era presente. Sin embargo, el término "escatológico" se aplica frecuentemente a esta era en su totalidad, porque:

- Pedro, en el día de Pentecostés, declaró que el derramamiento del Espíritu cumplía la profecía de Joel respecto a los *"postreros días"* (Hch. 2:16-21).

- La iglesia ya disfruta ciertos poderes de la era del reino y del mundo (la era) por venir (Lc. 17:21; Mt. 16:19; Heb. 6:5).

- Ya que la iglesia espera en cualquier momento la venida del Señor, todo momento es "escatológico" (Rom. 8:23; I Cor. 1:7; Lc. 12:35,36; I Tes. 1:10).

- Ya que Cristo, el Hijo de Dios, es el "fin" o la "meta" de todas las cosas en el plan de redención de Dios, la venida del Hijo encarnado introdujo los *"postreros días"*: *"... en estos 'postreros días' nos ha hablado por el Hijo, a quien constituyó heredero de todo..."* (Heb. 1:2).

- Debido a que el espíritu del Anticristo ya está obrando en anticipación al conflicto final, Juan dijo: *"Hijitos, ya es el último tiempo; y según voso-*

tros oísteis que el Anticristo viene, así ahora han surgido muchos Anti-cristos; por esto conocemos que es el último tiempo" (I Jn. 2:18).

Aunque es importante notar que esta era es en un sentido real una era "escatológica", el estudio en esta sección incluirá la era presente solamente en dos aspectos: la del estado presente de los muertos, y la de las señales de los últimos tiempos de la venida del Señor.

I. LA MUERTE

Las escrituras hablan de tres clases de muerte: (1) la muerte física, (2) la muerte espiritual y (3) la muerte segunda o muerte eterna.

A. LA MUERTE FISICA.

La muerte física es cuando se separa el alma del cuerpo y constituye la transición del mundo visible al invisible. Para el creyente, marca su entrada al paraíso y a la presencia de Cristo Jesús (II Cor. 5:1-8; Fil. 1:23); para el incré-dulo, la muerte es su entrada al Hades (Lc. 16:22,23; Mt. 10:28; Ap. 20:13). La muerte física no es el final de la existencia, sino solamente un cambio en el estado de existencia. Para el creyente, la muerte física es el efecto final del pecado y el último efecto del pecado a ser cancelado por la obra redentora de Cristo (Rom. 5:12-15; I Cor. 15:26). Aunque todos los hombres mueren físicamente, para el creyente la muerte y resurrección de Cristo le robó a la muerte su aguijón (I Cor. 15:54-57; II Ti. 1:10; Heb. 2:9,14-15; 9:15), y más aun, el creyente puede triunfantemente declarar que para él "el morir es ga-nancia" (Fil. 1:21).

B. LA MUERTE ESPIRITUAL

La muerte espiritual es la separación de Dios, tanto en este mundo como en el mundo venidero. Por ejemplo, Adán "murió" como resultado de su de-sobediencia de acuerdo con la advertencia de Dios: *"... porque el día que tu comas, ese día morirás"* (Gn. 2:17) Sin embargo, su muerte (excluido del jardín) no consistió en su muerte física inmediata, pese a que su estado de mortalidad comenzó, su muerte fue muerte espiritual. Cuando Jesús dijo *"dejad que los muertos entierren a los muertos"* (Mt. 8:22), quiso decir, "deja que los espiritualmente muertos entierren a los físicamente muertos;" Por espiritualmente muerto hizo referencia a aquellos separados de Dios por la incredulidad. Pablo, escribiendo a los efesios, dijo: *"Y él os dio vida a voso-tros, cuando estabais muertos en vuestros delitos y pecados"* (Ef. 2:1). Ante-riormente, como pecadores, ellos existían en la "muerte" espiritual; mas cuando vinieron a conocer a Cristo, fueron hechos vivos. Cuando uno viene a la comunión con Dios por medio de la fe en Cristo, pasa de "muerte a vida" (I Jn. 3:14).

En el juicio final de los incrédulos ante "El Gran Trono Blanco", el cual toma lugar después de los mil años (milenio), los muertos malvados todavía existirán y estarán ante Dios en juicio; y aunque podrán estar en juicio, su estado se llama de "muerte" porque están enajenados de Dios (Ap. 20:13-15). (Vea también Ap. 3:1; I Ti. 5:6).

C. LA MUERTE ETERNA.

Cuando aquellos que están *"muertos en... delitos y pecados"* mueren físicamente y no se arrepienten, entran al estado de muerte eterna. Santiago se refiere a esta muerte, explicando cómo puede ser prevenida: *"Sepa que el que haga volver al pecador del error de su camino, salvara de muerte un alma..."* (Stg. 5:20). Claramente, la muerte eterna no es el fin de la existencia; es un castigo eterno. Pablo advierte de esta eventualidad en II Tesalonicenses:

> *... Cuando se manifieste el Señor Jesús desde el cielo con los ángeles de su poder, en llama de fuego, para dar retribución a los que no conocieron a Dios, ni obedecen al evangelio de nuestro Señor Jesucristo; los cuales sufrirán pena de eterna perdición, excluidos de la presencia del Señor y de la gloria de su poder...* (II Tes. 1:7-9)

En el juicio del "gran trono blanco" todos los muertos malvados serán echados en el lago de fuego lo cual es llamado la "muerte segunda" (Ap. 20:13-15). La muerte eterna es descrita en la escritura como el fuego eterno (Jud. 7; Mt. 18:8; 25:41); el castigo eterno (Mt. 25:46); el juicio eterno (Heb. 6:2); y la eterna perdición (II Tes. 1:9).

II. EL ESTADO INTERMEDIO

El estado intermedio es el estado del alma entre la muerte física y la resurrección. Para el creyente, la resurrección ocurrirá con la venida de Cristo; para el incrédulo, no ocurrirá hasta después del milenio en el juicio final.

A. DE LOS MALVADOS.

Cuando los incrédulos mueren van de inmediato al **Hades** que es la morada de los muertos malvados. Antes de Cristo, los justos y los malvados iban al Seol el cual tenía dos compartimentos separados por un golfo infranqueable (Lc. 16:22-31; Gn. 37:35; Dt. 32:22; Ez. 32:23,24). En el Antiguo Testamento, la palabra hebrea **Seol** es traducida variadamente "infierno" y "sepulcro." En el Nuevo Testamento, la "parte más baja del Seol" se llama en griego el **Hades**. Esto viene de la versión de "la septuaginta" donde la palabra hebrea **Seol** es traducida por la palabra griega **Hades**. La palabra hebrea para el estado final de perdición o "lago de fuego" era **gehenna**, traducida correctamente como "infierno" (Mr. 9:43). (El nombre **gehenna** era un término figurativo tomado de los fuegos perpetuos que quemaban los desechos en el Valle de Hinnom cerca de Jerusalén.)

Ya que los malvados no van a su perdición final hasta después del juicio final cuando sean echados al lago de fuego, la palabra "infierno" no debería ser usada para describir el estado presente de los muertos malvados. Por lo que es sabido, nadie en el presente está en el infierno, que es el lago de fuego. Los malvados están en el **Hades**, esperando la resurrección de juicio. El **Hades** es, sin embargo, un lugar de sufrimiento como se ve en la narración del hombre rico y Lázaro (Lc. 16:23; I P. 3:19).

B. DE LOS JUSTOS.

El estado intermedio de los justos se llama "paraíso." Jesús le dijo al ladrón agonizante, *"... hoy estarás conmigo en el paraíso"* (Lc. 23:43). Después de la resurrección de Jesús, la morada de los justos fue transferida del Seol al paraíso. Jesús personalmente descendió al Seol para *llevar "cautiva la cautividad"* (Ef. 4:8). Él estuvo *"... en el corazón de la tierra tres días y tres noches"* (Mt. 12:40) aparentemente el Seol se encuentra en el corazón de la tierra). (También Ef. 4:9,10; Nm. 16:33). Jesús no fue a la morada de los malvados en el **Seol** o el **Hades**, sino a la parte conocida como el "Seno de Abraham." Sacó del **Seol** a los justos, llevándoselos con Él al paraíso. (Vea también Sal. 16:10; Hch. 2:27.)

Cuando los justos mueren van inmediatamente a estar en la presencia de Cristo Jesús. Pablo habló de *"... teniendo deseo de partir y estar con Cristo, lo cual es muchísimo mejor..."* (Fil. 1:23). Está confirmado por sus inspiradas palabras a los corintios, que Pablo esperaba en su muerte ir de inmediato a la presencia del Señor: *"Pero confiamos, y más quisiéramos estar ausentes del cuerpo, y presentes al Señor"* (II Cor. 5:8). Cuando Lázaro murió, fue inmediatamente al "Seno de Abraham", el cual era el nombre que los judíos daban a la morada de los fieles que habían partido. Lázaro estaba consiente y "consolado." El hombre rico quería que Abraham enviara a Lázaro a testificar a sus hermanos vivos, mostrando que ambos estaban en un estado de actividad consciente. Quizá ningún pensamiento es más confortante a los creyentes que saber que al morir irán a estar con Jesús. El apóstol habló las siguientes palabras de esperanza: *"Porque no nos ha puesto Dios para ira, sino para alcanzar salvación por medio de nuestro Señor Jesucristo, que murió por nosotros para que... vivamos juntamente con él. Por lo cual, animaos unos a otros, y edificaos unos a otros"* (I Tes. 5:9-11).

C. FALSOS PUNTOS DE VISTA SOBRE EL ESTADO INTERMEDIO.

Hay varias posiciones falsas sobre el estado intermedio que son ampliamente sostenidas; algunas no tienen ninguna base en las escrituras, otras están basadas en una interpretación incorrecta de la Escritura. Trataremos aquí a tres de éstas.

1. Purgatorio

Las iglesias Católica Romana y Griega Ortodoxa enseñan que aquellos miembros que han vivido vidas imperfectas deben pasar algún tiempo en "el purgatorio" a fin que sus pecados e imperfecciones puedan ser purgados. Dependiendo de la seriedad de sus ofensas, la longitud de tiempo a pasar en el purgatorio puede durar algunas horas o siglos, determinado solamente por el juicio final.

Según la iglesia católica, el tiempo en el purgatorio puede ser acortado por regalos o servicios rendidos a la iglesia o por oraciones o misas patrocinadas por familiares. La doctrina está basada en un pasaje tomado de los apócrifos, hallado en II Macabeos 12:41-43. Los libros apócrifos no son una parte del canon de la escritura. Están incluidos en las Biblias católicas, quizás por su apoyo a doctrinas no respaldadas por las escrituras canónicas. Ninguna referencia en la escritura con respecto al estado intermedio hace alguna referencia a los sufrimientos purgatorios. Además, el concepto de purgatorio viola la clara enseñanza de la escritura de la suficiencia de la sangre de Cristo para limpiar el pecado, y de salvación mediante la fe (Vea Heb. 10:10-23; Ef. 2:8-10; Rom. 3:24-28; 5:1,2,9,10; 8:1,31-39; 10:8-11; I Jn. 2:1,2; 3:1,2).

2. Dormir del alma.

Esta es la enseñanza que afirma que después de la muerte el alma descansa en un estado inconsciente hasta la resurrección. Esta doctrina es sostenida por los adventistas del séptimo día, los testigos de Jehová y varios grupos menores. Los argumentos presentados para afirmar esta doctrina del sueño del alma son:

- La Biblia a menudo se refiere a la muerte como un sueño (I Tes. 4:13,14; Jn. 11:11-14).

- Se asume que el alma no puede funcionar fuera del cuerpo, y entonces, no despertará hasta que sea unida con el cuerpo en la resurrección.

- Parece inapropiado que los justos disfruten gozo celestial, o los injustos sufran en el *Hades* hasta después del juicio (Heb. 9:27).

Los argumentos para el sueño del alma enunciados anteriormente serán contestados en el mismo orden.

2.1. Uso metafórico.

El uso del término "dormir" para describir a la muerte es una expresión figurativa y un eufemismo para enfatizar el hecho que la persona muerta todavía vive. W. E. Vine explica:

El uso metafórico de la palabra "dormir" es apropiado, por la similitud en apariencia de un cuerpo dormido y un cuerpo muerto; descanso y paz normalmente caracterizan a ambos. El objeto de la metáfora es sugerir que, al igual que el que duerme no cesa de existir mientras su cuerpo duerme, así también la persona muerta continúa existiendo a pesar de su ausencia en la región en la cual aquellos que quedan pueden comunicarse con él.[1]

Además, la narración dada por Jesús del estado del hombre rico y Lázaro inmediatamente después de la muerte demuestra claramente que sus almas no estaban durmiendo en inconsciencia (Lc. 16:22-31). Vea también la declaración de Pablo a los filipenses: *"... teniendo deseo de partir y estar con Cristo, lo cual es **muchísimo mejor**..."* (1:23).

2.2. El espíritu puede funcionar fuera del cuerpo.

Es hecho claro por el tratado de Pablo sobre "la muerte" en II Corintios, que el espíritu puede funcionar fuera del cuerpo:

*Así que vivimos confiados siempre, y sabiendo que entretanto que estamos en el cuerpo, estamos ausentes del Señor (porque por fe andamos, no por vista); pero confiamos, y más quisiéramos estar ausentes del cuerpo, y presentes al Señor. Por tanto procuramos también, o ausentes o presentes, **serle agradables** (II Cor. 5:6-9).*

Él declara que estar *"presentes al Señor"*, significa ausencia del cuerpo. Además, lo que el apóstol procuraba era serle agradable al Señor, presente o ausente del cuerpo. Si estar ausente del cuerpo significara "sueño del alma", ¿por qué debería preocuparse de serle agradable al Señor después de la muerte?. Uno que duerme difícilmente podría serle desagradable. Si Pablo esperaba dormir después de la muerte, su ambición de agradarle hubiera sido aplicada solamente a la existencia antes de la muerte. Ya que esperaba estar consciente después de la muerte, esperaba agradar al Señor adorándole (Ap. 7:9,10). (Vea también Heb. 12:23; Ap. 6:9-11; Ec. 12:7.)

2.3. El juicio del creyente.

Respondiendo a la suposición que dice que los hombres deben esperar el juicio antes de disfrutar gozo o sufrir castigo, Louis Berkhof comenta: "El día de juicio no es necesario para alcanzar una decisión respecto a la recompensa o castigo de cada hombre, sino solo el solemne anuncio de la sentencia, y para la revelación de la justicia de Dios en la presencia de los hombres

---

[1] Expository Dictionary of New Testament Words *(Diccionario Expositorio de Palabras del Nuevo testamento) por William Edwy Vine, (New York: Fleming H. Revell Publishing Company, 1958) 81.*

y los ángeles."[2] Jesús dijo: *"El que en él cree no es condenado; pero el que no cree, ya ha sido condenado, porque no ha creído en el nombre del unigénito Hijo de Dios"* (Jn. 3:18). ("Condenado" es equivalente a "juzgado", ya que hace falta un juicio para poder condenar a alguien.) Habrá un juicio de creyentes con respecto a recompensas por servicio, pero no con respecto a su salvación; la salvación de uno está condicionada por la fe en Jesús. (Vea II Cor. 5:10; I Cor. 3:12-15.)

3. Espiritismo.

El espiritismo enseña que los vivos pueden comunicarse con los muertos, y los muertos con los vivos, generalmente a través de un "médium." No hay ninguna evidencia en la Biblia para sugerir que pueda haber comunicación legítima entre los vivos y los muertos. De hecho, las escrituras inequívocamente prohiben cualquier intento de hacerlo (Lv. 19:31; 20:6,27; Dt. 18:9-12; Is. 8:19,20; I Cr. 10:13,14).

Hay dos explicaciones para el fenómeno espiritista: (1) son producidos por manipulaciones engañosas, como ha sido probado a menudo, (2) son producidos por "espíritus de mentira" (I R. 22:22,23; I Ti. 4:1). En Hechos capítulo dieciséis, Pablo liberó a una joven de un espíritu de adivinación (*python*) por el cual podía traer mucha ganancia a sus explotadores (Hch. 16:16-19). Sin duda, los espíritus malignos a menudo engañan a la gente que consulta a un médium imitando la voz de seres queridos muertos.

Buscando apoyo bíblico, los espiritistas a menudo citan el caso de la adivina de Endor trayendo al espíritu de Samuel (I Sam. 28:7-20). Sin embargo, ese caso no puede animar al espiritismo, porque Saúl fue castigado con la muerte por desobedecer al Señor consultando a un espíritu familiar (I Cr. 10:13,14). Algunos doctos creen que Samuel realmente se apareció ante Saúl; pero si lo hizo, fue por un permiso especial del Señor para pronunciar juicio sobre Saúl por su desobediencia.

Moisés y Elías también aparecieron sobre el monte de la transfiguración; pero nuevamente, por un permiso especial, a fin de representar a la ley y los profetas y para confirmar que Cristo Jesús era la meta de la ley y la profecía del Antiguo Testamento: *"Y he aquí dos varones que hablaban con él* [Jesús], *los cuales eran Moisés y Elías; quienes aparecieron rodeados de gloria, y hablaban de su partida, que iba Jesús a cumplir en Jerusalén"* (Lc. 9:28-36).

La palabra griega para "partida" es *exodon*, nuestro "éxodo." Al igual que Moisés, quien por el éxodo de Egipto liberó a Israel de la esclavitud, así

---

[2] Systematic Theology *(Teología Sistemática) por Louis Berkhof (Grand Rapids, MI: Wm. B. Eerdmans Publishing Company, 1941) 689.*

también Cristo por el éxodo de la cruz y resurrección liberó a la humanidad de la esclavitud del pecado. La aparición de Moisés y Elías era una señal del cumplimiento mesiánico. (Vea Mt. 17:1-8; Mt. 9:2-8). La Biblia no alienta, en ninguna manera a consultar los muertos. Cristo es *"Señor así de los muertos como de los que viven"* (Rom. 14:9); si alguna vez El permite que aparezcan los muertos, será para señalar algún evento estratégico de la historia sagrada. Si necesitamos consolación y guía tenemos la palabra de Dios y el Espíritu de Dios.

III. LA SEGUNDA VENIDA DE CRISTO

Para la mayoría de los que leerán y estudiarán este libro, el tema de la segunda venida de Cristo será la doctrina de mayor importancia. Acerca de la segunda venida, Aimee Semple McPherson dice:

Creemos que la segunda venida de Cristo es personal e inminente; que descenderá del cielo en nubes de gloria... y que en esta hora, que nadie conoce, los muertos en Cristo resucitarán, luego los redimidos que vivieren, que hubieren quedado, serán arrebatados con ellos en las nubes, para encontrarse con el Señor en el aire, y que así estarán siempre con el Señor; y que también viendo que mil años son como un día delante del Señor y que nadie sabe la hora de su aparición, la cual creemos está cerca, cada día debe ser vivido como si fuera el último, sin embargo en obediencia a su mandamiento explícito, *"Ocupaos hasta que yo venga"*, la obra del esparcimiento de su evangelio, el envío de misioneros, y los deberes generales de la edificación de la iglesia deben ser llevados a cabo tan diligente, y cabalmente, como si nuestra generación ni la venidera fueran a estar vivas para ver ese glorioso día.[3]

A. LA IMPORTANCIA DE SU VENIDA.

Si la importancia de un tema de la Biblia pudiera ser juzgado por la frecuencia de la referencia al mismo, la segunda venida de Cristo sería, en verdad, un tema de primaria importancia. La venida de Cristo es mencionada más de 300 veces en el Nuevo Testamento; eso significa una vez cada veinticinco versículos. En las epístolas de Pablo hay más de cincuenta (50) referencias al segundo advenimiento. Ha sido dicho que hay ocho veces más versículos referentes a la segunda venida del Señor que los que conciernen a su primera venida. Libros (I y II Tesalonicenses, Apocalipsis), y capítulos enteros (Mateo 24,25; Marcos 13; Lucas 21) están dedicados a este tema.

---

[3] *Declaración de fe* por Aimee Semple McPherson (Los Angeles, CA: Iglesia Internacional del Evangelio Cuadrangular, n.d.) 21-22.

Jesús mismo, a menudo se refirió a su segunda venida y exhortaba a sus seguidores a vigilar y a estar listos. De hecho, alrededor de cincuenta (50) veces en el Nuevo Testamento se les urge a los creyentes a estar listos para cuando el Señor venga de nuevo. En cinco pasajes del Nuevo Testamento se dice que la postura del creyente debe ser la de esperar la venida del Señor: *"... os convertisteis de los ídolos a Dios, para servir al dios vivo y verdadero, y esperar de los cielos a su Hijo..."* (I Tes. 1:9b, 10a). (Vea también Rom. 8:23-25; I Cor. 1:7; Gál. 5:5; Stg. 5:7.)

La esperanza de la segunda venida fue conectada por Jesús con ambas ordenanzas de la iglesia. A los apóstoles se les ordenó hacer discípulos, bautizándolos y enseñándoles con la certeza: *"... y he aquí yo estoy con vosotros todos los días, **hasta el fin del mundo**"* (Mt. 28:19,20). Pablo, citando a Jesús, dio el modelo apostólico para la observación de la cena del Señor diciendo: *"Así, pues, todas las veces que comiereis este pan, y bebiereis esta copa, la muerte del Señor anunciáis **hasta que él venga**"* (I Cor. 11:26). (Vea también Mt. 26:26-29; Lc. 22:17-20.)

La esperanza de la segunda venida provee la motivación para una vida cristiana práctica:

- Para amor fraternal (I Tes. 3:12,13).

- Para santidad (Rom. 13:12-14; I Tes. 3:13; 5:23; I Jn. 3:3; Tit. 2:11-13).

- Para congregarse con fidelidad para la adoración (Heb. 10:25).

- Para fidelidad en el servicio cristiano (I Ti. 4:13-16; II Ti. 4:1,2; I P. 5:2-4).

- Para una continua pasión por las almas (I Tes. 1:9,10; 2:11,12,19,20),

- Para consolación en tiempo de aflicción (I Tes. 4:14-18).

La segunda venida es tan importante para la iglesia, la novia de Cristo, que es llamada la **esperanza bienaventurada**: *"Aguardando la **esperanza bienaventurada** y la manifestación gloriosa de nuestro gran Dios y Salvador Jesucristo"* (Tit. 2:13).

B. LA NATURALEZA DE SU VENIDA.

¿Cómo debemos entender el término "segunda venida?" ¿De qué manera vendrá Cristo por segunda vez? Antes de responder a estas preguntas, será de ayuda discutir varias explicaciones falsas acerca del significado de la segunda venida.

1. Lo que no es la segunda venida.

1.1. No es la muerte del creyente.

La venida de Cristo es en nuestra resurrección, no nuestra muerte (I Tes. 4:16,17). La muerte es la partida del creyente para estar con Cristo, no la segunda venida de Cristo por el creyente (Fil. 1:23). La venida de Cristo es la derrota de la muerte, no la ocurrencia de ella (I Cor. 15:51-54). La muerte es un enemigo (I Cor. 15:26), la venida del Señor es nuestra esperanza biena-venturada (Tit. 2:13).

1.2. La segunda venida de Cristo no es la venida del Espíritu Santo en el día de Pentecostés.

Jesús prometió enviar a **otro** Consolador (Jn. 14:16); por lo tanto, su ve-nida y la del Consolador no podrían ser idénticas. Además, la mayoría de las referencias a la venida de Cristo fueron escritas después de Pentecostés y fueron indicadas a ser aún futuras (Hch. 3:19-21). Ninguno de los fenómenos profetizados para acompañar a la *parousia* de Cristo ocurrieron en el día de Pentecostés.

1.3. La segunda venida de Cristo no fue la destrucción de Jerusalén en 70 D.C.

Pudo haberse referido a la destrucción de Jerusalén por Tito como un ti-po de evento del último día durante la tribulación, pero no hubo ninguna ve-nida del Señor para llevar a su iglesia que ocurriera simultáneamente con ese evento. (Vea Mt. 24:15-23 con Lc. 21:24-28.) La destrucción de Jerusalén por Tito esparció a Israel, la venida de Cristo marcará la reunión de Israel (Jl. 3:16-18).

1.4. La segunda venida de Cristo no es la conversión.

Si esto fuera verdad, su venida no será una segunda, sino una de millo-nes de venidas. *"Así también Cristo fue ofrecido una sola vez para llevar los pecados de muchos; y aparecerá por **segunda vez**, sin relación con el pe-cado, para salvar a los que le esperan"* (Heb. 9:28). Según Pablo, el creyente espera la venida del Señor después de la conversión, no antes de ella (I Tes. 1:9,10). Se dirigirá ahora atención a una definición **positiva** de la naturaleza de la segunda venida del Señor.

2. Lo que sí es la segunda venida.

2.1. La segunda venida de Cristo es una venida o un regreso literal.

Ya que la venida es **la segunda**, será tan literal como la primera venida. No hay ninguna evidencia en la escritura de que el regreso de Cristo, el cual el mismo prometió, sería figurativo. El Antiguo Testamento tiene más refe-rencias a la segunda venida de Cristo que a su primera; las profecías de su primera venida fueron cumplidas literalmente, no hay duda que las profecías concernientes a la segunda venida también serán cumplidas literalmente.

2.2. La venida del Señor será un regreso personal.

*"Voy, pues, a preparar lugar para vosotros. Y si me fuere y os preparare lugar, **vendré otra vez** , y os tomaré a **mi mismo**, para que **donde yo es-**

toy, vosotros también estéis" (Jn. 14:2b,3). La venida de Cristo no puede ser una referencia figurativa a algún otro ser o a alguna experiencia espiritual del creyente, porque los ángeles dijeron a los discípulos cuando Cristo ascendió al cielo, *"Este mismo Jesús, que ha sido tomado de vosotros al cielo, así vendrá como lo habéis visto ir al cielo"* (Hch. 1:11b).

2.3. Será visible y corporal.

De la referencia citada anteriormente (Hch. 1:11b), es claro que la venida del Señor será una venida visible y corporal. El ángel también dijo que él *"vendrá como le habéis visto ir al cielo"* Ellos lo vieron ascender en un cuerpo glorificado, pero aún visible y tangible; Él volverá de la misma manera. *"He aquí que viene con las nubes, y todo ojo le verá..."* (Ap. 1:7).

C. EL MOMENTO DE SU VENIDA.

Jesús dijo respecto al momento de su regreso, *"Pero del día y la hora nadie sabe, ni aún los ángeles de los cielos, sino sólo mi Padre"* (Mt. 24:36). Algunos eruditos sostienen que Jesús y sus discípulos esperaban que su regreso fuera dentro de la primera generación. Pero en la parábola de los talentos Jesús dijo, *"Después de mucho tiempo vino el Señor de aquellos siervos..."* (Mt. 25:19). Ya que la parábola era acerca de la venida del reino, el término "mucho tiempo" parece insinuar una considerable demora en la venida. Pedro no pudo haber esperado una venida inmediata porque dijo:

> *Sabiendo primero esto, que en los postreros días vendrán burladores... diciendo: ¿Dónde está la promesa de su advenimiento? ... amados, no ignoréis esto: que para con el Señor un día es como mil años, y mil años como un día. El Señor no retarda su promesa... sino que es paciente para con nosotros, no queriendo que ninguno perezca, sino que todos procedan al arrepentimiento* (II P. 3:3-9).

Jesús también dijo: *"Y será predicado este evangelio del reino en todo el mundo, para testimonio a todas las naciones; y entonces vendrá el fin"* (Mt. 24:14). Cuando la iglesia en Tesalónica se turbó por la creencia de que ya había comenzado la gran tribulación, Pablo les exhortó a no moverse tan fácilmente en su modo de pensar: *"Porque no vendrá* [el día del Señor] *sin que antes venga la apostasía..."* (II Tes. 2:1-3). Por otro lado, Jesús advirtió, *"Velad, pues, porque no sabéis a qué hora ha de venir vuestro Señor"* (Mt. 24:42).

Aunque hay claras indicaciones de que el regreso del Señor no ocurrirá hasta después de un período extendido de evangelización, se le enseñó a la iglesia a estar lista para una aparición en cualquier momento del Novio Celestial (Mt. 24:44,48,50; 25:13; Mr. 13:35-37; Tit. 2:12,13; Jn. 3:3). El apóstol Pedro, quien se sentó a los pies de Jesús, exhortó fuertemente a los destinatarios de su segunda epístola a buscar. *"... La venida del día de Dios."* (II P.

3:12). *"Puesto que todas estas cosas han de ser deshechas, ¡Cómo no debéis vosotros andar en santa y piadosa manera de vivir, esperando y apresurándoos para la venida del día de Dios...!"* (II P. 3:11,12a). Pedro añade el pensamiento de que podemos en realidad **apresurar** el día de la venida. Ciertamente la iglesia no debe sentarse a esperar pasivamente un día determinado en que terminará esta dispensación. La iglesia está trabajando juntamente con el Señor para lograr su obra, la cual debe ser hecha antes de su regreso en gloria. Comentando sobre el versículo de Pedro citado anteriormente, Michael Green dice:

> Se espera que los cristianos estén vigilando por la venida del Señor; ¿no les había dicho Jesús mismo que debían vigilar? Pero esto no significa una inactividad piadosa. Significa acción. Por maravilloso que parezca, podemos realmente apresurarla. En otras palabras, el tiempo del advenimiento depende hasta cierto punto del estado de la iglesia y la sociedad. Qué maravillosa concepción positiva del significado de nuestro tiempo sobre la tierra. No es una espera estéril a que se le a escrito "final." La intención es que sea un tiempo de cooperación activa con Dios en la redención de la sociedad. Los rabinos tenían dos dichos aptos: "Son los pecados del pueblo que impiden la venida del Mesías. Si los judíos se arrepintieran genuinamente por un día, el Mesías vendría", y "Si Israel cumpliera perfectamente el Torah por un día, el Mesías vendría."[4]

¿Es posible que Dios vea el tiempo en función de tareas logradas en vez de calendarios terrenales? No podemos apresurar o retrazar el programa de Dios, pero es posible que lo hagamos con relación a nuestro marco de tiempo. De cualquier manera, aguardar al Señor no significa cruzarnos de brazos, más bien significa poner nuestras manos en el arado y en la hoz.

Aunque nadie sabe la hora de la venida de Cristo, se nos dan señales por las cuales podemos reconocer la aparición de los últimos tiempos.

D. LAS SEÑALES DE SU VENIDA.

En repuesta a las preguntas hechas por algunos de los discípulos, Jesús reveló un número de señales de eventos venideros (Mt. 24; Mr. 13, Lc. 21). Algunos ocurrirían en el primer siglo; algunos aparecerían progresivamente durante la era de la iglesia; otros ocurrirían justo antes y durante su venida en poder y gloria. Una lectura muy cuidadosa del discurso de Cristo en los Olivos, registrado en los tres evangelios sinópticos, es necesaria a fin de ordenar correctamente los "eventos señales" en una secuencia de tiempo. Se sugiere

---

[4] The Second Epistle General of Peter and the General Epistle of Jude: And Introduction and a Commentary *(La Segunda Epístola General de Pedro y la epístola General de Judas: Introducción y comentario)* por Michael Green, (Grand Rapids, MI: Wm. B. Eerdmans Publishing Company, 1976) 140.

que los lectores consulten buenos comentarios de los evangelios para una exposición detallada. En las epístolas, un número de pasajes describe condiciones que prevalecerían en los últimos tiempos: I Ti. 4:1-3; II Ti. 3:1-7; I Tes. 5:1-3; II Tes. 2:1-12; Stg. 5:1-8; II P. 3:1-10.

Las señales de los últimos tiempos son de dos clases, señales primarias y señales secundarias; las señales primarias son aquellas declaradas explícitamente como evidencias de la cercanía del día del Señor; las señales secundarias son deducibles, o sea, son eventos o condiciones que tendrían que preceder a las señales explícitas a fin de que puedan ocurrir. Por ejemplo, en Apocalipsis se dice que la Bestia de la tierra (Anticristo) causaría que todos recibieran una "marca" o "número", sin la cual nadie podría comprar o vender. A fin de que pueda ser ejercido tal control sobre la humanidad, tendría que existir un mecanismo por el cual pudiera ser expedido tal control total.

Con la mitad del mundo gobernado por gobiernos totalitarios, y con la mayoría del resto de la sociedad sujeta a identificación "numérica" y a registros computarizados de transacciones financieras, existe ahora el ambiente para la aparición de la Bestia. Muchos estudiantes de profecía ven al ambiente presente como una "señal" de los últimos tiempos. Tales deducciones se concluyen con base en los desarrollos modernos, el avance científico, la capacidad militar, y las alianzas internacionales que son indicaciones legítimas de donde están las manecillas del reloj de tiempo profético. Las siguientes son algunas de las condiciones mundiales que buscan los doctos proféticos como señales de los últimos días:

1. La reunión de Israel en Palestina.

Tan lejano, como en el tiempo de Moisés, Dios predijo que Israel, si desobedecía, sería esparcida a través de todas las naciones (Dt. 28:64); también predijo que reuniría su pueblo de todas las naciones, trayéndolo de nuevo a su tierra (Dt. 30:3; Is. 11:11-16; 2:2-5; Ez. 36:8,24; 37:11; 38:8).

En el Antiguo Testamento hay profecías con respecto a dos reuniones. Dios los haría volver reunidos de Babilonia después de setenta (70) años de cautividad (Jer. 25:11,12); pero en la primera cautividad no serían esparcidos a través de todas las naciones, como tampoco sería completo o permanente el regreso. Los pasajes citados anteriormente se refieren a una reunión completa y permanente terminando en un gobierno de paz y justicia. El segundo esparcimiento de Israel es profetizado por Jesús en Lucas el capítulo veintiuno: *"Y caerán [Israel] a filo de espada [70 D.C.], y serán llevados cautivos a todas las naciones; y Jerusalén será hollada por los gentiles, hasta que los tiempos de los gentiles se cumplan"* (21:24). La frase *"tiempos de los gentiles"* se refiere al período simbolizado por la imagen vista por Nabucodonosor en un sueño interpretado por Daniel (Dn. 2:24-45), un período durante el cual una sucesión de gobernantes gentiles dominarían Europa y el Medio Oriente, incluyendo Palestina. Daniel mismo tuvo un sueño en el que vio a estos mismos gobernantes gentiles representados por cuatro Bestias, el último de los cuales gobernó *"hasta que vino el Anciano de días ... y llegó el tiempo, y los santos recibieron el reino."* (Dn. 7:22). Pablo parece referirse a este término *"tiempos de los gentiles"* en el capítulo once de Romanos:

> *Porque no quiero, hermanos, que ignoréis este misterio... que ha acontecido a Israel endurecimiento en parte, hasta que haya entrado la **plenitud de los gentiles** y luego todo Israel será salvo, como está escrito: Vendrá de Sión el Libertador, que apartará de Jacob la impiedad. Y este será mi pacto con ellos, cuando yo quite sus pecados* (11:25-27)

El 14 de mayo de 1948, los judíos reunidos declararon que una porción de Palestina era el estado independiente de Israel. Esto en sí no cumplió específicamente las profecías respecto a la reunión de Israel, porque la reunión ha sido en incredulidad; pero después de casi dos mil años de exclusión de su tierra, la existencia de Israel como un estado bien puede colocar el escenario para el acto final.

2. Tiempos peligrosos.

Pablo describe las condiciones sociales en los "postreros días":

> *También debes saber esto: que en los **postreros días** vendrán tiempos peligrosos. Porque habrá hombres amadores de sí mismo, avaros, vanagloriosos, soberbios, blasfemos, desobedientes a los padres, ingratos, impíos, sin afecto natural, implacables, calumniadores, intemperantes, crueles, aborrecedores de lo bueno, traidores, impetuosos, enfatuados, amadores de los deleites más que de Dios, que tendrán apariencia de piedad, pero negarán la eficacia de ella... Porque estos son los que se meten en las casas y llevan cautivas a las mujercillas cargadas de pecados, arrastradas por diversas concupiscencias. Estas siempre están aprendiendo, y nunca pueden llegar al conocimiento de la verdad* (II Ti. 3:1-7).

Por supuesto tales hombres como los que describe Pablo han existido siempre; pero cuando la depravación que él describe caracteriza a toda una sociedad, tal condición señala el acercamiento del fin de esta era. Cuando contemplamos las condiciones actuales, de egoísmo, perversión sexual, crimen, violencia, falta de conciencia, y rebeldía contra la moralidad de la Biblia, uno no se sorprende que muchos eruditos de la Biblia vean a la sociedad moderna como una sociedad del "día de juicio."

3. El levantamiento de Rusia comunista.

El profeta Ezequiel, en los capítulos treinta y ocho y treinta y nueve, describe proféticamente a una nación o naciones que vendrán contra Israel cuando sea reunida en su propia tierra. Él dice: *"Hijo de hombre, pon tu rostro hacia Gog, de la tierra de Magog, príncipe de Ros, Mesec y Tubal, y profetiza contra él, y di: Así ha dicho el Señor Dios: He aquí estoy contra ti, oh Gog, príncipe de Ros, Mesec y Tubal"* (Ez. 38:2,3, Biblia de las Américas). Es bastante claro que lo anterior es una referencia a Rusia. *Mesec* es Moscú; *Tubal* es Tobolsk; y *Ros* es Rusia. [5] La autoridad para esta identificación viene del léxico hebreo del Dr. Guillermo Gesenius, quien define *Ros*:

> *Ros* Ezequiel 38:2,3; 39:1: nombre propio de una nación nórdica, mencionada con Tubal y Mesec; sin duda los "rusos", quienes son mencionados por los escritores bizantinos del siglo décimo, bajo el nombre *hoiros* (griego) habitando al norte de Tauro, y descrito por Ibn Fosslan, un escritor árabe de la misma era, habitando sobre el río Volga.[6]

Rusia se convirtió en una potencia mundial con la meta de conquista mundial solamente después de la primera guerra mundial en 1917. Siendo el Medio Oriente la fuente principal de petróleo en el mundo, codiciado por Rusia, y estando Rusia en discordia con Israel, una aliada de los Estados Unidos. No es imposible ni inimaginable que Moscú invada la reunida Israel en alguna fecha del futuro cercano, especialmente a la luz de la profecía de Ezequiel capítulos treinta ocho y treinta y nueve. Según la profecía de Ezequiel, Dios enviará fuego para destruir a Rusia y la derrota será tan completa que el masivo invasor dejará atrás tal cantidad de armas de guerra que tomará siete años deshacerse de ellas. Los muertos serán tan numerosos que le tomará a Israel siete meses enterrarlos. Al comienzo de este siglo no había un estado de Israel, y Rusia que no hubiera tenido motivo para invadir Palestina. El surgimiento de la Rusia comunista moderna y el establecimiento del estado de Israel ahora hace posible las circunstancias necesarias para el cumplimiento de la profecía de Ezequiel que fue predicho ocurriría en los últimos días.

4. El levantamiento de China comunista.

En el libro de Apocalipsis, el capítulo dieciséis, hay un pasaje que hace referencia a los "reyes del oriente": *"El sexto ángel derramó su copa sobre el*

---

[5] Esta es una opinion personal de los autores quienes escribieron estas conclusiones basados en la mejor informacion disponible.

[6] Hebrew and Chaldee Lexicon to the Old Testament Scriptures *(Léxico Hebreo y caldeo de las escrituras del Antiguo Testamento) por William Gesenius,* (Grand Rapids, MI: Wm. B. Eerdmans Publishing Company, 1974) 752.

*gran río Eufrates; y el agua de éste se secó, para que estuviese preparado el camino a los reyes del **oriente**"* (Ap. 16:12). El río Eufrates también es mencionado en el capítulo nueve de Apocalipsis en relación con la profecía, de que sería desatado un ejército de doscientos millones (200.000.000), resultando en la muerte de una tercera parte de la humanidad (Ap. 9:13-21). El río Eufrates era considerado como la frontera entre oriente y occidente. Muchos doctos proféticos ven el levantamiento de la China moderna, ahora con armas nucleares, como una "señal" clara de los últimos días.[7]

5. Armamentos y potencial moderno de guerra.

Poco antes del regreso de Jesús con sus santos para reclamar su reino, la tierra será el escenario de la más grande guerra de todos los tiempos, llamada "Armagedón." Será el conflicto final de ésta dispensación. Al el comienzo de este siglo, era difícil concebir una guerra de la proporción de Armagedón. Ahora con el desarrollo de las armas atómicas, el poder destructivo de las cuales ya ha sido comprobado, otra guerra mundial sin lugar a duda sería la última guerra, y causaría la destrucción de la humanidad. En ese sentido, el potencial moderno de guerra es una señal de los últimos días, porque solamente la venida de Jesús puede evitar la destrucción total. El Señor debe venir para salvarnos de nosotros mismos.

6. Progreso en el transporte y la ciencia.

En el último capítulo de la profecía de Daniel está registrada esta palabra del Señor: *"Pero tú, Daniel, cierra las palabras y sella el libro hasta el **tiempo del fin**. Muchos correrán de aquí para allá, y la ciencia se aumentará"* (Dn. 12:4). Esta profecía parece indicar que en el tiempo del fin habría una notable aceleración en el viajar y en la adquisición de conocimiento. Muchos de los que escriben sobre las señales de los postreros días apuntan a la profecía de Daniel citada anteriormente como una señal de que el fin se está acercando.

Hasta el siglo diecinueve, hubo muy poco cambio en la manera en que la gente se transportaba. Abraham podría ir de un lado a otro casi tan rápido como Shakespeare. Hasta el comienzo del siglo veinte la persona promedio viajaba en un vehículo tirado por animales. Hoy, viajeros recorren continentes en aviones jet en cuestión de horas; y el viaje espacial (cuyos pasajes están siendo reservados hoy en día) ofrecerá velocidades que permitirán que uno circunde el globo terráqueo más rápido de lo que Abraham podía llegar al próximo pueblo.

---

[7] The Late Great Planet Earth *(El reciente gran planeta tierra)* por Hal Lindsey, con C.C. Carlson, *(Grand Rapids, MI: Zondervan Publishing House, 1970) 81.*

El incremento en el conocimiento ha sido igualmente espectacular. Hasta la invención de la imprenta, y el descubrimiento del nuevo mundo, la suma de conocimiento humano no era apreciablemente mayor que el que hubo en el siglo de oro de Grecia y Roma. El renacimiento en realidad fue sólo el re-descubrimiento de las culturas de la Grecia antigua, Egipto, Arabia y China. Los científicos de hoy han partido el átomo, desarrollado el poder atómico, explorado genes humanos, viajado a la luna, fotografiado los planetas a distancia cercana, y computado toda estadística y la mayoría de la producción industrial.

Ha sido estimado que tres cuartos del conocimiento presente ha sido adquirido en los últimos cincuenta (50) años, y que sesenta por ciento de las medicinas modernas y los procedimientos quirúrgicos han sido desarrollados desde la segunda guerra mundial. Tres cuartos de todos los científicos que hayan vivido alguna vez, están vivos hoy. Con el uso de las computadoras, en una hora un ingeniero moderno puede duplicar el trabajo de toda una vida de un ingeniero trabajando antes de 1940. En una atmósfera de avance científico explosivo, moralidad y ética declinante, Jesús debe venir y gobernar para salvarnos de nosotros mismos.[8]

Debe señalarse, sin embargo, que solamente pueden buscarse en la sociedad las señales y condiciones que son claras antes del rapto de la iglesia; las señales explícitas son profetizadas para ocurrir durante la tribulación y en relación con la venida del Señor en juicio. No debe ocurrir ninguna señal específica antes que venga el Novio por la novia; su aparición, como en la parábola de las diez vírgenes, debería ser esperada en todo tiempo.

E. EL RAPTO DE LA IGLESIA.

1. Puede acontecer en cualquier momento.

Un número de eventos está asociado con el fin del siglo. Jesús prometió a sus discípulos, *"Vendré otra vez, y os tomaré a mí mismo, para que donde yo estoy, vosotros también estéis"* (Jn. 14:3). Pablo escribió: *"... los muertos en Cristo resucitarán primero. Luego nosotros los que vivimos, los que hayamos quedado, seremos arrebatados juntamente con ellos en las nubes para recibir al Señor en el aire..."* (I Tes. 4:16b,17). Jesús habló también de la gran tribulación, *"Porque habrá entonces gran tribulación, cual no la ha habido desde el principio del mundo hasta ahora, ni la habrá"* (Mt. 24:21).

---

[8] The Beginning of the End (*El principio del fin) por Tim LaHaye, (Tyndale, 1972); H.* Last Things *(Ultimas cosas) por Leo Eddleman, (Zondervan, 1969); y* Signs of His Coming *(Señales de su venida) por A. E. Bloomfield, (Bethany Fellowship, 1962).*

Esta gran tribulación está descrita en detalle en el libro de Apocalipsis, capítulos seis al diecinueve. (Vea también Dn. 12:1). La tribulación será causada por Satanás, mediante la acción de uno llamado variadamente: "*la Bestia*" (Ap. 13:1), el "*Anticristo*" (I Jn. 2:18), el "*hombre de pecado*", el "*hijo de perdición*" (II Tes. 2:3), y el "*cuerno pequeño*" (Dn. 7:8). La gran tribulación será concluida por la batalla de Armagedón y la revelación de Jesús como Rey de Reyes, quien vendrá con sus ejércitos de santos para traer juicio sobre la "*Bestia*" y sus seguidores (Ap. 19:11-21). La gran tribulación es seguida por el reino milenial de Cristo, el juicio final, y el estado eterno (Ap. 20-22).

¿Cuál de estos eventos ocurrirá primero? ¿Será la venida de Jesús o la revelación del Anticristo? Si la Biblia ha de ser tomada en un sentido natural, parece que el primer evento que el creyente espera es la "esperanza bienaventurada" (Tit. 2:13), o el rapto de la iglesia:

> *Por lo cual os decimos esto en palabra del Señor: que nosotros que vivimos, que habremos quedado hasta la venida del Señor, no precederemos a los que durmieron [murieron]. Porque el Señor mismo con voz de mando, con voz de arcángel, y con trompeta de Dios, descenderá del cielo; y los muertos en Cristo resucitarán primero. Luego nosotros los que vivimos, los que hayamos quedado, seremos arrebatados juntamente con ellos en las nubes para recibir al Señor en el aire, y así estaremos siempre con el Señor* (I Tes. 4:15-17).

Al Apóstol Pablo, ya que él fue el apóstol a la iglesia gentil, le fue dada una revelación especial del Señor mismo respecto a los detalles del rapto y su relación con la resurrección.[9]

En un pasaje en I Corintios, Pablo habla de nuevo del rapto de la iglesia junto con la resurrección corporal de los creyentes muertos: "*He aquí, os digo un misterio: No todos dormiremos; pero todos seremos transformados, en un momento, en un abrir y cerrar de ojos, a la final trompeta, y los muertos serán resucitados incorruptibles, y nosotros seremos transformados*" (I Cor. 15:51,52). Cuando el Señor venga por su iglesia, no sólo serán raptados los santos vivos, sus cuerpos serán cambiados a cuerpos incorruptibles. El creyente, en cuerpo y espíritu, se tornará como Jesús (I Jn. 3:2,3).

Otra referencia al rapto, por Pablo, se halla en II Tesalonicenses: "*Pero con respecto a la venida de nuestro Señor Jesucristo, y nuestra **reunión con el**, os rogamos, hermanos...*" (2:1). Hay una probable referencia adicional al rapto en el mismo pasaje: "*porque no vendrá [el Día del Señor] sin que antes venga la **apostasía**...*" (v 3). En el griego, "apostasía" puede tam-

---

[9] Another Look at the Rapture *(Otra Visión del Rapto) por Dr. Roy Hicks, (Tulsa, OK: Harrison House, 1982), donde trata extensivamente el tema de la intuición especial de Pablo sobre el rapto.*

bién ser traducido como "partida." La palabra en griego tiene un artículo definido, por lo tanto se refiere a un evento conocido por los destinatarios. Ya que todo el tema es con respecto al "rapto" y la preocupación de los tesalonicenses que ya estaban en la tribulación, la traducción "partida" es razonable.[10]

Sin duda, el Nuevo Testamento, especialmente los escritos de Pablo, muestran con mucha claridad a un "rapto" de los creyentes vivos en la venida de Cristo. Todos los evangélicos están de acuerdo en que ocurrirá un rapto; no están de acuerdo acerca de cuando ocurrirá el rapto con relación al período de la tribulación descrita en el libro de Apocalipsis. Aunque este libro se identificará con la posición de Pre-tribulación del rapto, la cual es la posición histórica de nuestra iglesia, los autores se abstienen de un dogmatismo radical en la presentación de esta posición, reconociendo el hecho que muchos maestros santos y eruditos toman otras posiciones.

2. Varias teorías del rapto.

2.1. La teoría del rapto Post-tribulatorio.

Aquellos que mantienen esta teoría creen que los creyentes pasarán por la tribulación y que el rapto ocurrirá simultáneamente, o inmediatamente antes, de la venida del Señor en juicio. Ellos afirman que el rapto de la iglesia y el regreso de Cristo para gobernar son simplemente aspectos diferentes de un solo evento que ocurrirá al final de la gran tribulación, y justo antes de la derrota de la Bestia y sus seguidores y el comienzo del milenio. Los mejores partidarios contemporáneos del rapto post-tribulatorio son: Dr. Jorge E. Ladd, en *The Blessed Hope* ("La Bienaventurada Esperanza") (Eerdmans, 1957); *A Theology of the New Testament* ("Una Teología del Nuevo Testamento) (Zondervan, 1977); y J. Barton Payne, en *Encyclopedia of Biblical Prophecy* ("Enciclopedia de Profecía Bíblica") (Harper & Row, 1973).

2.1.1. Argumentos a favor. Los principales argumentos propuestos en favor de la posición del rapto post-tribulatorio son los siguientes:

- La venida de Cristo está variadamente descrita, pero en ningún lado se dice que sean dos eventos separados por un intervalo de siete (o tres y medio) años de tribulación.

- La respuesta de Jesús a sus discípulos respecto a las señales de los últimos tiempos indican que un período de tribulación desigual (Mt. 24:3-22) precedería su venida. Otros pasajes también predicen la tribulación para el pueblo de Dios (Jn. 15:18,19; 16:33).

---

[10] The New Testament, an Expanded Translation *(El Nuevo Testamento, una Traducción Expandida) por Kenneth S. Wuest, (Eerdmans, 1972) 486; también* Another Look at the Rapture *(Otra Visión del Rapto) por Dr. Roy Hicks, (Tulsa, OK: Harrison House, 1982) 45-49*

- La resurrección está identificada con el rapto, sin embargo, Apocalipsis 20:4-6 pone a la "primera resurrección" después del regreso de Cristo a gobernar y justo antes del milenio, por lo tanto el rapto y la revelación deben ocurrir juntos. (Vea también Dn. 12:1,2).

2.1.2. Argumentos en contra. Los siguientes son argumentos en contra de la posición del rapto post-tribulatorio:

- El período de tribulación no es un período de la iglesia, sino la última semana de la visión de Daniel respecto al trato de Dios con Israel: "*Setenta semanas están determinadas sobre tu pueblo y sobre tu santa ciudad para terminar la prevaricación, y poner fin al pecado, y expiar la iniquidad, para traer la justicia perdurable ...* (Dn. 9:24; también 25-27). Es un tiempo de trato de Dios con Israel y de su ira sobre las naciones paganas (Ap. 6:15-17). Jeremías llama al período de tribulación la "*angustia para Jacob*" (Jer. 30:4-7).

- Pablo declara respecto a la iglesia: "*Porque no nos ha puesto Dios para ira, sino para alcanzar salvación por medio de nuestro Señor Jesucristo ...*" (I Tes. 5:9). La iglesia ha sufrido y sufrirá muchas pruebas y tribulaciones, pero no el gran día de su ira.

- El Señor ha prometido a los fieles que serán guardados de esa hora de ira: "*Por cuanto has guardado la palabra de mi paciencia, yo también te guardaré de la hora de la prueba que ha de venir sobre el mundo entero, para probar a los que moran sobre la tierra*" (Ap. 3:10). (Vea también II P. 2:9; Lc. 21:34-36).

- En ninguna parte del libro de Apocalipsis, después del capítulo cuatro, se menciona específicamente a la iglesia, hasta el capítulo diecinueve, donde la iglesia es vista en el cielo como la novia de Cristo. Muchos doctos identifican a la iglesia con los veinticuatro ancianos que están en el cielo a través del Apocalipsis. Los veinticuatro ancianos están vestidos de blanco con coronas de victoria sobre sus cabezas, símbolos de los redimidos. Los santos de la tribulación (aquellos que son salvados durante la tribulación y martirizados) son vistos como grupo solamente en el cielo. Los justos que son vistos sobre la tierra son los 144.000, que se dice son judíos (Ap. 7:1-8; 14:1-5). Además, si la iglesia ha de estar sobre la tierra durante la tribulación, ¿por qué se le asigna la tarea de testificar a dos testigos que aparentemente son judíos (Moisés y Elías)? (Ap. 11:1-14).

- El rapto y la venida final no pueden ocurrir simultáneamente, ni siquiera en el mismo día, porque dos eventos importantes separan el rapto y la resurrección de los santos de la venida a la tierra para gobernar. Los dos eventos son el tribunal de las recompensas de los creyentes, y la cena de las bodas del Cordero (Ap. 19:5-9; I Cor. 3:11-15; II Cor. 5:9-11).

- Ya que la era de la iglesia termina con el comienzo de la tribulación (la septuagésima semana de Daniel, Dn. 9:27; "la plenitud de los gentiles" (Rom. 11:12,25,26,27), La iglesia no cumple ningún otro papel en los negocios de la tierra hasta el milenio.

- Respecto a la resurrección registrada en Apocalipsis el capítulo veinte, y referida como la "primera resurrección", una lectura cuidadosa revelará que los resucitados mencionados aquí son aquellos que han sido degollados durante la tribulación; no se hace ninguna mención de los santos de la era de la iglesia que deben haber sido levantados en el momento del rapto antes de la gran tribulación. Daniel (12:1,2) coloca la resurrección de los santos del Antiguo Testamento al final de la tribulación, pero Juan no la menciona en Apocalipsis capítulo veinte. Cristo es llamado "primicias de los que durmieron"; en la resurrección de Cristo, un número de santos se levantaron de los muertos (Mt. 27:52,53). En Apocalipsis 11:11,12, son resucitados los dos testigos; en Apocalipsis 7:12-17, está registrada la resurrección de los santos de la tribulación. Aparentemente todos aquellos que son resucitados antes del milenio son una parte de la "primera resurrección"; aquellos que son levantados después del milenio son levantados para juicio y perdición (Ap. 20:13-15).

- El argumento más fuerte para un rapto pre-tribulatorio es el hecho que a través del Nuevo Testamento se da la exhortación de buscar y aguardar la venida de Jesús (Mt. 24:42,43; 25:13; Mr. 13:35; I Tes. 5:6; Tit. 2:13; I Jn. 3:3; Heb. 9:28; Jn. 14:3). Jesús prometió, *"Y si me fuere y os prepararé lugar, vendré otra vez, y os tomaré a mí mismo, para que donde yo estoy, vosotros también estéis"* (Jn. 14:3). Aquí la venida de Jesús es con el propósito de recibir a la iglesia para sí mismo y llevarla a un lugar en la casa del Padre; esta venida no puede ser la misma que su venida con la iglesia a la tierra como afirman los post-tribulatoristas. La esperanza bienaventurada de una inminente venida de Jesús es uno de los incentivos más fuertes a la santidad práctica y al servicio diligente (Tit. 2:12-14; I Jn. 3:3). Si la tribulación debe venir primero, con la manifestación del Anticristo, antes del rapto, ¿quién buscará una venida de Jesús hasta que hayan pasado muchos de los eventos del Apocalipsis? La parábola de los siervos fieles e infieles en Mateo capítulo veinticuatro enseña el trágico resultado de decir, *"Mi señor tarda en venir"* (24:44-51).

2.1.3. Los principales proponentes de la posición Pre-tribulatoria son: Dr. C. I. Scofield, *Scofield Study Bible* (Biblia de Estudio Scofield), notas al pie (Oxford University Press, 1967); Dr. Juan F. Walvoord, *The Rapture Question* (La Cuestión del Rapto) (Dunham, 1957); *The Revelation of Jesus Christ* (La Revelación de Jesucristo) (Moody Press, 1972); Dr. Kenneth S. Wuest, *Prophetic Light in the Present Darkness* (Luz Profética en la Presente Oscuridad) (Eerdmans, 1956); Dr. J. Dwight Pentecost, *Prophecy for Today*

(Profecía para Hoy) (Zondervan, 1961); Dr. Enrique C. Thiessen, *Lectures in Systematic Theology* (Discursos en Teología Sistemática (Eerdmans, 1961); Dr. Marcos G. Cambron, *Bible Doctrines* (Doctrinas Bíblicas) (Zondervan, 1973); W.E. Vine, *The Epistle to the Thessalonians* (La Epístola a los Tesalonicenses) (Pickering & Inglis), Herbert Lockyer, *All the Doctrines of the Bible* (Todas las Doctrinas de la Biblia) (Zondervan, 1964); Dr. Gerald B. Stanton, *Kept from the Hour* (Guardado de la Hora) (Zondervan, 1956); Dr. Charles C. Ryrie, *The Ryrie Study Bible* (La Biblia de Estudio Ryrie) (Moody Press, 1978); *Dispensationalism Today* (El Dispensacionalismo Hoy en Día) (Prensa Moody, 1981).

2.2. La teoría del rapto en la mitad de la tribulación.

Esto revela la posición de aquellos que enseñan que la iglesia será raptada después de la primera mitad de la septuagésima (70) semana de Daniel (Dn. 9:27). La mayoría de los que sostienen esta posición, sin embargo, dicen ser rapturistas pre-tribulatorios, porque no interpretan la primera mitad del período tribulatorio de siete años como ser un tiempo de gran tribulación o de ira.

2.2.1. Los puntos principales de esta teoría son:

- La última trompeta, mencionada en conexión con el rapto en I Corintios 15:52, está identificada con la séptima trompeta que suena en Apocalipsis 11:15 lo cual ocurre en el medio de la tribulación (Ap. 11:2,3). Si las dos trompetas son idénticas, entonces el rapto ocurre a la mitad de la tribulación.

- Ya que la iglesia es raptada antes de la "gran tribulación" (las últimas tres semanas y media), la iglesia escapa de la "ira" de I Tesalonicenses 5:9, y la "hora de prueba" de Apocalipsis 3:10).

- La resurrección de los dos testigos en Apocalipsis 11:11,12 está declarada como una referencia al rapto y la resurrección de la iglesia, o a ocurrir simultáneamente con el rapto.[11]

2.2.2. Argumentos en contra. Los siguientes argumentos pueden ser presentados en oposición a la posición del rapto a la mitad de la tribulación:

- Las trompetas en I Corintios capítulo quince y Apocalipsis once no son las mismas. La "final trompeta" de Pablo es un llamado de trompeta de victoria sobre la muerte; la séptima trompeta de Juan es el séptimo en una serie de anuncios del juicio sobre los malvados y triunfo final sobre el reino de Satanás.

---

[11] A Systematic Theology of the Christian Religion *(Una Teología Sistemática de la Religión Cristiana) por J. Oliver Buswell, (Grand Rapids, MI: Zondervan Publishing House, 1963) II, 456.*

- La septuagésima semana completa de Daniel es judía en carácter, por lo tanto la iglesia no pertenece en ninguna manera a ella. La ira de Dios también es derramada en la primera mitad del período tribulatorio (Ap. 6:12-17). (También I Tes. 5:9; Ap. 3:10; II P. 2:9).

- Los dos testigos parecen ser judíos por los símbolos del Antiguo Testamento; el templo, los olivos y candelabros (Zac. 4:3,14), conteniendo lluvias, y castigando con plagas (Ex. 7:20; 8:1-12:29; I R. 17:1; 18:1-45; II R. 1:10-12; Stg. 5:17,18). Si la iglesia estuviera sobre la tierra, ¿por qué asignaría Dios a profetas judíos la misión de testificar a las naciones? Hasta el final de la era de la iglesia, es la misión de la iglesia testificar a todas las naciones. El Dr. Buswell cree, sin embargo, que la era de la iglesia y el período de tribulación se extenderán el uno sobre el otro durante tres años y medio.[12]

- La misma objeción que puede hacerse a la posición del rapto a la mitad de la tribulación se le hace a la posición Post-tribulatoria; esto es, que dicha posición remueve la expectativa de la venida de Cristo en cualquier momento. El período de tribulación comienza con el Anticristo haciendo un pacto con los judíos, un evento que no podría ser escondido. Si la iglesia va a pasar por cualquier parte del período tribulatorio, Cristo no puede venir por la iglesia hasta que haya comenzado la tribulación con el pacto del Anticristo de restablecer el sacrificio diario (Dn. 9:27). Ambas de las teorías discutidas anteriormente requieren que busquemos la venida del Anticristo antes que la venida de Cristo.

2.3. La teoría del rapto parcial.

Aquellos que sostienen un rapto parcial basan su creencia en pasajes tales como Hebreos 9:28; Lucas 21:36; I Juan 2:28; y Mateo 25:1-1, cuya interpretación es que los creyentes que no "le esperan", que no son "tenidos por dignos", que tienen algo en su vida que pueda hacer que "en su venida" se alejen "de él avergonzados", o que no tienen aceite (la plenitud del Espíritu) serán dejados para pasar por la tribulación. Los partidarios de esta teoría creen que sólo aquellos creyentes que sean completamente dignos se irán en el rapto. Las siguientes consideraciones se argumentan en contra de la teoría de rapto parcial:

- Primera de Tesalonicenses 4:16 dice: *"Los muertos en Cristo resucitarán primero."* Si todos los que han muerto en Cristo serán resucitados, ciertamente todos los que están vivos "en Cristo" serán raptados. Ciertamente el Señor no esperará hasta la generación que esté viva en el tiempo de su venida para hacer la distinción entre los creyentes que son "dignos" y aquellos que no los son.

---

[12] *Buswell, 453*

- Además, en I Corintios 15:51, Pablo dice: *"He aquí, os digo un misterio: No todos dormiremos; pero **todos** seremos transformados."* Todos los que están en Cristo serán transformados en su venida. Esto por supuesto no incluye a los no regenerados que sólo son cristianos profesantes.

- Si solamente serán llevados los "dignos", ¿quién irá? ¿Quién puede reclamar dignidad en sí mismo? Nuestra posición con Dios está basada sobre la justicia de Cristo, no en nuestras justicias que son *"trapos de inmundicia"* (Is. 64:6).

- Todo creyente debería ser lleno del Espíritu, pero el propósito de esa plenitud no es hacernos dignos, lo cual se logra por la sangre de Jesús, sino equiparnos con poder para servicio (Hch. 1:8). Interpretar el "aceite" en la parábola de las diez vírgenes como simbólico de la "plenitud del Espíritu" viola principios sanos para la interpretación de parábolas (tanto las sabias como las imprudentes tenían aceite al principio).

- Los proponentes de la teoría del rapto parcial al igual que aquellos que creen que la iglesia debe pasar por parte, o por toda la tribulación, argumentan que la tribulación es necesaria para purificar la iglesia y alistarla para el Novio. Esta creencia argumenta a favor de una clase de purgatorio protestante. Y si los santos vivos al final de la era necesitan purificación por la tribulación, parecería que el Señor necesitaría resucitar a los santos muertos para un período de tribulación previo a su rapto. ¡Un pensamiento absurdo, por supuesto!

F. EL REGRESO DE CRISTO PARA GOBERNAR - LA REVELACIÓN.

En el rapto, Cristo viene por sus santos; en su revelación, Él viene con sus santos. En el rapto, Él viene en el aire; en su revelación, Él viene a la tierra a gobernar en poder y gloria. El rapto es seguido por el juicio de la recompensa a los creyentes y la cena de las bodas del Cordero; la revelación es seguida por la derrota del Anticristo y las naciones malvadas, y el establecimiento de su reino milenial (Ap. 19:20). *"De éstos también profetizó Enoc, séptimo desde Adán, diciendo: He aquí, vino el Señor con sus santas decenas de millares"* (Jud. 14). (Vea Dn. 7:9,10,21,22; Is. 11:1-4; 63:1-3.) Según Apocalipsis el capítulo diecinueve, el proceso del regreso de Cristo a gobernar es:

- El cielo es abierto y Cristo aparece montado en un caballo blanco con una corona sobre su cabeza y con ropa teñida en sangre; su nombre es anunciado como "El Verbo de Dios" (v 11-13; también Jn. 1:1).

- Es acompañado por ejércitos de santos, también montados en caballos blancos. Una aguda espada sale de su boca para herir a las naciones malvadas. Su título es revelado como "Rey de Reyes y Señor de Señores" (v 14-16).

- Un ángel anuncia su prontitud para la batalla contra la Bestia y sus ejércitos que se reúnen para oponerse al Señor. Los ejércitos de la Bestia son aplastados; la Bestia, el falso profeta y todos aquellos que han tomado la marca de la Bestia o adorado su imagen son echados en el lago de fuego (v 19-21; Dn. 8:25).

- Un ángel del cielo arroja a Satanás, llamado "la serpiente antigua", el "dragón" y el "diablo" al abismo donde es encarcelado por mil años (Ap. 20:1-3).

- Los santos de la tribulación son levantados y, juntamente con los santos de la iglesia, reinan con Cristo por mil años (Ap. 20:4; Mt. 25:21; II Ti. 2:12; Ap. 5:9,10).

IV. LA TRIBULACION

A. LA PALABRA "TRIBULACION" EN LA ESCRITURA.

En la Biblia, la palabra "tribulación" es usada en, por lo menos, tres maneras diferentes:

1. Pruebas y persecuciones.

El término "tribulación" se usa para aplicarse a las pruebas y persecuciones que sufrirán los creyentes cristianos a través de la era de la iglesia como resultado de su identificación con Cristo. *"Confirmando los ánimos de los discípulos, exhortándolos a que permaneciesen en la fe, y diciéndoles: Es necesario que a través de muchas tribulaciones entremos en el reino de Dios"* (Hch. 14:22).

Juan, en su primera epístola, explica por qué sufrimos con Cristo en este mundo: *"Por esto el mundo no nos conoce, porque no le conoció a él"* (I Jn. 3:1b). (Vea también I Cor. 3:4; II Tes. 1:4; Hch. 14:22; Rom. 12:12; Ef. 3:13; II Cor. 7:4.)

2. Periodo especial de tribulación.

El término "tribulación" se usa para aplicarse a un período especial de tribulación para Israel profetizado por Daniel (9:24-27).

Jeremías también hace referencia al mismo período llamándolo "angustia para Jacob" (Jer. 30:7-9). Jesús describe la gran tribulación (Mt. 24:21) y confirma su aplicación a Israel por el uso de términos tales como "Judea", "día de reposo", y "la abominación desoladora" (Dn. 9:27) lo cual se refiere a la profanación del altar del templo judío por el Anticristo.

3. El Gran día de la ira de Dios.

El término "tribulación" se usa para aplicarse a la ira final de Dios sobre el Anticristo y las naciones gentiles que los sigan (Ap. 6:12-17), llamado el "Gran día de su ira."

4. Distinciones entre las diferentes aplicaciones.

Es muy importante que las tres aplicaciones diferentes de la palabra "tribulación" sean claramente distinguidas. El hecho que los creyentes deben estar listos para sufrir pruebas y tribulación a través de la era de la iglesia (Hch. 14:22) no significa que la iglesia debe pasar por la "Gran tribulación" y la hora final de la "Ira de Dios." Dios ha prometido guardar a los santos de la iglesia de (gr., *ek*, "fuera de") el período de tribulación (Ap. 3:10, I Tes. 5:9). Además, la "Gran Tribulación", que es la "septuagésima semana" de Daniel del período de setenta semanas determinado para tratar con Israel (Dn. 9:24-27; 12:8-13), no es una parte de la edad de la iglesia; cuando venga "la plenitud de los gentiles", como explica Pablo en Romanos 11:25, la iglesia será raptada, y Dios se volverá nuevamente para efectuar la salvación de la nación de Israel (Rom. 11:24,26; Ap. 7:4-8; Ap. 11-12).

B. EL SUEÑO Y LA VISION DE DANIEL.

Daniel también profetizó acerca de tiempos de dominio del mundo por naciones gentiles. (La imagen de Nabucodonosor, Dn. 2:31-44; el sueño de Daniel de las cuatro Bestias, Dn. 7:1-14). Las cuatro partes de la imagen y las cuatro Bestias representaban cuatro imperios gentiles sucesivos, el último de los cuales fue el Imperio romano. Según el sueño de la imagen, el Imperio romano sería reavivado en la forma de diez reinos, representados por los diez dedos de los pies de la imagen. Según la visión de las cuatro Bestias, la cuarta tendría diez cuernos de los cuales saldría un "cuerno pequeño", simbolizando al Anticristo. Tanto en el sueño como en la visión, el Hijo del Hombre vendrá en el tiempo del cuarto imperio para castigar a las naciones y establecer su eterno reino (Dn. 2:31-35; 7:8-14; 12:1-3). En Mateo veinticuatro y Lucas veintiuno, Jesús hace claro que la "gran tribulación" incluirá la septuagésima semana de Daniel del trato de Dios con Israel, su ira final contra Satanás y las naciones gentiles malvadas que le sirven (Vea también Zac. 14:1-4; Ap. 14:20; 16:14-16; 19:19).

C. EVENTOS PRINCIPALES DE LA TRIBULACION.

1. El arrebatamiento de la iglesia y la destrucción del enemigo (II Tes. 2:1,7,8).

2. Restauración del sacrificio diario en un templo reconstruido al hacer pacto con el Anticristo (Dn. 9:27).

3. Derramamiento de juicios como resultado de la apertura de los siete sellos (Ap. 6:1-8:1).

4. Derramamiento de juicios por el resonar de las siete trompetas (Ap. 8:6-11:15).

5. La abolición del sacrificio diario por el Anticristo, y la preparación para la abominación desoladora (Dn. 9:27; 12:10,11; Mt. 25:15). Esto ocurre en el medio de los siete años, que están divididos en dos partes de tres años y medio: Ap. 11:2,3; Dn. 9:27; 12:11; Ap. 12:14. La última mitad es considerada la "gran tribulación."

6. Incremento en la persecución a Israel (Ap. 12); son sellados 144.000 judíos de las doce tribus (Ap. 7:1-8); una innumerable compañía de santos de la tribulación, de todas las naciones, convertidos durante la tribulación, son llevados al cielo (Ap. 7:9-17).

7. Control total por la Bestia y el falso Profeta; la introducción de la marca de la Bestia y su número, con adoración obligatoria a la imagen de la Bestia (Ap. 13).

8. Los juicios resultantes del derramamiento de las siete copas de ira (Ap. 15-16).

9. Juicio sobre la ramera, la misteriosa Babilonia (Ap. 17-18), quien probablemente representa la religión apóstata. Después del rapto de la verdadera iglesia, la religión organizada incrementará su corrupción con una *"apariencia de piedad, pero negarán la eficacia de ella"*, llegando a alinearse con el gobierno de la Bestia.

10. Reunión de los reyes del Oriente y los ejércitos del Anticristo (Bestia) para hacer guerra contra el remanente de Israel, resultando en la batalla de Armagedón (Ap. 12:17; 16:12-16).

11. Celebración de la cena de las bodas del Cordero (Ap. 19:6-9).

12. Cristo regresa con sus ejércitos de santos para enfrentar a la Bestia y sus ejércitos, y los ejércitos de la Bestia son derrotados por el resplandor de la venida de Cristo (Ap. 19:14-21; II Tes. 2:8).

13. La Bestia y el falso profeta son lanzados al lago de fuego (Ap. 19:20).

14. Satanás es arrojado al abismo por mil años (Ap. 20:1-3).

V. EL ANTICRISTO

A. LA PALABRA "ANTICRISTO" EN LA ESCRITURA.

La palabra "Anticristo" viene de dos palabras griegas, *christos* que significa "Cristo" o "el ungido;" y *anti* que significa en esta combinación "en contra;" por lo tanto, "el que está en contra de Cristo, el ungido de Dios." El nombre "Anticristo" es hallado solamente en las epístolas de Juan (I Jn. 2:18,22; 4:3; II Jn. 7), donde se le describe como uno que vendrá en el último tiempo, y uno cuyo espíritu ya está en el mundo. El espíritu del Anticristo será incorporado en la "Bestia" descrito en Apocalipsis 13:1; 11:7. La primera referencia profética al Anticristo es hallada probablemente en Génesis 3:15: "*Y pondré enemistad entre ti y la mujer, y entre **tu simiente** y la simiente suya* ..." Cristo es la **simiente** de la mujer y el Anticristo es la **simiente** de Satanás o el "diablo", cuyo nombre significa "acusador", quien habla contra Cristo y sus redimidos.

B. LA IDENTIDAD DEL ANTICRISTO.

El espíritu del Anticristo ha poseído muchos enemigos de Dios a través de las edades, tales como "los reyes de Babilonia", un tipo de Satanás (Is. 14:4-7). El nombre "Babilonia Misteriosa" es llevado por la "gran ramera" de Apocalipsis 17:5, porque ella es la incorporación de la religión anti-Dios. Muchos gobernadores anticristianos y hombres de poder malvados han sido identificados con el "Anticristo" a través de la historia, tales como: Nerón, Napoleón, Kaiser Wilhelm, Mussolini, Hitler, Stalin, etc. Algunos de éstos sin duda fueron motivados por el espíritu del Anticristo, pero el Anticristo aún ha de venir. Puede estar en alguna parte del mundo ahora, pero no será revelado hasta después del rapto de la iglesia; así que es un tanto inútil tratar de identificarlo. El espíritu del Anticristo continuará poseyendo cualquier vehículo cedido a Satanás.

C. LOS TITULOS DEL ANTICRISTO.
1. **La Bestia -** Ap. 13:1-4,12-18; 15:2; 16:2; 17:8; 19:19; 20:4-10.
2. **El cuerno pequeño -** Dn. 7:8; 8:9. Se levantará de entre los gobernadores del reavivado Imperio romano. El *"cuerno pequeño"* de Daniel 8:9 es Antíoco Epifanes (170 a.C.), el gobernador sirio que persiguió a los judíos y violó el templo en el tiempo de Macabeo (Mac. 1:10-47); por lo tanto, él es un tipo de Anticristo.
3. **El hombre de pecado -** II Tes. 2:3. Él será la corporación más vil de pecado y rebelión de la historia.
4. **El hijo de perdición -** II Tes. 2:3. Otro título del Hombre de Pecado. El instrumento de Satanás para seducir a los hombres y consignarlos al reino de perdición es el pecado.

5. **El inicuo** - II Tes. 2:8."Inicuo" es del griego, *anomos*, que significa "aquel sin ley." Se opone totalmente a toda ley de Dios.

6. **El rey de su voluntad** - Dn. 11:36-45. Jesús oró, "No se haga mi voluntad, sino la tuya"; el Anticristo se opondrá a la voluntad de Dios y hará su propia voluntad; él es el inspirador de todos aquellos que "hacen lo suyo."

7. **El pastor insensato** - Zac. 11:15-17. Jesús es el Buen Pastor que preserva; Anticristo es el pastor sin valor que devora.

D. LAS OBRAS DEL ANTICRISTO.

1. Él es el último gobernante del imperio romano reavivado, Dn. 7:8; Ap. 13:1.

2. Él aparecerá en escena como un proponente de paz, tolerante de religión, Dn. 9:27; Ap. 6:2; Dn. 8:25; I Tes. 5:3.

3. El se levantará después del rapto de la iglesia y al comienzo de la septuagésima semana de Daniel, cuando Dios pone su mano nuevamente para tratar con la nación de Israel, y él hará un pacto con los judíos para restaurar el sacrificio diario, Dn. 9:24-27.

4. Después de tres años y medio, en la mitad de la tribulación, se deshará de toda pretensión de tolerancia, romperá su pacto con los judíos, causará que cese el sacrificio diario, y comenzará su persecución a Israel, Ap. 12; 13:7,8.

5. Una de sus cabezas recibirá una herida fatal, luego será milagrosamente sanada causando el asombro y adoración del mundo entero, Ap. 13:3,4.

6. Como hombre de pecado e inicuo, blasfemará a Dios, luego requerirá la adoración de todos los hombres con amenaza de muerte, Ap. 13:7,8.

7. El tercer miembro de la trinidad satánica que son el dragón, la Bestia y el falso profeta. Este falso profeta se levantará con poder milagroso para engañar, causando que los hombres adoren a la Bestia, creando una imagen de la Bestia a la que le da vida, y haciendo que todos los hombres tomen una marca o número de la Bestia a fin de comprar o vender, Ap. 13:11-18.

8. Durante la tribulación, la Bestia patrocina a la gran ramera quien representa la religión apóstata, pero finalmente la Bestia juntamente con los diez reyes que gobiernan con ella destruyen completamente a la mujer escarlata, Ap. 17. Se dice que la mujer es "la gran ciudad que reina sobre los reyes de la tierra" (Ap. 17:18); la ciudad está ubicada sobre "siete montes" (17:9). (Los eruditos están divididos en cuanto a si la ciudad es Roma o Babilonia.)

9. La Bestia reúne a las naciones sujetas a ella para hacer guerra contra el Cordero en la batalla de Armagedón, donde es totalmente derrotado y lanzado, juntamente con el falso profeta, al lago de fuego, Ap. 16:16; 17:14; 19:19,20.

VI. LA RESURRECCION

Casi todas las religiones enseñan la inmortalidad del alma; pero la Biblia enseña la redención y supervivencia de la persona completa; espíritu, alma y cuerpo. Los antiguos griegos creían en la vida después de la muerte para el alma, pero ya que el cuerpo era la fuente de toda maldad, el desprendimiento del alma del cuerpo era deseado. Una secta cristiana hereje llamada "agnóstica" compartió este concepto derivado de la filosofía griega.

La Biblia no enseña que el cuerpo físico es la fuente del mal; el término Paulino "carne" se refiere a la naturaleza pecaminosa y egoísta del hombre la cual, aunque se manifiesta a través de acciones del cuerpo, se deriva de una "mente carnal" (Rom. 8:6,7). Al tomar Cristo nuestro cuerpo humano (la "semejanza de carne de pecado"), "condenó al pecado en la carne" (Rom. 8:3). Cristo por su encarnación, muerte y resurrección redimió a la persona completa que está en Cristo, dándole la esperanza de una resurrección corporal que ocurrirá en el rapto de la iglesia. *"Porque por cuanto la muerte entró por un hombre, también por un hombre la resurrección de los muertos. Porque así como en Adán todos mueren, también en Cristo todos serán vivificados. Pero cada uno en su debido orden: Cristo, la primicia; luego los que son de Cristo, en su venida"* (I Cor. 15:21-23).

A. EL HECHO DE LA RESURRECCION.

El hecho de la resurrección está enseñado tanto en el Antiguo como en el Nuevo Testamento:

1. En el Antiguo Testamento.

1.1. Por afirmación: *"Yo sé que mi Redentor vive, y al fin se levantará sobre el polvo; y después de deshecha esta mi piel, **en mi carne** he de ver a Dios"* (Job 19:25,26). *"En cuanto a mí, veré tu rostro en justicia; estaré satisfecho cuando despierte a tu semejanza"* (Sal. 17:15). (Vea también Sal. 16:9-11; Dn. 12:2.)

1.2. Por profecía: *"Tus muertos vivirán; sus cadáveres resucitarán. ¡Despertad y cantad moradores del polvo! porque tu rocío es cual rocío de hortalizas, y la tierra dará sus muertos"* (Is. 26:19). (También Os. 13:14.)

1.3. Por tipología: eventos tales como la liberación de José de la cisterna son típicos de muerte y resurrección (Gn. 37:20-36), como lo es el regreso de Isaac del altar de sacrificio (Gn. 22:5-14), y la liberación de Jonás del gran pez (comúnmente llamado, ballena) (Jon. 2; Mt. 12:40).

1.4. Por ejemplo: El Antiguo Testamento contiene varios ejemplos de personas que fueron levantadas de los muertos: I R. 17:17-24; II R. 4:32-35; 13:20,21. Aunque éstos son casos de resucitación más bien que resurrección (porque aquellos que fueron "resucitados" por el poder de Dios, luego murieron de muerte natural). Esto demuestra la disposición y poder de Dios para vivificar a los cuerpos muertos.

2. En el Nuevo Testamento

2.1. Por afirmación: "*Así es también la resurrección de los muertos. Se siembra un cuerpo corruptible, se resucita un cuerpo incorruptible; se siembra un cuerpo natural, se resucita un cuerpo espiritual; se siembra en debilidad, se resucita en poder...*" (I Cor. 15:42,43; Ver también: Mt. 22:30-32; Juan 5:21; Hch. 23:6-8; 26:8,23; II Ti. 1:10; I P. 1:3).

2.2. Por profecía: "*No os admiréis de esto, porque viene la hora en que todos los que están en los sepulcros oirán su voz, y saldrán los que hicieron lo bueno a resurrección de vida, y los que hicieron lo malo a resurrección de juicio.*" (Jn. 5: 28,29; Ver también: Jn. 6:39,40,44,54; Lc. 14:13,14; 20: 35,36; I Cor. 15; Fil. 3:11,21; I Tes. 4:14-16; Ap. 20:4-6,13-15).

2.3. El Nuevo Testamento tiene también ejemplos de personas que fueron levantadas de los muertos. No fueron resurrecciones tales como ocurrirán en la segunda venida y en el juicio final, dado que las mismas personas luego murieron y van a experimentar la resurrección final así como otras, sin embargo, ellos fueron ejemplos previos de la resurrección final.

Por otra parte, la resurrección de Jesús fue una resurrección ideal y verdadera. Cuando Jesús se levantó fue "*primicias de los que durmieron*" (I Cor. 15:20). Su resurrección fue la garantía de todas las resurrecciones de los creyentes: "*Pero Dios con él nos resucitó, y con él nos sentó en los lugares celestiales en Cristo Jesús*" (Ef. 2:6). (Vea también: Jn. 11:41-44, Lázaro; Lc. 8:41-56, la hija de Jairo; Lc. 7:12-15, el hijo de la viuda; Mt. 27:52,53, los santos del Antiguo Testamento.)

B. LA NATURALEZA DE LA RESURRECCION.

La resurrección será universal. No todos tienen vida eterna, pero todos tendrán existencia eterna. Todas las personas resucitarán, los justos a vida eterna, los impíos a condenación eterna. Todos serán levantados pero no todos al mismo tiempo (Juan 5:28,29)

1. La resurrección de los creyentes (I Tes. 4:13-18; I Cor. 15:50-57; Ap. 20:4-6).

La resurrección de la iglesia ocurre con la venida de Jesús inmediatamente previa al rapto (I Tes. 4-6). La resurrección de los creyentes se conoce como la "primera resurrección": *"Bienaventurado y santo es el que tiene parte en la primera resurrección; la muerte segunda no tiene poder sobre estos..."* (Ap. 20:6). Hay quienes han enseñando que habrá una resurrección general de todos los muertos y un juicio en el cual comparecerán justos e injustos.

Jesús algunas veces mencionó las dos resurrecciones y juicios en el mismo pasaje pero una lectura más cuidadosa revelará que Jesús no se refería a una sola resurrección general: *"Y saldrán los que hicieron lo bueno, a resurrección de vida, y los que practicaron lo malo, a resurrección de juicio."*(Juan 5:29). Note que una es resurrección para vida y la otra es resurrección para condenación. No son lo mismo ni ocurren al mismo tiempo, como lo aclaran Pablo y Juan.

Es normal que la perspectiva profética vea varios eventos futuros relacionados, como si fueran un evento único. En un lenguaje profético similar la primera y la segunda venida del Señor se fusionan en un mismo pasaje en la profecía del Antiguo Testamento (Isaías 9:6,7: 61:1-3; Daniel 12:2) Algunos escritores neotestamentarios a veces aluden al rapto y a la segunda venida en esa misma referencia (I Tes. 3:13). Tanto Pablo como Juan aclaran bien que la resurrección de los santos (incluyendo el remanente salvo de Israel y los santos de la tribulación) ocurre a la venida del Señor y antes del reinado milenial (I Cor. 15:51,52; Ap. 20:4-6; Dn. 12:1-2)

Por una notable declaración del apóstol Pablo vemos que la resurrección de los santos es selectiva. Filipenses 3:10-11 dice: *"...a fin de conocerle, y el poder de su resurrección y la participación de sus padecimientos, llegando a ser semejante a El en su muerte, si en alguna manera llegase a la resurrección de entre los muertos."*

Si hay solo una resurrección general para justos e injustos, ¿aspiraría Pablo a lograrla? Una traducción más literal nos revela el significado completo. *"... Si por algún medio pudiera yo avanzar hacia la resurrección* **mas temprana** *que es* **de entre** *los muertos"* (Filipenses 3:11-12), (Rotherham). La preposición griega *ek* significa "salido de", "fuera de." Pablo deseaba estar en el grupo que resucitaría en el tiempo del rapto, aquellos que serían tomados (llevados) selectivamente "de entre" la multitud en general de muertos; aquellos que serían levantados en la resurrección más temprana (la primera resurrección, Ap. 20:6).

La palabra griega para "resurrección" es *"exanastasis"* (que aparece solo una vez en el Nuevo Testamento) y significa "resurrección fuera de..."; el

doble uso de la palabra **ek** enfatiza doblemente el hecho de que la resurrección de los creyentes es una, en la cual son seleccionados para un despertar
especial. En I Cor. 15:23 Pablo expresa que habrán varias ordenes de resurrección y dice: *"Pero cada uno en su debido orden: Cristo, las primicias;
luego los que son de Cristo en su venida."*

1.1. Será literalmente una resurrección corporal.

Esto está demostrado en la resurrección de Jesús. Su cuerpo vivificado
aún tenía las marcas de los clavos y la herida de la lanza (Juan 20:26-28);
después de su resurrección, Jesús tenía un cuerpo de "carne y hueso" y
hasta comió alimentos (Lucas 24:36-43). Por otra parte, el cuerpo de Jesús
había sido glorificado, al punto de que no todos sus discípulos lo reconocieron a primera vista. Las veces que apareció entre ellos, demuestran que su
cuerpo no estaba sujeto a las limitaciones físicas normales (Juan 20:19-26).

El hecho de que nuestra resurrección sea literal no significa que todas
las mismas moléculas de nuestros cuerpos muertos serán recobradas; es un
hecho que nuestras células se renuevan varias veces en el curso de la vida sin
que perdamos nuestra identidad. De esto podemos estar absolutamente seguros: Dios levantará del polvo un cuerpo perfectamente relacionado con
nuestro cuerpo terrestre, aunque será transformado y adaptado al nuevo ambiente. (Fil. 3:21)

Pablo habla del cuerpo como una siembra. Así como el sembrador es-
parce su semilla, ésta muere pero sigue en ella un principio vital aprovechado
por la naturaleza para dar germinación a una nueva planta, del mismo origen,
especie y variedad que la anterior. En la resurrección los cementerios se convertirán en campos de cosecha (I Cor. 15:42-44); y de los cuerpos sepultados
el Señor hará brotar cuerpos vivificados, identificados con el cuerpo terrenal,
mas transformados a la semejanza del cuerpo resucitado de Cristo. Los
cuerpos de los creyentes cambiarán (I Cor. 15:52) pero cada uno estará relacionado con su cuerpo terrenal. El cuerpo resucitado no será el cuerpo terrenal meramente vivificado, sino la semejanza del cuerpo terrenal glorificado.
Se afirma con la identificación de Moisés y Elías en el Monte de la Transfiguración, y de Jesús después de su resurrección; que nuestros cuerpos vivificados mantendrán la posesión de su identidad personal.

1.2. El cuerpo de resurrección será dado por Dios.

*"Pero Dios le da el cuerpo como Él quiso, y a cada semilla su propio
cuerpo."*(I Cor. 15:35). Esto responde a una pregunta hipotética: *"...¿Cómo
resucitarán los muertos? ¿Con qué cuerpo resucitarán?"* El intelecto humano no puede concebir que un cuerpo muerto sea levantado y glorificado. La
resurrección de Cristo es el gran milagro de nuestro evangelio. No damos
una explicación. Lo aceptamos como revelación divina. De la misma manera
aceptamos la resurrección corporal como un milagro del poder y sabiduría

de Dios. Si aceptamos la resurrección de Cristo (que es uno de los mejores eventos históricos comprobados) no deberíamos tener problema en aceptar nuestra resurrección final, pues seremos levantados por el mismo Dios omnipotente que levantó a Jesús de la muerte.

1.3. La resurrección corporal del creyente será inmortal e incorruptible (I Cor. 15:42).

Las escrituras jamás hablan de la inmortalidad del alma. El creyente ahora tiene vida eterna pero mora en su cuerpo mortal. Todos los hombres tienen existencia eterna. Solo los creyentes que experimentarán "La primera resurrección" recibirán cuerpos inmortales e incorruptibles. (I Cor. 15:42)

1.4. El cuerpo de resurrección será un cuerpo celestial (I Cor. 15:40).

Nuestros cuerpos terrenales están adecuados a este ambiente terrenal presente. El cuerpo de resurrección será adecuado a nuestro nuevo ambiente celestial. Será igualmente adecuado tanto al nuevo cielo y a la nueva tierra como a la tierra del milenio. Como el cuerpo de Jesús, nuestro cuerpo será capaz de ir y venir entre el cielo y la tierra.

1.5. El cuerpo de resurrección será un cuerpo poderoso.

"... *Se siembra en debilidad, resucitará en poder*" (I Cor. 15:43). El contraste expresado aquí indica que las nuevas capacidades del cuerpo de resurrección serán inconcebibles y mayores que aquellas de cualquier cuerpo terrenal. Los eventos registrados referentes a los ángeles son un precedente de las capacidades de los santos resucitados (Mt. 22:29,30).

1.6. El cuerpo de resurrección será un cuerpo glorioso.

"*Se siembra en deshonra, resucitará en gloria...*" (I Cor. 15:43). El cuerpo resucitado será tan glorioso así como el cuerpo terrestre putrefacto puede ser falto de gloria. Jesús prometió, "*Entonces los justos resplandecerán como el sol en el reino de su Padre*" (Mt. 13:43). Estas palabras mencionadas por Jesús sugieren para los santos la gloria que Él manifestó en el monte de la transfiguración: "*Y se transfiguró delante de ellos, y resplandeció su rostro como el sol, y sus vestidos se hicieron blancos como la luz*" (Mt. 17:2). Jesús oró por nosotros, "*La gloria que me diste, yo les he dado, para que sean uno, así como nosotros somos uno*" (Jn. 17:22). Después de hablar de la resurrección, Daniel dijo, "*Los entendidos resplandecerán como el resplandor del firmamento; y los que enseñan la justicia a la multitud, como las estrellas a perpetua eternidad*" (Dn. 12:3).

2. La resurrección de los incrédulos (Ap. 20:5,12,13,14; Jn. 5:28,29; Dn. 12:2; Hch. 24:15).

La Biblia no revela específicamente el estado o naturaleza de los cuerpos de resurrección de los injustos; pero puede ser asumido que serán cuerpos sujetos a corrupción o ruina. Jesús dijo, *"Y no temáis a los que matan el cuerpo, más el alma no pueden matar; temed más bien a aquel que puede destruir [gr., apollumi, "arruinar totalmente"] el alma y el cuerpo en el infierno [gr., gehenna]"* (Mt. 10:28). Los cuerpos de los muertos injustos sufrirán "eterna perdición." (Vea II Tes. 1:8,9.) Los injustos no son resucitados en el momento de la segunda venida de Cristo, sino después del reino milenial de Cristo (Ap. 20:5).

C. EL TIEMPO DE LA RESURRECCION.

El orden de resurrecciones es el siguiente:

1. La resurrección de Jesús (Mt. 28:1-10; Mr. 16:1-14; Lc. 24:1-39; Jn. 20:1-17).
2. La resurrección de los santos del Antiguo Testamento (Mt.27:52,53).
3. La resurrección de los santos de la iglesia en el rapto (Jn. 14:3; I Tes. 4:16; I Cor. 15:52).
4. La resurrección de los dos testigos de Apocalipsis 11:12 durante el período de la tribulación.
5. La resurrección de los santos de Israel y de la tribulación que son testigos para Cristo y que no adoran a la Bestia (Ap. 20:4-6; Dn. 12:1,2).
6. La resurrección de los injustos.

Esto ocurrirá después del reino milenial de Cristo. Ellos serán resucitados para pararse delante del gran trono blanco (Ap. 20:5, 11-14).

VII. EL MILENIO

La palabra "milenio" no se halla en la Biblia; sin embargo, el período de mil años del reino de Cristo sobre la tierra es mencionado seis (6) veces en el capítulo veinte de Apocalipsis. La palabra "milenio" se deriva de las palabras latinas que simplemente significan "mil años." El milenio será un período durante el cual Satanás será atado en el abismo: *"Y prendió al dragón, la serpiente antigua, que es el diablo y Satanás, y lo ató por mil años"* (Ap. 20:2). La atadura de Satanás prepara a la tierra para el reino milenial de Cristo, que viene a la tierra, como es descrito en Apocalipsis capítulo diecinueve, como Rey de Reyes y Señor de Señores (v 15,16). Los santos resucitados de la iglesia juntamente con los santos de la tribulación reinarán con Cristo en su reino del milenio: *"Y vivieron y reinaron con Cristo mil años"* (Ap. 20:6b). (Vea también 19:7-10,14.)

A. LA RELACION ENTRE EL MILENIO Y LA SEGUNDA VENIDA.

Hay tres teorías sobre la relación de tiempo entre el milenio y la segunda venida:

1. Post-milenialismo.

Esta teoría pone al milenio antes de la venida de Jesús. Según esta teoría, basada sobre una interpretación de las parábolas de la "levadura" y la "semilla de mostaza", la iglesia gradualmente, a través de la predicación del evangelio y la promoción de justicia social, vencerán la guerra y maldad en el mundo; después de lo cual, Cristo vendrá. Los post-milenarios creen que la paz y justicia universal serán logradas gradualmente por la iglesia, en vez de la venida de Cristo en poder. Dos guerras mundiales en este siglo, juntamente con el incremento de crimen, violencia y la amenaza de un holocausto nuclear han desaprobado en gran parte esta teoría optimista.

2. Amilenialismo.

Los amilenialistas espiritualizan todas las referencias relativas al reinado de Cristo y las aplican a su gobierno espiritual sobre los corazones de los creyentes. Las profecías del Antiguo Testamento respecto al gobierno de Cristo en el trono de David se aplican igualmente a la iglesia. Todas las promesas a Israel son cumplidas por bendiciones sobre la iglesia, en tanto que la iglesia sea la Israel espiritual. Según la teoría Amilenial, una Israel nacional no tiene un destino futuro que difiera de aquel de las otras naciones. La enseñanza de Pablo acerca de las ramas naturales y silvestres del olivo en Romanos capítulo once contradice con bastante claridad la interpretación espiritual o figurativa de Israel.

3. Pre-milenialismo.

Los pre-milenarios interpretan la escritura literalmente, o aún mejor, naturalmente. Las diferencias en el método de interpretación de la profecía lleva a diferencias en la teoría. Cuando uno se sale de una interpretación natural de la profecía bíblica, entonces sólo puede especular. Si todo es un símbolo antes que un evento verdadero, los símbolos pueden significar cualquier cosa que el intérprete quiera que signifiquen. Tomando naturalmente al libro de Apocalipsis y las profecías del reino, el pre-milenario cree que cuando Cristo venga otra vez, entonces, y sólo entonces, establecerá su reino de paz y justicia sobre la tierra. Ellos creen en un reinado literal de Cristo en el trono prometido de David, cuando Él, juntamente con los redimidos de la era de la iglesia, reinarán sobre el remanente de Israel reunido y salvado y las naciones gentiles justas. El pre-milenario no confunde a

Israel con la iglesia, ni la era de la iglesia con la era del milenio; para ellos el orden de eventos proféticos futuros es:

- El rapto
- La tribulación
- La venida final de Cristo como rey
- El reino del milenio de Cristo sobre la tierra
- El estado eterno de un nuevo cielo y una tierra nueva

B. LA RELACION DEL MILENIO CON ISRAEL.

Entre la familia milenial de naciones, la nación de Israel ocupará el lugar central:

"Cuando el Altísimo hizo heredar a las naciones, cuando hizo dividir a los hijos de los hombres, estableció los límites de los pueblos según el número de los hijos de Israel. Porque la porción de Jehová es su pueblo; Jacob la heredad que le tocó. Le halló... lo trajo alrededor, lo instruyó, lo guardó como a la niña de su ojo" (Dt. 32:8-10).

A María le fue revelado, por el ángel, que Jesús estaba destinado, como el Mesías prometido, a reinar sobre el trono de David:

"Este será grande, y será llamado Hijo del Altísimo; y el Señor Dios le dará el trono de David su padre; y reinará sobre la casa de Jacob para siempre, y su reino no tendrá fin" (Lc. 1:32,33).

Es verdad que la iglesia ha entrado en las bendiciones espirituales dadas primeramente a Israel (Ef. 1:18; 3:6; I P. 2:9,10); pero ese hecho no cambia el propósito de Dios para la nación de Israel (Is. 61:1-62:4; 66:7-24; Rom. 11:13-28). Parece claro que de Israel provendrán los ministros y misioneros que irán a todas las naciones durante el milenio, dirigiendo a los habitantes gentiles de la tierra a servir y adorar al Señor (Is. 61:4-11). Aunque Israel tendrá la preeminencia entre las naciones durante el reino milenial de Cristo, la iglesia en su estado glorificado se sentará en juicio sobre las tribus de Israel (Mt. 19:28; Lc. 22:29,30).

C. LA RELACION DEL MILENIO CON LAS NACIONES.

En la venida de Cristo a reinar, habrá un juicio a las naciones gentiles, a las que se refiere en Mateo como las naciones de "ovejas" y "cabritos" (Mt. 25:31-36). Las naciones de ovejas son juzgadas aptas para la bendición del reino con base en su trato a los "hermanos" del Señor (Israel). Que habrá naciones gentiles sobre la tierra del milenio está claro en Apocalipsis 20:7,8; Isaías 21:1-5; 11:5-10; 60:1-5; Y Zacarías 14:16-21. Fue revelado a Daniel en una visión, que Cristo tendría dominio sobre un reino que incluiría a todas las naciones:

Miraba yo en la visión de la noche, y he aquí con las nubes del cielo venía uno como un hijo de hombre, que vino hasta el Anciano de días, y le hicieron acercarse delante de él. Y le fue dado dominio, gloria y REINO, para que todos los pueblos, NACIONES y lenguas le sirvieran; su dominio es dominio eterno, que nunca pasará... (Dn. 7:13,14).

D. LA RELACION DEL MILENIO CON LA IGLESIA.

La iglesia tendrá una relación diferente con el reino de la nación restaurada de Israel así también como con las naciones gentiles. Estos últimos serán pueblos terrenales; y aunque vivirán bajo las condiciones ideales de una tierra librada de la maldición, tendrán cuerpos mortales y seguirán con ocupaciones terrenales normales. Habrá paz, justicia y santidad universal a causa del reino soberano de Cristo, pero no habrá absoluta perfección en los habitantes terrenales (vea Is. 11:4; 65:20; Zac. 14:17-10). Por otro lado, la iglesia y todos los santos que han tenido parte en la primera resurrección gobernarán y reinarán con Cristo (Ap. 2:26,27; 3:21; 5:9,10; 20:6). No serán confinados a la tierra, porque tendrán cuerpos glorificados y tendrán acceso al cielo y a la tierra (Ap. 19:6-14; Mt. 22:30,31; Lc. 20:35,36). Jesús dijo a sus discípulos, *"En la casa de mi Padre muchas moradas hay"*; luego agregó, *"Voy, pues, a preparar lugar para vosotros. Y si me fuere y os preparare lugar, vendré otra vez, y os tomaré a mí mismo..."* (Jn. 14:3).

Pablo habló de su esperanza de un lugar mejor que esta tierra: *"... Teniendo deseo de partir y estar con Cristo, lo cual es **muchísimo mejor**..."* (Fil. 1:23). Cuando el apóstol dijo *"para mí... el morir es **ganancia** ",* quiso decir "ganancia" sobre la vida en su apogeo, no en su peor momento; porque recién había declarado, *"para mí el vivir es **Cristo**."* El creyente, aun ahora, está sentado con Cristo en lugares celestiales (Ef. 2:6); por lo tanto, en nuestro estado resucitado ocuparemos siempre lugares celestiales aun mientras estemos compartiendo el gobierno sobre la tierra con Cristo (Mt. 25:21; Lc. 19:17-19).

Es sugerido por tres cosas que los santos de la iglesia serán equipados para ambientes tanto celestiales como terrenales: (1) Los santos en el estado resucitado serán como los ángeles (Lc. 20:35-38); y los ángeles a menudo ministraban a los hombres en la tierra. (2) Jesús, después de su resurrección, se apareció a sus seguidores sobre la tierra durante cuarenta días. (3) En la muerte de Jesús, muchos santos se levantaron de sus tumbas y se aparecieron a muchas personas (Mt. 27:52,53).

E. VIDA Y CONDICIONES SOBRE LA TIERRA MILENIAL.

1. El reino milenial de Cristo estará caracterizado por la justicia y rectitud universal (Jer. 23:5,6; Is. 11:3-5; 52:1,16; Sal. 72:1-8).

2. Toda la tierra estará bajo la disciplina justa del Rey Jesús; y todos aquellos que desobedezcan serán disciplinados (Zac. 14:16-21).
3. Habrá paz entre todas las naciones durante el gobierno milenial de Cristo (Sal. 72; Is. 2:4; 9:5,6; 32:1,17,18; Mi. 5:4,5).
4. Habrá alegría y gozo en su reino (Is. 9:2-4; 25:6-9; 35:10).
5. En el reino de Cristo, la gente de la nación de Israel gozará salud y longevidad (Is. 35:5,6; 65:20-22).
6. En la tierra milenial habrá gran prosperidad material (Sal. 72:15,16; Am. 9:13-15; Zac. 3:10; 8:12).
7. Bajo el reino de Cristo, la tierra será librada de la maldición (Rom. 8:19-22; Is. 55:13; 41:18,19).

Eliminada la maldición, los animales salvajes perderán su ferocidad (Is. 11:6-9; 65:25; Ez. 34:25,28; Os. 2:18).

VIII. LOS JUICIOS

Todo hombre comparecerá ante el tribunal de juicio de Dios a fin que su justicia sea vindicada: *"Está establecido para los hombres que mueran una sola vez, y después de esto el juicio"* (Heb. 9:27). El salmista declaró: *"Justicia y juicio son el cimiento de tu trono"* (Sal. 89:14). La santidad y justicia de Dios requieren que todo pecado sea castigado y que todo justo sea levantado: *"Lejos de ti el hacer tal, que hagas morir al justo con el impío, y que sea el justo tratado como el impío; nunca tal hagas. El Juez de toda la tierra, ¿no ha de hacer lo que es* **justo***?"* (Gn. 18:25).

La conciencia del hombre testifica del hecho que todo bien y mal es conocido por Dios y registrado en su registro indeleble: *"Estos... mostrando la obra de la ley escrita en sus corazones, dando testimonio su conciencia, y acusándoles o defendiéndoles sus razonamientos, en el día en que Dios* **juzgara** *por Jesucristo los secretos de los hombres, conforme a mi evangelio"* (Rom. 2:15,16). Todo hombre ha pecado (Rom. 3:10-23), por lo tanto, todos merecen condenación. La imagen más clara de las demandas de la santidad y justicia de Dios es vista en la cruz. Dios también es un Dios de amor; pero a fin que fuera otorgada su misericordia sobre los pecadores, sus pecados debieron ser puestos sobre su Hijo redentor, y allí sobre la cruz el ser juzgados y castigados. El infinito salvador llevó la culpa de los pecadores a fin que los creyentes identificados con Jesús pudieran ser librados de la condenación (Rom. 8:1).

Hay una idea errónea, afirmada por algunos, que habrá un día general de juicio en el que todo ser justo o injusto será juzgado. La Biblia habla de un número de juicios. La Biblia Scofield (Oxford University Press, 1967) en las notas al pie para Apocalipsis 20:12, enumera siete (7) juicios separados. En la siguiente sección estos juicios serán tratados bajo cinco categorías:

(1) El juicio del creyente, (2) El juicio de las naciones, (3) El juicio de la nación de Israel, (4) El juicio de los muertos inicuos y (5) El juicio de Satanás y los ángeles caídos.

A. EL JUICIO DE LOS CREYENTES.

Hay tres aspectos del juicio de los creyentes. Su primer juicio tomó lugar en la cruz: "*Ahora es el juicio de este mundo; ahora el príncipe de este mundo será echado fuera. Y yo, si fuere levantado de la tierra, a todos atraeré a mí mismo*" (Jn. 12:31,32). En la realidad, la cruz es el juicio de todo pecado y de todo pecador, incluyendo a Satanás. En la cruz el creyente se declara culpable, confiesa su pecado, y se identifica con Jesús; su sustituto y salvador: "*Si confesamos nuestros pecados, él es fiel y justo para perdonar nuestros pecados, y limpiarnos de toda maldad*" (I Jn. 1:9). Habiendo sido juzgados en la cruz, los fieles no comparecerán juicio relativo a su salvación, solamente en lo relativo a sus recompensas por servicio (Jn. 3:18; 5:24; Rom. 8:1,33; I Tes. 5:9).

El segundo aspecto del juicio del creyente es su juicio propio continuo; Pablo escribió: "*Si, pues, nos examinásemos a nosotros mismos, no seríamos juzgados; mas siendo juzgados, somos castigados por el Señor, para que no seamos condenados con el mundo*" (I Cor. 11:31,32). Esta es una parte de la obra santificadora del Espíritu Santo en la vida del creyente (Rom. 15:16; I Tes. 5:14-23; II Tes. 2:13; I Jn. 1:7-2:2).

El juicio del creyente ante el tribunal de justicia de Cristo no es un juicio de condenación, sino para determinar las recompensas del creyente. Tomará lugar en la venida de Cristo (vea I Cor. 4:5). Dos pasajes dan detalles relativos al juicio del creyente:

> *La obra de cada uno se hará manifiesta; porque el día la declarará, pues por el fuego será revelada; y la obra de cada uno cuál sea, el fuego la probará. Si permaneciere la obra de alguno que sobre edificó, recibirá recompensa. Si la obra de alguno se quemare, él sufrirá pérdida, si bien él mismo será salvo, aunque así como por fuego* (I Cr. 3:13-15)

> *Porque es necesario que todos nosotros comparezcamos ante el tribunal de Cristo, para que cada uno reciba según lo que haya hecho mientras estaba en el cuerpo, sea bueno o sea malo sin valor* (II Cor. 5:10).

En su vida y servicio, cada creyente está edificando sobre el fundamento de Cristo Jesús. Debe responder ante el tribunal (el juicio **Bema**) de Cristo para tener sus obras probadas como una base para la recompensa. Su servicio puede ser revelado como ser oro, plata, piedras preciosas; o a ser, heno, madera y hojarasca; lo último no perdurará la prueba en el fuego de la gloria de Cristo. Si lo que ha edificado sobre el fundamento de Cristo es "sin valor", será salvo, porque la salvación es por fe no por obras; pero sus obras no le traerán premios o coronas. *"Mirad, por vosotros mismos, para que no perdáis el fruto de vuestro trabajo, sino que recibáis galardón completo"* (II Jn. 8). (Vea también I Jn. 2:28; Ap. 3:11). Si lo que edifica sobre Cristo es "bueno", recibirá una recompensa y un "Bien, buen siervo y fiel."

Parece claro que el juicio **Bema** de los creyentes ocurre en el momento del rapto, porque la cena de las bodas del Cordero toma lugar antes que Cristo regresa con los santos (Ap. 19:7-9), y la voz del trono declara de la novia, "su esposa se ha **preparado**." Su "preparación" indica que ha pasado más allá del juicio.

Las recompensas especiales del creyente se llaman coronas. Son cuatro en número:

1. La corona de gozo.

"Porque, ¿cuál es nuestra esperanza, o gozo, o corona de que me glaríe? ¿No lo sois vosotros, delante de nuestro Señor Jesucristo, en su venida? Vosotros sois nuestra gloria y gozo" (I Tes. 2:19,20). Pablo consideraba a sus convertidos su corona de gozo. Note que esperaba recibir su corona en la venida de Jesús. Esta es la corona del ganador de almas.

2. La corona de justicia.

Esta corona Pablo esperaba recibir como recompensa por la "buena batalla", "fe guardada" y el acabar de la carrera (II Ti. 4:7,8). Esta es la corona del ganador de la "metáfora atlética." (Vea también I Cor. 9:25-27: *"Sino que golpeo mi cuerpo... no sea que habiendo sido heraldo para otros, yo mismo venga a ser eliminado"* [v 27].)

3. La corona de vida.

"Bienaventurado el varón que soporta la tentación; porque cuando haya resistido la prueba, recibirá la corona de vida" (Stg. 1:12). Esta es la corona del mártir porque es prometida a aquellos que sean fieles hasta la muerte (Ap. 2:10); pero aquellos que vivan preparados para morir por su testimonio también la reciben.

4. La corona de gloria.

Esta es la corona para pastores y ancianos: *"Y cuando aparezca el Príncipe de los pastores, vosotros recibiréis la corona incorruptible de gloria"* (I P. 5:4). La palabra griega para "corona" es **stephanos**, la cual es la corona entregada en los juegos; estaba hecha de olivo o laurel y se corrompía pronto. La corona de gloria que el Señor entregará a sus pastores súbditos sobrevivirá todas las edades.

B. EL JUICIO DE LAS NACIONES GENTILES.

En Mateo el capítulo veinticuatro, Jesús declara que Él reunirá a todas las naciones ante Él para ser juzgadas en el momento de su venida (Mt. 25:31-46). Al final de la tribulación, y antes de que comience su reino milenial, Jesús separará a las naciones como un pastor separaría a las ovejas de los cabritos. Parece por lo que sigue en el mismo contexto, que la base del juicio será el trato dado a sus "hermanos" el justo remanente de Israel quienes serán los testigos de Cristo durante la tribulación (Ap. 7; 11:1-12). Estos serán los gentiles que sobreviven la tribulación, quienes no se inclinen ante la Bestia. Se convertirán en las naciones que los profetas del Antiguo Testamento predijeron habitarían la tierra durante la era del reino (Is. 11:10).

C. EL JUICIO DE LA NACIÓN ISRAEL.

Los profetas del Antiguo Testamento predicen un tiempo de prueba y tribulación para el remanente de Israel en preparación para el reino (vea Ez. 20:33-38; Dn. 12:1,2). Jesús, en Mateo capítulo veinticuatro, habla de la gran tribulación como un tiempo de prueba y juicio para Israel. Ya que la tribulación, la cual será la septuagésima semana de Daniel, será una prueba rigurosa para Israel, constituirá un juicio final sobre la nación para encontrar justicia y purificar a un remanente para el reino del Mesías sobre el trono de David. (Vea Dn. 9:24-27; Ap. 12.)

D. EL JUICIO DE LOS MUERTOS INICUOS.

Esto es conocido como el "juicio del gran trono blanco." No tomará lugar hasta después del reino milenial de Cristo.

Y vi un gran trono blanco y al que estaba sentado en él, de delante del cual huyeron la tierra y el cielo, y ningún lugar se encontró para ellos. Y vi a los muertos, grandes y pequeños, de pie ante Dios; y los libros fueron abiertos, y otro libro fue abierto, el cual es el libro de la vida; y fueron juzgados los muertos por las cosas que estaban escritas en los libros, según sus obras. Y el mar entregó los muertos que había en él; y la muerte y el Hades entregaron los muertos que había en ellos; y fueron juzgados cada uno según sus obras. Y la muerte y el Hades fueron lanzados al lago de fuego. Esta es la muerte segunda (Ap. 20:11-14).

Esto describe el juicio final de todos los muertos inicuos. El juez será Cristo Jesús a quien Dios ha asignado todo juicio (Hch. 17:31). Los juzgados son los muertos inicuos que no tuvieron parte en la primera resurrección, la cual tomó lugar en el momento del rapto de los santos (I Tes. 4:16; I Cor. 15:52). El juicio es sobre la base de las obras. Habrá una diferencia en la severidad del juicio (Lc. 12:46-48). Sin embargo, el más leve grado de estar perdido tiene un destino espantoso. Estos habrán despreciado toda oferta de la misericordia de Dios en Cristo Jesús. Por lo tanto, sus nombres no son hallados escritos en el libro de la vida.

E. EL JUICIO DE SATANAS Y LOS ANGELES CAIDOS.

Al final del reinado de mil años de Cristo, Satanás será librado de su prisión por una breve temporada. El se presentará para engañar a las naciones, cuya rebelión (su última) finalizará con la destrucción por fuego de los rebeldes y Satanás siendo lanzado al lago de fuego para siempre (Ap. 20:10). Varios pasajes bíblicos se refieren a un juicio final de ángeles caídos (Is. 24:21,22; II P. 2:4; Jud. 6). Se asume generalmente que los ángeles caídos serán juzgados al mismo tiempo que Satanás. Según Pablo, los santos participarán en el juicio de los ángeles (I Cor. 6:3).

IX. LOS DESTINOS FINALES

No hay enseñanza más clara que aquella del destino final para todo hombre más allá de esta vida presente sobre la tierra: *"E irán estos al castigo eterno, y los justos a la vida eterna"* (Mt. 25:46). *"Y yo les doy vida eterna; y no perecerán jamás...* "(Jn. 10:28). *"En llama de fuego, para dar retribución a los que no conocieron a Dios, ni obedecen al evangelio de nuestro Señor Jesucristo; los cuales sufrirán pena de eterna perdición, excluidos de la presencia del Señor y de la gloria de su poder..."* (II Tes. 1:8,9).

Muy claramente, los justos disfrutarán de vida eterna y gozo en la presencia del Señor; los impíos sufrirán castigo eterno y separación del Señor. La morada futura de los justos será el cielo (II Cor. 5:1; I P. 1:4). La morada futura de los impíos será el infierno (*gehenna*) (Mr. 9:43,44; Ap. 20:14).

A. EL DESTINO FUTURO DE LOS IMPIOS.

La Biblia castellana hace referencia a la morada final del incrédulo como el "infierno." La palabra castellana "infierno" se traduce de varias palabras hebreas y griegas las cuales tienen referencia a los diferentes estados de existencia después de la muerte. A veces designa al lugar de los espíritus que han partido o el estado intermedio, que en hebreo se llama *Seol*, y en griego se llama *Hades*.

En el Nuevo Testamento, "infierno" traduce más a menudo a *gehenna*, que simboliza la perdición eterna final. *Gehenna* era el lugar donde se echaban los desechos en el Valle de Hinnom donde ardían fuegos interminablemente. Los inicuos son mantenidos en el *Hades* hasta el juicio final después del cual son lanzados al lago de fuego. "Infierno" es la traduce una vez a *tartarus*, donde fueron arrojados los ángeles inicuos (II P. 2:4).

Después del milenio, todos los muertos inicuos son resucitados, y luego del juicio del gran trono blanco son lanzados al lago de fuego (Ap. 19:20; 20:10,14,15; 21:7,8).

1. La condición final de los inicuos.

La condición final de los inicuos está presentada en la Palabra de Dios por las siguientes descripciones:

- Separación de Dios (Lc. 13:25,28; II Tes. 1:9).

- Oscuridad exterior (Mt. 22:13; II P. 2:4,17; Jud. 6,13).

- Fuego eterno o inextinguible (Mt. 18:8; Mr. 9:43,45,48; II P. 3:7; Jud. 7).

- Desprecio eterno (Dn. 12:2).

- Tormento eterno (Ap. 14:10,11).

- Castigo eterno (Mt. 25:46).

- Destrucción o perdición (ruina) eterna (II Tes. 1:8,9; Fil. 3:18,19; Mt. 7:13; Rom. 9:22; II P. 3:7).

- Donde el gusano nunca muere (Mr. 9:44).

- La ira de Dios (Rom. 2:5,8,9; I Tes. 1:10).

- Retribución (castigo proporcional a la iniquidad) (II Cor. 11:14,15; II Ti. 4:14; Ap. 16:6; 22:12).

- La segunda muerte (Ap. 20:14; 21:8).

2. Teorías propuestas.

Han sido propuestas varias teorías que niegan que el castigo de los inicuos no tiene fin:

2.1. Aniquilacionismo.

Según esta teoría, los inicuos son castigados por una era y luego son aniquilados. Los aniquilacionistas afirman que la palabra griega *aiomos*, derivada de *aion*, que significa "era" tiene el significado de "longitud de una era" en vez de "eterna." Sin embargo, *aionios* es la palabra griega más fuerte para expresar la idea de eterno, sin fin. Además *aionios* es la misma palabra utilizada para expresar la "eternidad" de Dios, del Espíritu Santo, y de la vida del creyente.

Por el razonamiento del aniquilacionista, si el castigo de los inicuos sólo dura una era, entonces la vida de Dios y el creyente sólo dura una era. En Mateo 25:46, el castigo del impío y la vida del justo está expresado por la misma palabra, *aionios*. Al principio de los mil años, la Bestia y el falso profeta son lanzados al lago de fuego, al final de los mil años, Satanás es lanzado al mismo lago de fuego: "*donde estaban la Bestia y el falso profeta y* [ellos, pl.] *serán atormentados día y noche por los siglos de los siglos*" (Ap. 20:10). Han pasado la era del milenio en perdición y después de eso comparten el destino de Satanás "por los siglos de los siglos"; obviamente, su castigo dura más que "una era."

2.2. Universalismo.

Según los universalistas, el castigo traerá un cambio de corazón por parte de los inicuos y finalmente ellos, incluyendo a Satanás mismo, serán salvos. Después de un milenio en el abismo, cuando es soltado, Satanás inmediatamente dirige una rebelión contra Dios y contra sus santos. Mil años de encarcelamiento no cambian al engañador ni un poco. La Bestia y el falso profeta no cambian después de un milenio en el lago de fuego (Ap. 19:20; 20:10).

El hombre rico en el *Hades* encuentra una gran sima fijada entre él y el seno de Abraham, y él ruega por un mensajero del reino de los muertos para advertir a sus hermanos de los peligros del infierno; pero se le dice que la ley y los profetas son su única avenida de salvación, y que si sus hermanos rechazan la palabra de Dios, ningún mensajero de los muertos podría evitar su misma destrucción (Lc. 16:22-31).

No importa cuán temible sea la perspectiva de una perdición eterna, podemos estar seguros que el juicio justo de Dios será vindicado. Esto se asegura por la medida extrema de Dios en enviar a su Hijo a morir por nosotros. La gracia y el amor de Dios son sin medida; si hubiera habido una manera para que los hombres fueran salvos sin la tragedia de la cruz, Dios no hubiera sujetado a su Hijo a ella. La cruz demuestra no solamente el amor y la misericordia de Dios, sino también la pecaminosidad del pecado.

Los inicuos son consignados al infierno sólo después de un juicio en el que son abiertos los libros y son pronunciadas sentencias justas. La severidad de la perdición no será igual para todos. Los castigos de los inicuos variarán en severidad, al igual que variarán en gloria las recompensas de los justos (Lc. 12:47,48; I Cor. 3:12-15). La conciencia de cada hombre testificará a la "rectitud" de los juicios finales de Dios.

B. EL DESTINO FINAL DE SATANAS, LOS ANGELES CAIDOS Y EL ANTICRISTO.

Ya que el destino final de Satanás, los ángeles inicuos y el Anticristo ha sido tratado bajo la sección sobre su juicio, y bajo el destino final de los inicuos, no será necesario tratar más sobre sus destinos finales, más que para citar los pasajes de la escritura donde se revela el tema: Mt. 25:41; Jud. 6; II P. 2:4; Ap. 19:20; 20:1,2,3,10; Is. 14:14,15; 24:21.

C. EL ESTADO FUTURO DE LOS JUSTOS.

El estado eterno del creyente es **vida** mediante y con el Señor Jesucristo: *"Y este es el testimonio: que Dios nos ha dado vida eterna; y esta vida está en su Hijo. El que tiene al Hijo, tiene la vida; el que no tiene al Hijo de Dios no tiene la vida"* (I Jn. 5:11,12).

La vida eterna no es meramente existencia eterna; todo hombre justo o injusto existirá eternamente. "Vida" eterna no se refiere meramente a la duración vida, más bien se refiere a la calidad de vida. El creyente tiene la vida de Cristo (Gál. 2:20), porque tiene a Cristo dentro de él (Col. 1:27). La vida en Cristo es la posesión presente del creyente al igual que su esperanza futura; se habla de ella como el estado futuro del creyente solamente en el sentido de que cuando Cristo venga la **vida** eterna estará más allá de confiscación (I Jn. 3:2; Ap. 2:10).

Sea en el paraíso, reinando con Cristo en su reino milenial, o habitando la Nueva Jerusalén, el creyente morará en la presencia de Jesús en la casa de su Padre. La vida en la casa del Padre está asegurada por la promesa de Cristo de preparar un lugar para nosotros allí (Jn. 14:2,3); la preparación de un lugar para nosotros fue la obra expiatoria de Cristo en la cruz del Calvario. La morada eterna del creyente es entonces, un hogar en el **cielo**; pero, ¿qué clase de lugar preparó Jesús?

- **El cielo es el lugar donde está Jesús nuestro *Salvador*** (Jn. 14:2,3; Hch. 7:56; Lc. 1:2; II Cor. 5:2; Fil. 1:23).
- **El cielo es un lugar amplio.** *"En la casa de mi Padre **muchas** moradas hay"* (Jn. 14:2,3).
- **El cielo es un lugar mejor** (Heb. 10:34; 11:16).
- **El cielo es un lugar ideal.** Se nos enseña a orar, *"Hágase tu voluntad, como en el cielo, así también en la tierra"* (Mt. 6:10).
- **El cielo es un lugar de herencia.** El creyente recibirá una herencia porque es un coheredero con Cristo (I P. 1:4; Rom. 8:17).
- **El cielo es un lugar de recompensa** (Mt. 5:12; 6:20; 19:21; Lc. 12:33; Col. 1:5; II Ti. 4:8).
- **El cielo es un lugar de adoración** (Ap. 19:1).
- **El cielo es un lugar de belleza, esplendor y gloria** (Ap. 21-22).
- **El cielo es un lugar de gozo** (Ap. 21:4; Mt. 25:21,23; Lc. 15:7; Heb. 12:2).
- **Es un lugar de identidad personal.** Después de la muerte, el hombre rico y Lázaro retuvieron su identidad personal. Moisés y Elías aún eran identificables cuando se le aparecieron a Jesús en el monte de la transfiguración (Mt. 17:2,3). Después de la resurrección, Jesús fue reconocido

por sus seguidores. Nuestros nombres están escritos en el libro de la vida; y nombres significan identidad y personalidad (Fil. 4:3). El hecho que los creyentes tendrán sus cuerpos resucitados en el cielo demuestra que la obra redentora de Dios se extiende a la persona completa. No perderemos nuestra identidad personal en el cielo; por lo contrario, nuestras personalidades serán elevadas al nivel más alto del ser personal. Lo mejor de las relaciones terrenales en el cuerpo de Cristo perdurarán en la vida celestial.

Yo Jesús he enviado mi ángel
para daros testimonio de estas cosas en las iglesias.
Yo soy la raíz y el linaje de David,
la estrella resplandeciente de la mañana.
Y el Espíritu y la Esposa dicen: Ven.
Y el que oye, diga: Ven. Y el que tiene sed, venga;
Y el que quiera tome el agua de vida gratuitamente.
El que da testimonio de estas cosas dice:
Ciertamente vengo en breve.
Amén; Sí, ven Señor Jesús.

Apocalipsis 22:16,17,20

Apéndice
La Doctrina de Jesucristo
Cristología

Sin lugar a duda, Jesucristo es la más importante y completa revelación de Dios, y consequentemente, el punto central del evangelio de salvación. Por este motivo, la doctrina de Cristología esta implícita y explícitamente en las diferentes consideraciones teológicas de este libro. En lugar de repetir los detalles en un nuevo capítulo, hemos querido presentar un bosquejo con las referencias apropiadas de la persona y ministerio de Jesucristo que previamente se han discutido en otras secciones de este libro.

Indice de Escrituras

Juan

Hechos

II Pedro